A Revogação do Contrato de Trabalho

A Revogação do Contrato de Trabalho

Joana Vasconcelos

A REVOGAÇÃO DO CONTRATO DE TRABALHO
AUTORA
Joana Vasconcelos
EDITOR
EDIÇÕES ALMEDINA, S.A.
Rua Fernandes Tomás nºs 76, 78, 80
3000-167 Coimbra
Tel.: 239 851 904 • Fax: 239 851 901
www.almedina.net • editora@almedina.net
DESIGN DE CAPA
FBA.
PRÉ-IMPRESSÃO, IMPRESSÃO E ACABAMENTO
G.C. - GRÁFICA DE COIMBRA, LDA.
Palheira, Assafarge, 3001-453 Coimbra
producao@graficadecoimbra.pt
Outubro, 2011
DEPÓSITO LEGAL
334608/11

Os dados e as opiniões inseridos na presente publicação são da exclusiva responsabilidade do(s) seu(s) autor(es).
Toda a reprodução desta obra, por fotocópia ou outro qualquer processo, sem prévia autorização escrita do Editor, é ilícita e passível de procedimento judicial contra o infractor.

 GRUPOALMEDINA

BIBLIOTECA NACIONAL DE PORTUGAL – CATALOGAÇÃO NA PUBLICAÇÃO
VASCONCELOS, Joana, 1967-
A revogação do contrato de trabalho. – (Teses de doutoramento)
ISBN 978-972-40-4646-4

CDU 349
    331

*Dissertação de Doutoramento em Ciências Jurídicas pela
Faculdade de Direito da Universidade Católica Portuguesa*

Aos meus Pais, que me deram a vida e me ajudaram, depois, a recuperá-la

À Madalena, à Joaninha e à Teresinha, o melhor da minha vida

À Alexandra, Xú, Ana Rita, Tatiana, Paula, Graça, Bebé, Isabel, Tota, Rita, Ritinha, Luiza, Mola, Bárbara, Sofia, Margarida, Gabriela, Cristina, Tixa, Rita QB, Bola, Rita C, Mimi, Fátima, Carmo, Filipa, Maria, Cata, Elsa, Guigas, Luísa, Ana, Joana, Sofia CR, Sofia CC, Patrícia, Teresa, Rute Paula, Mafalda, Matilde, Margarida BC, Leozinha, Tuxa e Rosarinho*, Minhas Queridas Amigas, pela inabalável dedicação, a desmedida paciência e a infinita ternura.

---

* Alexandra Assis Rosa, Rita Sanches da Gama Araújo, Ana Rita Bessa, Tatiana Almeida, Paula Ponces Camanho, Maria da Graça Trigo, Maria dos Prazeres Beleza, Isabel Marques da Silva, Maria Antónia Cardoso de Menezes, Rita da Gama Lobo Xavier, Rita Lynce de Faria, Luiza Nogueira de Brito, Maria Vallera, Bárbara Vallera, Sofia Rodrigues, Margarida Cabral, Gabriela Figueiredo Dias, Cristina Casaleiro, Cristina Neiva Correia, Rita Queiroz de Barros, Helena Lancastre, Rita Perloiro Cruz, Maria Augusta Medeiros, Maria de Fátima Gomes, Maria do Carmo Pinto Leite Bragança, Filipa Bragança, Maria Albuquerque, Catarina Gusmão, Elsa Soares da Cunha, Margarida Sá Borges, Luísa Albuquerque, Ana Marçal Grilo, Joana Teixeira Avillez, Sofia Castro Rodrigues, Sofia Campos Coelho, Patrícia Pardal, Teresa Gorjão Henriques, Ana Mendonça, Mafalda Corrêa Mendes, Matilde Corrêa Mendes, Margarida Brito Correia, Leonor Maldonado Simões, Teresa Albuquerque Vaz e Maria do Rosário Maló.

NOTA PRÉVIA

O texto que agora se publica corresponde à dissertação de doutoramento em Ciências Jurídicas apresentada na Faculdade de Direito da Universidade Católica Portuguesa a 31 de Março de 2010 e discutida em provas públicas a 20 de Janeiro de 2011, perante um júri presidido pelo Magnífico Reitor, Doutor Manuel Braga da Cruz, que integrava os Doutores Pedro Romano Martinez, da Faculdade de Direito da Universidade de Lisboa, João Leal Amado, da Faculdade de Direito da Universidade de Coimbra, Jorge Miranda, Bernardo da Gama Lobo Xavier, Luís Carvalho Fernandes, Júlio Gomes, Maria Rita da Gama Lobo Xavier e Maria da Graça Trigo, todos da Faculdade de Direito da Universidade Católica Portuguesa.

Neste momento feliz que encerra a fase que absorveu o melhor do meu tempo e energia nestes últimos anos e que coincidiu com eventos singularmente dolorosos e difíceis que marcaram a minha vida pessoal e familiar, quero aqui lembrar todos os que tanto contribuíram para que tudo corresse pelo melhor, como correu.

Começo pela pronta disponibilidade sempre manifestada pelos meus dois Mestres, com quem tive a fortuna de estudar, trabalhar e muito aprender – o Doutor Luís Carvalho Fernandes, meu orientador, e o Doutor Bernardo da Gama Lobo Xavier. E junto-lhe as valiosas sugestões, reparos e críticas, bem como as palavras de apreço e de estímulo que recebi dos meus dois arguentes, Doutor Pedro Romano Martinez e Doutor Bernardo da Gama Lobo Xavier.

À Reitoria da Universidade Católica, na pessoa do Reitor, Doutor Manuel Braga da Cruz e, muito especialmente, da Vice-Reitora, Doutora Luísa Leal de Faria, agradeço o apoio firme e o incentivo próximo, que muito fortaleceram o ânimo e o entusiasmo com que atravessei este conturbado e exigente período.

À Direcção da Faculdade de Direito, em particular aos Doutores Germano Marques da Silva, Rui Medeiros e Luís Fábrica, agradeço a ajuda empenhada e consistente, sob todas as formas que nos mais variados momentos se foram mostrando necessárias e adequadas.

A todos os que, com generosidade e afecto, me deram as inestimáveis ajudas de que eu muito precisei, deixo aqui a minha imensa gratidão:

- à minha Avó, Nolga Vallera, com quem tive a graça de partilhar as enormes alegrias da entrega da tese, primeiro, e, já contra todas as probabilidades, do desfecho feliz da prova, que durante tanto tempo tão orgulhosamente antecipou;

- à minha Tia Maria Helena Paiva Correia, que com toda a firmeza e sabedoria me mostrou que só havia um caminho – este – e me acompanhou de perto enquanto o percorria;

- aos meus Amigos António Mota, Bernardo da Gama Lobo Xavier, Pedro Romano Martinez, Paulo Olavo Cunha, Pedro Queiroz de Barros, Pedro Mendes Pinto, Diogo Leote, Rui Medeiros e Luís Gonçalves da Silva, porque nos momentos de fragilidade e de descrença, é o olhar dos que nos conhecem e nos querem bem que nos devolve a imagem do que já fomos e poderemos voltar a ser e nos dá a força para o conseguir;

- aos meus Colegas e acima de tudo Amigos da Faculdade de Direito da Universidade Católica: nunca esquecerei a fortíssima solidariedade com que me envolveram e me apoiaram neste atribulado trajecto – uma palavra especial é devida ao Luís Barreto Xavier, cuja serena generosidade tornou a minha passagem pelo DIP numa fase a todos os títulos inesquecível desta minha às vezes surpreendente carreira;

- aos meus sabedores e dedicados companheiros "do Trabalho" e de outras jurídicas paragens, que com infinita paciência me ensinaram, esclareceram e tranquilizaram nos angustiados dias que antecederam a entrega da tese e a discussão da mesma, por tal modo evitando males maiores: Pedro Furtado Martins, António Nunes de Carvalho, Luís Miguel Monteiro, Diogo Leote, António Emílio Vasconcelos, Henrique Antunes, Fátima Gomes e Tatiana Almeida;

- à Isabel Pé Curto, à Sandra Casaca, à Graça Matos, ao Luís Belo, à Maria Cândida Andrade, à Anabela Filipe e à Ana Ferrão, pela dedicação, simpatia e paciência com que me simplificaram tarefas, facilitaram a vida, anteciparam e resolveram complicações – e também pelos incontáveis cafés com que amiúde me ampararam;

NOTA PRÉVIA

– ao Doutor Pedro Romano Martinez, pelo utilíssimo e proveitoso acesso à Biblioteca do IDT (Instituto de Direito do Trabalho, da Faculdade de Direito da Universidade de Lisboa);

– à Dra. Margarida Vilhena de Carvalho, da Biblioteca Universitária João Paulo II, pela eficiência e gentileza de que tanto beneficiei na busca e obtenção de livros e artigos estrangeiros, através do Serviço de Empréstimo Interbibliotecário;

– ao Dr. Ferdinand Hammerle, incansável na disponibilidade e na boa vontade com que me ajudou na sempre penosa tarefa de decifrar textos em alemão e me resolveu várias listas de tormentosas questões;

– ao Carlos Pinto de Abreu e à Inês Carvalho Sá, meus Advogados e meus Amigos, que com coragem e elevação nos defenderam e protegeram, às minhas filhas e a mim, proporcionando-me a segurança e a serenidade sem as quais jamais teria conseguido superar este então tremendo desafio;

– aos meus talentosos companheiros do extraordinário blog É Tudo Gente Morta – Eugénia de Vasconcellos, Manuel S. Fonseca, Pedro Norton, Teresa Conceição, Marta Costa Reis, Diogo Leote, José Navarro de Andrade, António Eça de Queiroz, Vasco Marçal Grilo, Gonçalo Pistacchini Moita, Pedro Marta Santos, Ruy Vasconcelos e Francisco Feijó Delgado – por enriquecerem a minha vida, fazendo-a tão mais estimulante, bonita e feliz, num período que, não fosse esta nossa louca aventura, se teria reduzido a isolamento, cansaço e à desoladora percepção das muitas renúncias que o saberem-se necessárias não torna menos custosas.

Aos meus Pais, às minhas filhas Madalena, Joaninha e Teresinha, ao meu irmão Pedro e à minha cunhada Marta, à Alexandra, amiga-irmã de todas as horas, por tudo o que me deram e jamais serei capaz de exprimir.

Lisboa, Julho de 2011

APRESENTAÇÃO*

I. A cessação por mútuo acordo do contrato de trabalho constitui expressão da liberdade contratual das respectivas partes, radicada no princípio da autonomia da vontade. E é também uma forma de extinção do mesmo, enquadrada, entre nós, pela garantia constitucional e legal de estabilidade e de segurança no emprego.

A esta incontornável dualidade do distrate laboral correspondem, naturalmente, perspectivas diferenciadas e exigências contrastantes quanto à sua função e aos seus limites – das quais a análise e a reflexão visando o seu cabal entendimento se não podem alhear.

Com efeito, a recondução da cessação pactuada do contrato de trabalho à autonomia privada implica, para lá da sua admissibilidade de princípio, a sua sujeição ao direito comum, com a consequente abertura do seu conteúdo e efeitos à vontade das partes. Já o considerá-la como disposição pelo trabalhador do seu direito ao emprego reclama soluções que o acautelem ante a perspectiva de terminação contratual, exigências e prerrogativas que representam outros tantos desvios à estrita lógica contratual.

Esta tensão é muito marcadamente perceptível na nossa regulação laboral do mútuo acordo extintivo que, desde os seus primórdios, reflecte as sucessivas – e nem sempre coerentes – opções do legislador do trabalho quanto à prevalência a conferir a uma abordagem mais "civilista" e paritária e a outra mais "laboralista" e tutelar.

Há muito que esta dupla e contraditória vertente da cessação por mútuo acordo do contrato de trabalho me intriga e me atrai.

De um lado, mais luminoso, surge-me ainda hoje como especialmente estimulante (pela sua singularidade e, sobretudo, pela oportunidade que representa) a ideia de um reduto, em sede de extinção do vínculo laboral, em que se não aplicam as limitações que habitualmente a rodeiam e em que um significativo espaço é deixado à autonomia privada.

---

* O texto que se segue reproduz, inalterada, a apresentação oral da dissertação efectuada no início da prova pública de discussão da mesma, realizada a 20 de Janeiro de 2011.

No reverso, mais sombrio, mas nem por isso menos apelativo, avulta a noção dos irrecusáveis riscos em que incorre o trabalhador que dispõe do seu direito ao emprego por acordo com o empregador – refiro-me às pressões e sugestões de vária ordem em que se exprime a habitual apetência deste último no distrate, bem como à possibilidade, não remota, de a decisão extintiva do trabalhador se dever a precipitação, insuficiente ponderação ou deficiente informação e esclarecimento, quanto ao conteúdo e efeitos da composição firmada. A relembrar a sempre desigual situação das partes e a relevância dos interesses envolvidos, contra o absolutizar das possibilidades associadas à sua vertente negocial.

II. Num plano diverso, se bem que estreitamente relacionado com esta sua natureza dual, há muito que o distrate tende a desempenhar, entre nós, uma dupla função. É, antes de mais, um meio extintivo do contrato de trabalho. Mas é também um relevante meio de definição e de estabilização da recíproca situação das partes, uma vez terminado este. Esta segunda e acessória função que ao mútuo consenso é, mais que consentida, incentivada, prende-se com a sua vertente contratual. Mais exactamente, com a constatação de que, em regra, o trabalhador retoma, no momento em que negoceia a sua desvinculação, o poder negocial que habitualmente lhe falta na génese e no decurso da relação laboral – o que torna esse mesmo momento uma ocasião privilegiada para resolver questões passadas e presentes e precludir litígios futuros, através de composições de interesses mutuamente benéficas.

Também esta dupla função do distrate laboral figura com destaque na sua disciplina, desde a origem norteada por dois principais objectivos: evitar a fraude à garantia de estabilidade e definir de forma certa e segura a situação das partes quanto a prestações pecuniárias emergentes do contrato de trabalho findo.

E igualmente a propósito desta outra função associada ao pacto extintivo convergem e contrastam a visão "contratual", centrada na autonomia privada e pronta a tomar como legítimas e desejáveis quaisquer soluções ajustadas, desde que exprimam uma vontade livre e esclarecida das partes, e a perspectiva "laboral", centrada na protecção do trabalhador, que conforma muitos dos seus créditos como indisponíveis durante a relação de trabalho e que acentua a necessidade de uma sua tutela adequada e eficaz. A qual supõe, se bem que nisso não se esgote, a promoção, caso a caso, do efectivo conhecimento pelo trabalhador do essencial dos seus créditos e da consciência de que ao aceitar certa quantia, ajustada em certos moldes, ou ao subscrever uma declaração na qual afirma nada mais ter a haver do empregador, limita ou exclui a possibilidade de os fazer valer no futuro.

Ainda acerca destas duas funções do distrate laboral, gostaria de acentuar que a valorização da sua complementaridade é um dos muitos traços originais do nosso ordenamento – que neste ponto contrasta com outros, que insistem, ainda hoje, em mantê-las estanques. E é uma opção que faz todo o sentido.

APRESENTAÇÃO

Pois se é indiscutível que a vontade concorde das partes faz cessar o contrato de trabalho de forma especialmente vantajosa para ambas – porque limpa e lisa, simples, célere e não conflitual – é igualmente seguro que ao permitir-se-lhes utilizar essa mesma ocasião para solucionar questões pendentes e prevenir enfrentamentos futuros se potencia o efeito pacificador obtido com a terminação pactuada do vínculo laboral. O que torna dificilmente dissociáveis, na prática, a função extintiva, principal, e a função estabilizadora, acessória, que tão eficazmente a consolida.

III. Tanto a dual natureza, como a dupla função do distrate laboral representam uma constante do já longo percurso entre nós percorrido no que respeita à sua regulação legal. Trata-se, aliás, de um ponto em que o nosso ordenamento se destaca por ter sido dos primeiros – já lá vão mais de quarenta anos – e por ser ainda dos poucos que submete a cessação pactuada do contrato de trabalho a uma específica disciplina laboral.

Sucede que no decurso destas quatro décadas grandes mudanças ocorreram, as quais foram deixando a sua marca na extinção consensual do contrato de trabalho tal como esta se nos apresenta hoje.

Mudanças no respectivo regime jurídico e nas concretas soluções que o integram: foram várias e inspiradas por concepções e objectivos nem sempre convergentes. Mas também, e não menos significativamente, mudanças noutras zonas do ordenamento laboral, com destaque para a sua vertente constitucional: a evolução da disciplina da cessação pactuada reflecte a verificada em aspectos tão significativos como a extinção do contrato de trabalho ou o papel consentido à autonomia privada na modelação dos seus efeitos e, em geral, na auto-composição de outros interesses das partes.

E, claro, mudanças noutros ramos – como no direito fiscal, que ao arrepio da orientação definida na legislação laboral impõe a sua própria lógica na tributação das quantias pagas ao trabalhador quando da cessação consensual do contrato, lógica essa que foi a adoptada pelo Código Contributivo da Segurança Social, que por estes dias entrou em vigor; ou na legislação da segurança social, que desde 2006 qualifica como desemprego involuntário para efeitos de atribuição de prestações de desemprego, não já toda e qualquer extinção pactuada do vínculo laboral, mas apenas a que ocorra nos cenários por si definidos.

IV. A cessação por mútuo acordo do contrato de trabalho é um tema que há muito me agrada, pela variedade e relevo das questões de enquadramento e de construção que suscita mas, também, pela sua forte componente prática, de ligação à vida e aos problemas concretos, virtualmente incontáveis, em que se desdobra.

A verdade, porém, é que não foi só um gosto antigo que ditou a minha escolha.

A revogação do contrato de trabalho, na sua presente configuração, congrega traços e vestígios das sucessivas e nem sempre lineares opções do nosso legislador laboral – o qual, tendo começado por imprimir ao respectivo regime um cunho acentuadamente tutelar do trabalhador que, ao menos em princípio, se mantém, enveredou, em mais de uma ocasião, por caminhos mais civilísticos, por vezes em clara deriva face ao rumo inicialmente traçado. A mesma deriva em que por vezes incorre a jurisprudência dos nossos tribunais superiores. E que suscita sérias questões de coerência e de consistência do modelo vigente, em particular no que se refere à suficiência da protecção deferida ao trabalhador. A tornar, mais que necessária, imperativa, uma análise aprofundada e de conjunto desta figura – das suas por vezes antagónicas vertentes, da preponderância que uma e outra realmente assumem, no plano das opções de base e das soluções concretas. Para, uma vez apuradas as linhas essenciais do modelo vigente, se proceder a uma sua avaliação, centrada na tutela do trabalhador, critério primordial neste domínio da extinção do contrato de trabalho, ao qual a revogação inapelavelmente pertence.

Paralela e um tanto paradoxalmente, a matéria da revogação do contrato de trabalho, orientada por desígnios de resolução e prevenção de controvérsias de forma consensual, foi pontuada no passado por dúvidas e questões, que dividiram doutrina e jurisprudência e é-o ainda no presente, por algumas dessas dúvidas e questões, que persistem, e por outras, que a alteração dos textos legais veio suscitar ou intensificar.

Por último, são bem conhecidos o significado e a expressão prática, num sistema como o nosso, da cessação pactuada do vínculo laboral – bem patentes no grande número de acordos revogatórios outorgados, que fazem do distrate um dos modos de extinção mais correntemente adoptados, como alternativa, agradável a ambas as partes, a procedimentos morosos, complexos e actual ou potencialmente conflituais.

Tudo isto justifica quer a minha opção pelo tema da revogação do contrato de trabalho, quer os termos e os objectivos com que o abordei.

V. A investigação que fiz e que resultou na presente dissertação assentou numa abordagem, que pretendi desenvolvida e detalhada, das principais opções que entre nós se sucederam quanto à cessação do contrato de trabalho por mútuo acordo, bem como num tratamento, que procurei sistemático e aprofundado, das questões teóricas e práticas em que esta matéria é fértil.

Baseei a minha análise nos textos legais que entre nós a foram regulando, no sempre relevante contributo da doutrina nacional para o esclarecimento do seu sentido e contexto e na interpretação e aplicação que deles fez e faz a abundante jurisprudência disponível dos nossos tribunais superiores.

APRESENTAÇÃO

Detive-me a observar a sua evolução histórico-normativa – o que me permitiu detectar e sintetizar linhas de continuidade e pontos de contacto, que se revelaram de grande utilidade na análise subsequente.

Quanto aos ordenamentos estrangeiros, a escolha daqueles que, em geral, mais próximos se apresentam do nosso e a opção de me cingir ao cotejo de modelos e de orientações fundamentais (num domínio em que as soluções vigentes são acentuadamente tributárias da singular evolução de cada sistema) foram decisivas para conferir utilidade aos resultados dos excursos efectuados – os quais fui convocando a propósito dos mais variados pontos, cujo sentido ajudaram a esclarecer.

No percurso que me levou ao longo de seis capítulos – dois de enquadramento, um relativo à forma e conteúdo, mais dois dedicados à obtenção do efeito de acerto e encerramento de contas e um último sobre os meios que protegem o trabalhador quanto ao efeito extintivo – tratei essencialmente de determinar a latitude com que no quadro normativo vigente se permite ao trabalhador e ao empregador definir o conteúdo e regular os efeitos do acordo extintivo e, sobretudo, os termos em que são acautelados os seus interesses contrastantes – tanto no que se refere à estabilização da recíproca situação no plano patrimonial, como no que respeita à terminação do vínculo laboral.

VI. Foram dois os principais objectivos que me propus atingir com este trabalho. Contribuir para uma melhor compreensão do distrate laboral (na sua natureza dual e no duplo papel que entre nós desempenha) e, por tal via, para o esclarecimento das dúvidas e a resolução das questões que abundam nesta matéria. E fazer um juízo de apreciação global sobre o modelo vigente (propondo, passo a passo, os ajustes, alterações e correcções necessários), no que se refere ao peso relativo e à articulação das vertentes extintiva e contratual do distrate e ao impacto das soluções concretas na esfera do trabalhador, primeiro e principal visado pela regulação jurídico-laboral da extinção pactuada do contrato de trabalho.

VII. A análise feita permitiu, antes de mais, comprovar a amplitude que é entre nós conferida às duas vertentes – extintiva e contratual – do distrate.

Enquanto meio extintivo do contrato de trabalho, o distrate tem um alcance tão vasto quanto possível: pode ser acordado a todo o tempo, em qualquer fase da relação laboral e sem invocação de motivo.

No que concerne ao espaço deixado à autonomia privada do trabalhador e do empregador na regulação do seu conteúdo e efeitos, de novo é grande a latitude consentida.

Refiram-se, porque especialmente ilustrativas, as possibilidades que às partes assistem de modelar a produção de efeitos do acordo revogatório, diferindo (aparentemente sem limites) a extinção do vínculo, de excluir o efeito (quase) preclusivo que a lei associa à atribuição da compensação pecuniária global, impedindo a presunção de se formar, de ajustar a renúncia (e a consequente extinção) pelo trabalhador a todos os seus créditos, presentes e futuros, conhecidos e não conhecidos.

Ou seja, maximiza-se o protagonismo das duas vertentes do distrate laboral – opção que me parece de aplaudir e de manter, num sistema como o nosso, no qual introduz um elemento de necessária flexibilidade.

Porém – e porque não há bela sem senão – tal opção do nosso legislador (que, repito, me perece de aplaudir e de manter) exigiria que ao trabalhador fosse garantida uma tutela adequada – porque efectiva e eficaz. Estamos num domínio em que, não é demais insistir, esta deveria ser uma prioridade.

Ora o que a investigação efectuada pôs em evidência de forma persistente e preocupante foi a inconsistência e a inoperacionalidade das soluções a que, nos mais diversos pontos, se comete a tutela do trabalhador – e que o contraste com o acerto da tutela deferida, e bem, aos interesses do empregador mais não faz que avultar.

Com efeito, e com a honrosa excepção das imposições de ordem formal, em sede de estipulações com incidência patrimonial:

- é grave a ausência de um controlo do montante da compensação fixada, cuja mera qualificação como "global" desencadeia uma presunção que é na sua essência gravosa para o trabalhador;
- causam apreensão as dificuldades da prova em contrário e a fraca garantia que esta representa (porque limitada no tempo e nos efeitos e sempre precludida por uma remissão abdicativa que venha a ser ajustada);
- é inaceitável a forma incorrecta, às vezes ligeira e quase sempre desfasada da realidade com que a nossa jurisprudência maioritária aprecia (e valida como remissivas) as cláusulas dos distrates contendo declarações liberatórias do empregador sob a forma de quitações totais e plenas subscritas pelo trabalhador.

O panorama é igualmente sombrio em matéria de efeito extintivo: basta pensar

- na aparente irrestrição com que este pode ser diferido (2, 3, 4 anos?);
- na inviabilização do combate a situações de defraudação do trabalhador através do direito de revogação unilateral;
- na limitada eficácia deste como mero direito de arrependimento;
- na inadequação do regime comum dos vícios da vontade, concebido para outras realidades, a exigir o recurso à via judicial, caro e moroso, uma prova complexa e difícil, e a oferecer respostas nem sempre aplicáveis ou ajustadas ao caso.

A terminar, e em jeito de síntese, direi apenas que o nosso modelo de revogação do contrato de trabalho é tão acertado na latitude com que a modela, quanto desacertado na deficiente tutela que defere ao trabalhador – um ponto a exigir melhor atenção do nosso legislador e, enquanto tal não suceda, das nossas doutrina e jurisprudência.

SUMÁRIO

INTRODUÇÃO

1. Apresentação e delimitação do objecto da investigação
   1.1. O distrate, expressão da liberdade contratual das partes e modo de extinção do contrato de trabalho
   1.2. Sistematização

CAPÍTULO I – EVOLUÇÃO HISTÓRICA

2. A evolução do sistema português quanto à revogação do contrato de trabalho
   2.1. Traços gerais da evolução do ordenamento português quanto à disciplina da revogação do contrato de trabalho
   2.2. Os antecedentes
   2.3. LCT
      2.3.1. Traços gerais da disciplina da revogação do contrato de trabalho
      2.3.2. A revogação como negócio consensual e a excepcional imposição de forma escrita
   2.4. DL nº 372-A/75, de 16 de Julho
      2.4.1. Traços gerais da disciplina da revogação do contrato de trabalho
      2.4.2. A revogação do contrato de trabalho como negócio formal (art. 6º, nº 1)
      2.4.3. Nulidade das cláusulas que impedissem o trabalhador de "exercer direitos já adquiridos ou reclamar créditos vencidos" (art. 6º, nº 3)
      2.4.4. O "direito de arrependimento" do trabalhador
   2.5. DL nº 64-A/89, de 27 de Fevereiro
      2.5.1. Traços gerais da disciplina da revogação do contrato de trabalho
      2.5.2. Reforço do formalismo negocial
      2.5.3. Novas orientações em matéria de definição da situação das partes quanto a créditos laborais: a eliminação da norma proibitiva da

A REVOGAÇÃO DO CONTRATO DE TRABALHO

> abdicação de créditos pelo trabalhador no acordo revogatório
> e a presunção de liquidação de créditos baseada na atribuição
> ao trabalhador de uma "compensação pecuniária de natureza
> global"

2.6. Lei nº 38/96, de 31 de Agosto

    2.6.1. Sentido geral das alterações à disciplina da revogação do contrato de trabalho introduzidas pela Lei nº 38/96

    2.6.2. Aspectos essenciais da nova disciplina da revogação pelo trabalhador do acordo extintivo do contrato de trabalho

2.7. Código do Trabalho

    2.7.1. Traços gerais da disciplina da revogação do contrato de trabalho

    2.7.2. A conformação como relativa da presunção assente na atribuição de uma compensação pecuniária global ao trabalhador

    2.7.3. O retorno do direito de arrependimento do trabalhador

    2.7.4. Alterações na disciplina da revogação do contrato decorrentes da revisão do Código do Trabalho pela L nº 7/2009, de 12 de Fevereiro

2.8. Síntese

CAPÍTULO II – A EXTINÇÃO PACTUADA DO CONTRATO DE TRABALHO NOUTROS ORDENAMENTOS

3. Cessação consensual do contrato de trabalho e definição da situação das partes quanto a créditos laborais noutros ordenamentos

3.1. Itália

    3.1.1. A *risoluzione consensuale* como expressão da autonomia negocial das partes, não sujeita a especiais exigências de substância ou de forma

    3.1.2. Definição das relações recíprocas entre as partes após a cessação: a limitada disponibilidade pelo trabalhador de direitos derivados de normas inderrogáveis e a irrelevância de princípio das *quietanze liberatorie* genéricas

    3.1.3. Impugnação da *risoluzione consensuale* pelo trabalhador: os regimes comuns dos vícios na formação da vontade e da fraude à lei e o regime especial do art. 2113 do *Codice Civile*

3.2. França

    3.2.1. Da *résiliation amiable* de direito comum à *rupture conventionelle* (*Loi de Modernisation du Marché du Travail*, de 25 deJunho de 2008)

    3.2.2. Cessação por mútuo acordo e definição da situação das partes quanto a créditos emergentes do contrato de trabalho: *reçu pour solde de tout compte e transaction*

SUMÁRIO

3.3. Espanha
    3.3.1. O *mutuo acuerdo* das partes como causa extintiva do contrato de trabalho (art. 49-1-a) do *ET*)
    3.3.2. O *finiquito de liquidación y saldo de cuentas*
    3.3.3. O *princípio de irrenunciabilidad* de direitos (art. 3-5 do *ET*)
3.4. Alemanha
    3.4.1. O *Aufhebungsvertrag* como expressão do princípio da liberdade contratual das partes
    3.4.2. A liquidação de créditos emergentes da relação laboral finda: a *Ausgleichsquittung*
3.5. Síntese

CAPÍTULO III – FORMA, CONTEÚDO E EFEITOS DO ACORDO REVOGATÓRIO DO CONTRATO DE TRABALHO

4. Forma e formalidades da revogação do contrato de trabalho
    4.1. A revogação como negócio formal. *Ratio* da exigência de forma legal
    4.2. Âmbito da forma legal
    4.3. Preterição da forma e das formalidades legalmente exigidas

5. Conteúdo e efeitos do acordo revogatório do contrato de trabalho
    5.1. Efeito extintivo
        5.1.1. A revogação como declaração extintiva bilateral: a cessação consensual, discricionária e não retroactiva do contrato de trabalho
        5.1.2. A revogação como abdicação do direito ao emprego pelo trabalhador: o "despedimento negociado"
    5.2. Outros efeitos
        5.2.1. Admissibilidade de princípio de "outros efeitos" acordados pelas partes
        5.2.2. Regulação da eficácia do acordo revogatório
            5.2.2.1. Atribuição de eficácia retroactiva
            5.2.2.2. Aposição de termo suspensivo
        5.2.3. Definição da situação das partes após a cessação do vínculo laboral
            5.2.3.1. Pacto de não concorrência
            5.2.3.2. Reforma antecipada e pré-reforma
            5.2.3.3. Créditos emergentes do contrato de trabalho
                5.2.3.3.1. A atribuição ao trabalhador de uma compensação pecuniária global
                5.2.3.3.2. Renúncia aos seus créditos pelo trabalhador
                5.2.3.3.3. Obrigações em geral decorrentes da cessação

CAPÍTULO IV – ATRIBUIÇÃO AO TRABALHADOR DE UMA COMPENSAÇÃO PECUNIÁRIA GLOBAL E PRESUNÇÃO LEGAL DE INCLUSÃO NESTA DOS CRÉDITOS EMERGENTES DO CONTRATO DE TRABALHO EXTINTO

6. Principais questões que suscitam a fixação de uma compensação pecuniária global para o trabalhador e a presunção legal de inclusão no seu montante dos créditos laborais vencidos ou tornados exigíveis pela cessação do contrato

7. A compensação pecuniária global
   7.1. A natureza global da compensação como não indicação da causa da sua atribuição e montante
   7.2. Compensação pecuniária global, discriminação de créditos laborais e sua liquidação em separado

8. A presunção legal de inclusão no montante da compensação pecuniária global dos créditos laborais das partes vencidos ou exigíveis em virtude da cessação do contrato
   8.1. Os efeitos da atribuição ao trabalhador de uma compensação pecuniária global quando da extinção pactuada do contrato de trabalho: da renúncia por este aos seus créditos laborais à presunção legal de inclusão naquela de todos os créditos vencidos ou exigíveis das partes
   8.2. Âmbito e limites da presunção de inclusão dos créditos laborais vencidos ou exigíveis na compensação pecuniária global
   8.3. Natureza da presunção de inclusão na compensação pecuniária global dos créditos laborais vencidos ou exigíveis
      8.3.1. A recente explicitação da natureza relativa da presunção e as questões dela decorrentes
      8.3.2. A eventual natureza interpretativa das normas constantes dos arts. 394º, nº 3, do CT2003 e 349º, nº 5, do CT2009
      8.3.3. A prova do contrário: sentido e efeitos

9. Sentido do modelo legal de acerto de contas e de estabilização da situação das partes quanto a créditos laborais
   9.1. Indicação de sequência
   9.2. Compensação pecuniária global, presunção de inclusão de créditos e renúncia pelo trabalhador
   9.3. Compensação pecuniária global, presunção de inclusão de créditos e natureza transaccional do acordo de revogação
   9.4. Compensação pecuniária global, presunção de inclusão de créditos, tutela do trabalhador e tutela do empregador

SUMÁRIO

CAPÍTULO V – RENÚNCIA PELO TRABALHADOR AOS SEUS CRÉDITOS EMERGENTES DO CONTRATO DE TRABALHO

10. Extinção consensual do contrato de trabalho, definição da situação das partes quanto a créditos dele emergentes e renúncia pelo trabalhador

11. Limitações à disposição pelo trabalhador dos seus créditos laborais
   11.1. Indisponibilidade, inderrogabilidade, irrenunciabilidade
      11.1.1. A indisponibilidade como total subtracção do direito à vontade do seu titular: os direitos indisponíveis em sentido próprio
      11.1.2. A indisponibilidade limitada, parcial ou relativa como mera compressão da faculdade de disposição do direito pelo seu titular
      11.1.3. A inderrogabilidade como insusceptibilidade de disposição antecipada do direito emergente de norma imperativa
      11.1.4. Irrenunciabilidade, insusceptibilidade de renúncia e "exercício necessário" do direito
   11.2. Os créditos laborais do trabalhador como direitos limitada ou relativamente indisponíveis
      11.2.1. Enquadramento normativo da questão. A disponibilidade de princípio dos seus créditos laborais pelo trabalhador
      11.2.2. As exepções à regra: as limitações à disposição pelo trabalhador dos seus direitos
         11.2.2.1. Os direitos indisponíveis como direitos irrenunciáveis. A irrenunciabilidade como garantia do gozo efectivo do direito pelo trabalhador
         11.2.2.2. Irrenunciabilidade da retribuição – sentido e limites
      11.2.3. A transigibilidade dos créditos laborais do trabalhador
         11.2.3.1. Enquadramento normativo da questão
         11.2.3.2. Transacção e renúncia a direitos
         11.2.3.3. Transacção e direitos irrenunciáveis do trabalhador

12. Quitações totais e plenas dadas ao empregador no acordo de cessação do contrato de trabalho
   12.1. Declarações genéricas de integral pagamento e de quitação total e plena do empregador subscritas pelo trabalhador quando da cessação do contrato de trabalho: principais questões que suscitam
   12.2. A abordagem doutrinal: limitação de efeitos das declarações de integral pagamento e de quitação total e plena do empregador
      12.2.1. Recusa de princípio de atribuição de efeito liberatório
      12.2.2. Reconhecimento de efeitos meramente probatórios
      12.2.3. Excepcional admissibilidade de efeito remissivo da quitação genérica dada pelo trabalhador

A REVOGAÇÃO DO CONTRATO DE TRABALHO

12.3. A abordagem jurisprudencial: maximização dos efeitos das declarações de integral pagamento e de quitação total e plena do empregador

12.3.1. As declarações de "quitação total e plena" como elemento de um contrato de remissão abdicativa entre trabalhador e empregador

12.3.1.1. Argumentos que suportam tal tese

12.3.1.2. Alcance e efeitos da remissão abdicativa

12.3.1.3. Excepcional recusa de efeito liberatório a quitações genéricas

12.3.2. Apreciação crítica

12.4. Declarações de quitação total e plena e revogação do contrato de trabalho

12.4.1. Inclusão de uma quitação integral do empregador no acordo de cessação do contrato de trabalho – principais questões que suscita

12.4.2. Admissibilidade da quitação integral como abdicação pelo trabalhador de todos os seus créditos

12.4.2.1. Quitação integral e atribuição de uma compensação pecuniária global

12.4.2.2. Quitação integral e direito de arrependimento do trabalhador

12.4.3. Função da quitação integral no contexto da cessação por acordo do contrato de trabalho: remissão de créditos versus presunção de liquidação

12.4.4. Declarações liberatórias, tutela do trabalhador e tutela do empregador

CAPÍTULO VI – OS MEIOS DE TUTELA DO TRABALHADOR

13. Efeito extintivo do distrate e tutela do trabalhador. Os modelos possíveis e as concretas opções legislativas

14. Revogação unilateral pelo trabalhador do acordo revogatório

14.1. Revogação unilateral pelo trabalhador do acordo revogatório – principais questões que suscita

14.2. Exercício do direito de revogação pelo trabalhador

14.2.1. Requisitos

14.2.1.1. Prazo

14.2.1.2. Entrega ou colocação à disposição do empregador das quantias recebidas

14.2.2. Forma

14.2.3. Efeitos e natureza jurídica

14.3. Exclusão do direito de revogação pelo reforço do formalismo negocial

14.4. Cessação do acordo revogatório, tutela do trabalhador e tutela do empregador

14.4.1. Considerações prévias

14.4.2. O direito de revogação do distrate como meio de tutela do trabalhador

14.4.3. Regulação da revogação do acordo revogatório e tutela do empregador

15. Anulação do acordo revogatório com fundamento em vícios na formação da vontade

15.1. Principais questões que suscita a aplicabilidade do regime comum dos vícios na formação da vontade ao acordo revogatório do contrato de trabalho

15.2. A limitada complementaridade entre a revogação unilateral e a anulação com fundamento em vício na formação da vontade

15.3. Anulação e modificação do acordo revogatório com fundamento em vícios da vontade

15.4. Regime comum dos vícios na formação da vontade, tutela do trabalhador e tutela do empregador

PRINCIPAIS ABREVIATURAS UTILIZADAS

A	Autor
AA	Autores
Ac.	Acórdão
ACT	Autoridade para as Condições de Trabalho
AJ	*Actualidade Jurídica*
AL	*Actualidad Laboral*
al.	alínea
AssPlén.	*Cour de Cassation, Assemblée Plénaire*
BAG	*Bundesarbeitsgericht*
BGB	*Bürgerliches Gesetzbuch*
BetrVG	*Betriebsverfassungsgesetz*
BMJ	*Boletim do Ministério da Justiça*
CassCrim	*Cour de Cassation, Chambre Criminelle*
CassSoc	*Cour de Cassation, Chambre Sociale*
cfr.	conferir
CIRS	Código do Imposto sobre o Rendimento das Pessoas Singulares
cit.	citado
cits.	citados
CódCiv	Código Civil
CodProcCiv	*Codice di Procedura Civile*
CPC	Código de Processo Civil
CJ	*Colectânea de Jurisprudência*
CJ – STJ	*Colectânea de Jurisprudência – Acórdãos do STJ*
CPT	Código de Processo do Trabalho
CRP	Constituição da República Portuguesa
CT2003	Código do Trabalho, aprovado pela L nº 99/2003, de 27 de Agosto
CT2009	Código do Trabalho, revisto pela L nº 7/2009, de 12 de Fevereiro
DL	Decreto-Lei
ed.	edição

ESC	*Estudos Sociais e Corporativos*
Foro It.	*Il Foro Italiano*
IDT	Instituto de Direito do Trabalho
i.e.	*id. est.*
IGT	Inspecção Geral do Trabalho
KSchG	*Kündigungsschutzgesetz*
L	Lei
LAT	Lei dos Acidentes de Trabalho e das Doenças Profissionais (L nº 100/97, de 13 de Setembro)
LCT	Regime Jurídico do Contrato Individual de Trabalho, aprovado pelo DL nº 49408, de 24 de Novembro de 1969
LCT1	Regime Jurídico do Contrato Individual de Trabalho, aprovado pelo DL nº 47032, de 27 de Maio de 1966
LECT	Legislação especial do CT2003 aprovada pela L nº 35/2004, de 29 de Julho
LFFF	Lei das Férias, Feriados e Faltas (DL nº 874/76, de 28 de Dezembro)
LSA	Lei dos Salários em Atraso (Lei nº 17/86, de 14 de Junho)
n.	nota
nº	número
pág.	página
pp.	páginas
Proc.	Processo
QL	*Questões Laborais*
RC	Tribunal da Relação de Coimbra
RDES	*Revista de Direito e de Estudos Sociais*
RE	Tribunal da Relação de Évora
REDT	*Civitas – Revista Española de Derecho del Trabajo*
RFDUL	*Revista da Faculdade de Direito da Universidade de Lisboa*
RG	Tribunal da Relação de Guimarães
RJS	*Revue de Jurisprudence Sociale*
RL	Tribunal da Relação de Lisboa
RMP	*Revista do Ministério Público*
ROA	Revista da Ordem dos Advogados
RP	Tribunal da Relação do Porto
RTDC	*Revue Trimestrielle de Droit Civil*
segs.	e seguintes
STJ	Supremo Tribunal de Justiça
TC	Tribunal Constitucional
TVG	*Tarifvertragsgesetz*
TzBfg	*Teilzeit- und Befristungsgesetz*
v.	ver
v.g.	*verbi gratia*

INTRODUÇÃO

1. Apresentação e delimitação do objecto da investigação

1.1. O distrate, expressão da liberdade contratual das partes e modo de extinção do contrato de trabalho

Trabalhador e empregador podem, por acordo, fazer cessar o contrato de trabalho. Tal como sucede com qualquer outro, o mesmo mútuo consenso das partes que o origina pode renovar-se no sentido de lhe pôr fim. A todo o tempo e sem necessidade de invocação de qualquer motivo.

A admissibilidade da extinção pactuada do vínculo laboral radica no princípio da liberdade contratual, de que constitui expressão. Esta sua primeira vertente determina a sua sujeição ao regime comum traçado para o negócio jurídico e o contrato, em tudo o que não seja objecto de especial disciplina pelo ordenamento laboral ou contrarie limites por este estabelecidos.

Mas o distrate é, também, e não menos significativamente, uma forma de extinção do mesmo contrato de trabalho. A única, de entre as várias modalidades legalmente admitidas, que resulta da convergência da vontade das partes. Facto que, num sistema como o nosso, marcado pela forte compressão da faculdade de desvinculação unilateral do empregador, por via da consagração constitucional da tutela da estabilidade e da segurança no emprego, lhe confere um relevo e uma utilidade ímpares. Consensualmente apontado como válvula de escape, elemento de atenuação da rigidez do modelo legal há décadas adoptado em matéria de cessação do vínculo laboral, o mútuo acordo extintivo forma-se à margem dos procedimentos e requisitos impostos para o despedimento e num contexto que tende a excluir, porque previne ou supera, controvérsias e litígios entre trabalhador e empregador. Meio para a obtenção de composições de interesses mutuamente benéficas, que permitem alcançar a terminação contratual visada pelo empregador, provendo também uma adequada salvaguarda da situação do trabalhador, o distrate exprime, as mais das vezes, um verdadeiro "despedimento negociado".

A REVOGAÇÃO DO CONTRATO DE TRABALHO

No reverso desta perspectiva avultam o facto de a cessação pactuada envolver, em primeira linha, a disposição pelo trabalhador do seu direito ao emprego e à referida garantia de estabilidade e, bem assim, a apontada subtracção do acordo extintivo às regras e limites que em geral o acautelam, em caso de extinção do contrato de trabalho. Uma e outra potencialmente problemáticas, pelo risco acrescido que comportam de prejuízo do trabalhador. Por ser irreflectida a sua decisão de subscrever um distrate com efeitos imediatos que lhe é proposto de forma inesperada, por serem intensas as pressões e sugestões de vária ordem a que o interesse e a apetência do empregador no distrate o submetem, com vista a obter a sua anuência, por a composição de interesses ajustada lhe ser objectivamente desfavorável, por as consequências do acordo firmado não serem aquelas com que contara. Ou, em geral, por a decisão extintiva do trabalhador se dever a precipitação, insuficiente ponderação, deficiente informação e esclarecimento ou ao facto de este sido, de algum modo, induzido ou compelido pelo empregador a tomá-la ou apenas a emitir uma declaração com tal sentido.

A consideração desta relevante faceta do distrate e dos problemas que suscita evidencia bem os limites e insuficiências e, sobretudo, os riscos de uma sua perspectivação e abordagem demasiado centradas na sua recondução a um mero acto de autonomia privada. Os quais tornam, por isso, muito questionável a opção de remeter exclusiva ou principalmente para o plano do direito civil a tutela do trabalhador. E fazem, sobretudo, avultar a necessidade de a ponderação dos interesses envolvidos e a consequente protecção deste se deslocar para um outro plano e de se fazer segundo uma outra óptica, mais adequada porque baseada na sua concreta realidade e norteada por um quadro valorativo especificamente laboral. São, neste contexto, concebíveis várias soluções, do alargamento do âmbito de aplicação de certas normas imperativas, de modo a nele integrar também a cessação consensual, à previsão de um leque de meios que actuem em momento prévio, concomitante ou posterior à celebração do acordo extintivo, de modo a garantir que a vontade do trabalhador nele expressa é genuína e consistente, esclarecida e livre.

A mesma tensão entre estas duas vertentes do distrate depara-se-nos num outro domínio, que a este surge, entre nós e desde há muito, estreitamente associado – o da definição e estabilização da recíproca situação das partes quanto a créditos laborais emergentes do contrato findo.

Com efeito, a acentuação e a valorização da vertente negocial do pacto extintivo torna-o um meio especialmente apto para resolver, ao mesmo tempo e em definitivo, a questão da cessação do contrato de trabalho e outras, com incidência patrimonial, que entre as partes existiam já ou por aquela foram suscitadas. E leva, não raro, a incluir no acordo, para além da comum decisão extintiva e da eventual contrapartida atribuída ao trabalhador pela sua anuência, soluções dirigidas a acertar e a encerrar as contas entre as partes e, nessa medida, a precludir futuros litígios.

INTRODUÇÃO

Ora, diante de tais soluções, de novo divergem a perspectiva estritamente contratual, que as encara como legítimas e, por via de regra, desejáveis, desde que exprimam uma vontade livre e esclarecida das partes, *maxime* do trabalhador, e a perspectiva própria do ordenamento laboral. Este conforma muitos desses créditos como indisponíveis e imprescritíveis na vigência da relação de trabalho, fazendo, por tal motivo, confluir no momento da cessação desta a resolução do conjunto das questões que os envolvem. E obriga a questionar e a indagar, ante as circunstâncias do caso concreto, até que ponto o trabalhador tinha efectivo conhecimento de tais créditos ou consciência de que, ao aceitar determinada quantia, ajustada segundo certos moldes, ou ao subscrever uma declaração (que com grande frequência não redigiu), formulada em termos genéricos e mais ou menos explicitamente liberatórios do empregador, está a limitar ou mesmo a excluir a possibilidade de os fazer valer no futuro. E que significado revestem ou podem revestir, neste contexto, a previsão do pagamento ao trabalhador de uma quantia, por acréscimo às demais somas a que teria direito, ou a ausência de uma qualquer atribuição patrimonial com estes contornos. Donde, também nesta matéria a abordagem civilística se mostra insuficiente, ao tomar estas situações pelo que nelas há de comummente contratual, deixando na sombra os pontos que reflectem o seu particular modo de ser, os quais, resulta do que antecede, exigiriam especiais ponderação e cautela.

Significa tudo isto que a análise e a cabal compreensão do distrate não podem deixar de atentar nestas suas duas incontornáveis vertentes. E, sobretudo, que uma sua adequada disciplina não pode deixar de levar em conta as exigências e as repercussões, por vezes contrastantes entre si, que de uma e de outra decorrem. É, com efeito, inquestionável que a consideração do distrate como contrato leva a admitir e até a fomentar, tão latamente quanto possível, as composições de interesses ajustadas entre as partes, ante a constatação de que o trabalhador retoma, neste momento, o peso e o poder negocial que habitualmente lhe faltam na génese e no decurso da relação laboral e de que a extinção consensual do vínculo constitui uma ocasião única para resolver questões e litígios pretéritos e presentes e conformar, sendo o caso, os termos da futura relação daqueles. E de que, por todos estes motivos, são estes o momento e o ambiente propícios à obtenção de ajustes de cariz transaccional, mediante cedências, desistências e benefícios mútuos, privilegiando, no que ao trabalhador respeita, a certeza da obtenção de uma quantia abrangente e fixada por alto, sobre os inconvenientes, desde logo a incerteza quanto ao desfecho, de ulteriores enfrentamentos com o empregador. Mas é igualmente incontestável que a sua perspectivação a partir do elenco de meios extintivos da relação laboral no qual se insere impõe que se não absolutizem todas estas possibilidades. E, sobretudo, que jamais se percam de vista a sempre desigual situação das partes e, naturalmente, os relevantes interesses envolvidos, da estabilidade do vínculo e da segurança no emprego à consistência e à relevante função cometida aos créditos laborais, sobretudo quando retributivos.

A investigação que nos propomos levar a cabo visa a cessação do contrato de trabalho por acordo das partes no direito português. Trata-se de uma matéria em que o nosso ordenamento se destaca por ter sido dos primeiros – já lá vão mais de quarenta anos – e ser ainda dos poucos que a submete a uma específica disciplina laboral, cuja evolução reflecte a ocorrida em pontos tão significativos como a extinção do contrato de trabalho ou o papel da autonomia privada na modelação dos seus efeitos e, em geral, na autocomposição de outros interesses das partes. E que constitui, em nosso entender e por vários motivos, um tema de grande actualidade e interesse, a justificar uma sua abordagem desenvolvida e um tratamento sistemático e aprofundado das inúmeras questões teóricas e práticas que suscita, nunca feitos entre nós.

Não carecem de grande demonstração ou sequer de especial destaque os imensos significado e expressão prática, num sistema como o nosso, da cessação pactuada do vínculo laboral. Os quais se traduzem no elevado número de acordos revogatórios todos os anos outorgados, que fazem do distrate um dos modos de extinção mais correntemente difundidos, cuja adopção, ora previne, ora põe termo, de forma pacificadora e definitiva, a procedimentos morosos, complexos e actual ou potencialmente conflituais. E em termos que as partes reputam mutuamente vantajosos. Esta relevância é, ainda, potenciada pela referida função que, acessória mas quase invariavelmente, lhe surge associada, de acerto e encerramento de contas entre as partes. Facto que é, aliás, bem evidenciado no significativo número de decisões jurisprudenciais sobre composições com incidência patrimonial insertas em acordos extintivos e seus reflexos na esfera do trabalhador.

Uma primeira leitura e análise da literatura jurídica entre nós publicada nas últimas décadas e da jurisprudência disponível evidencia a tensão entre as duas indissociáveis vertentes do distrate de que *supra* demos nota e que desde sempre marcou fortemente a sua disciplina no nosso ordenamento. Com efeito, apesar de o regime jurídico-laboral da cessação pactuada do contrato de trabalho ter assumido *ab origine* um acentuado cunho tutelar do trabalhador, ulteriormente intensificado pelos comandos constitucionais na matéria, a verdade é que foi o próprio legislador do trabalho que, em mais de uma ocasião, enveredou por sendas de um, por vezes incompreensível, civilismo, em detrimento da coerência e consistência do sistema e, no limite, com prejuízo da protecção àquele efectivamente deferida. O mesmo sucede no plano jurisprudencial, com os nossos tribunais superiores a conferir, com demasiada frequência, uma latitude e uma relevância, em nosso entender infundadas e excessivas, à autonomia privada das partes no distrate laboral, em conformidade com uma nem sempre acertada percepção e valoração da especificidade das situações e dos interesses contrastantes envolvidos.

INTRODUÇÃO

As considerações precedentes não apenas justificam a nossa opção pelo presente tema, como permitem definir e recortar a abordagem que dele tencionamos fazer.

Propomo-nos, com efeito, analisar o modo como o ordenamento laboral português perspectiva e conforma a cessação do contrato de trabalho por acordo entre trabalhador e empregador. Nesse sentido, deter-nos-emos especialmente na indagação e apreciação da latitude com que àqueles é permitido definir e regular o conteúdo do acordo extintivo e dos correspondentes efeitos, bem como nas repercussões da orientação seguida na configuração do próprio distrate. E, sobretudo, versaremos o modo como nele são acautelados os interesses necessariamente contrapostos do trabalhador e do empregador – seja no que respeita à extinção do vínculo laboral, seja no que se refere à definição e estabilização da recíproca situação no plano patrimonial. Centrar-nos-emos nas principais opções constitucionais e legais e nas concretas soluções em que estas se traduzem, suas finalidades, sentido e limites, recorrendo, para tanto, ao contributo da doutrina, mas também, e muito especialmente, à interpretação e aplicação que delas faz a abundante jurisprudência dos nossos tribunais superiores.

Os objectivos por nós visados são dois.

Queremos, antes de mais, contribuir para o esclarecimento e a resolução de dúvidas, dificuldades e questões que, quanto a diversos pontos, há muito persistem ou mais recentemente se suscitaram. E fá-lo-emos ao longo de toda a análise que agora se inicia, à medida que estas nos forem surgindo.

Mas pretendemos, ainda, formular um juízo de apreciação global sobre o modelo vigente, com destaque para os seus recentes desenvolvimentos, no que se refere ao peso relativo e à articulação recíproca das duas referidas vertentes do distrate como, sobretudo, ao impacto das soluções que o integram, singular e conjuntamente consideradas, na esfera do trabalhador, primeiro e principal visado pela finalidade tutelar que subjaz à regulação jurídico-laboral da cessação pactuada do contrato de trabalho. E, sendo o caso, propor os ajustes, alterações e correcções que se revelem necessários, no plano legal, como no plano jurisprudencial.

1.2. Sistematização

A presente dissertação reparte-se por seis capítulos.

Os dois primeiros, de enquadramento, visam retratar, nos seus traços essenciais, a evolução do nosso ordenamento quanto à disciplina da cessação por acordo do contrato de trabalho, um, e as opções fundamentais na mesma matéria de outros ordenamentos jurídicos, o outro. Do que se trata é de identificar as principais questões que se colocaram e colocam e de apreender as várias respostas que lhes foram e/ou são dadas, procurando sintetizar linhas e pontos de continuidade que constituam instrumento para a análise que se segue e, bem assim, determinar o que, diversamente, surge como conjuntural ou excepcional, porque, *v.g.*, ditado por particulares contextos históricos e/ou sociais, e nessa medida menos útil na apontada perspectiva.

A periodização adoptada na análise histórica segue, com uma única excepção, os sucessivos regimes jurídicos de cessação do contrato de trabalho que entre nós vigoraram e nos quais sempre se integrou a disciplina da extinção pactuada do vínculo laboral.

No que se refere aos ordenamentos estrangeiros analisados, escolhemos aqueles que, em geral, mais afinidades apresentam com o nosso, conscientes, é certo, de que o tema objecto desta nossa investigação – no plano estrito da extinção pactuada do vínculo laboral, como no da liquidação e encerramento de contas entre as partes –, não só não foi objecto de qualquer harmonização a nível comunitário, como constitui um domínio em que as soluções vigentes são acentuadamente tributárias da evolução de cada ordenamento em particular, não raro sob o impulso de outras matérias e controvérsias, ultrapassadas e/ou subsistentes. Por isso optámos por nos centrar no cotejo de modelos e de opções de fundo, evitando deter-nos em questões e debates desprovidos de relevo directo para a análise que nos propomos levar a cabo.

Segue-se um capítulo, o terceiro, dedicado à celebração, conteúdo e efeitos do acordo de revogação do contrato de trabalho, no qual serão versados os principais problemas decorrentes da sua conformação como negócio formal, opção com fundas raízes entre nós e, ainda, a possibilidade, que trataremos em seguida, de lhe serem associados, por acordo das partes, os mais diversos efeitos, para além da extinção do contrato. No que a esta se refere, a indicação e apreciação da opção de base do nosso ordenamento será completada pela análise de algumas das soluções que as partes mais comummente incluem nos acordos de cessação do contrato de trabalho e das principais questões que estas suscitam.

Nos capítulos quarto e quinto serão sucessivamente versados os dois mecanismos que mais frequentemente são, entre nós, utilizados para obter a definição e a estabilização da situação recíproca das partes quanto a créditos emergentes do contrato de trabalho consensualmente extinto. Referimo-nos, naturalmente, à compensação pecuniária global e à presunção legal de inclusão no seu montante de todos os créditos das partes já vencidos ou tornados exigíveis por força da cessação, por um lado, e às declarações liberatórias do empregador, subscritas pelo trabalhador, em regra sob a forma de uma quitação total e plena, com alcance remissivo quanto a todos e quaisquer créditos emergentes do contrato de trabalho, por outro.

No que se refere ao primeiro destes mecanismos, que corresponde ao modelo de acerto e encerramento de contas que há muito o nosso legislador laboral tipicamente associa ao distrate, e de que as partes podem lançar mão, caso queiram, deter-nos-emos na globalidade que caracteriza a compensação pecuniária e nas

INTRODUÇÃO

questões com esta relacionadas, na presunção legal nela estribada, em especial no seu sentido, âmbito e prova do contrário e nas dificuldades que esta envolve e, por último, na apreciação da protecção que a articulação de uma e de outra efectivamente confere ao trabalhador.

O mecanismo que se lhe segue radica, diversamente, no direito comum. Por curar de declarações do trabalhador que resultam numa abdicação dos seus créditos, a sua análise será antecedida de um enquadramento, necessariamente sumário, dos limites que entre nós rodeiam tal decisão e dos termos em que esta é admitida, quando da cessação do contrato de trabalho. E incidirá, sobretudo, nas referidas quitações genéricas, ponto em que as nossas jurisprudência e doutrina estão longe de convergir e que, pela sua grande difusão prática e renovada utilidade ante o presente quadro normativo, coloca prementes e pertinentes questões relativas à sua admissibilidade e à extensão dos seus efeitos, sempre do ponto de vista da tutela do trabalhador.

O sexto e último capítulo trata dos meios com que o ordenamento laboral vigente acautela o trabalhador quanto ao efeito extintivo do distrate, atentos os seus significado e repercussões e tendo presentes as precauções de que se justifica rodear a sua vontade extintiva concorde, antes e depois da respectiva outorga, pelo contexto em que esta tipicamente ocorre. Tais meios são, de momento e quase ininterruptamente ao longo de mais de três décadas, dois, um especificamente laboral – o direito que ao trabalhador é concedido de, por sua iniciativa unilateral se desvincular do acordo extintivo firmado –, e outro de direito comum – a anulabilidade do mesmo com fundamento em vícios na formação da vontade. A constância do nosso ordenamento neste domínio é, contudo, mais aparente que real, sendo justamente este um dos pontos em que mais agudamente se faz sentir o sempre latente conflito entre as abordagens, mais civilista ou mais laboral, do distrate. Com efeito, e conforme teremos ocasião de evidenciar, as intervenções legislativas que se foram sucedendo pautaram-se por grandes oscilações quanto à latitude, maior ou menor, do papel tutelar confiado ao primeiro e, consequentemente, da função cometida ao direito comum. A abordagem de um e de outro partirá da descrição e análise breves do respectivo mecanismo e centrar-se-á na protecção por este efectivamente conferida ao trabalhador, em especial na apreciação da sua adequação e suficiência, tendo presentes os interesses envolvidos.

A terminar, serão formuladas conclusões. Porque o tema escolhido se desdobra e ramifica em múltiplas questões, cuja resolução se traduz noutras tantas conclusões parcelares, formuladas ao longo de todo o texto da presente dissertação, decidimos imprimir às conclusões finais um cunho mais expositivo, de síntese do essencial das respostas e dos resultados que formos obtendo nas várias etapas do percurso percorrido, em ordem a possibilitar uma sua visão de conjunto, que pretendemos seja articulada e esclarecedora.

Capítulo I
Evolução Histórica

2. A evolução do sistema português quanto à revogação do contrato de trabalho

2.1. Traços gerais da evolução do ordenamento português quanto à disciplina da revogação do contrato de trabalho

A revogação do contrato de trabalho é prevista e regulada no ordenamento laboral português desde 1966[1].

Não obstante, e porque há muito que a extinção do contrato de trabalho por acordo das partes era entre nós pacificamente admitida, à luz do princípio da liberdade contratual[2] e por aplicação das regras relativas aos contratos

---

[1] Foi o DL nº 47 032, de 27 de Maio de 1966, que nos seus arts. 95º, nº 1, al. c), e 96º. estabeleceu o primeiro regime laboral da "revogação por mútuo acordo" do contrato de trabalho que entre nós vigorou. O respectivo Preâmbulo, que conferia especial destaque ao facto de serem "muitos os aspectos novos do direito contratual do trabalho que aparecem regulados pela primeira vez num texto legal", incluía nas matérias relativamente às quais eram "introduzidas inovações", o "regime da revogação", entre as "causas normais de cessação" do contrato de trabalho. O regime estabelecido nesta LCT1 manteve-se inalterado na revisão de 1969, que deu origem à LCT, e cujos traços essenciais serão versados *infra* no nº 2.3.

[2] Sobre a extinção do contrato por acordo das partes como "manifestação do princípio da autonomia da vontade v., entre outros, MENEZES CORDEIRO, *Manual de Direito do Trabalho*, Almedina, Coimbra, 1991, pág. 797; JÚLIO GOMES, *Direito do Trabalho*, Vol. I, Coimbra Editora, Coimbra, 2007, pág. 940; MENEZES LEITÃO, *Direito do Trabalho*, Almedina, Coimbra, 2008, pág. 452; ROMANO MARTINEZ, *Da Cessação do Contrato*, 2ª ed., Almedina, Coimbra, 2006, pp. 430-431; *Direito do Trabalho*, 4ª ed., Almedina, Coimbra, 2007, pág. 949; ROSÁRIO PALMA RAMALHO, *Direito do Trabalho, Parte II*, 2ª ed., Almedina, Coimbra, 2008, pág. 812; BERNARDO XAVIER, "A Extinção do Contrato de Trabalho" *in RDES*, 1989, nºs 3-4, pp. 426-427; *Curso de Direito do Trabalho*, 2ª ed., Verbo, Lisboa – São Paulo, 1993, pág. 473; *Iniciação ao Direito do Trabalho*, 3ª ed., Verbo, Lisboa – São Paulo, 2005, pág. 417.

A REVOGAÇÃO DO CONTRATO DE TRABALHO

em geral, a sua consagração expressa na legislação do trabalho, mais do que esclarecer algo que era já incontestado, teve o propósito e o efeito essencial de a dotar de um regime especial, mais adequado às valorações próprias deste ramo do direito[3] e, em particular, à "especificidade da situação do trabalhador subordinado"[4].

Com efeito, e conforme teremos ocasião de verificar ao longo da presente secção, os vários regimes que na matéria se foram sucedendo, se invariavelmente proclamavam a admissibilidade de princípio da revogação como causa de cessação do vínculo laboral, nortearam-se, na sua disciplina, por dois objectivos fundamentais: evitar a fraude à garantia de estabilidade e, desde a sua consagração constitucional, ao princípio da segurança no emprego, e promover uma definição tão certa quanto possível da situação das partes quanto a prestações emergentes do contrato de trabalho extinto[5].

Porque a disciplina da revogação do contrato constituiu sempre parte integrante do regime da cessação do contrato de trabalho, informada pelos mesmos princípios e valores que o orientam[6], seguiremos, conforme fomos já antecipando, na análise que se segue, a periodização que decorre da própria sequência dos diplomas que a foram regulando. Nessa medida, versaremos sucessivamente a LCT, o DL nº 372-A75, de 16 de Julho, o DL nº 64-A/89, de 27 de Fevereiro, a L nº 38/96, de 31 de Agosto, e o Código do Trabalho, tanto na sua versão originária, como na resultante da sua recente revisão pela L nº 7/2009, de 12 de Fevereiro (doravante referidas como CT2003 e CT2009).

No que se refere a cada um destes, começaremos por uma breve descrição do respectivo modelo, procurando realçar os seus traços principais. Segue-se o aprofundamento de alguns pontos mais marcantes, a justificar uma abordagem mais detalhada. A encerrar esta secção, procuraremos sintetizar os resultados obtidos ao longo do percurso percorrido e formular algumas conclusões.

---

[3] E seguindo, em todos os aspectos não especificamente regulados, "o regime geral". O ponto é especialmente acentuado por ROMANO MARTINEZ, *Da Cessação do Contrato*, 2006 cit., pp. 431 segs.; *Direito do Trabalho*, 2007 cit., pp. 949 segs.; ROSÁRIO PALMA RAMALHO, *Direito do Trabalho, Parte II*, 2008 cit., pág. 812. Sobre o papel das fontes juslaborais na adaptação da "base dogmática e conceptual" civil relativa à extinção das situações duradouras "aos valores do trabalho subordinado" em matéria de "extinção da situação laboral", v. MENEZES CORDEIRO, *Manual de Direito do Trabalho*, 1991 cit., pp. 777 segs.

[4] JÚLIO GOMES, *Direito do Trabalho*, Vol. I, 2007 cit., pág. 940.

[5] JOANA VASCONCELOS, "A Revogação do Contrato de Trabalho" *in Direito e Justiça*, 1997, T. 2, pp. 174--175; BERNARDO XAVIER, "A Extinção do Contrato de Trabalho", 1989 cit., pág. 426; *Curso de Direito do Trabalho*, 1993 cit., pág. 472.

[6] ROMANO MARTINEZ, Direito do Trabalho, 2007 cit., pp. 899 segs.; FURTADO MARTINS, *Cessação do Contrato de Trabalho*, 2ª ed., Principia, São João do Estoril, 2002, pp. 13 segs.; BERNARDO XAVIER, "A Estabilidade no Direito do Trabalho Português" *in ESC*, nº 31, 1970, pp. 17 segs.; "A Extinção do Contrato de Trabalho", 1989 cit., pp. 399 segs.; *Curso de Direito do Trabalho*, 1993 cit., pp. 447 segs.; *Iniciação ao Direito do Trabalho*, 2005 cit., pp. 391 segs.

EVOLUÇÃO HISTÓRICA

2.2. Os antecedentes

A ausência de uma específica regulação laboral da cessação por mútuo acordo do contrato de trabalho em momento algum constituiu obstáculo à admissibilidade, entre nós, de tal forma de cessação, a qual radicava no direito comum dos contratos[7].

Nesse sentido, constituía entendimento pacífico que o contrato de trabalho, como qualquer outro, sempre poderia cessar se nisso concordassem as partes, constituindo o "mútuo «dissenso»" a "contrapartida natural do mútuo consenso"[8].

Era, pois, no art. 702º do Código Civil de 1867, que previa e regulava a cessação dos contratos "por mútuo consentimento"[9], que se fundava a admissibilidade de extinção por acordo dos contratos de "prestação de serviço" nele especialmente regulados – serviço doméstico (arts. 1370º segs.) e serviço salariado (arts. 1391º segs.)[10].

A situação manteve-se mesmo após a Lei nº 1952, de 10 de Março de 1937[11], que não contemplava especificamente a cessação do contrato de trabalho por mútuo acordo[12].

---

[7] Sobre a admissibilidade da cessação por mútuo acordo do contrato de trabalho no direito anterior à LCT v., entre outros, RAÚL VENTURA, "Lições de Direito do Trabalho (Lições ao Curso Complementar de 1948/1949)" in Estudos em Homenagem ao Prof. Doutor Raul Ventura, Volume II, Faculdade de Direito da Universidade de Lisboa, 2003, pp. 636-637; "Extinção das relações jurídicas de trabalho", in ROA, 1950, nºs 1 e 2, pp. 221 segs.

[8] RAÚL VENTURA, "Lições de Direito do Trabalho", 1948/1949 cit., pág. 636.

[9] Sobre o art. 702º do Código Civil de 1867, v., entre outros, CUNHA GONÇALVES, Tratado de Direito Civil – em comentário ao Código Civil Português, Volume IV, Coimbra Editora, Coimbra, 1932, pp. 486 segs.; GALVÃO TELLES, Manual dos Contratos em Geral, 3ª ed. (1965), Lex, Lisboa, 1995 (reprint), pp. 350-351.

[10] Sobre a disciplina destes contratos no Código de Seabra, v. CUNHA GONÇALVES, Tratado de Direito Civil – em comentário ao Código Civil Português, Volume VII, Coimbra Editora, Coimbra, 1934; pp. 534 segs. e 571 segs.; MARIA DA CONCEIÇÃO TAVARES DA SILVA, Direito do Trabalho, policop., Lisboa, 1964-65, pp. 329 segs.

A propósito da extinção pactuada do contrato de serviço salariado, afirmava CUNHA GONÇALVES que poderia "o contrato de trabalho ser rescindido de comum acordo, embora fosse convencionado por tempo certo", visto que "quasi todos os contratos podem ser desfeitos pela forma por que foram feitos", acrescentando ainda que "nenhuma das partes deverá à outra, neste caso, qualquer indemnização" (op. cit., pág. 604).

[11] RAÚL VENTURA, "Extinção das relações jurídicas de trabalho", 1950 cit., pág. 222.

[12] O silêncio da L nº 1952 quanto a este ponto resultaria de uma opção de manter a cessação do contrato de trabalho por acordo das partes sujeita ao regime comum dos contratos. É a este propósito esclarecedor o Parecer da Câmara Corporativa, de 15 de Janeiro de 1937 (relatado por José Gabriel Pinto Coelho), sobre a Proposta de Lei apresentada à Assembleia Nacional em 16 de Dezembro de 1936, que considerava que o contrato de trabalho se extinguiria "naturalmente", pelo "acordo das partes, causa comum a todos os actos jurídicos bilaterais que dispensa qualquer explicação" (Parecer, § 5º, al. a), publicado, tal como a proposta, in CÉSAR D'ARAÚJO, O Contrato de Trabalho na Lei Portuguesa (do

A REVOGAÇÃO DO CONTRATO DE TRABALHO

Porém, a aplicação do referido art. 702º do Código de Seabra, se permitia atribuir, nos termos expostos, efeito extintivo do contrato de trabalho ao acordo das partes em tal sentido[13], não fornecia qualquer resposta para os vários "problemas de pormenor" que este "mútuo dissenso" colocava[14], os quais, na ausência de uma disciplina laboral específica, cabia à doutrina solucionar.

Entre estes, cumpre destacar os relativos à forma, ao carácter discricionário e às eventuais limitações impostas à revogação pela impossibilidade de renúncia aos seus direitos pelo trabalhador (em especial no que se refere à atribuição àquela de eficácia *ex tunc*).

Em matéria de forma da revogação, sustentava RAÚL VENTURA que a regra de que "o acto revogatório deve revestir características formais idênticas"[15] às do acto revogado valeria quanto à forma porventura exigida por lei "para a válida constituição" do contrato de trabalho revogado, mas não já para qualquer outra que aquele "de facto revestiu" (*v.g.*, por opção dos contraentes)[16].

Código Civil de 1867 à LCT), Lisboa, 1973, pp. 22 segs. e 16 segs., respectivamente). Sobre este ponto, v. ainda BIGOTTE CHORÃO, *Direito do Trabalho*, policop., 1968/1969, pág. 269.

Orientação idêntica terá sido seguida no Projecto da Proposta de Lei nº 517, de 23 de Setembro de 1960, sobre o regime do contrato de trabalho, elaborada pelo Governo e apresentado à Câmara Corporativa, que sobre ele se pronunciou no seu Parecer nº 45/VII, de 14 de Novembro de 1961, relatado por Inocêncio Galvão Telles e que propunha um texto substitutivo daquele. Com efeito, nem o referido Projecto de Proposta de Lei, nem o articulado constante do Parecer que sobre ele incidiu continham qualquer referência à cessação do contrato de trabalho por mútuo acordo das partes. V. o respectivo texto in CÉSAR D'ARAÚJO, *O Contrato de Trabalho na Lei Portuguesa*, 1973 cit., pp. 91 segs. e 114 segs.

Diversamente, o Projecto de Diploma Legal, resultante da Revisão Ministerial de 1964 do Anteprojecto elaborado por Fernando Pessoa Jorge (*Contrato de Trabalho – Projecto de Diploma Legal (Revisão Ministerial)*, Ministério das Corporações e Previdência Social, Lisboa, 1964), incluía já a cessação do contrato de trabalho por mútuo acordo das partes entre as causas de extinção do contrato de trabalho, sob a designação "revogação" (arts. 95º, nº 1, al. a), e 96º). Cumpre, a este propósito, advertir que o Parecer *supra* referido, elaborado sobre o Projecto de Proposta de Lei nº 517, aludia à "revogação", mas como sinónimo de "despedimento sem justa causa, por parte da empresa ou por parte do prestador de trabalho" (cfr. os respectivos arts. 51º a 56º). Sobre este Projecto de 1964, com mais desenvolvimento, v. o nº seguinte.

[13] A este propósito, advertia RAÚL VENTURA que a regra estabelecida no art. 702º do Código Civil – de que os contratos não podem ser revogados ou alterados senão por mútuo consenso dos contraentes (salvas as excepções legalmente previstas) – não seria aplicável "sob certo aspecto" ao contrato de trabalho, por neste ser permitida a denúncia unilateral, mas que de modo algum tal implicaria o afastamento do "princípio extraído" do mesmo preceito, *i.e.*, que "o acordo dos contraentes" não tivesse "quanto a este o efeito extintivo" por ele reconhecido ("Lições de Direito do Trabalho", 1948/1949 cit., pág. 636; "Extinção das relações jurídicas de trabalho", 1950 cit., pág. 222).

[14] RAÚL VENTURA, "Lições de Direito do Trabalho", 1948/1949 cit., pág. 636.

[15] RAÚL VENTURA, "Lições de Direito do Trabalho", 1948/1949 cit., pág. 637; "Extinção das relações jurídicas de trabalho", 1950 cit., pág. 222. Sobre a regra enunciada no texto, v., ainda, CUNHA GONÇALVES, *Tratado de Direito Civil*, IV, 1932 cit., pág. 486.

[16] Seria, com efeito, infundado considerar que "o facto de os contraentes terem usado uma forma não exigida por lei" obstava a que o acto revogatório produzisse os seus efeitos, mesmo revestindo o

EVOLUÇÃO HISTÓRICA

O carácter discricionário da revogação, se era considerado compatível com eventuais estipulações das partes no sentido de a limitar a certos motivos ou "a hipóteses determinadas convencionalmente"[17], já implicava, contudo, o repúdio de certas teses que, em ordem a reforçar a tutela do trabalhador, propunham a "atribuição ao juiz de latos poderes para investigar a justificação do acto revogatório", pois os "motivos do distrato"[18], salvos os limites decorrentes da sua eventual invalidade por falta ou vícios da vontade[19], "escapam à apreciação judicial"[20].

A questão relativa à conciliação da cessação por mútuo acordo do contrato de trabalho com o "princípio de irrenunciabilidade pelo trabalhador dos direitos legalmente provenientes da prestação do serviço"[21] e às eventuais restrições

---

"mínimo de forma" legal (ou "a ausência dela", quando permitida). Tal tese, para além de representar "um injustificado exagero" da regra romana de que "nada há mais natural que dissolver as relações do mesmo modo por que foram constituídas" (que "nada obriga a interpretar com referência às formalidades contratuais"), seria, ainda, contrária ao "disposto no art. 686º do Código Civil", que não comportaria qualquer excepção nesse senntido (RAÚL VENTURA, "Lições de Direito do Trabalho", 1948/1949 cit., pág. 637; "Extinção das relações jurídicas de trabalho", 1950 cit., pág. 222).

[17] "Pois nenhum interesse legítimo é contrariado por este pacto e a faculdade de o estabelecer está incluída na faculdade genérica de revogar o contrato", apenas se mostrando tais estipulações problemáticas na medida em que visassem igualmente limitar a faculdade de rescisão (RAÚL VENTURA, "Lições de Direito do Trabalho", 1948/1949 cit., pág. 637; "Extinção das relações jurídicas de trabalho", 1950 cit., pág. 223).

[18] RAÚL VENTURA, "Lições de Direito do Trabalho", 1948/1949 cit., pág. 638; "Extinção das relações jurídicas de trabalho", 1950 cit., pág. 223.

[19] Aplicáveis, nos termos gerais, à declaração do trabalhador de assentimento na extinção do contrato (RAÚL VENTURA, "Lições de Direito do Trabalho", 1948/1949 cit., pág. 638; "Extinção das relações jurídicas de trabalho", 1950 cit., pág. 223).

[20] RAÚL VENTURA, "Extinção das relações jurídicas de trabalho", 1950 cit., pág. 223.

[21] RAÚL VENTURA, "Extinção das relações jurídicas de trabalho", 1950 cit., pág. 332. Tratar-se-ia de um "princípio geral de direito do trabalho" que, apesar de não conter "enunciação genérica" no nosso ordenamento, estaria "aplicado em preceitos particulares" (como os relativos à irrenunciabilidade do direito a férias ou à indemnização por acidente de trabalho) e deveria, em todo o caso, "ser reconhecido por virtude da sua íntima ligação" com o "princípio do melhor tratamento", de que constituiria complemento. E abrangeria todos os direitos emergentes da lei ou dos "contratos colectivos", mas não já "os que procedem do contrato individual de trabalho". Por força deste princípio, não seriam "válidas em direito do trabalho as renúncias" pelo trabalhador a "direitos resultantes da lei", entendida esta "em sentido material, incluindo os próprios contratos colectivos". Sobre este princípio, com maior desenvolvimento RAÚL VENTURA, "Lições de Direito do Trabalho", 1948/1949 cit., pág. 637; "Extinção das relações jurídicas de trabalho", 1950 cit., pp. 222 e 332 segs.

Sobre o "princípio do melhor tratamento", v. MARIA DA CONCEIÇÃO TAVARES DA SILVA, *Direito do Trabalho*, 1964-65 cit., pp. 528 segs.; RAÚL VENTURA, *Teoria da Relação Jurídica de Trabalho*, I, Imprensa Portuguesa, Porto, 1944, pp. 195 segs.

Quanto ao fundamento desta irrenunciabilidade, RAÚL VENTURA – após exprimir a sua discordância quanto à distinção estabelecida pela jurisprudência italiana anterior ao *Codice Civile* (mas não acolhida no seu art. 2113, conforme teremos ocasião de versar *infra*, no nº 3.1.2), entre as "renúncias efectua-

A REVOGAÇÃO DO CONTRATO DE TRABALHO

àquela impostas, suscitava-se em dois planos – as "indemnizações ou pré-avisos legais"[22] e a susceptibilidade de atribuição de eficácia *ex tunc*. E se relativamente ao primeiro essa articulação era simples – pois sendo as indemnizações por despedimento e os pré-avisos legais "reservados, por definição, à resolução unilateral"[23], o assentimento do trabalhador na extinção do contrato não envolveria qualquer renúncia a estes[24] –, o mesmo não poderia afirmar-se quanto ao segundo.

Com efeito, e conforme explicava RAÚL VENTURA, a atribuição, pelas partes, de eficácia retroactiva à revogação do contrato envolveria uma renúncia "total *ex tunc*"[25] do trabalhador aos seus direitos resultantes do contrato de trabalho, "contrária ao referido princípio"[26]: em tal hipótese, a sua vontade "ataca e destrói os direitos que a lei pretende reservar-lhe, mesmo *invito domino*"[27]. Porque o princípio da irrenunciabilidade pelo trabalhador dos seus direitos legais só se compadeceria "com uma revogação *ex nunc*"[28], seria de excluir a estipulação da sua retroactividade. A revogação do contrato de trabalho operaria apenas para o futuro[29], "subsistindo os efeitos contratuais já produzidos"[30].

---

das durante a vigência da relação de trabalho e as efectuadas posteriormente, considerando válidas as segundas" por a "sujeição do trabalhador à influência do dador, que o levaria a aceitar renúncias prejudiciais aos seus interesses" desaparecer em tal momento – concluía residir este na "indisponibilidade" de tais direitos, enquanto "subtracção deles ao poder da vontade do titular", e não numa qualquer "vontade de renúncia não manifestada livremente" ("Extinção das relações jurídicas de trabalho", 1950 cit., pp. 334-335).

[22] RAÚL VENTURA, "Extinção das relações jurídicas de trabalho", 1950 cit., pág. 222.

[23] RAÚL VENTURA, "Lições de Direito do Trabalho", 1948/1949 cit., pág. 637.

[24] Porque a lei não atribuía ao trabalhador "no caso de acordo" qualquer dos direitos referidos no texto, seria inaplicável em tal situação "o princípio da irrenunciabilidade" (RAÚL VENTURA, "Extinção das relações jurídicas de trabalho", 1950 cit., pág. 222).

[25] RAÚL VENTURA, "Lições de Direito do Trabalho", 1948/1949 cit., pág. 636.

[26] RAÚL VENTURA, "Extinção das relações jurídicas de trabalho", 1950 cit., pág. 336.

[27] RAÚL VENTURA, "Lições de Direito do Trabalho", 1948/1949 cit., pág. 636. Com efeito, "a destruição total do acto, com o apagamento, tanto quanto possível perfeito, da manifestação de vontade produzida, importaria para o trabalhador a extinção voluntária dos direitos constituídos durante a vigência da relação que se pretende fazer desaparecer" (RAÚL VENTURA, "Extinção das relações jurídicas de trabalho", 1950 cit., pág. 336).

[28] RAÚL VENTURA, "Extinção das relações jurídicas de trabalho", 1950 cit., pág. 336.

[29] Mais exactamente, "em direito do trabalho, não só é mais natural interpretar a vontade das partes, em caso de dúvida, como revogação para o futuro", como deve ser ""inválida a vontade declarada de revogação *ex tunc*": a "simples revogação *ex nunc*" seria imposta pela "natureza da relação jurídica" (RAÚL VENTURA, "Lições de Direito do Trabalho", 1948/1949 cit., pág. 637; "Extinção das relações jurídicas de trabalho", 1950 cit., pág. 336).

Sobre os limites com que no direito comum dos contratos se defrontava a estipulação pelas partes de uma revogação retroactiva, v. CUNHA GONÇALVES, *Tratado de Direito Civil, IV*, 1932 cit., pp. 486-487; GALVÃO TELLES, *Manual dos Contratos em Geral*, 1965 cit., pp. 351-352.

[30] RAÚL VENTURA, "Lições de Direito do Trabalho", 1948/1949 cit., pág. 636.

EVOLUÇÃO HISTÓRICA

O mesmo princípio de irrenunciabilidade pelo trabalhador aos seus direitos resultantes da lei aplicar-se-ia, aliás, a todas as hipóteses em que "directa ou indirectamente a revogação importe renúncias parciais"[31] – as quais seriam, nos termos gerais, inválidas[32].

2.3. LCT

2.3.1. Traços gerais da disciplina da revogação do contrato de trabalho

A LCT incluiu o "mútuo acordo das partes" entre as causas de extinção do contrato de trabalho enumeradas no seu art. 98º e regulou a "revogação por mútuo acordo" no art. 99º[33].

Eram essencialmente quatro os pontos pelos quais se repartia esta primeira disciplina legislativa do distrate: a genérica afirmação da possibilidade de "revogação por mútuo acordo" do contrato de trabalho, a expressa proibição da sua outorga "em fraude à lei"[34], a previsão de que as partes lhe associassem "outros efeitos" e a sua conformação como negócio em regra consensual, só excepcionalmente se impondo a sua redução a escrito.

Incontestada já no direito anterior[35], a admissibilidade de princípio da extinção do contrato de trabalho "por mútuo acordo" resultava, na LCT, da convergência do disposto no nº 1, al. a), do art. 98º e do nº 1 do art. 99º, que

---

[31] RAÚL VENTURA, "Lições de Direito do Trabalho", 1948/1949 cit., pág. 636.

[32] RAÚL VENTURA, "Lições de Direito do Trabalho", 1948/1949 cit., pág. 637; "Extinção das relações jurídicas de trabalho", 1950 cit., pp. 222 e 336.

[33] Os arts. 98º, nº 1, al. a), e 99º da LCT resultaram da revisão do DL nº 47 032, de 27 de Maio de 1966 (prevista no respectivo art. 132º), pelo DL nº 49 408, de 24 de Novembro de 1969, e reproduziram, inalterados, os respectivos arts. 95º, nº 1, al. c), e 96º. Estes correspondiam aos arts. 95º, nº 1, al. a), e 96º do Projecto de Diploma Legal resultante da Revisão Ministerial de 1964 que, incidindo sobre o Anteprojecto Pessoa Jorge, acolhera o disposto nos seus arts. 97º, nº 1, al. a), e 98º, com uma única e ligeira alteração de redacção no nº 1, parte final, da norma deste último. Para um cotejo dos respectivos textos, v. *Contrato de Trabalho – Projecto de Diploma Legal (Revisão Ministerial)*, Ministério das Corporações e Previdência Social, Lisboa, 1964; PESSOA JORGE, "Contrato de Trabalho – Anteprojecto de Diploma Legal", in ESC, nº 13, 1965, pp. 247 segs.

Sobre a disciplina da revogação do contrato de trabalho constante dos arts. 98º e 99º referidos no texto, v. FERNANDA AGRIA/MARIA LUIZA PINTO, *Manual Prático de Direito do Trabalho - Contrato Individual de Trabalho*, Almedina, Coimbra, 1972, pág. 190; ABÍLIO NETO, *Contrato de Trabalho – Decreto-Lei nº 49 408, de 24 de Novembro de 1969*, Livraria Petrony, Lisboa, 1970, pp. 63-64; ALMEIDA POLICARPO/MONTEIRO FERNANDES, *Lei do Contrato de Trabalho Anotada*, Almedina, Coimbra, 1970, pp. 211 segs.; BERNARDO XAVIER, "A Compensação por Despedimento no Contrato de Trabalho" in ESC, nº 30, 1969, pág. 42; "A Estabilidade", 1970 cit., pp. 19-20; *Regime Jurídico do Contrato de Trabalho Anotado*, 2ª ed., Atlântida, Coimbra, 1972, pp. 186-187.

[34] BERNARDO XAVIER, *Regime Jurídico do Contrato de Trabalho Anotado*, 1972 cit., pág. 186.

[35] Cfr. o nº anterior.

A REVOGAÇÃO DO CONTRATO DE TRABALHO

estabelecia ser "sempre lícito" às partes "revogar por mútuo acordo o contrato de trabalho, quer este tenha prazo quer não". Tratava-se de um aspecto particularmente destacado pela doutrina, que sublinhava não estabelecer a lei para "esta forma de cessação" do contrato "qualquer limitação" (quanto a prazos ou quanto a motivos)[36], nem impor "a atribuição de quaisquer indemnizações"[37].

Não obstante, o art. 21º, nº 1, al. h), da LCT incluía, entre as garantias do trabalhador[38], numa opção que se manteve até ao presente[39], a interdição de o empregador "despedir e readmitir o trabalhador (...) mesmo com o seu acordo, havendo o propósito de o prejudicar em direitos ou garantias decorrentes da antiguidade"[40]. Porque impedia o recurso ao mecanismo da revogação[41] para defraudar o trabalhador no cômputo da sua antiguidade, tal solução era apontada como uma relevante concretização[42] da tutela da estabilidade do emprego[43].

A possibilidade de as partes atribuírem à revogação outros efeitos para além da "pura e simples cessação imediata do contrato" retirava-se *a contrario* do nº 2, parte final, do art. 99º. Esses "outros efeitos" – para além, naturalmente, da

---

[36] ALMEIDA POLICARPO/MONTEIRO FERNANDES, *Lei do Contrato de Trabalho Anotada*, 1970 cit., pág. 213. No mesmo sentido, sublinhando o carácter discricionário da revogação, que as partes poderiam "livremente" operar, "sem necessidade de alegação de qualquer fundamento", HENRIQUE PARREIRA, *Regulamentação Jurídica do Contrato Individual de Trabalho – Legislação do Trabalho Anotada*, *IV*, Editora Pax, Braga, 1966, pág. 110 e, ainda, HENRIQUE DE SOUSA E MELLO/SUZANA DUARTE PEDRO, *Código do Trabalho – Regulamentação Jurídica do Contrato Individual de Trabalho*, Livraria Petrony, Lisboa, 1966, pág. 76.

[37] BERNARDO XAVIER, *Regime Jurídico do Contrato de Trabalho Anotado*, 1972 cit., pág. 187; v., ainda, "A Compensação por Despedimento", 1969 cit., pág. 42; "A Estabilidade", 1970 cit. cit., pág. 19.

[38] Sobre tais garantias do trabalhador, às quais correspondiam "outros tantos deveres de carácter omissivo" do empregador, v. BERNARDO XAVIER, *Regime Jurídico do Contrato de Trabalho Anotado*, 1972 cit., pág. 72.

[39] V. os arts. 122º, nº 1, al. j), do CT2003 e 129º, nº 1, al. j), do CT2009.

[40] A adopção pelo empregador de tal comportamento (como dos constantes das demais alíneas do nº 1 do art. 21º referido no texto) constituiria justa causa de rescisão nos termos do nº 2 do mesmo art. 21º e da al. c) do art. 103º, conferindo ao trabalhador direito a uma indemnização nos termos dos arts. 106º, 109º e 110º, "bem como a indemnização pelos danos que lhe adviessem da violação dos seus direitos e garantias". Sobre este ponto, v. BERNARDO XAVIER, *Regime Jurídico do Contrato de Trabalho Anotado*, 1972 cit., pp. 72-73.

[41] Muito embora a letra do preceito não referisse directamente tal hipótese, a verdade é que, por força da opção legal de admitir, por regra, a revogação meramente consensual, e conforme notava BERNARDO XAVIER, "um despedimento com acordo do trabalhador equivale tecnicamente à revogação do contrato" (*Regime Jurídico do Contrato de Trabalho Anotado*, 1972 cit., pág. 73).

[42] Tanto mais relevante quanto se considerasse ser a única em matéria de revogação do contrato de trabalho. Neste sentido, BERNARDO XAVIER, "A Estabilidade", 1970 cit., pág. 20.

[43] Sobre a tutela da estabilidade, enquanto "tutela da permanência do contrato", a sua relação com a antiguidade do trabalhador e as suas concretizações no sistema da LCT, v. BERNARDO XAVIER, "A Estabilidade", 1970 cit., pp. 8 segs. e 17 segs.

EVOLUÇÃO HISTÓRICA

cessação diferida do vínculo[44] – seriam, "na maioria dos casos, vantagens a conceder ao trabalhador"[45], em particular "compensações"[46], como "recompensa"[47]
da "sua anuência à revogação"[48] e da correspondente desistência "das indemnizações legais"[49]

Por último, e tal como já se antecipou, a LCT conformava a revogação do
contrato como um negócio "puramente verbal"[50], apenas impondo a sua celebração por escrito, em "documento assinado por ambas as partes", caso estas
acordassem associar-lhe a produção de "outros efeitos", nos termos expostos
(art. 99º, nº 1). Justifica-se algum desenvolvimento quanto a este ponto.

2.3.2. A revogação como negócio consensual e a excepcional imposição de forma escrita

A opção da LCT de conformar a revogação como meramente consensual, se se
justificava à luz do princípio da liberdade de forma[51], em plena simetria com o
estabelecido para a celebração do contrato, no seu art. 6º, ou, mais latamente, da
"liberdade das partes"[52], envolvia, contudo, um incontornável risco de defraudação dos direitos do trabalhador.

O problema residia essencialmente na eventual postergação de direitos
patrimoniais daquele, *maxime* das compensações a que teria direito em caso
de despedimento[53], que uma tal orientação, se irrestrita, propiciaria – e não
tanto com a preterição, por tal via, de um qualquer direito à permanência do

---

[44] Referindo-se ao preceito correspondente do DL nº 47 032, HENRIQUE PARREIRA, incluía, entre os "outros efeitos" que o nº 2 permitia atribuir à revogação, a sua retroactividade, *i.e.*, a sua eficácia *ex tunc* (*Regulamentação Jurídica do Contrato Individual de Trabalho*, 1966 cit., pág. 110). No mesmo sentido, HENRIQUE DE SOUSA E MELLO/SUZANA DUARTE PEDRO, *Código do Trabalho – Regulamentação Jurídica do Contrato Individual de Trabalho*, 1966 cit., pág. 76.

[45] BERNARDO XAVIER, "A Estabilidade", 1970 cit., pág. 19.

[46] BERNARDO XAVIER, *Regime Jurídico do Contrato de Trabalho Anotado*, 1972 cit., pág. 187.

[47] BERNARDO XAVIER, "A Estabilidade", 1970 cit., pág. 19.

[48] BERNARDO XAVIER, *Regime Jurídico do Contrato de Trabalho Anotado*, 1972 cit., pág. 187. V., ainda, FERNANDA AGRIA/MARIA LUIZA PINTO, *Manual Prático de Direito do Trabalho*, 1972 cit., pág. 190.

[49] BERNARDO XAVIER, "A Estabilidade", 1970 cit., pág. 19.

[50] A expressão é de ALMEIDA POLICARPO/MONTEIRO FERNANDES, *Lei do Contrato de Trabalho Anotada*, 1970 cit., pág. 213. No mesmo sentido, ABÍLIO NETO, *Contrato de Trabalho*, 1970 cit., pág. 64.

[51] BERNARDO XAVIER, "A Estabilidade", 1970 cit., pág. 19.

[52] ALMEIDA POLICARPO/MONTEIRO FERNANDES, *Lei do Contrato de Trabalho Anotada*, 1970 cit., pág. 213.

[53] Em sentido um tanto diverso, ALMEIDA POLICARPO/MONTEIRO FERNANDES, após alertarem para os riscos inerentes ao facto de a revogação poder fazer-se verbalmente – que poderia ser "perigoso para a tutela do trabalhador" – apontavam o disposto no art. 21º, nº 1, al. h), como resposta para tal problema (*Lei do Contrato de Trabalho Anotada*, 1970 cit., pág. 213), em termos que parecem dificilmente sustentá-veis, desde logo porque a defraudação dos direitos e/ou garantias do trabalhador decorrentes da sua antiguidade através do procedimento descrito no referido preceito não depende da forma que revista

A REVOGAÇÃO DO CONTRATO DE TRABALHO

vínculo, insubsistente num modelo como o da LCT que, tendo optado por não consagrar uma "estabilidade própria"[54], consentia ao empregador "largos poderes de desvinculação, ainda que os condicionasse indirectamente através de indemnizações apropriadas"[55].

E não era senão esta "desconfiança"[56] – do próprio legislador – que justificava o reforço de cautelas formais unicamente na hipótese contemplada no nº 2 do art. 99º, de ajuste pelas partes de "outros efeitos"[57]. Tratava-se, afinal, de acautelar a situação do trabalhador, garantindo a "possibilidade de controle", e evitando "naturais dificuldades de prova"[58] quanto à compensação ajustada "como recompensa de ter sancionado a proposta de revogação"[59] e/ou quanto ao seu montante.

2.4. DL nº 372-A/75, de 16 de Julho

2.4.1. Traços gerais da disciplina da revogação do contrato de trabalho

O DL nº 372-A/75, de 16 de Julho, que regulou a "cessação do contrato individual de trabalho", revogando as correspondentes disposições da LCT (art. 1º, nº 1)[60], manteve o "mútuo acordo das partes" entre as causas de extinção do vínculo laboral enumeradas no nº 1 do seu art. 4º e dedicou à "cessação do contrato de trabalho por mútuo acordo das partes" o capítulo formado pelos arts. 5º a 7º[61].

---

a revogação (tanto podendo resultar de uma revogação escrita, como de uma revogação puramente verbal), mas da finalidade com que, no caso, esta é utilizada e/ou do resultado que objectivamente produz.

[54] BERNARDO XAVIER, "A Estabilidade", 1970 cit., pág. 17; no mesmo sentido, "A Compensação por Despedimento", 1969 cit., pág. 37.

[55] BERNARDO XAVIER, "A Estabilidade", 1970 cit., pág. 17.

[56] BERNARDO XAVIER, "A Estabilidade", 1970 cit., pág. 19.

[57] Cfr. o nº anterior.

[58] BERNARDO XAVIER, "A Estabilidade", 1970 cit., pág. 19.

[59] BERNARDO XAVIER, "A Estabilidade", 1970 cit., pág. 19; no mesmo sentido, FERNANDA AGRIA/MARIA LUIZA PINTO, *Manual Prático de Direito do Trabalho*, 1972 cit., pág. 190.

[60] O nº 2 do mesmo art. 1º exceptuava dessa revogação "as normas sobre despedimentos colectivos", constantes do DL nº 783/74, de 31 de Dezembro. Esta matéria viria a ser ulteriormente integrada no DL nº 372-A/75 pelo DL nº 84/76, de 28 de Janeiro, que suprimiu o despedimento por motivo atendível, regulado nos seus arts. 13º segs., substituindo a correspondente disciplina por novas regras sobre despedimento colectivo, incluídas nos mesmos preceitos, e por tal modo "aglutinando num só decreto-lei todas as formas legalmente permitidas de cessação do contrato de trabalho" (conforme explicitava o respectivo Preâmbulo). Voltaremos a esta alteração, que resultou na redução das hipóteses de despedimento individual à ocorrência de justa causa, apurada em procedimento disciplinar, nos termos dos seus arts. 9º e segs., já no próximo número.

[61] Sobre o regime da revogação do contrato de trabalho no DL nº 372-A/75, v., entre outros, MORAIS ANTUNES/RIBEIRO GUERRA, *Despedimentos e outras formas de cessação do contrato de trabalho*, Almedina, Coimbra, 1984, pp. 19 segs.; MESSIAS DE CARVALHO/NUNES DE ALMEIDA, *Direito do Trabalho e Nulidade do Despedimento*,

EVOLUÇÃO HISTÓRICA

Procurando sintetizar o essencial do regime neles estabelecido, destacaremos cinco pontos principais: a diferente terminologia adoptada, a tendencial continuidade face ao direito anterior quanto à genérica admissibilidade da cessação por acordo e da estipulação de outros efeitos pelas partes, a sujeição, como regra, do "mútuo acordo extintivo" a "um formalismo rígido"[62], a nulidade das cláusulas que implicassem a renúncia aos seus direitos pelo trabalhador e o direito que a este era conferido de revogar unilateralmente o acordo extintivo, num prazo curto contado da sua assinatura.

Uma primeira e visível alteração introduzida pelo DL nº 372-A/75 na disciplina do distrate do contrato de trabalho consistiu na substituição da designação "revogação", adoptada na LCT, pela referência à "cessação" por "mútuo acordo". Motivada por um aparente intuito de precisão terminológica[63] (a que a nova solução consagrada no art. 7º conferira especial premência), esta opção teve, contudo, escassa concretização. Com efeito, se a nova expressão intitulava o capítulo que integrava esta disciplina e surgia no texto dos arts. 5º e 6º, nº 1, o mesmo não sucedia nos arts. 6º, nº 3, e 7º, nº 2 (um e outro, curiosamente, sem precedente no direito anterior), os quais aludiam ao "acordo revogatório". O que de modo significativo atenuava o alcance de tal alteração.

Em todo o caso, o DL nº 372-A/75 ateve-se ao essencial das orientações definidas no direito anterior ao afirmar, no seu art. 5º, ser "sempre lícito" ao

---

Almedina, Coimbra, 1984, pp. 185 segs.; MENEZES CORDEIRO, *Manual de Direito do Trabalho*, 1991 cit.. pp. 798-799; MONTEIRO FERNANDES, *Noções Fundamentais de Direito do Trabalho*, Almedina, Coimbra, 1977, pp. 269 segs.; JORGE LEITE, *Direito do Trabalho – Da Cessação do Contrato de Trabalho*, policop., Coimbra, 1978, pp. 47 segs.; RODRIGUES DA SILVA, Modificação, suspensão e extinção do contrato de trabalho", *Direito do Trabalho: Curso promovido pela Procuradoria-Geral da República e integrado nas actividades de formação permanente dos magistrados*, Suplemento do *BMJ*, 1979, pp. 202 segs.; MOTTA VEIGA, *Direito do Trabalho*, Vol. II (policop.), Universidade Lusíada – Departamento de Direito, Lisboa, 1987, pp. 205 segs.

[62] RODRIGUES DA SILVA, "Modificação, suspensão e extinção do contrato de trabalho", 1979 cit., pág. 203.

[63] Na vigência da LCT, advertiam ALMEIDA POLICARPO/MONTEIRO FERNANDES, invocando o ensinamento de MOTA PINTO – que concebia a revogação como, em regra, unilateral, *i.e.*, como cessação de efeitos do negócio por acto de uma das suas partes – que o termo "revogação" utilizado nos seus arts. 98º e 99º não corresponderia "inteiramente à figura assim designada na doutrina geral do negócio jurídico", ao referir situações em que "ao contrato é posto termo por um impulso de vontades qualitativamente idênticas às que o originaram" (*Lei do Contrato de Trabalho Anotada*, 1970 cit., pp. 213-214).
Caracterizam a revogação como "unilateral *proprio sensu*", nos termos expostos, embora admitindo que esta possa, por vezes, operar "por comum acordo", CARVALHO FERNANDES, *Teoria Geral do Direito Civil*, Vol. II, 4ª ed., Universidade Católica Editora, Lisboa, 2007, pp. 475-476; MOTA PINTO, *Teoria Geral do Direito Civil*, 4ª ed. (por António Pinto Monteiro e Paulo Mota Pinto), Coimbra Editora, Coimbra, 2005, pp. 629-630. Contra, concebendo a revogação como "livre destruição dos efeitos de um acto jurídico pelo seu próprio autor ou autores" (*i.e.*, unilateral ou bilateral, consoante se trate de negócio unilateral ou bilateral), ROMANO MARTINEZ, *Da Cessação do Contrato*, 2006 cit., pp. 111 segs.; GALVÃO TELLES, *Manual dos Contratos em Geral*, 1965 cit., pp. 350-351; PAIS DE VASCONCELOS, *Teoria Geral do Direito Civil*, 5ª ed., Almedina, Coimbra, 2008, pág. 771. Para mais desenvolvimentos sobre este ponto, v. *infra* o nº 5.1.1.

empregador[64] e ao trabalhador "fazerem cessar por mútuo o acordo o contrato de trabalho, quer este tenha prazo, quer não"[65], e explicitando, ainda, que tal cessação se faria "sem observância das obrigações e limitações estabelecidas nos capítulos subsequentes".

Porque a revogação a que procedeu o nº 1 do seu art. 1º se limitou ao capítulo da LCT relativo à cessação do contrato de trabalho, permaneceu intocada a proibição de revogação do contrato em fraude à lei, enunciada no seu art. 21º, nº 1, al. h)[66].

Num outro plano, mas ainda em linha de continuidade com o direito anterior, o nº 2 do seu art. 6º permitia que as partes acordassem "outros efeitos", os quais poderiam constar do documento que titulava o distrate[67]. E advertia, reproduzindo quanto ao mútuo acordo extintivo do contrato de trabalho, o prescrito para os contratos em geral pelo art. 405º, nº 1, do CódCiv –, "desde que não contrariem as leis gerais de trabalho"[68] – numa opção que veio a consolidar-se, entre nós[69].

De entre as inovações introduzidas nesta matéria, refira-se, antes de mais, a conformação do distrate como negócio formal, no que representou uma completa inflexão de rumo face ao direito anterior: por força do disposto no art. 6º,

---

[64] Mais exactamente "à entidade patronal ou gestor público" (art. 5º).

[65] Sobre este ponto, v., entre outros, MORAIS ANTUNES/RIBEIRO GUERRA, *Despedimentos e outras formas de cessação do contrato de trabalho*, 1984 cit., pág. 19; MONTEIRO FERNANDES, *Noções Fundamentais de Direito do Trabalho*, 1977 cit., pág. 269; JORGE LEITE, *Direito do Trabalho – Da Cessação do Contrato de Trabalho*, 1978 cit., pág. 77.

[66] Cfr *supra* o nº 2.3.1. Sobre este ponto, referindo-se já ao sistema do DL nº 372-A/75, MONTEIRO FERNANDES, *Noções Fundamentais de Direito do Trabalho*, 1977 cit., pp. 269-270; JORGE LEITE, *Direito do Trabalho – Da Cessação do Contrato de Trabalho* 1978 cit., pp. 77-78; RODRIGUES DA SILVA, "Modificação, suspensão e extinção do contrato de trabalho" cit., pág. 203.

[67] Não era evidente o sentido da norma constante do art. 6º, nº 2, que, ao estatuir que do documento "podem constar outros efeitos acordados entre as partes", deixava por esclarecer se a permissão se reportaria apenas à estipulação pelas partes de outros efeitos, a qual, a ocorrer, estaria abrangida pela forma legalmente imposta (como sucedia, ainda que em moldes não inteiramente coincidentes, na LCT) ou se se referiria, também, à sua inclusão no documento que titulava o distrate, enquanto estipulações acessórias, não abrangidas pela imposição do nº 1. A questão será desenvolvida já no número que se segue.

[68] A redundância do segmento normativo transcrito no texto (visto que jamais a estipulação pelo trabalhador e pelo empregador de "outros efeitos" a atribuir ao acordo extintivo entre ambos ajustado poderia contrariar normas laborais imperativas, hipótese que, a verificar-se, resultaria na nulidade, nos termos gerais dos arts. 294º e 292º do CódCiv, das cláusulas em questão ou do acordo revogatório na sua totalidade) era acentuada por MORAIS ANTUNES/RIBEIRO GUERRA, para os quais este careceria de qualquer utilidade – não tendo, designadamente, como efeito impedir "que o conteúdo do documento contrarie as leis gerais do trabalho" (*Despedimentos e outras formas de cessação do contrato de trabalho*, 1984 cit., pág. 22).

[69] Tendo transitado sucessivamente, se bem que com formulações diversas, para os arts. 8º, nº 3, do DL nº 64-A/89, 394º, nº 3, do CT2003 e 349º, nº 4, do CT2009.

EVOLUÇÃO HISTÓRICA

nº 1, do DL nº 372-A/75 a cessação do contrato de trabalho por mútuo acordo passou a ter que constar "sempre" de "documento escrito, assinado por ambas as partes, em duplicado, ficando cada uma das partes com um exemplar."

Novidade constituiu também a expressa cominação, no nº 3 do art. 6º, da nulidade das "cláusulas do acordo revogatório" nas quais as partes declarassem "que o trabalhador não pode exercer direitos já adquiridos ou reclamar créditos vencidos".

Refira-se, por último, aquele que constituiu porventura o ponto mais marcante e mais controverso do regime da revogação constante do DL nº 372-A/75 – o direito que ao trabalhador concedia o art. 7º de, por sua iniciativa unilateral, "revogar" o acordo de cessação outorgado com o empregador, nos sete dias subsequentes à sua assinatura, "reassumindo o exercício do cargo", se bem que perdendo "a antiguidade que tinha à data do acordo revogatório".

Importa que nos detenhamos sobre estes três últimos pontos.

2.4.2. A revogação do contrato de trabalho como negócio formal (art. 6º, nº 1)

O DL nº 372-A/75 rompeu com o direito anterior quanto à sujeição do distrate ao princípio da liberdade de forma e, nessa medida, pôs fim ao paralelismo entre mútuo acordo "inicial" e "extintivo"[70], que até então marcara a sua disciplina[71]. E, tal como já fomos antecipando, conformou a cessação por mútuo acordo como negócio formal, impondo, em qualquer caso, a sua redução a escrito, em documento "assinado por ambas as partes", elaborado "em duplicado" e "ficando cada parte com um exemplar" (art. 6º, nº 1)[72].

O motivo determinante de tão radical opção terá sido a necessidade de intensificar a tutela deferida ao trabalhador perante o novo quadro legal e constitucional, fortemente restritivo da cessação do contrato por iniciativa do empregador. Num contexto normativo marcado pelo "bloquea-

---

[70] RODRIGUES DA SILVA, "Modificação, suspensão e extinção do contrato de trabalho", 1979 cit., pág. 203.

[71] Cfr. *supra* os nºs 2.3.1 e 2.3.2. Tratou-se de um ponto amplamente sublinhado, à época, pela doutrina: v., entre outros, MORAIS ANTUNES/RIBEIRO GUERRA, *Despedimentos e outras formas de cessação do contrato de trabalho*, 1984 cit., pág. 20; MONTEIRO FERNANDES, *Noções Fundamentais de Direito do Trabalho*, 1977 cit., pág. 269; JORGE LEITE, *Direito do Trabalho – Da Cessação do Contrato de Trabalho*, 1978 cit., pp. 77-78; RODRIGUES DA SILVA, "Modificação, suspensão e extinção do contrato de trabalho", 1979 cit., pp. 202--203: MOTTA VEIGA, *Direito do Trabalho*, Vol. II, 1987 cit., pág. 205.

[72] Sobre o disposto no art. 6º, nº 1, do DL nº 372-A/75, v., entre outros, MONTEIRO FERNANDES, *Noções Fundamentais de Direito do Trabalho*, 1977 cit., pág. 269; JORGE LEITE, *Direito do Trabalho – Da Cessação do Contrato de Trabalho*, 1978 cit., pág. 78; RODRIGUES DA SILVA, "Modificação, suspensão e extinção do contrato de trabalho", 1979 cit., pp. 202-203: MORAIS ANTUNES/RIBEIRO GUERRA, *Despedimentos e outras formas de cessação do contrato de trabalho*, 1984 cit., pág. 20; MOTTA VEIGA, *Direito do Trabalho*, Vol. II, 1987 cit., pág. 205; FURTADO MARTINS, "Nulidade da Revogação do Contrato de Trabalho: Anotação ao Acórdão da Relação do Porto de 21 de Setembro de 1992", *in RDES*, 1992, pp. 371 segs.

A REVOGAÇÃO DO CONTRATO DE TRABALHO

mento" dos despedimentos[73], adquiriam especial premência a promoção da necessária ponderação pelo trabalhador da sua decisão de anuir na cessação do contrato e a facilitação da prova da sua declaração extintiva[74] – a exigir um reforço das cautelas formais na celebração do distrate[75] e, sobretudo, o

[73] BERNARDO XAVIER, "A Recente Legislação dos Despedimentos – O Processo Disciplinar na Rescisão por Justa Causa" in *RDES*, 1976, pág. 158; "A Extinção do Contrato de Trabalho", 1989 cit., pág. 409. Procurando caracterizar em breves traços o novo modelo referido no texto e as vicissitudes que rodearam a sua génese, lembraremos, com BERNARDO XAVIER, que à Revolução de 25 de Abril de 1974 se seguiu "um intenso movimento" no sentido "de limitar o direito de denúncia patronal, de reforçar as indemnizações devidas e de pôr termo ao despedimento *ad nutum* até aí vigente, movimento que veio a ter tradução legislativa no DL nº 372-A/75, de 16 de Julho". Este fora antecedido pelo DL nº 292/75, de 16 de Junho, que suspendera "pelo prazo de trinta dias" (dentro do qual seria publicada "nova legislação" sobre a matéria), a "faculdade de fazer cessar o contrato individual de trabalho, por decisão unilateral, que o regime jurídico deste contrato concede às entidades patronais", salvo tratando-se de rescisão por justa causa, por infracção disciplinar grave, apurada em processo disciplinar escrito (arts. 21º a 23º). Em conformidade com o princípio enunciado no nº 2 do seu art. 2º, o DL nº 372-A/75 impunha a motivação de todos os despedimentos, os quais poderiam revestir uma de duas formas: com justa causa (imediato e sem indemnização) e com motivo atendível (com aviso prévio e indemnização). Este modelo foi, contudo, radicalmente alterado pelo DL nº 84/76, de 28 de Janeiro, que eliminou o despedimento por motivo atendível, "em virtude de a prática ter demonstrado que o referido tipo de despedimentos se revelou inadequado à defesa da estabilidade do emprego, motivando a contestação generalizada dos trabalhadores" (cfr. o respectivo Preâmbulo). O despedimento individual ficou assim reduzido às hipóteses de justa causa, cuja verificação, apurada em procedimento disciplinar, passou a constituir condição, não apenas de licitude, mas de validade do próprio despedimento. Da invocação de justa causa (entendida esta como "comportamento culposo que inviabiliza as relações de trabalho"), que até então legitimava "o despedimento imediato" pelo empregador e o exonerava "das obrigações de aviso prévio e de indemnização correlativas ao despedimento", passou a depender a própria possibilidade de este se desvincular: com efeito, "um despedimento sem justa causa" acarretaria, não apenas "o pagamento de uma indemnização maior ou menor", como conferiria, ainda, "ao trabalhador despedido um direito de reintegração na empresa". Sobre este ponto, com mais desenvolvimento, v., para além dos estudos de BERNARDO XAVIER, que fomos seguindo e transcrevendo ("A Recente Legislação dos Despedimentos", 1976 cit., pp. 153 segs.; "A Extinção do Contrato de Trabalho", 1989 cit., pp 404 segs; *Curso de Direito do Trabalho*, 1993 cit., pp. 451 segs.; *O Despedimento Colectivo no Dimensionamento da Empresa*, Verbo, Lisboa – São Paulo, 2000, pp. 85 segs.), ainda MESSIAS DE CARVALHO/NUNES DE ALMEIDA, *Direito do Trabalho e Nulidade do Despedimento*, 1984 cit., pp. 181 segs.; MENEZES CORDEIRO, *Manual de Direito do Trabalho*, 1991 cit., pp. 807 segs.; BRITO CORREIA, *Direito do Trabalho*, I, policop., 1980-1981, pp. 289 segs.; MONTEIRO FERNANDES, *Noções Fundamentais de Direito do Trabalho*, 1977 cit., pág. 268; JORGE LEITE, *Direito do Trabalho – Da Cessação do Contrato de Trabalho*, 1978 cit., pp. 68 segs. e 108 segs.; MÁRIO PINTO, *Direito do Trabalho – Introdução. Relações Colectivas de Trabalho*, Universidade Católica Editora, Lisboa, 1996, pp. 55 segs.; ROSÁRIO PALMA RAMALHO, *Da Autonomia Dogmática do Direito do Trabalho*, Almedina, Coimbra, 2000, pp. 650 segs.

[74] Conforme nota FURTADO MARTINS, terão pesado nesta opção legislativa "as razões normalmente associadas ao formalismo negocial – nomeadamente possibilitar uma maior reflexão das partes e facilitar a prova – reforçadas (...) pela ideia de protecção da parte mais fraca e da estabilidade do vínculo laboral" ("Nulidade da Revogação do Contrato de Trabalho", 1992 cit., pág. 371).

[75] BERNARDO XAVIER, "A Extinção do Contrato de Trabalho", 1989 cit., pág. 427. No mesmo sentido, o Ac. RL de 22-7-1979 (Proc. nº 96, in *CJ*, 1979, IV, pág. 1342), referindo-se especificamente ao art. 6º, nº 1, do DL nº 372-A/75, sublinhava que o legislador, "ao exigir um documento

EVOLUÇÃO HISTÓRICA

abandono da sua celebração meramente consensual[76]. A imposição de um formalismo reforçado para o acordo revogatório seria, afinal, a concretização, também nesta zona do regime jurídico da cessação do contrato de trabalho, da protecção da estabilidade – doravante concebida como real[77] – e, desde a sua consagração constitucional, do princípio da segurança no emprego[78].

escrito", teria pretendido "que a declaração negocial" fosse "inequívoca" e, bem assim, "munir as partes contratantes, sobretudo o trabalhador, de um meio de prova eficaz".

[76] Transcreve-se, porque especialmente ilustrativo quanto a este ponto, o Ac. RP de 1-7-1986 (Proc. nº 4347, *in CJ*, 1986, IV, pág. 129), que justifica a imposição de forma escrita para o distrate com a "defesa do trabalhador contra eventual manobra da entidade patronal que viesse invocar um mútuo acordo inexistente".

[77] A estabilidade "real", explica FURTADO MARTINS, postula, não apenas a imposição de requisitos substanciais (motivação) e formais (procedimento), de cuja observância pelo empregador depende a validade do despedimento – e, nessa medida, a sua eficácia extintiva do contrato de trabalho –, mas, também, "a possibilidade de subsistência do contrato de trabalho mesmo contra a vontade da entidade patronal" (que se não pode opor à continuação da relação de trabalho após a anulação do despedimento). Diversamente, no modelo com este contrastante, de estabilidade "obrigacional", a preterição dos referidos requisitos substanciais e formais faz o empregador incorrer na obrigação de indemnizar o trabalhador, mas não obsta à efectiva cessação do contrato de trabalho: "o despedimento ilícito é um acto irregular, mas não inválido".
E era inquestionavelmente de estabilidade real, nos termos descritos, o sistema instituído pelo DL nº 372-A/75, cujo art. 12º prescrevia a nulidade do despedimento ilícito e a consequente subsistência do contrato de trabalho – a qual implicava para o trabalhador o direito aos salários intercalares relativos ao período anterior à sentença e, uma vez proferida esta, o direito à reintegração (a menos que optasse pela cessação do contrato, acompanhada do pagamento de uma indemnização).
Para maiores desenvolvimentos sobre esta matéria, v. FURTADO MARTINS, "Despedimento Ilícito e Reintegração do Trabalhador", *in RDES*, 1989, nºs 3-4, pp. 491 segs.; *Despedimento Ilícito, Reintegração na Empresa e Dever de Ocupação Efectiva, Direito e Justiça* – Suplemento, 1992, cit., pp. 85 segs.

[78] Conforme sublinha BERNARDO XAVIER, "o princípio constitucional da segurança no emprego", se se traduz "basicamente na proibição do despedimento sem justa causa", impregna, "contudo, todo o regime da cessação do contrato de trabalho (*v.g.*, cautelas formais na revogação, limites aos contratos a termo e regime relativamente rígido da caducidade)". V., neste sentido, "A Extinção do Contrato de Trabalho", 1989 cit., pp. 427-428; *Curso de Direito do Trabalho*, 1993 cit., pp. 454-455; *O Despedimento Colectivo no Dimensionamento da Empresa*, 2000 cit., pág. 272.
O princípio da segurança no emprego é enunciado no art. 53º da CRP, que proíbe ainda expressamente "os despedimentos sem justa causa ou por motivos políticos ou ideológicos". E traduz-se, essencialmente, fomo-lo antecipando, na exigência básica de que "todo o despedimento deve ser justificado e, não havendo falta grave do despedido, minorado com avisos prévios convenientes e compensações adequadas". E na correlativa interdição de "despedimentos arbitrários, discricionários, *ad nutum*, *i.e.*, com um simples aceno, sem razão suficiente e socialmente adequada". Esta a perspectiva e o sentido essencial da "justa causa" referida no preceito constitucional, que não coincidiria assim com o conceito, mais restrito, de justa causa, da lei ordinária (que legitima a cessação imediata e sem indemnização do contrato). Neste sentido, mais desenvolvidamente, BERNARDO XAVIER, "A Recente Legislação dos Despedimentos", 1976 cit., pp. 161-162; "A Extinção do Contrato de Trabalho" 1989 cit., pp. 412 e 434 segs.; *O Despedimento Colectivo no Dimensionamento da Empresa*, 2000 cit., pp. 275-276).
O entendimento exposto, há muito perfilhado por um relevante sector da nossa doutrina (MENEZES CORDEIRO, ROMANO MARTINEZ, FURTADO MARTINS, JORGE MIRANDA/RUI MEDEIROS, MÁRIO PINTO), tem como

A REVOGAÇÃO DO CONTRATO DE TRABALHO

No que se refere ao âmbito da forma exigida para o distrate, sendo certo que esta abrangia, pelos motivos expostos, "a cessação do contrato" (art. 6º, nº 1), *i.e.*, a própria extinção pactuada, não parece que abarcasse também os demais efeitos acordados pelas partes[79]. Com efeito, e apesar de a letra do

corolário a admissibilidade de outras formas de despedimento por motivos objectivos, não imputáveis ao trabalhador, nem ao empregador. É o mesmo o resultado a que chega ROSÁRIO PALMA RAMALHO, que entende que o princípio da segurança no emprego "tem implícito um entendimento restrito do conceito de justa causa", mas que ficam "fora da proibição contida neste preceito constitucional outras motivações de cessação do contrato de trabalho que não pressupõem uma justa causa" subjectiva. Contra tal orientação e, sobretudo, contra a legitimidade constitucional dos despedimentos não fundados em justa causa subjectiva, se pronunciaram, JOSÉ JOÃO ABRANTES, JORGE LEITE e, durante longo tempo, GOMES CANOTILHO/VITAL MOREIRA. Mais recentemente, estes últimos AA atenuaram a sua posição, limitando-se a advertir que "a garantia da segurança no emprego sempre condicionará de forma muito exigente (...) a admissibilidade de despedimentos fora da justa causa «subjectiva» (isto é, imputável ao trabalhador) a, pelo menos, dois pressupostos", a saber, "existência de situações não imputáveis ao próprio empregador que, pela sua própria natureza, tornem inexigível ao mesmo a continuação da relação de trabalho" e "adequada compensação ao trabalhador pela ruptura da relação de trabalho por facto que lhe não é imputável". A jurisprudência do TC, se num primeiro momento acolheu a tese mais restritiva quanto à noção de justa causa (Ac. nº 107/88, de 31 de Maio, *in DR*, nº 141, I, de 21-6-1988), veio contudo a abandoná-la (no Ac. nº 64/91, de 4 de Abril, *in DR*, nº 84, Suplemento, I-A, de 11-4-1991) afirmando expressamente a admissibilidade, ao lado da justa causa subjectiva, de outras causas, objectivas, desde que "não derivem de culpa do empregador" e "que tornem praticamente impossível a subsistência do vínculo laboral". Sobre toda esta matéria, e também sobre a controvérsia gerada pelo Ac. TC de 1988 e a sua subsequente superação pelo Ac. proferido em 1991 (cuja orientação se firmou na jurisprudência posterior) v., entre outros, JOSÉ JOÃO ABRANTES, "O Direito do Trabalho e a Constituição", *in Estudos de Direito do Trabalho*, 2ª ed., AAFDL, Lisboa, 1990, pp. 68 segs.; GOMES CANOTILHO//JORGE LEITE, "A Inconstitucionalidade da Lei dos Despedimentos", *in Estudos em Homenagem ao Prof. Doutor Ferrrer-Correia, III, BFDUC – Nº Especial*, Coimbra, 1991, pp. 524 segs.; GOMES CANOTILHO//VITAL MOREIRA, *Constituição da República Portuguesa Anotada*, Vol. I, 4ª ed., Coimbra Editora, Coimbra, 2007, pp. 708-709; MENEZES CORDEIRO, *Manual de Direito do Trabalho*, 1991 cit., pp. 815 segs.; JORGE LEITE, *Direito do Trabalho – Lições ao 3º ano da Faculdade de Direito*, Serviços Sociais da Universidade de Coimbra/Serviço de Textos, Coimbra, 1993, pp. 191 segs.; ROMANO MARTINEZ, *Direito do Trabalho*, 2007 cit., pp. 899 segs.; FURTADO MARTINS, *Despedimento Ilícito, Reintegração na Empresa e Dever de Ocupação Efectiva*, 1992 cit., pp. 13 segs.; *Cessação do Contrato de Trabalho*, 2002 cit., pp. 78 segs.; JORGE MIRANDA//RUI MEDEIROS, *Constituição Portuguesa Anotada*, Tomo I, Coimbra Editora, Coimbra, 2005, pp. 505 segs.; MÁRIO PINTO, *Direito do Trabalho – Introdução. Relações Colectivas de Trabalho*, 1996 cit., pp. 133, n. 176; ROSÁRIO PALMA RAMALHO, *Da Autonomia Dogmática do Direito do Trabalho*, 2000 cit., pp. 650-651; *Direito do Trabalho, Parte II – Situações Laborais Individuais*, 2ª ed., Almedina, Coimbra, 2008, pp. 780 segs.

[79] No que se refere à extinção do vínculo, poder-se-ia questionar se a forma legalmente imposta abarcava também o momento da sua ocorrência – sobretudo quando diferido face ao da outorga do distrate. Em sentido negativo apontaria o facto de o DL nº 372-A/75, de modo análogo à LCT (cfr. *supra* o nº 2.4.1), parecer pressupor a coincidência temporal entre a assinatura do acordo revogatório e a extinção do contrato (cfr. o art. 7º, nºs 1 e 2), remetendo a aposição de um termo suspensivo para o plano dos "outros efeitos", eventualmente ajustáveis pelas partes. Em sentido contrário, a inclusão, em qualquer caso, no documento que titula o distrate, da data de produção dos seus efeitos decorreria da constatação de que tal estipulação (fosse qual fosse o seu sentido), pelo relevo que assume neste contexto, seria sempre de qualificar como elemento essencial do acordo de cessação ou, pelo menos, como elemento acessório relativamente ao qual se verificaria a razão determinante da imposição de

EVOLUÇÃO HISTÓRICA

nº 2 do art. 6º não ser inequívoca[80], quer o contraste entre a sua formulação permissiva ("podem") e a do nº 1, imperativa ("devem"), quer, sobretudo, a constatação de que as razões subjacentes à opção do legislador de 1975 se não verificavam quanto aos "outros efeitos" ajustados apontavam para a inaplicabilidade a estes do disposto no nº 1[81]. Pelo que a sua inclusão no documento, mais exactamente, a sua sujeição ao disposto no art. 6º, nº 1, dependeria sempre de opção das partes[82].

Por último, a preterição da forma legalmente imposta – não apenas da redução a escrito, mas das demais formalidades previstas no art. 6º, nº 1[83] – causaria a nulidade de todo o acordo revogatório outorgado[84]. Este o entendimento que prevaleceu, com raras hesitações[85], na doutrina e na jurisprudência, as quais

---

forma legal, nos termos gerais do art. 221º, nº 1, do CódCiv. Sobre este preceito, v. CARVALHO FERNAN-DES, *Teoria Geral do Direito Civil*, Vol. II, 2007 cit., pp. 295-296. Para mais desenvolvimentos sobre este ponto, v. adiante os 4.2 e 4.3.

[80] Cfr. *supra* o nº 2.4.1.

[81] Tais efeitos constituiriam, nos termos gerais do art. 221º, nº 1, do CódCiv, "estipulações acessórias" (por contraposição às "estipulações essenciais"), não abrangidas pela forma legalmente exigida, por não lhes ser aplicável "a razão determinante" da sua imposição. Sobre este ponto, v. CARVALHO FERNANDES, *Teoria Geral do Direito Civil*, Vol. II, 2007 cit., pp. 295-296.
Advirta-se, em todo o caso, que muito embora a validade de tais estipulações acessórias não dependa da observância da forma legal, nos termos gerais do art. 221º, nº 1, a sua prova – e, como tal, a sua relevância – é significativamente limitada, por força dos arts. 394º e 351º do CódCiv. Trata-se de um ponto a desenvolver mais adiante, no nº 4.2.

[82] Tratar-se-ia de uma hipótese de forma voluntária, *i.e.*, de forma livremente adoptada pelas partes (e não por força de imposição legal ou convencional). Sobre a noção e o regime da forma voluntária, constante do art. 222º do CódCiv, v. por todos CARVALHO FERNANDES, *Teoria Geral do Direito Civil*, Vol. II, 2007 cit., pp. 290 e 298-299 e, adiante, os nºs 4.1 e 4.2.

[83] Expressamente neste sentido, MORAIS ANTUNES/RIBEIRO GUERRA, *Despedimentos e outras formas de cessação do contrato de trabalho*, 1984 cit., pág. 20.
A questão teve uma especial projecção na jurisprudência dos nossos tribunais superiores que, confrontada em diversas ocasiões com a questão da eventual qualificação como acordo revogatório de recibos ou documentos de quitação assinados unicamente pelo trabalhador (e, não raro, contendo uma sua declaração de assentimento à cessação do contrato), a decidiu sistematicamente em sentido negativo. V., entre outros, os Acs. RL de 22-7-1979 (Proc. nº 96, *in CJ*, 1979, IV, pág. 1342); RC de 16-12--1986 (Proc. nº 36816, *in CJ*, 1986, V, pág. 113); RL de 4-4-1990 (Proc. nº 1120, *in CJ*, 1990, II, pág. 198). Sobre este ponto, v., ainda, MENEZES CORDEIRO, *Manual de Direito do Trabalho*, 1991 cit., pág. 798, n. 5.

[84] Neste sentido, v., entre outros, MORAIS ANTUNES/RIBEIRO GUERRA, *Despedimentos e outras formas de cessação do contrato de trabalho*, 1984 cit., pp. 20-21.

[85] Refira-se, a este propósito, o Ac. RP de 13-10-1989 (Proc. nº 2209), *in AJ*, Ano 1, nº 2, pág. 18, que considerou a exigência de documento escrito para a cessação por mútuo acordo do contrato de trabalho uma formalidade meramente *ad probationem*, pelo que admitiu a prova do acordo revogatório outorgado por uma série de documentos particulares "assinados por uma e por outra das partes, manifestando todos eles a inequívoca vontade em rescindirem por mútuo acordo o contrato de trabalho". Para uma análise mais detalhada desta decisão, v. JOANA VASCONCELOS, "A Revogação do Contrato de Trabalho", 1997 cit., pp. 176-177, n. 12.

A REVOGAÇÃO DO CONTRATO DE TRABALHO

invocavam, a este propósito, o carácter *ad substantiam* das formalidades legalmente impostas e os arts. 364º, nº 2[86], e 220º do CódCiv[87].

2.4.3. Nulidade das cláusulas que impedissem o trabalhador de "exercer direitos já adquiridos ou reclamar créditos vencidos" (art. 6º, nº 3)

O art. 6º, nº 3, do DL nº 372-A/75, norma sem precedente no direito anterior, prescrevia a nulidade das "cláusulas do acordo revogatório" nas quais "as partes declarem que o trabalhador não pode exercer direitos já adquiridos ou reclamar créditos vencidos"[88].

Perfilando-se, desde logo pela sua colocação sistemática, como um limite à atribuição pelas partes de "outros efeitos" ao acordo de revogação, permitida pelo nº 2 do mesmo art. 6º, esta disposição versava especificamente os créditos laborais do trabalhador[89], impedindo o ajuste, com o distrate, de quaisquer soluções[90] que resultassem numa supressão destes.

---

[86] O disposto no art. 364º, em especial no seu nº 2, seria especialmente esclarecedor quanto à qualificação das formalidades exigidas para o acordo revogatório, ao admitir, em derrogação ao princípio afirmado no seu nº 1, que em certos casos possa "resultar claramente da lei que o documento é exigido apenas para prova da declaração", o que não sucederia diante do art. 6º, nº 1 do DL nº 372-A/75 (nem do art. 8º, nº 3, do DL nº 64-A/89, v., neste sentido, FURTADO MARTINS, "Nulidade da Revogação do Contrato de Trabalho", 1992 cit., pp. 371-372).

[87] V., entre outros, MORAIS ANTUNES/RIBEIRO GUERRA, *Despedimentos e outras formas de cessação do contrato de trabalho*, 1984 cit., pp. 20-21; MESSIAS DE CARVALHO/NUNES DE ALMEIDA, *Direito do Trabalho e Nulidade do Despedimento*, 1984 cit., pág. 185; FURTADO MARTINS, "Nulidade da Revogação do Contrato de Trabalho", 1992 cit., pág. 371.
Na jurisprudência, decidiram no sentido indicado no texto, entre outros, os Acs. RP de 12-3-1979 (Proc. nº 13705, *in CJ*, 1979, II, pág. 506); RL de 22-7-1979 (Proc. nº 96, *in CJ*, 1979, IV, pág. 1342); RL de 1-7-1986 (Proc. nº nº 4347, *in CJ*, 1986, IV, pág. 129); RP de 21-9-1992 (Proc. nº 286, *in CJ*, 1992, IV, pág. 287).

[88] Sobre o regime constante do art. 6º, nº 3, do DL nº 372-A/75, v., entre outros, MORAIS ANTUNES/ /RIBEIRO GUERRA, *Despedimentos e outras formas de cessação do contrato de trabalho*, 1984 cit., pp. 22 segs.; MONTEIRO FERNANDES, *Noções Fundamentais de Direito do Trabalho*, 1977 cit., pág. 270; JORGE LEITE, *Direito do Trabalho – Da Cessação do Contrato de Trabalho*, 1978 cit., pág. 79; BARROS MOURA, *A Convenção Colectiva entre as fontes de Direito do Trabalho*, Almedina, Coimbra, 1984, pp. 210 segs.; RODRIGUES DA SILVA, "Modificação, suspensão e extinção do contrato de trabalho", 1979 cit., pág. 203, pp. 211-212; MOTTA VEIGA, *Direito do Trabalho*, Vol. II, 1987 cit., pág. 296.

[89] Neste sentido, MONTEIRO FERNANDES, se sublinhava que do facto da revogação actuar "apenas para o futuro" não resultava a inutilização dos "créditos existentes entre os sujeitos por virtude da execução do contrato revogado" (*v.g.*, pela prestação de "trabalho extraordinário" mas, também, pela "inutilização culposa" pelo trabalhador de uma ferramenta) os quais teriam "que ser satisfeitos de algum modo", claramente limitava o âmbito de aplicação do art. 6º nº 3, do DL nº 372-A/75 aos "direitos do trabalhador, nomeadamente créditos pecuniários vencidos" (*Noções Fundamentais de Direito do Trabalho*, 1977 cit., pág. 270).

[90] Nomeadamente da renúncia pelo trabalhador aos seus créditos vencidos (MORAIS ANTUNES/RIBEIRO GUERRA, *Despedimentos e outras formas de cessação do contrato de trabalho*, 1984 cit., pp. 22 e 26 segs.; BARROS

EVOLUÇÃO HISTÓRICA

Em ordem a determinar o seu sentido e limites e, por tal via, aferir a latitude da restrição imposta à liberdade de estipulação das partes, a doutrina centrou-se na indagação da *ratio* de tal norma. E convergiu na conclusão de que a sua justificação residia, não tanto na natureza "indisponível"[91] ou "irrenunciável"[92] desses direitos[93], mas na situação "de desnível psicológico"[94] ou de "não liberdade"[95] em que tipicamente se encontra o trabalhador na vigência da relação laboral – a qual obstaria a que este dispusesse dos seus créditos por acordo com o empregador, mesmo no contexto de uma negociação dirigida a fazê-la cessar[96].

Do entendimento exposto resultava, antes de mais, que a previsão da norma em apreço abarcava todos os créditos vencidos ou exigíveis do trabalhador emergentes do contrato de trabalho[97], qualquer que fosse a sua origem (lei, convenção colectiva[98]) – e não apenas aqueles que, por força de disposição legal expressa ou do respectivo regime, devessem considerar-se subtraídos à sua faculdade de disposição[99]. Paralelamente, a apontada *ratio*, se explicava a limitação estabelecida quanto ao acordo revogatório – necessariamente prévio à extinção do contrato –,

---

MOURA, *A Convenção Colectiva entre as fontes de Direito do Trabalho*, 1984 cit., pág. 211).

[91] MONTEIRO FERNANDES, *Noções Fundamentais de Direito do Trabalho*, 1977 cit., pág. 270.

[92] BARROS MOURA, *A Convenção Colectiva entre as fontes de Direito do Trabalho*, 1984 cit., pág. 211.

[93] Da qual resultaria já, nos termos gerais (e também do disposto na parte final do nº 2 do mesmo art. 6º, cfr. *supra* o nº 2.5.1), a interdição da sua disposição pelo trabalhador no acordo revogatório, sem que fosse necessária a inclusão no texto legal de uma norma como a constante do nº 3 analisado no texto. Sobre este ponto, com maior desenvolvimento, v. *infra* os nºs 11.1.2 e 11.2.

[94] MONTEIRO FERNANDES, *Noções Fundamentais de Direito do Trabalho*, 1977 cit., pág. 270.

[95] BARROS MOURA, *A Convenção Colectiva entre as fontes de Direito do Trabalho*, 1984 cit., pág. 211.

[96] Neste sentido, MORAIS ANTUNES/RIBEIRO GUERRA, *Despedimentos e outras formas de cessação do contrato de trabalho*, 1984 cit., pág. 22; MONTEIRO FERNANDES, *Noções Fundamentais de Direito do Trabalho*, 1977 cit., pág. 270; BARROS MOURA, *A Convenção Colectiva entre as fontes de Direito do Trabalho*, 1984 cit., pág. 211.

[97] Neste sentido, MORAIS ANTUNES/RIBEIRO GUERRA, *Despedimentos e outras formas de cessação do contrato de trabalho*, 1984 cit., pág. 22. Em sentido aparentemente diverso, RODRIGUES DA SILVA limitava a aplicabilidade do disposto no art. 6º, nº 3, aos créditos do trabalhador "não relacionados com a extinção do contrato" ("Modificação, suspensão e extinção do contrato de trabalho", 1979 cit., pág. 203), não sendo, contudo, evidente o alcance prático desta interpretação – pois os créditos exceptuados da respectiva previsão, ou teriam natureza retributiva (férias, Natal), não sendo "livremente disponíveis" antes da cessação do contrato, ou seriam compensações e/ou indemnizações pela cessação do contrato, não devidas em caso de revogação (conforme sublinhava o art. 5º, *in fine*)

[98] BARROS MOURA, *A Convenção Colectiva entre as fontes de Direito do Trabalho*, 1984 cit., pág. 211; JOSÉ ANTÓNIO MESQUITA, "Renúncia pelos trabalhadores aos direitos sobre a entidade patronal" *in RMP*, nº 1, 1980, pág. 44.

[99] Como seria, respectivamente, o caso das férias ou da indemnização pela sua violação (arts. 56º da LCT e 2º, nº 4, da LFFF) ou de quaisquer créditos retributivos do trabalhador (subsídios de férias e de Natal e em especial salários mínimos). Neste sentido, JOSÉ ANTÓNIO MESQUITA, "Renúncia pelos trabalhadores aos direitos sobre a entidade patronal", 1980 cit., pp. 44 segs. V., ainda, MORAIS ANTUNES/RIBEIRO GUERRA, *Despedimentos e outras formas de cessação do contrato de trabalho*, 1984 cit., pp. 26-28.

A REVOGAÇÃO DO CONTRATO DE TRABALHO

tornava igualmente legítimo sustentar, como o fazia parte da doutrina[100] e a própria jurisprudência[101], que tais direitos seriam "livremente disponíveis pelo trabalhador" após a extinção do contrato[102], *i.e.*, uma vez cessado "o estado de subordinação" e readquirida a sua "total autonomia" face ao empregador[103].

Visando directamente a extinção pactuada do contrato de trabalho, a norma do art. 6º, nº 3, do DL nº 372-A/75 exprimia uma forte – e porventura injustificada – desconfiança do legislador quanto ao real poder negocial do trabalhador no momento em que negoceia a sua desvinculação no contexto de um sistema muito restritivo quanto aos despedimentos e desvalorizava, por completo, o relevante papel do distrate na definição e pacificação da situação das partes relativamente aos créditos daquele emergentes.

---

[100] Neste sentido, v., entre outros, MORAIS ANTUNES/RIBEIRO GUERRA, *Despedimentos e outras formas de cessação do contrato de trabalho*, 1984 cit., pp. 27-28; JOSÉ ANTÓNIO MESQUITA, "Renúncia pelos trabalhadores aos direitos sobre a entidade patronal", 1980 cit., pág. 46.
Contra, sustentando que a "irrenunciabilidade" das "prestações devidas pelo empregador" deveria manter-se mesmo após a cessação do contrato por força da sua "reconhecida «função alimentar» cuja tutela é assegurada em sede constitucional (art. 60º da CRP)", BARROS MOURA, *A Convenção Colectiva entre as fontes de Direito do Trabalho*, 1984 cit., pág. 212.

[101] V., entre outros, os Acs. RL de 26-5-1980 (Proc. nº 1047, *in CJ*, 1980, III, pág. 244); RL de 18-4-1983 (Proc. nº 3356, *in CJ*, 1983, II, pág. 206); RC de 12-4-1984 (Proc. nº 3324, *in CJ*, 1984, II, pág. 96); RC 31-5-1984 (Proc. nº 31928, *in CJ*, 1984, III, pág. 117); RP de 19-11-1984 (Proc. nº 3324, *in CJ*, 1984, IV, pág. 294); RC de 16-12-1986 (Proc. nº 36816, *in CJ*, 1986, V, pág. 113); RC de 24-2-1988 (Proc. nº 39177, *in CJ*, 1988, I, pág. 95); RE de 26-5-1988 (Proc. nº 72/86, *in CJ*, 1988, III, pág. 331); RE de 17-11-1988 (Proc. nº 75/86, *in CJ*, 1988, V, pág. 290); RL de 6-6-1990 (Proc. nº 6260, *in CJ*, 1990, III, pp. 191-192); RC de 5-6-1991 (Proc. nº 6976, *in CJ*, 1986, III, pág. 217); STJ de 23-7-1982 (Proc. nº 321, *in BMJ*, nº 319, pp. 242 segs.); STJ de 11-10-1983 (Proc. nº 522, *in BMJ*, nº 330, pp. 439 segs.); STJ de 4-4-1986 (Proc. nº 1233, *in BMJ*, nº 356, pp. 192 segs.); STJ de 3-4-1991 (Proc. nº 2908, *in BMJ*, nº 406, pp. 433 segs.). Todas estas decisões afirmaram a livre disponibilidade pelo trabalhador dos seus créditos emergentes do contrato de trabalho ou da sua extinção (*v.g.*, indemnizações por despedimento), uma vez cessado este, qualquer que tivesse sido a sua causa e mesmo tratando-se de mera cessação "factual" da relação laboral.

[102] MORAIS ANTUNES/RIBEIRO GUERRA, *Despedimentos e outras formas de cessação do contrato de trabalho*, 1984 cit., pág. 27. Segundo os AA, também o regime da prescrição dos créditos laborais, constante do art. 38º, nº 1, da LCT, evidenciaria que "a indisponibilidade" dos créditos laborais do trabalhador só teria "relevância durante o período de subordinação à entidade patronal".
O argumento retirado do regime da prescrição dos créditos laborais era invocado, entre outros, nos Acs. RL de 18-4-1983 (Proc. nº 3356, *in CJ*, 1983, II, pág. 206); RC 31-5-1984 (Proc. nº 31928, *in CJ*, 1984, III, pág. 117); RE de 26-5-1988 (Proc. nº 72/86, *in CJ*, 1988, III, pág. 331) RL de 6-6-1990 (Proc. nº 6260, *in CJ*, 1990, III, pág. 191); RC de 5-6-1991 (Proc. nº 6976, *in CJ*, 1986, III, pág. 217); STJ de 23-7-1982 (Proc. nº 321, *in BMJ*, nº 319, pág. 242); STJ de 11-10-1983 (Proc. nº 522, *in BMJ*, nº 330, pág. 439); STJ de 4-4-1986 (Proc. nº 1233, *in BMJ*, nº 356, pág 194); STJ de 3-4-1991 (Proc. nº 2908, *in BMJ*, nº 406, pág 436).

[103] MORAIS ANTUNES/RIBEIRO GUERRA, *Despedimentos e outras formas de cessação do contrato de trabalho*, 1984 cit., pág. 27. No mesmo sentido, JOSÉ ANTÓNIO MESQUITA, "Renúncia pelos trabalhadores aos direitos sobre a entidade patronal", 1980 cit., pág. 46. No mesmo sentido, v., entre outros, os Acs. RL de 26-5-1980 (Proc. nº 1047, *in CJ*, 1980, III, pág. 244); RL de 18-4-1983 (Proc. nº 3356, *in CJ*, 1983, II, pág. 206); RC de 12-4-1984 (Proc. nº 3324, *in CJ*, 1984, II, pág. 96); RC 31-5-1984 (Proc. nº 31928, *in CJ*, 1984, III, pág. 117); STJ de 23-7-1982 (Proc. nº 321, *in BMJ*, nº 319, pág. 243); STJ de 4-4-1986 (Proc. nº 1233, *in BMJ*, nº 356, pág 194); STJ de 3-4-1991 (Proc. nº 2908, *in BMJ*, nº 406, pág 435).

EVOLUÇÃO HISTÓRICA

2.4.4. O direito de "arrependimento" do trabalhador

O art. 7º do DL nº 372-A/75 permitia ao trabalhador, "no prazo de sete dias a contar da data da assinatura do documento" que titulava o distrate, "revogá-lo unilateralmente, reassumindo o exercício do seu cargo" (nº 1). Não obstante, prescrevia que, em tal hipótese, aquele perderia "a antiguidade que tinha à data do acordo revogatório", a menos que provasse ter sido a sua vontade extintiva "devida a dolo ou coacção da outra parte" (nº 2)[104].

Constituindo indiscutivelmente um dos aspectos mais característicos da disciplina da revogação do contrato de trabalho que entre nós vigorou entre 1975 e 1989, este direito de revogação unilateral surgia como um verdadeiro "direito de arrependimento", que permitia ao trabalhador reavaliar e, sendo o caso, reverter a sua decisão extintiva. "Excepcional"[105] e contrária ao "esquema civilista comum"[106], esta solução visava proteger o trabalhador contra "a normal superioridade económica, social e psicológica"[107] do empregador. E apesar de consensualmente justificada pela "situação de inferioridade"[108] do trabalhador resultante da sua "posição subordinada"[109], ora surgia como natural "afloramento do princípio da coercibilidade do vínculo laboral"[110], ora era criticada como expressão de uma "hipervalorização do princípio constitucional relativo à «segurança no emprego»"[111].

Reflectindo nitidamente o referido objectivo principal de tutela do trabalhador, o art. 7º, facilitava, e muito, o exercício por este de tal direito, submetido a uma única condição – a observância do prazo previsto no nº 1.

---

[104] Sobre a disciplina constante do art. 7º do DL nº 372-A/75, v., entre outros, MORAIS ANTUNES/RIBEIRO GUERRA, *Despedimentos e outras formas de cessação do contrato de trabalho*, 1984 cit., pp. 21 segs.; MENEZES CORDEIRO, *Manual de Direito do Trabalho*, 1991 cit., pp. 798-799; BRITO CORREIA, *Direito do Trabalho*, I, 1989 cit., pp. 293-294; MONTEIRO FERNANDES, *Noções Fundamentais de Direito do Trabalho*, 1977 cit., pp. 269-270; *Noções Fundamentais de Direito do Trabalho*, Vol. 1, 6ª ed., Almedina, Coimbra, 1987, pp. 416 segs.; JORGE LEITE, *Direito do Trabalho – Da Cessação do Contrato de Trabalho*, 1978 cit., pp. 79 segs.; RODRIGUES DA SILVA, "Modificação, suspensão e extinção do contrato de trabalho", 1979 cit., pp. 203-204; MOTTA VEIGA, *Direito do Trabalho*, Vol. II, 1987 cit., pp. 206-207.

[105] MORAIS ANTUNES/RIBEIRO GUERRA, *Despedimentos e outras formas de cessação do contrato de trabalho*, 1984 cit., pág. 21.

[106] MORAIS ANTUNES/RIBEIRO GUERRA, *Despedimentos e outras formas de cessação do contrato de trabalho*, 1984 cit., pág. 23. No mesmo sentido, em termos muito críticos deste expediente, cuja eliminação preconizava, em revisão futura da lei, MOTTA VEIGA, *Direito do Trabalho*, Vol. II, 1987 cit., pág. 207.

[107] JORGE LEITE, *Direito do Trabalho – Da Cessação do Contrato de Trabalho*, 1978 cit., pág. 80.

[108] MONTEIRO FERNANDES, *Noções Fundamentais de Direito do Trabalho*, 1977 cit., pág. 269.

[109] MORAIS ANTUNES/RIBEIRO GUERRA, *Despedimentos e outras formas de cessação do contrato de trabalho*, 1984 cit., pág. 21; RODRIGUES DA SILVA, "Modificação, suspensão e extinção do contrato de trabalho", 1979 cit., pág. 203.

[110] *I.e.*, do princípio segundo o qual o contrato de trabalho pode subsistir mesmo contra a vontade do empregador. V. JORGE LEITE, *Direito do Trabalho – Da Cessação do Contrato de Trabalho*, 1978 cit., pp. 80-81 e 34-36..

[111] RODRIGUES DA SILVA, "Modificação, suspensão e extinção do contrato de trabalho", 1979 cit., pág. 203.

A REVOGAÇÃO DO CONTRATO DE TRABALHO

Com efeito, a revogação do distrate pelo trabalhador era, antes de mais, discricionária, não tendo este que motivar ou justificar a sua decisão[112]. E não estava sujeita a qualquer forma, podendo o "impulso unilateral"[113] daquele dirigido a evitar a extinção do vínculo laboral consistir na mera retoma do "exercício do seu cargo" (art. 7º, nº 1, *in fine*)[114]. Por último, o exercício deste direito não dependia da prévia ou concomitante devolução ao empregador das quantias por este pagas em execução do acordo revogatório ou em decorrência da cessação do contrato[115].

Passando a considerar o prazo de "sete dias" dentro do qual o trabalhador poderia revogar unilateralmente o acordo extintivo outorgado, a sua duração, "considerável"[116], visava permitir-lhe, "livre de pressões e de outros condiciona-

---

[112] RODRIGUES DA SILVA, "Modificação, suspensão e extinção do contrato de trabalho", 1979 cit., pág. 203. Em sentido aparentemente contrário, MONTEIRO FERNANDES afirmava que a "revogação do acordo revogatório" se destinaria a actuar como "eventual correctivo de revogação viciada pela situação de inferioridade do trabalhador, que se traduziria na ocultação de um verdadeiro despedimento", constituindo um "afloramento do princípio da irrelevância da desvinculação unilateral irregular por parte do empregador", que largamente inspiraria todo o regime do DL nº 372-A/75 (*Noções Fundamentais de Direito do Trabalho*, 1977 cit., pp. 270-271). Contra este entendimento, JORGE LEITE, *Direito do Trabalho – Da Cessação do Contrato de Trabalho*, 1978 cit., pp. 80-81, n. 7, contrapunha, quer a possibilidade de o trabalhador revogar o acordo revogatório "ainda que regularmente concluído", quer o facto de a desvinculação irregular, podendo ser ineficaz, nem sempre ser irrelevante (tendo, não raro, outras consequências, como, *v.g.*, a aplicação de uma multa ao empregador). No mesmo sentido, MORAIS ANTUNES/RIBEIRO GUERRA, *Despedimentos e outras formas de cessação do contrato de trabalho*, 1984 cit., pág. 22, sublinhavam que a solução constante do art. 7º do DL nº 372-A/75 permitia "reavivar" a relação de trabalho extinta "em circunstâncias perfeitamente correctas".

[113] MORAIS ANTUNES/RIBEIRO GUERRA, *Despedimentos e outras formas de cessação do contrato de trabalho*, 1984 cit., pág. 21.

[114] Neste sentido, acentuando o contraste entre esta solução e aquela que veio a ser consagrada no art. 1º, nº 1, da L nº 38/96 v. FURTADO MARTINS, *Cessação do Contrato de Trabalho*, 2002 cit., pág. 69; JOANA VASCONCELOS, "A Revogação do Contrato de Trabalho", 1997 cit., pág. 190.

[115] MORAIS ANTUNES/RIBEIRO GUERRA, *Despedimentos e outras formas de cessação do contrato de trabalho*, 1984 cit., pág. 25; JOANA VASCONCELOS, "A Revogação do Contrato de Trabalho", 1997 cit., pág. 188. A questão foi em mais de uma ocasião resolvida pela jurisprudência, sempre em sentido negativo, considerando que a obrigação do trabalhador de restituir ao empregador "as importâncias que recebeu por virtude do acordo de cessação do contrato é uma consequência natural da revogação desse acordo", mas que "a eficácia da revogação" não depende dessa restituição (Ac. RC de 27-3-1990, Proc. nº 33/89, *in CJ*, 1990, II, pág. 101), "nada dispondo" o art. 7º do DL nº 372-A/75 "sobre o tempo em que a mesma deve ser feita" (Ac. RC de 20-3-1980, Proc. nº 25571, *in CJ*, I, 1980, pág. 78). Igualmente decidiram os Acs. citados que a simultaneidade do exercício do direito de revogação unilateral e da restituição das quantias recebidas pelo trabalhador não resultava – como o haviam entendido as decisões de primeira instância – do art. 432º, nº 2, do CódCiv que, aliás, não contemplaria sequer tal hipótese (ao prescrever que "a parte, porém, que por circunstâncias não imputáveis ao outro contraente, não estiver em condições de restituir o que houver recebido não tem o direito de resolver o contrato"). Voltaremos a este ponto mais adiante, a propósito da L nº 38/96 e do CT2003, que nesta matéria consagraram uma solução significativamente diversa (nºs 2.6.2 e 2.7.3).

[116] JOANA VASCONCELOS, "A Revogação do Contrato de Trabalho", 1997 cit., pág. 187.

EVOLUÇÃO HISTÓRICA

mentos propiciados pela sua situação de subordinação, reflectir e eventualmente mudar de ideias"[117]. Quanto ao *dies a quo* legalmente fixado, muito embora a letra do nº 1 do art. 7º aludisse, sem mais, à "assinatura do documento", a correspondente disciplina claramente pressupunha – em plena consonância com o modelo da LCT[118] – a "cessação imediata" do contrato, *i.e.*, a coincidência temporal entre a assinatura do acordo revogatório e a extinção daquele[119]. Porém, e porque nem sempre seria essa a realidade, propunha JORGE LEITE que, sempre que as partes acordassem o "diferimento dos efeitos do acordo revogatório", a contagem do prazo se iniciasse unicamente no momento da respectiva produção[120].

Referindo-se aos efeitos da revogação unilateral do distrate pelo trabalhador, estabelecia o art. 7º, nº 2, do DL nº 372-A/75 que este perderia "a antiguidade que tinha à data do acordo revogatório", a menos que provasse "que a sua declaração de revogar o contrato" fora "devida a dolo ou coacção da outra parte". Confrontada com esta norma que, desde o seu aparecimento, suscitara alguma perplexidade, por a sua redacção, pouco feliz, sugerir uma assimilação da revogação do distrate e da sua anulação por dolo ou coacção do empregador, a doutrina tratou de demarcar as duas hipóteses, diferenciando claramente os seus pressupostos e consequências[121]. Nesse sentido, e quanto aos reflexos da revogação do distrate na relação laboral, entendiam os vários AA que o trabalhador retomava o "seu cargo"[122], ainda que sem a "antiguidade

---

[117] JOANA VASCONCELOS, "A Revogação do Contrato de Trabalho", 1997 cit., pág. 187. O significado desta duração resultaria do seu cotejo com "lugares paralelos do nosso ordenamento em que, no seguimento de uma tendência que tem vindo recentemente a esboçar-se no domínio da tutela do consumidor adquirente de bens e serviços, se assiste com frequência crescente à concessão de prazos de reflexão" – que variam entre os sete dias úteis, nos contratos de crédito ao consumo e os catorze, no direito real de habitação periódica – "durante os quais àquele se permite revogar ou até resolver negócios que tenha celebrado" (*op. loc. cits.*).

[118] Que, recorde-se, inequivocamente referia – no art. 99º, nº 2, *in fine*, a propósito da atribuição de "outros efeitos" ao acordo revogatório – como efeito-regra, comum, do distrate, a "pura e simples cessação imediata do contrato".

[119] Desde logo, ao prever a revogação unilateral daquele pela "reassunção", pelo trabalhador, do "exercício do seu cargo", no art. 7º, nº 1, *in fine* (JORGE LEITE, *Direito do Trabalho – Da Cessação do Contrato de Trabalho*, 1978 cit., pág. 80).

[120] JORGE LEITE, *Direito do Trabalho – Da Cessação do Contrato de Trabalho*, 1978 cit., pp. 85 segs.

[121] MORAIS ANTUNES/RIBEIRO GUERRA, *Despedimentos e outras formas de cessação do contrato de trabalho*, 1984 cit., pág. 24; JORGE LEITE, *Direito do Trabalho – Da Cessação do Contrato de Trabalho*, 1978 cit., pp. 82-84; RODRIGUES DA SILVA, "Modificação, suspensão e extinção do contrato de trabalho" 1979 cit., pág. 204; MOTTA VEIGA, *Direito do Trabalho*, Vol. II, 1987 cit., pág. 206.

[122] Era muito variada a terminologia utilizada a este propósito, tanto pela lei (art. 7º, nº 1, *in fine*, citado no texto), como pelos diversos AA e pela própria jurisprudência, que com alcance idêntico afirmavam que o trabalhador seria "readmitido" (MORAIS ANTUNES/RIBEIRO GUERRA), "reintegrado" (BRITO CORREIA, MONTEIRO FERNANDES, Ac. RC de 20-3-1980 cit., pág. 79; Ac. RC de 27-3-1980 cit., pág. 101) ou, ainda, que haveria um "retomar do contrato anterior" (MENEZES CORDEIRO).

A REVOGAÇÃO DO CONTRATO DE TRABALHO

anterior"[123], e que com o seu regresso se iniciava uma "nova contagem"[124], solução que constituía contrapartida do arrependimento que se lhe consentia[125]. Em tudo o mais, manter-se-ia o anterior vínculo, "modificado por força da lei"[126], não havendo, pois, lugar à celebração de um novo contrato[127]. Diversamente, o dolo ou a coacção do empregador determinavam a anulação do próprio acordo revogatório e, nessa medida, a plena reconstituição do vínculo laboral, como se jamais houvesse sido interrompido[128]. E a sua previsão na parte final do nº 2 do art. 7º não teria outro sentido que não fosse o de esclarecer que "o exercício do direito à revogação do acordo extintivo por parte do trabalhador" não prejudicaria "a eventual anulação desse acordo, quando obtido por dolo ou coacção"[129].

Refira-se, por último, que a questão da natureza jurídica deste direito dividiu profundamente a doutrina. Foram várias e diversas entre si as construções propostas – da sua recondução a "uma espécie de condição imprópria", que suspenderia a produção de efeitos do acordo revogatório até à sua verificação (ou à certeza de que esta não ocorreria)[130], ao recurso às categorias de direito comum, para a qualificar como revogação verdadeira e própria (cuja relevância apenas para o futuro justificaria a descontinuidade introduzida na relação laboral)[131] ou, antes, como uma "hipótese de resolução, prevista por lei, e, como tal, retroactiva"[132].

---

[123] MONTEIRO FERNANDES, *Noções Fundamentais de Direito do Trabalho*, 1977 cit., pág. 271.

[124] MONTEIRO FERNANDES, *Noções Fundamentais de Direito do Trabalho*, 1977 cit., pág. 271.

[125] Neste sentido, MONTEIRO FERNANDES, *Noções Fundamentais de Direito do Trabalho*, 1977 cit., pág. 271; *Noções Fundamentais de Direito do Trabalho*, Vol. 1, 6ª ed., 1987 cit., pág. 418, justificava tal solução com a eficácia para o futuro própria da revogação.

No mesmo sentido, MORAIS ANTUNES/RIBEIRO GUERRA, acrescentando, contudo, em termos que se nos afiguram um tanto excessivos, estar-se perante uma "sanção legal para todo aquele que quebra o acordo livremente celebrado", sendo para os AA compreensível que a lei "sancione duramente a parte que abusou da sua situação de inferioridade" e, ainda, que o legislador "impõe efeitos gravosos ao trabalhador que perdulariamente põe fim à resolução do contrato" (*Despedimentos e outras formas de cessação do contrato de trabalho*, 1984 cit., pág. 22).

[126] JORGE LEITE, *Direito do Trabalho – Da Cessação do Contrato de Trabalho*, 1978 cit., pp. 81-82, n. 8.

[127] MENEZES CORDEIRO, *Manual de Direito do Trabalho*, 1991 cit., pág. 798; JORGE LEITE, *Direito do Trabalho – Da Cessação do Contrato de Trabalho*, 1978 cit., pp. 81-82, n. 8. O empregador não poderia, assim, diminuir a retribuição ou afectar direitos adquiridos pelo trabalhador "à excepção dos que resultam da antiguidade deste", como, *v.g.*, as diuturnidades (MORAIS ANTUNES/RIBEIRO GUERRA, *Despedimentos e outras formas de cessação do contrato de trabalho*, 1984 cit., pp. 24-25).

[128] MORAIS ANTUNES/RIBEIRO GUERRA, *Despedimentos e outras formas de cessação do contrato de trabalho*, 1984 cit., pág. 24; JORGE LEITE, *Direito do Trabalho – Da Cessação do Contrato de Trabalho*, 1984 cit., pp. 82-84; RODRIGUES DA SILVA, "Modificação, suspensão e extinção do contrato de trabalho", 1979 cit., pág. 204.

[129] RODRIGUES DA SILVA, "Modificação, suspensão e extinção do contrato de trabalho", 1979 cit., pág. 204.

[130] JORGE LEITE, *Direito do Trabalho – Da Cessação do Contrato de Trabalho*, 1978 cit., pp. 80-81, n. 8.

[131] MORAIS ANTUNES/RIBEIRO GUERRA, *Despedimentos e outras formas de cessação do contrato de trabalho*, 1984 cit., pág. 22; ALBINO MENDES BAPTISTA, "O Direito de Arrependimento" in *Prontuário de Direito do Trabalho* – Actualização nº 52 (1-7-97 a 30-9-97), policop., CEJ, Lisboa, 1997, pág. 49; MONTEIRO FERNANDES, *Noções Fundamentais de Direito do Trabalho*, Vol. 1, 6ª ed., 1987 cit., pág. 418;

[132] MENEZES CORDEIRO, *Manual de Direito do Trabalho*, 1991 cit., pág. 799.

EVOLUÇÃO HISTÓRICA

2.5. DL nº 64-A/89, de 27 de Fevereiro

2.5.1. Traços gerais da disciplina da revogação do contrato de trabalho

O DL nº 64-A/89, de 27 de Fevereiro, que sucedeu ao DL nº 372-A/75[133], manteve o essencial da disciplina da revogação do contrato de trabalho por este estabelecida – desde logo quanto à admissibilidade de princípio da cessação "por acordo das partes" (decorrente da sua inclusão entre as "formas de cessação" enumeradas no art. 3º, nº 2, e proclamada no art. 7º) e, bem assim, da estipulação pelas partes de "outros efeitos, desde que não contrariem a lei" (art. 8º, nº 3)[134]. Não obstante, inovou, e significativamente, em três pontos principais, a saber: requisitos formais exigidos, estipulações das partes relativas a créditos laborais de uma e de outra e "direito de arrependimento do trabalhador"[135].

Começando pela forma e formalidades a observar na cessação pactuada do contrato de trabalho, o novo regime manteve a imposição da sua redução a escrito, implícita na referência ao "documento assinado por ambas as partes", e da sua elaboração em duplicado, ficando cada parte com um exemplar – às quais acrescentou a necessidade de aquele "mencionar expressamente" as datas "de celebração" e "de início da produção dos respectivos efeitos" (art. 8º, nºs 1 e 2).

Em matéria de estipulação pelas partes de "outros efeitos", mais exactamente da definição da sua situação recíproca quanto a créditos emergentes do contrato

---

[133] E, bem assim, ao DL nº 781/76, de 28 de Outubro, relativo à celebração de contrato de trabalho a termo (revogado pelo seu art. 2º), cuja disciplina foi integrada no regime jurídico da cessação do contrato de trabalho. Sobre as razões desta opção, em que terá pesado a consideração da estipulação de termo como meio extintivo do contrato, v. BERNARDO XAVIER, *Curso de Direito do Trabalho*, 1993 cit., pág. 543.

[134] Sobre estes dois pontos, v. FURTADO MARTINS, *Cessação do Contrato de Trabalho*, 2002 cit., pp. 61 e 63; BERNARDO XAVIER, *Curso de Direito do Trabalho*, 1993 cit., pp. 472-473.

[135] Sobre o regime da revogação do contrato de trabalho no DL nº 64-A/89, v., entre outros, LEAL AMADO, "Cessação do Contrato de Trabalho por Mútuo Acordo e Compensação por Perda de Emprego" *in Prontuário de Direito do Trabalho* – Actualização nº 35 (16-9-90 a 20-12-90), policop., CEJ, Lisboa, 1990, pp. 11 segs.; *A Protecção do Salário*, Separata do volume XXXIX do Suplemento do *BFDUC*, Coimbra, 1993, pp. 208 segs.; "Revogação do contrato e compensação pecuniária para o trabalhador: notas a um Acórdão do Supremo Tribunal de Justiça" *in QL*, nº 3, 1994, pp. 167 segs.; ANTÓNIO NUNES DE CARVALHO, "Contrato de trabalho. Revogação por acordo. Compensação pecuniária global: seu valor – Anotação ao Acórdão do STJ de 26 de Maio de 1993, *in RDES*, 1994, nºs 1-2-3, pp. 220 segs.; MENEZES CORDEIRO, *Manual de Direito do Trabalho*, 1991 cit., pp. 799-800; JORGE LEITE, *Direito do Trabalho – Lições*, 1993 cit., pp. 515 segs.; ROMANO MARTINEZ, *Direito do Trabalho*, Almedina, Coimbra, 2002, pág. 837; FURTADO MARTINS, *Cessação do Contrato de Trabalho*, 2002 cit., pp. 62-63; ABÍLIO NETO, *Contrato de Trabalho – Notas Práticas*, 10ª ed., Livraria Petrony, Lisboa, 1990, pp. 512 segs; CASTRO SANTOS/MARIA TERESA RAPOULA, *Da Cessação do Contrato de Trabalho e Contratos a Termo*, Rei dos Livros, Lisboa, 1990, pp. 52 segs.; JOANA VASCONCELOS, "A Revogação do Contrato de Trabalho", 1997 cit., pp. 180 e 182 segs.; MOTTA VEIGA, *Direito do Trabalho*, 4ª ed., Universidade Lusíada, Lisboa, 1992, pp. 534 segs.; BERNARDO XAVIER, "A Extinção do Contrato de Trabalho", 1989 cit. pp. 426-427; *Curso de Direito do Trabalho*, 1993 cit., pp. 472-473.

A REVOGAÇÃO DO CONTRATO DE TRABALHO

de trabalho extinto, o DL nº 64-A/89 eliminou a norma proibitiva constante do art. 6º, nº 3, do DL nº 372-A/75[136]. E em seu lugar estabeleceu que, caso as partes, "no acordo de cessação ou conjuntamente com este", estipulassem "uma compensação pecuniária de natureza global para o trabalhador", se entenderia, "na falta de estipulação em contrário, "que naquela foram" por estas "incluídos e liquidados os créditos já vencidos à data da cessação do contrato ou exigíveis em virtude dessa cessação" (art. 8º, nº 4).

Por último, o novo diploma suprimiu o direito que o regime até então vigente conferia ao trabalhador de, unilateralmente, revogar o acordo revogatório (nos termos e com os efeitos previstos nos nºs 1 e 2 do art. 7º do DL nº 372-A/75[137]), opção justificada – no respectivo Preâmbulo – por se tratar de "um desvio injustificado a princípios fundamentais da nossa ordem jurídica", que além de corresponder "uma concepção de imaturidade dos trabalhadores portugueses que estes não merecem", se prestava "a situações menos justas"[138].

Nos dois números que se seguem vamos desenvolver alguns aspectos ligados ao reforço das imposições de ordem formal e, bem assim, à compensação pecuniária de natureza global e à presunção nela baseada.

2.5.2. Reforço do formalismo negocial

Tendo mantido o essencial das opções consagradas no DL nº 372-A/75 em matéria de forma e de formalidades do distrate, o DL nº 64-A/89 veio impor a indicação, no respectivo "documento", da "data de celebração do acordo" e da "de início da produção dos respectivos efeitos" (art. 8º, nº 2).

Esta alteração revestiu um inequívoco alcance de reforço da prevenção da fraude à garantia de estabilidade do trabalhador[139] – que norteia o regime da

---

[136] Cfr. *supra* o nº 2.4.3.

[137] Cfr. *supra* o nº 2.4.4.

[138] Sobre este ponto, aplaudindo a decisão do legislador de 1989, ALBINO MENDES BAPTISTA, "O Direito de Arrependimento", 1997 cit., pág. 50; MENEZES CORDEIRO, *Manual de Direito do Trabalho*, 1991 cit., pp. 799-800; MOTTA VEIGA, *Direito do Trabalho*, 1992 cit., pp. 535-536. Para ROSÁRIO PALMA RAMALHO, esta opção seria, entre outras, expressão da "maleabilidade" que através do DL nº 64-A/89 (e, bem assim, do "segundo pacote laboral", de 1991), se terá procurado introduzir no regime da cessação do contrato de trabalho, de modo a atenuar o "excesso de rigidez" que marcara o quadro normativo até então vigente (*Da Autonomia Dogmática do Direito do Trabalho*, 2000 cit., pp. 656 segs.).

[139] Perante a norma do art. 8º, nº 2, do DL nº 64-A/89 seria legítimo questionar se com tal imposição não se teria pretendido, também, esclarecer que o acordo revogatório não produziria, em regra, a imediata cessação do vínculo laboral – como estatuía a LCT e parecia supor o DL nº 372-A/75 – cabendo às partes, em qualquer caso, a fixação do momento em que este haveria de se tornar eficaz. Por outras palavras, se o diferimento (por escassos dias que fosse) do início da produção de efeitos do acordo revogatório outorgado (face ao momento da sua assinatura) não teria deixado de relevar, como no sistema da LCT e do próprio DL nº 372-A/75, da estipulação de "outro efeitos" que às partes

EVOLUÇÃO HISTÓRICA

revogação, em geral, e a previsão de cautelas formais, em particular[140]. Com efeito, e conforme já noutra ocasião sustentámos[141], esta nova exigência, conjugada com a que transitara do regime precedente, de elaboração do acordo revogatório em duplicado, ficando um exemplar para cada parte (arts. 6º, nº 1, do DL nº 372-A/75 e 8º, nº 1, do DL nº 64-A/89) visava "assegurar a actualidade da anuência do trabalhador, obstando ao recurso a acordos pré-datados ou não datados"[142], através da facilitação da prova e do controlo dos termos efectivamente ajustados[143].

Paralelamente, e em consonância com o que sucedia já no direito anterior[144], a doutrina e a jurisprudência convergiam em considerar todos estes requisitos formais *ad substantiam*[145], pelo que a sua preterição geraria a nulidade do acordo de cessação do contrato de trabalho[146], nos termos gerais dos arts. 364º, nº 2, e 220º do CódCiv.

Diversamente, os "outros efeitos" eventualmente acordados pelas partes, a que se referia o nº 3 do art. 8º (e, bem assim, a própria "compensação pecuniária de natureza global" prevista no nº 4), constituiriam estipulações acessórias ao acordo extintivo, não abrangidas pela exigência de forma legal que, quanto a este decorria dos nºs 1 e 2 mesmo preceito[147].

era, há muito, consentida, para passar a constituir elemento essencial do acordo ajustado, abrangido pela forma legalmente imposta, nos termos gerais do art. 221º, nº 1, do CódCiv. Em sentido diverso, limitando expressamente a aplicabilidade de tal indicação aos casos de "aposição de um termo suspensivo ou inicial ao acordo revogatório", FURTADO MARTINS, *Cessação do Contrato de Trabalho*, 2002 cit., pp. 63-64. Voltaremos a esta questão mais adiante, nos nºs 4.2 e 5.2.2.2.

[140] JOANA VASCONCELOS, "A Revogação do Contrato de Trabalho", 1997 cit., pp. 175 segs.; BERNARDO XAVIER, "A Extinção do Contrato de Trabalho", 1989 cit.., pág. 426; *Curso de Direito do Trabalho*, 1993 cit., pág. 472.

[141] JOANA VASCONCELOS, "A Revogação do Contrato de Trabalho", 1997 cit., pág. 180.

[142] JOANA VASCONCELOS, "A Revogação do Contrato de Trabalho", 1997 cit., pág. 180.

[143] Neste sentido, v. BERNARDO XAVIER, *Curso de Direito do Trabalho*, 1993 cit., pág. 473, n. 1.

[144] Cfr. *supra* o nº 2.4.2.

[145] MONTEIRO FERNANDES, *Direito do Trabalho*, I, 9ª ed., Almedina, Coimbra, 1994, pág. 471; JORGE LEITE, *Direito do Trabalho – Lições*, 1993 cit., pág. 517; FURTADO MARTINS, "Nulidade da Revogação do Contrato de Trabalho", 1992 cit., pp. 374 segs; *Cessação do Contrato de Trabalho*, 2002 cit., pág. 62; ABÍLIO NETO, *Contrato de Trabalho – Notas Práticas*, 1990 cit., pág. 514; CASTRO SANTOS/MARIA TERESA RAPOULA, *Da Cessação do Contrato de Trabalho e Contratos a Termo*, 1990 cit., pág. 53.

[146] Veja-se, contudo, a abordagem, menos rígida e, nesse sentido, mais fecunda, proposta por FURTADO MARTINS, que pondera soluções alternativas à nulidade, sem mais, do acordo revogatório (e à frequente inadmissibilidade da sua invocação por uma das partes, com recurso à figura do abuso de direito), como, *v.g.*, estando em causa a declaração extintiva do trabalhador e tendo este manifestado uma "intenção inequívoca" de pôr termo ao contrato, a sua "redução-conversão numa rescisão pelo trabalhador" ("Nulidade da Revogação do Contrato de Trabalho", 1992 cit., pp. 374 segs; *Cessação do Contrato de Trabalho*, 2002 cit., pág. 62). Voltaremos a este ponto mais adiante, no nº 4.3.

[147] Mais exactamente, tais estipulações, podendo ser, ou não, pactuadas pelas partes, poderiam constar, ou não, do documento que titula o acordo extintivo, sendo certo que a sua inclusão em tal documento

A REVOGAÇÃO DO CONTRATO DE TRABALHO

2.5.3. Novas orientações em matéria de definição da situação das partes quanto a créditos laborais: a eliminação da norma proibitiva da abdicação de créditos pelo trabalhador no acordo revogatório e a presunção de liquidação de créditos baseada na atribuição ao trabalhador de uma "compensação pecuniária de natureza global"

Terá sido, contudo, em sede de disciplina da definição, por acordo entre trabalhador e empregador, da sua situação recíproca quanto a créditos de um e de outro, por ocasião e em simultâneo com a cessação pactuada do vínculo laboral, que o novo regime foi mais longe, rompendo com o direito anterior e alterando decisivamente as coordenadas normativas por que se regia esta matéria. E fê-lo em dois planos, distintos se bem que convergentes.

Em primeiro lugar, já o adiantámos, o DL nº 64-A/89 eliminou a norma contida no art. 6º, nº 3, do DL nº 372-A/75, que vedava às partes ajustar, quando do distrate, soluções que implicassem a abdicação pelo trabalhador de "direitos já adquiridos" ou "créditos vencidos". E, ao fazê-lo, removeu um obstáculo de monta – e nessa medida abriu o caminho – à admissão, que não tardaria, primeiro pela jurisprudência, depois pela doutrina, da disposição pelo trabalhador dos seus direitos "na fase em que negoceia já a sua desvinculação"[148], a acrescer à aceitação, já consolidada na primeira, da renúncia subsequente à cessação do contrato e da subordinação daquele face ao empregador[149].

Depois, estabeleceu, no seu art. 8º, nº 4, que, "se no acordo de cessação, ou conjuntamente com este, as partes estabelecerem uma compensação pecuniária de natureza global para o trabalhador, entende-se, na falta de estipulação em contrário, que naquela foram pelas partes incluídos e liquidados os créditos já vencidos à data da cessação do contrato ou exigíveis em virtude dessa cessação".

Debruçando-se sobre este preceito, a nossa doutrina cedo convergiu no sentido de considerar, na senda de MONTEIRO FERNANDES, que "a natureza global" da compensação pecuniária a cuja atribuição a lei associava o efeito descrito na sua parte final, consistiria "na indiscriminação dos títulos ou fundamentos pelos quais o montante pecuniário em causa é estabelecido e pago"[150].

---

se reconduziria, nos termos gerais, à adopção pelas partes de forma voluntária. Sobre este ponto, v. ANTÓNIO NUNES DE CARVALHO, "Contrato de trabalho. Revogação por acordo. Compensação pecuniária global: seu valor", 1994 cit., pág. 223; JOANA VASCONCELOS, "A Revogação do Contrato de Trabalho", 1997 cit., pág. 184, n. 42. A questão será versada com mais detalhe *infra*, nos nºs 4.2 e 4.3.

[148] O ponto será desenvolvido *infra* no nº 11.2.2.2.

[149] Cfr. *supra* o nº 2.4.3 e *infra* o nº 7.1.

[150] *Direito do Trabalho*, I, 1994 cit., pág. 472.

Em sentido um tanto diverso, considerando "de natureza global" a compensação "que abranja ou se refira à compensação de fim de contrato e aos créditos emergentes do contrato, da sua violação ou cessação, JORGE LEITE, *Direito do Trabalho – Lições*, 1993 cit., pág. 518.

EVOLUÇÃO HISTÓRICA

Acolhido sem reservas na jurisprudência dos nossos tribunais superiores[151], este entendimento manteve-se para lá da sucessão de diplomas que regularam esta matéria e perdurou até hoje, com uma latitude e uma rigidez que nos parecem dificilmente compagináveis com a sua *ratio*[152].

A segunda parte do nº 4 do art. 8º do DL nº 64-A/89 suscitou alguma perplexidade entre os seus primeiros comentadores, tendo então sido aventadas várias explicações quanto ao seu sentido – que iam da renúncia aos seus créditos pelo trabalhador[153], à sua recondução a um regime supletivo, aplicável na falta de estipulação das partes em contrário[154]. A abordagem que veio, contudo, a prevalecer e a consolidar-se[155], tanto na doutrina como na jurisprudência, foi a de que o referido preceito consagrava uma "mera

---

[151] V., entre outros, os Acs. RL de 26-1-2005 (Proc. nº 9733/2004-4), RL de 28-9-2005 (Proc. nº 1693/2004-4), RL de 19-10-2005 (Proc. nº 4301/2005-4), RL de 19-10-2005 (Proc. nº 711/2005-4), STJ de 21-4-1993 (Proc. nº 3513), STJ de 26-5-1993 (Proc. nº 3619), STJ de 16-4-1997 (Proc. nº 3997), STJ de 18-6-1997 (Proc. nº 97S076), STJ de 19-2-2004 (Proc. nº 3404/03), STJ 6-12-2006 (Proc. nº 06S3208), todos com texto integral disponível em www.dgsi.pt, salvo o Ac. STJ de 19-2-2004, *in CJ-STJ*, 2004, I, pp. 274 segs.

[152] O ponto será desenvolvido adiante, nos nºs 7.1 e 7.2.

[153] Para MONTEIRO MATIAS/SAÚL NUNES, "o estabelecimento de uma compensação global envolve, salvo estipulação em contrário, renúncia ao exercício de direitos adquiridos ou à reclamação de créditos vencidos" (*Lei dos Despedimentos e dos Contratos a Termo – Anotada*, Heptágono, Lisboa, 1990, pág. 21).
Esta abordagem – que representaria "a antítese" da solução consagrada no art. 6º, nº 3, do DL nº 372-A/75 – foi unanimemente contestada, tanto na doutrina (v., por todos, LEAL AMADO, "Cessação do Contrato de Trabalho por Mútuo Acordo e Compensação por Perda de Emprego", 1990 cit., pág. 12; *A Protecção do Salário*, 1993 cit., pág. 209, n. 51) como na jurisprudência (v., entre outros, os Acs. STJ de 21-4-1993, Proc. nº 3513, e de 26-5-1993, Proc. nº 3619 cits.).
Vejam-se, contudo, em sentido aparentemente consonante com a tese referida no texto, as considerações de MONTEIRO FERNANDES quanto ao facto de a solução consagrada no art. 8º, nº 4, do DL nº 64-A/89 (e mantida no CT2003 e no CT2009) contrariar "frontalmente" a do direito anterior e poder revelar-se problemática na perspectiva da indisponibilidade de certos direitos do trabalhador, bem como a sugestão de que a própria estipulação de uma compensação pecuniária global envolveria um contrato de "remissão abdicatória" (*Direito do Trabalho*, I, 1994 cit., pág. 472 e, já perante o CT2003 e CT2009, em termos que se nos afiguram dificilmente compreensíveis, atentas a alteração do rumo legislativo quanto à natureza da presunção e a da própria posição do A quanto à mesma questão, *Direito do Trabalho*, 13ª ed., Almedina, Coimbra, 2006, pág. 525; *Direito do Trabalho*, 14ª ed., Almedina, Coimbra, 2009, pág. 553).

[154] Tese avançada, mas logo afastada, por MENEZES CORDEIRO, que vem a concluir tratar-se "duma presunção e não de um regime supletivo aplicável na falta de estipulação escrita: nenhuma razão se visualiza para impedir a prova em contrário, a produzir pelo trabalhador" (*Manual de Direito do Trabalho*, 1991 cit., pág. 799, n. 9).

[155] Apesar de não resultar inequivocamente do texto do art. 8º, nº 4, do DL nº 64-A/89. O ponto é acentuado por JÚLIO GOMES, *Direito do Trabalho*, Vol. I, 2007 cit., pág. 942 e por ROSÁRIO PALMA RAMALHO, *Direito do Trabalho, Parte II*, 2008 cit., pág. 814, n. 263, a propósito da diversa formulação adoptada pelo CT2003 e mantida na sua recente revisão (sobre este ponto, v. *infra* os nºs 2.7.3 e 2.7.4).

A REVOGAÇÃO DO CONTRATO DE TRABALHO

presunção"[156] – "de que na compensação pecuniária global atribuída ao trabalhador foram incluídos e liquidados todos os créditos do trabalhador, designadamente os seus créditos salariais"[157] vencidos na data da extinção do contrato de trabalho.

Quanto à natureza – absoluta ou relativa – dessa presunção, os nossos tribunais superiores e a doutrina maioritária divergiram na interpretação do art. 8º, nº 4, e, sobretudo, quanto à admissibilidade da prova do contrário[158].

A jurisprudência das Relações e do STJ cedo se orientou e consolidou no sentido de qualificar a presunção como *iuris et de iure*[159], afastando a possibili-

---

[156] LEAL AMADO, Cessação do Contrato de Trabalho por Mútuo Acordo e Compensação por Perda de Emprego", 1990 cit., pág. 12; *A Protecção do Salário*, 1993 cit., pág. 208, n. 51; "Revogação do contrato e compensação pecuniária para o trabalhador", 1994 cit., pág 167; ANTÓNIO NUNES DE CARVALHO, "Contrato de trabalho. Revogação por acordo. Compensação pecuniária global: seu valor", 1994 cit., pág. 221; MENEZES CORDEIRO, *Manual de Direito do Trabalho*, 1991 cit., pág. 799, n. 9; MONTEIRO FERNANDES, *Direito do Trabalho*, I, 1994 cit., pág. 472; JORGE LEITE, *Direito do Trabalho – Lições*, 1993 cit., pág. 518; ROMANO MARTINEZ, *Direito do Trabalho*, 2002 cit., pág. 837; FURTADO MARTINS, *Cessação do Contrato de Trabalho*, 2002 cit., pág. 64; JOANA VASCONCELOS, "A Revogação do Contrato de Trabalho", 1997 cit., pág. 183. Na jurisprudência, v., entre outros, os Acs. RL de 4-10-1995 (Proc. nº 0001804), RL de 25-9-1996 (Proc. nº 0005544), RP de 7-4-2003 (Proc. nº 0310007), RL de 9-3-2005 (Proc. nº 8682/2004), RL de 28-9-2005 (Proc. nº 1693/2004), RL de 19-10-2005 (Proc. nº 4301/2005), RL de 19-10-2005 (Proc. nº 711/2005), STJ de 21-4-1993 (Proc. nº 3513), STJ de 26-5-1993 (Proc. nº 3619), STJ de 18-6-1997 (Proc. nº 97S076), STJ de 2-12-1998 (Proc. nº 98S232), STJ de 19-2-2004 (Proc. nº 3404/03), STJ de 13-7-2006 (Proc. nº 06S250), com texto integral disponível em www.dgsi.pt (e, quanto aos Acs. STJ de 26-5-1993 e de 19-2-2004, respectivamente in *CJ-STJ*, 1993, II, pp. 287 segs. e *CJ-STJ*, 2004, I, pp. 274 segs.).

[157] LEAL AMADO, "Cessação do Contrato de Trabalho por Mútuo Acordo e Compensação por Perda de Emprego", 1990 cit., pág. 12; *A Protecção do Salário*, 1993 cit., cit., pág. 208, n. 51; JORGE LEITE, *Direito do Trabalho – Lições*, 1993 cit., pág. 518.

[158] Muito embora a presunção versada no texto abarcasse (como ainda hoje abarca) todos os créditos laborais das partes, vencidos ou exigíveis e, nessa medida, as questões relativas à admissibilidade, sentido e efeitos da prova em contrário se suscitem quanto ao trabalhador, como quanto ao empregador (o ponto será desenvolvido *infra* nos nºs 8.3.2 e 8.3.3), desde sempre a doutrina centrou a sua abordagem na perspectiva do trabalhador, por ser mais relevante a sua situação de credor, atenta a quantidade e qualidade dos créditos envolvidos. O mesmo se diga da jurisprudência dos nossos tribunais superiores, sendo certo que na totalidade dos acórdãos disponíveis por nós analisados estava em causa uma pretensão do trabalhador de ilidir a presunção, de modo a poder reclamar o pagamento de outros créditos não liquidados pela compensação pecuniária de natureza global paga. Por isso, ao longo da presente secção, e a propósito da análise das orientações contrapostas da jurisprudência e da doutrina quanto à natureza da presunção, surgirão várias alusões (desde logo sob a forma de transcrição) à prova em contrário pelo trabalhador, as quais valem também para o empregador.

[159] V., entre outros, os Acs. RL de 4-10-1995 (Proc. nº 0001804), RL de 25-9-1996 (Proc. nº 0005544), RP de 7-4-2003 (Proc. nº 0310007), RL de 9-3-2005 (Proc. nº 8682/2004), RL de 28-9-2005 (Proc. nº 1693/2004), RL de 19-10-2005 (Proc. nº 4301/2005), RL de 19-10-2005 (Proc. nº 711/2005), STJ de 21-4-1993 (Proc. nº 3513), STJ de 26-5-1993 (Proc. nº 3619), STJ de 18-6-1997 (Proc. nº 97S076), STJ de 2-12-1998 (Proc. nº 98S232), STJ de 19-2-2004 (Proc. nº 3404/03), STJ de 13-7-2006 (Proc. nº 06S250). Todos estes acórdãos (com excepção dos Acs. STJ de 26-5-1993 e de 19-2-2004, respectivamente in *CJ-STJ*, 1993, II, pp. 287 segs. e *CJ-STJ*, 2004, I, pp. 274 segs.) estão integralmente disponíveis em www.dgsi.pt.

EVOLUÇÃO HISTÓRICA

dade de o trabalhador "vir depois pretender demonstrar que na compensação pecuniária global não foram incluídos alguns créditos já vencidos de que então era titular"[160] ou decorrentes da extinção do contrato e exigir o seu pagamento. Esta orientação unânime[161] fundava-se essencialmente na análise dos elementos literal e teleológico do referido art. 8º, nº 4[162]. Nesse sentido, as decisões em apreço invocavam, antes de mais, o facto de o "enunciado linguístico"[163] de tal norma ser "peremptório no sentido de atribuir à compensação pecuniária de natureza global inserida no acordo de cessação do contrato (...) o significado irrefutável de que nela foram pelas partes incluídos e liquidados os créditos do trabalhador já vencidos à data da cessação do contrato ou exigíveis em virtude dessa cessação"[164] E, ainda, de que esse "efeito jurídico somente se não verificará quando as partes convencionarem expressamente o contrário"[165]. A "letra daquele preceito" seria, pois, "clara no sentido de não admitir qualquer prova em contrário da que resulta do texto do acordo revogatório."[166] A não ser assim, haveria que concluir, seguindo "a tese dos que consideram a presunção ilidível"[167], ser "a expressão «*na falta de estipulação em contrário*» (...) absolutamente inútil, pois bastaria ao legislador ter dito «*entende-se que naquela foram incluídos...*»" para que existisse a presunção[168]. Porque "a referida expressão há-de ter algum sentido e alcance, uma vez que é de presumir que o legislador soube exprimir o seu pensamento em termos adequados[169] (...) não vemos que

[160] Acs. STJ de 21-4-1993 (Proc. nº 3513) e STJ de 26-5-1993 (Proc. nº 3619) cits.

[161] Trata-se de um aspecto versado, entre outros, nos Acs. STJ de 2-12-1998 (Proc. nº 98S232) e STJ de 13-7-2006 (Proc. nº 06S250) cits., que sublinharam, respectivamente, o carácter "firme" e "unânime" desta jurisprudência.

[162] ANTÓNIO NUNES DE CARVALHO, "Contrato de trabalho. Revogação por acordo. Compensação pecuniária global: seu valor", 1994 cit., pág. 221. O A refere-se apenas ao Ac. STJ de 26-5-1993, que anota, mas em termos plenamente transponíveis para as demais decisões *supra* referenciadas que se lhe seguiram e que adoptaram, quase imodificada, a análise nele efectuada. No mesmo sentido, em comentário ao mesmo Ac., LEAL AMADO, "Revogação do contrato e compensação pecuniária para o trabalhador", 1994 cit., pág. 168.

[163] Acs. STJ de 21-4-1993 (Proc. nº 3513) e STJ de 26-5-1993 (Proc. nº 3619) cits.

[164] Acs. STJ de 21-4-1993 (Proc. nº 3513), STJ de 26-5-1993 (Proc. nº 3619) e STJ de 19-2-2004 (Proc. nº 3404/03) cits.

[165] Acs. STJ de 21-4-1993 (Proc. nº 3513), STJ de 26-5-1993 (Proc. nº 3619), STJ de 19-2-2004 (Proc. nº 3404/03) e STJ de 13-7-2006 (Proc. nº 06S250). V., ainda, o Ac. RL de 9-3-2005 (Proc. nº 8682/2004), que sublinhou, a este propósito, resultar do nº 4 do art. 8º que "se as partes estabelecerem uma compensação pecuniária de natureza global e se não houver estipulação em contrário (ou seja, se as partes não consignarem que, não obstante a compensação, ficam de fora dela determinados créditos), deve entender-se que ficam liquidados todos os créditos emergentes do contrato de trabalho e da sua cessação".

[166] Ac. STJ de 21-4-1993 (Proc. nº 3513).

[167] Ac. STJ de 13-7-2006 (Proc. nº 06S250).

[168] Ac. STJ de 13-7-2006 (Proc. nº 06S250).

[169] Nos termos do art. 9º, nº 3, do CódCiv (Ac. STJ de 13-7-2006, Proc. nº 06S250).

A REVOGAÇÃO DO CONTRATO DE TRABALHO

outro sentido e alcance possa ter que não seja o de tornar a presunção inilidível na falta daquela estipulação"[170]. Verdadeiramente, ao incluir tal expressão no texto legal, ter-se-ia pretendido impedir a prova em contrário, nos termos do art. 350º, nº 2, *in fine*, do Cód Civ[171]. Paralelamente, sustentavam muitas das referidas decisões[172] ser "esta interpretação" a "única que se harmoniza com o pensamento legislativo"[173]: a solução adoptada no art. 8º, nº 4, "visou alcançar a certeza e segurança jurídicas e evitar litígios posteriores ao acordo de cessação do contrato, liquidando-se definitivamente as relações de trabalho por acerto de contas"[174]. Ora, "aceitando-se a orientação que qualifica a presunção como relativa, o objectivo do legislador sairia frustrado e a solução consagrada mostrar-se-ia incongruente, dado que apenas se reflectiria em sede de ónus da prova, sem atingir o desiderato legislativo"[175]. A argumentação exposta, se reproduzia, no essencial, a que era aduzida pelos AA que atribuíam carácter absoluto à presunção consagrada no art. 8º, nº 4, do DL nº 64-A/89[176] – os quais insistiam, ainda, no contraste desta solução com a do direito anterior[177], e, sobretudo, na completa definição da posição das partes dela resultante, a não suscitar, "por certo, futuro contencioso"[178] – era, contudo, contestada pela

[170] Ac. STJ de 13-7-2006 (Proc. nº 06S250).

[171] "Ao dizer que é esse o entendimento que deve ser dado à compensação pecuniária global, na falta de estipulação em contrário, isto é, na falta de outro significado atribuído pelos outorgantes, a lei está, obviamente, a proibir que se possa dar-lhe outro, através da prova de que as partes deixaram de fora ou não quiseram que a compensação abrangesse este ou aquele crédito ou este ou aquele tipo de créditos" (Ac. RL de 9-3-2005, Proc. nº 8682/2004, no mesmo sentido, v. o Ac. STJ de 13-7-2006, Proc. nº 06S250).
Esta linha de argumentação assente no texto do art. 8º, nº 4, foi reforçada, em acórdãos mais recentes, pelo cotejo com a norma constante do art. 394º, nº 4, do CT2003 que, em conformidade com o propósito de consagrar de forma inequívoca a natureza relativa da presunção, deixou de conter qualquer referência à *falta de estipulação em contrário*. Argumentam *a contrario*, com base neste preceito, entre outros, os Acs. RL de 9-3-2005 (Proc. nº 8682/2004), RL de 19-10-2005 (Proc. nº 4301/2005) e STJ de 13-7-2006 (Proc. nº 06S250) cits.

[172] Acs. RL de 9-3-2005 (Proc. nº 8682/2004), RL de 28-9-2005 (Proc. nº 1693/2004), RL de 19-10-2005 (Proc. nº 4301/2005), STJ de 21-4-1993 (Proc. nº 3513), STJ de 26-5-1993 (Proc. nº 3619), STJ de 19-2-2004 (Proc. nº 3404/03), STJ de 13-7-2006 (Proc. nº 06S250) cits.

[173] Acs. STJ de 21-4-1993 (Proc. nº 3513), de 26-5-1993 (Proc. nº 3619) e de 19-2-2004 (Proc. nº 3404/03) cits.

[174] Acs. RL de 9-3-2005 (Proc. nº 8682/2004) e de RL 28-9-2005 (Proc. nº 1693/2004) cits.

[175] Acs. STJ de 21-4-1993 (Proc. nº 3513) e STJ de 26-5-1993 (Proc. nº 3619) cits.

[176] MONTEIRO FERNANDES, *Direito do Trabalho*, I, 1994 cit., pág. 472; ABÍLIO NETO, *Contrato de Trabalho – Notas Práticas*, 1990 cit., pág. 513; CASTRO SANTOS/MARIA TERESA RAPOULA, *Da Cessação do Contrato de Trabalho e Contratos a Termo*, 1990 cit., pág. 53.

[177] MONTEIRO FERNANDES, *Direito do Trabalho*, I, 1994 cit., pp. 472-473, referindo-se o A expressamente ao art. 6º, nº 3, do DL nº 372-A/75, e à "importante inflexão" do nosso ordenamento no tocante ao "significado da estipulação, no acordo revogatório, de uma compensação pecuniária, a favor do trabalhador".

[178] BERNARDO XAVIER, *O Despedimento Colectivo no Dimensionamento da Empresa*, 2000 cit., pág. 501.

EVOLUÇÃO HISTÓRICA

maioria da doutrina, que se pronunciou no sentido da natureza relativa dessa mesma presunção[179].

Contra a argumentação fundada no teor literal do preceito, invocava--se, para além das suas patentes limitações[180], a regra constante do art. 350º, nº 2, do CódCiv[181], a qual não só exigiria uma maior assertividade por parte do legislador, como resultaria inutilizada por uma tal interpretação (que esvaziaria "a regra da excepcionalidade das presunções *iuris et de iure*")[182]. Quanto aos argumentos assentes no elemento teleológico, considerava-se que "para além de não conduzirem necessariamente ao resultado pretendido, provavam demais"[183] – não sendo certo que "o desiderato de «findar as contas» fosse inconciliável com o propósito de assegurar que essas contas fossem bem feitas"[184] e, sobretudo, sendo inquestionável que "os propósitos enunciados" seriam igualmente alcançados "com o estabelecimento de uma presunção *iuris tantum* que, por si só, ao sobrecarregar a prova a cargo do trabalhador, conferiria alguma

---

[179] LEAL AMADO, Cessação do Contrato de Trabalho por Mútuo Acordo e Compensação por Perda de Emprego", 1990 cit., pág. 12; *A Protecção do Salário*, 1993 cit., pp. 207 segs, n. 51; "Revogação do contrato e compensação pecuniária para o trabalhador", 1994 cit., pp. 167 segs.; ANTÓNIO NUNES DE CARVALHO, "Contrato de trabalho. Revogação por acordo. Compensação pecuniária global: seu valor", 1994 cit., pp. 220 segs.; MENEZES CORDEIRO, *Manual de Direito do Trabalho*, 1991 cit., pág. 799, n. 9; JORGE LEITE, *Direito do Trabalho – Lições*, 1993 cit., pág. 519; ROMANO MARTINEZ, *Direito do Trabalho*, 2002 cit., pág. 837; *Direito do Trabalho*, 4ª ed., Almedina, Coimbra, 2007, pág. 958; FURTADO MARTINS, *Cessação do Contrato de Trabalho*, 2002 cit., pp. 66 segs.; JOANA VASCONCELOS, "A Revogação do Contrato de Trabalho", 1997 cit., pp. 183 segs.

[180] LEAL AMADO, "Revogação do contrato e compensação pecuniária para o trabalhador" 1994 cit., pág. 168; ANTÓNIO NUNES DE CARVALHO, "Contrato de trabalho. Revogação por acordo. Compensação pecuniária global: seu valor", 1994 cit., pág. 223; JOANA VASCONCELOS, "A Revogação do Contrato de Trabalho", 1997 cit., pág. 183

[181] LEAL AMADO, *A Protecção do Salário*, 1993 cit., pág. 208, n. 51; "Revogação do contrato e compensação pecuniária para o trabalhador", 1994 cit., pág. 168; ANTÓNIO NUNES DE CARVALHO, "Contrato de trabalho. Revogação por acordo. Compensação pecuniária global: seu valor", 1994 cit., pág. 223; JORGE LEITE, *Direito do Trabalho – Lições*, 1993 cit., pág. 519; FURTADO MARTINS, *Cessação do Contrato de Trabalho*, 2002 cit., pág. 67; JOANA VASCONCELOS, "A Revogação do Contrato de Trabalho", 1997 cit., pág. 183.

[182] ANTÓNIO NUNES DE CARVALHO, "Contrato de trabalho. Revogação por acordo. Compensação pecuniária global: seu valor", 1994 cit., pág. 223.

[183] ANTÓNIO NUNES DE CARVALHO, "Contrato de trabalho. Revogação por acordo. Compensação pecuniária global: seu valor", 1994 cit., pág. 223.

[184] ANTÓNIO NUNES DE CARVALHO, "Contrato de trabalho. Revogação por acordo. Compensação pecuniária global: seu valor", 1994 cit., pp. 222-223, recordando, a este propósito, "o disposto no art. 38º da LCT e o entendimento pacífico sobre o valor da quitação dada pelo trabalhador". Em sentido idêntico, criticando a solução legal porque "salda as contas em manifesto prejuízo do trabalhador", e à custa "do mais básico" dos seus direitos, LEAL AMADO, Cessação do Contrato de Trabalho por Mútuo Acordo e Compensação por Perda de Emprego", 1990 cit., pág. 13; "Revogação do contrato e compensação pecuniária para o trabalhador", 1994 cit., pág. 168. V., ainda, JOANA VASCONCELOS, "A Revogação do Contrato de Trabalho", 1997 cit., pp. 183-184.

A REVOGAÇÃO DO CONTRATO DE TRABALHO

estabilidade ao acerto final de contas ajustado"[185]. Por tudo isto, concluíam tais AA, a presunção constante do art. 8º, nº 4, admitiria a prova em contrário, a produzir pelo trabalhador[186] – "residindo nessa inversão do ónus da prova o alcance essencial do preceito"[187].

2.6. Lei nº 38/96, de 31 de Agosto

2.6.1. Sentido geral das alterações à disciplina da revogação do contrato de trabalho introduzidas pela Lei nº 38/96

Motivada por um objectivo principal de combate a certas práticas de defraudação dos direitos do trabalhador – como a assinatura por este, quando da sua admissão e como condição desta, de um documento de distrate com a data em branco ou já datado[188] – a L nº 38/96, de 31 de Agosto[189], veio, de

---

[185] ROMANO MARTINEZ, *Da Cessação do Contrato*, 2006 cit., pág. 440, n. 874; *Direito do Trabalho*, 2007, pág. 959, n. 1.

[186] LEAL AMADO, Cessação do Contrato de Trabalho por Mútuo Acordo e Compensação por Perda de Emprego", 1990 cit., pág. 12, *A Protecção do Salário*, 1993 cit., pág. 208, n. 51; ANTÓNIO NUNES DE CARVALHO, "Contrato de trabalho. Revogação por acordo. Compensação pecuniária global: seu valor", 1994 cit., pág. 222; MENEZES CORDEIRO, *Manual de Direito do Trabalho*, 1991 cit., pág. 799, n. 9; JORGE LEITE, *Direito do Trabalho – Lições*, 1993 cit., pág. 519; JOANA VASCONCELOS, "A Revogação do Contrato de Trabalho", 1994 cit., pág. 184.

[187] LEAL AMADO, Cessação do Contrato de Trabalho por Mútuo Acordo e Compensação por Perda de Emprego", 1990 cit., pp. 12-13; *A Protecção do Salário*, 1993 cit., pp. 208-209, n. 51; JOANA VASCONCELOS, "A Revogação do Contrato de Trabalho", 1997 cit., pág. 184 e n. 43.

[188] Num e noutro caso, tratava-se de possibilitar ao empregador gerir, segundo a sua conveniência, o momento da cessação da relação laboral. Sobre este ponto, v. ALBINO MENDES BAPTISTA, "O Direito de Arrependimento", 1997 cit., pág. 50; MONTEIRO FERNANDES, *Direito do Trabalho*, 10ª ed., Almedina, Coimbra, 1998, pág. 466; JÚLIO GOMES, *Direito do Trabalho, Vol. I*, 2007 cit., pág. 942; FURTADO MARTINS, *Cessação do Contrato de Trabalho*, 2002 cit., pág. 68; ROSÁRIO PALMA RAMALHO, *Da Autonomia Dogmática do Direito do Trabalho*, 2000 cit., pág. 662; *Direito do Trabalho, Parte II*, 2008 cit., pág. 816; JOANA VASCONCELOS, "A Revogação do Contrato de Trabalho", 1997 cit., pág. 185; BERNARDO XAVIER, *Curso de Direito do Trabalho – Aditamento de Actualização (1996)*, Separata, Verbo, Lisboa – São Paulo, 1996, pp. 565-566; *O Despedimento Colectivo no Dimensionamento da Empresa*, 2000 cit., pág. 500; *Iniciação ao Direito do Trabalho*, 2005 cit., pág. 418.

[189] Sobre as modificações ao regime da revogação do contrato de trabalho decorrentes da L nº 38/96, v., entre outros, ALBINO MENDES BAPTISTA, "O Direito de Arrependimento", 1997 cit., pp 49 segs.; MONTEIRO FERNANDES, *Direito do Trabalho*, 1998 cit. pp. 466-467; JÚLIO GOMES, *Direito do Trabalho, Vol. I*, 2007, pág. 942; JORGE LEITE, "Observatório Legislativo", *QL*, nº 8, 1996, pp. 216 segs.; ROMANO MARTINEZ, *Direito do Trabalho*, 2002 cit., pp. 838 segs.; FURTADO MARTINS, *Cessação do Contrato de Trabalho*, 2002 cit., pp. 68 segs.; ROSÁRIO PALMA RAMALHO, *Da Autonomia Dogmática do Direito do Trabalho*, 2000 cit., pp. 661-662; JOANA VASCONCELOS, "A Revogação do Contrato de Trabalho", 1994 cit., pp. 184 segs.; BERNARDO XAVIER, *Curso de Direito do Trabalho – Aditamento de Actualização*, 1996 cit., pp. 565-566; *O Despedimento Colectivo no Dimensionamento da Empresa*, 2000 cit., pp. 499 segs.; *Iniciação ao Direito do Trabalho*, 2005 cit., pág. 418.

EVOLUÇÃO HISTÓRICA

novo, permitir-lhe unilateralmente revogar[190] o acordo extintivo do contrato de trabalho[191].

E se é certo que este ressurgir do direito de revogação do acordo revogatório poderia indiciar um regresso ao modelo do DL nº 372-A/75 e ao "direito de arrependimento" do trabalhador previsto no seu art. 7º[192], não o é menos que a análise do respectivo regime evidencia uma muito diversa fisionomia deste direito, totalmente informado pelo propósito de permitir ao trabalhador "reagir contra situações como as descritas", em que este "se vê confrontado com um distrate ou com uma cessação «que não corresponde à sua vontade real», e sem ter «qualquer possibilidade de participar na definição ou no controlo do momento a partir do qual se produzirão os seus efeitos»"[193].

Com efeito, se a nova disciplina apresentava pontos de continuidade (carácter discricionário) e de contraste (imposição da concomitante restituição das quantias recebidas e sujeição a forma escrita) com a que vigorara até 1989, o que nela verdadeiramente avultava eram as duas inovações (prazo para o exercício

[190] A adopção pelo legislador do termo "revogação" para designar a cessação por iniciativa do trabalhador da "revogação" (cfr. a epígrafe do Cap. III do DL nº 64-A/89), *i.e.*, do acordo revogatório, foi então criticada por ALBINO MENDES BAPTISTA, "O Direito de Arrependimento", 1997 cit., pág. 49, que entendia que se tratava, "tecnicamente", de uma resolução, e por FURTADO MARTINS, *Cessação do Contrato de Trabalho*, 2002 cit., pág. 68, n. 21, que afirmava ser "infeliz" e prestar-se a equívocos a utilização pelo legislador da mesmo termo para designar realidades diferentes, fazendo coexistir uma revogação unilateral e uma revogação bilateral. Voltaremos a este ponto mais adiante, no 2.7.3 e 14.1.

[191] E, bem assim, a sua declaração extintiva unilateral: o art. 2º, nº 1, da L nº 38/96 permitia genericamente ao trabalhador revogar a "rescisão do contrato de trabalho por inicativa do trabalhador". Sobre este ponto, em particular, v. ALBINO MENDES BAPTISTA, "O Direito de Arrependimento", 1997 cit., pp. 50-52.

[192] Assim o entenderam, à data, ALBINO MENDES BAPTISTA, "O Direito de Arrependimento", 1997 cit., pp. 49-50, se bem que em termos muito críticos da "ressuscitação" do anterior regime operada, e JORGE LEITE, "Observatório Legislativo", 1996 cit., pág. 217. No mesmo sentido, apontando o ressurgir deste "direito ao arrependimento" como sinal de inversão" da "intenção flexibilizante" dos legisladores de 1989 e de 1991 em matéria de cessação do vínculo laboral, ROSÁRIO PALMA RAMALHO, *Da Autonomia Dogmática do Direito do Trabalho*, 2000 cit., pp. 661-662; e, ainda, ROMANO MARTINEZ *Direito do Trabalho*, 2002 cit., pp. 840-842.

[193] JOANA VASCONCELOS, "A Revogação do Contrato de Trabalho" 1997 cit., pág. 185; as citações contidas no trecho *supra* transcrito são da Exposição de Motivos que antecedeu a Proposta de Lei nº 33/VII (Separata nº 13/VII ao *Diário da Assembleia da República*, de 29 de Maio de 1996, pág. 5).
Em sentido contrário, ROMANO MARTINEZ, admitindo embora ter sido a fraude que "impulsionou o legislador de 1996", e contribuiu "para fazer renascer a solução abandonada em 1989", entendia que este teria ido mais longe, pelo que "a exposição de motivos que antecedeu a proposta de lei" – e que aludia à mencionada fraude – não teria sido "minimamente contemplada" nos preceitos da L nº 38/96. Por tal motivo, não só o "entendimento de que a solução estabelecida" na L nº 38/96 "só se aplica às hipóteses de fraude do empregador" não teria "um mínimo de correspondência" no diploma, como não seria correcto interpretar as respectivas disposições "contra a sua letra, de modo a concluir que o direito de revogação de determinadas declarações negociais corresponde, antes, a uma presunção de fraude das entidades patronais" (*Direito do Trabalho*, 2002 cit., pp. 840-842).

A REVOGAÇÃO DO CONTRATO DE TRABALHO

do direito de revogação e possibilidade de exclusão deste pela a adopção de um formalismo reforçado no distrate) que concretizavam o referido desígnio de combate à fraude através da garantia da genuinidade e actualidade da vontade expressa na declaração extintiva do trabalhador[194].

Justifica-se uma apreciação mais detalhada de todos estes pontos, a que procederemos já em seguida.

2.6.2. Aspectos essenciais da nova disciplina da revogação pelo trabalhador do acordo extintivo do contrato de trabalho

A revogação unilateral do acordo revogatório permitida ao trabalhador pela L nº 38/96 era, como a prevista no art. 7º, nº 1, do DL nº 372-A/75[195], discricionária, operando por mera "comunicação" ao empregador, sem necessidade de invocação de motivo e à margem de quaisquer exigências probatórias que, nas situações *supra* descritas, aquele dificilmente estaria em condições de satisfazer[196].

Eram duas as condições de que, no sistema da L nº 38/96, dependia o regular exercício do direito de revogação unilateral do distrate pelo trabalhador: respeito pelo prazo de dois dias úteis subsequentes "à data de produção dos seus efeitos" (art. 1º, nº 1)[197] e entrega ou colocação, "por qualquer forma", à disposição do empregador, da totalidade do "valor das compensações pecuniárias" recebidas "em cumprimento do acordo ou por efeito da cessação do contrato de trabalho" (art. 1º, nº 3).

---

[194] MONTEIRO FERNANDES, *Direito do Trabalho*, 1998 cit., pág. 467; JOANA VASCONCELOS, "A Revogação do Contrato de Trabalho", 1997 cit., pp. 187 e 193; BERNARDO XAVIER, *Curso de Direito do Trabalho – Aditamento de Actualização*, 1996 cit., pp. 565-566; *O Despedimento Colectivo no Dimensionamento da Empresa*, 2000 cit., pág. 500; *Iniciação ao Direito do Trabalho*, 2005 cit., pág. 418.
Contra, pelas razões supra expostas, ROMANO MARTINEZ, *Direito do Trabalho* 2002 cit., pp. 840-842.

[195] Cfr. *supra* o nº 2.4.4.

[196] JOANA VASCONCELOS, "A Revogação do Contrato de Trabalho", 1997 cit., pág. 188; BERNARDO XAVIER, *Iniciação ao Direito do Trabalho*, 2005 cit., pág. 418.
Conforme sublinha FURTADO MARTINS, "na generalidade das situações" visadas pela L nº 38/96, o trabalhador não disporia "de meios de prova que lhe permitissem demonstrar que tinha sido coagido a assinar um documento no qual não figurava a data exigida por lei" (*Cessação do Contrato de Trabalho*, 2002 cit., pp. 68-69).

[197] Excepcionalmente – "no caso de não ser possível assegurar a recepção da comunicação" da revogação no prazo referido no texto – permitia-se ao trabalhador o seu envio, no "dia útil subsequente" (e "por carta registada com aviso de recepção"), à IGT, a qual a notificaria, então, ao empregador. Sobre este ponto v. MONTEIRO FERNANDES, *Direito do Trabalho*, 1998 cit., pág. 466; FURTADO MARTINS, *Cessação do Contrato de Trabalho*, 2002 cit., pág. 69; JOANA VASCONCELOS, "A Revogação do Contrato de Trabalho", 1997 cit., pág. 187.

EVOLUÇÃO HISTÓRICA

No que se refere ao prazo, de caducidade[198], quer a sua duração (significativamente menor que a prevista no DL nº 372-A/75[199]), quer o *dies a quo* fixado para a sua contagem, tornavam bem patente tratar-se de um mecanismo que permitia ao trabalhador, de forma simples e expedita, impedir a cessação do contrato, libertando-se de uma declaração extintiva que não exprimiria uma sua vontade actual e livre[200] – e não já como uma oportunidade para reconsiderar a sua decisão de assentir na cessação do vínculo laboral.

Quanto à restituição ao empregador das quantias recebidas pelo trabalhador, a opção de a incluir entre as condições do regular exercício do direito de revogação[201] visava, de forma inequívoca, tutelar o empregador, garantindo a reposição da sua situação no plano patrimonial em simultâneo com a retoma do vínculo laboral. Refira-se, não obstante, que constituindo esta restituição "consequência natural"[202] da revogação do acordo revogatório pelo trabalhador, a obrigação que sobre este impendia teria como objecto a compensação eventualmente atribuída pela cessação do contrato e os créditos tornados exigíveis por força desta[203], "por deixar de se justificar a sua percepção num contexto de retoma do vínculo laboral"[204] – mas não já os créditos vencidos no decurso da relação laboral, entretanto retomada[205], que o trabalhador poderia reter para

---

[198] JORGE LEITE, "Observatório Legislativo", 1996 cit., pág. 217; FURTADO MARTINS, *Cessação do Contrato de Trabalho*, 2002 cit., pág. 69.

[199] Cfr. *supra* o nº 2.4.4.

[200] Neste sentido, ALBINO MENDES BAPTISTA, "O Direito de Arrependimento", 1997 cit., pág. 50; MONTEIRO FERNANDES, *Direito do Trabalho*, 1998 cit., pág. 467; JÚLIO GOMES, *Direito do Trabalho, Vol. I*, 2007 cit., pág. 942; FURTADO MARTINS, *Cessação do Contrato de Trabalho*, 2002 cit., pág. 68; ROSÁRIO PALMA RAMALHO, *Direito do Trabalho, Parte II*, 2008 cit., pág. 816; JOANA VASCONCELOS, "A Revogação do Contrato de Trabalho", 1997 cit., pp. 187-188; BERNARDO XAVIER, *Iniciação ao Direito do Trabalho*, 2005 cit., pág. 418. Em sentido contrário, considerando que o encurtamento do prazo referido no texto não teria tal relevo, esgotando-se numa mera "redução do período de incerteza para o empregador", ROMANO MARTINEZ, *Direito do Trabalho*, 2002 cit., pp. 840-842.

[201] A questão colocara-se já perante o art. 7º do DL nº 372-A/75, tendo a jurisprudência e a doutrina convergido em considerar que, muito embora a revogação do distrate pelo trabalhador implicasse, nos termos gerais, a restituição ao empregador de todas as quantias por aquele recebidas em cumprimento do acordo ou em virtude da extinção do contrato, esta não constituiria condição do exercício do direito conferido ao trabalhador pelo nº 1 desse preceito que, aliás, nada dispunha quanto ao momento da sua efectivação (cfr. *supra* o nº 2.4.4). A mesma conclusão, no sentido da desnecessidade de restituição das quantias em simultâneo com o exercício da revogação pelo trabalhador, se imporia perante o nº 1 do art. 1º da L nº 38/96, não fora a previsão expressa de solução diversa no seu nº 3.

[202] Ac. RC de 27-3-1990, Proc. nº 33/89, *in CJ*, 1990, II, pág. 101.

[203] A saber, "retribuição e subsídio correspondentes, quer a férias vencidas e não gozadas, quer a um período de férias proporcional ao tempo de serviço prestado no ano da cessação, subsídio de Natal pago segundo idêntica proporção" (JOANA VASCONCELOS, "A Revogação do Contrato de Trabalho", 1997 cit., pág. 189).

[204] JOANA VASCONCELOS, "A Revogação do Contrato de Trabalho", 1997 cit., pág. 189.

[205] Como, *v.g.*, créditos, não pagos, de retribuição, por trabalho suplementar ou nocturno prestado, por ajudas de custo ou outros abonos ou, ainda, relativos a comissões ou prémios.

A REVOGAÇÃO DO CONTRATO DE TRABALHO

lá da revogação do acordo extintivo[206]. É que apesar de a lei se referir à "totalidade" do "valor das compensações pecuniárias" recebidas (art. 1º, nº 3), parecia necessário distinguir, nos termos expostos, entre uns e outros.

Demarcando-se quanto a este ponto do regime de 1975[207], a L nº 38/96 concebia a revogação do distrate como negócio formal, impondo o seu exercício por "comunicação escrita" ao empregador (art. 1º, nº 1)[208]. Quanto à *ratio* de tal exigência, cuja preterição geraria a nulidade da revogação efectuada, nos termos gerais do art. 220º do CódCiv[209], parece que estaria relacionada com a prova, não tanto da intenção de retoma da relação laboral pelo trabalhador, mas, antes, da observância por este das duas referidas condições e, nessa medida, do controlo da regularidade daquela[210].

Não obstante, o traço mais característico do regime da revogação unilateral do acordo revogatório pelo trabalhador estabelecido na L nº 38/96 consistia na expressa previsão da sua exclusão sempre que, através da adopção de um formalismo reforçado na celebração do distrate – traduzido no reconhecimento notarial presencial das assinaturas das partes ou na assinatura do acordo perante um inspector do trabalho (art. 1º, nº 4)[211] –, ficasse assegurada a actualidade e,

---

[206] FURTADO MARTINS, *Cessação do Contrato de Trabalho*, 2002 cit., pág. 70; JOANA VASCONCELOS, "A Revogação do Contrato de Trabalho", 1997 cit., pág. 189.

[207] Cfr. *supra* o nº 2.4.4

[208] Sobre este ponto, v. MONTEIRO FERNANDES, *Direito do Trabalho*, 1998 cit., pág. 466; FURTADO MARTINS, *Cessação do Contrato de Trabalho*, 2002 cit., pág. 69; JOANA VASCONCELOS, "A Revogação do Contrato de Trabalho", 1997 cit., pág. 190.
Era diversa a solução consagrada em sede de revogação da rescisão do contrato de trabalho, admitindo o art. 2º, nº 1, da L nº 38/96 que esta se fizesse "por qualquer forma". Esta disparidade de soluções (que transitou para o CT2003, mas foi eliminada no CT2009), mais exactamente "a não exigência de uma forma especial" para a revogação da rescisão justificar-se-ia, segundo FURTADO MARTINS, por "a própria rescisão ser uma declaração não formal" (*Cessação do Contrato de Trabalho*, 2002 cit., pp. 193-194).

[209] FURTADO MARTINS, *Cessação do Contrato de Trabalho*, 2002 cit., pág. 69; JOANA VASCONCELOS, "A Revogação do Contrato de Trabalho", 1997 cit., pág. 190.

[210] Neste sentido, referindo-se à revogação pelo trabalhador da rescisão e considerando "aconselhável" que este a fizesse "por declaração escrita dirigida ao empregador", pese embora o disposto no art. 2º, nº 1, da L nº 38/96, "a fim de acautelar eventuais dificuldades de prova", FURTADO MARTINS, *Cessação do Contrato de Trabalho*, 2002 cit., pág. 194, n. 41.

[211] E desde que aos referidos acordos não fosse aposto termo suspensivo de duração superior a um mês, hipótese que, a ocorrer, faria ressurgir, "para lá desse limite", o direito de revogação que por tal modo se pretendera abolir (art. 1º, nº 5, da L nº 38/96). Sobre esta solução, destinada a evitar a defraudação do próprio esquema tutelar da L nº 38/96 e a garantir, nestes casos particulares, a actualidade do consentimento do trabalhador na extinção do seu vínculo, FURTADO MARTINS, *Cessação do Contrato de Trabalho*, 2002 cit., pp. 69-70; JOANA VASCONCELOS, "A Revogação do Contrato de Trabalho", 1997 cit., pág. 193.
Não era inteiramente coincidente com a solução descrita no texto a consagrada, quanto a este ponto, para a revogação da rescisão do contrato pelo trabalhador: o art. 2º, nº 1, da L nº 38/96 excluía genericamente tal possibilidade perante "assinatura reconhecida notarialmente", sem impor que esse

EVOLUÇÃO HISTÓRICA

nessa medida, a genuinidade da vontade extintiva expressa pelo trabalhador[212]. Tratava-se, afinal, de um sucedâneo do referido direito de revogação que, por diversa via, acautelava o mesmo interesse do trabalhador prosseguido com a sua atribuição. E cujo alcance inequívoco era – já anteriormente o havíamos sublinhado[213] – situar esta "revogação do distrate no plano da tutela da vontade do trabalhador e do combate à fraude"[214] afastando eventuais pretensões de "reconduzir a sua reintrodução no nosso direito laboral a um retorno, ainda que mitigado, ao sistema do DL nº 372-A/75", desde logo "por ser dificilmente concebível um direito de arrependimento que tenha como pressuposto negativo o reconhecimento notarial das assinaturas apostas no acordo de distrate"[215].

Por último, não contendo a L nº 38/96 qualquer disposição correspondente ao nº 2 do art. 7º do DL nº 372-A/75[216], a doutrina dividiu-se quanto à eficácia – *ex tunc* ou *ex nunc* – e à natureza jurídica da revogação pelo trabalhador do acordo extintivo. A orientação maioritária, no sentido da sua retroactividade, tendia a aproximá-la da resolução[217]; diversamente, a tese minoritária, que então

---

reconhecimento fosse "presencial" e omitindo qualquer alusão à intervenção do inspector do trabalho. Sobre estes dois pontos, v. FURTADO MARTINS, *Cessação do Contrato de Trabalho*, 2002 cit., pp. 69-70 e 194.

[212] MONTEIRO FERNANDES, *Direito do Trabalho*, 1998 cit., pág. 467; FURTADO MARTINS, *Cessação do Contrato de Trabalho*, 2002 cit., pág. 69; JOANA VASCONCELOS, "A Revogação do Contrato de Trabalho", 1997 cit., pág. 193.

[213] JOANA VASCONCELOS, "A Revogação do Contrato de Trabalho", 1997 cit., pág. 193.

[214] Naturalmente que não exigindo a L nº 38/96 qualquer justificação para o exercício do direito de revogação unilateral do distrate previsto no seu art. 1º, nº 1, casos haveria em que o recurso a tal expediente seria, na realidade, expressão de uma mudança de ideias do trabalhador quanto a um acordo extintivo regularmente celebrado (ponto é sublinhado, em termos críticos, por ALBINO MENDES BAPTISTA, "O Direito de Arrependimento", 1997 cit., pág. 50).
O que, de modo algum prejudicaria a conclusão, pelas razões apontadas no texto, de "que o legislador quis apenas evitar fraudes e não consagrar uma espécie de «direito de arrependimento»" (BERNARDO XAVIER, *O Despedimento Colectivo no Dimensionamento da Empresa*, 2000 cit., pág. 500, n. 309). No mesmo sentido, frisando ser "sobretudo" este o objectivo da disciplina da L nº 38/96 (mas não já da do CT 2003), JÚLIO GOMES, *Direito do Trabalho*, Vol. I, 2007 cit., pág. 942.

[215] JOANA VASCONCELOS, "A Revogação do Contrato de Trabalho", 1997 cit., pág. 193; BERNARDO XAVIER, *O Despedimento Colectivo no Dimensionamento da Empresa*, 2000 cit., pág. 500.

[216] Cfr. *supra* o nº 2.4.4.

[217] ALBINO MENDES BAPTISTA, "O Direito de Arrependimento", 1997 cit., pág. 49; ROMANO MARTINEZ, *Direito do Trabalho*, 2002 cit., pág. 840; FURTADO MARTINS, *Cessação do Contrato de Trabalho*, 2002 cit., pág. 70.
Era idêntico o resultado a que – por via diversa – conduzia a tese defendida por JORGE LEITE. Retomando a construção que sustentara perante o regime de 1975 (*Direito do Trabalho – Da Cessação do Contrato de Trabalho*, 1978 cit., pp. 81-82, n. 8 e *supra* o nº 2.4.4), afirmava o A que o distrate só produziria efeitos se o trabalhador não exercesse o direito de arrependimento: até ao decurso do correspondente prazo, estaria sujeito a "uma espécie de condição suspensiva imprópria" (porque "legal, potestativa e não arbitrária"), enquanto o contrato de trabalho ficaria num "estado de quiescência, revivescendo ou extinguindo-se consoante a decisão do trabalhador ("Observatório Legislativo", 1996 cit., pág. 218). Tratava-se, contudo,

A REVOGAÇÃO DO CONTRATO DE TRABALHO

defendemos[218], entendia tratar-se de verdadeira e própria revogação, que actuaria apenas para o futuro, pelo que sempre ficaria "imprejudicada a produção dos efeitos extintivos" do acordo de cessação "durante o período – muito curto – que medeia entre o início da sua vigência e a sua revogação pelo trabalhador"[219]. Tratava-se, em todo o caso, de questão com escasso relevo prático, por força da curtíssima duração do prazo para o exercício de tal direito pelo trabalhador e, sobretudo, da unanimidade em torno da sua principal consequência – a retoma, por este, do vínculo anterior[220].

2.7. Código do Trabalho

2.7.1. Traços gerais da disciplina da revogação do contrato de trabalho

O CT2003 regulou a revogação do contrato de trabalho nos seus arts. 393º a 395º, tendo acolhido o essencial das opções do direito anterior quanto à sua genérica admissibilidade (arts. 384º, al. b), e 393º), à sua sujeição a forma legal (art. 394º, nºs 1 e 2) e à possibilidade de estipulação de outros efeitos (art. 394º, nºs 3 e 4)[221].

de uma tese que, ao contrário das duas outras expostas no texto, carecia de qualquer apoio no texto da L nº 38/96. Conforme então afirmámos, em crítica a esta interpretação, a lei "associa expressamente à produção de efeitos pelo acordo de cessação do contrato o início da contagem do prazo para a revogação desse mesmo acordo pelo trabalhador", e "em lugar algum fornece argumentos que permitam sustentar as expostas noções de «quiescência» ou «revivescência» do contrato. Bem pelo contrário, tornando-se eficaz o distrate e não chegando a ocorrer a sua revogação, resulta do texto legal que aquela relação laboral cessou logo que se iniciou a produção de efeitos daquele, e não decorrido o prazo concedido para a sua revogação" (JOANA VASCONCELOS, "A Revogação do Contrato de Trabalho", 1997 cit., pág. 191, n. 54).

[218] JOANA VASCONCELOS, "A Revogação do Contrato de Trabalho", 1997 cit., pág. 191

[219] JOANA VASCONCELOS, "A Revogação do Contrato de Trabalho", 1997 cit., pág. 191. Importa acrescentar, em todo o caso, que, se nos parecia inquestionável que, por força da opção legal pela categoria "revogação", devessem "considerar-se afectados", relativamente a tal período, "todos os direitos que pressuponham a continuidade da relação de trabalho, *i.e.*, não apenas a retribuição, mas também a antiguidade", a verdade é que não deixámos de criticar tal opção. Mais exactamente, para além de questionar a sua adequação – visto que, *de iure condendo*, nos parecia preferível o modelo "da resolução, atribuindo à revogação unilateral do distrate eficácia retroactiva" e colocando o trabalhador "na situação em que se encontraria não fora a celebração de tal acordo", sob pressão do empregador (e porventura como condição da sua admissão) – alertámos, ainda, para as "dificuldades de ordem prática inevitavelmente suscitadas pela «intermitência» da relação laboral" que tal solução implicava.

[220] Neste sentido, concluía FURTADO MARTINS que "tudo se resume à contagem ou não da antiguidade pelo período que medeia entre a data da cessação do contrato de trabalho e aquela em que a revogação pelo trabalhador produz efeitos (*Cessação do Contrato de Trabalho*, 2002 cit., pág. 71).

[221] Sobre a disciplina da revogação do contrato de trabalho no CT2003 v., entre outros, LEAL AMADO, "A revogação do contrato de trabalho – nótula sobre os arts. 393º a 395º do CT" *in Temas Laborais*, Coimbra Editora, Coimbra, 2005, pp. 97 segs.; MONTEIRO FERNANDES, *Direito do Trabalho*, 12ª ed.,

EVOLUÇÃO HISTÓRICA

Não obstante, inovou, e de forma relevante, em dois pontos centrais do respectivo regime: a presunção baseada na atribuição ao trabalhador da compensação pecuniária de natureza global e o direito de este, unilateralmente, fazer cessar o acordo extintivo outorgado com o empregador.

Com efeito, o n.º 3 do art. 394.º estatuiu que, sendo acordada uma compensação pecuniária de natureza global para o trabalhador, "presume-se" (e não já "entende-se") que nesta foram pelas partes incluídos e liquidados todos os créditos emergentes do contrato de trabalho que as vinculava tendo, ainda, eliminado a excepção decorrente da "falta de estipulação em contrário". Tais alterações nortearam-se por um claro propósito de superar, por via legislativa, a controvérsia que há muito durava, em torno da natureza (relativa ou absoluta) de tal presunção e da consequente admissibilidade, ou não, da prova do contrário[222].

Paralelamente, o art. 395.º, relativo à desvinculação unilateral do acordo revogatório pelo trabalhador, substituiu a designação "revogação" (que vinha de 1975[223]), por alusões genéricas à "cessação" desse acordo ou dos seus efeitos (na epígrafe e n.ºs 1 e 3) e alterou decisivamente o prazo e, como se verá, a própria configuração do direito, ao impor o seu exercício "até ao sétimo dia seguinte à data da respectiva celebração". Demarcando-se do regime da L n.º 38/96, eliminou as duas hipóteses em que esta fazia intervir a IGT (notificação ao empregador da comunicação no dia útil subsequente ao termo do prazo referido e outorga do acordo revogatório na sua presença, nos termos dos n.ºs 2 e 4 do seu art. 1.º)[224]. Igualmente omitiu qualquer referência ao ressurgir do direito do trabalhador, pese embora a adopção do formalismo reforçado no distrate, se a este tivesse sido aposto termo suspensivo superior a um mês (art. 1.º, n.º 5, da L n.º 38/96)[225].

Almedina, Coimbra, 2004, pp. 522 segs.; *Direito do Trabalho*, 2006 cit., pp. 522 segs; JÚLIO GOMES, *Direito do Trabalho*, Vol. I, 2007 cit., pp. 940 segs.; MENEZES LEITÃO, "Formas de Cessação do Contrato de Trabalho e Procedimentos", *in Temas Laborais – Estudos e Pareceres*, Almedina, Coimbra, 2006, pág. 113; *Direito do Trabalho*, 2008 cit., pp. 452-453; ROMANO MARTINEZ, *Apontamentos sobre a Cessação do Contrato de Trabalho à luz do Código de Trabalho*, AAFDL, Lisboa, 2004, pp. 62 segs.; *Da Cessação do Contrato*, 2006 cit., pp. 430 segs.; *Direito do Trabalho*, 2007 cit., pp. 949 segs.; Anotação II ao art. 395.º, ROMANO MARTINEZ/LUÍS MIGUEL MONTEIRO/JOANA VASCONCELOS/JOSÉ MANUEL VILALONGA/PEDRO MADEIRA DE BRITO/ /GUILHERME DRAY/LUÍS GONÇALVES DA SILVA, *in Código do Trabalho Anotado*, 6ª ed., Almedina, Coimbra, 2008; ROSÁRIO PALMA RAMALHO, *Direito do Trabalho, Parte II*, 2008 cit., pp. 812 segs.; BERNARDO XAVIER, *Iniciação ao Direito do Trabalho*, 2005 cit., pp. 417-418.

[222] Cfr. *supra* o n.º 2.5.3.

[223] Cfr. *supra* os n.º 2.4.1 e 2.4.4

[224] Cfr. *supra* o n.º 2.6.2.

[225] Cfr. *supra* o n.º 2.6.2.

A REVOGAÇÃO DO CONTRATO DE TRABALHO

2.7.2. A conformação como relativa da presunção assente na atribuição de uma compensação pecuniária global ao trabalhador

O CT2003, se acolheu, no nº 4 do seu art. 394º, o essencial da norma contida no nº 4 do art. 8º do DL nº 64-A/89, introduziu-lhe, contudo, duas alterações dirigidas a esclarecer o sentido da presunção nela estabelecida de inclusão e de liquidação de créditos decorrente da atribuição ao trabalhador de uma compensação pecuniária de natureza global. Pretendia-se, por tal via, resolver a questão da sua natureza[226] que, na vigência do DL nº 64-A/89, dividira a doutrina e opusera um seu sector muito significativo à jurisprudência uniforme dos tribunais superiores[227].

Perante a nova formulação adoptada – na qual se substituiu "entende-se" por "presume-se" e se eliminou a referência à "falta de estipulação em contrário"[228] – a doutrina convergiu em concluir que a presunção nele consagrada era *iuris tantum*[229], admitindo, em geral, a prova do contrário (em consonância com o art. 350º, nº 2, do CódCiv)[230]. E em considerar em definitivo superada a orientação jurisprudencial firme no sentido da sua natureza *iuris et de iure*[231].

A conclusão de que o art. 394º, nº 4, veio estabelecer "inequivocamente, uma presunção ilidível" impor-se-ia, desde logo, diante do contraste entre o modo

---

[226] Neste sentido, ROMANO MARTINEZ, *Da Cessação do Contrato*, 2006 cit., pág. 439; *Direito do Trabalho*, 2007 cit., pág. 959.

[227] Cfr. *supra* o nº 2.5.3.

[228] Sobre as alterações apontadas no texto e seu sentido, v., entre outros, LEAL AMADO, "A revogação do contrato de trabalho – nótula sobre os arts. 393º a 395º do CT", 2005 cit., pág. 103; JÚLIO GOMES, *Direito do Trabalho*, Vol. I, 2007 cit., pág. 943; ROMANO MARTINEZ, *Da Cessação do Contrato*, 2006 cit., pp. 439 segs.; *Direito do Trabalho*, 2007 cit., pp. 958-959.

[229] Neste sentido, entre outros, v. LEAL AMADO, "A revogação do contrato de trabalho – nótula sobre os arts. 393º a 395º do CT", 2005 cit., pág. 103; JÚLIO GOMES, *Direito do Trabalho*, Vol. I, 2007 cit., pág. 943; MENEZES LEITÃO, "Formas de Cessação do Contrato de Trabalho e Procedimentos", 2006 cit., pág. 113; *Direito do Trabalho*, 2008 cit., pág. 452; ROMANO MARTINEZ, *Direito do Trabalho*, 2007 cit., pp. 958-959; ROSÁRIO PALMA RAMALHO, *Direito do Trabalho, Parte II*, 2008 cit., pp. 814-815.
Neste mesmo sentido se pronuncia presentemente MONTEIRO FERNANDES (*Direito do Trabalho*, 2006 cit, pág. 525; *Direito do Trabalho*, 2009 cit., pág. 553). Num primeiro momento (*Direito do Trabalho*, 2004 cit., pp. 523-524) o A. sustentara, em termos não muito claros, que o CT2003 fizera, nesta matéria "uma importante inflexão", pois "a nova redacção do art. 394º, nº 4, sugere vivamente estar-se perante uma presunção *iuris et de iure*".

[230] LEAL AMADO, "A revogação do contrato de trabalho – nótula sobre os arts. 393º a 395º do CT", 2005 cit., pág. 103; JÚLIO GOMES, *Direito do Trabalho*, Vol. I, 2007 cit., pág. 943; ROMANO MARTINEZ, *Da Cessação do Contrato*, 2006 cit., pp. 439-440; *Direito do Trabalho*, 2007 cit., pp. 958-959; ROSÁRIO PALMA RAMALHO, *Direito do Trabalho, Parte II*, 2008 cit., pág. 814.

[231] Neste sentido, expressamente, notando que a orientação assumida pelo CT2003 implicaria "uma inflexão de rumo jurisprudencial face ao entendimento anterior dos tribunais quanto a esta matéria", LEAL AMADO, "A revogação do contrato de trabalho – nótula sobre os arts. 393º a 395º do CT", 2005 cit., pág. 104, e, bem assim, JÚLIO GOMES, *Direito do Trabalho*, Vol. I, 2007 cit., pág. 943.

EVOLUÇÃO HISTÓRICA

como a formulavam este e a disposição que o antecedeu, a inviabilizar a argumentação fundada no elemento literal[232], que no direito anterior ao CT2003 suportava, em larga medida, a tese da sua natureza inilidível[233]. Quanto à supressão, na mesma previsão normativa, da ressalva expressa da "falta de estipulação em contrário", acrescentaríamos apenas que tal solução se impunha, dado o relevante – e, em nosso entender, discutível – peso que lhe atribuía a jurisprudência na qualificação da presunção como *iuris et de iure*[234].

2.7.3. O retorno do direito de arrependimento do trabalhador

A primeira e certamente mais visível alteração introduzida pelo CT2003 na disciplina originária da L nº 38/96 consistiu na alteração da designação utilizada para referir o direito que ao trabalhador é conferido de, por sua decisão unilateral, se libertar do distrate outorgado. Mais exactamente, na abolição da sua expressa qualificação como "revogação" – reservada à cessação pactuada

---

[232] O ponto foi desenvolvido *supra* no nº 2.5.3, para o qual se remete.

[233] Conforme evidencia ROMANO MARTINEZ, "a expressão «entende-se (...) que», apesar de contestável, poderia legitimamente ser interpretada como implicando uma presunção absoluta (inilidível, *iuris et de iure*) ou, mesmo, como uma ficção jurídica" (em paralelo com o art. 243º, nº 3, do CódCiv, que afirma «considera-se sempre» e que é, em geral, apontado como exemplo de presunção absoluta). Já a expressão "presume-se" é utilizada pelo legislador nas várias situações que a doutrina (BAPTISTA MACHADO, OLIVEIRA ASCENSÃO) aponta como sendo presunções *iuris tantum* (*v.g.* "arts. 68º, nº 2, 223º, nº 1, 270º, 441º, 451º, nº 1, 785º, nº 1, 1260º, nº 2", todos do CódCiv), pelo que, tendo o legislador de 2003 "recorrido a este mesmo termo" naquele preceito, "terá de se entender que a presunção não é absoluta, mas sim *iuris tantum*" (*Da Cessação do Contrato*, 2006 cit., pp. 441-442; *Direito do Trabalho*, 2007 cit., pág. 960). No mesmo sentido, JÚLIO GOMES, *Direito do Trabalho*, Vol. I, 2007 cit., pág. 943. Refira-se, não obstante, que para VAZ SERRA "a circunstância de a lei dizer «será tido», «será considerado», «reputar-se-á», não seria "por si só, suficiente para se concluir que é inadmissível a prova em contrário", devendo tal questão resolver-se "por via interpretativa" (*Provas (Direito Probatório Material)*, Empresa Nacional de Publicidade, Lisboa, 1962, pág. 128, n. 230).

[234] Cfr. *supra* o nº 2.5.3 e *infra* os nºs 2.7.3 e 8.2. Porém, e porque eram outros o sentido e a função da "falta de estipulação em contrário" – a saber, contribuir para esclarecer em que é que consistia a "natureza global" da compensação e o que é que a excluía –, tal modificação não se repercutiu nas análises efectuadas já perante o articulado do CT2003, as quais continuam a caracterizar o carácter "global" da compensação pecuniária com base na ideia de inexistência de "estipulação em contrário" pelas partes (e traduzida, designadamente, na indicação dos créditos abrangidos, na ressalva de determinados créditos ou na indicação da finalidade visada com a sua atribuição, cfr. *supra* o nº 2.5.3 e *infra* o nº 7.1). Neste sentido, referindo-se, quer ao CT2003, quer ao CT2009, MONTEIRO FERNANDES, *Direito do Trabalho*, 2006 cit, pág. 525; *Direito do Trabalho*, 2009 cit., pág. 554; reportando-se apenas ao CT2003, BERNARDO XAVIER, *Iniciação ao Direito do Trabalho*, 2005 cit., pág. 418. Na jurisprudência, veja-se, por exemplo, o Ac. RL de 9-4-2008 (Proc. nº 332/2008), que, referindo-se à presunção consagrada no art. 394º, nº 4, do CT2003, expressamente inclui, entre os "três pressupostos" de cuja "ocorrência cumulativa depende a respectiva existência, "que não haja estipulação em contrário no documento de onde consta a compensação pecuniária".

A REVOGAÇÃO DO CONTRATO DE TRABALHO

do contrato de trabalho – e sua substituição por uma alusão genérica à "cessação" do acordo extintivo e dos seus efeitos (epígrafe e nºs 1 e 3 do art. 395º)[235], opção que se manteve, quase imodificada, no CT2009 (art. 350º, nºs 1 e 3).[236]

Igualmente inovou o CT2003, ao restringir o âmbito do formalismo negocial reforçado, cuja adopção na celebração do distrate impede a sua subsequente cessação unilateral pelo trabalhador. Com efeito, através da eliminação da possibilidade de a sua outorga – *rectius* a sua assinatura pelas partes – se fazer "na presença de um inspector do trabalho" (art. 1º, nº 4, *in fine* da L nº 38/96)[237], reduziu o referido reforço formal ao reconhecimento notarial presencial das assinaturas (art. 395º, nº 4, do CT2003, que transitou quase inalterado para o art. 350º, nº 4, do CT2009)[238].

Não obstante, foi a propósito do prazo para o exercício do direito de cessação unilateral do distrate pelo trabalhador que o CT2003 mais profundamente divergiu do regime que o antecedeu. Procurando distanciar-se do modelo da L nº 38/96[239], passou a referir-se, no seu art. 395º, nº 1, ao "sétimo dia seguinte à data da respectiva celebração"[240] – e, nessa medida, regressou ao essencial da solução consagrada no DL nº 372-A/75.

---

[235] Opção justificada pelo facto de a revogação ser bilateral ("apesar de excepcionalmente existirem hipóteses de revogação unilateral"), donde "não seria adequado qualificar esta situação como de revogação" (ROMANO MARTINEZ, *Direito do Trabalho*, 2007 cit., pp. 963 segs.; Anotação II ao art. 395º, *in* ROMANO MARTINEZ/LUÍS MIGUEL MONTEIRO/JOANA VASCONCELOS/JOSÉ MANUEL VILALONGA/PEDRO MADEIRA DE BRITO/GUILHERME DRAY/LUÍS GONÇALVES DA SILVA, *Código do Trabalho Anotado*, 2008 cit).

Não obstante, e a propósito da resolução e da denúncia do contrato de trabalho, manteve-se a referência à respectiva "revogação" pelo trabalhador (art. 449º, nº 1), para lá da inclusão de referências à "não produção de efeitos" e à "cessação" destes (epígrafe e nº 3 do mesmo art. 449º).

[236] Refira-se, contudo, que em matéria de cessação por iniciativa do trabalhador das suas declarações extintivas unilaterais, o CT2009, não só autonomizou formalmente a resolução e a denúncia, reguladas, quanto a este ponto e em termos paralelos, pelos seus arts. 397º e 402º, como alterou as epígrafes e a formulação destas disposições, que voltaram a referir-se unicamente à "revogação" (eliminadas que foram as alusões à "não produção de efeitos" ou à "cessação", constantes do art. 449º do CT2003).

[237] ROMANO MARTINEZ, Anotação II ao art. 395º, *in* ROMANO MARTINEZ/LUÍS MIGUEL MONTEIRO/JOANA VASCONCELOS/JOSÉ MANUEL VILALONGA/PEDRO MADEIRA DE BRITO/GUILHERME DRAY/LUÍS GONÇALVES DA SILVA, *Código do Trabalho Anotado*, 2008 cit.; ROSÁRIO PALMA RAMALHO, *Direito do Trabalho, Parte II*, 2008 cit., pág. 817.

[238] Cfr. *infra* o 2.7.4.

[239] Neste sentido, explicitando o sentido e as razões de tal opção legislativa, ROMANO MARTINEZ, *Da Cessação do Contrato*, 2006 cit., pág. 444; *Direito do Trabalho*, 2007 cit., pp. 962-963; Anotação II ao art. 395º, *in* ROMANO MARTINEZ/LUÍS MIGUEL MONTEIRO/JOANA VASCONCELOS/JOSÉ MANUEL VILALONGA/PEDRO MADEIRA DE BRITO/GUILHERME DRAY/LUÍS GONÇALVES DA SILVA, *Código do Trabalho Anotado*, 2008 cit.

[240] Sobre esta alteração e suas repercussões no tocante à "finalidade da norma", v. ROMANO MARTINEZ, *Da Cessação do Contrato*, 2006 cit., pág. 444; *Direito do Trabalho*, 2007 cit., pp. 962-963; Anotação II ao

EVOLUÇÃO HISTÓRICA

Contrastando com o disposto no art. 1º, nº 1, da L nº 38/96, o prazo para o exercício pelo trabalhador do seu direito de fazer "cessar" os "efeitos do acordo de revogação" foi alargado[241] e passou a contar-se, em qualquer caso, da "celebração" daquele, logo a poder correr ainda na vigência da relação laboral[242]. E ainda que seja frequente a simultaneidade da celebração e da produção de efeitos do acordo extintivo[243], a verdade é que nem sempre assim sucederá – facto a que o preceito transcrito não parece atribuir qualquer relevo[244], abarcando indistintamente uma e outra hipótese[245].

Por força da solução adoptada, resultam radicalmente limitadas as finalidades susceptíveis de serem prosseguidas pela revogação do distrate. E esta, dissociada de qualquer intuito ou virtualidade de combate à fraude[246] (dora-

---

art. 395º, *in* ROMANO MARTINEZ/LUÍS MIGUEL MONTEIRO/JOANA VASCONCELOS/JOSÉ MANUEL VILALONGA/ /PEDRO MADEIRA DE BRITO/GUILHERME DRAY/LUÍS GONÇALVES DA SILVA, *Código do Trabalho Anotado*, 2008 cit. Referindo-se à norma do CT2003 transcrita no texto, MONTEIRO FERNANDES alude – se bem que em termos não conformes com a respectiva previsão – "ao sétimo dia útil" subsequente à data de celebração do acordo (*Direito do Trabalho*, 2006 cit., pág. 526).

[241] Porque o CT2003 e o CT2009 mantiveram (nos seus arts. 395º, nº 2, e 350º, nº 2, respectivamente) a permissão excepcional, originária do art. 1º, nº 2, da L nº 38/96, de envio pelo trabalhador ao empregador (agora directamente e não através da IGT), da comunicação da sua intenção de fazer cessar o acordo revogatório, "por carta registada com aviso de recepção", no dia útil subsequente ao fim" do prazo legalmente estabelecido, nota, a este propósito, LEAL AMADO que, "se o diploma de 1996 concedia ao trabalhador 2-3 dias úteis para exercer o «direito de arrependimento», o CT concede-lhe agora 7 dias consecutivos mais 1 dia útil" ("A revogação do contrato de trabalho – nótula sobre os arts. 393º a 395º do CT", 2005 cit., pág. 105).

[242] BERNARDO XAVIER, *Iniciação ao Direito do Trabalho*, 2005 cit., pág. 418.

[243] ROMANO MARTINEZ, *Da Cessação do Contrato*, 2006 cit., pág. 436; *Direito do Trabalho*, 2007 cit., pág. 955. Várias normas do CT2003 e do CT2009 parecem, aliás, supor essa simultaneidade. Refiram-se, porque especialmente ilustrativas, no que se refere ao CT2003, quer o recurso à ideia de cessação dos "efeitos" do acordo extintivo, por decisão do trabalhador (em vez da designação "revogação", utilizada nos diplomas precedentes), quer a imposição ao trabalhador da devolução "das compensações pecuniárias" eventualmente recebidas do empregador (como condição de eficácia dessa mesma revogação), que transitou da L nº 38/96 (art. 395º, nºs 1 e 3). Quanto ao CT2009, se atenuou o primeiro destes dois indícios, referindo-se à cessação pelo trabalhador do "acordo de revogação do contrato de trabalho" (e não mais aos seus "efeitos"), recuou, todavia, no tocante ao segundo, eliminando a ressalva de que as quantias a devolver seriam as "eventualmente pagas", e referindo-se, sem mais, às quantias "pagas", de novo parecendo associar a celebração do distrate e a produção dos seus efeitos (art. 350º, nºs 1 e 3).

[244] Não parece ser outro, aliás, o alcance da supressão, pelo CT2003, da solução constante do art. 1º, nº 5, da L nº 38/96, que fazia ressurgir o direito de revogação do distrate pelo trabalhador (excluído pela adopção pelas partes do formalismo reforçado previsto no seu nº 4) sempre que a este fosse aposto um termo suspensivo de duração superior a "um mês sobre a data da assinatura". Cfr. *supra* o nº 2.6.2.

[245] ROSÁRIO PALMA RAMALHO, *Direito do Trabalho, Parte II*, 2008 cit., pp. 817-818; BERNARDO XAVIER, *Iniciação ao Direito do Trabalho*, 2005 cit., pág. 418.

[246] Neste sentido, esclarecendo ter sido essa a intenção das alterações introduzidas, ROMANO MARTINEZ, *Da Cessação do Contrato*, 2006 cit., pág. 444; *Direito do Trabalho*, 2007 cit., pp. 962-963; Anotação II ao

A REVOGAÇÃO DO CONTRATO DE TRABALHO

vante cometida aos mecanismos de direito comum)[247], surge exclusivamente vocacionada para a reponderação pelo trabalhador da sua decisão extintiva, perfilando-se como um verdadeiro e próprio direito de arrependimento[248].

Representando uma clara inflexão de rumo face ao direito anterior, a orientação assumida quanto a este ponto pelo CT 2003 (e mantida no CT2009) envolve, em nosso entender, um efectivo e incompreensível recuo na protecção que ao trabalhador importa conferir neste domínio. Retomaremos esta questão mais adiante[249].

2.7.4. Alterações na disciplina da revogação do contrato decorrentes da revisão do Código do Trabalho pela L nº 7/2009, de 12 de Fevereiro

A recente revisão do articulado do CT2003 pela L nº 7/2009, de 12 de Fevereiro, resultou em várias modificações na respectiva disciplina, doravante contida nos arts. 349º e 350º do CT2009[250], que sucederam aos arts. 393º a 395º do texto originário.

art. 395º, *in* ROMANO MARTINEZ/LUÍS MIGUEL MONTEIRO/JOANA VASCONCELOS/JOSÉ MANUEL VILALONGA/ /PEDRO MADEIRA DE BRITO/GUILHERME DRAY/LUÍS GONÇALVES DA SILVA, *Código do Trabalho Anotado*, 2008 cit.

[247] Mais exactamente aos regimes dos vícios na formação da vontade e das divergências entre a vontade e a declaração. Neste sentido, ROMANO MARTINEZ, notando o A que a ocorrência de tais vícios "pode determinar a invalidade do contrato" e, "tratando-se de um negócio (extintivo) usurário, admite-se a sua modificação ou extinção segundo juízos de equidade" (*Da Cessação do Contrato*, 2006, pp. 444--445; *Direito do Trabalho*, 2007 cit., pág. 963). A favor de tal solução, contra a concessão deste direito ao trabalhador, pronunciaram-se, na vigência da L nº 38/96, ALBINO MENDES BAPTISTA, "O Direito de Arrependimento", 1997 cit., pág. 50 e, já perante o CT2003, ROSÁRIO PALMA RAMALHO, *Direito do Trabalho, Parte II*, 2008 cit., pág. 816.

[248] Referem-se a este efeito da fixação de um diverso *dies a quo* e às suas repercussões em matéria de tutela do trabalhador contra as práticas fraudulentas visadas pela L nº 38/96, LEAL AMADO, "A revogação do contrato de trabalho – nótula sobre os arts. 393º a 395º do CT", 2005 cit., pág. 105; JÚLIO GOMES, *Direito do Trabalho, Vol. I*, 2007 cit., pág. 942; ROSÁRIO PALMA RAMALHO, *Direito do Trabalho, Parte II*, 2008 cit., pp. 817-818; BERNARDO XAVIER, *Iniciação ao Direito do Trabalho*, 2005 cit., pág. 418. Em sentido idêntico, ainda que a propósito da revogação pelo trabalhador da resolução ou denúncia do contrato, JOANA VASCONCELOS, Anotação II ao art. 449º, *in* ROMANO MARTINEZ/LUÍS MIGUEL MONTEIRO/ JOANA VASCONCELOS/JOSÉ MANUEL VILALONGA/PEDRO MADEIRA DE BRITO/GUILHERME DRAY/LUÍS GONÇALVES DA SILVA, *Código do Trabalho Anotado*, 2008 cit.

E se alguns destes AA (JÚLIO GOMES, BERNARDO XAVIER) reconhecem que, perante a sua actual conformação, este direito do trabalhador tenderá a ser utilizado para apenas uma das duas finalidades que anteriormente prosseguia, *i.e.*, como "direito ao arrependimento", outros há (LEAL AMADO, ROSÁRIO PALMA RAMALHO) que atribuem ainda ao regime vigente o "duplo móbil" de permitir ao trabalhador a reavaliação da sua decisão extintiva e de combater a fraude nos termos do direito anterior, muito embora não deixem de alertar para as dificuldades que, na perspectiva desta última finalidade, decorrem da orientação adoptada em matéria de *dies a quo*.

[249] Cfr. *infra* os nºs 14.1, 14.3 e 14.4.

[250] Sobre os arts. 349º e 350º do CT2009, v., entre outros, LEAL AMADO, – *Contrato de Trabalho – à luz do Novo Código do Trabalho*, Coimbra Editora, Coimbra, 2009, pp. 365 segs.; MONTEIRO FERNANDES,

82

EVOLUÇÃO HISTÓRICA

Com efeito, e para além de uma diversa arrumação sistemática da matéria – que determinou a supressão de um artigo e a reunião de toda a disciplina em apenas dois[251] – e de várias alterações de mera redacção[252], cumpre registar duas alterações que nos parecem transcender o plano estritamente formal tendo, por isso, reflexos na correspondente disciplina.

A primeira traduz-se na explicitação do sentido da presunção consagrada no art. 349º, nº 5: da atribuição ao trabalhador de uma compensação pecuniária global infere-se agora que tal compensação "inclui os créditos" vencidos à data da cessação do contrato ou exigíveis em virtude desta e não já "que pelas partes foram incluídos e liquidados" os mesmos créditos (arts. 8º, nº 4, do DL nº 64-A/89 e art. 394º, nº 4, do CT2003). Antecipando o que adiante nos propomos desenvolver[253], com a eliminação da referência legal à liquidação (tomada como sinónimo de pagamento) ter-se-á pretendido substituir uma formulação aparentemente restritiva por outra, mais aberta à riqueza e variedade das composições entre as partes susceptíveis de produzir a extinção dos respectivos créditos, expressas na atribuição de uma compensação "global" e/ou no seu montante.

Direito do Trabalho, 2009 cit., pág. 554; MARIA DA GLÓRIA LEITÃO/DIOGO LEOTE NOBRE, *Código do Trabalho Revisto – Anotado e Comentado*, Vida Económica, Lisboa, 2009, pp. 320-321; ROMANO MARTINEZ, Anotações aos arts. 349º e 350º, *in* ROMANO MARTINEZ/LUÍS MIGUEL MONTEIRO/JOANA VASCONCELOS/ PEDRO MADEIRA DE BRITO/GUILHERME DRAY/LUÍS GONÇALVES DA SILVA, *Código do Trabalho Anotado*, 8ª ed., Almedina, Coimbra, 2009.

[251] O novo artigo 349º do CT2009 resulta da junção numa só disposição das normas que constavam dos arts. 393º e 394º do CT2003: nesse sentido, o nº 1 do art. 349º reproduz, com uma ligeira alteração de redacção, o disposto no art. 393º do CT2003, enquanto os seus nºs 2, 3, 4 e 5 correspondem, também com alterações, na sua maioria formais, aos nºs 1, 2, 3 e 4 do art. 394º do CT2006. O nº 6 do art. 349º, na sequência da opção do legislador de 2009 de inserir a tipificação das contra-ordenações e a respectiva classificação quanto ao grau de gravidade "imediatamente a seguir aos preceitos a que se referem" (*Exposição de Motivos da Proposta de Código de Trabalho*, 2009, nº 9) corresponde ao art. 681º, nº 4, do CT2003.

[252] Parece-nos ser o caso da larga maioria das alterações introduzidas no texto dos vários números dos arts. 349º e 350º, as quais terão essencialmente visado clarificar o sentido das correspondentes normas. Atendo-nos ao primeiro preceito, não parece ser outro o sentido da adopção da designação "acordo de revogação" (e não "acordo de cessação") no seu nº 2 ou da referência, no seu nº 3, à data "de" celebração, em vez da "data da celebração"; da expressa admissão, no respectivo nº 4, de que as partes possam "simultaneamente, acordar outros efeitos, dentro dos limites da lei" (e do abandono da fórmula anterior, segundo a qual, "no mesmo documento" poderiam as partes "acordar na produção de outros efeitos, desde que não contrariem o disposto neste Código"); da caracterização da compensação pecuniária em que se baseia a presunção estabelecida no nº 5 do mesmo art. 349º como "global" *tout court* e não já como "de natureza global" ou da afirmação, no art. 350º, nº 1, de que "o trabalhador pode fazer cessar o acordo de revogação do contrato de trabalho" (e não já de que "os efeitos do acordo de revogação do contrato de trabalho podem cessar"). Idêntica conclusão se impõe perante as várias alterações que se nos deparam ao longo dos nºs 1 a 4 do art. 350º, com excepção da constante na parte final do seu nº 4, tratada no texto.

[253] Cfr. *infra* o nº 8.2.

A outra consiste na referência ao "reconhecimento notarial presencial, nos termos da lei" (art. 350º, nº 4), das assinaturas das partes no acordo revogatório, em vez de "reconhecimento notarial presencial" (art. 395º, nº 4, do CT2003)[254]. Não é evidente o alcance desta alteração que, à primeira vista, parece esgotar-se numa redundância. Procurando atribuir-lhe algum sentido útil, poder-se-á questionar se através dela se terá pretendido alargar a previsão da referida norma, de modo a abranger as demais situações em que a lei equipara ao reconhecimento notarial presencial o reconhecimento de assinaturas efectuado por outras entidades. Mas, a ser este o sentido da nova redacção, a formulação adoptada não é de todo feliz, porquanto equívoca[255].

2.8. Síntese

Importa sintetizar os resultados obtidos através deste excurso pelos vários regimes que entre nós se sucederam em matéria de revogação do contrato de trabalho.

Começando pela sua admissibilidade de princípio – enquanto expressão do princípio da liberdade contratual, sujeita, como tal, ao regime comum dos

---

[254] Alteração sem paralelo em sede de resolução e de denúncia, continuando o art. 395º, nº 4, a referir--se ao "reconhecimento notarial presencial".

Em todo o caso, e conforme houve já ocasião de referir, o CT2009 inovou em matéria de revogação pelo trabalhador das suas declarações extintivas unilaterais, ao eliminar, nos arts. 397º, nº 1, e 402º, nº 1, a expressa admissão de que esta se fizesse "por qualquer forma" (art. 449º, nº 1, do CT2003, na senda do art. 2º, nº 1, da L nº 38/96). A revogação da resolução ou da denúncia deverá fazer-se agora, em paralelo com o estabelecido em matéria de revogação do distrate, mediante comunicação escrita dirigida ao empregador.

[255] A sucessão de opções legislativas em matéria de reconhecimentos feitos por outras entidades que ocorreu entre as duas versões do CT justifica que nos detenhamos a indagar o sentido da inovação referenciada no texto. Entre 2003 e 2009 mudou significativamente o regime dos reconhecimentos por advogados, solicitadores e câmaras: estes passaram a poder fazer, para além dos reconhecimentos com menções especiais, mas apenas por semelhança (*i.e.*, não presenciais, nos termos do art. 153º, nº 4, do Código do Notariado), permitidos pelo DL nº 237/2001, de 30 de Agosto, também reconhecimentos (simples) presenciais, nos termos do art. 38º do DL nº 76-A/2006, de 29 de Março. O que permite supor que a questão se tenha colocado ao legislador de 2009 que, por isso, alterou o texto legal – se bem que em sentido não totalmente evidente. Com efeito, os termos em que o fez suportam qualquer das duas posições contrastantes em abstracto admissíveis quanto a este ponto: que se quis admitir o reconhecimento presencial por outras entidades, agora também competentes, ou que se pretendeu, ao invés, frisar que tal reconhecimento continuaria a ser notarial. São reversíveis os argumentos retirados da letra dos preceitos em questão – seja do nº 4 do art. 350º, consoante se acentue o "presencial" ou o "notarial", seja do art. 38º do DL nº 76-A/2006, cujo nº 1 permite o reconhecimento presencial de assinaturas por conservadores, oficiais de registo, advogados, solicitadores e câmaras de comércio e indústria, mas cujo nº 2, se confere ao documento objecto de tal reconhecimento "a mesma força probatória" que teria se realizado "com intervenção notarial", não reconduz tais actos a actos notariais.

EVOLUÇÃO HISTÓRICA

contratos[256] –, a sua proclamação representa uma constante de todos os regimes analisados. Não obstante, a expansão e complexidade crescentes do regime laboral da revogação foram determinando um esbater da sua preponderância – expressa na rarefacção das fórmulas adoptadas (desde 1989 reduzidas à afirmação da possibilidade de as partes extinguirem o contrato por acordo)[257] e, mais recentemente, numa nova colocação sistemática (pela primeira vez e simbolicamente deixou de figurar numa disposição autónoma, para ser o nº 1 do preceito, epigrafado "cessação do contrato de trabalho por acordo", correspondente ao art. 349º do CT2009)[258].

Quanto aos dois objectivos fundamentais visados na disciplina da revogação[259], a análise efectuada tornou bem patente que estiveram sempre presentes – ainda que com peso desigual e com concretizações por vezes muito diversas – em todos os momentos considerados.

A garantia da estabilidade (contra a eventual postergação ou defraudação dos direitos do trabalhador) marcou fortemente os regimes desde 1975, tendo-se projectado em dois planos: a sujeição do distrate a forma escrita e outras formalidades e a concessão ao trabalhador de um direito de unilateralmente se desvincular do acordo extintivo outorgado.

Em matéria de sujeição da cessação por acordo das partes a requisitos de natureza formal, o nosso sistema evoluiu consistentemente no sentido de uma clara preponderância destes no contexto da respectiva disciplina – reflexo da relevância dos interesses por tal via acautelados. Houve, com efeito, ocasião de verificar como, partindo de um modelo de revogação consensual, em que a sua redução a escrito era excepcional e limitada a estipulações acessórias das partes, o nosso ordenamento laboral percorreu várias etapas até atingir o ponto, inverso daquele, em que presentemente se situa – revogação como negócio formal, imposição de forma escrita para as respectivas estipulações essenciais (cujo elenco vem definido na lei) e de formalidades adicionais, inaplicáveis uma e outras, às estipulações acessórias.

Bem menos coerente foi a evolução do nosso sistema no que respeita à cessação unilateral do acordo revogatório pelo trabalhador: o cotejo das opções normativas que neste ponto se sucederam evidencia que a relativa continuidade na consagração de tal direito (interrompida por apenas sete anos num período superior a três décadas) de modo algum se reflectiu em idêntica continuidade

---

[256] ROMANO MARTINEZ, *Da Cessação do Contrato*, 2006 cit., pp. 431 segs.; *Direito do Trabalho*, 2007 cit., pp. 949 segs.; ROSÁRIO PALMA RAMALHO, *Direito do Trabalho, Parte II*, 2ª ed. 2008 cit., pág. 812.

[257] Em contraste com a riqueza das fórmulas adoptadas na LCT e no DL nº 372-A/75. Cfr. *supra* os nºs 2.3.1 e 2.4.1.

[258] Cfr. *supra* o nº 2.7.4.

[259] Cfr. *supra* o nº 2.1.

A REVOGAÇÃO DO CONTRATO DE TRABALHO

quanto à sua modelação e, sobretudo, quanto ao seu papel no quadro da disciplina do distrate.

Já o objectivo de viabilizar a definição da situação das partes quanto a créditos emergentes do vínculo laboral que se extingue traduziu-se em soluções de sinal contrário. Mais exactamente, determinou, num primeiro momento, uma forte limitação da autonomia das partes, em nome da tutela do trabalhador, logo evoluindo, contudo, num sentido claramente favorável à estabilização e consequente pacificação decorrentes de uma adequada composição dos seus interesses contrastantes – por via do ajuste directo de soluções que estas reputem vantajosas (e que podem envolver a renúncia a créditos pelo trabalhador), como por via da presunção legal assente na atribuição ao trabalhador de uma compensação pecuniária global.

Esta tendência, que perdura até à actualidade, exprime uma crescente valorização, em sede da respectiva disciplina, da cessação pactuada do contrato como ocasião privilegiada de acerto final e de encerramento de contas entre trabalhador e empregador.

E constitui uma particular concretização de uma outra nota constante do nosso ordenamento, que *ab initio* perspectivou o acordo revogatório, enquanto expressão de autonomia contratual das partes, como acto de composição global dos seus interesses, aberto à regulação de todos os aspectos que se mostrem relevantes na perspectiva da extinção do vínculo laboral[260].

---

[260] E que podem ir da atribuição ao trabalhador de uma compensação "de fim de contrato" (despedimento negociado) ao estabelecimento de novas obrigações entre as partes (pacto de não concorrência). O ponto será retomado, com maior desenvolvimento, adiante no nº 5.2.

Capítulo II
A Extinção Pactuada do Contrato de Trabalho noutros Ordenamentos

3. Cessação consensual do contrato de trabalho e definição da situação das partes quanto a créditos laborais dele emergentes noutros ordenamentos

3.1. Itália

3.1.1. A *risoluzione consensuale* como expressão da autonomia negocial das partes, não sujeita a especiais exigências de substância ou de forma

A *risoluzione consensuale* do contrato de trabalho, cuja admissibilidade é inquestionada na doutrina e na jurisprudência italianas, radica no *Codice Civile* (arts. 1321 e 1372, § 1)[261], não contendo as normas laborais qualquer alusão a esta

---

[261] Sobre a *risoluzione consensuale* como forma de extinção do contrato de trabalho, v., entre outros, CARINCI/DE LUCA TAMAJO/TOSI/TREU, *Diritto del Lavoro, Vol. 2 – Il Rapporto di Lavoro Subordinato*, 6ª ed., UTET, Turim, 2005, pág. 296; GHERA, *Diritto del Lavoro – Il Rapporto di Lavoro*, Cacucci Editore, Bari, 2008, pp. 178-179; ICHINO, *Il Contrato di Lavoro*, Vol. III, *in Trattato di Diritto Civile e Commerciale (dir. Cicu/Messineo/Mengoni/Schlesinger)*, Giuffré, Milão, 2003, pp. 391 segs.; MAZZOTTA, *Diritto del Lavoro, in Trattato di Diritto Privato (a cura di Giovanni Iudica e Paolo Zatti)*, 3ª ed., Giuffré, Milão, 2007, pp. 844-845; PERSIANI/PROIA, *Diritto del Lavoro*, CEDAM, Pádua, 2008, pp. 295-296; SCOGNAMIGLIO, *Diritto del Lavoro*, 2ª ed., Laterza, Bari, 2005, pág. 303; SUPPIEJ/DE CRISTOFARO/CESTER, *Diritto del Lavoro – Il Rapporto Individuale*, 3ª ed., CEDAM, Pádua, 2005, pág. 346; VALLEBONA, *Istituzioni di Diritto del Lavoro, II – Il Rapporto di Lavoro*, 6ª ed., CEDAM, Pádua, 2008, pp. 574-575.
A designação utilizada – *risoluzione* – radica na distinção, que a "opinião tradicional" fazia, entre a extinção da relação (que se verificaria quando a causa do contrato se tivesse, em concreto, realizado, através, *v.g.*, do decurso do prazo no contrato por tempo determinado ou do *recesso*, instrumento de autonomia contratual idóneo a fazer cessar uma vinculação potencialmente ilimitada, nos contratos

A REVOGAÇÃO DO CONTRATO DE TRABALHO

forma de cessação[262] ou à respectiva disciplina, que resulta, assim, do direito comum dos contratos[263].

Enquanto expressão da autonomia contratual das partes[264], a *risoluzione consensuale* não está sujeita "a quaisquer limitações substanciais ou formais"[265].

Mais exactamente, é discricionária e, como tal, insindicável quanto aos seus motivos[266], não supõe qualquer aviso prévio[267] – podendo ser acordada com efeito imediato ou com eficácia diferida[268] – nem gera, só por si, qualquer direito de indemnização de parte a parte[269].

por tempo indeterminado) e a resolução do contrato, que operaria "a *esclusione*, não a extinção" do vínculo, porque "a causa não se realiza" (por, *v.g.*, o seu prosseguimento ser impedido por um dado facto, acidental ou não, pela verificação da condição resolutiva, por incumprimento ou por impossibilidade superveniente da prestação de qualquer das partes). De acordo com esta distinção, a cessação pactuada seria uma *risoluzione*. A aparente rigidez da contraposição resulta, porém, sensivelmente atenuada pela ressalva – consensual – de que, sendo o contrato de trabalho um contrato de duração continuada, e caso este tenha chegado a ser executado, a *risoluzione* não opera retroactivamente, traduzindo-se na mera cessação da sua eficácia para o futuro. O que significa afinal que "havendo já uma parcial realização da causa, a *risoluzione* degrada-se em cessação da eficácia do contrato para o futuro, traduz-se numa *estinzione del rapporto*" (SANTORO-PASARELLI). Sobre este ponto, com maior desenvolvimento, v. ARDAU, Giorgio, *Manuale di Diritto del Lavoro*, Tomo Secondo, Giuffré, Milano, 1972, pp. 1127 segs; MAZZONI, *Manuale di Diritto del Lavoro*, Vol. I, 6ª ed., Giuffré, Milão, 1988, pp. 781 segs; SANTORO-PASSARELLI, *Nozioni di Diritto del Lavoro*, 35ª ed. (1987), Jovene, Napoli, 1995 (reimp.), pp. 249 segs.; SUPPIEJ/DE CRISTOFARO/ CESTER, *Diritto del Lavoro*, 2005 cit., pág. 345.

[262] ICHINO, *Il Contrato di Lavoro*, III, 2003 cit., pág. 391.

[263] À qual acrescem, sendo o caso, regras laborais específicas, como as relativas ao *trattamento di fine rapporto*, regulado nos arts. 2120 do *Codice Civile*, e aplicável, nos termos do seu § 1, a qualquer hipótese de cessação de relação de trabalho subordinado.

Sobre o *trattamento di fine rapporto*, que em 1982 substituiu a anterior *indemnitá di anzianità*, assumindo a mesma função retributivo-previdencial que àquela era consensualmente reconhecida, e que consiste numa soma em dinheiro, calculada na proporção da antiguidade do trabalhador, v., entre outros, GHERA, *Diritto del Lavoro*, 2008 cit., pp. 208 segs.; GRANDI/PERA, *Commentario Breve*, 2005 cit., pp. 551 segs; MAZZOTTA, *Diritto del Lavoro*, 2007 cit., pp. 741 segs.; SANTORO-PASSARELLI, *Nozioni di Diritto del Lavoro*, 1987 cit., pp. 270 segs.; VALLEBONA, *Istituzioni di Diritto del Lavoro, II*, 2008 cit., pp. 355 segs.

[264] GHERA, *Diritto del Lavoro*, 2008 cit., pág. 178.

[265] ICHINO, *Il Contrato di Lavoro*, III, 2003 cit., pp. 391-392.

[266] ICHINO, *Il Contrato di Lavoro*, III, 2003 cit., pp. 392 e 387.

[267] ICHINO, *Il Contrato di Lavoro*, III, 2003 cit., pág. 392; VALLEBONA, *Istituzioni di Diritto del Lavoro, II*, 2008 cit., pág. 575 e n. 5.

Conforme sublinha VALLEBONA (*op. loc. cits*), na *risoluzione consensuale* "a extinção do vínculo é querida por ambas as partes", pelo que nenhuma delas "necessita de ser protegida face ao *recesso* da outra".

[268] ICHINO, *Il Contrato di Lavoro*, III, 2003 cit., pág. 392; VALLEBONA, *Istituzioni di Diritto del Lavoro, II*, 2008 cit., pág. 575.

A propósito da dilação do efeito extintivo do vínculo laboral, aparentemente não submetida a qualquer limite, ICHINO (*op. loc. cits.*) nota que tal solução "acaba por ter exactamente o mesmo efeito da conversão de um vínculo por tempo indeterminado num vínculo a termo, pacificamente considerada nula por violação da regra segundo a qual a fixação do termo deve ser simultânea à celebração do contrato de trabalho". Em todo o caso, salvaguarda o A, que "quando o diferimento do *effetto risolutivo* não

A EXTINÇÃO PACTUADA DO CONTRATO DE TRABALHO NOUTROS ORDENAMENTOS

E não está, tal como o próprio contrato de trabalho[270], sujeita a qualquer forma[271], podendo, no limite, ser verbal[272] ou até tácita, *i.e.*, deduzir-se de *fatti concludenti* das partes, em particular do trabalhador[273], se bem que este último ponto não seja pacífico[274].

ultrapasse a duração do aviso prévio de *dimissioni*" a estipulação é de considerar legítima", visto que o mesmo efeito pode ser legitimamente obtido mediante "o *recesso* do trabalhador".

A regra, de origem jurisprudencial, de que a estipulação, por escrito, do termo deve ser anterior ou simultânea ao início da prestação remonta à *L.* nº 230, de 18 de Abril, de 1962 (que revogou o disposto no art. 2097 do *Codice Civile*), e mantém-se perante o quadro normativo vigente, resultante do *D.Leg.* nº 368, de 6 de Setembro de 2001 (que transpôs para o direito italiano a directiva nº 99/70, de 28 de Junho de 1999), não sendo infirmada, quando muito atenuada (pela limitada admissão de uma formalização sucessiva), pela imposição da entrega ao trabalhador, nos cinco dias subsequentes ao início da prestação, de uma cópia do contrato firmado (art. 1, § 3, do *D.Leg.* nº 368 de 2001, que retomou a solução introduzida pelo *D.Leg.* nº 152 de 1997). Com efeito, e conforme nota NICOLINI, o facto de se admitir a formalização do contrato a termo num muito curto período subsequente ao início da sua execução, de modo algum implica que o respectivo "conteúdo contratual" não tenha já sido "efectivamente acordado entre as partes". E, sobretudo, não prejudica o cerne da tutela que tal regra defere ao trabalhador, garantindo-lhe, *ab initio*, o acesso ao contrato efectivamente ajustado, em ordem a permitir-lhe o controlo, não apenas da regularidade da aposição do termo (seja quanto ao motivo justificativo invocado, seja quanto à sua duração, directa ou indirectamente indicada), mas também da respectiva inalterabilidade pelo empregador. Sobre este ponto, GHERA, *Diritto del Lavoro*, 2008 cit., pág. 324; GRANDI/PERA, *Commentario Breve*, 2005 cit., pág. 2289; ICHINO, *Il Contrato di Lavoro*, III, 2003 cit., pág. 392; MAZZOTTA, *Diritto del Lavoro*, 2007 cit., pp. 333 e 340; NICOLINI, *Compendio*, 2007 cit., pág. 130; VALLEBONA, *Istituzioni di Diritto del Lavoro*, II, 2008 cit., pp. 599, 616-617.

[269] ICHINO, *Il Contrato di Lavoro*, III, 2003 cit., pág. 392. No mesmo sentido, MAZZONI, *Manuale di Diritto del Lavoro*, Vol. I, 1988 cit., pág. 783; GRANDI/PERA, *Commentario Breve*, 2005 cit., pp. 519-520. O que não obsta, naturalmente, a que as partes acordem no pagamento ao trabalhador de uma "*indemnitá di agevolazione per l'esodo*", a qual beneficia, aliás, de um regime previdencial e fiscal de favor. Sobre este ponto, com mais desenvolvimento, v. VALLEBONA, *Istituzioni di Diritto del Lavoro*, II, 2008 cit., pp. 575 e 297.

[270] ARDAU, *Manuale di Diritto del Lavoro*, 1972 cit., pág. 1128. Sobre a liberdade de forma que vigora em matéria de contrato de trabalho e as excepções que comporta, v. MAZZOTTA, *Diritto del Lavoro*, 2007 cit., pp. 327 segs.

[271] VALLEBONA, *Istituzioni di Diritto del Lavoro*, II, 2008 cit., pág. 574.

[272] VALLEBONA, *Istituzioni di Diritto del Lavoro*, II, 2008 cit., pág. 574.

[273] Como "em caso de longa inércia do trabalhador" perante a verificação do termo nulo e a cessação de facto da relação ou "após a sentença de reintegração" (VALLEBONA, *Istituzioni di Diritto del Lavoro*, II, 2008 cit., pág. 574, com indicações de jurisprudência). V., ainda, ICHINO, *Il Contrato di Lavoro*, III, 2003 cit., pág. 392, n. 52; PERA, *Le Rinunce e le Transazioni del Lavoratore (art. 2113) in Il Códice Civile – Comentário (dir. Piero Schlesinger)*, Giuffré, Milão, 1990, pp. 24-25, um e outro com indicações de jurisprudencia.

[274] Contra o entendimento veiculado no texto, GHERA (*Diritto del Lavoro*, 2008 cit., pág. 178 e n. 2) suporta a orientação de alguma jurisprudencia que valora com "critérios de rigor" a "manifestação da vontade das partes contida na *risoluzione consensuale* (em particular considerando insuficientes os comportamentos concludentes ou aquiescentes do trabalhador)". No mesmo sentido, sublinhando a insuficiencia de tais comportamentos, se genéricos, CARINCI/DE LUCA TAMAJO/TOSI/TREU, *Diritto del Lavoro, Vol. 2*, 2005 cit., pág. 296.

A REVOGAÇÃO DO CONTRATO DE TRABALHO

Porque opera à margem da disciplina limitativa dos despedimentos[275], a *risoluzione consensuale* suscita alguma desconfiança na doutrina e na jurisprudência, que alertam para o risco de "o mútuo consenso" ser utilizado como "meio de contornar os rígidos limites legais" estabelecidos[276], constituindo, em tal hipótese, "um negócio em fraude à lei", nulo nos termos do art. 1344 do *Codice Civile*[277]. Voltaremos a este ponto mais adiante[278].

3.1.2. Definição das relações recíprocas entre as partes após a cessação: a limitada disponibilidade pelo trabalhador de direitos derivados de normas inderrogáveis e a irrelevância de princípio das *quietanze liberatorie* genéricas

A *risoluzione consensuale*, acordo entre as partes "directamente extintivo" do vínculo laboral[279], pode naturalmente ser acompanhada de outras estipulações, relativas a créditos dele emergentes – como, *v.g.*, a abdicação pelo trabalhador de uma certa pretensão patrimonial, sem qualquer contrapartida ou no contexto de uma composição de interesses ajustada com o empregador ou, ainda, a declaração genérica, por parte daquele, "de que recebeu uma determinada quantia e de que nada mais tem a exigir" deste[280].

Porém, e porque o ordenamento italiano não submete tais estipulações, quando ajustadas no contexto de uma cessação pactuada do contrato de trabalho, a um regime especial, é-lhes aplicável, mesmo em tal hipótese, o regime comum – constante, no caso dos actos dispositivos a favor do empregador[281], do art. 2113 do *Codice Civile* e, tratando-se das chamadas *quietanze a saldo* ou *liberatorie*, da orientação há muito consolidada na jurisprudência e consensualmente aceite na doutrina.

Começando pelos actos abdicativos do trabalhador a favor do empregador, tais actos, desde que tenham por objecto direitos que lhe advêm de normas inderrogáveis, da lei ou de convenção colectiva, integram a previsão do art.

---

[275] CARINCI/DE LUCA TAMAJO/TOSI/TREU, *Diritto del Lavoro, Vol. 2*, 2005 cit., pág. 296; VALLEBONA, *Istituzioni di Diritto del Lavoro, II*, 2008 cit., pág. 575.

[276] GHERA, *Diritto del Lavoro*, 2008 cit., pág. 179, frisando o A que tal risco foi aumentando à medida que "a disciplina dos despedimentos se tornava mais restritiva".

[277] GHERA, *Diritto del Lavoro*, 2008 cit., pág. 179. No mesmo sentido, CARINCI/DE LUCA TAMAJO/TOSI/TREU, *Diritto del Lavoro, Vol. 2*, 2005 cit., pág. 296.

[278] Cfr. *infra* o nº 3.1.3.

[279] VALLEBONA, *Istituzioni di Diritto del Lavoro, II*, 2008 cit., pág. 575.

[280] MAZZOTTA, *Diritto del Lavoro*, 2007 cit., pág. 849.

[281] SANTORO-PASSARELLI, *Nozioni di Diritto del Lavoro*, 1987 cit., pág. 289.

A EXTINÇÃO PACTUADA DO CONTRATO DE TRABALHO NOUTROS ORDENAMENTOS

2113 do *Codice Civile* e são, em regra[282], inválidos e, como tal, impugnáveis pelo trabalhador, qualquer que tenha sido o momento da sua celebração[283]. Procurando caracterizar nos seus traços essenciais a disciplina deste art. 2113 do *Codice Civile*, versaremos sucessivamente os actos de disposição, bem como os direitos do trabalhador nela abrangidos e o especial regime de impugnação nele estabelecido.

A letra do art. 2113 refere-se unicamente às *rinunzie* e às *transazioni*[284]. Não obstante, constitui entendimento pacífico que, ao contemplar, tanto os *atti dis-*

---

[282] Com efeito, o último parágrafo do art. 2113 considera excepcionalmente válidas as conciliações obtidas em determinadas sedes (judicial, administrativa e sindical), as quais, mesmo tendo por objecto direitos atribuídos ao trabalhador por normas inderrogáveis, são por este inimpugnáveis. É o caso das *conciliazioni* celebradas perante o juiz, no decurso de uma controvérsia laboral, perante a comissão de conciliação instituída junto da *direzione provinziale del lavoro* ou no âmbito dos procedimentos de conciliação previstos na contratação colectiva. O termo *conciliazione* utilizado pelo legislador deve ser entendido, adverte ICHINO, "como indicativo de um conjunto de actos reconduquíveis à noção legal geral de *rinuncia* ou à de *transazione*, qualificados, porém, pelo facto de serem celebrados numa sede e por uma forma que a lei especificamente estabelece com o fim de garantir liberdade efectiva e informação plena ao trabalhador acerca dos seus direitos e poder, assim, isentar tais actos do regime de invalidade do art. 2113": por isso se fala "a este propósito, de «autonomia negocial individual assistida»". Neste mesmo sentido, a doutrina converge em justificar esta solução pelo facto de a "situação de inferioridade do trabalhador, dada a sua qualidade de contraente débil" (GHERA) deixar de existir quando a intervenção de "sujeitos qualificados" (GRANDI/PERA) permite "reintegrar o seu poder contratual" (GHEZZI/ROMAGNOLI), assegurando que aquele é adequadamente informado, aconselhado e assistido e, bem assim, que não é "sujeito a pressões indevidas" (ICHINO).
Sobre este ponto, com mais desenvolvimento, v. entre outros, AMOROSO/DI CERBO/MARESCA, *Il Diritto del Lavoro, Vol. I – Costituzione, Codice Civile e Leggi Speciale*, 2ª ed., Giuffré, Milão, 2007, pp. 893 segs.; BUONCRISTIANO, "Le rinunzie e le transazioni del lavoratore" in *Trattato di Diritto Privato (dir. Pietro Rescigno), Vol. 15 (Impresa e Lavoro)*, UTET, Turim, 1984, pág. 593; GHERA, *Diritto del Lavoro*, 2008 cit., pp. 233-234; GHEZZI/ROMAGNOLI, *Il Rapporto di Lavoro*, 1995 cit., pág. 379; GRANDI/PERA, *Commentario Breve*, 2005 cit., pp. 521-522; ICHINO, *Il Contrato di Lavoro*, III, 2003 cit., pp. 610 segs.; MAZZONI, *Manuale di Diritto del Lavoro*, Vol. I, 1988 cit., pág. 1008; MAZZOTTA, *Diritto del Lavoro*, 2007 cit., pp. 848 segs.; NICOLINI, *Compendio di Diritto del Lavoro*, 2ª ed., CEDAM, Pádua, 2007, pág. 495; PERA, *Le Rinunce e le Transazioni*, 1990 cit., pp. 77 segs.; *Compendio di Diritto del Lavoro*, 6ª ed., Giuffré, Milão, 2003, pág. 296; SANTORO-PASSARELLI, *Nozioni di Diritto del Lavoro*, 1987 cit., pág. 291; SCOGNAMIGLIO, *Diritto del Lavoro* cit., pp. 214-215; SUPPIEJ/DE CRISTOFARO/CESTER, *Diritto del Lavoro*, 2005 cit., pp. 452-453; VALLEBONA, *Istituzioni di Diritto del Lavoro, II*, 2008 cit., pp. 767-768.
Mais recentemente, foram introduzidas, em legislação avulsa sobre *certificazioni* dos contratos de trabalho e sobre reorganização das funções inspectivas em matéria de trabalho, outras hipóteses de *rinuzie* e *transazioni* do trabalhador não impugnáveis por força do art. 2113, soluções sempre associadas à intervenção de um terceiro. Sobre este ponto, v. GHERA, *Diritto del Lavoro*, 2008 cit., pág. 223; MAZZOTTA, *Diritto del Lavoro*, 2007 cit., pp. 848-849; VALLEBONA, *Istituzioni di Diritto del Lavoro, II*, 2008 cit., pág. 769.

[283] Ou seja, irrelevando, para o efeito, o terem sido outorgados quando da constituição, no decurso ou já depois da extinção do vínculo laboral. Neste sentido, GHEZZI/ROMAGNOLI, *Il Rapporto di Lavoro*, 1995 cit., pág. 376; SANTORO-PASSARELLI, *Nozioni di Diritto del Lavoro*, 1987 cit., pp. 289-290.

[284] GRANDI/PERA, *Commentario Breve*, 2005 cit., pág. 517. Para uma caracterização e delimitação recíproca da *rinunzia* e da transazione, v., entre outros, AMOROSO/DI CERBO/MARESCA, *Il Diritto del Lavoro*, Vol. I, 2007

A REVOGAÇÃO DO CONTRATO DE TRABALHO

missivi unilaterais, como os de natureza contratual[285], esta disposição pretende abarcar qualquer "manifestação de vontade do trabalhador que se concretize numa renúncia, ao menos parcial, face ao total dos direitos reivindicáveis"[286] – será este o "mínimo indispensável" para accionar o seu mecanismo[287].

cit., pp. 886 segs.; GHERA, *Diritto del Lavoro*, 2008 cit., pp. 235-236; GHEZZI/ROMAGNOLI, *Il Rapporto di Lavoro*, 1995 cit., pág. 378; ICHINO, *Il Contrato di Lavoro*, III, 2003 cit., pp. 607 segs.; MAZZONI, *Manuale di Diritto del Lavoro*, Vol. I, 1988 cit., pág. 1007; NICOLINI, *Compendio*, 2007 cit., pp. 495-496; PERA, *Le Rinunce e le Transazioni*, 1990 cit., pp. 22 segs.; SUPPIEJ/DE CRISTOFARO/CESTER, *Diritto del Lavoro*, 2005 cit., pp. 449-450.

A *rinunzia* é, em geral, definida como negócio unilateral, mediante o qual o titular do direito abdica deste, sem contrapartida, não sujeito a forma (logo, podendo ser verbal) mas que supõe "uma manifestação de vontade clara e esclarecida" (GRANDI/PERA) de aquele se privar de determinado ou determinados direitos, sendo controvertida a sua admissibilidade com base em factos concludentes (ICHINO). Quanto à *transazione* (contrato típico regulado no art. 1965 do *Codice Civile*), para além dos seus dois elementos essenciais – a existência de uma controvérsia (*res litigiosa*) e as concessões recíprocas (*aliquid datum, aliquid retentum*), através das quais as partes põem fim ou previnem tal litígio – são ainda apontadas como notas distintivas a sua estrutura bilateral e a sujeição a forma escrita (*ad probationem*, ex art. 1967).

[285] ICHINO, *Il Contrato di Lavoro*, III, 2003 cit., pág. 607.

[286] PERA, *Le Rinunce e le Transazioni*, 1990 cit., pág. 49. Ao alargar a indisponibilidade face ao empregador de modo a compreender, não apenas a mera irrenunciabilidade, mas também a intransigibilidade, é indiscutível que "a lei pretende proibir ao trabalhador, não apenas aquele sacrifício seguro e sem correspectivo dos seus direitos que comporta a *rinunzia*, mas também aquele sacrifício eventual que comporta a *transazione*, podendo o *retentum* do empregador ser superior ao que lhe caberia, malgrado o *datum* do trabalhador (SANTORO-PASSARELLI, *Nozioni di Diritto del Lavoro*, 1987 cit., pág. 290). Com efeito, nesta última, apesar das características concessões recíprocas, está sempre presente "o conteúdo abdicativo característico da primeira, o qual pode não ser reequilibrado pelo que, na composição da controvérsia, adquira o trabalhador" (SUPPIEJ/DE CRISTOFARO/CESTER, *Diritto del Lavoro*, 2005 cit., pp. 449-450). Mas, como adverte GHERA, "a assimilação da *rinunzia* à *transazione* no art. 2113 não se justifica apenas pela eventualidade de a segunda poder mascarar a primeira": deve, igualmente, ter-se presente "que os limites entre vontade abdicativa e vontade transaccional se apresentam significativamente esfumados nas controvérsias de trabalho, nas quais a *transazione*, mais que a *rinunzia*, surge como um negócio socialmente típico de composição de litígios, caracterizado pela forte redução do tradicional elemento da *res dubia*". Com efeito, a "situação de incerteza, na qual radica normalmente a causa do litígio nas controvérsias de trabalho, é muitas vezes ultrapassada pelo desequilíbrio de força contratual entre as partes", que determina a "inércia" do trabalhador: daí a tendência a fazer "da transacção um verdadeiro instrumento de composição do litígio, tendo em vista a realização das pretensões creditórias, mais que o *accertamento* de direitos", porventura controvertidos, do trabalhador" (GHERA, *Diritto del Lavoro*, 2008 cit., pág. 235); no mesmo sentido, v. PERA, *Le Rinunce e le Transazioni*, 1990 cit., pp 47 segs.

[287] PERA, *Le Rinunce e le Transazioni*, 1990 cit., pág. 49. Do exposto no texto resulta que, para além das *rinunzie* e das *transazioni* em sentido próprio, "podem ser inválidas, logo impugnáveis todas as manifestações de vontade do trabalhador que em concreto comportem uma renúncia no sentido indicado": para este efeito "não conta a forma, o mecanismo formal, mas a substância" (PERA, *op. loc. cits.*). Sendo assim, quaisquer negócios "formalmente diversos da *rinuncia* ou da *transazioni*", mas que impliquem a *dismissione* de direitos do trabalhador derivados de disposições inderrogáveis legais ou convencionais – como o *accertamento*, a *remissione del débito*, a *novazione*, a *datio in solutum* ou a *compensação voluntária* – serão inválidos nos termos do art. 2113 do *Codice Civile*. Essencial é "o conteúdo concreto

A EXTINÇÃO PACTUADA DO CONTRATO DE TRABALHO NOUTROS ORDENAMENTOS

Os actos dispositivos submetidos à disciplina do art. 2113 do *Codice Civile* devem ainda ter por objecto, já o fomos antecipando, "direitos do trabalhador derivados de disposições inderrogáveis da lei ou dos contratos ou acordos colectivos"[288] – prescreve-o expressamente o seu § 1[289].

A este propósito, importa começar por sublinhar – e trata-se de um ponto "sobre o qual se regista hoje um consenso muito amplo"[290] – que o "campo de aplicação do regime do art. 2113" compreende unicamente actos que impliquem a disposição pelo trabalhador de "direitos já integrados no seu património"[291], ou seja, direitos de crédito[292], por contraposição a "meras expectativas"[293]. Mais exactamente, o regime do art. 2113 não se aplica a actos dispositivos do trabalhador que visem impedir a "aquisição futura" de determinado direito[294].

---

do negócio", aplicando-se-lhe a referida disciplina "caso contenha uma determinação dispositiva" (GRANDI/PERA). Neste sentido, v., entre outros, GHEZZI/ROMAGNOLI, *Il Rapporto di Lavoro*, 1995 cit., pág. 376; GRANDI/PERA, *Commentario Breve*, 2005 cit., pág. 518; NICOLINI, *Compendio*, 2007 cit., pág. 496; SUPPIEJ/DE CRISTOFARO/CESTER, *Diritto del Lavoro*, 2005 cit., pp. 449-450.

[288] Sobre o sentido e antecedentes da expressão, resultante da alteração da versão originária do art. 2113 pelo art. 6 da Lei n. 533, de 11 de Agosto de 1973, v. PERA, *Le Rinunce e le Transazioni*, 1990 cit.,pp. 18 segs.

[289] MAZZOTTA, *Diritto del Lavoro*, 2007 cit., pág. 604; SUPPIEJ/DE CRISTOFARO/CESTER, *Diritto del Lavoro*, 2005 cit., pág. 450.

[290] ICHINO, *Il Contrato di Lavoro*, III, 2003 cit., pág. 604.

[291] ICHINO, *Il Contrato di Lavoro*, III, 2003 cit., exemplificando com o direito à retribuição por trabalho ordinário ou suplementar já prestado, o direito à indemnização pelo não gozo de férias em anos anteriores ou o direito à compensação de danos sofridos em consequência de falta de higiene e segurança no trabalho ou de desqualificação ocorrida no passado.

[292] ICHINO, *Il Contrato di Lavoro*, III, 2003 cit., pág. 604.

[293] GRANDI/PERA, *Commentario Breve*, 2005 cit., pág. 519; no mesmo sentido, v. MAZZONI, *Manuale di Diritto del Lavoro*, Vol. I, 1988 cit., pág. 1008; NICOLINI, *Compendio*, 2007 cit., pp. 496-497; VALLEBONA, *Istituzioni di Diritto del Lavoro, II*, 2008 cit., pág. 763.

[294] A distinção a que se alude no texto entre um plano ou momento genético (relativo à aquisição do direito e à regulamentação da relação) e um plano ou momento funcional ou de gestão desse mesmo direito, uma vez ingressado na esfera do trabalhador (sendo apenas neste último que se suscita a questão da sua abdicação total ou parcial) corresponde à abordagem dita "tradicional" (MAZZOTTA) e maioritária na doutrina e jurisprudência italianas, do nexo entre a norma inderrogável e a indisponibilidade do direito por esta atribuído. Segundo esta orientação, a protecção do trabalhador, enquanto "parte débil da relação" (SUPPIEJ/DE CRISTOFARO/CESTER) é, no primeiro dos referidos planos, imperativamente assegurada pela norma inderrogável, a qual "pretedermina o possível conteúdo da relação de trabalho", garantindo "a aquisição, em qualquer caso, do direito" (VALLEBONA): a autonomia das partes resulta "fortemente comprimida pela norma legal inderrogável", sendo a estipulação em contrário "substituída de pleno direito" por aquela e "considerada pelo ordenamento *tamquam non esset*" (ICHINO). Ou seja, é apenas no plano funcional ou de gestão do direito já adquirido que a inderrogabilidade da norma se reflecte na sua disponibilidade pelo trabalhador, constituindo a forte limitação desta decorrente do art. 2113 do *Codice Civile* uma das suas possíveis consequências.

Sobre este ponto, com maior desenvolvimento, v. GHERA, *Diritto del Lavoro*, 2008 cit., pp. 233-234; GRANDI/PERA, *Commentario Breve*, 2005 cit., pág. 519; ICHINO, *Il Contrato di Lavoro*, III, 2003 cit., pp. 604-605; MAZZONI, *Manuale di Diritto del Lavoro*, Vol. I, 1988 cit., pág. 1010; MAZZOTTA, *Diritto del Lavoro*,

A REVOGAÇÃO DO CONTRATO DE TRABALHO

É que renunciar para o futuro "significa incluir no contrato individual, como fonte imediata de regulamentação da relação, uma disciplina contrastante com a disciplina inderrogável da lei ou da contratação colec-

2007 cit., pp. 843 segs.; PERA, *Le Rinunce e le Transazioni*, 1990 cit., pp. 34 segs.; SUPPIEJ/DE CRISTOFARO/ CESTER, *Diritto del Lavoro*, 2005 cit., pp. 443 segs.

Esta distinção (à qual nos propomos retornar mais adiante, no nº 11.1.3) delimita reciprocamente, nos termos expostos no texto, o âmbito de aplicação dos arts. 2113 e 1418 do *Codice Civile*, ao mesmo tempo que evidencia a essencialidade e a exclusividade da função cometida ao art. 2113 – a norma que regula "toda a actividade dispositiva dos seus direitos pelo trabalhador" (GHERA), logo a única a considerar para aferir da "sorte dos negócios abdicativos de direitos" deste (NICOLINI). Sobre este ponto, v. GHERA, *Diritto del Lavoro*, 2008 cit., pág. 236; NICOLINI, *Compendio*, 2007 cit., pp. 496-497; PERA, *Le Rinunce e le Transazioni*, 1990 cit., pp. 36 e 43.

E reporta-se a quaisquer direitos do trabalhador. Importa, com efeito, referir, conquanto que brevemente, a recusa e crítica, por um vasto sector da doutrina e da jurisprudência italianas da tese de que existiria, ainda, uma zona de "tutela reforçada", na qual se situariam alguns direitos que, por força do seu próprio regime (do qual resultaria a nulidade de quaisquer actos abdicativos), se perfilariam como direitos absolutamente indisponíveis e, como tal, subtraídos à disciplina do art. 2113. Entre tais direitos contar-se-iam o direito ao repouso semanal e às férias (aos quais o trabalhador não pode, nos termos do art. 36, § 3, da Constituição, renunciar), a retribuição (por um imperativo de coerência, face ao anterior), o direito do trabalhador à qualificação e ao tratamento correspondente às funções desempenhadas (cominando o art. 2103, § 2, do *Codice Civile*, a nulidade de qualquer estipulação em contrário), os direitos do trabalhador face ao empregador em matéria de previdência social (por ser nulo, segundo o art. 2115, § 3, do *Codice Civile* qualquer acordo destinado a iludir as obrigações em matéria de previdência ou assistência). Para maiores desenvolvimentos sobre esta tese – que radica ainda, se bem que de forma mais ou menos explícita, consoante as suas diversas formulações, na construção de DE LUCA TAMAJO (*La Norma Inderogabile nel Diritto del Lavoro*, Jovene, Nápoles, 1976), assente na diferenciação entre "direitos primários" (derivados directamente da norma inderrogável e submetidos ao art. 1418) e "direitos secundários" (de natureza meramente ressarcitória, resultantes da violação daqueles e integrados na previsão do art. 2113) – v., entre outros, CARINCI/DE LUCA TAMAJO/TOSI/TREU, *Diritto del Lavoro, Vol. 2*, 2005 cit., pp. 422 segs.; GHEZZI/ROMAGNOLI, *Il Rapporto di Lavoro*, 1995 cit., pág. 379; ICHINO, *Il Contrato di Lavoro*, III, 2003 cit., pág. 605; PERSIANI/PROIA, *Diritto del Lavoro* cit., pp. 345 segs.; VALLEBONA, *Istituzioni di Diritto del Lavoro, II*, 2008 cit., pág. 767 (quanto ao direito às férias e ao repouso semanal). V. ainda *infra* o 11.1.3, onde retomaremos esta questão.

Contra esta afirmação de um conjunto de "direitos indisponíveis *per natura*" e, por isso, dotados de uma protecção absoluta (SUPPIEJ/DE CRISTOFARO/CESTER), *i.e.*, de direitos que "pela sua natureza ou outro motivo, sejam objecto de uma tutela reforçada" (GRANDI/PERA), invoca-se a distinção, a que alude o texto, entre a renúncia prévia aos direitos em causa (às quais se refeririam as citadas cominações legais de nulidade) e a disposição do direito já adquirido, abrangida, em qualquer caso, pelo art. 2113 do *Codice Civile*. No que se refere à retribuição, invoca-se, ainda, a sua prescritibilidade, decorrente do art. 2948, §§ 4 e 5, do *Codice Civile* e admitida, em mais de uma ocasião, pela própria *Corte Costituzionale* (Acs. de 20 de Março de 1974 e de 20 de Janeiro de 1977, transcritos e analisados por NICOLINI, *Compendio*, 2007 cit., pág. 497, com indicações de publicação). Neste sentido, v., entre outros, ARANGUREN, *La Tutela dei Diritti dei Lavoratori in Enciclopedia Giuridica del Lavoro* (dir. Giuliano Mazzoni), Vol. 7, CEDAM, Pádua, 1981, pp. 39 segs; GRANDI/PERA, *Commentario Breve*, 2005 cit., pág. 519; ICHINO, *Il Contrato di Lavoro*, III, 2003 cit., pág. 605; MAZZONI, *Manuale di Diritto del Lavoro*, Vol. I, 1988 cit., pág. 1010; PERA, *Le Rinunce e le Transazioni*, 1990 cit., pp. 31 segs.; SUPPIEJ/DE CRISTOFARO/CESTER, *Diritto del Lavoro*, 2005 cit., pp. 444-445; NICOLINI, *Compendio*, 2007 cit., pág. 497; VALLEBONA, *Istituzioni di Diritto del Lavoro, II*, 2008 cit., pág. 767.

A EXTINÇÃO PACTUADA DO CONTRATO DE TRABALHO NOUTROS ORDENAMENTOS

tiva"[295]. Daí que tais actos integrem, antes, "a disciplina da relação de trabalho e não a disposição de direitos dela derivados"[296], sendo-lhes aplicável o art. 1418 do *Codice Civile*, que comina a nulidade dos actos que contrariem normas imperativas[297].

Quanto ao fundamento da indisponibilidade resultante do art. 2113[298], entende a doutrina maioritária que esta radica na função de "garantia de um mínimo inderrogável de tratamento económico e normativo"[299] desempenhada pela norma legal ou convencional[300], cuja protecção vem completar, evitando a incoerência de uma inderrogabilidade operante apenas para a génese dos direitos"[301]. Mais exactamente, ao assegurar tal "protecção mínima"[302] no "plano específico da disposição"[303], limitando a liberdade negocial do trabalhador e, nessa medida, obstando a que, através "da «gestão» do direito já adquirido", o trabalhador inutilize "em concreto o efeito da norma inderrogável"[304], esta indisponibilidade perfila-se como consequência típica da inderrogabilidade da norma[305].

---

[295] PERA, *Le Rinunce e le Transazioni*, 1990 cit., pág. 35. No mesmo sentido, v. ICHINO, *Il Contrato di Lavoro*, III, 2003 cit., pág. 605; VALLEBONA, *Istituzioni di Diritto del Lavoro, II*, cit., pág. 759.

[296] VALLEBONA, *Istituzioni di Diritto del Lavoro*, II, 2008 cit., pág. 763.

[297] PERA, *Le Rinunce e le Transazioni*, 1990 cit., pág. 35. No mesmo sentido, v. GRANDI/PERA, *Commentario Breve*, 2005 cit., pág. 519; ICHINO, *Il Contrato di Lavoro*, III, 2003 cit., pág. 605; SUPPIEJ/DE CRISTOFARO/ /CESTER, *Diritto del Lavoro*, 2005 cit., pág. 449.

[298] Que não é uma indisponibilidade absoluta, mas limitada. Antes de mais, porque os actos dispositivos de direitos que ao trabalhador são atribuídos por norma inderrogável legal ou convencional "são válidos se celebrados em determinadas sedes, com integração da vontade do trabalhador", apenas sendo inválidos se celebrados "directamente ou privadamente" (PERA). Depois, porque mesmo fora de tais hipóteses, o acto efectivamente outorgado, "inválido na origem, pode ser, por assim dizer, convalidado no seu conteúdo dispositivo pela não impugnação no prazo" (ICHINO). Sobre este ponto, v. GHERA, *Diritto del Lavoro*, 2008 cit., pág. 233; ICHINO, *Il Contrato di Lavoro*, III, 2003 cit., pág. 601; PERA, *Le Rinunce e le Transazioni*, 1990 cit., pág. 43. Voltaremos a esta questão, mais adiante, no nº 11.1.2.

[299] GHERA, *Diritto del Lavoro*, 2008 cit., pág. 233. No mesmo sentido, v. GRANDI/PERA, *Commentario Breve*, 2005 cit., pág. 519; PERA, *Le Rinunce e le Transazioni*, 1990 cit., pp. 19 segs.

[300] GRANDI/PERA, *Commentario Breve*, 2005 cit., pág. 519; PERA, *Le Rinunce e le Transazioni*, 1990 cit., cit., pág. 19.

[301] VALLEBONA, *Istituzioni di Diritto del Lavoro*, II, cit., pág. 759.

[302] PERA, *Le Rinunce e le Transazioni*, 1990 cit., cit., pp. 19 e 22.

[303] MAZZOTTA, *Diritto del Lavoro*, 2007 cit., pág. 845; VALLEBONA, *Istituzioni di Diritto del Lavoro*, II, cit., pág. 759.

[304] GHERA, *Diritto del Lavoro*, 2008 cit., pág. 233.

[305] ICHINO, *Il Contrato di Lavoro*, III, 2003 cit., pág. 601, advertindo, contudo, o A, que essa indisponibilidade, se pode ser considerada consequência "típica", enquanto "natural" da inderrogabilidade da norma, não constitui, porém, uma sua consequência "estritamente necessária: a proibição de derrogação convencional da norma poderia (em abstracto) ser assistida de uma sanção diversa da invalidade do acto dispositivo ou abdicativo, e na própria noção de invalidade do acto dispositivo bem podem englobar-se sanções de gravidade diversa, da nulidade à anulabilidade, à ineficácia temporária ou parcial" (*op. loc. cits.*). No mesmo sentido, sublinham MAZZOTTA (*Diritto del Lavoro*, 2007 cit., pág. 843) e SUPPIEJ/DE CRISTOFARO/ CESTER (*Diritto del Lavoro*, 2005 cit., pp. 444-445) que, "segundo os princípios gerais, inderrogabilidade

A REVOGAÇÃO DO CONTRATO DE TRABALHO

A concretização dos direitos do trabalhador abrangidos por este regime[306] supõe a delimitação recíproca da zona de indisponibilidade, coincidente com a previsão do art. 2113, e da "zona disponível"[307], dela excluída. Ou seja, a determinação das normas que devam considerar-se inderrogáveis e, sobretudo, por serem a excepção[308], derrogáveis – tarefa "nem sempre fácil", sobretudo quando "falte (como sucede com frequência) uma explícita indicação neste sentido"[309]. É que, conforme adverte PERA, não só será "difícil encontrar na lei e na contratação colectiva disposições não inderrogáveis"[310] como, sendo uma e outra "preordenadas a tutelar a parte débil quanto ao mínimo", será de considerar "em regra" inderrogável, "salvo rigorosa prova do contrário", tudo o que nelas seja estabelecido a favor do trabalhador[311]. Parece, contudo, inquestionável que a "indagação da natureza inderrogável, ou não, da fonte constitutiva do direito do trabalhador"[312] é questão "a resolver caso a caso"[313], pela "interpretação de cada norma legal ou cláusula colectiva, atendendo à natureza do interesse a tutelar e à intensidade de tal tutela"[314].

Quanto à "zona disponível", esta é integrada por todos os direitos de que o trabalhador pode livremente dispor[315] – como aqueles cuja fonte seja o contrato

e indisponibilidade devem ser consideradas bem distintas", pois a primeira "é um atributo da norma", enquanto a segunda "é uma característica dos direitos", sendo certo que "entre as duas categorias não existe qualquer conexão de carácter puramente lógico, podendo subsistir uma sem a outra". Donde, conclui FERRARO, à inderrogabilidade da norma "não corresponde pois automaticamente a absoluta indisponibilidade" do direito ("Rinunzie e Transazione del Lavoratore", *Enciclopédia Giuridica*, Vol. XXVII, Istituto della Enciclopédia Italiana, fond. da Giovanni Treccani, Roma, 1991, pág. 5).

[306] Do qual estão, naturalmente, excluídos os direitos do trabalhador que constituam verdadeiros e próprios direitos indisponíveis – como os direitos da personalidade – os quais seguem o correspondente regime. Sobre este ponto, v. ICHINO, *Il Contrato di Lavoro*, III, 2003 cit., pág. 203; PERA, *Le Rinunce e le Transazioni*, 1990 cit., pág. 35.

[307] PERA, *Le Rinunce e le Transazioni*, 1990 cit., pág. 22.

[308] GHEZZI/ROMAGNOLI, *Il Rapporto di Lavoro*, 1995 cit., pág. 331.

[309] AMOROSO/DI CERBO/MARESCA, *Il Diritto del Lavoro*, Vol. I, 2007 cit., pág. 879. No mesmo sentido, GHEZZI/ROMAGNOLI, *Il Rapporto di Lavoro*, 1995 cit., pág. 331; PERA, *Le Rinunce e le Transazioni*, 1990 cit., pág. 19.

[310] PERA, *Le Rinunce e le Transazioni*, 1990 cit., pág. 19.

[311] PERA, *Le Rinunce e le Transazioni*, 1990 cit., pp. 19 e 21. Em sentido idêntico, GHEZZI/ROMAGNOLI sustentam que "unicamente a presença de uma precisa indicação em contrário, resultante da própria lei, pode privar as normas protectoras do trabalho do seu inato carácter inderrogável" (*Il Rapporto di Lavoro*, 1995 cit., pág. 331).

[312] AMOROSO/DI CERBO/MARESCA, *Il Diritto del Lavoro*, Vol. I, 2007 cit., pág. 879.

[313] PERA, *Le Rinunce e le Transazioni*, 1990 cit., pág. 19; no mesmo sentido, AMOROSO/DI CERBO/MARESCA, *Il Diritto del Lavoro*, Vol. I, 2007 cit., pág. 879.

[314] AMOROSO/DI CERBO/MARESCA, *Il Diritto del Lavoro*, Vol. I, 2007 cit., pág. 879; PERA, *Le Rinunce e le Transazioni*, 1990 cit., pp. 19 e 21.

[315] GRANDI/PERA, *Commentario Breve*, 2005 cit., pág. 519.

A EXTINÇÃO PACTUADA DO CONTRATO DE TRABALHO NOUTROS ORDENAMENTOS

de trabalho[316] ou os derivados de normas de convenções colectivas expressamente declaradas derrogáveis[317]. E, ainda, os que derivem de normas legais claramente dispositivas[318] ou que respeitem a matéria "entregue à disponibilidade das partes"[319].

É o que sucede, desde logo, com o direito do trabalhador "à prossecução da relação laboral"[320], direito "eminentemente disponível"[321] nas suas várias expressões[322]. O que vale por dizer que releva sempre da "esfera de disponibilidade do trabalhador"[323] – ficando, como tal, subtraído ao art. 2113 – "o acto pelo qual o trabalhador renuncia ao posto de trabalho"[324], irrelevando que revista estrutura

[316] Neste sentido, v., entre outros, AMOROSO/DI CERBO/MARESCA, *Il Diritto del Lavoro*, Vol. I, 2007 cit., pp. 879 segs.; GRANDI/PERA, *Commentario Breve*, 2005 cit., pág. 519; ICHINO, *Il Contrato di Lavoro*, III, 2003 cit., pp. 606-607; MAZZOTTA, *Diritto del Lavoro*, 2007 cit., pág. 846; PERA, *Le Rinunce e le Transazioni*, 1990 cit., pp. 22 segs.; SUPPIEJ/DE CRISTOFARO/CESTER, *Diritto del Lavoro*, 2005 cit., pág. 450; VALLEBONA, *Istituzioni di Diritto del Lavoro*, II, 2008 cit., pp. 762-763.

[317] As normas dos contratos e acordos colectivos são, em princípio, inderrogáveis (e conformam imperativamente o conteúdo dos contratos individuais), a menos que a própria fonte colectiva afirme o contrário: em tal hipótese, o trabalhador, se pode alterar *in peius*, pode também dispor do direito adquirido em sua aplicação. Neste sentido, v., entre outros, AMOROSO/DI CERBO/MARESCA, *Il Diritto del Lavoro*, Vol. I, 2007 cit., pp. 879 segs.; GHEZZI/ROMAGNOLI, *Il Rapporto di Lavoro*, 1995 cit., pág. 377; GRANDI/PERA, *Commentario Breve*, 2005 cit., pág. 519; ICHINO, *Il Contrato di Lavoro*, III, 2003 cit., pp. 606-607; MAZZOTTA, *Diritto del Lavoro*, 2007 cit., pág. 846; NICOLINI, *Compendio*, 2007 cit., pág. 493; PERA, *Le Rinunce e le Transazioni*, 1990 cit., pp. 22 segs.; SUPPIEJ/DE CRISTOFARO/CESTER, *Diritto del Lavoro*, 2005 cit., pág. 450; VALLEBONA, *Istituzioni di Diritto del Lavoro*, II, 2008 cit., pp. 762-763.

[318] PERA, *Le Rinunce e le Transazioni*, 1990 cit., pág. 21; SUPPIEJ/DE CRISTOFARO/CESTER, *Diritto del Lavoro*, 2005 cit., pág. 450.

[319] MAZZONI, *Manuale di Diritto del Lavoro*, Vol. I, 1988 cit., pág. 1007.

[320] ICHINO, *Il Contrato di Lavoro*, III, 2003 cit., pág. 387.

[321] ICHINO, *Il Contrato di Lavoro*, III, 2003 cit., pág. 387.

[322] GRANDI/PERA, *Commentario Breve*, 2005 cit., pp. 519-520; justificando os AA a subtracção de tais renúncias do trabalhador à disciplina do art. 2113 do *Codice Civile* com o facto de "o interesse na prossecução da relação permanecer no campo do disponível", desde logo por via da "faculdade *di recesso ad nutum* que a lei reconhece ao trabalhador", da possibilidade de *risoluzione consensuale* também do contrato de trabalho", mesmo sem compensação, e da "possibilidade de consolidação dos efeitos de um despedimento ilegítimo por falta de impugnação tempestiva" (*op. loc. cits.*). V., ainda, PERA, *Le Rinunce e le Transazioni*, 1990 cit., pp. 23 segs. Para MAZZONI tal "disponibilidade" seria indissociável do facto de "a matéria da estabilidade e conservação do posto de trabalho" receber "autónoma tutela antes e depois da cessação da relação de trabalho". Ora, não sendo os correspondentes direitos do trabalhador "garantidos pela específica tutela" conferida pelo art. 2113, a disposição destes não está sujeita à "eventual impugnação sucessiva", constituindo, nessa medida, "matéria cometida à disponibilidade das partes". Evidenciá-lo--ia a pacífica consolidação da "regra da validade da renúncia ao direito de impugnar o despedimento" bem como da *risoluzione consensuale* do vínculo laboral (MAZZONI, *Manuale di Diritto del Lavoro*, Vol. I, 1988 cit., pág. 1010). Em sentido idêntico, reconduzindo as *dimisioni* e a *risoluzione consensuale* a meras "vicisitudes extintivas da relação de trabalho" ou "negócios dirigidos à extinção da relação laboral", alheios à disciplina do art. 2113 v., respectivamente, AMOROSO/DI CERBO/MARESCA, *Il Diritto del Lavoro*, Vol. I, 2007 cit., pp. 882 segs; VALLEBONA, *Istituzioni di Diritto del Lavoro*, II, 2008 cit., pp. 762-763.

[323] GRANDI/PERA, *Commentario Breve*, 2005 cit., pág. 520.

[324] ICHINO, *Il Contrato di Lavoro*, III, 2003 cit., pág. 606.

A REVOGAÇÃO DO CONTRATO DE TRABALHO

unilateral (*dimissioni*) ou bilateral (*risoluzione consensuale, rinuncia* à impugnação do despedimento)[325].

Os actos dispositivos do trabalhador que incidam sobre direitos derivados de normas inderrogáveis são, por tal motivo (e unicamente por tal motivo[326]) inválidos e, nessa medida, impugnáveis por este[327]. Tal impugnação pode ser judicial ou extrajudicial, por "qualquer acto escrito" do trabalhador, "idóneo a exprimir tal vontade"[328], mas deve sempre ter lugar no prazo de seis meses[329],

---

[325] ICHINO, *Il Contrato di Lavoro*, III, 2003 cit., pág. 606. No mesmo sentido, GRANDI/PERA, *Commentario Breve*, 2005 cit., pp. 519-520. Referindo-se especificamente à impugnação do despedimento, nota PERA que "na previsão do direito potestativo de impugnação está implícito o reconhecimento da vontade contrária" (*Le Rinunce e le Transazioni*, 1990 cit., pág. 26).

[326] Com efeito, e conforme sublinham AMOROSO/DI CERBO/MARESCA, a "inderrogabilidade da fonte legal e contratual é o único parâmetro a utilizar para aferir da validade da *transazione* ou da *rinuncia*, pelo que "nenhum peso deve ser atribuído a elementos ulteriores, como a avaliação das vantagens ou desvantagens patrimoniais que possam resultar do acto dispositivo (*Il Diritto del Lavoro*, Vol. I, 2007 cit., pág. 879). No mesmo sentido, PERA, *Le Rinunce e le Transazioni*, 1990 cit., pág. 59; SUPPIEJ/DE CRISTOFARO/ /CESTER, *Diritto del Lavoro*, 2005 cit., pág. 450.

[327] E apenas por este: a impugnação visa acautelar o interesse do trabalhador, pelo que não pode ser utilizada pelo empregador. Neste sentido, entre outros, BUONCRISTIANO, "Le rinunzie e le transazioni del lavoratore", 1984 cit., pág. 589; GHERA, *Diritto del Lavoro*, 2008 cit., pág. 232; GRANDI/PERA, *Commentario Breve*, 2005 cit., pág. 520; MAZZONI, *Manuale di Diritto del Lavoro*, Vol. I, 1988 cit., pág. 1008; PERA, *Le Rinunce e le Transazioni*, 1990 cit., pág. 59; SUPPIEJ/DE CRISTOFARO/CESTER, *Diritto del Lavoro*, 2005 cit., pág. 447.

[328] A solução – paralela à prevista para a impugnação do despedimento – é particularmente favorável ao trabalhador pois não o obriga, em ordem a interromper o prazo de caducidade, a intentar uma acção judicial. Esta impugnação extra-judicial deve, contudo, ser sempre escrita e, porque se trata de um acto receptí-cio, deve chegar ao poder do empregador dentro do prazo legal. Não se exigem "fórmulas sacramentais" (GRANDI/PERA), basta que exprima, mesmo implicitamente, a vontade do trabalhador de invalidar o acto de disposição. Para maiores desenvolvimentos sobre este ponto, v. AMOROSO/DI CERBO/MARESCA, *Il Diritto del Lavoro*, Vol. I, 2007 cit., pág. 891; BUONCRISTIANO, "Le rinunzie e le transazioni del lavoratore", 1984 cit., pág. 594; GHERA, *Diritto del Lavoro*, 2008 cit., pp. 231-232; GHEZZI/ROMAGNOLI, *Il Rapporto di Lavoro*, 1995 cit., pág. 378; GRANDI/PERA, *Commentario Breve*, 2005 cit., pág. 520; ICHINO, *Il Contrato di Lavoro*, III, 2003 cit., pág. 609; MAZZOTTA, *Diritto del Lavoro*, 2007 cit., pp. 847-848; PERA, *Le Rinunce e le Transazioni*, 1990 cit., pp. 64-68; VALLEBONA, *Istituzioni di Diritto del Lavoro*, II, 2008 cit., pág. 766.

No que se refere à articulação entre esta impugnação extrajudicial e a impugnação judicial, tem prevalecido na doutrina e na jurisprudência a tese segundo a qual a primeira produz de imediato o efeito de *anullamento* da *rinuncia* ou *transazione* inválida, pelo que a eventual sentença subsequente (em acção proposta dentro do prazo geral de prescrição e com vista a fazer valer determinado direito por tais actos abrangidos), tem efeito meramente declarativo e não constitutivo. Neste sentido, v., entre outros, GRANDI/PERA, *Commentario Breve*, 2005 cit., pág. 520; ICHINO, *Il Contrato di Lavoro*, III, 2003 cit., pág. 609; PERA, *Le Rinunce e le Transazioni*, 1990 cit., pp. 64-68, 73-75; VALLEBONA, *Istituzioni di Diritto del Lavoro*, II, 2008 cit., pág. 766.

[329] Donde, "não admite suspensões, nem interrupções", nos termos do art. 2964 do *Codice Civile* (PERA) e, nessa medida, assegura a rápida e certa definição das situações jurídicas. Sobre este ponto, v., entre outros, GHERA, *Diritto del Lavoro*, 2008 cit., pág. 232; GHEZZI/ROMAGNOLI, *Il Rapporto di Lavoro*, 1995 cit., pág. 378; MAZZONI, *Manuale di Diritto del Lavoro*, Vol. I, 1988 cit., pág. 1002; PERA, *Le Rinunce e le Transazioni*, 1990 cit., pp. 68-73, 44-45.

A EXTINÇÃO PACTUADA DO CONTRATO DE TRABALHO NOUTROS ORDENAMENTOS

contados, seja da data da cessação do vínculo[330], seja da da celebração do acto, se posterior[331]. A não impugnação tempestiva, qualquer que seja o motivo, convalida o acto, tornando-o inatacável por esta via[332]. A doutrina e a jurisprudência têm convergido, com raras excepções, no sentido de reconduzir esta invalidade, atentos os seus traços essenciais, a uma anulabilidade[333], submetida a um regime especial que de modo algum prejudica a aplicabilidade do regime comum[334].

[330] É evidente a *ratio* desta solução. Ao prescrever que o prazo de caducidade para impugnação pelo trabalhador de actos dispositivos eventualmente outorgados na constância da relação laboral só começa a correr a partir da cessação desta, o legislador tem em conta a situação de "inferioridade contratual" (MAZZOTTA) do trabalhador, que resultaria numa "particular dificuldade" em valer-se de tal mecanismo (PERA) e, nessa medida, numa "inércia forçada" (VALLEBONA). Sobre este ponto, v., entre outros, BUONCRISTIANO, "Le rinunzie e le transazioni del lavoratore", 1984 cit., pág. 593; GHEZZI/ROMAGNOLI, *Il Rapporto di Lavoro*, 1995 cit., pág. 376; GRANDI/PERA, *Commentario Breve*, 2005 cit., pág. 520; ICHINO, *Il Contrato di Lavoro*, III, 2003 cit., pág. 605; MAZZOTTA, *Diritto del Lavoro*, 2007 cit., pp. 847-848; PERA, *Le Rinunce e le Transazioni*, 1990 cit., pp. 68 segs.; *Compendio*, 2003 cit., pág. 296; SUPPIEJ/DE CRISTOFARO/CESTER, *Diritto del Lavoro*, 2005 cit., pág. 450; VALLEBONA, *Istituzioni di Diritto del Lavoro, II*, 2008 cit., pág. 766.

[331] A extensão da invalidade também às *rinunzie* e *transazioni* subsequentes justifica-se, segundo a doutrina maioritária, "por subsistir, mesmo depois da cessação do vínculo, a razão da tutela legislativa, consistente especificamente na necessidade de reforçar a posição do trabalhador face à do empregador, para assegurar a igualdade das duas posições" (SANTORO-PASSARELLI). Porque subsiste para lá da cessação da subordinação a "posição de debilidade sócio-economica" do trabalhador, "que poderia levá-lo a aceitar regulações não convenientes (VALLEBONA), o legislador terá optado por conferir relevo ao elemento mais geral do desequilíbrio sócio-económico entre os sujeitos considerados. Neste sentido, com maior desenvolvimento, v., entre outros, AMOROSO/DI CERBO/MARESCA, *Il Diritto del Lavoro*, Vol. I, 2007 cit., pág. 892; BUONCRISTIANO, "Le rinunzie e le transazioni del lavoratore", 1984 cit., pág. 593; GHEZZI/ROMAGNOLI, *Il Rapporto di Lavoro*, 1995 cit., pág. 376; GRANDI/PERA, *Commentario Breve*, 2005 cit., pág. 520; ICHINO, *Il Contrato di Lavoro*, III, 2003 cit., pág. 605; MAZZOTTA, *Diritto del Lavoro*, 2007 cit., pp. 847-848; PERA, *Le Rinunce e le Transazioni*, 1990 cit., pp. 68 segs.; *Compendio*, 2003 cit., pág. 296; SANTORO-PASSARELLI, *Nozioni di Diritto del Lavoro*, 1987 cit., pp. 289-290; SUPPIEJ/DE CRISTOFARO/CESTER, *Diritto del Lavoro*, 2005 cit., pp. 447 segs.; VALLEBONA, *Istituzioni di Diritto del Lavoro, II,* 2008 cit., pp. 764-765.

[332] PERA, *Le Rinunce e le Transazioni*, 1990 cit., pág. 29. No mesmo sentido, v. AMOROSO/DI CERBO/MARESCA, *Il Diritto del Lavoro*, Vol. I, 2007 cit., pág. 893; NICOLINI, *Compendio*, 2007 cit., pág. 494; PERSIANI/PROIA, *Diritto del Lavoro* cit., pág. 346; VALLEBONA, *Istituzioni di Diritto del Lavoro, II*, 2008 cit., pp. 766-767.

[333] No sentido da qualificação de tal invalidade como anulabilidade (e não como nulidade), atentos a insusceptibilidade de conhecimento oficioso, o ónus de impugnação que recai sobre o trabalhador, a previsão de um prazo de caducidade, esgotado o qual a invalidade fica definitivamente sanada – se pronunciam, entre outros AMOROSO/DI CERBO/MARESCA, *Il Diritto del Lavoro*, Vol. I, 2007 cit., pág. 885; GHERA, *Diritto del Lavoro*, 2008 cit., pág. 232; GHEZZI/ROMAGNOLI, *Il Rapporto di Lavoro*, 1995 cit., pp 377-378; GRANDI/PERA, *Commentario Breve*, 2005 cit., pág. 520; ICHINO, *Il Contrato di Lavoro*, III, 2003 cit., pág. 604; MAZZONI, *Manuale di Diritto del Lavoro*, Vol. I, 1988 cit., pp. 1002 e 1012; MAZZOTTA, *Diritto del Lavoro*, 2007 cit., pp. 846-847; PERSIANI/PROIA, *Diritto del Lavoro* cit., pág. 346; SANTORO-PASSARELLI, *Nozioni di Diritto del Lavoro*, 1987 cit., pág. 290.

[334] O regime de impugnabilidade *ex* art. 2113 não exclui evidentemente a sujeição do acto dispositivo do trabalhador aos regimes comuns de anulabilidade e de nulidade, que o trabalhador pode invocar, no prazo prescricional de cinco anos, na primeira, e a todo o tempo, na segunda. Tratando-se de *transazione*

A REVOGAÇÃO DO CONTRATO DE TRABALHO

Num plano diverso se situam as denominadas *quietanze a saldo* ou *liberatorie*[335]. Sucede com frequência que, quando da cessação da relação laboral, o trabalhador entrega ao empregador, a pedido deste, um documento no qual dá quitação de determinada quantia recebida "*a saldo delle sue spetanze*"[336] e declara "estar satisfeito e nada mais ter a exigir"[337].

A jurisprudência e a doutrina italianas têm-se pronunciado firmemente no sentido da não recondução das *quietanze a saldo* ou *liberatorie* a actos abdicativos do trabalhador, submetidos à disciplina do art. 2113. Mais exactamente, têm entendido que, quanto à soma nela indicada, é inquestionável que a *quietanza* constitui prova do respectivo pagamento[338]. Já no que respeita aos demais créditos que genericamente se declaram satisfeitos, a mesma *quietanza*, diversamente, esgota-se numa mera declaração de ciência, *i.e.*, na expressão de uma opinião, no caso, do "convencimento pessoal do trabalhador quanto à plenitude do pagamento" efectuado[339], desprovida, enquanto tal, de qualquer sentido dispositivo[340]. E, por isso, não preclude a possibilidade de o trabalhador agir

esta é, ainda, impugnável nos termos dos arts. 1971 segs. O recurso às soluções de direito comum, tanto por via de acção como por via de excepção, justificar-se-á sobretudo quando o trabalhador não tenha tempestivamente impugnado a *rinunzia* ou a *transazione* no prazo previsto no art. 2113 ou quando se trate de conciliação subtraída a tal impugnação. A eventual invalidação do acto dispositivo depende, em tais casos, da verificação dos correspondentes requisitos, cuja prova cabe, nos termos gerais, ao trabalhador. Neste sentido, v., entre outros, AMOROSO/DI CERBO/MARESCA, *Il Diritto del Lavoro*, Vol. I, 2007 cit., pág. 885; GRANDI/PERA, *Commentario Breve*, 2005 cit., pág. 520; ICHINO, *Il Contrato di Lavoro*, III, 2003 cit., pp. 605-606; NICOLINI, *Compendio*, 2007 cit., pág. 495; PERA, *Le Rinunce e le Transazioni*, 1990 cit., pp. 59-60; SUPPIEJ/DE CRISTOFARO/CESTER, *Diritto del Lavoro*, 2005 cit., pp. 450-451; VALLEBONA, *Istituzioni di Diritto del Lavoro*, II, 2008 cit., pág. 770.

[335] Para uma caracterização das *quietanze a saldo* ou *liberatorie* referidas no texto, v., entre outros, AMOROSO/DI CERBO/MARESCA, *Il Diritto del Lavoro*, Vol. I, 2007 cit., pág. 887; GHEZZI/ROMAGNOLI, *Il Rapporto di Lavoro*, 1995 cit., pág. 378; GRANDI/PERA, *Commentario Breve*, 2005 cit., pág. 518; ICHINO, *Il Contrato di Lavoro*, III, 2003 cit., pág. 606; MAZZOTTA, *Diritto del Lavoro*, 2007 cit., pág. 849; NICOLINI, *Compendio*, 2007 cit., pág. 497; PERA, *Le Rinunce e le Transazioni*, 1990 cit., pp. 54-55; SCOGNAMIGLIO, *Diritto del Lavoro*, 2005 cit., pp. 214-215; SUPPIEJ/DE CRISTOFARO/CESTER, *Diritto del Lavoro*, 2005 cit., pág. 451; VALLEBONA, *Istituzioni di Diritto del Lavoro*, II, 2008 cit., pág. 760.

[336] PERA, *Le Rinunce e le Transazioni*, 1990 cit., pág. 55.

[337] GRANDI/PERA, *Commentario Breve*, 2005 cit., pág. 518. São muito variadas as fórmulas utilizadas na prática, sucedendo, por vezes, que o trabalhador acrescenta, ainda, que "por tal modo renuncia a qualquer pretensão" emergente da relação laboral finda. Sobre este ponto, v. MAZZOTTA, *Diritto del Lavoro*, 2007 cit., pág. 849; PERA, *Le Rinunce e le Transazioni*, 1990 cit., pág. 55.

[338] Neste sentido, expressamente, GHEZZI/ROMAGNOLI, *Il Rapporto di Lavoro*, 1995 cit., pág. 378; MAZZOTTA, *Diritto del Lavoro*, 2007 cit., pág. 849; NICOLINI, *Compendio*, 2007 cit., pág. 497; SUPPIEJ/DE CRISTOFARO/CESTER, *Diritto del Lavoro*, 2005 cit., pág. 451.

[339] SUPPIEJ/DE CRISTOFARO/CESTER, *Diritto del Lavoro*, 2005 cit., pág. 451.

[340] AMOROSO/DI CERBO/MARESCA, *Il Diritto del Lavoro*, Vol. I, 2007 cit., pág. 887; GHEZZI/ROMAGNOLI, *Il Rapporto di Lavoro*, 1995 cit., pág. 378; PERA, *Compendio*, 2003 cit., pág. 296; VALLEBONA, *Istituzioni di Diritto del Lavoro*, II, 2008 cit., pág. 760.

A EXTINÇÃO PACTUADA DO CONTRATO DE TRABALHO NOUTROS ORDENAMENTOS

contra o empregador dentro dos normais prazos de prescrição, para fazer valer direitos que considere não lhe terem sido satisfeitos[341].

Contra a atribuição de eficácia extintiva a estas declarações do trabalhador, indiscutivelmente pretendida pelo empregador[342], invoca-se a predisposição do respectivo texto pelo próprio sujeito em cujo interesse são proferidas[343], não raro em impressos pré-elaborados, segundo um modelo *standard*[344]. E, sobretudo, os termos muito genéricos em que são formuladas tais declarações "de integral satisfação"[345], os quais "não exprimem em termos de suficiente certeza a vontade do trabalhador de dispor do direito com um acto de renúncia ou com intenção de transigir"[346]. É que para haver uma abdicação "juridicamente relevante por parte do trabalhador (válida ou inválida que seja, consoante o seu objecto), é necessário, antes de mais, que seja evidente a manifestação da vontade *dismissiva e* "ainda a inequívoca identificação dos direitos" de que este tenciona dispor[347]. O que, em princípio, não sucede perante a "declaração genérica de «nada mais ter a pretender» face ao empregador ou de receber um certo pagamento *a saldo e stralcio* de todo e qualquer crédito"[348].

---

[341] GRANDI/PERA, *Commentario Breve*, 2005 cit., pág. 518. Mais exactamente, enquanto "declaração de ciência inidónea a dar vida a um negócio jurídico" (NICOLINI), a *quietanza liberatoria* não está submetida ao art. 2113 do *Codice Civile*, pelo que a possibilidade de ulterior reclamação de créditos referida no texto de modo algum depende de uma sua impugnação nos termos e no prazo nele previstos. Neste sentido, AMOROSO/DI CERBO/MARESCA, *Il Diritto del Lavoro*, Vol. I, 2007 cit., pág. 888; ICHINO, *Il Contrato di Lavoro*, III, 2003 cit., pág. 608; NICOLINI, *Compendio*, 2007 cit., pág. 497.

[342] Que por tal modo resolveria definitivamente quaisquer controvérsias emergentes da relação extinta: o ponto é sublinhado por PERA, *Le Rinunce e le Transazioni*, 1990 cit., pág. 55; SUPPIEJ/DE CRISTOFARO/ /CESTER, *Diritto del Lavoro*, 2005 cit., pág. 451.

[343] Neste sentido, entre outros, AMOROSO/DI CERBO/MARESCA, *Il Diritto del Lavoro*, Vol. I, 2007 cit., pág. 888; GRANDI/PERA, *Commentario Breve*, 2005 cit., pág. 518; PERA, *Le Rinunce e le Transazioni*, 1990 cit., pp. 55-56; SUPPIEJ/DE CRISTOFARO/CESTER, *Diritto del Lavoro*, 2005 cit., pág. 451.
Este facto, advertem SUPPIEJ/DE CRISTOFARO/CESTER, deve ser especialmente levado em conta na determinação do sentido destas declarações do trabalhador: impõe-no o próprio principio da boa fé, a que se refere o art. 1366 do Codice Civile, em sede de interpretação do contrato (*op. loc. cits.*).

[344] Neste sentido, entre outros, AMOROSO/DI CERBO/MARESCA, *Il Diritto del Lavoro*, Vol. I, 2007 cit., pág. 888; BUONCRISTIANO, "Le rinunzie e le transazioni del lavoratore", 1984 cit., pág. 594; PERA, *Le Rinunce e le Transazioni*, 1990 cit., pp. 55-56.

[345] BUONCRISTIANO, "Le rinunzie e le transazioni del lavoratore", 1984 cit., pág. 594.

[346] SCOGNAMIGLIO, *Diritto del Lavoro*, 2005 cit., pp. 214-215.

[347] Com efeito, e conforme explica VALLEBONA, "não parece admissível uma *rinunzia* ou *transazione* geral por parte do trabalhador, mediante uma referência genérica a todos os direitos emergentes da relação" extinta "porque a falta de menção de cada um deles não permite controlar seriamente o conhecimento da sua existência e a consequente vontade de deles dispor (VALLEBONA, *Istituzioni di Diritto del Lavoro*, II, 2008 cit., pág. 761).

[348] ICHINO, *Il Contrato di Lavoro*, III, 2003 cit., pág. 608. No mesmo sentido, VALLEBONA, *Istituzioni di Diritto del Lavoro*, II, 2008 cit., pág. 760.

A REVOGAÇÃO DO CONTRATO DE TRABALHO

Muito excepcionalmente, contudo, admite a jurisprudência italiana que a uma declaração formulada em termos genéricos e sem indicação precisa do objecto possa ser reconhecido valor de *rinunzia* ou *transazione*: desde que o concurso de elementos específicos resultantes da interpretação do documento[349] e de outras circunstâncias, com origem diversa[350], permitam ao juiz concluir que a declaração foi feita pelo trabalhador "com a clara consciência da existência de determinados direitos seus e com a intenção de deles abdicar ou sobre eles transigir"[351].

3.1.3. Impugnação da *risoluzione consensuale* pelo trabalhador: os regimes comuns dos vícios na formação da vontade e da fraude à lei e o regime especial do art. 2113 do *Codice Civile*

No ordenamento italiano, a tutela do trabalhador em caso de *risoluzione consensuale* assenta, por via de regra, na impugnação *a posteriori* do mútuo consenso extintivo com recurso aos mecanismos de direito comum, entre os quais avultam os vícios na formação da vontade e a fraude à lei, genericamente aplicáveis e invocáveis, sendo o caso, também pelo empregador. Com efeito, é excepcional e meramente subsidiária a protecção que nesta matéria lhe advém do ordenamento laboral – e que decorre da limitada possibilidade de se valer do disposto no art. 2113 do *Codice Civile* para se libertar do acordo extintivo por si outorgado.

O *accordo risolutivo* é, em geral, impugnável ocorrendo vício na formação da vontade (arts. 1427 e segs. do *Codice Civile*)[352], em conformidade com as "regras de direito comum"[353], as quais estabelecem ainda que a anulabilidade é invocável no prazo de cinco anos (art. 1442, § 1) e fazem recair sobre a parte que a

---

[349] Como, *v.g.*, quando as palavras ou expressões adoptadas "soem literalmente no sentido de uma manifestação abdicativa", hipótese em que, entende PERA, recairá "sobre o trabalhador o ónus de provar o contrário" (*Le Rinunce e le Transazioni*, 1990 cit., pág. 57).

[350] Como, *v.g.*, quando exista uma "evidente conexão com uma precedente disputa ou negociação quanto ao valor em dívida" ou se comprove que a declaração dispositiva foi subscrita "em conclusão de intensas negociações". Neste sentido, MAZZOTTA, *Diritto del Lavoro*, 2007 cit., pág. 850; PERA, *Compendio*, 2003 cit., pág. 296; VALLEBONA, *Istituzioni di Diritto del Lavoro, II*, 2008 cit., pág. 760 (com relevantes indicações de jurisprudência).

[351] Neste sentido, e com mais ou menos extensas indicações de jurisprudência, v. AMOROSO/DI CERBO/ /MARESCA, *Il Diritto del Lavoro*, Vol. I, 2007 cit., *pp. 887-888;* GRANDI/PERA, *Commentario Breve*, 2005 cit., pp. 518-519; ICHINO, *Il Contrato di Lavoro, III*, 2003 cit., pág. 608; MAZZONI, *Manuale di Diritto del Lavoro*, Vol. I, 1988 cit., pp. 1010-1011; PERA, *Le Rinunce e le Transazioni*, 1990 cit., pág. 56; VALLEBONA, *Istituzioni di Diritto del Lavoro, II*, 2008 cit., pág. 761.

[352] ICHINO, *Il Contrato di Lavoro, III*, 2003 cit., pp. 393 e 387 segs.; VALLEBONA, *Istituzioni di Diritto del Lavoro, II*, 2008 cit., pp. 575 e 771 segs., acrescentando os AA à hipótese referida no texto a de anulação "por incapacidade de entender ou de querer", nos termos do art. 428 do *Codice Civile*.

[353] VALLEBONA, *Istituzioni di Diritto del Lavoro, II*, 2008 cit., pp. 575 e 771 segs.

A EXTINÇÃO PACTUADA DO CONTRATO DE TRABALHO NOUTROS ORDENAMENTOS

invoca o ónus da prova dos factos que venha a alegar (art. 2697 do *Codice Civile*). E é-o também em caso de fraude à lei[354], a qual determina a respectiva nulidade, nos termos dos arts. 1344 e 1418 do *Codice Civile*[355]. A questão coloca-se especialmente, já o fomos antecipando, a propósito da disciplina limitativa do despedimento[356]. Trata-se, não obstante, de tarefa "árdua" para o trabalhador, pois "a extinção do vínculo é um resultado, em si, legítimo"[357].

Quanto à aplicabilidade, neste domínio, do mecanismo previsto e regulado no art. 2113 do *Codice Civile*, a análise efectuada[358] mostrou bem como a *risoluzione consensuale*, não integrando a zona de limitada indisponibilidade demarcada pela sua previsão, se situa, em princípio, fora do alcance da respectiva tutela[359].

Não obstante, a jurisprudência e a doutrina admitem a impugnabilidade da *risoluzione consensuale ex* art. 2113 sempre que esta seja acordada no contexto de uma composição transaccional mais ampla, que englobe outros direitos derivados de normas legais ou colectivas inderrogáveis[360]. A justificação é simples: a verificar-se tal hipótese, a cláusula relativa à cessação pactuada apresenta-se, em regra, "estreitamente conexa e interdependente com as demais", impugnáveis nos termos daquele preceito, que integram o mesmo acto[361]. E porque "no contrato de transacção tudo surge incindivelmente ligado" no plano das recíprocas concessões, a impugnação que venha a ocorrer "atinge a transacção na sua totalidade", tudo se processando como se a mesma não houvesse sido celebrada e "retornando-se ao ponto de partida"[362] – seja no plano da disposição de direitos, seja no que se refere à extinção do vínculo laboral.

---

[354] Para o art. 1344 do *Codice Civile* há fraude à lei quando "o contrato constitui o meio para iludir a aplicação de uma norma imperativa".

[355] VALLEBONA, *Istituzioni di Diritto del Lavoro, II,* 2008 cit., pp. 575 e 96 segs.

[356] GHERA, *Diritto del Lavoro*, 2008 cit., pág. 179; VALLEBONA, *Istituzioni di Diritto del Lavoro, II,* 2008 cit., pág. 575.

[357] VALLEBONA, *Istituzioni di Diritto del Lavoro*, II, 2008 cit., pág. 575.

[358] Cfr. o nº anterior.

[359] Ou, conforme sintetiza VALLEBONA, a *risoluzione consensuale* não constitui um acto de disposição impugnável *ex* art. 2113" (*Istituzioni di Diritto del Lavoro, II,* 2008 cit., pág. 575).

[360] Neste sentido, v., entre outros, AMOROSO/DI CERBO/MARESCA, *Il Diritto del Lavoro,* Vol. I, 2007 cit., pp. 882-883; GRANDI/PERA, *Commentario Breve,* 2005 cit., pág. 519; ICHINO, *Il Contrato di Lavoro*, III, 2003 cit., pp. 606 segs.; PERA, *Le Rinunce e le Transazioni*, 1990 cit., pp. 73-75; VALLEBONA, *Istituzioni di Diritto del Lavoro, II,* 2008 cit., pp. 575 e 763.

[361] AMOROSO/DI CERBO/MARESCA, *Il Diritto del Lavoro,* Vol. I, 2007 cit., pág. 883. No mesmo sentido, GRANDI/PERA, *Commentario Breve,* 2005 cit., pág. 519. Pelo mesmo motivo, referem todos estes AA, tal solução será de afastar sempre que o acordo extintivo se apresente diferenciado e autónomo face às demais cláusulas da composição ajustada.

[362] PERA, *Le Rinunce e le Transazioni*, 1990 cit., pág. 74. No mesmo sentido, ICHINO, *Il Contrato di Lavoro*, III, 2003 cit., pág. 609.

A REVOGAÇÃO DO CONTRATO DE TRABALHO

Advirta-se, em todo o caso, que esta impugnação da *risoluzione consensuale* constitui um mero efeito reflexo ou indirecto da impugnação da composição transaccional, dirigida, em primeira linha, a tutelar outros interesses do trabalhador. E se é certo que tal não obsta a que, no caso concreto, sejam a eliminação do acordo extintivo e a retoma do vínculo laboral que movem o trabalhador que lança mão de tal mecanismo, não o é menos que a opção de recorrer a tal meio para obter tal resultado não existe senão quando o acordo outorgado inclua actos dispositivos de direitos emergentes de normas inderrogáveis. São estes, e apenas estes que, mesmo sendo a composição obtida objectivamente favorável ao trabalhador, determinam a sua invalidade e justificam a sua consequente impugnabilidade.

3.2. França

3.2.1. Da *résiliation amiable* de direito comum à *rupture conventionelle* (*Loi de Modernisation du Marché du Travail*, de 25 de Junho de 2008)

Em França, e até há bem pouco tempo, o ordenamento laboral não tratava da cessação por acordo do contrato de trabalho senão de forma pontual e dispersa – o *Code du Travail* previa-a e regulava-a em relação a situações específicas[363], sem dar qualquer indicação quanto às demais[364].

---

[363] Mais exactamente, a propósito do *contrat d'apprentisage* (art. L 117-17, actual art. L 6222-18), do *contrat à durée determinée* (art. L 122-38, actual art. L 1243-1) e da *convention de reclassement personnalisé* (art. L 321-4-2, § 4, actual art. 1233-65).
Sobre este ponto, com mais desenvolvimento, v. BOSSU/DUMONT/VERKINDT, *Droit du Travail, T. 1 – Introduction. Relations Individuelles du Travail*, Montchrestien, Paris, 2007, pp. 363-364; COUTURIER, "Les ruptures d'un commun accord", *in Droit Social*, 2008, nºs 9/10, pág. 923; MAZEAUD, *Droit du Travail*, 5ª ed., Litec, Paris, 2006, pág. 443 ; *Droit du Travail*, 6ª ed., Litec, Paris, 2008, pág. 443; PÉLISSIER/SUPIOT/ /JEAMMAUD, *Droit du Travail*, 23ª ed., Dalloz, Paris, 2006, pág. 491; *Droit du Travail*, 24ª ed., Dalloz, Paris, 2008, pág. 543.
O texto do *Code du Travail* presentemente em vigor (desde 1 de Maio de 2008) resulta da recodificação operada pela *Ordonnance* de 12 de Março de 2007, a lei de ratificação de 21 de Janeiro de 2008 e o *décret* de 7 de Março de 2008, a qual alterou profundamente a sua sistematização (incluindo no respectivo texto certas matérias que dele não constavam e remetendo para a parte regulamentar certas disposições até então com valor legislativo) e determinou a renumeração dos artigos (os quais são, doravante, antecedidos da letra L, R ou D, consoante se trate de disposições legislativas, de regulamentos aprovados pelo *Conseil d'État* ou de *décrets simples*). Sobre este ponto e a viva controvérsia doutrinal que suscitou esta recodificação, v., com mais desenvolvimento, DOCKÈS, "La décodification du droit du travail", *in Droit Social*, 2007, nº 4, pp. 388 segs.; *Droit du Travail*, 4ª ed., Dalloz, Paris, 2009, pp. 54-55; PÉLISSIER/ /SUPIOT/JEAMMAUD, *Droit du Travail*, 2008 cit., pp. 77 segs.; RADÉ, "Le nouveau Code du travail et la doctrine : l'art et la manière", *in Droit Social*, 2007, nº 5. pp. 513 segs.
[364] PÉLISSIER/SUPIOT/JEAMMAUD, *Droit du Travail*, 2006 cit., pág. 491.

A EXTINÇÃO PACTUADA DO CONTRATO DE TRABALHO NOUTROS ORDENAMENTOS

Não obstante, a *résiliation amiable* do vínculo laboral era consensualmente admitida, na jurisprudência e na doutrina, enquanto manifestação do princípio da liberdade contratual das partes[365], submetida em primeira linha ao direito comum dos contratos, mas, também, a certas normas laborais imperativas[366], sobretudo em matéria de protecção contra o despedimento, as quais atravessariam o *écran* que a *rupture d'un commum accord*, doutro modo, sobre elas lançaria[367]. Com efeito, o temor de que a *résiliation amiable* resultasse na preterição da tutela que ao trabalhador era conferida pelo *droit du licenciement* esteve na origem de uma abundante e fecunda jurisprudência da *Cour de Cassation* que, de forma consistente, foi procurando articular a *résiliation amiable* com a injuntividade de tal regime e, em especial, de certas soluções que se imporiam à vontade das partes também nesta situação[368].

---

[365] PÉLISSIER/SUPIOT/JEAMMAUD, *Droit du Travail*, 2008 cit., pág. 543; no mesmo sentido, MAZEAUD, *Droit du Travail*, 2006 cit., pp. 412-413 ; PANSIER, *Droit du Travail – Relations Individuelles et Collectives*, 5ª ed, Litec, Paris, 2008, pág. 244.
Na jurisprudência, o *Arrêt CassSoc* de 2 de Dezembro de 2003 afirmou claramente que "o contrato de trabalho pode terminar por um despedimento ou uma demissão, mas também por comum acordo das partes", invocando o art. 1134 do *Code Civil* e resolvendo as dúvidas quanto à sua admissibilidade que a consagração de um regime de ordem pública de protecção contra o despedimento viera suscitar e que persistiam nalguns sectores da doutrina. Neste sentido, v. COUTURIER, "Les ruptures d'un commun accord", 2008 cit., pp. 924-926; SAVATIER, "La résiliation amiable du contrat de travail", *in Droit Social*, 1985, nºs 9/10, pág. 693; "Les limites de la faculté de résiliation amiable du contrat de travail", *in RJS* 5/02, pp. 399-400; TEYSSIÉ, "La rupture du contrat de travail à durée indéterminée hors licenciement", *in Droit Social*, 2005, nº 1, pág. 53. Diversamente, aplaudindo o progressivo "abandono da *résiliation amiable* do contrato de trabalho" na jurisprudência da *Cour de Cassation*, mediante as sucessivas restrições quanto a esta enunciadas, e prevendo a sua redução aos casos expressamente previstos no *Code du Travail*, v. RADÉ, "L'autonomie du droit du licenciement (brefs propos sur les accords de rupture amiable du contrat de travail et les transactions)", *in Droit Social*, 2000, nº 2, pp. 178 segs.
Esta admissibilidade cingia-se, contudo, aos *accords de rupture*, celebrados entre trabalhador e empregador no decurso da execução do contrato de trabalho – sendo ponto assente na jurisprudência da *Cour de Cassation* a ilicitude e consequente *nullité* das cláusulas de ruptura automática (*v.g.*, pela superveniência de determinado evento), inseridas quando da respectiva celebração, por serem contrárias ao art. L 122-14-7 (actual art. 1231-4) do *Code du Travail*, que proíbe ao trabalhador renunciar antecipadamente ao direito de se valer das regras protectoras em matéria de despedimento. V. FAVENNEC-HÉRY/VERKINDT, *Droit du Travail*, LGDJ, Paris, 2007, pp. 423-424; PÉLISSIER/SUPIOT/JEAMMAUD, *Droit du Travail*, 2006 cit., pág. 491; *Droit du Travail*, 2008 cit., pp. 543-544. Em sentido contrário, admitindo, em certas condições, a estipulação de tais cláusulas, TEYSSIÉ, "La rupture du contrat de travail à durée indéterminée hors licenciement", 2005 cit., pp. 51-52.
[366] MAZEAUD, *Droit du Travail*, 2006 cit., pág. 413 ; no mesmo sentido, DOCKÈS, *Droit du Travail*, Dalloz, Paris, 2005, pp. 328-329; PANSIER, *Droit du Travail*, 2008 cit., pág. 244.
[367] DOCKÈS, *Droit du Travail*, 2005 cit., pág. 329.
[368] Tratar-se-ia, nota DOCKÈS, de acautelar as situações em que mais seria de temer a preterição do *droit du licenciement* (*Droit du Travail*, 2008 cit., pág. 355). Para maiores desenvolvimentos sobre este ponto, v. COUTURIER, "Les ruptures d'un commun accord", 2008 cit., pp. 926-927.

A REVOGAÇÃO DO CONTRATO DE TRABALHO

De entre as várias orientações definidas nesta matéria, cabe destacar, antes de mais, a da ilicitude e consequente invalidade das *résiliations amiables* outorgadas com *salariés protegés* – categoria que, de início, coincidia com os *représentants du personnel* e os representantes sindicais[369] mas que foi sendo alargada de modo a abranger outros trabalhadores especialmente protegidos contra o despedimento ou acautelados por particulares garantias, de modo a evitar que a celebração do acordo os privasse de tal tutela[370]. Num outro plano, avultava a interdição da celebração em simultâneo da *résiliation amiable* e de uma *transaction*[371] – e a consequente afirmação de que esta, sob pena de nulidade de uma e de outra, só poderia ser outorgada subsequentemente à cessação do contrato e com o objectivo de ajustar as respectivas consequências[372]. De referir, ainda,

---

[369] A solução radica nos *arrêts Perrier*, de 21 de Junho de 1974, os quais decidiram que a "protecção excepcional e exorbitante" que a lei confere a estes trabalhadores *protégés ou exposés*, no interesse de todos (e que passa pela necessidade de uma autorização administrativa para o respectivo despedimento), implica a proibição, para o empregador, da obtenção, por outros meios, da cessação do contrato de trabalho. Sobre este ponto, com maior desenvolvimento, v. BLAISE, *"Rupture amiable et transaction : une distinction délicate en droit du travail", in Droit Social*, 1996, nº 1, pág. 34 ; BOSSU/DUMONT/VERKINDT, *Droit du Travail, T. 1,* 2007 cit., pp. 360-361; DOCKÈS, *Droit du Travail*, 2005 cit., pág. 329; FAVENNEC-HÉRY/VERKINDT, *Droit du Travail*, 2ª ed., LGDJ, Paris, 2009, pág. 512; PÉLISSIER/SUPIOT/JEAMMAUD, *Droit du Travail*, 2006 cit., pág. 493; SAVATIER, "Les limites de la faculté de résiliation amiable du contrat de travail", 2002 cit., pp. 400-401.

[370] Integram a primeira categoria referida no texto os *conseillers prud'hommaux*, mas também os trabalhadores vítimas de acidente de trabalho ou de doença profissional, durante o período de suspensão do contrato subsequente a estes (art. L 122-32-2, actual art. 1226-9), ou a trabalhadora em licença de maternidade.

Quanto à segunda, abrange principalmente os trabalhadores *inaptes, i.e.,* medicamente declarados incapacitados, por motivo profissional ou não profissional, para desempenhar o seu trabalho (arts. L 122-24-4 e L 122-35-5, actuais arts. L 1226-2 a L 1226-4 e L 1226-10 a L 1226-12). Nestes casos, a proibição de *résiliation conventionelle* não decorre, como nos anteriores, da proibição de despedimento que recai sobre o empregador (já que a própria lei prevê o despedimento do trabalhador inapto, sendo impossível o seu *reclassement*), antes visa impedir o empregador de se esquivar à sua obrigação de *reclassement* ou ao pagamento das indemnizações devidas na sequência de um *licenciement pour inaptitude* (ou dos salários, não havendo despedimento no prazo de um mês).

Sobre toda esta matéria, com maior desenvolvimento, v. BOSSU/DUMONT/VERKINDT, *Droit du Travail, T. 1,* 2007 cit., pp. 360 segs ; FAVENNEC-HÉRY/VERKINDT, *Droit du Travail*, 2009 cit., pág. 512; PÉLISSIER/SUPIOT/JEAMMAUD, *Droit du Travail*, 2006 cit., pp. 491 segs.; SAVATIER, "Les limites de la faculté de résiliation amiable du contrat de travail", 2002 cit., pp. 401-402.

[371] PÉLISSIER/SUPIOT/JEAMMAUD, *Droit du Travail*, 2008 cit., pág. 544.

[372] A inadmissibilidade dos *accords transactionels de rupture, i.e.,* dos *accords de rupture* que sejam ao mesmo tempo *transactions*, assenta numa dupla constatação: de que o trabalhador que transige renuncia antecipadamente a prevalecer-se do *droit du licenciement*, e de que a eventual *mélange de genres* (DOCKÈS) potenciada pela sua simultaneidade aumenta o correspondente risco para o trabalhador. Daí que esta orientação da *CassSoc* se concretize num consistente esforço de demarcação recíproca das figuras da *résiliation conventionelle* e da *transaction*, actos jurídicos bem diversos quanto à sua natureza e função, e, bem assim, de delimitação do respectivo âmbito de intervenção neste domínio, segundo um "critério

A EXTINÇÃO PACTUADA DO CONTRATO DE TRABALHO NOUTROS ORDENAMENTOS

a inadmissibilidade da celebração de uma *rupture amiable* sempre que exista um litígio entre as partes – a menos que a correspondente iniciativa pertença ao trabalhador[373].

Por seu turno, e movida pela mesma ordem de preocupações, a lei submetia expressamente os *accords de rupture par motif économique* ao correspondente procedimento de despedimento e, mais genericamente, às disposições dos antigos arts. L 321-1 e segs. (actuais arts. L 1233-3 e segs.)[374].

---

cronológico" (CHAZAL). Quanto ao primeiro ponto, refira-se o *arrêt Purier*, de 29 de Maio de 1996, que, se começou por reconhecer genericamente os direitos das partes a pôr fim por mútuo consentimento ao contrato de trabalho e, bem assim, a organizar "as condições de cessação das suas relações de trabalho", logo afirmou que aí se deteria a respectiva autonomia negocial, pois só a "transacção consecutiva à ruptura do contrato de trabalho" poderia ter "por objecto pôr fim, através de concessões recíprocas, a qualquer contestação, nascida ou a nascer, resultante de tal ruptura". Quanto ao segundo ponto, a mesma jurisprudência tem insistido na necessidade de a *transaction* ser outorgada unicamente após a *rupture d'un commun accord*, e num acto separado, e não versar senão as consequências da mesma (como *v.g.* o pagamento de uma compensação ao trabalhador que, não sendo legalmente devida, surgirá como uma *concéssion* do empregador), nunca os respectivos termos. Sobre este ponto, que nos propomos retomar já no número seguinte, v. BOSSU/DUMONT/VERKINDT, *Droit du Travail, T. 1*, 2007 cit., pág. 360; CHAZAL, "Cass Soc. 29 Mai 1996 (Purier) – Note", *in Recueil Dalloz*, 1997, pp. 50 segs.; COUTURIER, "Les ruptures d'un commun accord", 2008 cit., pág. 927; DOCKÈS, *Droit du Travail*, 2005 cit., pp. 329 e 348; FAVENNEC-HÉRY/VERKINDT, *Droit du Travail*, 2007 cit., pág. 425; MAZEAUD, *Droit du Travail*, 2006 cit., pág. 414; PÉLISSIER/SUPIOT/JEAMMAUD, *Droit du Travail*, 2006 cit., pág. 492; SAVATIER, "Résiliation amiable du contrat de travail et transaction", *in Droit Social*, 1996, n.ºs 7/8, pág. 687; VERDIER/COEURET/SOURIAC, *Droit du Travail*, 14ª ed., Dalloz, Paris, 2007, pág. 204.

[373] Esta restrição – afirmada pela *CassSoc*, no seu *Arrêt Nayach*, de 26 de Outubro de 1999 – pretende assegurar que a *rupture d'un commum accord* não seja utilizada para iludir o *droit du licenciement*, consistindo o seu sentido essencial em admitir a sua celebração unicamente num contexto em que esse despedimento pareça estar excluído – seja por a iniciativa da ruptura pactuada pertencer ao trabalhador, apesar da efectiva ocorrência de um diferendo (*CassSoc, Arrêt Gomez*, de 21 de Janeiro de 2003, que atenuou consideravelmente a rigidez da decisão de 1999), seja por inexistir qualquer litígio entre as partes, sendo a "ruptura verdadeiramente amigável" (DOCKÈS). Sobre este ponto, mais detalhadamente, v. COUTURIER, "Les ruptures d'un commun accord", 2008 cit., pág. 927; DOCKÈS, *Droit du Travail*, 2005 cit., pág. 329; FAVENNEC-HÉRY/VERKINDT, *Droit du Travail*, 2007 cit., pág. 425; PÉLISSIER/SUPIOT/JEAMMAUD, *Droit du Travail*, 2006 cit., pág. 492; *Droit du Travail*, 2008 cit., pág. 544.

[374] Esta solução, consagrada pela *Loi* n.º 92-722, de 29 de Julho de 1992, teve origem jurisprudencial. E aplica-se sempre que o *départ à l'amiable* da empresa seja motivado por uma das causas enunciadas no art. L 321-1, al. 2, do *Code du Travail*. Porque se cinge às regras do procedimento de despedimento *par motif économique* – *maxime* à informação e consulta dos *réprésentants du personnel*, à *priorité de réembauchage*, ao *plan de sauvegarde de l'emploi* e, para alguns, também à *ordre des licenciements* – tem-se entendido que a solução legal não dá lugar a uma notificação de despedimento (com indicação da correspondente motivação), nem confere ao trabalhador o direito às *indemnités* legais ou convencionais *de rupture* (contra, BOSSU/DUMONT/VERKINDT). Sobre este ponto, mais desenvolvidamente, v. BLAISE, "Rupture amiable et transaction: une distinction délicate en droit du travail", 1996 cit., pág. 34; BOSSU/DUMONT/VERKINDT, *Droit du Travail, T. 1*, 2007 cit., pp. 362-363; COUTURIER, "Les ruptures d'un commun accord", 2008 cit., pp. 926-927; DOCKÈS, *Droit du Travail*, 2005 cit., pág. 329; FAVENNEC-HÉRY/VERKINDT, *Droit du Travail*,

A REVOGAÇÃO DO CONTRATO DE TRABALHO

Num outro plano, jurisprudência e doutrina, se aceitavam que a definição das condições da *résiliation amiable* relevaria, em primeira linha e dentro do estrito enquadramento descrito, do acordo das partes, não deixavam de conferir especial ênfase à necessidade de garantir a "liberdade real de aceitação do trabalhador"[375], sob pena de aquela ser impugnável, nos termos gerais, com fundamento em vícios na formação da vontade[376].

Mais recentemente, a *Loi de Modernisation du Marché de Travail*[377], de 25 de Junho de 2008, inseriu no *Code du Travail* uma nova secção, formada pelos arts. L 1237-11 a 1237-16, os quais regulam a *rupture conventionelle du contrat de travail*[378].

2007 cit., pp. 424-425; PÉLISSIER/SUPIOT/JEAMMAUD, *Droit du Travail*, 2006 cit., pp. 491-492; TEYSSIÉ, "La rupture du contrat de travail à durée indéterminée hors licenciement", 2005 cit., pág. 53. Segundo a jurisprudência recente da *Cour de Cassation*, a mesma solução vale para os *départs négociés*, inseridos em procedimentos de *licenciement économique*, em que as modalidades da cessação – *maxime* a oferta por parte do empregador de uma determinada compensação aos trabalhadores que aceitem fazer cessar o seu contrato de trabalho – estão definidas num *accord cadre* ou *collectif* (assim designado, não porque resulte de negociação colectiva, mas por se dirigir a uma colectividade de trabalhadores, cabendo a cada um decidir se aceita, ou não), submetido ao *comité d'enterprise*. Sobre *este ponto, v., entre outros,* BOSSU/DUMONT/VERKINDT, *Droit du Travail, T. 1,* 2007 cit., pág. 362; COUTURIER, "Les ruptures d'un commun accord", 2008 cit., pág. 924; FAVENNEC-HÉRY/VERKINDT, *Droit du Travail*, 2007 cit., pp 424-425; *Droit du Travail*, 2009 cit., pp. 512 e 514; MAZEAUD, *Droit du Travail*, 2006 cit., pág. 413; PÉLISSIER/SUPIOT/JEAMMAUD, *Droit du Travail*, 2006 cit., pág. 495; TEYSSIÉ, "La rupture du contrat de travail à durée indéterminée hors licenciement", 2005, cit., pág. 52. Sobre a evolução da jurisprudência da *Cour de Cassation* quanto a este ponto, v., por todos, SAVATIER, "La résiliation amiable du contrat de travail", 1985 cit., pp. 694-696.

[375] VERDIER/COEURET/SOURIAC, *Droit du Travail*, 2007 cit., pág. 204.

[376] BOSSU/DUMONT/VERKINDT, *Droit du Travail, T. 1,* 2007 cit., pág. 360; DOCKÈS, *Droit du Travail*, 2005 cit., pág. 328; MAZEAUD, *Droit du Travail*, 2006 cit., pág. 413; TEYSSIÉ, "La rupture du contrat de travail à durée indéterminée hors licenciement", 2005 cit., pág. 53; VERDIER/COEURET/SOURIAC, *Droit du Travail*, 2007 cit., pág. 204.

[377] Sobre a *Loi sur la Modernisation du Marché du Travail*, que teve como base o *Accord National Interprofesionnel (ANI)* de 11 de Janeiro de 2008, obtido na sequência do processo de concertação prévia introduzido pela Lei de 31 de Janeiro de 2007, v. DOCKÈS, "Un accord donnant, donnant, donnant, donnant ...", *in Droit Social*, 2008, nº 3, pp 280 segs.; *Droit du Travail*, 2009 cit., pp. 69-71; FAVENNEC--HÉRY, "Un nouveau droit de la rupture du contrat de travail", *in Droit Social*, 2008, nº 6, pp. 660 segs.; PÉLISSIER/SUPIOT/JEAMMAUD, *Droit du Travail*, 2008 cit., pp. 75 e 546.

[378] O art. 5 da *Loi sur la Modernisation du Marché du Travail* – que inseriu no *Code du Travail* a secção relativa à *rupture conventionnelle* referida no texto – teve a sua origem no art. 12 do *ANI*, com o mesmo objecto. Era, com efeito, este art. 12 que definia os traços essenciais da disciplina da *rupture conventionnelle*, tal como ela veio a ser legalmente consagrada: por um lado o seu "formalismo" (PÉLISSIER/SUPIOT/ /JEAMMAUD), traduzido na realização de entrevistas prévias, na concessão de um *droit de rétractation* e da necessidade de homologação pela autoridade administrativa, por outro, os novos direitos atribuídos ao trabalhador, a saber, indemnização *de rupture*, dotada de um regime fiscal e de segurança social muito favorável, e direito a prestações de desemprego. O mesmo preceito explicitava os objectivos visados pelos signatários do referido *ANI*: ter-se-ia pretendido *"sécuriser* as condições nas quais o empregador e o trabalhador podem acordar as condições da ruptura do contrato de trabalho que os liga", sem, contudo "pôr em causa as modalidade de ruptura do *contrat à durée indeterminée*, nem afectar os proce-

A EXTINÇÃO PACTUADA DO CONTRATO DE TRABALHO NOUTROS ORDENAMENTOS

Esta nova figura radica, como a *résiliation amiable* de direito comum, na liberdade contratual das partes, mas o seu exercício e efeitos estão submetidos a uma específica disciplina laboral, que importa analisar nos seus pontos essenciais.

É, antes de mais, muito vasto o seu âmbito de aplicação, limitando-se o art. 1237-16 do *Code du Travail* a excluir dele duas situações de cessação pactuada do contrato de trabalho: as outorgadas no contexto de *"accords collectifs de géstion prévisionelle des emplois et des compétences*, nas condições definidas pelo art. L 2242-15"[379] e as resultantes dos *plans de sauvegarde de l'emploi*, nos termos do art. L 1233-61[380].

Em todo o caso, os primeiros comentadores têm convergido em considerar que, por força do art. L 1237-11, que proclama que a *rupture conventionelle* exclui o despedimento, se queda fora do âmbito daquela e do respectivo regime qualquer acordo entre as partes celebrado no contexto de um procedimento de despedimento por motivo económico: havendo um despedimento, tal acordo não opera a ruptura do contrato, consistindo num simples ajustar das respectivas consequências[381]. É o que sucede quando haja aceitação pelo trabalhador da *convention de reclassement personnalisé*: apesar de a própria lei considerar o contrato extinto de comum acordo (art. L 1233-67, al. 1), tal hipótese "não releva do *droit des ruptures conventionelles*"[382]. Já os *accords de rupture* concluídos à margem de

---

dimentos de despedimento colectivo por causa económica levados a cabo pela empresa". Sobre este ponto, com mais desenvolvimento, v. COUTURIER, "Les ruptures d'un commun accord", 2008 cit., pág. 924; DOCKÈS, *Droit du Travail*, 2009 cit., pág. 377; FAVENNEC-HÉRY, "La rupture conventionnelle du contrat de travail, mesure phare de l'accord", *in Droit Social*, 2008, nº 3; pp. 311 segs; "Le nouveau droit de la rupture du contrat de travail", 2008 cit., pág. 663; FAVENNEC-HÉRY/VERKINDT, *Droit du Travail*, 2009 cit., pág. 513; MAZEAUD, *Droit du Travail*, 2008 cit., pp. 442-443; PÉLISSIER/SUPIOT/JEAMMAUD, *Droit du Travail*, 2008 cit., pág. 546; VERDIER/COEURET/SOURIAC, *Droit du Travail – Vol. 2 – Rapports Individuels*, 15ª ed., Dalloz, Paris, 2009, pág. 243.

[379] Esta primeira exclusão justifica-se por se tratar de uma ruptura de comum acordo "que releva de outras regras, que lhe são próprias" (VERDIER/COEURET/SOURIAC) e que abrange "trabalhadores que deixam empregos ameaçados para aceder a empregos reconhecidos como estáveis", recebendo "indemnizações submetidas a um regime favorável" (COUTURIER). Sobre os *départs volontaires* organizados no quadro de um acordo de *géstion prévisionelle des emplois et des compétences (GPEC)*, v. COUTURIER, "Les ruptures d'un commun accord", 2008 cit., pág. 929; DOCKÈS, *Droit du Travail*, 2009 cit., pp. 404 segs.; VERDIER/COEURET/SOURIAC, *Droit du Travail – Vol. 2*, 2009 cit., pp. 244 e 292 segs.

[380] Sobre o *plan de sauvegarde de l'emploi*, destinado a evitar ou, pelo menos, a reduzir o número de despedimentos a efectuar, cuja elaboração e aplicação é legalmente imposta ao empregador, desde que a empresa tenha mais de cinquenta trabalhadores e o despedimento por motivo económico vise, pelo menos, dez trabalhadores, no prazo de trinta dias v. COUTURIER, "Les ruptures d'un commun accord", 2008 cit., pág. 929; DOCKÈS, *Droit du Travail*, 2009 cit., pp. 409 segs.; MAZEAUD, *Droit du Travail*, 2008 cit., pp. 526 segs.; PÉLISSIER/SUPIOT/JEAMMAUD, *Droit du Travail*, 2008 cit., pp. 631 segs.

[381] PÉLISSIER/SUPIOT/JEAMMAUD, *Droit du Travail*, 2008 cit., pág. 547.

[382] DOCKÈS, *Droit du Travail*, 2009 cit., pág. 356; FAVENNEC-HÉRY/VERKINDT, *Droit du Travail*, 2009 cit., pp. 515-516; PÉLISSIER/SUPIOT/JEAMMAUD, *Droit du Travail*, 2008 cit., pág. 547.

A REVOGAÇÃO DO CONTRATO DE TRABALHO

qualquer procedimento de despedimento podem constituir *ruptures conventionnelles*, ainda que celebrados por um motivo económico: porque a situação não é contemplada no art. 1237-16, mas, sobretudo, porque a nova redacção do art. L 1233-3 do *Code du Travail* permite concluir *a contrario* nesse sentido[383].

No que se refere especialmente aos demais casos em que, perante o direito anterior, a jurisprudência excluía a *résiliation amiable* do contrato de trabalho, a nova disciplina admite expressamente a *rupture conventionelle* outorgada com certos *salariés protégés* – a saber, *représentants du personnel* e sindicais, *conseillers* do trabalhador e *conseillers prud'hommes*[384] – submetendo-a, contudo, a regras próprias[385]. Quanto aos demais trabalhadores especialmente tutelados contra o despedimento, e na ausência de uma disposição paralela, prevê a doutrina que venha a manter-se a orientação restritiva formulada pela jurisprudência[386].

---

[383] O art. 1233-3 a que alude o texto prescreve que as disposições relativas aos despedimentos *pour motif économique* são aplicáveis a qualquer ruptura do contrato de trabalho, "com excepção da *rupture conventionelle* visada nos arts. L 1237-11 e seguintes". Ao exceptuar expressamente esta última hipótese, a norma transcrita está, afinal, a admitir a possibilidade de *résiliations conventionnelles* nos termos dos arts. 1237-11 e segs, por motivos económicos.

Assim o entendem PÉLISSIER/SUPIOT/JEAMMAUD, *Droit du Travail*, 2008 cit., pp. 547-548, que não deixam de alertar para as significativas consequências de uma tal solução : o trabalhador que aceite uma ruptura do contrato de trabalho por motivos não relativos à sua pessoa, resultante de uma supressão ou modificação do emprego consecutiva, designadamente, a dificuldades económicas ou modificações tecnológicas "será privado das garantias previstas em caso de despedimento económico (obrigação de *reclassement*, prioridade na readmissão, *plan de sauvegarde de l'emploi*)". O que vale por dizer que a *rupture conventionelle* surge como "um meio oferecido aos empregadores para iludir as regras dos despedimentos por motivo económico": em vez de desencadear o correspondente procedimento, estes serão tentados "a propor a vários trabalhadores concluir uma *rupture conventionelle*, propondo a cada um uma *indemnité de rupture* de montante suficientemente elevado", sendo certo que, em caso de aceitação, o objectivo por este pretendido é alcançado à margem daquelas. E, sobretudo, de apontar a divergência desta solução face aos objectivos definidos no referido *ANI*: tendo em conta a vontade afirmada pelos parceiros sociais de não atingir os procedimentos de despedimento colectivo, "seria paradoxal que os juízes validassem rupturas que têm como principal objectivo contornar" a correspondente disciplina. No mesmo sentido, considerando ser explícita (COUTURIER) em face do novo quadro normativo a inaplicabilidade das regras relativas ao *licenciement économique* às *ruptures conventionnelles* ditadas por um motivo económico, v. COUTURIER, "Les ruptures d'un commun accord", 2008 cit., pp. 929-930; DOCKÈS, *Droit du Travail*, 2009 cit., pp. 357-358; FAVENNEC-HÉRY, "Un nouveau droit de la rupture du contrat de travail", 2008 cit., pág. 664; FAVENNEC-HÉRY/VERKINDT, *Droit du Travail*, 2009 cit., pág. 515; RADÉ, "Retour sur une espèce en voie de disparition : la rupture amiable du contrat de travail", *in Droit Social*, 2009, nº 5, pág. 559; VERDIER/COEURET/SOURIAC, *Droit du Travail - Vol. 2*, 2009 cit., pág. 244.

[384] Contemplados, respectivamente, nos arts. L 2411-1 e 2411-2, para os quais remete o art. 1237-15 referido no texto.

[385] Em particular, à autorização do inspector do trabalho, nas condições legalmente definidas para o respectivo despedimento. Sobre este ponto, com mais desenvolvimento, v. COUTURIER, "Les ruptures d'un commun accord", 2008 cit., pág. 932; MAZEAUD, *Droit du Travail*, 2008 cit., pp. 443-444 ; PÉLISSIER/SUPIOT/JEAMMAUD, *Droit du Travail*, 2008 cit., pág. 548; VERDIER/COEURET/SOURIAC, *Droit du Travail - Vol. 2*, 2009 cit., pág. 243.

[386] Neste sentido, PÉLISSIER/SUPIOT/JEAMMAUD, *Droit du Travail*, 2008 cit., pág. 548.

A EXTINÇÃO PACTUADA DO CONTRATO DE TRABALHO NOUTROS ORDENAMENTOS

A mesma solução tem sido aventada para a hipótese de conclusão de *rupture conventionelle* existindo um litígio entre trabalhador e empregador, por se mostrarem "igualmente pertinentes", para esta, "os motivos que levaram os magistrados da *Cour de Cassation* a adoptar tal posição" perante a *rupture d'un commum accord*[387].

A *rupture conventionelle* do contrato de trabalho assenta num documento escrito e assinado por ambas as partes – a *convention* ou *acte de rupture* – a qual define as várias condições acordadas[388], devendo obrigatoriamente fixar o montante da *indemnité spécifique de rupture conventionelle*, sempre que este seja superior ao mínimo legalmente fixado, e, bem assim, a data em que ocorre a ruptura do contrato de trabalho (a qual não pode ser anterior ao dia seguinte à homologação respectiva) – é o que resulta dos arts. L 1237-11 e L 1237-13, als. 1 e 2. Quanto aos demais aspectos, a regra é a da liberdade das partes "na organização da ruptura" do contrato[389].

Depois, a sua celebração, longe de se esgotar num só acto, antes constitui o desfecho de um *iter* que engloba três fases, todas elas preordenadas a "garantir a liberdade do consentimento das partes" (art. L 1237-11, al. 3) e, nesse sentido, a *sécuriser* o acordo obtido, prevenindo, tanto quanto possível, futuras contestações[390] – a entrevista prévia, o direito de retratação e a homologação administrativa.

No que se refere à primeira fase, a qual, especifica a própria lei, pode envolver mais que uma entrevista, a doutrina tem sublinhado o paralelismo com o procedimento de despedimento individual que a sua consagração nesta sede

---

[387] PÉLISSIER/SUPIOT/JEAMMAUD, *Droit du Travail*, 2008 cit., pág. 549. No mesmo sentido, considerando ser esta transposição, mais que possível, "desejável", DOCKÈS, *Droit du Travail*, 2009 cit., pág. 358; VERDIER/COEURET/SOURIAC, *Droit du Travail – Vol. 2*, 2009 cit., pág. 243.

[388] E apenas estas, não implicando a *rupture conventionelle*, enquanto expressão do *contrarius consensus* das partes, a indicação de um motivo, a submeter à subsequente apreciação do juiz. Neste sentido, FAVENNEC-HÉRY, "Un nouveau droit de la rupture du contrat de travail", 2008 cit., pág. 666.

[389] E apenas desta – não das suas consequências pecuniárias, matéria reservada à *transaction*, a outorgar em acto separado e necessariamente posterior – muito embora FAVENNEC-HÉRY questione o acerto da manutenção de uma tal opção, só recentemente enraizada na jurisprudência, e preveja uma desejável reabertura do debate sobre a eventual fusão, num mesmo acto, da *rupture conventionelle* e da *transaction* ("Un nouveau droit de la rupture du contrat de travail", 2008 cit., pp. 664 e 668).

Quanto às condições de organização da *rupture*, a A refere como exemplo, entre outras, a eventual dispensa de prestação de actividade pelo trabalhador durante os períodos de reflexão e de homologação administrativa (*op. cit.*, pág. 664). Sobre este ponto, v., ainda, COUTURIER, "Les ruptures d'un commun accord", 2008 cit., pág. 925.

[390] Sobre este ponto, v. FAVENNEC-HÉRY, "La rupture conventionnelle du contrat de travail", 2008 cit., pág. 314; PÉLISSIER/SUPIOT/JEAMMAUD, *Droit du Travail*, 2008 cit., pág. 549; PRÉTOT, "L'homologation de la rupture conventionnelle par l'autorité administrative", *in Droit Social*, 2008, nº 3, pág. 317; VERDIER/COEURET/SOURIAC, *Droit du Travail – Vol. 2*, 2009 cit., pág. 243.

A REVOGAÇÃO DO CONTRATO DE TRABALHO

envolve[391]. O trabalhador pode sempre fazer-se assistir durante tais entrevistas, mais exactamente, nas discussões e negociações que nelas ocorrem, gozando o empregador de igual possibilidade se e quando o trabalhador decida valer--se de tal faculdade (art. L 1237-12)[392]. Do que se trata é, em primeira linha, de assegurar um adequado esclarecimento do trabalhador[393].

Outorgada a *convention de rupture*, qualquer das partes dispõe de um prazo de quinze dias para reflectir e reponderar a sua decisão de extinguir o contrato de trabalho, nos termos ajustados e, sendo o caso, exercer o seu *droit de rétractation*, mediante uma carta, enviada sob qualquer forma que permita comprovar a data da sua recepção pela contraparte (art. L 1237-13, al. 3). Durante todo este prazo – mais exactamente, até que ocorra a respectiva homologação –, a *convention de rupture* não produz qualquer efeito[394].

Com efeito, e conforme resulta dos arts. L 1237-13, al. 2, *in fine* e L 1237-14, a eficácia da *convention de rupture* e, para alguns, a própria validade da cessação acordada[395], estão dependentes da sua homologação – a qual visa controlar o respeito das condições legais, garantia da liberdade do consentimento das partes[396]

---

[391] Neste sentido, COUTURIER, "Les ruptures d'un commun accord", 2008 cit., pág. 930; DOCKÈS, "Un accord donnant, donnant, donnant, donnant", 2008 cit., pág. 283; *Droit du Travail*, 2009 cit., pág. 357; FAVENNEC-HÉRY, "Un nouveau droit de la rupture du contrat de travail", 2008 cit., pág. 663; MAZEAUD, *Droit du Travail*, 2008 cit., pág. 444; PÉLISSIER/SUPIOT/JEAMMAUD, *Droit du Travail*, 2008 cit., pág. 549. O paralelismo referido no texto exprime a opção do *ANI* de submeter a *rupture conventionnelle* a algumas das regras que integram o regime do despedimento. Bem patente no respectivo clausulado – a propósito da obrigação de informação do trabalhador, de certas exigências relativas à formalização do acordo e da eventual *rétractation* e dos efeitos da *rupture conventionnelle*, adiante referidos –, tal similitude veio a ser, contudo, atenuada na *Loi* de 25 de Junho de 2008, que alterou o *Code du Travail*. Sobre este ponto, v. FAVENNEC-HÉRY, "Un nouveau droit de la rupture du contrat de travail", 2008 cit., pág. 664.

[392] As als. 1 e 3 definem critérios para a designação dos sujeitos que, no caso, poderão assistir, seja o trabalhador, seja o empregador. Sobre este ponto, frisando que em face do texto legal, nem um, nem outro "se podem fazer assistir por um advogado", PÉLISSIER/SUPIOT/JEAMMAUD, *Droit du Travail*, 2008 cit., pág. 549.

[393] Com o mesmo propósito, o *ANI* previa ainda que, no decurso de tal entrevista, fosse prestada ao trabalhador "informação sobre a continuação do seu percurso profissional". Esta solução, que constituiria mais uma aproximação procedimental da *rupture conventionnelle* ao regime do despedimento, não transitou, contudo, para o texto legal. Sobre este ponto, FAVENNEC-HÉRY, "La rupture conventionnelle du contrat de travail", 2008 cit., pág. 312; "Le nouveau droit de la rupture du contrat de travail", 2008 cit., pág. 663; PRÉTOT, "L'homologation de la rupture conventionnelle par l'autorité administrative", 2008 cit., pp. 316 e 320.

[394] A este propósito, referem PÉLISSIER/SUPIOT/JEAMMAUD, que uma vez assinada a *convention de rupture*, esta "não vincula ainda as partes", *Droit du Travail*, 2008 cit., pág. 551.

[395] FAVENNEC-HÉRY, "Un nouveau droit de la rupture du contrat de travail", 2008 cit., pág. 667.

[396] E, muito embora a lei não o refira expressamente, é de prever que a autoridade administrativa proceda a outras verificações, *v.g.* quanto à existência, ou não, de um prévio litígio entre as partes. Neste sentido, PÉLISSIER/SUPIOT/JEAMMAUD, *Droit du Travail*, 2008 cit., pág. 550. No sentido de este controlo ser reduzido e tendencialmente formal, FAVENNEC-HÉRY, "Un nouveau droit de la rupture du

A EXTINÇÃO PACTUADA DO CONTRATO DE TRABALHO NOUTROS ORDENAMENTOS

e, por tal modo, a assegurar a pretendida "segurança jurídica"[397]. Para tanto, uma vez esgotado o referido prazo quinzenal sem ter havido qualquer retratação[398], deverá a "parte mais diligente" requerê-la junto da autoridade administrativa competente – o *directeur départemental du travail et de l'emploi*[399]. Este dispõe de um prazo de "quinze dias úteis"[400] contados da recepção do pedido, findo o qual e na falta de qualquer notificação às partes da homologação ou da sua recusa[401], se considera ter sido esta concedida[402] (art. L 1237-14, als. 1 e 2).

No que se refere aos seus efeitos, a *rupture conventionnelle*, para além de extinguir o contrato de trabalho na data fixada pelas partes, confere sempre ao trabalhador o direito a uma indemnização[403], cujo montante não pode ser inferior ao da indemnização legal de despedimento[404] e que beneficia de um regime fiscal e de cotização para a segurança social muito favorável para qualquer das partes[405]. Não menos significativamente, o trabalhador cujo contrato cesse por tal modo, tem ainda direito a prestações de desemprego, "se não encontrar

contrat de travail", 2008 cit., pág. 667. Em termos muito críticos desta homologação que, tal como está conformada, se perfila como "mera constatação formal da existência do acto" extintivo, "mais próxima de um depósito ou de um registo", DOCKÈS, "Un accord donnant, donnant, donnant, donnant", 2008 cit., pp. 284-285.

[397] PRÉTOT, "L'homologation de la rupture conventionnelle", 2008 cit., pág. 317

[398] PÉLISSIER/SUPIOT/JEAMMAUD, *Droit du Travail*, 2008 cit., pp. 549-550.

[399] E não da inspecção do trabalho, opção que está longe de ser "neutra". Sobre este ponto, com mais desenvolvimento, v. por todos PRÉTOT, "L'homologation de la rupture conventionnelle", 2008 cit., pp. 317-318.

[400] O *ANI* previa para esta hipótese, e em paralelo com o estabelecido em matéria de retratação pelas partes, um prazo de quinze dias *"calendriers"*, que no art. 1237-14, al. 2, do *Code du Travail* surgem como *"ouvrables"*, num efectivo, se bem que curto, prolongamento do mesmo. V. COUTURIER, "Les ruptures d'un commun accord", 2008 cit., pág. 931; FAVENNEC-HÉRY, "La rupture conventionnelle du contrat de travail", 2008 cit., pág. 315; PRÉTOT, "L'homologation de la rupture conventionnelle, 2008 cit., pág. 317.

[401] No que se refere às consequências de eventual recusa de homologação, e no silêncio da lei, a doutrina tende a considerar "que a *convention de rupture* produzirá os efeitos de uma *rupture de commum accord*" tal como definidos pela jurisprudência em face do quadro normativo anterior à consagração desta "forma particular" de cessação pactuada. Neste sentido, PÉLISSIER/SUPIOT/JEAMMAUD, *Droit du Travail*, 2008 cit., pág. 550. v., ainda, DOCKÈS, *Droit du Travail*, 2009 cit., pág. 357.

[402] São várias as questões que suscita esta homologação tácita, v., sobre este ponto, PRÉTOT, "L'homologation de la rupture conventionnelle", 2008 cit., pp. 318-319.

[403] Sobre esta específica indemnização, v. PÉLISSIER/SUPIOT/JEAMMAUD, *Droit du Travail*, 2008 cit., pág. 551.

[404] Nesse sentido, o art. L 1237-13, al. 1, remete expressamente para o art. L 1234-9. E muito embora este preceito limite a atribuição da indemnização nele prevista aos trabalhadores que não tenham cometido falta grave ou que tenham pelo menos dois anos de antiguidade na empresa, entendem PÉLISSIER/SUPIOT/JEAMMAUD que tais condições "não parecem aplicáveis à indemnização específica", que o art. 1237-13 afirma ser devida em qualquer hipótese de *rupture conventionelle* (*Droit du Travail*, 2008 cit., pág. 551).

[405] Sobre este ponto, com mais desenvolvimento, PÉLISSIER/SUPIOT/JEAMMAUD, *Droit du Travail*, 2008 cit., pág. 551.

emprego após tal ruptura". A concorrência de todas estas opções, na medida em que garante "a igualdade de tratamento com as outras formas de ruptura do contrato de trabalho"[406], tem sido unanimemente apontada como um forte incentivo à conclusão da *convention de rupture*[407].

O ponto porventura mais controverso de toda a disciplina da *rupture conventionelle* do contrato de trabalho prende-se com a sua impugnação. Prescreve o art. 1237-14, na sua al. 4, que qualquer litígio relativo "à *convention*, à homologação ou à recusa de homologação" é "da competência do *conseil des prud'hommes*, com exclusão de qualquer outro recurso contencioso ou administrativo" e que o correspondente recurso deverá ser interposto no "prazo de doze meses a contar da data de homologação da *convention*"[408]. Justificada pela conveniência de submeter a uma única instância "a totalidade do contencioso"[409] relativo *à rupture conventionelle*, esta opção legal por um "*bloc de compétence* a favor do juiz do contrato"[410] tem suscitado algumas reservas na doutrina, que oscila entre qualificá-la como "ousada"[411] e "anómala[412], mas, sobretudo, exprime alguma apreensão quanto aos seus resultados[413].

Por último, refira-se que no tocante à articulação respectiva, a doutrina hesita entre considerar que o novo regime laboral da cessação pactuada do contrato de trabalho se perfila como especial face ao regime comum da *rési-*

---

[406] FAVENNEC-HÉRY, "La rupture conventionnelle du contrat de travail", 2008 cit., pág. 314.

[407] FAVENNEC-HÉRY, "La rupture conventionnelle du contrat de travail", 2008 cit., pág. 314 ; PÉLISSIER/ /SUPIOT/JEAMMAUD, *Droit du Travail*, 2008 cit., pág. 551; VERDIER/COEURET/SOURIAC, *Droit du Travail – Vol. 2*, 2009 cit., pág. 243.

Com efeito, e conforme sublinha FAVENNEC-HÉRY, uma das causas, porventura a principal, do relativo insucesso da cessação do contrato de trabalho por acordo das partes no direito anterior residia na ausência de um regime fiscal e de segurança social próprio, estando as eventuais *indemnités de rupture* ajustadas sujeitas a tributação e a descontos nos termos gerais e não tendo o trabalhador direito a prestações de desemprego. Perante este quadro normativo "dissuasor" do recurso à *résiliation amiable*, eram frequentes as "montagens (despedimento seguido de *transaction*) com o único fim de permitir o acesso às prestações *d'assurance-chômâge*", pactuadas entre trabalhador e empregador ("La rupture conventionnelle du contrat de travail", 2008 cit., pág. 314). Sobre este último ponto, detalhando a cumplicidade de trabalhadores e empregadores na simulação de um despedimento para tal efeito, v. ainda DOCKÈS, "Un accord donnant, donnant, donnant, donnant", 2008 cit., pág. 283; CHASSARD/KERBOURC'H, "Négotiation sur la moder-nisation du marché du travail : ne pas se tromper d'époque", *in Droit Social,* 2007, nº 11, pp. 1099-1100; SAVATIER, "Résiliation amiable du contrat de travail et transaction", 1996 cit., pág. 688.

[408] Sobre este prazo, sublinhando a sua brevidade, garantia de "segurança jurídica" e solução de grande interesse para os empregadores, v. VERDIER/COEURET/SOURIAC, *Droit du Travail – Vol. 2*, 2009 cit., pág. 246.

[409] DOCKÈS, *Droit du Travail*, 2009 cit., pp 357-358; PÉLISSIER/SUPIOT/JEAMMAUD, *Droit du Travail*, 2008 cit., pág. 550; VERDIER/COEURET/SOURIAC, *Droit du Travail – Vol. 2*, 2009 cit., pp. 245-246.

[410] COUTURIER, "Les ruptures d'un commun accord", 2008 cit., pág. 931.

[411] MAZEAUD, *Droit du Travail*, 2008 cit., pág. 445.

[412] PÉLISSIER/SUPIOT/JEAMMAUD, *Droit du Travail*, 2008 cit., pág. 550.

[413] FAVENNEC-HÉRY, "La rupture conventionnelle du contrat de travail", 2008 cit., pág. 315.

A EXTINÇÃO PACTUADA DO CONTRATO DE TRABALHO NOUTROS ORDENAMENTOS

liation amiable – o qual, longe de resultar totalmente afastado ou substituído, interviria sempre que, por qualquer motivo, aquele não fosse de aplicar[414] – e ver na nova disciplina a única doravante aplicável a todas as hipóteses de cessação pactuada do contrato de trabalho[415], com duas excepções: os casos "em que a aplicação da *rupture conventionelle* seja explicitamente excluída"[416] e "os regimes especiais" de *rupture d'un commum accord*[417].

3.2.2. Cessação por mútuo acordo e definição da situação das partes quanto a créditos emergentes do contrato de trabalho: *reçu pour solde de tout compte* e *transaction*

No ordenamento francês, a definição e a estabilização da situação recíproca do trabalhador e do empregador quanto a créditos emergentes do contrato de trabalho pode obter-se, tanto através do recurso a um mecanismo especificamente laboral – *o reçu pour solde de tout compte* – como a um mecanismo de direito comum – a *transaction*.

No que se refere ao primeiro, a sua disciplina legal, marcada por relevantes oscilações de rumo é, desde sempre, unitária, aplicando-se indistintamente a todas as formas de cessação do contrato de trabalho. Quanto à segunda, o seu regime resulta da articulação das regras gerais constantes dos arts. 2044 e segs. do *Code Civil*, com outras, elaboradas pela jurisprudência da *Cour de Cassation*, tendo em vista adequá-las às particularidades da relação laboral e do respectivo regime de cessação – e nas quais se contam algumas traçadas para a *résiliation amiable*, a que houve já ocasião de aludir e que serão, em princípio, transponíveis para a *rupture conventionelle*[418]. Importa que nos detenhamos brevemente num e noutro.

---

[414] Desde logo nos casos de *rupture conventionelle* não homologada, mas também de cessação pactuada de um contrato à *durée determinée* ou, ainda, no contexto de um plano de *sauvegarde de l'emploi* ou de um acordo de *géstion prévisionnelle des emplois et des compétences*. Neste sentido, v. DOCKÈS, *Droit du Travail*, 2009 cit., pp. 355 e 358; PÉLISSIER/SUPIOT/JEAMMAUD, *Droit du Travail*, 2008 cit., pág. 550; RADÉ, "Retour sur une espèce en voie de disparition", 2009 cit., pág. 559.

[415] Neste sentido, COUTURIER, "Les ruptures d'un commun accord", 2008 cit., pág. 928 e, aparentemente, FAVENNEC-HÉRY, "Un nouveau droit de la rupture du contrat de travail", 2008 cit., pág. 667, quando sustenta que a homologação da *convention de rupture* "não é apenas uma condição de acesso às *indemnités de rupture* e ao seu tratamento fiscal e social específico; não é unicamente uma exigência prévia ao benefício" das prestações de desemprego, antes constitui "condição de validade da própria convenção". V., ainda, MAZEAUD, *Droit du Travail*, 2008 cit., pág. 444.

[416] A saber, *ruptures* outorgadas no quadro de *accords de géstion prévisionelle des emplois et des compétences* e de *plans de sauvegarde de l'emploi* (COUTURIER, "Les ruptures d'un commun accord", 2008 cit., pp. 928-930).

[417] COUTURIER, "Les ruptures d'un commun accord", 2008 cit., pág. 928.

[418] Cfr. *supra* o nº 3.2.1.

115

A REVOGAÇÃO DO CONTRATO DE TRABALHO

Começando pelo *reçu pour solde de tout compte*, este apresenta-se como uma lista das somas pagas pelo empregador quando da cessação do contrato de trabalho"[419], assinado pelo trabalhador e por este entregue àquele[420].

E desempenha sempre uma função probatória: o *reçu pour solde de tout compte* é essencialmente um recibo, um documento de quitação, no qual "o trabalhador reconhece que o empregador lhe entregou uma certa soma de dinheiro para pagamento de dívidas" nele mencionadas[421].

Na versão originária do *Code du Travail*, o *reçu pour solde de tout compte* tinha uma outra função, que surgia, então, como principal[422]: ao receber as somas que lhe eram propostas, afirmando "que o *reçu «solde tous les comptes»* entre ele e o empregador", o trabalhador declarava, afinal, "estarem satisfeitos todos os seus direitos" e que aquele nada mais lhe devia[423]. Significava isto que o *reçu pour solde de tout compte* tinha também um efeito liberatório para o empregador, pois obstava a que o trabalhador recorresse à justiça para exigir o pagamento dos elementos de remuneração ou das indemnizações abrangidas pelas partes no seu acerto de contas[424].

Para proteger os trabalhadores contra os riscos do efeito liberatório do *reçu pour solde de tout compte*, o legislador prescrevia, por um lado, que aquele só se produziria se o documento observasse um conjunto de estritas condições de forma[425], e concedia, por outro, ao trabalhador, *um droit de dennotiation* do

---

[419] FAVENNEC-HÉRY/VERKINDT, *Droit du Travail*, 2007 cit., pág. 456; PÉLISSIER/SUPIOT/JEAMMAUD, *Droit du Travail*, 2006 cit., pág. 623.

[420] A subscrição deste documento pelo trabalhador é – sempre foi – facultativa: em momento algum o legislador francês a impôs, limitando-se, ao longo dos vários regimes que se sucederam, a regular os seus efeitos, quando emitido, as condições de que depende a respectiva produção e os eventuais meios de defesa do trabalhador. E resulta quase sempre de um pedido ou de uma exigência por parte do empregador, o qual, sobretudo quando a lei lhe associava um efeito liberatório, tendia a apresentá-lo como "documento obrigatório" (à semelhança de outros, legalmente impostos, como o *bulletin de paie* ou certos certificados a emitir por aquele), que o trabalhador acreditava ter de assinar, sendo certo que, ao fazê-lo, não raro "se prejudicava". Neste sentido, v. BOSSU/DUMONT/VERKINDT, *Droit du Travail, T. 1*, 2007 cit., pág. 467; BOULMIER, "Le reçu pour solde de tout compte: un acte de tous les dangers pour le seul salarié", *in Droit Social*, 1996, nº 11, pp. 927-929; MAZEAUD, *Droit du Travail*, 2006 cit., pág. 400.

[421] PÉLISSIER/SUPIOT/JEAMMAUD, *Droit du Travail*, 2006 cit., pág. 623.

[422] PÉLISSIER/SUPIOT/JEAMMAUD, *Droit du Travail*, 2006 cit., pág. 623.

[423] PÉLISSIER/SUPIOT/JEAMMAUD, *Droit du Travail*, 2006 cit., pág. 623.

[424] BOULMIER, "Le reçu pour solde de tout compte", 1996 cit., pág. 927; PÉLISSIER/SUPIOT/JEAMMAUD, *Droit du Travail*, 2006 cit., pág. 623; VERDIER/COEURET/SOURIAC, *Droit du Travail*, 2007 cit., pág. 116.

[425] Como a elaboração por escrito e em dois exemplares, a menção expressa (e manuscrita) *"pour solde de tout compte"*, bem como da data de preclusão de ulteriores reclamações pelo trabalhador e a sua assinatura por este. Sobre este ponto, com mais desenvolvimento, v. BOULMIER, "Le reçu pour solde de tout compte", 1996 cit., pág. 927; SAVATIER, "Le reçu pour solde de tout compte – chronique de jurisprudence", *in Droit Social*, 1989, nº 12, pp. 829 segs ; VERDIER/COEURET/SOURIAC, *Droit du Travail*, 2007 cit., pp. 115-116.

A EXTINÇÃO PACTUADA DO CONTRATO DE TRABALHO NOUTROS ORDENAMENTOS

mesmo. Esta denúncia – por escrito, "devidamente motivada"[426] e no prazo de dois meses[427] –, se adequada e tempestivamente exercida, privava o *reçu* do seu efeito liberatório[428].

Por seu turno, a jurisprudência da *Cour de Cassation* orientou-se consistentemente no sentido de intensificar a protecção do trabalhador, reforçando as exigências quanto à sua validade e favorecendo a possibilidade de denúncia àquele concedida[429]. Especialmente relevante neste contexto foi a recusa, afirmada no *Arrêt* de 30 de Junho de 1998 e desde então consolidada[430], de qualquer eficácia aos *reçus* formulados em termos genéricos, sem qualquer especificação

[426] Sobre a imposição legal expressa de que a denúncia do trabalhador, para além de escrita (e por carta registada, segundo o art. R 122-6), fosse devidamente motivada (art. L 122-17) – e as dificuldades que dela resultavam para a efectiva tutela do trabalhador, v. BOULMIER, "Le reçu pour solde de tout compte", 1996 cit., pág. 929; SAVATIER, "Le reçu pour solde de tout compte", 1989 cit., pág. 833.

[427] Tratava-se, pois, de um direito de arrependimento temporalmente limitado (MAZEAUD). Sobre este prazo e os efeitos do seu decurso sem qualquer actuação por parte do trabalhador, v. BOULMIER, "Le reçu pour solde de tout compte", 1996 cit., pág. 929; FAVENNEC-HÉRY/VERKINDT, *Droit du Travail*, 2007 cit., pág. 456 ; MAZEAUD, *Droit du Travail*, 2006 cit., pág. 400; PÉLISSIER/SUPIOT/JEAMMAUD, *Droit du Travail*, 2006 cit., pág. 623.

[428] BOULMIER, "Le reçu pour solde de tout compte", 1996 cit., pág. 927; FAVENNEC-HÉRY/VERKINDT, *Droit du Travail*, 2007 cit., pág. 456 ; MAZEAUD, *Droit du Travail*, 2006 cit., pág. 400; PÉLISSIER/SUPIOT/ /JEAMMAUD, *Droit du Travail*, 2006 cit., pág. 623.

[429] v. BOULMIER, "Le reçu pour solde de tout compte", 1996 cit., pp. 928 segs.; MAZEAUD, *Droit du Travail*, 2006 cit., pág. 400; PÉLISSIER/SUPIOT/JEAMMAUD, *Droit du Travail*, 2006 cit., pág. 623; SAVATIER, "Le reçu pour solde de tout compte", 1989 cit., pp. 829 segs.; VERDIER/COEURET/SOURIAC, *Droit du Travail*, 2007 cit., pág. 116.

[430] Neste seu *arrêt* de 30 de Junho de 1998, afirmou a *CassSoc* que "a assinatura de um *reçu pour solde de tout compte* redigido em termos gerais não pode valer como renúncia do trabalhador a contestar a *cause réelle et sérieuse* do seu despedimento", pois "só uma *transaction* assinada já depois do despedimento e envolvendo *concéssions réciproques*" pode impedi-lo de *agir en justice*".
Esta decisão implicou um significativo *revirement de jurisprudence*, já que fora, até então, bem diversa a orientação seguida diante dos *reçus pour solde de tout compte* genericamente formulados. Refiram-se, a título de exemplo, o *arrêt CassSoc*, de 6 de Abril de 1994, que decidiu que um *reçu pour solde de tout compte* não denunciado no prazo de dois meses e visando qualquer soma devida por força do contrato de trabalho ou da sua cessação e redigido em termos gerais "obstava a um pedido de indemnização por *licenciement sans cause réelle et sérieuse*"; bem como o *arrêt CassSoc*, de 26 de Outubro de 1994, que atribuiu efeito idêntico a um reçu "redigido em termos gerais, sem excepção ou reserva". Por força desta jurisprudência, que se manteve até ao referido *arrêt* de 1998, motivando grandes críticas por parte da doutrina, o *reçu* redigido em termos gerais abrangeria quaisquer compensações ou indemnizações legalmente devidas (por despedimento *sans cause réelle et sérieuse*, por ruptura abusiva) e, no limite, obstaria à própria impugnação pelo trabalhador do seu despedimento.
O mesmo *arrêt* de 30 de Junho de 1998 delimitou ainda claramente o papel que, na prevenção de futuros litígios relativos ao contrato de trabalho extinto, caberia ao *reçu* e à *transaction*. Ao afirmar que só esta precludiria qualquer futura reclamação do trabalhador, a referida decisão centrou-se, mais que no efeito liberatório, "na renúncia por parte do único autor do acto unilateral", considerando "improvável" que ao subscrever tal declaração o trabalhador pretendesse proceder a uma tal renúncia". Com efeito, muito dificilmente poderia inferir-se daquela uma vontade abdicativa do trabalhador, quer quanto a

das somas pagas, os quais inviabilizavam, na prática, "qualquer reivindicação ulterior" por parte do trabalhador[431].

A *Loi de Modernisation Sociale*, de 17 de Janeiro de 2002, suprimiu o efeito liberatório do *reçu pour solde de tout compte*[432], o qual passou a ter uma função exclusivamente "probatória"[433]. Segundo o art. L 122-17 do *Code du Travail*, então profundamente alterado[434], o *reçu pour solde de tout compte* não teria senão o valor "de um simples recibo das somas que nele figuram", *i.e.*, de uma declaração do trabalhador, findo o contrato, na qual este "reconhece ter recebido as somas detalhadas no documento (salários, compensações, indemnizações)"[435]. Tendo deixado de ter como objectivo encerrar os litígios relativos à cessação do contrato de trabalho[436], o *reçu* não submetia a qualquer prazo[437] nem de outro modo limitava ou impedia o recurso pelo trabalhador à via judicial[438]. E, por isso, não mais protegia o empregador contra ulteriores reivindicações por parte daquele[439].

Não obstante, e num retorno, conquanto que parcial, ao modelo inicial, a *Loi* de 25 de Junho de 2008 restabeleceu o efeito liberatório do *reçu pour solde de tout compte*[440].

---

somas não pagas, fixadas ou conhecidas, quer na ausência de uma qualquer contrapartida que a justificasse. O que já não sucederia, tratando-se de uma *transaction*. Retomaremos este ponto já em seguida. Sobre este ponto, com mais desenvolvimento, v. BOSSU/DUMONT/VERKINDT, *Droit du Travail*, T. 1, 2007 cit., pág. 467; BOULMIER, "Le reçu pour solde de tout compte", 1996 cit., pág. 929; "Portée limitée du reçu pour solde de tout compte rédigé en termes généraux", *in JCP*, nº 143, 1998, pp. 1878 segs.; MARRAUD, "Reçu pour solde de tout compte. Effet libératoire. Termes Géneraux. Contestation de la cause réelle er sérieuse du licenciement. Transaction. Concéssions Réciproques – Cass Soc 30 jun 1998 – Observations", *in Droit Social*, 1998, nºs 9/10, pp. 841-843.

[431] BOSSU/DUMONT/VERKINDT, *Droit du Travail*, T. 1, 2007 cit., pág. 467.

[432] BOSSU/DUMONT/VERKINDT, *Droit du Travail*, T. 1, 2007 cit., pág. 467; FAVENNEC-HÉRY/VERKINDT, *Droit du Travail*, 2007 cit., pág. 457; VERDIER/COEURET/SOURIAC, *Droit du Travail*, 2007 cit., pág. 116; PÉLISSIER/ /SUPIOT/JEAMMAUD, *Droit du Travail*, 2006 cit., pág. 623.

[433] FAVENNEC-HÉRY/VERKINDT, *Droit du Travail*, 2007 cit., pág. 457; PÉLISSIER/SUPIOT/JEAMMAUD, *Droit du Travail*, 2006 cit., pág. 623; VERDIER/COEURET/SOURIAC, *Droit du Travail*, 2007 cit., pág. 116.

[434] Completamente reescrito, o art. L 122-17 do Code du Travail deixou de impor o formalismo a que até então estava submetido o *reçu pour solde de tout compte*: reduzido este a um mero recibo, bastaria a sua assinatura pelo trabalhador e subsequente entrega ao empregador, sendo o seu conteúdo livre. Sobre este ponto, v. BOSSU/DUMONT/VERKINDT, *Droit du Travail*, T. 1, 2007 cit., pág. 467 ; PÉLISSIER/SUPIOT/ /JEAMMAUD, *Droit du Travail*, 2006 cit., pág. 468.

[435] BOSSU/DUMONT/VERKINDT, *Droit du Travail*, T. 1, 2007 cit., pág. 467.

[436] DOCKÈS, *Droit du Travail*, 2005 cit., pág. 346.

[437] BOSSU/DUMONT/VERKINDT, *Droit du Travail*, T. 1, 2007 cit., pág. 468.

[438] DOCKÈS, *Droit du Travail*, 2005 cit., pág. 346.

[439] BOSSU/DUMONT/VERKINDT, *Droit du Travail*, T. 1, 2007 cit., pág. 468.

[440] A este propósito, nota BUGADA, "Perturbations temporelles autour du reçu pour solde de tout compte", *in Droit Social*, 2008, nº 12, pág. 1247, que a nova lei reabilitou o *reçu pour solde de tout compte*, restabelecendo o seu efeito liberatório "mas num quadro próximo das exigências pretorianas

A EXTINÇÃO PACTUADA DO CONTRATO DE TRABALHO NOUTROS ORDENAMENTOS

Nesse sentido, prescreve o actual art. L 1234-20, al. 2, que se o *reçu pour solde de tout compte* não for denunciado nos seis meses subsequentes à sua assinatura, torna-se, uma vez decorridos estes, liberatório para o empregador quanto às somas nele mencionadas e pagas ao trabalhador quando da cessação do contrato[441]. Como única exigência formal – e em contraste com o minucioso regime vigente até 2002, que não foi restaurado[442] – impõe-se agora que o *reçu* faça "o inventário" das somas pagas ao trabalhador[443]. É relativamente a estas – e só a estas – que opera, de forma retardada[444], o ressurgido efeito liberatório do *reçu*[445].

Significa isto, antes de mais, que perante o novo texto legal serão sempre irrelevantes os *reçus* genericamente formulados[446].

E, também, que o trabalhador dispõe de um prazo considerável para fazer valer créditos incluídos no *reçu* mas que, por qualquer motivo, entenda serem-lhe ainda devidos[447]. Basta-lhe, para tanto, denunciá-lo – sem mais, nada estabelecendo a lei quanto à necessidade de motivação[448] – e produzir, nos termos gerais, a prova necessária para contrariar o seu efeito, ainda meramente declarativo.

---

de 1998". Sobre o *ANI*, de 11 de Janeiro de 2008, e a *Loi de Modernisation du Marché de Travail*, de 25 de Junho de 2008, a que deu origem v. *supra* o nº 3.2.1. Para uma descrição geral da nova disciplina do *reçu pour solde de tout compte*, v. FAVENNEC-HÉRY/VERKINDT, *Droit du Travail*, 2009 cit., pág. 547; PÉLISSIER/SUPIOT/ /JEAMMAUD, *Droit du Travail*, 2008 cit., pp. 675-676; VERDIER/COEURET/SOURIAC, *Droit du Travail – Vol. 2*, 2009 cit., pág. 123.

[441] BUGADA, "Perturbations temporelles autour du reçu pour solde de tout compte", 2008 cit., pág. 1244; FAVENNEC-HÉRY/VERKINDT, *Droit du Travail*, 2009 cit., pág. 547.

[442] PÉLISSIER/SUPIOT/JEAMMAUD, *Droit du Travail*, 2008 cit., pág. 676. No mesmo sentido, mas alertando para o facto de a parcimónia, quanto a este ponto, do novo texto legal ser de molde a determinar a "ressurreição de uma jurisprudência antiga inventiva e muito protectora" do trabalhador, se bem que reportada a um diverso quadro legal, v. BUGADA, "Perturbations temporelles autour du reçu pour solde de tout compte", 2008 cit., pp. 1244 e 1248.

[443] O qual, ainda que a lei o não exprima, deverá ser detalhado e preciso (BUGADA, "Perturbations temporelles autour du reçu pour solde de tout compte", 2008 cit.,pág. 1248).

[444] DOCKÈS, *Droit du Travail*, 2009 cit., pág. 378.

[445] PÉLISSIER/SUPIOT/JEAMMAUD, *Droit du Travail*, 2008 cit., pág. 676.

[446] BUGADA, "Perturbations temporelles autour du reçu pour solde de tout compte", 2008 cit., pág. 1248.

[447] Quanto aos demais créditos do trabalhador, e a menos que a sua exigibilidade seja excluída em resultado de *transaction* outorgada entre este e o empregador, uma vez cessado o contrato de trabalho, podem ser feitos valer nos termos gerais, aplicando-se o prazo de prescrição de cinco anos constante do novo art. L 3245-1 do *Code du Travail*. Sobre este regime, recentemente alterado, v. BUGADA, "Perturbations temporelles autour du reçu pour solde de tout compte", 2008 cit., pp. 1248-1249; PÉLISSIER/ /SUPIOT/JEAMMAUD, *Droit du Travail*, 2008 cit., pp. 989 segs.

[448] A imposição de que a denúncia fosse "escrita e motivada" constava de uma versão preliminar da norma que veio a dar origem ao art. L 1234-20 do *Code du Travail*, tendo entretanto sido abolida. Sobre este ponto, v. FAVENNEC-HÉRY, "Un nouveau droit de la rupture du contrat de travail", 2008 cit., pp. 664 e 668.

A REVOGAÇÃO DO CONTRATO DE TRABALHO

Esgotado tal prazo e precludidas ulteriores reclamações do trabalhador tendo por objecto créditos "inventariados" no *reçu*, obtém-se o resultado prosseguido com esta recente reforma – a "securização" da ruptura do contrato de trabalho[449].

Passando a considerar a *transaction*, um primeiro e significativo aspecto a salientar consiste na ausência, no *Code du Travail*, de uma qualquer disposição que a contemple[450]. E, no entanto, a sua admissibilidade, quando da ruptura do contrato de trabalho – afirmada pela *Cassation* no seu *arrêt* de 18 de Maio de 1953[451] – é há muito incontestada, na doutrina e na jurisprudência, que convergem em sublinhar a sua sujeição de princípio ao direito comum, mais exactamente aos arts. 2044 e segs. do *Code Civil*, que a definem e determinam os seus efeitos[452].

---

[449] V., neste sentido, o art. 4 da referida Lei de 25 de Junho de 2008 e, ainda, BUGADA, "Perturbations temporelles autour du reçu pour solde de tout compte", 2008 cit., pp. 1247-1248.

[450] PÉLISSIER/SUPIOT/JEAMMAUD, *Droit du Travail*, 2008 cit., pág. 676.

[451] No *arrêt* de 18 de Maio de 1953 referido no texto, a *Cour de Cassation* afirmou o princípio da licitude das *transactions* celebradas quando da ruptura do contrato de trabalho, considerando que, "se a ideia de *transaction* pode estar na base de um *accord conclu pour solde de tout compte*, este último não suprime, contudo, a possibilidade de uma *transaction* entre empregador e empregado". Foi grande o alcance desta decisão. O quadro normativo então vigente em matéria de *reçu pour solde de tout compte* permitiria aos juízes a declarar ilícitas tais *transactions*. Porque o legislador procurava acautelar o trabalhador contra si próprio, impedindo-o de aceitar precipitadamente composições que o empregador lhe propunha quando da cessação do contrato de trabalho (e que, não raro, envolviam a renúncia a direitos de que ainda não teria pleno conhecimento), a fim de receber a indemnização ajustada, teria sido lógico concluir pela ilicitude de uma transacção outorgada após a cessação do contrato de trabalho (ou mesmo antes desta), pela qual o trabalhador renuncia em definitivo a reclamar judicialmente os seus direitos contratuais, convencionais e legais. A *Cour de Cassation* enveredou, contudo, por outro caminho, admitindo as *transactions* para regular as consequências da ruptura do contrato – e, conforme notam vários AA, permitindo que "as protecções instituídas em matéria de *reçu pour solde de tout compte* fossem "alegremente contornadas", à margem da regra *specialia generalibus derogant* (DOCKÈS). Esta questão, que subsistira até 2002 quando, perante um *reçu pour solde de tout compte* privado de qualquer efeito liberatório, cessou o conflito de normas, perfilando-se a *transaction* (entretanto já estritamente balizada pela jurisprudência) como o único acto pelo qual o empregador poderia obter um encerramento definitivo do litígios relativos à cessação do contrato – ressurgiu recentemente, com o regresso do efeito liberatório do *reçu pour solde de tout compte*, *supra* aludido.
Sobre este ponto, com mais desenvolvimento, v. BOSSU/DUMONT/VERKINDT, *Droit du Travail, T. 1*, 2007 cit. pág. 468; DOCKÈS, *Droit du Travail*, 2009 cit., pág. 378; FAVENNEC-HÉRY/VERKINDT, *Droit du Travail*, 2009 cit., pág. 547; PANSIER, *Droit du Travail*, 2008 cit., pp. 246-247; PÉLISSIER/LYON-CAEN/JEAMMAUD/ /DOCKÈS, *Les Grands Arrêts du Droit du Travail*, 3ª ed., Dalloz, Paris, 2004, pp. 434 segs.; PÉLISSIER/ /SUPIOT/JEAMMAUD, *Droit du Travail*, 2008 cit., pág. 676; VERDIER/COEURET/SOURIAC, *Droit du Travail – Vol. 2*, 2009 cit. pág. 126.

[452] BOSSU/DUMONT/VERKINDT, *Droit du Travail, T. 1*, 2007 cit., pág. 468; DOCKÈS, *Droit du Travail*, 2009 cit., pág. 377; PÉLISSIER/LYON-CAEN/JEAMMAUD/DOCKÈS, *Les Grands Arrêts du Droit du Travail*, 2004 cit., pág. 434; PÉLISSIER/SUPIOT/JEAMMAUD, *Droit du Travail*, 2008 cit., pág. 676.

A EXTINÇÃO PACTUADA DO CONTRATO DE TRABALHO NOUTROS ORDENAMENTOS

Em todo o caso, e no que se refere à sua disciplina, a jurisprudência da *CassSoc*, de início muito receptiva às *transactions* – tendo admitido soluções que a doutrina juslaboral rejeitou como "desenvolvimentos criticáveis"[453] –, foi adoptando uma posição crescentemente restritiva quando às respectivas condições de admissibilidade[454], definindo um conjunto de regras específicas, justificadas pela necessidade de tutela do trabalhador e, sobretudo, pela imperatividade das regras relativas ao despedimento, as quais se lhe aplicam em articulação com o referido regime comum[455].

Foi o que sucedeu quanto ao momento de celebração da *transaction*, mas, também, quanto à existência e, conquanto que em menor medida, à suficiência das *concéssions réciproques*.

Desde 1996 que o momento da celebração da *transaction* reveste um particular relevo: tendo por objecto pôr fim a um litígio resultante da ruptura do contrato de trabalho[456], aquela só será lícitamente concluída após esta[457]. Não

---

[453] VERDIER/COEURET/SOURIAC, *Droit du Travail – Vol. 2*, 2009 cit., pp. 125-126, exemplificando os AA com a admissão de *transactions sans concéssions*, *transactions* celebradas em simultâneo com uma *résiliation amiable* e, ainda, *transactions* perigosas para o trabalhador, porque concluídas num momento em que este se encontrava ainda sob a dependência do empregador. Sobre este ponto, v. ainda BLAISE, "Une transaction sans concessions ... ", *in Droit Social*, 1988, nº 5, pp. 432 segs.; JEAMMAUD, "Retour sur une transaction en quête de stabilité", *in Droit Social*, 1999, nº 4, pp. 352-353; PÉLISSIER/LYON-CAEN/ /JEAMMAUD/DOCKÈS, *Les Grands Arrêts du Droit du Travail*, 2004 cit., pp. 434-435.

[454] FAVENNEC-HÉRY/VERKINDT, *Droit du Travail*, 2009 cit., pág. 547; PÉLISSIER/SUPIOT/JEAMMAUD, *Droit du Travail*, 2008 cit., pág. 677; VERDIER/COEURET/SOURIAC, *Droit du Travail*, 2007 cit., pág. 116.

[455] A este propósito, BOSSU/DUMONT/VERKINDT contrapõem, muito sugestivamente, "condições gerais" e "condições especiais" de validade da *transaction* (*Droit du Travail, T. 1*, 2007 cit., pp. 469-470).

[456] Sobre este ponto, sublinhando que a *transaction* não constitui um modo de ruptura do contrato de trabalho, não versando senão as consequências pecuniárias da ruptura, v. BOSSU/DUMONT/VERKINDT, *Droit du Travail, T. 1*, 2007 cit., pág. 471; FOURCADE, FOURCADE, "La transaction en droit du travail: quelle place pour la liberté contractuelle?", *in Droit Social*, 2007, nº 2, pág. 17; MAZEAUD, *Droit du Travail*, 2008 cit., pág. 414.

[457] Mais exactamente desde o *arrêt Purier*, *Cass Soc* de 29 de Maio de 1996, *supra* referido (no nº 3.2.1), o qual decidiu que "a *transaction* tendo por objecto pôr fim ao litígio resultante de um despedimento só pode ser validamente concluída uma vez *intervenue et définitive* a ruptura", definindo uma orientação que veio a consolidar-se. Sobre este ponto, mais detalhadamente, BOSSU/DUMONT/VERKINDT, *Droit du Travail, T. 1*, 2007 cit., pág. 471; CHAZAL, "Cass Soc. 29 Mai 1996 (Purier)", 1997 cit., pp. 50 segs.; FAVENNEC-HÉRY/VERKINDT, *Droit du Travail*, 2009 cit., pp. 547-548; FOURCADE, "La transaction en droit du travail", 2007 cit., nº 2, pág. 172; PÉLISSIER/LYON-CAEN/JEAMMAUD/DOCKÈS, *Les Grands Arrêts du Droit du Travail*, 2004 cit., pág. 435; PÉLISSIER/SUPIOT/JEAMMAUD, *Droit du Travail*, 2008 cit., pág. 677; SAVATIER, "Résiliation amiable du contrat de travail et transaction", 1996 cit., pp. 687 segs.
Sobre a concretização, na jurisprudência da *CassSoc*, da expressão *"rupture intervenue et définitive"*, com particular incidência em matéria de despedimento, v. CHAZAL, "Cass Soc. 29 Mai 1996 (Purier)", 1997 cit., pp. 51-52; DOCKÈS, *Droit du Travail*, 2009 cit., pág. 380; FAVENNEC-HÉRY/VERKINDT, *Droit du Travail*, 2009 cit., pág. 548; FOURCADE, "La transaction en droit du travail", 2007 cit., pp. 172-173; MAZEAUD, *Droit du Travail*, 2008 cit., pág. 446; PÉLISSIER/LYON-CAEN/JEAMMAUD/DOCKÈS, *Les Grands Arrêts du Droit du Travail*, 2004 cit., pág. 435; PÉLISSIER/SUPIOT/JEAMMAUD, *Droit du Travail*, 2008 cit., pág. 678 ; VERDIER/COEURET/SOURIAC, *Droit du Travail*, 2007 cit., pág. 116.

A REVOGAÇÃO DO CONTRATO DE TRABALHO

resultando dos arts. 2044 segs. do Code Civil[458], esta imposição radica no art. L 122-14-17, actual L 1231-4, do *Code du Travail*, que proíbe às partes do contrato de trabalho renunciar antecipadamente ao direito de se prevalecer das regras legais em matéria de despedimento[459], mas também, e mais genericamente, na situação subordinada do trabalhador na vigência do contrato de trabalho[460]. E tem – vimo-lo *supra*[461] – uma especial concretização em matéria de cessação por mútuo acordo do contrato de trabalho, traduzida na proibição da outorga em simultâneo da *résiliation amiable* e da *transaction*, e, por maioria de razão, na interdição de que esta tenha como objecto também a cessação pactuada do contrato[462]. Desenvolvida e consolidada no quadro normativo anterior a 2008, é de prever que esta orientação venha a manter-se diante da *rupture conventionelle* – cingindo a lei o acordo das partes à cessação e respectivas condições – por subsistirem os receios que a ditaram[463].

Também a existência de *concessions réciproques* é, segundo a jurisprudência da *CassSoc*, condição de validade da *transaction* destinada a regular as consequências pecuniárias da *rupture* do contrato de trabalho[464]. De novo, trata-se

---

[458] CHAZAL, "Cass Soc. 29 Mai 1996 (Purier)", 1997 cit., pág. 50; PÉLISSIER/LYON-CAEN/JEAMMAUD/ /DOCKÈS, *Les Grands Arrêts du Droit du Travail*, 2004 cit., pág. 435; PÉLISSIER/SUPIOT/JEAMMAUD, *Droit du Travail*, 2008 cit., pág. 678.
Conforme sublinha criticamente CHAZAL, esta orientação jurisprudencial envolve uma "desnaturação inútil" da noção legal de transacção, constante do art. 2044 do *Code Civil* – que abarca, também, a prevenção de litígios eventuais e, como tal, futuros relativamente ao momento em que é celebrada – pois bastaria ter-se invocado o disposto no art. L 122-14-7, para obstar à renúncia antecipada pelo trabalhador dos direitos nele visados ("Cass Soc. 29 Mai 1996 (Purier)", 1997 cit., pp. 50-51).

[459] DOCKÈS, *Droit du Travail*, 2009 cit., pág. 380; FOURCADE, "La transaction en droit du travail", 2007 cit., pp. 170 e 172; PÉLISSIER/LYON-CAEN/JEAMMAUD/DOCKÈS, *Les Grands Arrêts du Droit du Travail*, 2004 cit., pág. 435; PÉLISSIER/SUPIOT/JEAMMAUD, *Droit du Travail*, 2008 cit., pág. 678.
A sanção desta particular imposição é "uma nulidade relativa instituída no interesse do trabalhador que não pode pois ser invocada pelo empregador" (PÉLISSIER/LYON-CAEN/JEAMMAUD). Sobre este ponto, em particular, v. DOCKÈS, *Droit du Travail*, 2009 cit., pág. 380; FAVENNEC-HÉRY/VERKINDT, *Droit du Travail*, 2009 cit., pág. 549; PÉLISSIER/LYON-CAEN/JEAMMAUD, *Les Grands Arrêts du Droit du Travail*, 2004 cit., pág. 435; VERDIER/COEURET/SOURIAC, *Droit du Travail – Vol. 2*, 2009 cit., pág. 126.

[460] Neste sentido, PANSIER, *Droit du Travail*, 2008 cit., pág. 246, justifica a imposição da celebração da *transaction* em momento subsequente à *rupture* do contrato de trabalho com a necessidade de as partes respectivas se encontrarem num plano de igualdade, o que não sucede enquanto o trabalhador estiver subordinado ao empregador. No mesmo sentido, v. VERDIER/COEURET/SOURIAC, *Droit du Travail – Vol. 2*, 2009 cit., pp. 123-124.

[461] Cfr. o nº anterior.

[462] JEAMMAUD, "Retour sur une transaction en quête de stabilité", 1999 cit., pág. 353; VERDIER/COEURET/ /SOURIAC, *Droit du Travail – Vol. 2*, 2009 cit., pág. 126.

[463] Tem sido esta a orientação prevalecente entre os primeiros comentadores. V., neste sentido, DOCKÈS, *Droit du Travail*, 2009 cit., pp. 380 e 358; PANSIER, *Droit du Travail*, 2008 cit., pág. 246; VERDIER/COEURET/ /SOURIAC, *Droit du Travail – Vol. 2*, 2009 cit., pág. 126.

[464] Desde o *arrêt* de 18 de Outubro de 1989 que a jurisprudência da *CassSoc* exige que, sob pena de *nullité*, a transaction concluída por ocasião da ruptura do contrato de trabalho contenha *des concessions*

A EXTINÇÃO PACTUADA DO CONTRATO DE TRABALHO NOUTROS ORDENAMENTOS

de uma solução que não resultaria do direito comum – para o qual as *concessions réciproques* são um elemento do contrato[465], pelo que a sua falta, num determinado contrato, obsta à sua qualificação como *transaction* e à produção dos respectivos efeitos, mas não gera, só por si, a sua invalidade[466]. Ora, ao decidir que, em tal hipótese, o contrato é nulo, a *Cassation* facilita a vida ao trabalhador, que fica desvinculado de quaisquer obrigações que pudesse ter acordado[467]. Por outro lado, e porque não basta a mera afirmação pelas partes da existência de *concessions réciproques*, entende a *Cour de Cassation* que podem os juízes basear-se nos factos constantes do contrato celebrado e concluir pela sua ausência, com a apontada consequência[468]. Este "verdadeiro controlo da realidade"[469] daquelas e a consequente apreciação da validade da *transaction* supõe a prévia determinação dos direitos recíprocos das partes para, então, verificar se estas fizeram, ou não, *concessions réciproques* quanto àqueles[470].

réciproques, ou seja, concessões do empregador, como do trabalhador. Esta decisão e as que se lhe seguiram marcaram o abandono definitivo da doutrina do *arrêt Établissements Truffaut*, *CassSoc* de 14 de Janeiro de 1988, que admitira a validade de uma *transaction* sem concessões por parte do empregador. Sobre este ponto, v. BLAISE, "Une transaction sans concessions...", 1988 cit., pp. 433 segs.; DOCKÈS, *Droit du Travail*, 2009 cit., pp. 377-378; FAVENNEC-HÉRY/VERKINDT, *Droit du Travail*, 2009 cit., pág. 548; PÉLISSIER/LYON-CAEN/JEAMMAUD/DOCKÈS, *Les Grands Arrêts du Droit du Travail*, 2004 cit., pág. 437; PÉLISSIER/SUPIOT/JEAMMAUD, *Droit du Travail*, 2008 cit., pág. 678.

[465] Sobre este ponto, referindo-se especificamente ao art. 2044 do *Code Civil*, sua génese, as questões que cedo suscitou a ausência de qualquer referência às *concessions réciproques* e o modo como a doutrina e a jurisprudência civilistas as resolveram, v. JARROSSON, "Les concéssions réciproques dans la transaction", *in Recueil Dalloz*, 1997, pp. 267-268. V., ainda, BLAISE, "Une transaction sans concessions...", 1988 cit., pág. 434; BOSSU/DUMONT/VERKINDT, *Droit du Travail, T. 1*, 2007 cit., pp. 473-474; FOURCADE, "La transaction en droit du travail", 2007 cit., pág. 167; MAZEAUD, *Droit du Travail*, 2008 cit., pp. 446-447; PÉLISSIER/SUPIOT/JEAMMAUD, *Droit du Travail*, 2008 cit., pág. 676 e 678.

[466] Ou conforme sintetiza JARROSSON, "pas de concessions réciproques, pas de transaction" ("Les concéssions réciproques dans la transaction", *Recueil Dalloz*, 1997, pág. 269). No mesmo sentido, sublinham PÉLISSIER/LYON-CAEN/JEAMMAUD/DOCKÈS, que, muito embora em tal hipótese as partes não possam invocar os efeitos da transacção e, em particular a força de caso julgado, o contrato celebrado não será, por tal motivo, inválido – sê-lo-á unicamente se no caso se verificar uma *cause de nullité*, relativa ao consentimento, à capacidade ou ao objecto (*Les Grands Arrêts du Droit du Travail*, 2004 cit., pág. 438).

[467] PÉLISSIER/LYON-CAEN/JEAMMAUD/DOCKÈS, *Les Grands Arrêts du Droit du Travail*, 2004 cit., pág. 438. No mesmo sentido, v. FOURCADE, "La transaction en droit du travail", 2007 cit., pág. 167; PÉLISSIER/SUPIOT/JEAMMAUD, *Droit du Travail*, 2008 cit., pág. 678.

[468] BOSSU/DUMONT/VERKINDT, *Droit du Travail, T. 1*, 2007 cit., pp. 473-474; FOURCADE, "La transaction en droit du travail", 2007 cit., pág. 167; JEAMMAUD, "Retour sur une transaction en quête de stabilité", 1999 cit., pág. 353; PÉLISSIER/LYON-CAEN/JEAMMAUD/DOCKÈS, *Les Grands Arrêts du Droit du Travail*, 2004 cit., pág. 438; PÉLISSIER/SUPIOT/JEAMMAUD, *Droit du Travail*, 2008 cit., pág. 678.

[469] FAVENNEC-HÉRY/VERKINDT, *Droit du Travail*, 2009 cit., pág. 549.

[470] A orientação exposta no texto corresponde à doutrina firmada a partir do *arrêt Société Interlac*, *CassSoc* de 27 de Março de 1996, que decidiu que "a existência de *concessions réciproques* deve apreciar-se em função das pretensões das partes no momento da assinatura do acto". Neste sentido, DOCKÈS, *Droit du Travail*, 2009 cit., pág. 379; FAVENNEC-HÉRY/VERKINDT, *Droit du Travail*, 2009 cit., pág- 548;

A REVOGAÇÃO DO CONTRATO DE TRABALHO

Num outro plano, se a reciprocidade das *concessions* constitui condição de validade da *transaction*, o mesmo não sucede com a sua equivalência: as *concéssions* do trabalhador e do empregador podem ser de valor desigual, desde que sejam significativas, *i.e.*, não irrelevantes[471]. Nesse sentido, em mais de uma ocasião a *CassSoc* concluiu pela invalidade de uma transacção em que a *concéssion* feita por uma das partes era *"très faible"*, ou numa formulação mais recente, *"não apreciável"*[472].

Estes requisitos especificamente laborais cumulam-se, já o dissemos, com os que resultam do *Code Civil*[473] Por isso, a *transaction* não será válida se o seu objecto não for certo[474] ou lícito[475]. E pode ser impugnada com fundamento

FOURCADE, "La transaction en droit du travail", 2007 cit., pág. 167; PÉLISSIER/LYON-CAEN/JEAMMAUD/ /DOCKÈS, *Les Grands Arrêts du Droit du Travail*, 2004 cit., pp. 437-438; PÉLISSIER/SUPIOT/JEAMMAUD, *Droit du Travail*, 2008 cit., pp. 678-679.

Ainda a propósito desta ideia de que "a economia da *transaction* será sempre objecto de um exame aprofundado" (FAVENNEC-HÉRY/VERKINDT), refira-se que por parte do trabalhador a *concession* é, com frequência, o compromisso de *ne pas agir en justice*, enquanto do lado do empregador se tratará de atribuir àquele somas superiores às que resultariam da aplicação das regras legais e convencionais ou, em geral, de uma vantagem que não teria obrigação de conceder. Ora, sublinham diversos AA, uma tal apreciação supõe, antes de mais, o conhecimento, pelo tribunal, de quais seriam tais somas ou vantagens – o que implica a indagação das circunstâncias em que ocorreu a cessação do contrato, em particular, tratando-se de despedimento, os respectivos motivos. Simplesmente, o poder de controlo dos juízes cinge-se, nesta matéria, aos factos invocados pelas partes, cuja qualificação podem alterar: conforme frisa DOCKÈS, "a qualificação dos motivos da ruptura pertence ao juiz que aprecia a validade da *transaction*". Contudo, não podem proceder a indagações e apreciações quanto ao litígio a que as partes pretenderam pôr termo. Significa isto que, no limite, e perante a patente insuficiência dos factos a valorar, o tribunal concluirá pela impossibilidade de determinar a existência de *concessions recíproques*, logo pela nulidade da *transaction*. É o que sucede sempre que a *transaction* incida sobre a própria imputabilidade da ruptura, impossibilitando a determinação dos direitos que caberiam a cada uma das partes. Sobre este ponto, com maior desenvolvimento, v. DOCKÈS, *Droit du Travail*, 2009 cit. pp. 378-379; FAVENNEC-HÉRY/VERKINDT, *Droit du Travail*, 2009 cit., pág. 548; FOURCADE, "La transaction en droit du travail", 2007 cit., pp. 168-169 e 170; PÉLISSIER/LYON-CAEN/JEAMMAUD/DOCKÈS, *Les Grands Arrêts du Droit du Travail*, 2004 cit., pp. 438-440; PÉLISSIER/SUPIOT/JEAMMAUD, *Droit du Travail*, 2008 cit., pág. 679.

[471] FAVENNEC-HÉRY/VERKINDT, *Droit du Travail*, 2009 cit., pág. 548; JEAMMAUD, "Retour sur une transaction en quête de stabilité", 1999 cit., pág. 353; PÉLISSIER/LYON-CAEN/JEAMMAUD/DOCKÈS, *Les Grands Arrêts du Droit du Travail*, 2004 cit., pág. 440; PÉLISSIER/SUPIOT/JEAMMAUD, *Droit du Travail*, 2008 cit., pág. 679.

[472] No sentido de que as expressões transcritas no texto apontam para que as concessions não possam ser *dérisoires* ou *négligeables*, v., com indicações de jurisprudência, DOCKÈS, *Droit du Travail*, 2009 cit., pág. 379; FAVENNEC-HÉRY/VERKINDT, *Droit du Travail*, 2009 cit., pág. 548; FOURCADE, "La transaction en droit du travail", 2007 cit., pág. 168; JEAMMAUD, "Retour sur une transaction en quête de stabilité", 1999 cit., pág. 353; PÉLISSIER/LYON-CAEN/JEAMMAUD/DOCKÈS, *Les Grands Arrêts du Droit du Travail*, 2004 cit., pág. 440; PÉLISSIER/SUPIOT/JEAMMAUD, *Droit du Travail*, 2008 cit., pág. 679.

[473] Neste sentido, BOSSU/DUMONT/VERKINDT, *Droit du Travail, T. 1*, 2007 cit., pp. 469-470; PÉLISSIER/ /SUPIOT/JEAMMAUD, *Droit du Travail*, 2008 cit., pp. 679-680.

[474] PÉLISSIER/SUPIOT/JEAMMAUD, *Droit du Travail*, 2008 cit., pp. 679-680.

[475] Em especial, a *transaction* pode incidir sobre direitos de ordem pública, desde que já adquiridos pelo trabalhador. V. BOSSU/DUMONT/VERKINDT, *Droit du Travail, T. 1*, 2007 cit., pág. 470, PÉLISSIER/SUPIOT/ JEAMMAUD, *Droit du Travail*, 2008 cit., pág. 680.

em vícios da vontade do trabalhador, em especial ocorrendo dolo ou coacção[476], mas não com fundamento em erro de direito ou lesão (art. 2053 *Code Civil*)[477].

Porque a *transaction* tem, entre as partes, autoridade de caso julgado em última instância (art. 2052 do *Code Civil*) impede ulteriores *demandes en justice*[478]. Este seu efeito circunscreve-se, contudo, ao objecto da *transaction*[479]. Neste sentido, a *CassSoc* foi-se orientando firmemente, e em consonância com o estabelecido nos arts. 2048 e 2049 do *Code Civil*[480], no sentido de que apenas as questões relacionadas com o litígio "na origem da transacção" deixariam de poder ser objecto de uma *demande en justice*[481]. Diversa foi, contudo, a posição assumida pela *AssPlén* da *Cassation*, que no seu *arrêt* de 4 de Julho de 1997, perante uma *"transaction forfaitaire et définitive"*[482] considerou que, tendo o trabalhador renunciado a todas as reclamações de qualquer natureza relativas à execução ou à ruptura do contrato de trabalho, estas ficariam inviabilizadas – ainda que não tivessem qualquer relação com o litígio cuja resolução fora objecto da *transaction*[483]. A jurisprudência

---

[476] Sobre este ponto, com mais desenvolvimento e indicações de jurisprudência, v. BLAISE, "Une transaction sans concessions...", 1988 cit., pp. 436 segs.; BOSSU/DUMONT/VERKINDT, *Droit du Travail, T. 1*, 2007 cit., pág. 469; FOURCADE, "La transaction en droit du travail", 2007 cit., pág. 167; PÉLISSIER/ /SUPIOT/JEAMMAUD, *Droit du Travail*, 2008 cit., pág. 680.

[477] BOSSU/DUMONT/VERKINDT, *Droit du Travail, T. 1*, 2007 cit., pág. 469; FOURCADE, "La transaction en droit du travail", 2007 cit., pág. 167; JEAMMAUD, "Retour sur une transaction en quête de stabilité", 1999 cit., pp. 354 segs; PÉLISSIER/SUPIOT/JEAMMAUD, *Droit du Travail*, 2008 cit., pág. 680.

[478] BOSSU/DUMONT/VERKINDT, *Droit du Travail, T. 1*, 2007 cit., pág. 475; FAVENNEC-HÉRY/VERKINDT, *Droit du Travail*, 2009 cit., pág. 549; FOURCADE, "La transaction en droit du travail", 2007 cit., pág. 169 ; PÉLISSIER/LYON-CAEN/JEAMMAUD/DOCKÈS, *Les Grands Arrêts du Droit du Travail*, 2004 cit., pág. 440 ; PÉLISSIER/SUPIOT/JEAMMAUD, *Droit du Travail*, 2008 cit., pág. 680.

Em todo o caso, e porque a *transaction* é, antes de mais, um contrato, pode ser resolvida com fundamento em incumprimento de uma das partes ou invalidada, nos termos gerais. Sobre este ponto, v. BOSSU/DUMONT/VERKINDT, *Droit du Travail, T. 1*, 2007 cit., pág. 476; PÉLISSIER/SUPIOT/JEAMMAUD, *Droit du Travail*, 2008 cit., pág. 681.

[479] BOSSU/DUMONT/VERKINDT, *Droit du Travail, T. 1*, 2007 cit., pág. 475; PÉLISSIER/LYON-CAEN/JEAMMAUD/ /DOCKÈS, *Les Grands Arrêts do Droit du Travail*, 2004 cit., pág. 440; PÉLISSIER/SUPIOT/JEAMMAUD, *Droit du Travail*, 2008 cit., pág. 680.

[480] CORRIGNAN-CARSIN, "Cass. Ass. Plén. 4 Juillet 1997 – Note", in JCP, G, 1997, 22952, pág 518.

[481] PÉLISSIER/LYON-CAEN/JEAMMAUD/DOCKÈS, *Les Grands Arrêts do Droit du Travail*, 2004 cit., pág. 441. No mesmo sentido, BOSSU/DUMONT/VERKINDT, *Droit du Travail, T. 1*, 2007 cit., pág. 475; FAVENNEC-HÉRY/ /VERKINDT, *Droit du Travail*, 2009 cit., pág. 549; JEAMMAUD, "Retour sur une transaction en quête de stabilité", 1999 cit., pág. 354; VERDIER/COEURET/SOURIAC, *Droit du Travail – Vol. 2*, 2009 cit., pág. 126.

[482] PÉLISSIER/LYON-CAEN/JEAMMAUD/DOCKÈS, *Les Grands Arrêts do Droit du Travail*, 2004 cit., pág. 441.

[483] No caso, o litígio que dera origem à *transaction* respeitava uma cláusula de não concorrência e ao pagamento da compensação acordada como contrapartida da sua aceitação pelo trabalhador. Ao decidir como decidiu, a *AssPlén* considerou, afastando-se do entendimento da *CassSoc* exposto no texto, que "não é o litígio que está na origem da *transaction* que determina o alcance desta", antes "são todos os litígios eventuais, invocados na *transaction*, que fixam" esse mesmo alcance, pelo que "os termos utilizados no acto transaccional pelo trabalhador têm um papel decisivo" (PÉLISSIER/LYON-CAEN/JEAMMAUD/DOCKÈS).

A REVOGAÇÃO DO CONTRATO DE TRABALHO

subsequente da *CassSoc* tem vindo a limitar o alcance desta muito criticada *"analyse civiliste"*[484], procurando acautelar os trabalhadores contra os "efeitos radicais" destas *transactions* gerais, seja abrindo-lhes a via da impugnação, seja limitando o respectivo alcance[485].

Porque quando celebra uma *transaction* para regular as consequências da cessação do contrato, o trabalhador cede quanto a parte das suas pretensões recebe, habitualmente, como contrapartida, uma indemnização paga pelo empregador[486] – a *indemnité transactionelle*. Esta pode ser *globale et forfaitaire*, com vista a pôr fim a todas as contestações relativas à ruptura[487], ou apresentar-se como uma conta detalhada das diversas quantias a pagar. A contraposição não tem, contudo, reflexos senão no plano dos descontos para a segurança social[488].

Mas, sobretudo, atribuiu um papel preponderante "à formulação geral complementar inscrita na mesma *transaction*", pela qual o trabalhador "renunciava a quaisquer reclamações, qualquer que seja a sua natureza", relativas à execução ou à cessação do contrato de trabalho (BOULMIER). Sobre esta decisão, v. BOSSU/DUMONT/VERKINDT, *Droit du Travail*, T. 1, 2007 cit., pp. 475-476; BOULMIER, "Cass Ass.Plén. 4 Juillet 1997 – Note", *in Recueil Dalloz*, 1998, pp. 101 segs; CORRIGNAN-CARSIN, "Cass. Ass. Plén. 4 Juillet 1997", cit., 1997, pp. 517 segs.; FOURCADE, "La transaction en droit du travail", 2007 cit., pág. 169; MAZEAUD, *Droit du Travail*, 2008 cit., pág. 447; PÉLISSIER/LYON-CAEN/JEAMMAUD/DOCKÈS, *Les Grands Arrêts du Droit du Travail*, 2004 cit., pág. 441; PÉLISSIER/SUPIOT/JEAMMAUD, *Droit du Travail*, 2008 cit., pág. 681.

[484] MAZEAUD, *Droit du Travail*, 2008 cit., pág. 447. No mesmo sentido, com indicações de jurisprudência, v. BOSSU/DUMONT/VERKINDT, *Droit du Travail*, T. 1, 2007 cit., pp. 474-476 ; BOULMIER, "Cass Ass.Plén. 4 Juillet 1997 – Note", *Recueil Dalloz*, 1998, pág. 103; CORRIGNAN-CARSIN, "Cass. Ass. Plén. 4 Juillet 1997", cit., 1997, pág. 518; FOURCADE, "La transaction en droit du travail", 2007 cit., pág. 169; PÉLISSIER/LYON--CAEN/JEAMMAUD/DOCKÈS, *Les Grands Arrêts du Droit du Travail*, 2004 cit., pp. 441-442. De entre as várias críticas movidas a esta decisão, justifica especial referência à dificuldade criada pela substituição, mediante interpretação judicial, da fórmula restritiva (limitada ao objecto do litígio e à qual se reportaria a compensação ajustada), pela referida fórmula geral, no que respeita à apreciação da suficiência e adequação das *concessions réciproques* (BOULMIER, *op. loc. cits.*).

[485] Em particular quanto a cláusulas do contrato de trabalho destinadas a produzir efeitos uma vez cessado este ou, em geral, a "direitos futuros eventuais", ainda não existentes no momento da ruptura e "aos quais o trabalhador não poderia validamente renunciar, porque não poderia razoavelmente contemplá-los". Neste sentido, CORRIGNAN-CARSIN, "Cass. Ass. Plén. 4 Juillet 1997", cit., 1997, pág. 518 e, ainda, FOURCADE, "La transaction en droit du travail", 2007 cit., pág. 169; JEAMMAUD, "Retour sur une transaction en quête de stabilité", 1999 cit., pág. 354; PÉLISSIER/LYON-CAEN/JEAMMAUD/DOCKÈS, *Les Grands Arrêts du Droit du Travail*, 2004 cit., pág. 442.

[486] PÉLISSIER/SUPIOT/JEAMMAUD, *Droit du Travail*, 2008 cit., pág. 681.

[487] PÉLISSIER/SUPIOT/JEAMMAUD, *Droit du Travail*, 2008 cit., pág. 681.

[488] Com efeito, a *indemnité transactionelle globale et forfaitaire*, tem-no entendido a jurisprudência, não está sujeita a descontos para a segurança social, ainda que o seu montante seja superior ao da indemnização de despedimento prevista na lei ou em convenção colectiva (só não será assim quando se conclua que engloba elementos de remuneração sujeitos a tais descontos). Sobre este ponto, v. BOSSU//DUMONT/VERKINDT, *Droit du Travail*, T. 1, 2007 cit., pp. 476-477; PÉLISSIER/SUPIOT/JEAMMAUD, *Droit du Travail*, 2008 cit., pág. 681.

A EXTINÇÃO PACTUADA DO CONTRATO DE TRABALHO NOUTROS ORDENAMENTOS

3.3. Espanha

3.3.1. O *mutuo acuerdo* das partes como causa extintiva do contrato de trabalho (art. 49-1-a) do *ET*)

A extinção do contrato de trabalho por *mutuo acuerdo* das partes é a primeira das várias causas enumeradas no art. 49-1-a), do *ET*[489].

Porém, e porque este não mais se lhe refere, não lhe fazendo, designadamente, corresponder uma específica disciplina laboral[490], o acordo extintivo ou liberatório, dirigido a pôr fim à relação de trabalho[491] – que a doutrina espanhola converge em designar *mutuo disenso*[492] – segue, em primeira linha, o regime

---

[489] A doutrina espanhola tende a agrupar, sobretudo para efeitos expositivos, sob o denominador comum da "vontade conjunta das partes", tanto a estipulação, em simultâneo com o próprio contrato de trabalho, de um termo final ou condição resolutiva, como a celebração, em momento subsequente, de um novo acordo destinado a fazer cessar a relação laboral que as vincula. Trata-se, em todo o caso, de situações bem distintas: apenas nesta última a vontade expressa pelas partes se dirige directamente à extinção do contrato – e não, como nas demais, a concretizar a sua duração, "mediante a fixação de termo, prazo ou condição resolutiva". A própria lei reflecte essa distinção, ao tratar separadamente o *"mutuo acuerdo"* na al. a) do nº 1 do art. 49 do *ET*, e as "causas validamente consignadas no contrato" e o decurso "do prazo ou termo fixado" ou a "realização da obra ou serviço", nas als b) e c) do mesmo preceito, que, aliás, submete a um conjunto de regras próprias.
Sobre este ponto, v. ALONSO OLEA/CASAS BAAMONDE, *Derecho del Trabajo*, 21ª ed., Thomson – Civitas, Madrid, 2003, pp. 515-517; ÁLVAREZ DE LA ROSA, "Suspensión y extinción del contrato de trabajo por mútuo acuerdo y por causas consignadas en el contrato (en torno a los artículos 45.1.a) y b) Y 49.1.a) y b))" *in El Estatuto de los Trabajadores: Veinte años después – REDT*, nº 100, T. 2, 2000, pág. 954; MARTIN VALVERDE/RODRIGUEZ-SAÑUDO GUTIERREZ/GARCIA MURCIA, *Derecho del Trabajo*, 16ª ed., Tecnos, Madrid, 2007, pp. 710-711 e 754; MOLERO MANGLANO/SÁNCHEZ-CERVERA VALDEZ/LOPEZ ALVAREZ/MATORRAS DÍAZ--CANEJA, *Manual de Derecho del Trabajo*, 7ª ed., Thomson-Civitas, Madrid, 2007, pp. 465 segs.; MONTOYA MELGAR, *Derecho del Trabajo*, 28ª ed., Tecnos, Madrid, 2007, pp. 455 e 448 segs.; SANTIAGO REDONDO, *La Extinción Consensual de la Relación Laboral*, Editorial Lex Nova, Valladolid, 2000, pp. 101 segs. e 117 segs.
[490] ALONSO OLEA/CASAS BAAMONDE, *Derecho del Trabajo*, 2003 cit., pág. 520; ÁLVAREZ DE LA ROSA, "Suspensión y extinción del contrato de trabajo por mútuo acuerdo", 2000, cit., pág. 954; SANTIAGO REDONDO, *La Extinción Consensual de la Relación Laboral*, 2000 cit., pág. 115; VALDES DAL-RE, "Continuidad y crisis en la doctrina judicial sobre el valor liberatório del finiquito (I)", *in RL*, nº 22, 1993, pág. 54.
[491] No sentido de que o contrato extintivo se caracteriza, justamente, "não por criar obrigações, mas por suprimir a relação obrigatória vigente", v. SANTIAGO REDONDO, *La Extinción Consensual de la Relación Laboral*, 2000 cit., pág. 106 e, ainda, MARTIN VALVERDE/RODRIGUEZ-SAÑUDO GUTIERREZ/GARCIA MURCIA, *Derecho del Trabajo*, 2007 cit., pág. 755; MONTOYA MELGAR, *Derecho del Trabajo*, 2007 cit., pág. 455; VALDES DAL-RE, "Mutuo acuerdo y despido", *in RL*, nº 19, 1993, pág. 48.
[492] Ou *contrarius consensus*: do que se trata é "de uma retratação do acto jurídico por parte dos mesmos autores que o concertaram, uma verdadeira e própria revogação bilateral (ou consensual) do originário contrato", *i.e.*, "do consentimento inicial" (SANTIAGO REDONDO, *La Extinción Consensual de la Relación Laboral*, 2000 cit., pág. 106). No mesmo sentido, v. ALONSO OLEA/CASAS BAAMONDE, *Derecho del Trabajo*, 2003 cit., pág. 520; ÁLVAREZ DE LA ROSA, "Suspensión y extinción del contrato de trabajo por mútuo acuerdo", 2000, cit., pág. 954; DESDENTADO BONETE/DE LA PUEBLA PINILLA, *Despido y Jurisprudencia: la extinción del contrato de trabajo en la unificación de doctrina*, Editorial Lex Nova, Valladolid, 2002, pág. 197; MARTIN VALVERDE/RODRIGUEZ-SAÑUDO GUTIERREZ/GARCIA MURCIA, *Derecho del Trabajo*, 2007 cit.,

A REVOGAÇÃO DO CONTRATO DE TRABALHO

comum, de direito civil, radicando no princípio da autonomia privada, "entendido este no seu sentido mais amplo, como poder atribuído aos particulares para criar, modificar e extinguir relações jurídicas (art. 1255 do *Código Civil*)[493]. Neste sentido, a extinção pactuada do contrato de trabalho não está sujeita a quaisquer requisitos ou formalidades especiais[494]. As partes "não estão obrigadas a fundar a sua decisão resolutória em causa alguma"[495] e esta opera *ex nunc*, nos termos gerais[496]. Porque a sua forma é livre[497], o *mutuo disenso* tanto pode ser escrito, como verbal[498], manifestando-se a vontade das partes de forma expressa ou, no limite, de forma tácita[499].

---

pág. 755; MONTOYA MELGAR, *Derecho del Trabajo*, 2007 cit., pp. 448 e 455; PALOMEQUE LOPEZ/ÁLVAREZ DE LA ROSA, *Derecho del Trabajo*, 15ª ed., Editorial Centro de Estudios Ramon Areces, Madrid, 2007, pág. 719; VALDES DAL-RE, "Mutuo acuerdo y despido", 1993 cit., pág. 48.

[493] VALDES DAL-RE, "Continuidad y crisis en la doctrina judicial sobre el valor liberatório del finiquito (I)", 1993 cit., pág. 54. No mesmo sentido, v. SANTIAGO REDONDO, *La Extinción Consensual de la Relación Laboral*, 2000 cit., pp. 115-116; VALDES DAL-RE, "Mutuo acuerdo y despido", 1993 cit., pág. 48.

[494] ALBIOL MONTESINOS/CAMPS RUIZ/LOPEZ GANDIA/SALA FRANCO, *Compendio de Derecho del Trabajo*, II – Contrato Individual, 2ª ed., Tirant lo Blanch, Valência, 2007, pág. 337; ALONSO OLEA/CASAS BAAMONDE, *Derecho del Trabajo*, 2003 cit., pág. 520; DESDENTADO BONETE/DE LA PUEBLA PINILLA, *Despido y Jurisprudencia*, 2002 cit., pág. 197; MOLERO MANGLANO/SÁNCHEZ-CERVERA VALDEZ/LOPEZ ALVAREZ/MATORRAS DÍAZ-CANEJA, *Manual de Derecho del Trabajo*, 2007, cit., pág. 467; RIOS SALMERÓN in MONTOYA MELGAR/GALIANA MORENO/SEMPERE NAVARRO/RIOS SALMÉRON, *Comentarios al Estatuto de los Trabajadores*, 7ª. ed., Aranzadi-Thomson, Cizur Menor (Navarra), 2007, pág. 546; VALDES DAL-RE, "Continuidad y crisis en la doctrina judicial sobre el valor liberatório del finiquito (I)", 1993 cit., pág. 54.

[495] MONTOYA MELGAR, *Derecho del Trabajo*, 2007 cit., pág. 455. No mesmo sentido, v. MOLERO MANGLANO/SÁNCHEZ-CERVERA VALDEZ/LOPEZ ALVAREZ/MATORRAS DÍAZ-CANEJA, *Manual de Derecho del Trabajo*, 2007, cit., pág. 466.
Refira-se, em todo o caso, que a desnecessidade de indicação "de um motivo localizado e típico para desencadear a validade da extinção" por *mutuo disenso* a que se alude no texto de modo algum obsta ao controlo da "regularidade causal" do mesmo, traduzida, não apenas na verificação, no caso, da sua causa – que não é, senão, "a extinção de uma relação laboral preexistente" (VALDES DAL-RE) mas, também, na "inexistência de uma causa ilícita" para a respectiva celebração. Neste sentido, SANTIAGO REDONDO, *La Extinción Consensual de la Relación Laboral*, 2000 cit., pág. 176. V., ainda, MONTOYA MELGAR, *Derecho del Trabajo*, 2007 cit., pág. 455; SANTOR SALCEDO, "Repliegue de la norma indisponible y nuevos espacios para la autocomposición en los conflictos de trabajo", *in REDT*, nº 134, 2007, pp. 402-403; VALDES DAL-RE, "Mutuo acuerdo y despido", 1993 cit., pág. 53. Retomaremos este ponto já em seguida, a propósito das condições de validade do acordo extintivo do contrato de trabalho.

[496] ALONSO OLEA/CASAS BAAMONDE, *Derecho del Trabajo*, 2003 cit., pág. 520.

[497] MARTINEZ GIRON/ARUFE VARELA/CARRIL VAZQUEZ, *Derecho del Trabajo*, Netbiblo, 2004, pág. 309.

[498] ALBIOL MONTESINOS/CAMPS RUIZ/LOPEZ GANDIA/SALA FRANCO, *Compendio de Derecho del Trabajo*, II, 2007 cit., pág. 337; MARTIN VALVERDE/RODRIGUEZ-SAÑUDO GUTIERREZ/GARCIA MURCIA, *Derecho del Trabajo*, 2007 cit., pág. 755; MONTOYA MELGAR, *Derecho del Trabajo*, 2007 cit., pág. 455; MONTOYA MELGAR/GALIANA MORENO/SEMPERE NAVARRO/RIOS SALMÉRON, *Comentarios al Estatuto de los Trabajadores*, 2007 cit., pág. 546, entendendo estes AA que "por razões práticas será aconselhável (...) a utilização da forma escrita".

[499] Designadamente através da mera cessação pelas partes, "num determinado momento, de comum acordo, a execução das respectivas prestações". Sobre este ponto, MONTOYA MELGAR, *Derecho del Trabajo*, 2007 cit., pág. 455.

A EXTINÇÃO PACTUADA DO CONTRATO DE TRABALHO NOUTROS ORDENAMENTOS

Com grande frequência, a cessação pactuada do contrato de trabalho é formalizada mediante a inclusão do mútuo acordo extintivo no designado *finiquito* (*recibo de finiquito*[500], *recibo de saldo y finiquito*[501] ou *finiquito de terminación y saldo de cuenta*[502]). Comum a todas as formas de cessação do contrato de trabalho, o *finiquito* é um documento com "um conteúdo complexo", que tanto "pode ser expressão de uma vontade extintiva do contrato" (*finiquito-extinción*)", como "pode compreender, alternativa ou cumulativamente, um remate ou saldo de contas"[503], resultante da *reseña* dos vários créditos devidos ao trabalhador[504] (*finiquito-ajuste* ou *finiquito liquidación*) e conter, ainda, a declaração, por este, de ter recebido o respectivo montante e de que "nada fica a dever o empresário ao trabalhador" ou de que "nada se devem as partes entre si"[505]. A jurisprudência e a doutrina reconhecem-lhe um efeito liberatório do empregador: "quanto às distintas realidades que documenta", o *finiquito* actua como prova "da extinção do contrato ou do ajuste de *cuentas de cantidad*", ou de uma e de outro"[506]. Este o sentido do "efeito extintivo" e do "efeito liquidatório"[507] que lhe são, por aquelas, associados. No que se refere especialmente ao primeiro, sempre que o *finiquito* contenha a declaração de que o contrato de trabalho se extingue por mútuo acordo, o reconhecimento deste "efeito extintivo" depende de ser clara e inequívoca a expressão da "vontade extintiva concorde das partes"[508]. Retomaremos todos estes pontos já em seguida[509].

---

[500] GARCIA ORTEGA/GOERLICH PESET/PEREZ DE LOS COBOS ORIHUEL/RAMIREZ MARTINEZ/SALA FRANCO, *Curso de Derecho del Trabajo (dir. Juan M. Ramirez Martinez)*, 15ª ed., Tirant lo Blanch, Valencia, 2006, pág. 530; MARTINEZ GIRON/ARUFE VARELA/CARRIL VAZQUEZ, *Derecho del Trabajo*, 2004 cit., pág. 310; PALOMEQUE LOPEZ/ÁLVAREZ DE LA ROSA, *Derecho del Trabajo*, 2007 cit., pág. 720.

[501] VALDES DAL-RE, "Continuidad y crisis en la doctrina judicial sobre el valor liberatório del finiquito (I)", 1993 cit., pág. 55.

[502] MONTOYA MELGAR, *Derecho del Trabajo*, 2007 cit., pág. 455.

[503] VALDES DAL-RE, "Continuidad y crisis en la doctrina judicial sobre el valor liberatório del finiquito (I)", 1993 cit., pág. 55.

[504] E que tanto podem ser créditos laborais, retributivos ou não retributivos, como créditos extra--laborais. O ponto será retomado já adiante, no nº 3.3.2.

[505] ALONSO OLEA/CASAS BAAMONDE, *Derecho del Trabajo*, 2003 cit., pág. 520; VALDES DAL-RE, "Continuidad y crisis en la doctrina judicial sobre el valor liberatorio del finiquito (I)", 1993 cit., pág. 55.

[506] VALDES DAL-RE, "Continuidad y crisis en la doctrina judicial sobre el valor liberatório del finiquito (I)", 1993 cit., pág. 55.

[507] MARTIN VALVERDE/RODRIGUEZ-SAÑUDO GUTIERREZ/GARCIA MURCIA, *Derecho del Trabajo*, 2007 cit., pág. 755; MARTINEZ GIRON/ARUFE VARELA/CARRIL VAZQUEZ, *Derecho del Trabajo*, 2004 cit., pág. 310; PALOMEQUE LOPEZ/ÁLVAREZ DE LA ROSA, *Derecho del Trabajo*, 2007 cit., pág. 720; SANTIAGO REDONDO, *La Extinción Consensual de la Relación Laboral*, 2000 cit., pág. 110.

[508] ÁLVAREZ DE LA ROSA, "Suspensión y extinción del contrato de trabajo por mútuo acuerdo", 2000 cit., pág. 955.

Esta imposição, que tem vindo a consolidar-se na jurisprudência mais recente, representa o abandono de uma orientação durante largo tempo mantida, contra a opinião crítica da maioria da doutrina. Com

A cessação pactuada do contrato de trabalho não confere, só por si, qualquer indemnização ao trabalhador[510] – muito embora possa a sua atribuição ser ajustada em momento anterior, simultâneo ou posterior àquela[511]. Igualmente não constitui pressuposto legal do direito a prestações de desemprego[512]. A conjugação destes dois factos leva a que, não raro, empregador e trabalhador acordem em dissimular o *mutuo disenso* sob a aparência de um despedimento – que, por ser improcedente, confere ao trabalhador direito a uma indemnização legal, que o empregador aceita pagar[513], e que, por constituir (ainda que de

efeito, ao exigir que o *mutuo acuerdo* extintivo formalizado no *finiquito* resulte das vontades convergentes do trabalhador e do empregador em tal sentido nele plasmadas, os tribunais afastam liminarmente a qualificação como *contrario consenso* da mera aceitação pelo trabalhador – mediante a assinatura do *finiquito* – das consequências pecuniárias da cessação já consumada, por qualquer outra causa, *maxime* da liquidação de créditos emergentes da relação laboral finda. Voltaremos a esta questão, na parte final deste número, a propósito das limitações que ao *mutuo acuerdo* extintivo advêm da sua sujeição a regimes de directo comum – neste caso particular, ao da causa.

Sobre este ponto, v., entre outros, ALBIOL MONTESINOS/CAMPS RUIZ/LOPEZ GANDIA/SALA FRANCO, *Compendio de Derecho del Trabajo*, II, 2007 cit., pág. 337; GARCIA RUBIO, *El Recibo de Finiquito y sus Garantías Legales*, 2ª ed., Tirant lo Blanch, Valencia, 1999, pp. 39 segs.; MARTIN VALVERDE/RODRIGUEZ-SAÑUDO GUTIERREZ/ GARCIA MURCIA, *Derecho del Trabajo*, 2007 cit., pág. 755; MOLERO MANGLANO/SÁNCHEZ-CERVERA VALDEZ/ LOPEZ ALVAREZ/MATORRAS DÍAZ-CANEJA, *Manual de Derecho del Trabajo*, 2007, cit., pág. 467; MONTOYA MELGAR, *Derecho del Trabajo*, 2007 cit., pág. 455; PALOMEQUE LOPEZ/ÁLVAREZ DE LA ROSA, *Derecho del Trabajo*, 2007 cit., pág. 720; RAMOS QUINTANA, *La Garantia de los Derechos de los Trabajadores (Inderogabilidad y Indisponibilidad)*, Editorial Lex Nova, Valladolid, 2002, pág. 78; SANTIAGO REDONDO, *La Extinción Consensual de la Relación Laboral*, 2000 cit., pp. 227 segs.; SANTOR SALCEDO, "Repliegue de la norma indisponible y nuevos espacios para la autocomposición", 2007 cit., pp. 402-403; VALDES DAL-RE, "Mutuo acuerdo y despido", 1993 cit., pp. 50 segs.

[509] Cfr. o nº 3.3.2

[510] ALBIOL MONTESINOS/CAMPS RUIZ/LOPEZ GANDIA/SALA FRANCO, *Compendio de Derecho del Trabajo*, II, 2007 cit., pág. 338; ALONSO OLEA/CASAS BAAMONDE, *Derecho del Trabajo*, 2003 cit., pág. 522; ÁLVAREZ DE LA ROSA, "Suspensión y extinción del contrato de trabajo por mútuo acuerdo", 2000 cit., pág. 954.

[511] ALBIOL MONTESINOS/CAMPS RUIZ/LOPEZ GANDIA/SALA FRANCO, *Compendio de Derecho del Trabajo*, II, 2007 cit., pág. 338; ALONSO OLEA/CASAS BAAMONDE, *Derecho del Trabajo*, 2003 cit., pág. 522; MARTIN VALVERDE/ /RODRIGUEZ-SAÑUDO GUTIERREZ/GARCIA MURCIA, *Derecho del Trabajo*, 2007 cit., pág. 755.

Igualmente, sublinham estes últimos AA, "o acordo que põe fim ao contrato haverá de estender-se também à liquidação das obrigações pendentes, com inclusão dos salários devidos ao trabalhador, assim como da parte proporcional de complementos de vencimento periódico superior ao mês" e, sendo o caso, "a compensação económica correspondente às férias vencidas e não desfrutadas".

[512] Consistindo numa extinção voluntária do contrato, o trabalhador não é um *"parado forzoso"*, não se encontrando em situação legal de desemprego. Neste sentido, ALONSO OLEA/CASAS BAAMONDE, *Derecho del Trabajo*, 2003 cit., pág. 522; MARTINEZ GIRON/ARUFE VARELA/CARRIL VAZQUEZ, *Derecho del Trabajo*, 2004 cit., pág. 311.

[513] ALONSO OLEA/CASAS BAAMONDE, *Derecho del Trabajo*, 2003 cit., pág. 522; MOLERO MANGLANO/SÁNCHEZ- -CERVERA VALDEZ/LOPEZ ALVAREZ/MATORRAS DÍAZ-CANEJA, *Manual de Derecho del Trabajo*, 2007, cit., pp. 466-467, notando estes últimos AA que, se a indemnização por despedimento improcedente, por ser legalmente prevista, beneficia de um regime de isenção fiscal quanto ao seu montante mínimo, o mesmo não sucede com a indemnização eventualmente ajustada pelas partes no acordo extintivo

A EXTINÇÃO PACTUADA DO CONTRATO DE TRABALHO NOUTROS ORDENAMENTOS

forma simulada e com claro intuito defraudatório "do sistema de protecção no desemprego"[514]) "uma extinção não voluntária" do contrato, lhe permite aceder a prestações de desemprego[515].

Por último, refira-se que a liberdade de que gozam empregador e trabalhador em matéria de cessação pactuada do contrato – por força da não sujeição do respectivo *mutuo acuerdo* extintivo aos constrangimentos invariavelmente associados à previsão de um regime laboral próprio[516] –, longe de ser irrestrita, surge fortemente condicionada. Em primeira linha, pela sua sujeição a regimes de direito comum[517] – como o da falta e vícios da vontade[518], o do abuso de direito[519] ou o da causa[520], de cuja observância depende a validade do negócio

– o que será mais um motivo para que empregador e trabalhador optem pelo esquema fraudulento descrito no texto, de simular o despedimento, para obter vantagens que por via do *mutuo acuerdo* não alcançariam.

[514] VALDES DAL-RE, "Mutuo acuerdo y despido", 1993 cit., pág. 49.

[515] ALBIOL MONTESINOS/CAMPS RUIZ/LOPEZ GANDIA/SALA FRANCO, *Compendio de Derecho del Trabajo*, II, 2007 cit., pág. 337; ALONSO OLEA/CASAS BAAMONDE, *Derecho del Trabajo*, 2003 cit., pág. 522; MARTINEZ GIRON/ /ARUFE VARELA/CARRIL VAZQUEZ, *Derecho del Trabajo*, 2004 cit., pág. 311; MOLERO MANGLANO/SÁNCHEZ- -CERVERA VALDEZ/LOPEZ ALVAREZ/MATORRAS DÍAZ-CANEJA, *Manual de Derecho del Trabajo*, 2007, cit., pp. 466-467; VALDES DAL-RE, "Mutuo acuerdo y despido", 1993 cit., pp. 48-49.

[516] Como se viu suceder em França (nº 3.2.1 *supra*), com as limitações jurisprudenciais à *rupture amiable* e, mais recentemente, com a nova disciplina da *rupture conventionelle*.

[517] VALDES DAL-RE, "Continuidad y crisis en la doctrina judicial sobre el valor liberatório del finiquito (I)", 1993 cit., pág. 54.

[518] Constante dos arts. 1265 a 1270 do *Código Civil*. O ónus da alegação e prova de eventual "*error, violência, intimidacion ou dolo*" recai, nos termos gerais, sobre o trabalhador que pretenda invalidar a sua declaração extintiva com fundamento na sua ocorrência. Neste sentido, ALBIOL MONTESINOS/CAMPS RUIZ/LOPEZ GANDIA/SALA FRANCO, *Compendio de Derecho del Trabajo*, II, 2007 cit., pág. 337; ÁLVAREZ DE LA ROSA, "Suspensión y extinción del contrato de trabajo por mútuo acuerdo", 2000 cit., pp. 955-956; GARCIA ORTEGA/GOERLICH PESET/PEREZ DE LOS COBOS ORIHUEL/RAMIREZ MARTINEZ/SALA FRANCO, *Curso de Derecho del Trabajo*, 2006 cit., pág. 529; MOLERO MANGLANO/SÁNCHEZ-CERVERA VALDEZ/LOPEZ ALVAREZ/ /MATORRAS DÍAZ-CANEJA, *Manual de Derecho del Trabajo*, 2007, cit., pág. 467.

[519] ALONSO OLEA/CASAS BAAMONDE, *Derecho del Trabajo*, 2003 cit., pág. 515; MONTOYA MELGAR, *Derecho del Trabajo*, 2007 cit., pág. 455

[520] Prescrevem os arts. 1261 e 1275 a 1277 do *Código Civil* que a existência, licitude e veracidade da causa condicionam a validade e eficácia do contrato.
A ilicitude da causa resulta, em primeira linha, da sua contrariedade à lei, mas também à moral – afirma-o o referido art. 1275. Sobre este ponto, com indicações de jurisprudência, v. ÁLVAREZ DE LA ROSA, "Suspensión y extinción del contrato de trabajo por mútuo acuerdo", 2000 cit., pág. 955; GARCIA ORTEGA/GOERLICH PESET/PEREZ DE LOS COBOS ORIHUEL/RAMIREZ MARTINEZ/SALA FRANCO, *Curso de Derecho del Trabajo*, 2006 cit., pág. 529.
Constitui ainda um problema de causa – se bem que situado num outro plano, o da sua existência – o suscitado pela orientação longo tempo firmada na jurisprudencia espanhola e só recentemente alterada, que tendia a admitir e a qualificar, para todos os efeitos, como *mutuo acuerdo*, a assinatura pelo empregador e pelo trabalhador, em momento subsequente ao despedimento deste, de um *finiquito* contendo a liquidação de créditos emergentes da relação laboral finda. Ao aceitar (e porventura transigir sobre) as quantias que lhe seriam devidas, o trabalhador estaria, também, a dar o seu assen-

A REVOGAÇÃO DO CONTRATO DE TRABALHO

liberatório firmado. Mas também, e não menos significativamente, "pelos critérios que informam a terminação" da relação laboral[521], em especial pelo princípio da irrenunciabilidade de direitos, enunciado no art. 3-5, do *ET*[522], que veda ao trabalhador abdicar de direitos que lhe sejam atribuídos por disposições injuntivas, legais ou convencionais.

3.3.2. O *finiquito de liquidación y saldo de cuentas*

Passando a contemplar de perto o documento geralmente denominado "*finiquito*", um primeiro aspecto que cumpre destacar é a ausência de uma sua regulação laboral própria e específica[523]. Trata-se, com efeito, de um instituto construído e desenvolvido pela doutrina e pela jurisprudência[524], que o submetem, em geral, ao regime comum em matéria contratual[525]. E que lhe destacam a "polissemia"[526] e a flexibilidade conceptual, a permitir comportar as

---

timento a uma cessação – afinal pactuada – do contrato de trabalho. Esta construção foi objecto de quase unânime contestação pela doutrina que, admitindo que o mútuo consenso das partes "pode evidentemente surgir em qualquer altura com valor transaccional" – desde logo no que se refere ao *quantum* da indemnização devida ou, em geral, às consequências de uma cessação resultante de qualquer outra causa prevista no art. 49 do ET (ALVAREZ DE LA ROSA) –, nega que ao mesmo possa atribuir-se um efeito extintivo de uma relação laboral já anteriormente terminada, por declaração unilateral do empregador. Mais exactamente, este *contrario consenso* "posterior à decisão empresarial de despedir o trabalhador" constitui um "negócio jurídico sem causa", não sendo de molde a produzir qualquer efeito extintivo (VALDÉS DAL-RÉ). Para mais desenvolvimentos sobre este ponto, v. ALONSO OLEA/CASAS BAAMONDE, *Derecho del Trabajo*, 2003 cit., pp. 521-522; ÁLVAREZ DE LA ROSA, "Suspensión y extinción del contrato de trabajo por mútuo acuerdo", 2000 cit., pp. 954-955; GARCIA RUBIO, *El Recibo de Finiquito y sus Garantías Legales*, 1999 cit., pp. 15 e 44 segs.; MOLERO MANGLANO/SÁNCHEZ-CERVERA VALDEZ/LOPEZ ALVAREZ/MATORRAS DÍAZ-CANEJA, *Manual de Derecho del Trabajo*, 2007, cit., pp. 466-467; SANTIAGO REDONDO, *La Extinción Consensual de la Relación Laboral*, 2000 cit., pp. 227 segs.; SANTOR SALCEDO, "Repliegue de la norma indisponible y nuevos espacios para la autocomposición", 2007 cit., pp. 402-403; VALDES DAL-RE, "Mutuo acuerdo y despido", 1993 cit., pp. 52-53.

[521] VALDES DAL-RE, "Continuidad y crisis en la doctrina judicial sobre el valor liberatório del finiquito (I)", 1993 cit., pág. 54.

[522] ALONSO OLEA/CASAS BAAMONDE, *Derecho del Trabajo*, 2003 cit., pág. 515; MARTIN VALVERDE/RODRI-GUEZ-SAÑUDO GUTIERREZ/GARCIA MURCIA, *Derecho del Trabajo*, 2007 cit., pág. 755; MOLERO MANGLANO/SÁNCHEZ-CERVERA VALDEZ/LOPEZ ALVAREZ/MATORRAS DÍAZ-CANEJA, *Manual de Derecho del Trabajo*, 2007 cit., pp. 466-467; MONTOYA MELGAR, *Derecho del Trabajo*, 2007 cit., pág. 455; PALOMEQUE LOPEZ/ÁLVAREZ DE LA ROSA, *Derecho del Trabajo*, 2007 cit., pág. 719.

[523] GARCIA RUBIO, *El Recibo de Finiquito y sus Garantías Legales*, 1999 cit., pág. 13; SENRA BIEDMA, "El saldo y finiquito como instrumento liberatório de obligaciones del empresário. Una construccion jurisprudencial *contra legem*?", *in RL*, nº 4, 1990, pág. 409.

[524] GARCIA RUBIO, *El Recibo de Finiquito y sus Garantías Legales*, 1999 cit., pág. 13.

[525] GARCIA RUBIO, *El Recibo de Finiquito y sus Garantías Legales*, 1999 cit., pág. 13.

[526] VALDES DAL-RE, "Continuidad y crisis en la doctrina judicial sobre el valor liberatório del finiquito (I)", 1993 cit., pág. 55.

A EXTINÇÃO PACTUADA DO CONTRATO DE TRABALHO NOUTROS ORDENAMENTOS

mais variadas declarações, recondutíveis, no limite, a uma de duas vertentes: extintiva e liquidatória[527].

Detendo-nos especialmente nestas, o *finiquito* pode ser, tal como fomos antecipando, "o documento pelo qual as partes manifestam de forma escrita que a sua relação de trabalho se extinguiu"[528]. Constituindo originariamente "o modo pelo qual se formalizava a cessação da relação laboral baseada no *mutuo acuerdo*"[529], o âmbito do *finiquito* foi sendo alargado pela jurisprudência, de modo a abarcar outras situações de ruptura do vínculo contratual: primeiro as devidas a iniciativa do trabalhador[530], depois as resultantes das demais causas enumeradas no art. 49 do *ET*[531]. Advirta-se, não obstante, que em todos estes casos, e contrariamente ao que sucede no *mutuo disenso*, o sentido do *finiquito-extinción* não é "dar forma" à extinção da relação laboral, mas apenas atestar a sua ocorrência[532] e regular as suas consequências económicas, por acordo entre as partes.[533]

---

[527] GARCIA RUBIO, *El Recibo de Finiquito y sus Garantías Legales*, 1999 cit., pág. 13; PALOMEQUE LOPEZ/ /ÁLVAREZ DE LA ROSA, *Derecho del Trabajo*, 2007 cit., pág. 720.

[528] ALONSO OLEA/CASAS BAAMONDE, *Derecho del Trabajo*, 2003 cit., pp. 520-521; GARCIA RUBIO, *El Recibo de Finiquito y sus Garantías Legales*, 1999 cit., pág. 14; VALDES DAL-RE, "Continuidad y crisis en la doctrina judicial sobre el valor liberatorio del finiquito (y II)" RL, nº 22, pp. 60 segs. "Continuidad y crisis en la doctrina judicial sobre el valor liberatório del finiquito (y II)", 1993 cit., pág. 52.

[529] GARCIA RUBIO, *El Recibo de Finiquito y sus Garantías Legales*, 1999 cit., pág. 14.

[530] Como a *dimisión* e a *baja voluntaria*. Neste sentido, GARCIA RUBIO, *El Recibo de Finiquito y sus Garantías Legales*, 1999 cit., pág. 14.

[531] Em especial o despedimento. Neste sentido, GARCIA RUBIO, *El Recibo de Finiquito y sus Garantías Legales*, 1999 cit., pp. 14-15.

[532] Pese embora a concepção muito ampla de *finiquito* perfilhada por alguns sectores da doutrina (que nela abrangem qualquer liquidação efectuada, não apenas quando da cessação da relação laboral mas também da ocorrência de determinadas circunstâncias modificativas desta), a jurisprudência e a doutrina maioritárias tendem a restringir o termo *finiquito* aos documentos que tenham origem numa declaração extintiva das partes. Sobre este ponto, v. ALONSO OLEA/CASAS BAAMONDE, *Derecho del Trabajo*, 2003 cit., pp. 520-521; GARCIA RUBIO, *El Recibo de Finiquito y sus Garantías Legales*, 1999 cit., pág. 17.

[533] A ressalva feita no texto corresponde, conforme se viu *supra*, à abordagem dominante na doutrina, mas não na jurisprudência, que durante muito tempo tendia a assimilar subscrição do *finiquito* e cessação pactuada do contrato, quaisquer que fossem as circunstâncias do caso, designadamente qualificando como *mutuo disenso* as hipóteses de despedimento seguido da subscrição de um *finiquito*, "em que ambas as partes mostram conformar-se com a cessação da relação laboral", por considerar que "a posterior vontade extintiva do trabalhador se sobrepõe à inicial decisão unilateral do empregador" e que, como tal, "é o *mutuo acuerdo* e não o despedimento que põe fim ao vínculo contratual". Ora, conforme sublinha VALDES DAL-RÉ, "a locução *«saldo y finiquito»* não constitui uma fórmula sacramental que comporte e que haja de interpretar-se mecanicamente como equivalente a uma extinção do contrato de trabalho devida à vontade conjunta das partes. Antes, e pelo contrário, «em cada caso haverá que determinar o seu alcance e o significado do contexto em que aparece e da intenção das partes em estabelecê-lo». Sobre este ponto, v. GARCIA RUBIO, *El Recibo de Finiquito y sus Garantías Legales*, 1999 cit., pág. 15; SENRA BIEDMA, "El saldo y finiquito como instrumento liberatório de obligaciones del empresario", 1990 cit., pág. 416; VALDES DAL-RE, "Continuidad y crisis en la doctrina judicial sobre el valor liberatório del finiquito (I)", 1993 cit., pág. 59; "Continuidad y crisis en la doctrina judicial sobre el valor liberatório del finiquito (y II)", 1993 cit., pág. 62; e o número anterior.

A REVOGAÇÃO DO CONTRATO DE TRABALHO

Em alternativa, ou adicionalmente, o *finiquito* pode conter a liquidação ou saldo dos créditos vencidos e detidos por qualquer das partes (*liquidación de haberes*)[534], emergentes ou conexos com a relação laboral finda[535]. E incluir a afirmação de que tal quantia foi entregue ao trabalhador, hipótese em que se perfila como recibo ou prova do pagamento efectuado[536]. Não raro, e conforme houve já ocasião de antecipar, o denominado *finiquito-liquidación* inclui "também uma declaração adicional, em que as partes esclarecem que, a partir desse momento, nada mais devem entre si"[537].

No que se refere à eficácia do *finiquito*, era dupla a virtualidade liberatória que tradicionalmente lhe reconheciam os tribunais: extintiva do vínculo contratual e liquidatória das dívidas nele mencionadas[538]. Significa isto que, com a assinatura do *finiquito*, o empregador obteria um meio de prova quase infalível contra "futuras demandas do trabalhador", relativas à subsistência, fosse da relação laboral, fosse de créditos dela emergentes[539]: para a jurisprudência maioritária, o *finiquito* teria "valor probatorio da extinção por *contrario consenso* e de cumprimento das dívidas reclamadas"[540]. Eram essencialmente dois os argumentos utilizados por esta orientação jurisprudencial, por vezes designada "clássica"[541] e entretanto superada, para justificar o "valor liberatório pleno", porque "indiscutido"[542],

---

[534] GARCIA RUBIO, *El Recibo de Finiquito y sus Garantías Legales*, 1999 cit., pág. 16; SANTOR SALCEDO, "Repliegue de la norma indisponible y nuevos espacios para la autocomposición", 2007 cit., pág. 401

[535] Tais créditos serão, antes de mais, créditos laborais, retributivos e não retributivos, como salários em dívida, horas extraordinárias, proporcionais de férias, gratificações. Neste sentido, ALONSO OLEA/CASAS BAAMONDE, *Derecho del Trabajo*, 2003 cit., pág. 520; GARCIA RUBIO, *El Recibo de Finiquito y sus Garantías Legales*, 1999 cit., pág. 16; MARTINEZ GIRON/ARUFE VARELA/CARRIL VAZQUEZ, *Derecho del Trabajo*, 2004 cit., pág. 310; PALOMEQUE LOPEZ/ÁLVAREZ DE LA ROSA, *Derecho del Trabajo*, 2007 cit., pág. 720; SENRA BIEDMA, "El saldo y finiquito como instrumento liberatório de obligaciones del empresário", 1990, cit., pág. 421. Mas também, e conforme sublinha GARCIA RUBIO, *op. loc cits.*, créditos extralaborais, como os concedidos pelo empregador ao trabalhador ou os resultantes da resolução do arrendamento de uma casa pertencente à empresa empregadora durante a vigência do contrato.

[536] ALONSO OLEA/CASAS BAAMONDE, *Derecho del Trabajo*, 2003 cit., pp. 520-521; GARCIA RUBIO, *El Recibo de Finiquito y sus Garantías Legales*, 1999 cit., pág. 16.

[537] ALONSO OLEA/CASAS BAAMONDE, *Derecho del Trabajo*, 2003 cit., pp. 520-521; GARCIA RUBIO, *El Recibo de Finiquito y sus Garantías Legales*, 1999 cit., pág. 17.

[538] GARCIA RUBIO, *El Recibo de Finiquito y sus Garantías Legales*, 1999 cit., pág. 18.

[539] GARCIA RUBIO, *El Recibo de Finiquito y sus Garantías Legales*, 1999 cit., pp. 18-19, com indicações de jurisprudencia; SENRA BIEDMA, "El saldo y finiquito como instrumento liberatório de obligaciones del empresário", 1990 cit., pág. 409.

[540] VALDES DAL-RE, "Continuidad y crisis en la doctrina judicial sobre el valor liberatório del finiquito (I)", 1993 cit., pág. 55.

[541] VALDES DAL-RE, "Continuidad y crisis en la doctrina judicial sobre el valor liberatorio del finiquito (I)", 1993 cit., pp. 55 e 56.

[542] VALDES DAL-RE, "Continuidad y crisis en la doctrina judicial sobre el valor liberatório del finiquito (I)", 1993 cit., pág. 55.

A EXTINÇÃO PACTUADA DO CONTRATO DE TRABALHO NOUTROS ORDENAMENTOS

outorgado aos *finiquitos*: o exprimirem "uma vontade livre das partes"[543] e o não envolverem "uma renúncia do trabalhador aos seus direitos laborais"[544].

---

[543] GARCIA RUBIO, *El Recibo de Finiquito y sus Garantías Legales*, 1999 cit., pp. 21 segs; VALDES DAL-RE, "Continuidad y crisis en la doctrina judicial sobre el valor liberatório del finiquito (I)", 1993 cit., pp. 55 segs.; "Continuidad y crisis en la doctrina judicial sobre el valor liberatório del finiquito (y II)", 1993 cit., pp. 60 segs. A primeira das duas premissas que suportavam tal "tese judicial maioritária" assentava numa "drástica simplificação e redução", ao limitar a questão da ocorrência dos elementos exigidos para a validade do negócio extintivo "a um problema de livre formação da vontade do trabalhador", sem qualquer indagação quanto ao seu objecto ou à sua causa (VALDES DAL-RÉ). Este facto que, só por si, já reduziria "as possibilidades de combater a eficácia atribuída aos *finiquitos*", era potenciado pela "rigorosa atitude" da jurisprudência, mais exactamente pelo "modo restritivo" como apreciava "a existência de vícios da vontade" (GARCIA RUBIO, *op. cit.*, pp. 22 segs., VALDES DAL-RÉ, *op. cit.*, pág. 57, ambos com indicações de jurisprudência).

Ainda assim, referem os AA cuja análise temos vindo a seguir, surgiu no contexto desta "jurisprudência clássica" um número significativo de decisões mais restritivas quanto ao valor liberatório dos *finiquitos*, cuja validade, sustentavam, não poderia basear-se apenas no "consentimento sério, espontâneo e livre das partes" (VALDES DAL-RÉ), devendo a "valoração do acordo que se plasma no documento de fim de contrato" ser, ainda, submetida às regras gerais de interpretação dos contratos (arts. 1281 a 1289 do *Código Civil*). Simplesmente, refere GARCIA RUBIO, esta orientação terá resultado na aplicação quase exclusiva de duas directrizes – interpretação literal e interpretação histórica (em detrimento, desde logo, da interpretação teleológica, "especialmente aplicável", segundo VALDES DAL-RÉ, "àqueles casos em que, como acontece com o *finiquito*, o seu conteúdo é predisposto e imposto, na imensa maioria dos casos, pelo empresário") – por força das quais os tribunais decidiram reiteradamente "que para poder atribuir valor liberatório aos *finiquitos* é necessário que, tanto dos termos do texto, como da própria actuação das partes (anterior, simultânea ou posterior à assinatura), se deduza claramente que a sua intenção foi outorgar plena eficácia extintivo-liquidatória a tais documentos" (GARCIA RUBIO). No que respeita especialmente "ao critério de interpretação gramatical", sendo "claros e expressos os termos" do documento, a jurisprudência não hesitava em atribuir-lhes pleno valor liberatório, tanto na sua vertente extintiva, como na sua vertente liquidatória. Ainda assim, não raro este se mostrava "ineficaz e insuficiente" – por se coadunar mal com as exegeses da letra das expressões ou palavras utilizadas o facto de a redacção dos *finiquitos* ser habitualmente obra do empregador, que neles inclui "cláusulas de estilo ou expressões estereotipadas", por si escolhidas, sem qualquer participação do trabalhador, que se limita a aceitá-las ao assinar o documento (VALDES DAL-RÉ). O que vale por dizer que, num tal contexto, "os termos utilizados", mais do que a "vontade das partes", reflectem "a intenção do empregador" (GARCIA RUBIO). Mostram-se, a este propósito, especialmente ilustrativas as "cláusulas liquidatórias do *finiquito*" com "carácter genérico e indeterminado", perante as quais os tribunais tendiam a estender "o valor liberatório do documento à totalidade dos elementos retributivos" que pudessem ser devidos de parte a parte, excluindo a reclamação de quaisquer quantidades subsequente à sua assinatura.

Não menos complexo se apresentava o "critério histórico", assente na "indagação dos actos e circunstâncias que rodeiam a subscrição do *finiquito*", sobretudo "naqueles casos em que as manifestações das partes não são suficientemente explícitas" para descobrir a sua exacta vontade. Este, com efeito, se permite ampliar "os pontos de referência em que pode apoiar-se o intérprete", nem sempre é determinante, para além de que comporta o risco de valorização de circunstâncias que apontam em determinado sentido, em detrimento de outras, porventura de alcance oposto – risco bem evidenciado no sistemático favor conferido pela jurisprudência aos factos indiciadores "da extinção da relação laboral e da máxima eficácia extintiva do *finiquito*", que lhe mereceu críticas por parte da doutrina (GARCIA RUBIO, *op. cit.*, pág. 32, no mesmo sentido, VALDES DAL-RÉ, *op. cit.*, pág. 59, ambos com indicações de jurisprudência).

[544] GARCIA RUBIO, *El Recibo de Finiquito y sus Garantías Legales*, 1999 cit., pp. 21 e 32 segs., VALDES DAL-RE, "Continuidad y crisis en la doctrina judicial sobre el valor liberatório del finiquito (y II)", 1993 cit., pp. 62 segs. Este segundo fundamento da atribuição de pleno valor liberatório aos *finiquitos* residia numa "firme

A REVOGAÇÃO DO CONTRATO DE TRABALHO

As críticas movidas pela doutrina à "forma indiscriminada" e "quase automática" como os tribunais atribuíam "valor liberatório aos *finiquitos*"[545], bem como

convicção de que os negócios formalizados nestes documentos não implicam, em caso algum, uma renúncia proibida de direitos".

Começando pelo seu efeito extintivo, a constatação de que o *mutuo disenso* e, bem assim, a *dimisión*, constituíam causas lícitas de extinção da relação laboral tipificadas no art. 49 do ET levou a jurisprudência a concluir sistematicamente que "a extinção contratual livremente decidida ou consentida pelo trabalhador não constituiria, em princípio, um acto de disposição vedado". Mais exactamente, e em razão da "legalidade destas duas causas extintivas", a assinatura dos *finiquitos* que as contivessem seria totalmente conforme com o princípio enunciado no art. 3-5 do *ET* (GARCIA RUBIO). Para uma crítica a esta "argumentação circular", evidenciando como "uma coisa é que o trabalhador possa dispor, sem restrições ou entraves, através de um acto de *contrario disenso*, da vida da sua relação laboral, e outra, bem distinta, que esse acto, em si mesmo lícito, não possa contrariar o princípio da irrenunciabilidade de direitos" (como bem o demonstrariam as inúmeras hipóteses de causa ilícita ou torpe, que a jurisprudência mais recente não hesita em qualificar como negócios *contra legem*), v. VALDES DAL-RE, "Continuidad y crisis en la doctrina judicial sobre el valor liberatório del finiquito (y II)", 1993 cit., pág. 63.

Quanto aos "pactos liquidatórios" entre trabalhador e empregador incluídos no *finiquito*, a tese jurisprudencial da sua plena conformidade com o *principio de irrenunciabilidad* baseava-se numa dupla linha de argumentação. Por um lado, numa interpretação do art. 3-5 do *ET* segundo a qual este obstaria apenas "às renúncias antecipadas" – *i.e.*, "àquelas que se praticam antes ou durante a vigência da relação laboral ou aquelas que incidem sobre direitos *in potentia*" – pelo que, *a contrario*, "uma vez extinta a relação laboral, nada impede os trabalhadores de dispor dos direitos que estejam já consolidados ou integrados no seu património". Suportada no quadro normativo anterior ao *ET*, mas dificilmente compaginável com a letra do seu art. 3-5, esta tese tende a subsistir, fundando frequentes decisões proferidas já na sua vigência (referenciadas por ALONSO OLEA/CASAS BAAMONDE, SANTOR SALCEDO, VALDES DAL-RÉ). Por outro, no alegado carácter transaccional do conteúdo dos *finiquitos*, atenta a sua função de meio de resolução de controvérsias: através dos "acordos liquidatórios" que "alcancem no *finiquito*", empregador e trabalhador procuram "resolver as suas possíveis diferenças económicas através do estabelecimento de mútuas concessões ou da compensação de dívidas". Este argumento defrontou-se com duas grandes objecções. Uma primeira, fundada no entendimento literal do art. 3-5 do ET, o qual, referindo-se genericamente à disposição de direitos, vedaria também a transacção quanto aos direitos visados na respectiva previsão – e, nessa medida, reduziria o âmbito das possíveis transacções às condições mais benéficas de origem contratual e às quantias indemnizatórias geradas pela rescisão do contrato, deixando "fora do âmbito possível da transacção a grande maioria dos direitos emanados da relação laboral". Retomaremos este ponto já no número que se segue, a propósito da análise do princípio enunciado no art. 3-5 do *ET*. Outra decorrente das próprias regras do *Código Civil* relativas à transacção, a qual só compreende "os objectos nela determinadamente expressos ou aqueles que se deduzam necessariamente das suas palavras" (art. 1815), pelo que seriam "muito criticáveis" as decisões judiciais "que aplicam a eficácia liberatória dos *finiquitos* com carácter de globalidade", sem a limitar às específicas quantias expressas no documento. Sobre todos estes pontos, v. ALONSO OLEA/CASAS BAAMONDE, *Derecho del Trabajo*, 2003 cit., pág. 521; GARCIA RUBIO, *El Recibo de Finiquito y sus Garantías Legales*, 1999 cit., pp. 35 segs.; SANTOR SALCEDO, "Repliegue de la norma indisponible y nuevos espacios para la autocomposición", 2007 cit., pp. 401 segs.; VALDES DAL-RE, "Continuidad y crisis en la doctrina judicial sobre el valor liberatório del finiquito (y II)", 1993 cit., pp. 63 segs.

[545] GARCIA RUBIO, *El Recibo de Finiquito y sus Garantías Legales*, 1999 cit., pág. 38; VALDES DAL-RE, "Continuidad y crisis en la doctrina judicial sobre el valor liberatório del finiquito (I)", 1993 cit., pp. 57 segs.; "Continuidad y crisis en la doctrina judicial sobre el valor liberatório del finiquito (y II)", 1993 cit., pp. 60 segs.

A EXTINÇÃO PACTUADA DO CONTRATO DE TRABALHO NOUTROS ORDENAMENTOS

a exigência de maior "controlo judicial dos actos de auto-composição"[546], terão determinado uma atenuação da referida linha jurisprudencial "clássica"[547], traduzida numa atitude patentemente mais restritiva de decisões recentes quanto à concessão de pleno valor liberatório aos *finiquitos*.

A nova orientação incide essencialmente nas duas referidas linhas de argumentação em que se fundava o valor liberatório dos *finiquitos*[548] – a valoração da vontade das partes[549] e a relação do *finiquito* com o princípio da irrenunciabilidade[550] –

[546] GARCIA RUBIO, *El Recibo de Finiquito y sus Garantías Legales*, 1999 cit., pág. 38.

[547] GARCIA RUBIO, *El Recibo de Finiquito y sus Garantías Legales*, 1999 cit., pág. 38; VALDES DAL-RE, "Continuidad y crisis en la doctrina judicial sobre el valor liberatório del finiquito (y II)", 1993 cit., pág. 60.

[548] GARCIA RUBIO, *El Recibo de Finiquito y sus Garantías Legales*, 1999 cit., pág. 39.

[549] Quanto a este primeiro ponto, refere GARCIA RUBIO, a evolução traduziu-se na "revisão e ampliação das normas hermenêuticas utilizadas pelos tribunais no seu juízo sobre o valor liberatório dos *finiquitos*": os elementos literal e histórico foram "perdendo em formalismo e ganhando em rigor e eficácia", tendo-se introduzido, na apreciação da vontade extintiva e liquidatória do trabalhador, outras "normas interpretativas previstas no *Código Civil*". Justifica especial referência a "maior atenção" dos órgãos judiciais "aos termos empregues nos *finiquitos*", exigindo, designadamente, uma "prova certa e determinante" da vontade extintiva do trabalhador – como a inclusão, no respectivo texto, de forma expressa, do consentimento mútuo em tal sentido – a qual não pode deduzir-se "das muitas vezes genéricas e confusas expressões" neles contidas ou concluir-se ante a "ausência de factos concludentes" (*El Recibo de Finiquito y sus Garantías Legales*, 1999 cit., pp. 38 segs.). Neste sentido, v., ainda, RAMOS QUINTANA, – *La Garantia de los Derechos de los Trabajadores (Inderogabilidad y Indisponibilidad)*, Editorial Lex Nova, Valladolid, 2002, pág. 78; SANTOR SALCEDO, "Repliegue de la norma indisponible y nuevos espacios para la autocomposición", 2007 cit., pp. 402-403; VALDES DAL-RE, "Continuidad y crisis en la doctrina judicial sobre el valor liberatório del finiquito (y II)", 1993 cit., pág. 61. Quanto ao efeito liquidatório, este tem vindo a ser reduzido "aos elementos retributivos sobre os quais as partes pretenderam ter-se por saldadas". Paralelamente, várias decisões aludem à regra constante do art. 1288 do *Código Civil*, para sustentar que "as ambiguidades do recibo não podem favorecer a parte causante ou redactora do mesmo" (PALOMEQUE LOPEZ/ÁLVAREZ DE LA ROSA), o empregador, "que dispõe dos modelos impressos e os estende, mediante adaptação mecanográfica, a cada hipótese" (VALDES DAL-RÉ). Daí que "quando na redacção do *finiquito* se observem ambiguidades, estas não se interpretem nunca em benefício do empresário, que é quem geralmente dá lugar a estas, através da inclusão no documento de fórmulas e cláusulas estereotipadas" (GARCIA RUBIO). Sobre este ponto, v., ainda, ÁLVAREZ DE LA ROSA, "Suspensión y extinción del contrato de trabajo por mútuo acuerdo", 2000 cit., pág. 956; PALOMEQUE LOPEZ/ÁLVAREZ DE LA ROSA, *Derecho del Trabajo*, 2007 cit., pág. 720; RAMOS QUINTANA, *La Garantia de los Derechos de los Trabajadores (Inderogabilidad y Indisponibilidad)*, 2002 cit., pp. 77-79; SANTOR SALCEDO, "Repliegue de la norma indisponible y nuevos espacios para la autocomposición", 2007 cit., PP. 402-403; SENRA BIEDMA, "El saldo y finiquito como instrumento liberatório de obligaciones del empresário", 1990, cit., pág. 419; VALDES DAL-RE, "Continuidad y crisis en la doctrina judicial sobre el valor liberatório del finiquito (y II)", 1993 cit., pág. 61.

[550] A evolução recente quanto a este ponto resultou essencialmente no aprofundamento da noção, já presente em decisões anteriores, de que a assinatura do *finiquito* na sua vertente extintiva, como na sua vertente liberatória não envolve, em princípio, renúncia de direitos pelo trabalhador. No tocante à primeira, o controlo da validade do negócio extintivo, longamente confinado à existência, ou não, de vícios da vontade, passou a exercer-se também sobre a regularidade dos seus objecto e causa. O que se reflectiu essencialmente nas hipóteses versadas (cfr. o nº 3.3.1) em que a um despedimento disciplinar se segue a assinatura de um *finiquito* pelo trabalhador. Acolhendo a tese doutrinal contrária à sua qualificação como cessação consensual, a jurisprudência abandonou o critério anterior, e passou a considerar como causa extintiva do contrato de trabalho "a decisão de despedimento" – e não um subsequente *mutuo acuerdo* das partes, que surgiria como "um negócio extintivo carente de objecto", para além de envolver uma inaceitável renúncia

A REVOGAÇÃO DO CONTRATO DE TRABALHO

mas, também, no seu tratamento processual[551] e no seu posicionamento entre os vários elementos de prova a ponderar, na apreciação do caso[552].

do trabalhador a direitos emergentes do regime do despedimento. Mas traduziu-se, também, num número significativo de decisões que recusaram qualquer eficácia ao *finiquito*, por subjazer à sua assinatura "uma causa torpe, ilícita ou fraudulenta" – irregularidade que a invocação do direito de o trabalhador "extinguir voluntariamente" o seu contrato não é de molde a convalidar, por estar em causa "preservar o princípio da estabilidade do emprego" contra a sua renúncia em tais circunstâncias.

Já quanto à vertente liquidatória do *finiquito*, tem vindo a firmar-se na jurisprudência uma tendência para "outorgar proeminência à salvaguarda dos direitos patrimoniais do trabalhador, em detrimento da segurança jurídica" pretendida pelo empregador. O princípio de *irrenunciabilidad* tem sido invocado, neste contexto, para obstar a que "a assinatura de um *finiquito*" sirva de pretexto para impedir o trabalhador de exigir retribuições devidas pelo seu trabalho e não incluídas "no montante total saldado". O que vale por dizer que "o *finiquito* deixa de gozar da absoluta eficácia liberatória" que tradicionalmente lhe era atribuída. E que a nova orientação implica um "mais estrito controlo" dos tribunais quanto ao conteúdo liquidatório dos *finiquitos*. Assim, e no que se refere aos acordos transaccionais, exige-se "uma justa equiparação entre as contraprestações das partes". Depois, e contrariando "a globalidade com que se vinham interpretando as fórmulas liquidatórias", as mais recentes decisões optam por limitar o valor liberatório dos *finiquitos* aos créditos expressamente plasmados no documento, sem alargar a sua eficácia ao resto das prestações porventura devidas ao trabalhador – já adquiridas e conhecidas, desconhecidas ou objecto de uma mera expectativa, no momento da respectiva assinatura – e independentemente da inclusão pelo trabalhador de cláusulas de reserva.

Sobre este ponto, com mais desenvolvimento e indicações de jurisprudência, v. GARCIA RUBIO, *El Recibo de Finiquito y sus Garantías Legales*, 1999 cit., pp. 43 segs., que temos vindo a citar, e ainda ÁLVAREZ DE LA ROSA, "Suspensión y extinción del contrato de trabajo por mútuo acuerdo", 2000 cit., pág. 956; MARTIN VALVERDE/ /RODRIGUEZ-SAÑUDO GUTIERREZ/GARCIA MURCIA, *Derecho del Trabajo*, 2007 cit., pág. 755; PALOMEQUE LOPEZ/ /ÁLVAREZ DE LA ROSA, *Derecho del Trabajo*, 2007 cit., pág. 720; RAMOS QUINTANA, *La Garantia de los Derechos de los Trabajadores (Inderogabilidad y Indisponibilidad)*, 2002 cit., pág. 78; SANTOR SALCEDO, "Repliegue de la norma indisponible y nuevos espacios para la autocomposición", 2007 cit., pp. 402 segs.; VALDES DAL-RE, "Continuidad y crisis en la doctrina judicial sobre el valor liberatório del finiquito (y II)", 1993 cit., pp. 63 segs.

[551] Na jurisprudência "tradicional", a "alegación por parte del empresário demandado da existência de um *recibo de saldo y finiquito* não mereceu nunca o tratamento, que lhe seria próprio, de facto impeditivo do constitutivo da demanda" – o qual faria recair sobre aquele o ónus da prova, conforme prescreve o art. 1214 do *Código Civil*. Com efeito, e conforme refere VALDES DAL-RÉ, "a introdução no debate processual da excepção de fundo que comportava semelhante alegación não só carecia de custo probatório algum para o empresário", como, por força da posição assumida pela jurisprudência quanto à eficácia liberatória do *finiquito* ("juízo de validade circunscrito ao exclusivo terreno do consentimento e irrelevância para a tipificação da hipótese de facto extintiva como *mutuo acuerdo* da existência de um despedimento anterior à subscrição por parte do trabalhador, deste documento"), a dedução de tal excepção pelo empregador agrava "a posição processual do trabalhador-demandante, privado de toda a margem razoável para poder destruir na prática a presunção favorável à força liberatória" do *finiquito*. Esta acabava por funcionar como uma presunção *iuris et de iure*", desprovida de qualquer base legal. A revisão da posição de princípio da jurisprudência sobre a eficácia extintiva do *finiquito* implica, também, a revisão deste critério processual, de tal modo que o empregador "que no decurso de um processo por despedimento (ou por reclamação de quantias) alegue a *existência de um recibo de saldo y finiquito*, não fica eximido do dever de provar a realidade dos factos impeditivos que o *finiquito* introduz no debate processual". Sobre este ponto, com mais desenvolvimento, v. SENRA BIEDMA, "El saldo y finiquito como instrumento liberatório de obligaciones del empresário", 1990 cit., pp. 408, 416-417 e 421; VALDES DAL-RE, "Continuidad y crisis en la doctrina judicial sobre el valor liberatório del finiquito (y II)", 1993 cit., pp. 61-62.

[552] Nesse sentido, insistem várias decisões recentemente proferidas, que o valor liberatório do *finiquito* "é um problema de prova e depende das circunstâncias concorrentes em cada caso". Neste sentido, com

A EXTINÇÃO PACTUADA DO CONTRATO DE TRABALHO NOUTROS ORDENAMENTOS

No plano legal, a constatação da extrema "vulnerabilidade do trabalhador" no momento da assinatura do *finiquito*, resultante do concurso de várias circunstâncias[553], esteve na origem do estabelecimento de um conjunto de garantias a favor daquele. Inicialmente previstas na *Ley* nº 2/1991, de 7 de Janeiro[554], tais soluções foram incluídas no *ET*[555] e têm como objectivo principal e comum a promoção da autenticidade do *finiquito*[556].

Nesse sentido, prescreve, antes de mais, o art. 49-2 do *ET* que, por ocasião da extinção do contrato[557], o empregador prepare e apresente ao trabalhador "uma proposta de documento de liquidação das quantias em dívida"[558]. Do que se trata é de permitir ao trabalhador, durante "um período de tempo prévio à assinatura do *finiquito*"[559], analisar a referida proposta e, se assim o entender, submetê-la à apreciação de terceiros, como *v.g.* os representantes dos trabalhadores[560]. O que

---

indicações de jurisprudência, MONTOYA MELGAR, *Derecho del Trabajo*, 2007 cit., pág. 455; PALOMEQUE LOPEZ/ÁLVAREZ DE LA ROSA, *Derecho del Trabajo*, 2007 cit., pág. 720.

[553] Como a "posição de superioridade hierárquica que o empresário ocupa na relação laboral", que pode "facilitar o exercício por sua parte de certas práticas abusivas tais como a de forçar o trabalhador a assinar o finiquito em branco" e em momento anterior à cessação do contrato. Ou, as várias circunstâncias que concorrem para "criar no trabalhador uma certa sensação de confusão no momento da formalização do *finiquito*", colocando-o numa situação especialmente indefesa. Neste sentido, com maior desenvolvimento, v., por todos, GARCIA RUBIO, *El Recibo de Finiquito y sus Garantías Legales*, 1999 cit., pp. 57-58.

[554] Sobre direitos de informação dos representantes dos trabalhadores em matéria de contratação. V., entre outros, GARCIA RUBIO, *El Recibo de Finiquito y sus Garantías Legales*, 1999 cit., pp. 58 segs. MARIN CORREA, "Finiquito y Saldo de Cuentas: criterios jurisprudenciales" *in AL*, nº 45, 1991, XLVIIII, nºs 577 segs.; e MONTOYA MELGAR/GALIANA MORENO/SEMPERE NAVARRO/RIOS SALMÉRON, *Comentarios al Estatuto de los Trabajadores*, 2007 cit., pp. 553 e 666 segs.

[555] Através do *Real Decreto Legislativo* de 24 de Março de 1995, que aprovou o *Texto Refundido* da *Ley do Estatuto de los Trabajadores*. Sobre este ponto, com mais detalhe, v. GARCIA RUBIO, *El Recibo de Finiquito y sus Garantías Legales*, 1999 cit., pág. 59.

[556] MONTOYA MELGAR/GALIANA MORENO/SEMPERE NAVARRO/RIOS SALMÉRON, *Comentarios al Estatuto de los Trabajadores*, 2007 cit., pág. 553.
Refira-se, em todo o caso, que com frequência, as convenções colectivas intensificam tais garantias, concretizando ou reforçando os respectivos requisitos e formalidades. Neste sentido, v., entre outros, GARCIA RUBIO, *El Recibo de Finiquito y sus Garantías Legales*, 1999 cit., pp. 58 e 66 segs.; MARTIN VALVERDE/ /RODRIGUEZ-SAÑUDO GUTIERREZ/GARCIA MURCIA, *Derecho del Trabajo*, 2007 cit., pág. 755; MONTOYA MELGAR, *Derecho del Trabajo*, 2007 cit., pág. 455.

[557] Qualquer que seja a respectiva causa. Neste sentido, dando nota de alguma divergência surgida entre os primeiros comentadores da norma versada no texto, entretanto superada na doutrina e jurisprudência, GARCIA RUBIO, *El Recibo de Finiquito y sus Garantías Legales*, 1999 cit., pp. 59 segs., com referência específica ao *mutuo disenso* a pp. 64-64.

[558] ALONSO OLEA/CASAS BAAMONDE, *Derecho del Trabajo*, 2003 cit., pág. 521; PALOMEQUE LOPEZ/ÁLVAREZ DE LA ROSA, *Derecho del Trabajo*, 2007 cit., pág. 672.

[559] Cuja duração o texto legal não define. Sobre as dificuldades e os riscos de defraudação que tal omissão comporta, v. GARCIA RUBIO, *El Recibo de Finiquito y sus Garantías Legales*, 1999 cit.,pp. 69-72.

[560] GARCIA RUBIO, *El Recibo de Finiquito y sus Garantías Legales*, 1999 cit., pp. 67-68, referindo, a este propósito, a obrigação, imposta ao empregador por várias convenções colectivas, de entrega também aos representantes do trabalhador na empresa, da proposta de documento de liquidação referida no texto.

A REVOGAÇÃO DO CONTRATO DE TRABALHO

implica que a referida proposta não se limite a conter "unicamente a quantia global devida", antes indique todos e cada um dos créditos devidos ao trabalhador, "expressos de forma específica e detalhada"[561].

Com idêntica finalidade, o mesmo art. 49-2 reconhece ainda ao trabalhador o direito de exigir a presença "de um representante legal dos trabalhadores"[562] no momento da assinatura do *recibo del finiquito*[563] – cujo texto deverá mencionar, consoante o caso, ter-se o trabalhador prevalecido, ou não, de tal faculdade[564]. Caso o empregador impeça a presença do representante, quando requerida, pode o trabalhador fazer constar tal facto do próprio documento, para os devidos efeitos[565]. Quanto aos termos da intervenção do representante do trabalhador na formalização do *finiquito*, quando requerida, parece evidente que não há-de esgotar-se numa mera presença passiva, enquanto testemunha das circunstâncias em que decorre o acto, mas antes consistir numa "atitude activa",

[561] Conforme o exigem expressamente, no silêncio da lei também quanto a este ponto, algumas convenções colectivas. Neste sentido, GARCIA RUBIO, *El Recibo de Finiquito y sus Garantías Legales,* 1999 cit., pág. 67; MARIN CORREA, "Finiquito y Saldo de Cuentas: criterios jurisprudenciales", 1991 cit., nº 578.

[562] A saber: de um membro do comité de empresa, de um delegado *de personal* ou de um delegado sindical. Neste sentido, v. ALONSO OLEA/CASAS BAAMONDE, *Derecho del Trabajo,* 2003 cit., pág. 521; GARCIA RUBIO, *El Recibo de Finiquito y sus Garantías Legales,* 1999 cit., pp. 82 segs.

[563] Sobre a concretização deste ponto e as questões que suscita, v. GARCIA RUBIO, *El Recibo de Finiquito y sus Garantías Legales,* 1999 cit., pp. 78 segs.

[564] Sobre o carácter "dispositivo" ou "potestativo" desta garantia, cometida "à livre decisão do trabalhador" (da qual depende, em qualquer caso, a intervenção dos representantes, que não podem intervir, neste domínio, por sua própria iniciativa), opção do legislador espanhol que gerou um largo consenso da doutrina, v. GARCIA RUBIO, *El Recibo de Finiquito y sus Garantías Legales,* 1999 cit., pp. 75-77; ÁLVAREZ DE LA ROSA, "Suspensión y extinción del contrato de trabajo por mútuo acuerdo", 2000 cit., pág. 956; MONTOYA MELGAR/GALIANA MORENO/SEMPERE NAVARRO/RIOS SALMÉRON, *Comentarios al Estatuto de los Trabajadores,* 2007 cit., pág. 553.

[565] Desde logo, para "facilitar um futuro *pronunciamiento*" judicial ou administrativo, sublinha MONTOYA MELGAR, *Derecho del Trabajo,* 2007 cit., pp. 455-456. Com efeito, o desrespeito de tal direito do trabalhador e a consequente falta de assistência deste no acto de subscrição do *finiquito* pode influir na determinação pelo tribunal do sentido das suas declarações deste constantes. Num outro plano, a oposição do empregador a que se alude no texto constitui "falta grave", sancionada nos termos da legislação aplicável. Sobre este ponto, com mais desenvolvimento, ÁLVAREZ DE LA ROSA, "Suspensión y extinción del contrato de trabajo por mútuo acuerdo", 2000 cit., pág. 956; GARCIA RUBIO, *El Recibo de Finiquito y sus Garantías Legales,* 1999 cit., pp. 100 segs.; PALOMEQUE LOPEZ/ÁLVAREZ DE LA ROSA, *Derecho del Trabajo,* 2007 cit., pág. 720.

No entanto, advertem MONTOYA MELGAR/GALIANA MORENO/SEMPERE NAVARRO/RIOS SALMÉRON, *Comentarios al Estatuto de los Trabajadores,* 2007 cit., pág. 553, é relativamente "débil" a tutela por tal via deferida ao trabalhador: é o que "mostra a prática judicial diária, em que o *finiquito* aparece com frequência sem acrescento algum à assinatura do trabalhador", para além de que, em mais de uma ocasião o trabalhador não reconhece "o traço que aparenta ser a sua assinatura ou até refaz o texto que formaliza o *finiquito*". No mesmo sentido, MARIN CORREA, "Finiquito y Saldo de Cuentas: criterios jurisprudenciales", 1991 cit., nº 579.

A EXTINÇÃO PACTUADA DO CONTRATO DE TRABALHO NOUTROS ORDENAMENTOS

de "assistência e assessoramento", que envolva "tanto a correcção da declaração extintiva, como a adequação da liquidação oferecida"[566].

Paralelamente, e em ordem "a prevenir abusos na formulação dos *finiquitos*"[567], o art. 64-4-b) do *ET* confere ao *comité de empresa* o direito a conhecer, "com a periodicidade que proceda, em cada caso", os "documentos relativos à terminação da relação laboral", mais exactamente, os respectivos "modelos", previamente elaborados pelo empregador[568].

3.3.3. O princípio de *irrenunciabilidad* de direitos (art. 3-5 do *ET*)

O art. 3-5 do *ET* estabelece que "os trabalhadores não podem dispor validamente, antes ou depois da sua aquisição, dos direitos que lhes sejam reconhecidos por disposições legais de direito necessário" e que também não podem "dispor validamente dos direitos reconhecidos como indisponíveis por convenção colectiva"[569].

Constituindo a regra no domínio laboral, esta *irrenunciabilidad* exprime o "sentido protector"[570] do direito do trabalho, ao garantir a aplicabilidade das respectivas normas, cujo conteúdo acautela, em larga medida, os interesses daquele, enquanto "parte mais débil da relação laboral"[571]. Mas radica, ainda,

---

[566] GARCIA RUBIO, *El Recibo de Finiquito y sus Garantías Legales,* 1999 cit., pp. 96-97.

[567] MONTOYA MELGAR, *Derecho del Trabajo,* 2007 cit., pág. 455. O A refere-se ainda ao art. 64.1.6º do ET, norma que antecedeu a referida no texto, resultante da Ley nº 38/2007, de 16 de Novembro, que procedeu à transposição para o direito espanhol da Directiva 2002/14/CE, de 11 de Março de 2002, relativa à informação e consulta dos representantes dos trabalhadores.

[568] ALONSO OLEA/CASAS BAAMONDE, *Derecho del Trabajo,* 2003 cit., pág. 521; GARCIA RUBIO, *El Recibo de Finiquito y sus Garantías Legales,* 1999 cit.,pp. 74-75, n. 146; MARIN CORREA, "Finiquito y Saldo de Cuentas: criterios jurisprudenciales", 1991 cit., nº 577.

[569] Sobre o *princípio de irrenunciabilidad de derechos* consagrado no art. 3-5 do *ET* v., entre outros, ALARCON CARACUEL, "La aplicación del Derecho del Trabajo (en torno al artículo 3)" *in El Estatuto de los Trabajadores: Veinte años después – REDT,* nº 100, T. 1, 2000, pp. 227 segs., pp. 247-248.; ALBIOL MONTESINOS/CAMPS RUIZ/ LOPEZ GANDIA/SALA FRANCO, *Compendio de Derecho del Trabajo,* II, 2007 cit., pp. 40 segs.; ALONSO OLEA/CASAS BAAMONDE, *Derecho del Trabajo,* 2003 cit., pp. 1000 segs.; GARCIA ORTEGA/GOERLICH PESET/PEREZ DE LOS COBOS ORIHUEL/RAMIREZ MARTINEZ/SALA FRANCO, *Curso de Derecho del Trabajo,* 2006 cit., pp. 81 segs.; MARTIN VALVERDE/RODRIGUEZ-SAÑUDO GUTIERREZ/GARCIA MURCIA, *Derecho del Trabajo,* 2007 cit., pp. 494-495; MOLERO MANGLANO/SÁNCHEZ-CERVERA VALDEZ/LOPEZ ALVAREZ/MATORRAS DÍAZ-CANEJA, *Manual de Derecho del Trabajo,* 2007, cit., pp. 49-50; MONTOYA MELGAR, *Derecho del Trabajo,* 2007 cit., pp. 223 segs.; PALOMEQUE LOPEZ/ÁLVAREZ DE LA ROSA, *Derecho del Trabajo,* 2007 cit., pp. 290-291; SANTOR SALCEDO, "Repliegue de la norma indisponible y nuevos espacios para la autocomposición", 2007 cit., pp. 398 segs.

[570] MONTOYA MELGAR, *Derecho del Trabajo,* 2007 cit., pág. 223. No mesmo sentido, RAMOS QUINTANA, *La Garantia de los Derechos de los Trabajadores (Inderogabilidad y Indisponibilidad),* 2002 cit., pág. 53.

[571] MARTIN VALVERDE/RODRIGUEZ-SAÑUDO GUTIERREZ/GARCIA MURCIA, *Derecho del Trabajo,* 2007 cit., pág. 494.

A REVOGAÇÃO DO CONTRATO DE TRABALHO

no princípio geral enunciado no art. 6-2 do *Codigo Civil*, que admite a renúncia a direitos que não contrarie "o interesse ou a ordem pública", nem prejudique terceiros[572]. E tem relevantes antecedentes normativos, nomeadamente os arts. 36 da *LCT* de 1944 e 5-1 da *LRL* de 1976[573]. Não menos significativamente, perfila-se, já o fomos antecipando, como limite intransponível, seja pelo *mutuo acuerdo* extintivo do contrato de trabalho, seja pelo *finiquito de liquidación y saldo de cuenta*[574].

Procurando concretizar o seu sentido e alcance importa, antes de mais, acentuar que o *princípio de irrenunciabilidade de derechos* se refere àqueles que ao trabalhador sejam reconhecidos "por disposições legais de direito necessário", *i.e.*, insusceptíveis de serem afastadas por vontade das partes[575]. E, bem assim, aos direitos emergentes de convenção colectiva: apesar da formulação legal não "especialmente feliz"[576], a sugerir a necessidade de uma cláusula expressa de indisponibilidade referida ao seu próprio conteúdo ou a parte dele, deve entender-se que também a convenção colectiva é "direito necessário" face ao contrato individual[577], a menos que esta, "de forma expressa", afirme "precisamente o contrário"[578].

---

[572] E é justamente porque "o interesse e a ordem pública" ficariam "comprometidos pelas renúncias de direitos do trabalhador" que o princípio de *irrenunciabilidad* proclamado no art. 3-5 do *ET* constitui, ainda, aplicação do art. 6-2 do *Código Civil*, muito embora se perfile como "uma construção legal mais enérgica e segura" que a resultante daquele (PALOMEQUE LOPEZ/ÁLVAREZ DE LA ROSA). Neste sentido, MOLERO MANGLANO/SÁNCHEZ-CERVERA VALDEZ/LOPEZ ALVAREZ/MATORRAS DÍAZ-CANEJA, *Manual de Derecho del Trabajo*, 2007, cit., pág. 49; MONTOYA MELGAR, *Derecho del Trabajo*, 2007 cit., pág. 223; PALOMEQUE LOPEZ/ÁLVAREZ DE LA ROSA, *Derecho del Trabajo*, 2007 cit., pág. 290.

[573] Sobre este ponto, com maior desenvolvimento, v. ALONSO OLEA/CASAS BAAMONDE, *Derecho del Trabajo*, 2003 cit., pág. 1000; MARTINEZ GIRON/ARUFE VARELA/CARRIL VAZQUEZ, *Derecho del Trabajo*, 2004 cit., pág. 37; MONTOYA MELGAR, *Derecho del Trabajo*, 2007 cit., pág. 223; RAMOS QUINTANA, *La Garantia de los Derechos de los Trabajadores (Inderogabilidad y Indisponibilidad)*, 2002 cit., pp. 57 segs.

[574] Cfr. *supra* os nºs 3.3.1 e 3.3.2.

[575] MONTOYA MELGAR, *Derecho del Trabajo*, 2007 cit., pág. 224. No mesmo sentido, ALONSO OLEA/CASAS BAAMONDE, *Derecho del Trabajo*, 2003 cit., pág. 1001; PALOMEQUE LOPEZ/ÁLVAREZ DE LA ROSA, *Derecho del Trabajo*, 2007 cit., pp. 290-291.

[576] ALONSO OLEA/CASAS BAAMONDE, *Derecho del Trabajo*, 2003 cit., pág. 1001. No mesmo sentido, MARTIN VALVERDE/RODRIGUEZ-SAÑUDO GUTIERREZ/GARCIA MURCIA, *Derecho del Trabajo*, 2007 cit., pág. 494.

[577] ALONSO OLEA/CASAS BAAMONDE, *Derecho del Trabajo*, 2003 cit., pág. 1001.

[578] MARTIN VALVERDE/RODRIGUEZ-SAÑUDO GUTIERREZ/GARCIA MURCIA, *Derecho del Trabajo*, 2007 cit., pág. 494; no mesmo sentido, ALARCON CARACUEL, "La aplicación del Derecho del Trabajo (en torno al artículo 3)", 2000 cit., pág. 247; ALBIOL MONTESINOS/CAMPS RUIZ/LOPEZ GANDIA/SALA FRANCO, *Compendio de Derecho del Trabajo*, II, 2007 cit., pp. 41-42; ALONSO OLEA/CASAS BAAMONDE, *Derecho del Trabajo*, 2003 cit., pág. 1001; MONTOYA MELGAR, *Derecho del Trabajo*, 2007 cit., pág. 224; MONTOYA MELGAR/GALIANA MORENO/SEMPERE NAVARRO/RIOS SALMÉRON, *Comentarios al Estatuto de los Trabajadores*, 2007 cit., pág. 47; PALOMEQUE LOPEZ/ÁLVAREZ DE LA ROSA, *Derecho del Trabajo*, 2007 cit., pág. 291.

A EXTINÇÃO PACTUADA DO CONTRATO DE TRABALHO NOUTROS ORDENAMENTOS

Significa isto, afinal, que "os direitos irrenunciáveis são os reconhecidos por disposições normativas, qualquer que seja o alcance destas: leis, regulamentos, convenções colectivas, etc.", a menos que as mesmas "permitam a disponibilidade do direito"[579]. E que apenas não terão tal carácter os direitos "adquiridos mediante pactos ou concessões de carácter individual"[580] (*i.e.*, os estabelecidos por acordo entre as partes ou os unilateralmente reconhecidos ao trabalhador pelo empregador[581]), os quais se situam para lá daquele "conjunto mínimo de direitos estabelecido pela norma legal ou convencional"[582].

A *irrenunciabilidade* é estabelecida unicamente em favor do trabalhador: do que se trata é de assegurar a efectividade dos seus direitos[583], evitando que este deles abdique "em seu próprio prejuízo", por insistência e *inclusive* sob pressão do empregador[584], atenta a "situação preeminente"[585] que este ocupa na relação laboral e na vida social[586].

Por outro lado, e muito embora o art. 3-5 do *ET* se refira à indisponibilidade e não à irrenunciabilidade, parece evidente que visa apenas a renúncia em sentido próprio – *i.e.*, "a renúncia abdicativa simples"[587], "gratuita"[588], "pura e simples"[589], sem contrapartida ou compensação – e não todo e qualquer negó-

---

[579] MONTOYA MELGAR, *Derecho del Trabajo*, 2007 cit., pág. 224.

[580] MONTOYA MELGAR, *Derecho del Trabajo*, 2007 cit., pág. 224.

[581] ALBIOL MONTESINOS/CAMPS RUIZ/LOPEZ GANDIA/SALA FRANCO, *Compendio de Derecho del Trabajo*, II, 2007 cit., pág. 42; MARTIN VALVERDE/RODRIGUEZ-SAÑUDO GUTIERREZ/GARCIA MURCIA, *Derecho del Trabajo*, 2007 cit., pág. 494; MOLERO MANGLANO/SÁNCHEZ-CERVERA VALDEZ/LOPEZ ALVAREZ/MATORRAS DÍAZ-CANEJA, *Manual de Derecho del Trabajo*, 2007, cit., pág. 49; PALOMEQUE LOPEZ/ÁLVAREZ DE LA ROSA, *Derecho del Trabajo*, 2007 cit., pág. 291.

[582] MARTIN VALVERDE/RODRIGUEZ-SAÑUDO GUTIERREZ/GARCIA MURCIA, *Derecho del Trabajo*, 2007 cit., pág. 494; MARTINEZ GIRON/ARUFE VARELA/CARRIL VAZQUEZ, *Derecho del Trabajo*, 2004 cit., pág. 37.

[583] ALBIOL MONTESINOS/CAMPS RUIZ/LOPEZ GANDIA/SALA FRANCO, *Compendio de Derecho del Trabajo*, II, 2007 cit., pág. 40; GARCIA ORTEGA/GOERLICH PESET/PEREZ DE LOS COBOS ORIHUEL/RAMIREZ MARTINEZ/SALA FRANCO, *Curso de Derecho del Trabajo*, 2006 cit., pág. 81; MOLERO MANGLANO/SÁNCHEZ-CERVERA VALDEZ/LOPEZ ALVAREZ/MATORRAS DÍAZ-CANEJA, *Manual de Derecho del Trabajo*, 2007, cit., pág. 49; MONTOYA MELGAR, *Derecho del Trabajo*, 2007 cit., pág. 224; PALOMEQUE LOPEZ/ÁLVAREZ DE LA ROSA, *Derecho del Trabajo*, 2007 cit., pág. 290.

[584] MARTIN VALVERDE/RODRIGUEZ-SAÑUDO GUTIERREZ/GARCIA MURCIA, *Derecho del Trabajo*, 2007 cit., pág. 494.

[585] MONTOYA MELGAR, *Derecho del Trabajo*, 2007 cit., pág. 223.

[586] ALONSO OLEA/CASAS BAAMONDE, *Derecho del Trabajo*, 2003 cit., pág. 1003; MONTOYA MELGAR, *Derecho del Trabajo*, 2007 cit., pág. 223; RAMOS QUINTANA, *La Garantia de los Derechos de los Trabajadores (Inderogabilidad y Indisponibilidad)*, 2002 cit., pág. 54.

[587] ALONSO OLEA/CASAS BAAMONDE, *Derecho del Trabajo*, 2003 cit., pág. 1000.

[588] GARCIA ORTEGA/GOERLICH PESET/PEREZ DE LOS COBOS ORIHUEL/RAMIREZ MARTINEZ/SALA FRANCO, *Curso de Derecho del Trabajo*, 2006 cit., pág. 82.

[589] ALBIOL MONTESINOS/CAMPS RUIZ/LOPEZ GANDIA/SALA FRANCO, *Compendio de Derecho del Trabajo*, II, 2007 cit., pág. 41.

A REVOGAÇÃO DO CONTRATO DE TRABALHO

cio dispositivo[590]. Os actos do trabalhador que a impliquem são por tal preceito proibidos e serão nulos[591] – sejam celebrados antes ou depois de adquirido o direito[592] e tanto na vigência do contrato de trabalho como após a sua extinção[593].

[590] Desde logo aqueles negócios, dispositivos por implicarem a "alienação ou transmissão, limitação ou extinção de direitos", mediante uma qualquer contraprestação, como tipicamente sucede na transacção, referida mais adiante. Neste sentido, v., entre outros, ALBIOL MONTESINOS/CAMPS RUIZ/LOPEZ GANDIA/SALA FRANCO, *Compendio de Derecho del Trabajo*, II, 2007 cit., pág. 41; MOLERO MANGLANO/SÁNCHEZ--CERVERA VALDEZ/LOPEZ ALVAREZ/MATORRAS DÍAZ-CANEJA, *Manual de Derecho del Trabajo*, 2007, cit., pág. 49. Contra, sustentando que a letra do art. 3.5. do *ET*, ao optar por "dispor", em vez de "renunciar", tem o sentido inequívoco de interditar também os actos "de alienação ou constituição de gravames sobre os direitos laborais do trabalhador" (RAMOS QUINTANA), logo a transacção sobre directos atribuídos por normas imperativas, legais ou convencionais, em paralelo com o que, em Itália, estabelece o art. 2113 do *Codice Civile*, GARCIA ORTEGA/GOERLICH PESET/PEREZ DE LOS COBOS ORIHUEL/RAMIREZ MARTINEZ/SALA FRANCO, *Curso de Derecho del Trabajo*, 2006 cit., pág. 82; GARCIA RUBIO, *El Recibo de Finiquito y sus Garantías Legales*, 1999 cit., pág. 37; RAMOS QUINTANA, *La Garantia de los Derechos de los Trabajadores (Inderogabilidad y Indisponibilidad)*, 2002 cit., pp. 61 segs. e 68 segs.; VALDES DAL-RE, "Continuidad y crisis en la doctrina judicial sobre el valor liberatório del finiquito (y II)", 1993 cit., pp. 63-64.
Partindo embora de idêntica constatação, é diverso o resultado a que chegam ALONSO OLEA/CASAS BAA-MONDE: se estes AA começam por considerar que a expressão dispor é "mais ampla" que renunciar "e envolve negócios jurídicos bilaterais", para além da simples renúncia abdicativa, vêm afinal a concluir ser "a ideia genérica da renúncia que está por detrás da proibição". E que o que o art. 3-5 proíbe não é senão "a renúncia abdicativa ou não compensada", *i.e.*, "a renúncia pura e simples, sem compensação" (*Derecho del Trabajo*, 2003 cit., pp. 1000, 1001 e 1002).
No mesmo sentido, afastando a interpretação puramente literal do art. 3-5 do *ET* e aplaudindo a orientação jurisprudencial que tende a admitir a "solução extrajudicial dos conflitos por vontade concorde das partes" que incida sobre "directos reconhecidos por normas de direito necesario", atendendo "às circunstâncias concorrentes" no caso e "à compensação pactuada entre as partes", v. SANTOR SALCEDO, "Repliegue de la norma indisponible y nuevos espacios para la autocomposición", 2007 cit., pág. 398-399.
[591] MONTOYA MELGAR, *Derecho del Trabajo*, 2007 cit., pág. 224. Essa nulidade, que resulta da violação de norma imperativa, radica na regra geral do art. 6-3 do *Codigo Civil*. Neste sentido, v. ALONSO OLEA/ CASAS BAAMONDE, *Derecho del Trabajo*, 2003 cit., pp. 1001-1002; MARTIN VALVERDE/RODRIGUEZ-SAÑUDO GUTIERREZ/GARCIA MURCIA, *Derecho del Trabajo*, 2007 cit., pág. 494; PALOMEQUE LOPEZ/ÁLVAREZ DE LA ROSA, *Derecho del Trabajo*, 2007 cit., pág. 291; RAMOS QUINTANA, *La Garantia de los Derechos de los Trabajadores (Inderogabilidad y Indisponibilidad)*, 2002 cit., pp. 38 e 93 segs.
[592] Ou seja, tanto se interditam actos "que não permitem sequer o nascimento" do direito que a norma atribui ao trabalhador, como os relativos "a direitos já incorporados no património pessoal do trabalhador" (RAMOS QUINTANA). Neste sentido, v., entre outros, GARCIA ORTEGA/GOERLICH PESET/PEREZ DE LOS COBOS ORIHUEL/RAMIREZ MARTINEZ/SALA FRANCO, *Curso de Derecho del Trabajo*, 2006 cit., pág. 83; MONTOYA MELGAR, *Derecho del Trabajo*, 2007 cit., pág. 224; MONTOYA MELGAR/GALIANA MORENO/SEMPERE NAVARRO/RIOS SALMÉRON, *Comentarios al Estatuto de los Trabajadores*, 2007 cit., pág. 47; PALOMEQUE LOPEZ/ ÁLVAREZ DE LA ROSA, *Derecho del Trabajo*, 2007 cit., pág. 291; RAMOS QUINTANA, *La Garantia de los Derechos de los Trabajadores (Inderogabilidad y Indisponibilidad)*, 2002 cit., pp 64-65.
[593] Trata-se, em todo o caso, de um ponto relativamente ao qual – conforme a análise que antecede bem evidenciou (cfr. *supra* o nº 3.3.2) – jurisprudência e doutrina se apresentam acentuadamente divididas. Com efeito, a primeira, numa interpretação restritiva do princípio de indisponibilidade de direitos, próxima do alcance que este revestia no direito anterior ao art. 3-5 do *ET*, admite a disposição de direitos emergentes de normas imperativas, legais ou convencionais, desde que já consolidados no património do trabalhador, uma vez cessado o contrato de trabalho. Para uma descrição e análise mais detalhada desta jurisprudência, v. RAMOS QUINTANA, *La Garantia de los Derechos de los Trabajadores*

A EXTINÇÃO PACTUADA DO CONTRATO DE TRABALHO NOUTROS ORDENAMENTOS

Quedam-se fora da previsão do art. 3-5 do *ET* a desistência ou não exercício do direito, a qual não poderia "ser razoavelmente proibida ou impedida pelo legislador, pois tal equivaleria a forçar o trabalhador a actuar o seu direito"[594]. E, sobretudo, as transacções e conciliações, as quais não envolvem, em princípio, renúncia, "pois constituem compromissos ou acordos mediante os quais as partes realizam concessões recíprocas"[595]. Com efeito, enquanto a renúncia estrita, conforme se referiu, "supõe simplesmente privar-se de um direito certo", aquelas

---

(Inderogabilidad y Indisponibilidad), 2002 cit., pp. 65 segs. e 74 segs.; SANTOR SALCEDO, "Repliegue de la norma indisponible y nuevos espacios para la autocomposición", 2007 cit., pp. 401 segs.

Esta abordagem é, não obstante, contestada por um significativo sector da doutrina, que considera que a irrenunciabilidade decorrente do art. 3.5. subsiste para lá da cessação do contrato de trabalho. Neste sentido, sublinham GARCIA ORTEGA/GOERLICH PESET/PEREZ DE LOS COBOS ORIHUEL/RAMIREZ MARTINEZ/ SALA FRANCO que "o art. 3.5 do *ET* não contém referência alguma à vigência, ou não, do contrato e, precisamente, uma vez extinto" este, "o trabalhador carente de emprego pode ver-se forçado a dispor de direitos já adquiridos – sobretudo transigindo – situação face à qual deve ser protegido" (*Curso de Derecho del Trabajo*, 2006 cit., pág. 83). No mesmo sentido, sustentam MOLERO MANGLANO/SÁNCHEZ- -CERVERA VALDEZ/LOPEZ ALVAREZ/MATORRAS DÍAZ-CANEJA, *Manual de Derecho del Trabajo*, 2007, cit., pág. 49, que "o âmbito temporal da indisponibilidade" se refere, sem mais, "ao momento de desfrute ou de exercício do direito", sem referência à vigência ou não do contrato de trabalho (*Manual de Derecho del Trabajo*, 2007, cit., pág. 49). Por seu turno, ALBIOL MONTESINOS/CAMPS RUIZ/LOPEZ GANDIA/SALA FRANCO, *Compendio de Derecho del Trabajo*, II, 2007 cit., pág. 41, criticam a referida orientação jurisprudencial – que tende a excluir do âmbito desta irrenunciabilidade "os direitos já ingressados no património do trabalhador ou a renúncia feita uma vez finalizado o contrato de trabalho" – a qual levantaria "graves problemas sobretudo em relação aos *finiquitos*" em tal ocasião subscritos. Para uma crítica à referida jurisprudência, v., ainda, GARCIA ORTEGA/GOERLICH PESET/PEREZ DE LOS COBOS ORIHUEL/RAMIREZ MAR- TINEZ/SALA FRANCO, *Curso de Derecho del Trabajo*, 2006 cit., pág. 84; GARCIA RUBIO, *El Recibo de Finiquito y sus Garantías Legales*, 1999 cit., pág. 37; VALDES DAL-RE, "Continuidad y crisis en la doctrina judicial sobre el valor liberatório del finiquito (y II)", 1993 cit., pp. 63-64.

Afigura-se-nos, em todo o caso, que a questão, de crucial importância num primeiro relance, perde grande parte do seu relevo diante da interpretação do art. 3-5, que tende a prevalecer na doutrina e a que em mais de uma ocasião aludimos no texto, e que limita a respectiva previsão à renúncia, *i.e.*, aos actos abdicativos ou ablativos de direitos do trabalhador, desacompanhados de qualquer correspectivo. Apenas estes estariam subtraídos à vontade do trabalhador, antes e depois de cessado o contrato. O que, aliás, não custa a aceitar: "depois de extinta a relação de trabalho", e apesar de "minorada a posição de subordinação do trabalhador", o empregador "pode continuar a exercer uma importante influência no modo e consequências da extinção", bem como "na determinação dos direitos de carácter económico que ao trabalhador possam corresponder" e até na "qualificação processual da causa extintiva" (RAMOS QUINTANA, *La Garantia de los Derechos de los Trabajadores (Inderogabilidad y Indisponibilidad)*, 2002 cit., pág. 66; SANTOR SALCEDO, "Repliegue de la norma indisponible y nuevos espacios para la autocomposición", 2007 cit., pág. 401). No mesmo sentido, v. ALONSO OLEA/CASAS BAAMONDE, *Derecho del Trabajo*, 2003 cit., pp. 1003 e 521; MOLERO MANGLANO/SÁNCHEZ-CERVERA VALDEZ/LOPEZ ALVAREZ/MATORRAS DÍAZ-CANEJA, *Manual de Derecho del Trabajo*, 2007, cit., pág. 49; MONTOYA MELGAR, *Derecho del Trabajo*, 2007 cit., pág. 224; PALOMEQUE LOPEZ/ÁLVAREZ DE LA ROSA, *Derecho del Trabajo*, 2007 cit., pág. 291.

[594] MONTOYA MELGAR, *Derecho del Trabajo*, 2007 cit., pág. 224; no mesmo sentido, MARTINEZ GIRON/ARUFE VARELA/CARRIL VAZQUEZ, *Derecho del Trabajo*, 2004 cit., pág. 38.

[595] MONTOYA MELGAR, *Derecho del Trabajo*, 2007 cit., pág. 224. Ora, conforme nota SANTOR SALCEDO, "o princípio de indisponibilidade pretenderia evitar (...) o desequilibrio causado pela debilidade de uma parte e o abuso" da outra, não "a capacidade negocial para pôr fim a um conflito de trabalho

A REVOGAÇÃO DO CONTRATO DE TRABALHO

implicam "trocar um direito litigioso ou duvidoso por um benefício concreto e certo"[596]. A mesma ordem de considerações vale para o *finiquito de liquidación y saldo de cuentas*, que, no que se refere especialmente à satisfação de direitos patrimoniais do trabalhador, pode perfilar-se como um "pacto liquidatório"[597], com conteúdo transaccional e, nessa medida, incluir "a negociação" e, bem assim, "a disposição", por este, de direitos patrimoniais já adquiridos, de modo a "conciliar os seus interesses económicos" com o empregador[598]. Mas que, em caso algum, e em nenhuma das suas vertentes[599], deve conter ou encobrir uma renúncia a direitos do trabalhador[600]. O que, a suceder, gera a nulidade do pacto extintivo ou do reconhecimento do saldo de dívida[601] dele constantes.

3.4. Alemanha

3.4.1. O *Aufhebungsvertrag* como expressão do princípio da liberdade contratual das partes

No ordenamento alemão, a cessação do contrato de trabalho por acordo das partes radica no princípio geral da liberdade contratual (§§ 241 I, 311 *BGB*)[602], e pode ocorrer a todo o tempo[603].

mediante recíprocas concessões" ("Repliegue de la norma indisponible y nuevos espacios para la autocomposición", 2007 cit., pág. 399).

[596] MONTOYA MELGAR, *Derecho del Trabajo*, 2007 cit., pág. 224. No mesmo sentido, v. ALBIOL MONTESINOS/ CAMPS RUIZ/LOPEZ GANDIA/SALA FRANCO, *Compendio de Derecho del Trabajo*, II, 2007 cit., pág. 40; ALONSO OLEA/CASAS BAAMONDE, *Derecho del Trabajo*, 2003 cit., pp. 1002-1003; MARTIN VALVERDE/RODRIGUEZ--SAÑUDO GUTIERREZ/GARCIA MURCIA, *Derecho del Trabajo*, 2007 cit., pág. 495; PALOMEQUE LOPEZ/ÁLVAREZ DE LA ROSA, *Derecho del Trabajo*, 2007 cit., pág. 291. Todos estes AA referem, ainda a este propósito, o regime processual laboral da conciliação prévia ao julgamento, o qual procura garantir que estas "não encubram puras e simples renúncias".
Contra, considerando, pelas razões já expostas, que o art. 3-5 do *ET* proíbe também a transacção, a menos que esta verse sobre direitos disponíveis pelo trabalhador, GARCIA ORTEGA/GOERLICH PESET/PEREZ DE LOS COBOS ORIHUEL/RAMIREZ MARTINEZ/SALA FRANCO, *Curso de Derecho del Trabajo*, 2006 cit., pág. 82; GARCIA RUBIO, *El Recibo de Finiquito y sus Garantías Legales*, 1999 cit., pág. 37; VALDES DAL-RE, "Continuidad y crisis en la doctrina judicial sobre el valor liberatorio del finiquito (y II)", 1993 cit., pp. 63-64.

[597] SANTOR SALCEDO, "Repliegue de la norma indisponible y nuevos espacios para la autocomposición", 2007 cit., pp. 401-402 e 406.

[598] SANTOR SALCEDO, "Repliegue de la norma indisponible y nuevos espacios para la autocomposición", 2007 cit., pág. 401.

[599] O ponto foi versado com mais detalhe no nº anterior, para onde se remete.

[600] PALOMEQUE LOPEZ/ÁLVAREZ DE LA ROSA, *Derecho del Trabajo*, 2007 cit., pág. 291; SANTOR SALCEDO, "Repliegue de la norma indisponible y nuevos espacios para la autocomposición", 2007 cit., pág. 403.

[601] ALONSO OLEA/CASAS BAAMONDE, *Derecho del Trabajo*, 2003 cit., pág. 521; MOLERO MANGLANO/SÁNCHEZ--CERVERA VALDEZ/LOPEZ ALVAREZ/MATORRAS DÍAZ-CANEJA, *Manual de Derecho del Trabajo*, 2007, cit., pág. 49; MONTOYA MELGAR, *Derecho del Trabajo*, 2007 cit.,pág. 225.

[602] JUNKER, *Gundkurs Arbeitsrecht*, 8ª ed., Beck, Munique, 2009, Rn 425.

[603] DIETERICH/MÜLLER-GLÖGE/PREIS/SCHAUB, *Erfurter Kommentar zum Arbeitsrecht*, 7ª ed., Beck, Munique, 2007; § 620, II, Rn 5; DÜTZ, *Arbeitsrecht*, 14ª ed., Beck, Munique, 2009, Rn 267.

A EXTINÇÃO PACTUADA DO CONTRATO DE TRABALHO NOUTROS ORDENAMENTOS

Com frequência a celebração do distrate constitui alternativa ao despedimento, sendo tal opção mutuamente vantajosa para as partes: o trabalhador evita ser despedido e pode, caso disponha de poder negocial para tanto, ajustar com o empregador o pagamento de uma compensação pela perda do seu posto de trabalho[604]; este fica, por seu turno, dispensado de observar as regras de protecção contra o despedimento[605] e, bem assim, as relativas ao direito de participação do *Betriebsrat*.[606]

Em todo o caso, e trata-se de um ponto acentuado pela doutrina[607], a celebração de um distrate não implica preterição da *KSchG:* porque o trabalhador é livre de aceitar o despedimento promovido pelo empregador – não o impugnando e inclusive renunciando validamente à protecção contra o mesmo que lhe é legalmente concedida, mediante a outorga com o empregador de um *Abwicklungsvertrag*[608] – deve sempre ser-lhe permitido celebrar um *Aufhebungsvertrag*[609].

---

[604] JUNKER, *Gundkurs Arbeitsrecht*, 2009 cit., Rn 425.

[605] DIETERICH/MÜLLER-GLÖGE/PREIS/SCHAUB, *Erfurter Kommentar zum Arbeitsrecht*, 2007 cit., § 620, II, Rn 5; JUNKER, *Gundkurs Arbeitsrecht*, 2009 cit., Rn 425.

[606] JUNKER, *Gundkurs Arbeitsrecht*, 2009 cit., Rn 425.

[607] DÜTZ, *Arbeitsrecht*, 2009 cit., Rn 267; JUNKER, *Gundkurs Arbeitsrecht*, 2009 cit., Rn 425.

[608] A doutrina juslaboral alemã distingue do *Aufhebungsvertrag,* contrato extintivo do vínculo laboral, o *Abwicklungsvertrag,* acordo através do qual trabalhador e empregador regulam as consequências do despedimento efectuado e formalmente aceite pelo primeiro – o qual, em regra, renuncia a impugná--lo, contra o pagamento de uma quantia entre ambos ajustada, no que configura uma abdicação lícita, porque não *a priori*, da protecção contra o despedimento que lhe advém de normas legais imperativas. A licitude desta renúncia depende, ainda, segundo o *BAG*, da atribuição ao trabalhador de uma adequada compensação, representando a sua falta uma desvantagem injusta para o trabalhador, nos termos do § 307 Abs. 1 S. 1 *BGB*. Sobre este ponto, com mais desenvolvimento, v. DÜTZ, *Arbeitsrecht*, 2009 cit., Rn 362; JUNKER, *Gundkurs Arbeitsrecht*, 2009 cit., Rn 426.
A questão da eventual desconformidade do *Abwicklungsvertrag* com o princípio da igualdade e com o prescrito no § 612a *BGB*, que proíbe ao empregador prejudicar o trabalhador pelo facto de este exercer licitamente os seus direitos – por envolver o pagamento pelo empregador de uma compensação apenas aos trabalhadores que renunciem a impugnar o respectivo despedimento – é resolvida em sentido negativo por DÜTZ, que nota, relativamente ao primeiro ponto, que o interesse legítimo do empregador em obter segurança e previsibilidade relativamente à cessação das relações de trabalho representa um fundamento material de diferenciação e, quanto ao segundo, que o seu objectivo é proteger a liberdade de decisão do trabalhador e não limitar as partes quanto à definição por acordo das condições da saída daquele (*Arbeitsrecht*, 2009 cit., Rn 362).
São várias as questões que no domínio do direito da segurança social suscita a outorga de um *Abwicklungsvertrag*, sobretudo as relativas à sua diferenciação face ao *Aufhebungsvertrag* e sua eventual instrumentalização para defraudar regras aplicáveis a este e menos favoráveis ao trabalhador (como, *v.g.*, o prazo de carência na atribuição de prestações de desemprego), v. DIETERICH/MÜLLER-GLÖGE/PREIS/SCHAUB, *Erfurter Kommentar zum Arbeitsrecht*, 2007 cit., § 620, II, Rn 5; JUNKER, *Gundkurs Arbeitsrecht*, 2009 cit., Rn 426.

[609] JUNKER, *Gundkurs Arbeitsrecht*, 2009 cit., Rn 425.

A REVOGAÇÃO DO CONTRATO DE TRABALHO

O distrate deve ser celebrado por escrito. Esta imposição resulta do § 623 *BGB*, que regula conjuntamente a forma do despedimento e do contrato de dissolução (*Auflösungsvertrag*)[610] e visa, em primeira linha, proteger o trabalhador contra uma decisão precipitada e irreflectida de assentir na cessação da relação laboral[611]. O documento que o titula deve ser assinado por ambas as partes e cobrir todo o respectivo conteúdo, por força do § 126 II *BGB*. É expressamente vedada, pelo mesmo § 623, parte final, a forma electrónica (*v.g.* por *e-mail*)[612].

A preterição da forma legalmente imposta gera a nulidade do distrate, nos termos do § 125, *S.* 1, *BGB*[613]. Quando tal suceda, a relação laboral continua a existir. Pode, porém, suceder que uma das partes fique impedida de invocar o vício de forma, por força do disposto no § 242 *BGB*, quanto à realização da prestação segundo a boa fé[614].

Sempre que a celebração do distrate se deva a iniciativa do empregador, recaem sobre este, como obrigações contratuais acessórias (§§ 241 II BGB), deveres de esclarecimento e de informação do trabalhador[615], os quais incidirão, entre outros aspectos, sobre as respectivas consequências no domínio da segurança social[616] ou dos reflexos no plano fiscal da atribuição ao trabalhador de uma compensação pelo seu assentimento na cessação do contrato de trabalho[617]. A violação destes deveres de informação não gera a invalidade do

---

[610] Esta imposição e a equiparação em que assenta remontam à recente reforma do *BGB*. No direito anterior a 1-5-2000 a regra era a liberdade de forma para o distrate, muito embora se admitisse que por contrato de trabalho ou por convenção colectiva se estabelecesse solução diversa. Neste contexto normativo, era de admitir um distrate tácito, caso existissem suficientes factos concludentes da correspondente vontade contratual. Sobre este ponto, v. DIETERICH/MÜLLER-GLÖGE/PREIS/SCHAUB, *Erfurter Kommentar zum Arbeitsrecht*, 2007 cit., § 620, II, Rn 5 e 8.

[611] JUNKER, *Gundkurs Arbeitsrecht*, 2009 cit., Rn 426. Em todo o caso, e segundo o *BAG*, do § 82 II *BetrVG* resulta um direito do trabalhador a fazer-se acompanhar numa reunião em que se discuta a celebração de um *Aufhebungsvertrag* por um membro do *Betriebsrat*. V., sobre este ponto, DIETERICH/MÜLLER-GLÖGE/PREIS/SCHAUB, *Erfurter Kommentar zum Arbeitsrecht*, 2007 cit., § 620, II, Rn 5.

[612] Definida no § 126 a *BGB*.

[613] JUNKER, *Gundkurs Arbeitsrecht*, 2009 cit., Rn 426.

[614] JUNKER, *Gundkurs Arbeitsrecht*, 2009 cit., Rn 426, com indicação de exemplos.

[615] Neste sentido, DIETERICH/MÜLLER-GLÖGE/PREIS/SCHAUB, *Erfurter Kommentar zum Arbeitsrecht*, 2007 cit., § 620, II, Rn 11; JUNKER, *Gundkurs Arbeitsrecht*, 2009 cit., Rn 434; contra, DÜTZ, *Arbeitsrecht*, 2009 cit., Rn 267.

[616] Em especial relativamente a uma possível perda do direito a prestações de desemprego ou à eventual aplicação ao caso de um período de carência de doze semanas antes da percepção da primeira daquelas prestações (no caso previsto no § 144 I SGB III). Para mais desenvolvimentos sobre este ponto, v. JUNKER, *Gundkurs Arbeitsrecht*, 2009 cit., Rn 434 e, ainda, DIETERICH/MÜLLER-GLÖGE/PREIS/SCHAUB, *Erfurter Kommentar zum Arbeitsrecht*, 2007 cit., § 620, II, Rn 11.

[617] Com efeito, as compensações referidas no texto, que até 1 de Junho de 2006 estavam isentas de imposto sobre o rendimento, passaram a ser tributadas, desde essa data, como os demais rendimentos do trabalho. Sobre este ponto, v. JUNKER, *Gundkurs Arbeitsrecht*, 2009 cit., Rn 434.

A EXTINÇÃO PACTUADA DO CONTRATO DE TRABALHO NOUTROS ORDENAMENTOS

distrate, mas pode fazer o empregador incorrer em responsabilidade civil, nos termos do § 280 *BGB*[618].

No que se refere ao conteúdo do *Aufhebungsvertrag*, a jurisprudência tem-se orientado no sentido da sua sujeição ao controlo dos §§ 305 a 310 BGB, verificados os respectivos pressupostos, a saber: ser este pré-elaborado pelo empregador e não ter sido objecto de qualquer negociação individual[619]. Não obstante, tal controlo não incide sobre os dois pontos que constituem a essência do distrate: o fim da relação de trabalho e a eventual contraprestação a atribuir ao trabalhador pelo empregador[620].

Sempre que ao distrate seja pelas partes aposto um termo suspensivo, e este seja superior ao legalmente fixado para o despedimento, será aplicável, por analogia, o disposto no § 14 *TzBfg* quanto ao controlo da aposição do termo, por tal estipulação implicar a conformação como temporária de uma relação até então duradoura[621]. Em tal hipótese, e caso tenham as partes acordado o pagamento ao trabalhador de uma compensação pela perda do posto de trabalho, deve entender-se, salvo estipulação diversa, que esta só se torna exigível com o termo da relação laboral[622].

É, em regra, de excluir a atribuição de eficácia retroactiva ao *Aufhebungsvertrag*, a menos que esta se refira a um período em que o contrato de trabalho tivesse já deixado de ser executado[623].

A tutela do trabalhador enquanto parte do *Aufhebungsvertrag* resulta, no ordenamento alemão, da convergência de soluções especificamente laborais e de soluções de direito comum.

As primeiras, tendo como denominador comum a desvinculação unilateral do trabalhador, através de direitos de arrependimento ou de reflexão, não são previstas e atribuídas *ex lege*, antes radicam na contratação colectiva, à qual é cometida a sua criação e modelação – desde as condições do seu exercício (*maxime* o prazo), aos respectivos efeitos[624].

---

[618] DIETERICH/MÜLLER-GLÖGE/PREIS/SCHAUB, *Erfurter Kommentar zum Arbeitsrecht*, 2007 cit., § 620, II, Rn 11.

[619] DIETERICH/MÜLLER-GLÖGE/PREIS/SCHAUB, *Erfurter Kommentar zum Arbeitsrecht*, 2007 cit., § 620, II, Rn 13; JUNKER, *Gundkurs Arbeitsrecht*, 2009 cit., Rn 427 e 431.

[620] DIETERICH/MÜLLER-GLÖGE/PREIS/SCHAUB, *Erfurter Kommentar zum Arbeitsrecht*, 2007 cit., § 620, II, Rn 13

[621] Neste sentido, DÜTZ, *Arbeitsrecht*, 2009 cit., Rn 267; sobre os traços essenciais da tutela deferida ao trabalhador pelo § 14, em especial pela imposição de uma justificação material para a aposição de termo, v. Rn 268.

[622] DIETERICH/MÜLLER-GLÖGE/PREIS/SCHAUB, *Erfurter Kommentar zum Arbeitsrecht*, 2007 cit., § 620, II, Rn 9.

[623] DIETERICH/MÜLLER-GLÖGE/PREIS/SCHAUB, *Erfurter Kommentar zum Arbeitsrecht*, 2007 cit., § 620, II, Rn 9.

[624] DIETERICH/MÜLLER-GLÖGE/PREIS/SCHAUB, *Erfurter Kommentar zum Arbeitsrecht*, 2007 cit., § 620, II, Rn 12; DÜTZ, *Arbeitsrecht*, 2009 cit., Rn 267; KITTNER/DÄUBLER/ZWANZIGER, *Kündigungsschutzrecht*, 7ª ed., Bund, 2007, Rn 276.
A contratação colectiva pode prever a renúncia do trabalhador, por escrito, ao direito de arrependimento relativo ao distrate nela previsto. E pode, naturalmente, regular o exercício de tal direito e os

A REVOGAÇÃO DO CONTRATO DE TRABALHO

Quanto às segundas, cumpre destacar a impugnação do *Aufhebungsvertrag* com fundamento nas causas gerais de invalidade dos contratos, muito embora lhe sejam também aplicáveis outros mecanismos comuns de desvinculação unilateral[625].

Justifica-se, a este propósito, uma referência ao eventual reconhecimento ao trabalhador do direito de arrependimento previsto nos §§ 312 e 355 *BGB*, para os contratos com consumidores celebrados "à porta de casa" ou no local de trabalho. A questão, suscitada por algumas decisões jurisprudenciais nesse sentido[626], foi resolvida, em sentido negativo, pelo *BAG*. O principal argumento invocado, ainda perante o § 7 *HTWG*, foi a falta de analogia entre as situações do consumidor e do trabalhador, evidenciada pelo facto de este, ante a proposta de cessação pactuada apresentada pelo empregador poder sempre opor um simples não[627]. Esta posição do *BAG* foi reiterada[628] já depois da reforma do *BGB*[629]. O mesmo entendimento tem vindo a prevalecer na doutrina[630] que, reconhecendo a frequente similitude de situações entre trabalhador e consumidor, expressa na própria equiparação legal operada pelos §§ 13 e 14 do *BGB,* recusa a ideia de uma plena assimilação de um e de outro[631] – desde logo quanto a este ponto, não sendo o *Aufhebungsvertrag* de considerar abrangido na previsão do

---

correspondentes efeitos que, salvo indicação expressa em tal sentido, não tem em princípio, segundo o *BAG*, eficácia retroactiva – o que implica que, retomada a relação laboral e relativamente ao período em que o distrate se tenha tornado eficaz, não será devida retribuição. Sobre este ponto, mais desenvolvidamente, v. KITTNER/DÄUBLER/ZWANZIGER, *Kündigungsschutzrecht*, 2007 cit., Rn 276.

[625] Mais exactamente, o trabalhador pode resolver o *Aufhebungsvertrag,* com fundamento em incumprimento pelo empregador da indemnização acordada ou no desaparecimento superveniente da base negocial. Sobre estes pontos, com mais desenvolvimento, v. KITTNER/DÄUBLER/ZWANZIGER, *Kündigungsschutzrecht*, 2007 cit., Rn 269 a 273.

[626] Indicadas e sumariamente analisadas por KITTNER/DÄUBLER/ZWANZIGER, *Kündigungsschutzrecht*, 2007 cit., Rn 274.

[627] Sobre este ponto, v. KITTNER/DÄUBLER/ZWANZIGER, *Kündigungsschutzrecht*, 2007 cit., 274; ROLFS, *Arbeitsrecht*, 2007, § 312, Rn 5.

[628] O BAG recusou ainda o direito de desvinculação unilateral do trabalhador quanto ao distrate noutros casos: não concessão pelo empregador de um período de reflexão antes da sua celebração ou não comunicação prévia do tema da reunião em que o distrate lhe foi proposto e ajustado. Para mais desenvolvimentos sobre este ponto, v. DIETERICH/MÜLLER-GLÖGE/PREIS/SCHAUB, *Erfurter Kommentar zum Arbeitsrecht*, 2007 cit., § 620, II, Rn 12; ROLFS, *Arbeitsrecht*, 2007, § 312, Rn 5.

[629] Na qual a questão versada no texto terá sido das mais debatidas, informa ROLFS, com abundantes indicações de doutrina (*Arbeitsrecht*, 2007, § 312, Rn 2). No mesmo sentido, v. DÜTZ, *Arbeitsrecht*, 2009 cit., Rn 267; KITTNER/DÄUBLER/ZWANZIGER, *Kündigungsschutzrecht*, 2007 cit, Rn 275.

[630] DÜTZ, *Arbeitsrecht*, 2009 cit., Rn 267; KITTNER/DÄUBLER/ZWANZIGER, *Kündigungsschutzrecht*, 2007 cit., Rn 275.

[631] DIETERICH/MÜLLER-GLÖGE/PREIS/SCHAUB, *Erfurter Kommentar zum Arbeitsrecht*, 2007 cit., § 620, II, Rn 13; KITTNER/DÄUBLER/ZWANZIGER, *Kündigungsschutzrecht*, 2007 cit., Rn 275; ROLFS, *Arbeitsrecht*, Beck, Munique, 2007, § 312, Rn 2.

A EXTINÇÃO PACTUADA DO CONTRATO DE TRABALHO NOUTROS ORDENAMENTOS

§ 312 *BGB*[632]. Contra a atribuição ao trabalhador do direito de arrependimento nele previsto invocam-se a letra[633] e a colocação sistemática[634] do próprio § 312, mas também a patente diferença de situações do consumidor e do trabalhador (desde logo ante a alusão legal aos negócios celebrados no posto de trabalho) e o fundamento e finalidade com aquele visados[635].

---

[632] DIETERICH/MÜLLER-GLÖGE/PREIS/SCHAUB, *Erfurter Kommentar zum Arbeitsrecht*, 2007 cit., § 620, II, Rn 13; KITTNER/DÄUBLER/ZWANZIGER, *Kündigungsschutzrecht*, 2007 cit., Rn 275 e 275ª.

[633] Da qual claramente resultaria não ser o *Aufhebungsvertrag* uma "forma especial de venda", não sendo o trabalhador destinatário de uma qualquer prestação de preço ou mercadoria (ROLFS, *Arbeitsrecht*, 2007, § 312, Rn 5). No mesmo sentido, propondo a redução teleológica da previsão do § 312, de modo a dela retirar os contratos relativos à relação de trabalho, claramente não abrangidos na situação nela visada, DÜTZ, *Arbeitsrecht*, 2009 cit., Rn 267.

[634] O ponto é desenvolvido por ROLFS, que nota que a atribuição de tal direito de arrependimento ao trabalhador pressuporia, não apenas a qualificação do empregador como empresário e a do trabalhador como consumidor nos termos dos §§ 13 e 14 BGB já referida no texto, mas também a recondução do *Aufhebungsvertrag* a uma "prestação monetária" e uma "forma especial de venda" (cfr. o § 312 e o subtítulo que o antecede, respectivamente).
Ora, no que se refere ao *Aufhebungsvertrag* como prestação monetária, prossegue o A, é possível defender a opinião de que o trabalhador deva, através do contrato de trabalho, uma prestação remunerada (a prestação do trabalho), sendo o *Aufhebungsvertrag* um mero *contrarius consensus* que partilharia o destino jurídico de tal contrato. A análise quanto a este mesmo ponto poder-se-ia cingir ao próprio *Aufhebungsvertrag* e ver o abandono do posto de trabalho como prestação. A remuneração consistiria, então, na indemnização concedida pelo empregador para a perda do posto de trabalho. Esta segunda concepção levaria, contudo, a uma contradição valorativa impossível de resolver, por não justificar a atribuição de tal direito de arrependimento nos casos de extinção pactuada da relação de trabalho sem indemnização – aqueles em que porventura o trabalhador mais carece de protecção. Sobre este ponto, com mais desenvolvimento, v. ROLFS, *Arbeitsrecht*, Beck, Munique, 2007, § 312, Rn 4.
Sistematicamente, a venda "à porta de casa" contemplada no § 312 surge lado a lado com a venda a distância (§ 312b) e o comércio electrónico (§ 312e), com os quais o distrate não é comparável. Neste sentido, v. DIETERICH/MÜLLER-GLÖGE/PREIS/SCHAUB, *Erfurter Kommentar zum Arbeitsrecht*, 2007 cit., § 620, II, Rn 13; DÜTZ, *Arbeitsrecht*, 2009 cit., Rn 267; ROLFS, *Arbeitsrecht*, 2007, § 312, Rn 5.

[635] Existe, com efeito, nas "formas especiais de venda" a que se refere o *BGB* nos §§ 312 segs., um elemento de precipitação, potenciado quer pelo facto de serem celebradas em locais não habituais, pelo que nem sempre o consumidor está a contar com a sua celebração, naquele momento e situação em que se encontra e em que esta lhe é proposta, quer pela sugestão, habitual, por parte do vendedor, de que se trata de uma oferta limitada, a aceitar de imediato. Ora, nada disto sucede no *Aufhebungsvertrag*. Bem pelo contrário, o trabalhador deve contar – e conta, em regra – que a discussão com o empregador de questões e problemas que afectam o respectivo vínculo laboral e a sua solução por acordo tenham lugar justamente quando se encontra no seu posto de trabalho. Ou, como sublinha ROLFS, o local de trabalho é o espaço onde se estabelecem as obrigações próprias do contrato de trabalho, mas também aquele em que estas voltam a ser dissolvidas. Daí que não se possa supor uma surpresa relativamente ao local de negociação – esta, a existir, resultaria, antes, do facto de eventuais contactos e conversas com o trabalhador referentes à relação laboral decorrerem em qualquer outro local, *v.g.* num escritório de advogados. Sobre este ponto, v. ROLFS, *Arbeitsrecht*, 2007, § 312, Rn 6 e 7, e ainda DÜTZ, *Arbeitsrecht*, 2009 cit. Rn 267, com indicação de jurisprudência do *BAG*.

A REVOGAÇÃO DO CONTRATO DE TRABALHO

Por se tratar de um contrato, submetido ao regime comum constante do *BGB*, o *Aufhebungsvertrag* pode ser impugnado com fundamento na ocorrência de qualquer das causas de invalidade nele previstas[636]. As mais frequentemente verificadas serão a coacção ($\S$ 123 I *BGB*)[637] e o erro ($\S\S$ 119 e 123 *BGB*)[638], visto que a sua celebração ocorre, não raro, num contexto de alguma pressão ou excepção ou de desconhecimento significativo de circunstâncias relevantes, *v.g.*, das suas consequências em matéria de segurança social[639]. Mas pode ainda ser inválido por falta de capacidade negocial do trabalhador ($\S$ 105 II *BGB*)[640] ou dolo ($\S$ 123 I *BGB*)[641].

3.4.2. A liquidação de créditos emergentes da relação laboral finda: a *Ausgleichsquittung*

Quando do acerto final de contas entre trabalhador e empregador, por ocasião da cessação da relação laboral, é frequente o recurso a uma *Ausgleichsquittung*.

---

[636] DIETERICH/MÜLLER-GLÖGE/PREIS/SCHAUB, *Erfurter Kommentar zum Arbeitsrecht*, 2007 cit., $\S$ 620, II, Rn 10; ROLFS, *Arbeitsrecht*, 2007, $\S$ 312, Rn 8.

[637] Sobre este ponto, v. DIETERICH/MÜLLER-GLÖGE/PREIS/SCHAUB, *Erfurter Kommentar zum Arbeitsrecht*, 2007 cit., $\S$ 620, II, Rn 10; DÜTZ, *Arbeitsrecht*, 2009 cit., Rn 267; JUNKER, *Gundkurs Arbeitsrecht*, 2009 cit., Rn 427.

[638] Neste sentido, DIETERICH/MÜLLER-GLÖGE/PREIS/SCHAUB, *Erfurter Kommentar zum Arbeitsrecht*, 2007 cit., $\S$ 620, II, Rn 10; KITTNER/DÄUBLER/ZWANZIGER, *Kündigungsschutzrecht*, 2007 cit., Rn 276. Diversamente, afirmando a exclusão, em regra, da impugnação do distrate por erro, v. DÜTZ, *Arbeitsrecht*, 2009 cit., Rn 267.

[639] JUNKER, *Gundkurs Arbeitsrecht*, 8ª ed., Beck, Munique, 2009; contra, sustentando que o desconhecimento ou conhecimento inexacto pelo trabalhador das consequências do distrate em matéria de segurança social constitui um erro de direito, em princípio não atendível, DÜTZ, *Arbeitsrecht*, 2009 cit., Rn 267.

[640] Devido *v.g.*, a taxa de alcoolémia do trabalhador superior a 3/1000 na celebração do *Aufhebungsvertrag* (limiar que para o *BAG* será decisivo). Sobre este ponto, com mais desenvolvimento, v. JUNKER, *Gundkurs Arbeitsrecht*, 2009 cit., Rn 427; KITTNER/DÄUBLER/ZWANZIGER, *Kündigungsschutzrecht*, 2007 cit.. Rn 281.
O principal problema com que se defronta a invocação pelo trabalhador desta causa de incapacidade prende-se com a difícil prova da sua ocorrência, por se referir quase sempre a circunstâncias insuficientemente documentadas ou reconstrutíveis. Em todo o caso, e conforme notam KITTNER/DÄUBLER/ZWANZIGER, à margem da demonstração ou não pelo trabalhador da verificação dos pressupostos de aplicação do $\S$ 105 *BGB*, sempre haverá que questionar se o empregador não violou os seus deveres de informação e esclarecimento e, sobretudo, de respeito para com o trabalhador, ao celebrar o distrate num momento em que este patentemente já se não encontrava em estado de atentar e entender no respectivo sentido.

[641] Que ocorrerá, v.g., se o empregador explicar ao trabalhador, antes da celebração do *Aufhebungsvertrag*, que este não teria direito à protecção contra o despedimento. Sobre este ponto, v. JUNKER, *Gundkurs Arbeitsrecht*, 2009 cit., Rn 427.

A EXTINÇÃO PACTUADA DO CONTRATO DE TRABALHO NOUTROS ORDENAMENTOS

Esta constitui a declaração escrita através da qual as partes confirmam reciprocamente não deter quaisquer pretensões emergentes do contrato de trabalho ou da sua extinção[642]. E visa a liquidação definitiva da relação laboral finda[643], com a consequente estabilização da situação das partes. Não sendo privativa da cessação pactuada do contrato de trabalho, é com grande frequência incluída no *Aufhebungsvertrag*[644].

A *Ausgleichsquittung* pode ter um conteúdo jurídico muito variado, consoante as circunstâncias do caso[645]. Pode encerrar uma transacção, quando as partes estiveram em litígio sobre a existência de determinadas pretensões e este foi resolvido através de concessões recíprocas (nos termos do § 779 *BGB*)[646]. Pode conter um contrato de remissão quando as partes partem da existência de um crédito, mas não pretendem que este seja satisfeito (nos termos do § 397 *BGB*)[647]. E pode, ainda, envolver um reconhecimento negativo de dívida – declarativo quando as partes partem de que já não existem créditos[648], constitutivo quando as partes através da *Ausgleichsquittung* pretendem extinguir todas as pretensões conhecidas e não conhecidas[649].

A determinação do objecto da *Ausgleichsquittung* supõe a sua interpretação[650], a qual deve partir do respectivo texto (tendo em conta os usos linguísticos do

---

[642] DIETERICH/MÜLLER-GLÖGE/PREIS/SCHAUB, *Erfurter Kommentar zum Arbeitsrecht*, 2007 cit., § 620, II, Rn 5; DÜTZ, *Arbeitsrecht*, 2009 cit., Rn 362; KITTNER/DÄUBLER/ZWANZIGER, *Kündigungsschutzrecht*, 2007 cit.., Rn 862a; MOLL, *Arbeitsrecht*, Beck, Munique, 2005, § 20, Rn 24; SCHAUB/KOCH/LINCK/VOGELSANG, *Arbeitsrechts-Handbuch*, 12ª ed., Beck, Munique, 2007, § 72, Rn 7.

[643] DIETERICH/MÜLLER-GLÖGE/PREIS/SCHAUB, *Erfurter Kommentar zum Arbeitsrecht*, 2007 cit., § 620, II, Rn 5.

[644] DIETERICH/MÜLLER-GLÖGE/PREIS/SCHAUB, *Erfurter Kommentar zum Arbeitsrecht*, 2007 cit., § 620, II, Rn 5.

[645] DIETERICH/MÜLLER-GLÖGE/PREIS/SCHAUB, *Erfurter Kommentar zum Arbeitsrecht*, 2007 cit., § 620, II, Rn 5 e 8; KITTNER/DÄUBLER/ZWANZIGER, *Kündigungsschutzrecht*, 2007 cit., Rn 862g; MOLL, *Arbeitsrecht*, 2005 cit., § 20, Rn 24; SCHAUB/KOCH/LINCK/VOGELSANG, *Arbeitsrechts-Handbuch*, 2007 cit., § 72, Rn 7.

[646] DIETERICH/MÜLLER-GLÖGE/PREIS/SCHAUB, *Erfurter Kommentar zum Arbeitsrecht*, 2007 cit., § 620, II, Rn 5; KITTNER/DÄUBLER/ZWANZIGER, *Kündigungsschutzrecht*, 2007 cit.., Rn 862f; MOLL, *Arbeitsrecht*, 2005 cit., § 20, Rn 24; SCHAUB/KOCH/LINCK/VOGELSANG, *Arbeitsrechts-Handbuch*, 2007 cit., § 72, Rn 7.

[647] DIETERICH/MÜLLER-GLÖGE/PREIS/SCHAUB, *Erfurter Kommentar zum Arbeitsrecht*, 2007 cit., § 620, II, Rn 5; KITTNER/DÄUBLER/ZWANZIGER, *Kündigungsschutzrecht*, 2007 cit.., Rn 862g; MOLL, *Arbeitsrecht*, 2005 cit., § 20, Rn 24; SCHAUB/KOCH/LINCK/VOGELSANG, *Arbeitsrechts-Handbuch*, 2007 cit., § 72, Rn 7.

[648] KITTNER/DÄUBLER/ZWANZIGER, *Kündigungsschutzrecht*, 2007 cit.., Rn 862g; MOLL, *Arbeitsrecht*, 2005 cit., § 20, Rn 24; SCHAUB/KOCH/LINCK/VOGELSANG, *Arbeitsrechts-Handbuch*, 2007 cit., § 72, Rn 7.

[649] Será o caso da declaração "por este meio ficam satisfeitas e recebidas as pretensões emergentes da relação de trabalho e sua extinção, qualquer que seja o seu fundamento jurídico". Neste sentido, v. SCHAUB/KOCH/LINCK/VOGELSANG, *Arbeitsrechts-Handbuch*, 2007 cit., § 72, Rn 7.

[650] MOLL, *Arbeitsrecht*, 2005 cit., § 20, Rn 24.

A REVOGAÇÃO DO CONTRATO DE TRABALHO

respectivo sector)[651] e atender a todos os factos que, no caso, se mostrem, para o efeito, relevantes[652].

Diversa, se bem que conexa com esta, é a questão do âmbito da *Ausgleichsquittung*, dos direitos emergentes da relação laboral finda abrangidos na respectiva declaração. Sempre que a *Ausgleichsquittung* se reconduza a uma transacção, engloba unicamente as pretensões sobre as quais aquela incide, em consonância com a vontade convergente das partes. E não já créditos que se situem objectivamente para lá daquilo que foi pelas partes considerado ou que não pudessem sequer ter sido por estas levados em conta[653]. Se, porém, numa transacção judicial for incluída uma *Ausgleichsquittung* formulada de modo geral e abrangente, esta refere-se a todas as pretensões cuja subsistência não seja inequivocamente ressalvada. Em ordem a assegurar a clareza e a pacificação das situações, visada pelas partes com a sua fixação, tais cláusulas são de interpretar de forma extensiva[654].

Numa *Ausgleichsquittung* emitida quando da cessação da relação laboral, pode o trabalhador renunciar à protecção geral ou especial contra o despedimento[655]. Tal intenção deve, contudo, resultar claramente explicitada na sua declaração, não bastando, para este efeito, a mera afirmação por este de que pretende renunciar a todas as pretensões emergentes do contrato de trabalho[656].

A eficácia remissiva da *Ausgleichsquittung* é delimitada pelo seu objecto, por um lado, e pelo seu sentido, determinado mediante interpretação, nos ter-

---

[651] SCHAUB/KOCH/LINCK/VOGELSANG, *Arbeitsrechts-Handbuch*, 2007 cit., § 72, Rn 8.

[652] Para uma enumeração exemplificativa dessas circunstâncias, v. SCHAUB/KOCH/LINCK/VOGELSANG, *Arbeitsrechts-Handbuch*, 2007 cit., § 72, Rn 8. No mesmo sentido, MOLL, *Arbeitsrecht*, 2005 cit., § 20, Rn 25.

[653] SCHAUB/KOCH/LINCK/VOGELSANG, *Arbeitsrechts-Handbuch*, 2007 cit., § 72, Rn 7.

[654] Mesmo faltando a menção ou aditamento "e do seu termo, sejam conhecidas ou desconhecidas". Esta a orientação do BAG, referida por DÜTZ, *Arbeitsrecht*, 2009 cit., Rn 267; SCHAUB/KOCH/LINCK/ /VOGELSANG, *Arbeitsrechts-Handbuch*, 2007 cit., § 72, Rn 8a. No mesmo sentido, v. DIETERICH/MÜLLER- -GLÖGE/PREIS/SCHAUB, *Erfurter Kommentar zum Arbeitsrecht*, 2007 cit., § 620, II, Rn 5; MOLL, *Arbeitsrecht*, 2005 cit., § 20, Rn 29.
Sobre este ponto, com mais desenvolvimento, contemplando várias hipóteses concretas, como as prestações de restituição emergentes de um empréstimo do empregador ao trabalhador ou as resultantes de um pacto de não concorrência, sendo a conclusão diversa, no que a este se refere, consoante a declaração do trabalhador se refira unicamente a pretensões emergentes da relação laboral ou também às relativas à sua extinção ou que só se vencem depois da sua cessação (o mesmo vale para no caso de pensões de reforma devidas pelo empregador ou de outras obrigações a cargo deste, relacioandas com a cessação do contrato), v. KITTNER/DÄUBLER/ZWANZIGER, *Kündigungsschutzrecht*, 2007 cit., Rn 862i; MOLL, *Arbeitsrecht*, 2005 cit., § 20, Rn 26; SCHAUB/KOCH/LINCK/VOGELSANG, *Arbeitsrechts-Handbuch*, 2007 cit., § 72, Rn 7 e 9.

[655] DÜTZ, *Arbeitsrecht*, 2009 cit., Rn 267; KITTNER/DÄUBLER/ZWANZIGER, *Kündigungsschutzrecht*, 2007 cit.., Rn 862h; SCHAUB/KOCH/LINCK/VOGELSANG, *Arbeitsrechts-Handbuch*, 2007 cit., § 72, Rn 8b.

[656] DÜTZ, *Arbeitsrecht*, 2009 cit., Rn 267; KITTNER/DÄUBLER/ZWANZIGER, *Kündigungsschutzrecht*, 2007 cit.., Rn 862h; SCHAUB/KOCH/LINCK/VOGELSANG, *Arbeitsrechts-Handbuch*, 2007 cit., Rn 8b.

A EXTINÇÃO PACTUADA DO CONTRATO DE TRABALHO NOUTROS ORDENAMENTOS

mos expostos, por outro[657]. A *Ausgleichsquittung* é ineficaz sempre que incida sobre direitos irrenunciáveis, legais ou convencionais (§§ 4 *Abs*. 4 *TVG* e 77 *Abs*. 4 *BetrVG*)[658]. E só obsta à ulterior reclamação de créditos laborais se a sua concreta conformação jurídica for de molde a operar a respectiva extinção[659].

A situação do trabalhador é acautelada, neste domínio, e em paralelo com a do empregador, unicamente pelo recurso a mecanismos de direito comum. Nesse sentido, a *Ausgleichsquittung* está sujeita ao controlo do seu conteúdo nos termos dos §§ 305 segs. *BGB* sempre que se apresente como uma declaração formulário ou modelo, pré-elaborada pelo empregador[660]. E é impugnável, nos termos gerais, com fundamento em erro[661], dolo[662] ou coacção moral[663] (nos termos dos §§ 119 e 123 *BGB*).

Não existe qualquer direito legal de arrependimento aplicável à *Ausgleichsquittung* ou, em geral, à transacção nas relações laborais. É, designadamente de excluir, nesta matéria, o direito de arrependimento previsto nos §§ 312 e 355 *BGB*, pelo motivo já *supra* apontado de a relação de trabalho não constituir uma forma especial de venda[664]. Mas, tal como se viu suceder em matéria

---

[657] KITTNER/DÄUBLER/ZWANZIGER, *Kündigungsschutzrecht*, 2007 cit., Rn 862f; MOLL, *Arbeitsrecht*, 2005 cit., § 20, Rn 25.

[658] KITTNER/DÄUBLER/ZWANZIGER, *Kündigungsschutzrecht*, 2007 cit.., Rn 862b; SCHAUB/KOCH/LINCK/ /VOGELSANG, *Arbeitsrechts-Handbuch*, 2007 cit., Rn 10. V., ainda, MOLL, *Arbeitsrecht*, 2005 cit., § 20, Rn 25.

[659] O que não sucederá caso a *Ausgleichsquittung* se apresente como um mero reconhecimento declarativo negativo de dívida. Em tal hipótese, pode o trabalhador vir exigir o pagamento, desde que prove a existência do crédito, uma vez que se trata de uma mera declaração de ciência, sem eficácia extintiva ou liberatória, porque meramente declarativa. Neste sentido, v. KITTNER/DÄUBLER/ZWANZIGER, *Kündigungsschutzrecht*, 2007 cit.., Rn 862g; MOLL, *Arbeitsrecht*, 2005 cit., § 20, Rn 29 ; SCHAUB/KOCH/LINCK/ /VOGELSANG, *Arbeitsrechts-Handbuch*, 2007 cit., Rn 11.

[660] O que, afirmam KITTNER/DÄUBLER/ZWANZIGER, sucederá em 99% dos casos. E em todos estes deverá, segundo os mesmos AA, ser interpretada em prejuízo do empregador, o qual não pode pretender valer-se v.g. do § 305c *BGB*, relativo a cláusulas surpreendentes ou escondidas. Em contrapartida, este preceito e a respectiva protecção são plenamente invocáveis pelo trabalhador. Não menos significativamente, a *Ausgleichsquittung* que se limite a uma mera renúncia do trabalhador aos seus direitos, sem compensação adequada, representará, em regra, um prejuízo inadequado para este. Sobre estes pontos, com mais desenvolvimento, v. DIETERICH/MÜLLER-GLÖGE/PREIS/SCHAUB, *Erfurter Kommentar zum Arbeitsrecht*, 2007 cit., § 230, Rn 74b; KITTNER/DÄUBLER/ZWANZIGER, *Kündigungsschutzrecht*, 2007 cit.., Rn 862h; MOLL, *Arbeitsrecht*, 2005 cit., § 20, Rn 28. Sobre a aplicação desta mesma tutela ao distrate, em idênticas circunstâncias, v. *supra* o nº 3.4.1.

[661] Sobre este ponto, v. MOLL, *Arbeitsrecht*, 2005 cit., § 20, Rn 32 ; SCHAUB/KOCH/LINCK/VOGELSANG, *Arbeitsrechts-Handbuch*, 2007 cit., Rn 14

[662] O que sucederá sempre que v.g. o empregador convença o trabalhador de que este estaria a assinar apenas um recibo simples. Neste sentido, v. MOLL, *Arbeitsrecht*, 2005 cit., § 20, Rn 33.

[663] Sobre este ponto, v. MOLL, *Arbeitsrecht*, 2005 cit., § 20, Rn 33; SCHAUB/KOCH/LINCK/VOGELSANG, *Arbeitsrechts-Handbuch*, 2007 cit., Rn 15.

[664] Cfr. *supra* o nº 3.4.1.

A REVOGAÇÃO DO CONTRATO DE TRABALHO

de distrate, não raro a contratação colectiva pode permitir a desvinculação unilateral pelo trabalhador de uma *Ausgleichsquittung* que tenha subscrito[665]. Se este direito de arrependimento se referir apenas à *Ausgleichsquittung*, o seu exercício não afecta em princípio o distrate outorgado[666]. A menos que uma e outro constem de um mesmo documento, caso em que manifestando ambos surgem interligados, pelo que a desistência da *Ausgleichsquittung* se repercutirá também no *Aufhebungsvertrag*[667].

3.5. Síntese

O breve excurso efectuado pela disciplina da cessação consensual do contrato de trabalho e das soluções visando a estabilização da situação recíproca das partes quanto a prestações pecuniárias dele emergentes noutros ordenamentos, próximos do nosso, evidenciou vários pontos de convergência e também de divergência que aqui procuraremos sintetizar.

Começando pela genérica admissibilidade da extinção do vínculo laboral por mútuo acordo das partes, esta, bem como a sua filiação no princípio da autonomia privada, constituem traço comum a todos os ordenamentos analisados[668]. Do qual resulta a sujeição de princípio da cessação pactuada do contrato de trabalho ao regime comum dos contratos, nalguns casos exclusiva[669], noutros meramente subsidiária, relativamente à sua específica disciplina laboral[670].

Esta, quando existe, norteia-se por um objectivo de intensificação da tutela deferida ao trabalhador, o qual se exprime, seja no reforço de exigências formais, destinadas a promover a ponderação da decisão extintiva do trabalhador e a facilitar a sua prova[671], seja na sujeição do distrate a limites de ordem material,

---

[665] Sobre este ponto, v. KITTNER/DÄUBLER/ZWANZIGER, *Kündigungsschutzrecht*, 2007 cit., Rn 276; MOLL, *Arbeitsrecht*, 2005 cit., § 20, Rn 31; SCHAUB/KOCH/LINCK/VOGELSANG, *Arbeitsrechts-Handbuch*, 2007 cit., Rn 13 e *supra* o nº 3.4.1.

[666] KITTNER/DÄUBLER/ZWANZIGER, *Kündigungsschutzrecht*, 2007 cit.., Rn 276.

[667] KITTNER/DÄUBLER/ZWANZIGER, *Kündigungsschutzrecht*, 2007 cit.., Rn 276.

[668] Cfr. *supra* os nºs 3.1.1, 3.2.1, 3.3.1 e 3.4.1

[669] Como vimos suceder em Itália, em que a *risoluzione consensuale* se rege, em geral pelo disposto no *Codice Civile* para os contratos em geral, e também em Espanha, em que o *mutuo disenso* segue, no essencial, o disposto no *Código Civil*, mesmo quando formalizado no *finiquito de liquidación y saldo de cuentas* (respectivamente nºs 3.1.1 e 3.3.1 *supra*)

[670] Como se viu ser o caso dos direitos francês, em especial após a recente *Loi de Modernisation du Marché de Travail*, de 25 de Junho de 2008, que inseriu no *Code du Travail* uma nova secção (arts. L 1237-11 a 1237-16) relativos a diversos aspectos da *rupture conventionnelle du contrat de travail* (cfr. *supra* o nº 3.2.1) e, se bem que de forma menos abrangente, alemão (cfr. *supra* o nº 3.4.1)

[671] Através da sua redução a escrito e assinatura por ambas as partes, sobre este ponto, v. *supra* os nºs 3.2.1 e 3.4.1

A EXTINÇÃO PACTUADA DO CONTRATO DE TRABALHO NOUTROS ORDENAMENTOS

não raro emergentes do regime de protecção contra o despedimento, em ordem a evitar a respectiva defraudação em prejuízo do trabalhador[672].

A necessidade de acautelar adequadamente o trabalhador ante as significativas repercussões na sua esfera do primeiro e principal efeito do distrate – a cessação do vínculo laboral – concretiza-se, ainda, nalguns dos ordenamentos percorridos, em específicos mecanismos destinados a garantir o esclarecimento e a genuinidade da sua vontade extintiva. Mecanismos que tanto operam *a priori*, em momento anterior ou concomitante com a outorga do acordo extintivo[673], como *a posteriori*, permitindo a reponderação e eventual desvinculação do trabalhador, num prazo curto subsequente à sua outorga[674] e, num único e recente caso, submetendo o próprio acordo de cessação, uma vez celebrado, ao controlo da autoridade administrativa[675]. Diversa foi, vimo-lo, também, a orientação de outros ordenamentos, que optaram por cometer a tutela do trabalhador exclusivamente aos mecanismos de direito comum[676].

No que se refere à definição e estabilização das situações recíprocas do trabalhador e do empregador relativamente a créditos emergentes do contrato de trabalho extinto, a análise efectuada colocou-nos diante de um variado leque de opções legislativas tendentes a proteger especificamente o trabalhador. E que vão da interdição, sem mais, e da consequente impugnabilidade, com fundamento em invalidade, de um elenco mais ou menos vasto de actos abdicativos do trabalhador, mesmo que outorgados em momento subsequente à cessação do vínculo laboral[677], à sua permissão, atenuada pela concessão àquele

---

[672] Como vimos suceder no ordenamento francês, por impulso da jurisprudência da *CassSoc* (cfr. *supra* o nº 3.2.1) e no alemão, igualmente por força da elaboração do *BAG* (cfr. *supra* o nº 3.4.1).

[673] E que, para lá da diversa conformação que revestem em cada ordenamento, têm como denominador comum a presença, a pedido do trabalhador, na reunião ou entrevista destinada a discutir a eventual outorga de um distrate e suas condições (como em França e na Alemanha, cfr. *supra* os nºs 3.2.1 e 3.4.1) ou no momento da assinatura do documento de liquidação e acerto de contas que, frequentemente, formaliza também o próprio distrate (como em Espanha, cfr. *supra* o nº 3.3.1), de um membro da estrutura representativa dos trabalhadores.

[674] Caso do *droit de rétractation*, concedido ao trabalhador pelo art. L 1237-13, al. 3) do *Code du Travail*, v. *supra* o nº 3.2.1.

[675] Sobre a homologação administrativa da *convention de rupture*, a que se referem os arts. 1237-13, al. 2), e 1237-14 do *Code du Travail*, cfr. *supra* o nº 3.2.1.

[676] Esta a opção dos legisladores italiano e espanhol, que tivemos ocasião de apontar *supra*, nos nºs 3.1.1, 3.1.3 e 3.3.1.

[677] Assim vimos suceder em Itália relativamente às *rinunzie* e às *transazioni* envolvendo direitos decorrentes de normas inderrogáveis, legais ou convencionais a que se refere o art. 2113 do *Codice Civile*, com excepção das outorgadas nas instâncias especificadas no mesmo preceito (cfr. *supra* o nº 3.1.2) e em Espanha com a renuncia a direitos emergentes de disposições imperativas de lei ou de convenção colectiva, por força do princípio enunciado no art. 3-5 *ET* (cfr. *supra* o nº 3.3.3)

A REVOGAÇÃO DO CONTRATO DE TRABALHO

de um direito de denúncia, a exercer num determinado prazo, findo o qual se consolida o efeito liberatório do acto[678]. Num outro plano, o das declarações liberatórias com alcance remissivo genericamente formuladas, vimos ser comum a preocupação de as limitar, tanto através da afirmação da sua irrelevância de princípio[679], como pela definição de um apertado condicionalismo para a sua validade[680].

---

[678] Assim sucede em França com o *reçu pour solde de tout compte*, o qual pode ser denunciado pelo trabalhador nos seis meses subsequentes à sua assinatura e, não o sendo, torna-se liberatório para o empregador nos termos definidos no art. L 1234-20, al. 2), do *Code du Travail* (cfr. *supra* o nº 3.2.2)

[679] Que se viu ser a regra na jurisprudência e doutrina italianas (cfr. *supra* o nº 3.1.2) e também na jurisprudência da *CassSoc*, perante as transacções genericamente formuladas (cfr. *supra* o nº 3.2.2). A mesma conclusão se retira, no ordenamento francês, do disposto no art. 1234-20, al. 2) do *Code du Travail*, que expressamente cinge o efeito liberatório do *reçu pour solde de tout compte* às somas nele mencionadas e pagas ao trabalhador quando da cessação do contrato (v. o nº 3.2.2 *supra*)

[680] O qual tanto se prende com o contexto em que tal declaração é emitida (*v.g.* numa transacção judicial, segundo a jurisprudência alemã, cfr. *supra* o nº 3.4.2) ou com as circunstâncias em que foi emitida, porventura mais do que com o seu teor literal (como sublinham a doutrina e jurisprudência italianas e espanholas, estas quanto aos *finiquitos* genericamente formulados, cfr. *supra* os nºs 3.1.2 e 3.3.2).

Capítulo III
Forma, Conteúdo e Efeitos do Acordo Revogatório do Contrato de Trabalho

4. Forma e formalidades da revogação do contrato de trabalho

4.1. A revogação como negócio formal. *Ratio* da exigência de forma legal

A revogação do contrato de trabalho é um negócio formal[681]. Trata-se de um traço marcante da sua disciplina laboral que, tendo começado por conformar a cessação pactuada como consensual, em simetria com a celebração, cedo se demarcou dessa orientação, radicada no direito comum[682], para fazer intervir as suas próprias valorações. Nesse sentido, e tal como a análise efectuada permitiu comprovar, o nosso ordenamento orientou-se firmemente no sentido

---

[681] Sobre este ponto, v., entre outros, LEAL AMADO, "A revogação do contrato de trabalho – nótula sobre os arts. 393º a 395º do CT", 2005 cit., pp. 97 segs.; *Contrato de Trabalho – à luz do novo Código do Trabalho*, 2009 cit., pp. 363 segs.; MENEZES CORDEIRO, *Manual de Direito do Trabalho*, 1991 cit., pág. 799; MONTEIRO FERNANDES, *Direito do Trabalho*, 2009 cit., pp. 551-552; JÚLIO GOMES, *Direito do Trabalho*, Vol. I, 2007 cit., pp. 940 segs.; MENEZES LEITÃO, *Direito do Trabalho*, 2008 cit., pág. 452; JORGE LEITE, *Direito do Trabalho – Lições*, 1993 cit., pág. 517; ROMANO MARTINEZ, *Da Cessação do Contrato*, 2006 cit., pp 435 segs.; *Direito do Trabalho*, 2007 cit., pág. 954; FURTADO MARTINS, "Nulidade da Revogação do Contrato de Trabalho", 1992 cit., pp 371 segs.; *Cessação do Contrato de Trabalho*, 2002 cit., pp. 62 segs; ROSÁRIO PALMA RAMALHO, *Direito do Trabalho, Parte II*, 2008 cit., pp. 811 segs.; JOANA VASCONCELOS, "A Revogação do Contrato de Trabalho", 1997 cit., pág. 176, n. 12; BERNARDO XAVIER, "A Extinção do Contrato de Trabalho", 1989 cit., pág. 427; *Curso de Direito do Trabalho*, 1993 cit., pág. 473; *Iniciação ao Direito do Trabalho*, 2005 cit., pág. 417.

[682] Com efeito, e conforme sublinha PAIS DE VASCONCELOS, "a revogação, como acto jurídico, rege-se, em princípio, pelas mesmas regras do negócio jurídico revogado", podendo as pessoas "desvincular--se de um negócio jurídico do mesmo modo, pela mesma forma e nas mesmas condições por que se vincularam" (*Teoria Geral do Direito Civil*, 5ª ed., Almedina, Coimbra, 2008, pág. 771).

A REVOGAÇÃO DO CONTRATO DE TRABALHO

da intensificação das condições formais de que depende a válida celebração do distrate[683].

Ponto de chegada dessa evolução, o modelo actualmente vigente reparte-se por três planos – exigência de forma escrita, imposição de formalidades adicionais relativas a essa mesma forma[684] (assinatura por ambas as partes, elaboração em duplicado e entrega de um exemplar ao trabalhador) e definição expressa das estipulações das partes abrangidas pela forma legalmente imposta (cessação do vínculo, data da celebração e momento da produção de efeitos), em conformidade com o disposto nos n°s 2 e 3 do art. 349° do CT2009[685].

A multiplicidade destes requisitos de ordem formal e a preponderância[686] que assumem no contexto do regime jurídico da cessação do contrato de tra-

---

[683] Cfr. *supra* os n°s 2.1 e segs., em especial 2.3.2, 2.4.2, 2.5.2 e 2.8.
Também a breve análise de outros ordenamentos *supra* efectuada evidenciou que se a sujeição do distrate ao regime civil comum resulta, por via de regra, na ausência de especiais condicionamentos de ordem formal à sua celebração, já a emergência de um específico regime laboral se traduz no quase invariável reforço de tais exigências, vistas como um meio particularmente adequado de acautelar o trabalhador (mostra-o bem a recente evolução do direito francês). V. *supra* os n°s 3.1.1, 3.2.1, 3.3.1, 3.4.1 e 3.5.

[684] Sobre a distinção entre forma, "o modo por que se exterioriza" a vontade negocial, e formalidades do negócio, "as várias solenidades a observar aquando da manifestação da vontade", bem como sobre a repartição destas em formalidades relativas à forma, preparativas ou anteriores e posteriores ao negócio, v. CARVALHO FERNANDES, *Teoria Geral do Direito Civil*, Vol. II, 2007 cit., pp. 285 segs e, ainda, MENEZES CORDEIRO, *Tratado de Direito Civil Português*, I – Parte Geral, Tomo 1, 3ª ed., Almedina, Coimbra, 2005, pp. 565-566; PAIS DE VASCONCELOS, *Teoria Geral do Direito Civil*, 2008 cit., pp. 703 segs.

[685] As formalidades enunciadas no texto são aquelas que a nossa lei há muito exige para a regular outorga do acordo revogatório do contrato de trabalho.
Num plano diverso se situam as formalidades previstas na pela L n° 38/96 (art. 1°, n° 4), primeiro, e nos CT2003 e CT2009 (arts. 395°, n° 4, e 350°, n° 4, respectivamente), depois, cuja adopção pelas partes exclui o direito de o trabalhador unilateralmente se desvincular do acordo extintivo celebrado. Ao contrário daquelas, estas formalidades – desde 2003 reduzidas ao "reconhecimento notarial presencial" das assinaturas das partes ("nos termos da lei", explicita o CT2009, cfr. *supra* os n°s 2.7.3 e 2.7.4) – não são *ad substantiam* (cfr. *infra* os n°s 4.2 e 4.3), pois a sua observância não representa senão um meio de obter um determinado objectivo, de modo algum se reflectindo na validade do negócio. Por este motivo nos parece justificada a solução (que se mantém desde a L n° 38/96) de as regular, não em conjunto com as formalidades relativas à forma do distrate, mas a propósito do direito de revogação unilateral do mesmo. E, pela mesma ordem de ideias, julgamos criticável a opção do CT2009 de, em matéria de declarações extintivas unilaterais do trabalhador, incluir no mesmo preceito, relativo à forma e ao prazo da resolução e da denúncia, esta formalidade adicional (cuja adopção é inequivocamente conformada como direito do empregador), nos arts. 395°, n° 5, e 400, n° 5. Sobre este ponto, mais desenvolvidamente, v. ROMANO MARTINEZ, *Direito do Trabalho*, 2007 cit., pág. 954; ROSÁRIO PALMA RAMALHO, *Direito do Trabalho, Parte II*, 2008 cit., pp. 813 e 935; JOANA VASCONCELOS, Anotação III ao art. 395°; Anotação III ao art. 400°, *in* ROMANO MARTINEZ/LUÍS MIGUEL MONTEIRO/JOANA VASCONCELOS/PEDRO MADEIRA DE BRITO/GUILHERME DRAY/LUÍS GONÇALVES DA SILVA, *Código do Trabalho Anotado*, 8ª ed., 2009 cit.

[686] Preponderância que radica na relevante função que desempenham, de tutela do trabalhador e que se exprime na essencialidade do seu acatamento pelas partes e na severidade das consequências da sua preterição: o ponto será versado adiante no n° 4.3.

FORMA, CONTEÚDO E EFEITOS DO ACORDO REVOGATÓRIO DO CONTRATO DE TRABALHO

balho por acordo das partes explicam-se pela sua finalidade primordialmente tutelar do trabalhador – assim o têm pacificamente entendido a doutrina e a jurisprudência[687].

O reforço das imposições formais a observar na celebração do acordo revogatório promove a necessária ponderação pelo trabalhador da sua decisão de aceder na extinção do vínculo e facilita-lhe a prova desta e das condições em que foi efectivamente acordada[688]. Estas finalidades, normalmente prosseguidas com o formalismo negocial[689], adquirem uma especial relevância diante do objectivo de garantia da estabilidade que informa todo o regime da cessação do contrato de trabalho e, necessariamente, também o da revogação[690].

Constituindo esta, em primeira linha, um meio extintivo do contrato de trabalho, o seu principal e inelutável efeito é a cessação do vínculo laboral. Mas a revogação envolve, também, uma disposição pelo trabalhador do seu direito à segurança no emprego, constitucionalmente tutelado[691]. E é justamente na consideração destas suas indissociáveis facetas e da necessidade de protecção do trabalhador delas decorrente que radica a adopção de tais soluções em matéria de forma do distrate.

Neste sentido, a necessária titulação do mútuo acordo extintivo por documento escrito, se visa, em primeira linha, impedir a invocação, por qualquer dos sujeitos da relação laboral, de um distrate meramente verbal, porventura jamais outorgado, garante, ainda, que a "declaração extintiva que resulta do consenso das partes"[692] seja inequívoca[693].

---

[687] V., entre outros, os Acs. RP de 10-10-1994 (Proc. nº 452), RC de 20-5-2004 (Proc. nº 1142/04); RC de 11-1-2007 (Proc. nº 355/05); STJ de 5-11-1997 (Proc. nº 97S098), STJ de 25-9-2002 (Proc. nº 02S456) e STJ de 26-3-2008 (Proc. nº 07S4653). Estes acórdãos estão integralmente disponíveis em www.dgsi.pt, com excepção do primeiro, publicado na CJ, 1994, IV, pp. 249 segs.

[688] Para além, naturalmente, de "outros efeitos" acordados pelas partes "simultaneamente" com o distrate, caso estas optem por submetê-los à forma para este legalmente prescrita. O ponto será tratado já no número seguinte.

[689] CARVALHO FERNANDES, Teoria Geral do Direito Civil, Vol. II, 2007 cit., pp. 288 segs; MOTA PINTO, Teoria Geral do Direito Civil, 4ª ed. (por António Pinto Monteiro e Paulo Mota Pinto), Coimbra Editora, Coimbra, 2005, pp. 428-429 segs; PAIS DE VASCONCELOS, Teoria Geral do Direito Civil, 2008 cit., pp. 709 segs.

[690] BERNARDO XAVIER, "A Extinção do Contrato de Trabalho", 1989 cit., pág. 427; Curso de Direito do Trabalho, 1993 cit., pág. 455; Iniciação ao Direito do Trabalho, 2005 cit., pág. 397.

[691] O ponto será desenvolvido infra no 5.1.

[692] BERNARDO XAVIER, Iniciação ao Direito do Trabalho, 2005 cit., pág. 417.

[693] Cfr. supra o nº 2.4.2, relativo à introdução desta exigência no nosso ordenamento laboral pelo art. 6º, nº 1, do DL nº 372-A/75.
O ponto referido no texto é sublinhado pelo Ac RL de 11-1-2007 (Proc. nº 355/05, in www.dgsi.pt), que recusou qualificar como cessação por acordo do contrato de trabalho a situação resultante do "cruzamento" da carta em que o empregador declarava, sem mais, "prescindir dos serviços" da trabalhadora, "com a declaração emitida" por esta "na mesma data, na qual ela declarou que «referente à cessação do contrato de trabalho» recebeu todos os seus direitos". E isto porque "a exigência de

A REVOGAÇÃO DO CONTRATO DE TRABALHO

Em estreita articulação com esta, a exigência de assinatura "por ambas as partes"[694] obsta à qualificação como acordos revogatórios dos recibos ou documentos de quitação assinados unicamente pelo trabalhador e, com frequência, contendo uma sua declaração de "aceitação" do despedimento promovido pelo empregador[695]. Tornada temporariamente redundante pela disposição de alcance geral constante do nº 2 do art. 103º do CT2003, esta imposição readquiriu plena utilidade com a supressão de tal preceito na recente revisão do seu articulado[696].

Por seu turno, a elaboração em duplicado e a entrega a cada uma das partes de um dos exemplares do acordo revogatório visam dotá-las – em particular ao trabalhador –, à margem de qualquer cenário conflitual, de um meio de prova especialmente adequado daquele e dos exactos termos em que foi outorgado[697]. E muito embora a posse de tal documento se mostre de grande valia ante a iminência ou a ocorrência de um litígio, é mais vasta a sua utilidade.

Antes de mais, "dificulta o sistema fraudulento de, no acto da celebração do contrato, exigir ao trabalhador um acordo de revogação com a data em branco"[698]. Esta vertente de prevenção da fraude à garantia da estabilidade do trabalhador, reforçada em 1989 pela exigência da indicação, no próprio documento que formaliza o distrate, das datas de celebração e de produção de efeitos deste[699] assume, no presente quadro normativo, um papel central que, atenuado entre 1996 e 2003, ressurge diante do retrocesso que nesta matéria

---

forma não se compadece com possibilidades de cruzamento de proposta e aceitação em documentos escritos diversos, com as inerentes dificuldades de interpretação decorrentes da falta de clareza".

[694] Introduzida no DL nº 372-A/75, manteve-se ao longo dos vários regimes de cessação que entre nós se sucederam (cfr. *supra* os nºs 2.3.2, 2.4.2, 2.5.2 e 2.8).

[695] A questão foi especialmente versada na jurisprudência que aplicou o primeiro regime laboral da revogação. Sobre este ponto, v. *supra* no nº 2.4.2.
De entre as decisões proferidas sobre a mesma questão na vigência do DL nº 64-A/89, refiram-se, entre outros, os Acs. RP de 10-10-1994 (Proc. nº 452); RC de 20-5-2004 (Proc. nº 1142/04), STJ de 29-9-1999 (Proc. nº 99S041), reportado já ao CT2003, v. o RC de 11-1-2007 (Proc. nº 355/05). O texto integral de todos estas acórdãos (com excepção do Ac. RP de 10-10-1994, *in CJ*, 1994, IV, pp. 249 segs.) está disponível em www.dgsi.pt.

[696] O art. 103, nº 2, do CT2003, recorde-se, prescrevia genericamente que "dos contratos em que é exigida forma escrita deve constar a identificação e a assinatura das partes". Sobre este ponto e a alteração referida no texto, v. ROMANO MARTINEZ, Anotação III ao art. 110º, *in* ROMANO MARTINEZ/LUÍS MIGUEL MONTEIRO/JOANA VASCONCELOS/PEDRO MADEIRA DE BRITO/GUILHERME DRAY/LUÍS GONÇALVES DA SILVA, *Código do Trabalho Anotado*, 8ª ed., 2009 cit.

[697] Sobre os documentos como "provas pré-constituídas", *i.e.*, como meios de prova que existem antes de surgir a necessidade de prova e sobre a "tendência «anti-litigiosa»" que criam, por o seu "valor probatório decisivo" e a sua "permanência" contribuírem para prevenir diferendos e conflitos, v. MOTA PINTO, *Teoria Geral do Direito Civil*, 2005 cit., pág. 429, n. 538.

[698] BERNARDO XAVIER, *Curso de Direito do Trabalho*, 1993 cit., pág. 473, n. 1.

[699] Cfr. *supra* o nº 2.5.2.

FORMA, CONTEÚDO E EFEITOS DO ACORDO REVOGATÓRIO DO CONTRATO DE TRABALHO

representou o CT2003 (cujas opções perduram no CT2009)[700]. Por último, e não menos significativamente, o acesso ao documento e ao seu conteúdo facilita a reponderação pelo trabalhador da sua decisão de acordar na cessação do vínculo laboral – em particular quando esta seja acompanhada de estipulações com incidência no plano patrimonial (*v.g.*, quitação genérica com alcance de remissão abdicativa e/ou compensação pecuniária global) susceptíveis de justificar um recuo por parte deste[701].

4.2. Âmbito da forma legal

O acordo revogatório é necessariamente titulado por "documento escrito"[702], do qual devem constar a cessação pactuada do contrato de trabalho[703], bem como a data da sua celebração e a de início de produção dos seus efeitos[704].

---

[700] Cfr. *supra* os nºs 2.7.3 e 2.7.4 e *infra* os nºs 14.1 a 14.4.

[701] Cfr. *infra* os nºs 14.1 e 14.4.2. São vários e estreitos os pontos de contacto entre os requisitos de ordem formal prescritos para a celebração do acordo revogatório e o direito de revogação unilateral deste pelo trabalhador. Em primeiro lugar, e conforme houve já ocasião de comprovar, são os mesmos os objectivos de protecção do trabalhador, em especial de tutela da sua vontade e de prevenção da fraude à garantia de estabilidade, que inspiram a consagração e a disciplina de uns e do outro (neste sentido, expressamente, ROSÁRIO PALMA RAMALHO, *Direito do Trabalho, Parte II*, 2008 cit., pág. 812). Depois, resulta do texto *supra*, tais requisitos formais facilitam o exercício daquele direito pelo trabalhador – ao indicar os momentos da celebração e da produção de efeitos do distrate e ao promover a inclusão no documento que o formaliza das estipulações das partes quanto a outras matérias.

Importa, em todo o caso, acentuar que se trata de dois mecanismos de tutela autónomos e independentes um do outro, quanto à sua consagração e efectividade. E que, sendo concebível um sistema (como o que vigorou entre nós de 1989 a 1996) em que as exigências formais no momento da celebração do distrate não são *a posteriori* complementadas pela possibilidade de desvinculação unilateral, é-o igualmente um sistema em que esta coexista com uma cessação pactuada meramente consensual ou sujeita a um regime formal menos exigente. Em tal situação, sempre será possível – se bem que menos simples – determinar as datas relevantes para o efeito do exercício de tal direito potestativo. Quanto às estipulações patrimoniais aludidas, a verdade é que, mesmo no modelo entre nós adoptado, nem estas constam necessariamente do texto do acordo (cfr. o nº seguinte), nem é a sua inclusão, meramente eventual, no acordo extintivo que determina a atribuição ao trabalhador de tal direito (como se viu suceder em Itália, em que a impugnação *ex art.* 2113 do *Codice Civile* de *rinunzie* e *transazioni*, pode, em certas situações, ser utilizada pelo trabalhador para se libertar, também, da extinção do vínculo laboral pactuada com o empregador, cfr. *supra* o nº 3.1.3). Com efeito, a concessão ao trabalhador de um direito de desvinculação unilateral funda-se no efeito extintivo do vínculo laboral – o qual não precisa de ser reduzido a escrito para ser apreendido e reponderado pelo trabalhador –, sendo meramente acessória, *i.e.*, de segunda linha, a tutela que, quanto a outros efeitos associados ao distrate pode tal direito conferir ao trabalhador. O ponto será desenvolvido mais adiante nos nºs 9.4, 14.2.1 e 14.4.2.

[702] Mais exactamente por documento particular, elaborado pelas partes "sem intervenção de agentes públicos" (CARVALHO FERNANDES, *Teoria Geral do Direito Civil*, Vol. II, 2007 cit., pág. 293).

[703] Para além, naturalmente, da identificação das partes outorgantes e do contrato de trabalho que se visa extinguir (JORGE LEITE, *Direito do Trabalho – Lições*, 1993 cit., pág. 517).

[704] A menção "expressa" destes dois elementos foi imposta pelo art. 8º, nº 2, do DL nº 64-A/89, muito embora a interpretação dos nºs 1 e 2 do art. 6º do DL nº 372-A/75 conduzisse já a idêntico resultado. Cfr. *supra* os nºs 2.4.2 e 2.5.2.

A REVOGAÇÃO DO CONTRATO DE TRABALHO

A lei identifica um núcleo central de estipulações das partes, relativamente às quais impõe a adopção de forma escrita[705]. Estas constituem, nos termos gerais do art. 221º, nº 1, do CódCiv[706], estipulações essenciais ou estipulações acessórias, relativamente às quais se verifica a "razão determinante da forma" legal[707], de cuja observância depende, em qualquer caso, a sua validade.

Paralelamente, e no que se refere a "outros efeitos" acordados, a lei não impõe, mas admite, de forma inequívoca, a sua inclusão nesse mesmo documento[708], cabendo tal opção às partes. Esta a regra definida para as várias composições que as partes podem ajustar[709] – como a compensação de fim de contrato e a compensação pecuniária global[710] – pelas disposições que nesta matéria se foram sucedendo e nas quais surge bem marcada a contraposição entre elementos abrangidos e não abrangidos pela forma exigida para o distrate[711].

---

[705] E, bem assim, das demais formalidades, na medida em que estas incidem sobre o próprio documento (cfr. o número anterior).
Neste sentido, v. entre outros, os Acs. RP de 10-10-1994 (Proc. nº 452), RC de 20-5-2004 (Proc. nº 1142/04); STJ de 5-11-1997 (Proc. nº 97S098), STJ de 29-9-1999 (Proc. nº 99S041), o primeiro publicado na *CJ*, 1994, IV, pp. 249 segs. e os demais integralmente disponíveis em www.dgsi.pt.

[706] Sobre o regime constante do art. 221º do CódCiv, relativo ao âmbito da forma legal, v. CARVALHO FERNANDES, *Teoria Geral do Direito Civil*, Vol. II, 2007 cit., pp. 295 segs; HÖRSTER, *A Parte Geral do Código Civil Português – Teoria Geral do Direito Civil*, Almedina, Coimbra, 1992, pp 528 segs.; MOTA PINTO, *Teoria Geral do Direito Civil*, 2005 cit., pp. 431 segs.; PAIS DE VASCONCELOS, *Teoria Geral do Direito Civil*, 2008 cit., pp. 708 segs.

[707] A questão coloca-se a propósito da data de produção de efeitos do mútuo acordo extintivo. Do que se trata é de saber se este constitui um elemento essencial do distrate, devendo, em qualquer caso, ser objecto de acordo das partes ou se, diversamente, é a sua fixação em momento não coincidente com o da celebração que configura uma estipulação meramente acessória, que pode ser, ou não, ajustada, mas que, sendo-o, estará sujeita à forma legalmente imposta. A questão será versada, mais adiante, no nº 5.2.2.2, a propósito dos efeitos do acordo revogatório. E muito embora a sua solução num ou noutro sentido não tenha consequências práticas no que se refere à determinação da forma exigida para a sua estipulação – a qual resulta de disposição legal expressa (art. 349º, nºs 2 e 3, do CT2009, que sucedeu aos arts. 394º, nºs 1 e 2 do CT2003 e 8º, nºs 1 e 2 do DL nº 64-/89), mas também dos termos gerais do art. 221º, nº 1, do CódCiv – influi já na solução dos problemas decorrentes da sua preterição, como se verá no número que se segue.

[708] A hipótese era expressamente contemplada nos arts. 6º, nº 2, do DL nº 372-A/75, 8º, nº 3, do DL nº 64-A/89 e 394º, nº 3, do CT2003. E integra, ainda que de forma menos nítida, a previsão do art. 349º, nº 4, do CT2009, que se limita a afirmar que "as partes podem, simultaneamente, acordar outros efeitos, dentro dos limites da lei".

[709] Valendo-se da permissão expressa que remonta ao primeiro regime legal da matéria Cfr. *supra* o nº 2.3.1.

[710] Neste sentido, expressamente, perante o DL nº 64-A/89, ANTÓNIO NUNES DE CARVALHO, "Contrato de trabalho. Revogação por acordo. Compensação pecuniária global: seu valor", 1994 cit., pág. 223; JOANA VASCONCELOS, "A Revogação do Contrato de Trabalho", 1997 cit, pág. 184, n. 42.

[711] A contraposição referida no texto, se parecia resultar já do contraste entre os nºs 1 e 2 do art. 6º do DL nº 372-A/75, era patente nos arts. 8º do DL nº 64-A/89 e 394º do CT2003 – cujos nºs 1 e 2 demarcavam os limites da forma legalmente imposta, curando os respectivos nºs 3 e 4 (este último relativo à

FORMA, CONTEÚDO E EFEITOS DO ACORDO REVOGATÓRIO DO CONTRATO DE TRABALHO

A aproximação deste ponto ao regime comum remete-nos para a categoria das estipulações acessórias anteriores ou contemporâneas do negócio e não abrangidas pela imposição de forma legal, em conformidade com o art. 221º, nº 1, do CódCiv. Porque não estão sujeitas à forma exigida para o negócio em que se integram, tais estipulações podem ser validamente estabelecidas por qualquer outro meio[712] – *v.g.*, verbalmente ou por simples documento escrito[713]. E podem, naturalmente, constar do próprio documento que formaliza o distrate, no que configura uma hipótese de forma voluntária, *i.e.*, livremente adoptada pelas partes, nos termos gerais do art. 222º do CódCiv[714].

Já a invocabilidade de tais condições pressupõe a demonstração de que estas, para além de serem acessórias (mais exactamente adicionais, pois completam o documento, indo para além do seu conteúdo[715]) e de que não se lhes aplica a

---

compensação pecuniária de natureza global) de estipulações meramente eventuais, as quais poderiam, por decisão das partes, ser incluídas naquela. A mesma conclusão se impõe face ao art. 349º, nº 4, do CT2009, que limita as referências ao "documento" aos seus nºs 2 e 3, afirmando, em geral, a liberdade de estipulação de outros efeitos pelas partes "simultaneamente", *i.e.*, "no acordo ou conjuntamente com este", nos seus nºs 4 e 5.
Em sentido aparentemente contrário, incluindo nas "várias exigências quanto ao conteúdo" do documento que titula o distrate as menções previstas no nº 2 do art. 394º do CT2003, mas também as do seu nº 3, relativo a "outros efeitos" acordados pelas partes, JÚLIO GOMES, *Direito do Trabalho*, Vol. I, 2007 cit., pág. 941.

[712] A menos que se trate de solução para cuja válida estipulação a lei especificamente exija a redução a escrito. Será, desde logo, o caso do pacto de não concorrência, consensualmente apontado como um dos "outros efeitos" que as partes podem associar ao distrate, e que, por imposição do art. 146º, nº 1, al. a), do CT2009 deve constar de "acordo escrito", especificando o mesmo preceito que este pode ser o acordo de revogação do contrato de trabalho. Sobre a inclusão desta cláusula no distrate, v. *infra* o nº 5.2.3.1.
A verificar-se uma tal hipótese, a inclusão das correspondentes cláusulas no documento que titula o mútuo acordo extintivo traduzir-se-á na adopção, pelas partes, de uma forma mais solene do que a exigida, *i.e.*, de uma hipótese de forma voluntária.

[713] Sem observância das demais formalidades legalmente prescritas, no caso do distrate (cfr. o número anterior).
Com efeito, e muito embora o art. 221º, nº 1, do CódCiv se refira apenas às "estipulações verbais acessórias", a nossa doutrina tem convergido quanto à inclusão na respectiva previsão de estipulações escritas, constantes de documento com menor força que a legalmente exigida. Neste sentido, v. CARVALHO FERNANDES, *Teoria Geral do Direito Civil*, Vol. II, 2007 cit., pág. 295; HÖRSTER, *A Parte Geral do Código Civil*, 1992 cit., pág. 530; PAIS DE VASCONCELOS, *Teoria Geral do Direito Civil*, 2008 cit., pág. 704.

[714] Sobre a noção de forma voluntária, como aquela que as partes livremente utilizaram na prática do acto e que excede a exigida por lei, não resultando também de prévia convenção nesse sentido e o respectivo regime, v. CARVALHO FERNANDES, *Teoria Geral do Direito Civil*, Vol. II, 2007 cit., pp. 290 e 298 segs.; PAIS DE VASCONCELOS, *Teoria Geral do Direito Civil*, 2008 cit., pp. 712 segs.

[715] O ponto é especialmente sublinhado por CARVALHO FERNANDES, que insiste na necessidade de se tratar de "cláusulas não essenciais" (*Teoria Geral do Direito Civil*, Vol. II, 2007 cit., pág. 296), e por MOTA PINTO, que acrescenta ainda que tais cláusulas não essenciais não devem contrariar o documento, *i.e.*, dispor "em contrário dele" (*Teoria Geral do Direito Civil*, 2005 cit., pp. 431 segs.).

A REVOGAÇÃO DO CONTRATO DE TRABALHO

razão determinante da forma legal, foram efectivamente queridas pelas partes[716]. Porém, e porque tal prova incide sobre cláusulas que acrescem ao conteúdo de documento legalmente exigido, a lei limita os meios de prova admitidos. Resulta, com efeito, dos arts. 221º, nº 1, 394º, nº 2, 393º, nº 1, e 351º do CódCiv, que tais estipulações apenas podem ser provadas por confissão ou por documento escrito, "embora menos solene que o exigido para o negócio"[717], sendo excluídas a prova testemunhal[718] e por presunções. As mesmas restrições quanto aos meios de prova admissíveis valem, igualmente, para as hipóteses de forma voluntária[719].

Por força deste regime, mostra-se relativamente diminuta a possibilidade de as "estipulações acessórias não formalizadas"[720] produzirem efeitos[721]. O que restringe, em larga medida, o alcance prático da distinção que o próprio ordenamento laboral estabelece a propósito do conteúdo do acordo revogatório e do âmbito da forma para este legalmente prescrita.

---

[716] Mais exactamente, "de que as partes quiseram manter a sua vigência, de que não têm natureza meramente preparatória ou pré-negocial, e de que não foram substituídos ou revogados pelo negócio principal ou nele integrados" (PAIS DE VASCONCELOS, *Teoria Geral do Direito Civil*, 2008 cit., pág. 715, no mesmo sentido, HÖRSTER, *A Parte Geral do Código Civil*, 1992 cit., pág. 529).

[717] MOTA PINTO, *Teoria Geral do Direito Civil*, 2005 cit., pág. 432. Em sentido à primeira vista contrário, CARVALHO FERNANDES, *Teoria Geral do Direito Civil*, Vol. II, 2007 cit., pág. 296, exige documento de valor igual ou superior, conforme prescreve o art. 394º, nº 1, do CódCiv. Advirta-se, contudo, que o A se refere unicamente ao regime das estipulações adicionais ou contrárias ao conteúdo de documento legalmente exigido.

[718] O nº 3 do art. 393º admite, em todo o caso, o recurso à prova testemunhal para a "simples interpretação do contexto do documento". Sobre este ponto, mais desenvolvidamente, v. PAIS DE VASCONCELOS, *Teoria Geral do Direito Civil*, 2008 cit., pág. 719.
Neste sentido, o Ac. RP de 12-11-2001 (Proc. nº 0110816, *in* www.dgsi.pt e também *in CJ*, 2001, V, pp. 244 segs.), perante um acordo de revogação do contrato de trabalho que não só não previa qualquer compensação pecuniária para o trabalhador, como continha uma declaração das partes de que "nenhuma indemnização" havia sido paga a este, considerou que, a admitir-se ter sido "intenção real das partes" conferir-lhe tal compensação, era ao trabalhador que competia "fazer essa prova, podendo fazê-lo através da prova testemunhal, apesar da revogação do contrato por mútuo acordo estar sujeita à forma escrita (art. 393º, nº 3 do CC)".

[719] MOTA PINTO, *Teoria Geral do Direito Civil*, 2005 cit., pág. 432, n. 540.

[720] MOTA PINTO, *Teoria Geral do Direito Civil*, 2005 cit., pág. 432.

[721] Refira-se, porque especialmente esclarecedor quanto ao ponto referido no texto, o Ac. RL de 9-4--2008 (Proc. nº 322/2008, *in* www.dgsi.pt), que perante a pretensão do trabalhador de fazer valer uma estipulação alegadamente ajustada com o empregador – o critério de fixação da compensação global teria sido o do montante devido pela extinção do seu posto de trabalho, pelo que o preenchimento e entrega do modelo relativo à declaração de situação de desemprego, para efeitos de atribuição do correspondente subsídio, constituiria elemento integrante do acordo ajustado – concluiu não terem tais afirmações "qualquer suporte, no texto do acordo", tratando-se de "convenções adicionais que acrescentam algo ao conteúdo do dito acordo de revogação". Ora, nos termos dos ars. 394º e 395º do CódCiv, "as convenções adicionais ao conteúdo de um tal acordo cuja autenticidade não foi posta em causa não admitem prova testemunhal: apenas admitem prova por confissão", não verificada no caso, tendo o empregador negado "a existência de tal convenção".

FORMA, CONTEÚDO E EFEITOS DO ACORDO REVOGATÓRIO DO CONTRATO DE TRABALHO

4.3. Preterição da forma e das formalidades legalmente exigidas

A inobservância da forma escrita legalmente imposta gera a nulidade do acordo revogatório, nos termos gerais do art. 220º do CódCiv. Este o entendimento unânime da doutrina, que desde o primeiro momento qualificou como *ad substantiam* a forma exigida para a celebração do distrate[722]. A mesma orientação tem prevalecido, com hesitações pontuais, na jurisprudência dos nossos tribunais superiores[723].

Quanto às demais formalidades relativas à forma do mútuo acordo extintivo (assinatura pelas partes, elaboração em duplicado e entrega de um exemplar a cada uma) e, bem assim, quanto às menções a incluir obrigatoriamente no documento que o titula, parte significativa das nossas doutrina e jurisprudência não as diferencia, quanto a este ponto, da forma escrita, concluindo pela nulidade do acordo revogatório em que ocorra a respectiva preterição[724].

---

[722] LEAL AMADO, "A revogação do contrato de trabalho – nótula sobre os arts. 393º a 395º do CT", 2005 cit., pág. 99, n. 3; *Contrato de Trabalho – à luz do novo Código do Trabalho*, 2009 cit., pág. 364, n. 505; MONTEIRO FERNANDES, *Direito do Trabalho*, 2009 cit., pág. 551, n. 2; JORGE LEITE, *Direito do Trabalho – Lições*, 1993 cit., pág. 517; ROMANO MARTINEZ, *Da Cessação do Contrato*, 2006 cit., pág. 435; *Direito do Trabalho*, 2007 cit., pág. 954; ROSÁRIO PALMA RAMALHO, *Direito do Trabalho, Parte II*, 2008 cit., pág. 813.

[723] V., entre outros, na vigência do DL nº 64-A/89, os Acs. RP de 10-10-1994 (Proc. nº 452, *in CJ*, 1994, IV, pp. 249 segs.); RE de 23-3-1999 (proc nº 17/99, *CJ*, 1999, III, pág. 287); RC de 20-5-2004 (Proc. nº 1142/04); STJ de 5-11-1997 (Proc. nº 97S098); STJ de 9-6-2004 (Proc nº 3689/93, *CJ-STJ*, II, pág. 272) e já referido ao CT2003, o Ac. RC de 11-1-2007 (Proc. nº 355/05), cujo texto integral, na falta de indicações de publicação específica, pode obter-se em www.dgsi.pt..
Em sentido contrário – e em termos que evocam o modelo da LCT e não aquele que aplica, o do DL nº 64-A/89 – o Ac. STJ de 8-3-2000 (Proc. nº 328/99, *in AD* nº 470, pp. 286 segs.) distingue consoante o acordo revogatório se refira à cessação do contrato de trabalho, "sem mais", hipótese em que a "forma escrita é uma formalidade *ad probationem*", ou "a essa cessação se ligarem outros efeitos" e "então a forma escrita constitui uma formalidade *ad substantiam*".

[724] Este o entendimento que prevaleceu perante o art. 6º, nºs 1 e 2 do DL nº 372-A/75. O ponto foi especificamente tratado *supra* no nº 2.4.2, para onde se remete.
Na doutrina, pronunciaram-se em tal sentido, relativamente ao art. 8º, nºs 1 e 2 do DL nº 64-A/89, FURTADO MARTINS, *Cessação do Contrato de Trabalho*, 2002 cit., pág. 62; ABÍLIO NETO, *Contrato de Trabalho – Notas Práticas*, 1990 cit., pág. 514; CASTRO SANTOS/MARIA TERESA RAPOULA, *Da Cessação do Contrato de Trabalho e Contratos a Termo*, 1990 cit., pág. 53. Reportando-se já ao art. 394º, nºs 1 e 2, do CT2003 v. JÚLIO GOMES, *Direito do Trabalho*, Vol. I, 2007 cit., pág. 941, quanto às menções impostas pelo nº 2 do art. 394º do CT2003; ROSÁRIO PALMA RAMALHO, *Direito do Trabalho, Parte II*, 2008 cit., pág. 813, quanto a todas as "regras de forma do acordo revogatório constantes do art. 394º, nºs 1 e 2" do CT2003. Já em face do CT2009, orientou-se no mesmo sentido MONTEIRO FERNANDES, *Direito do Trabalho*, 2009 cit., pág. 552, especificamente quanto à necessidade de assinatura por ambas as partes.
Na jurisprudência disponível, maioritariamente reportada ao art. 8º do DL nº 64-A/89, v., entre outros, os já referenciados Acs. RP de 10-10-1994 (Proc. nº 452), relativo a todas as formalidades legalmente exigidas; RC de 20-5-2004 (Proc. nº 1142/04) e STJ de 5-11-1997 (Proc. nº 97S098), relativos à necessidade de assinatura por ambas as partes, o Ac. STJ de 28-5-2003 (Proc. nº 023062), sobre a não indicação da data de produção de efeitos e, ainda, o Ac. RC de 11-1-2007 (Proc. nº 355/05), que aplica já o

A REVOGAÇÃO DO CONTRATO DE TRABALHO

Não obstante, deparam-se-nos, numa e noutra, propostas tendentes a uma abordagem menos rígida e porventura mais ajustada aos objectivos visados pelo legislador com a imposição de tais requisitos.

Neste sentido, ROMANO MARTINEZ considera "discutível que todas as formalidades sejam de natureza substancial e que, consequentemente, a sua falta implique necessariamente a nulidade do acordo"[725] e remete para as "regras gerais quanto à "preterição de forma e de formalidades no âmbito laboral"[726], das quais resultaria que, por via de regra, esta não gera a nulidade, mas outras consequências (*v.g.*, simples responsabilidade contra-ordenacional)[727]. No que se refere à falta de "menções obrigatórias, e na ausência de uma "previsão especifica"[728], esta sempre poderia "ser suprida"[729] por várias vias. Aplicando esta tese ao distrate, poderia valer como data de produção de efeitos não indicada a data de celebração[730] (ou qualquer outra, obtida por interpretação do negócio ou por "qualquer meio de prova"[731]). Num plano diverso, FURTADO MARTINS, sem contestar, quer a natureza *ad substantiam* das formalidades exigidas para o distrate[732], quer a nulidade resultante da respectiva preterição[733], procura ir mais longe na indagação de "soluções alternativas" que permitam acautelar os interesses em presença, em particular os do empregador[734],

art. 394º do CT2003, relativo à necessidade de o acordo extintivo constar de um documento escrito, assinado por trabalhador e empregador.

[725] ROMANO MARTINEZ, *Da Cessação do Contrato*, 2006 cit., pág. 436; *Direito do Trabalho*, 2007 cit., pág. 954.

[726] ROMANO MARTINEZ, *Da Cessação do Contrato*, 2006 cit., pág. 436, n. 867; *Direito do Trabalho*, 2007 cit., pág. 954, n. 4.

[727] ROMANO MARTINEZ, *Direito do Trabalho*, 2007 cit., pág. 479. Não parece, contudo, ser esta a opção do nosso ordenamento em matéria de acordo de cessação do contrato de trabalho, em que a responsabilidade contra-ordenacional prevista no nº 6 do art. 349º do CT2009 (que faz corresponder à "violação do disposto" nos seus nºs 2 e 3 uma "contra-ordenação leve", reproduzindo o art. 681º, nº 4, do CT2003), ou acresce a uma eventual invalidade do contrato (não reduzido a escrito, mas também não assinado por ambas as partes) ou coexiste com esta, caso se venha a concluir pela sua subsistência, superada, por qualquer modo, a preterição de exigências legalmente imposta (como, para certos AA, a indicação da data de início de produção de efeitos). No sentido da não exclusividade da responsabilidade contra-ordenacional, v. ROSÁRIO PALMA RAMALHO, *Direito do Trabalho, Parte II*, 2008 cit., pág. 813.

[728] Como sucede em matéria de contrato a termo (art. 141º, nº 2, do CT2009), de trabalho temporário (181º, nº 3) ou de contrato de trabalho com pluralidade de empregadores (art. 101º, nº 5).

[729] ROMANO MARTINEZ, *Direito do Trabalho*, 2007 cit., pág. 479.

[730] Por analogia com o disposto em matéria de contrato a termo no art. 141º, nº 2, do CT2009, já referido.

[731] ROMANO MARTINEZ, *Direito do Trabalho*, 2007 cit., pág. 479.

[732] FURTADO MARTINS, "Nulidade da Revogação do Contrato de Trabalho", 1992 cit., pág. 371.

O A refere-se apenas às formalidades relativas à forma do distrate e não já às menções a incluir obrigatoriamente no documento escrito, pois reporta-se ao modelo do DL nº 372-A/75. Cfr. *supra* o nº 2.4.2.

[733] FURTADO MARTINS, "Nulidade da Revogação do Contrato de Trabalho", 1992 cit., pág. 372.

[734] A questão prende-se, não tanto com o facto, *supra* acentuado, de as cautelas formais de que a nossa lei rodeia o distrate se dirigirem em primeira linha a tutelar o trabalhador (só assim seria se a lei asso-

FORMA, CONTEÚDO E EFEITOS DO ACORDO REVOGATÓRIO DO CONTRATO DE TRABALHO

sempre que a invocação por este do abuso de direito, sob a forma de *venire contra factum proprium*, se mostre inviável[735]. E aponta um leque de "soluções alternativas[736], das quais cabe destacar o recurso às regras da conversão comum (art. 293º do CódCiv)[737] ou da interpretação do negócio jurídico (art. 236º do

ciasse à respectiva preterição uma nulidade mista ou atípica, invocável apenas por aquele), mas antes com a constatação, confirmada pela análise da jurisprudência disponível, de que é o trabalhador que na larguíssima maioria dos casos invoca a nulidade do acordo revogatório, por vício de forma. E que o empregador, principal interessado na extinção por tal via obtida, vê esse desígnio e as correspondentes expectativas frustrados com tal invocação, não raro em momento posterior ao cumprimento das obrigações naquele pactuadas.

[735] As objecções aduzidas contra o recurso à figura geral do abuso de direito para impedir a invocação de nulidades formais são brevemente referidas por FURTADO MARTINS, "Nulidade da Revogação do Contrato de Trabalho", 1992 cit., pág. 373.

A questão é desenvolvida por MENEZES CORDEIRO, *Da Boa Fé no Direito Civil*, II, Almedina, Coimbra, 1984, pp. 771 segs.; *Tratado de Direito Civil Português*, I, Tomo I, 2005 cit., pp. 571 segs. e *Tratado de Direito Civil Português*, I, Tomo IV Exercício Jurídico, Almedina, Coimbra, 2005, pp. 299 segs. Os principais obstáculos com que se defrontaria a inalegabilidade da nulidade fundada em vício de forma pela parte que a provocou e que dela pretenderia tirar proveito – num "exercício inadmissível de uma posição jurídica", contrário à boa fé – resultariam do facto de essa mesma nulidade "ser invocável a todo o tempo, por qualquer interessado", podendo, ainda, "ser declarada oficiosamente pelo tribunal". Neste quadro normativo, "não bastaria impedir o causador de uma nulidade formal de a alegar; haveria que tomar idêntica posição no tocante a quaisquer terceiros interessados, ainda que estranhos ao vício; do mesmo modo que seria necessário bloquear o poder do tribunal de, *ex officio*, declarar a nulidade. Paralelamente, o recurso ao abuso de direito para "deter certas alegações de nulidades formais", sendo de incentivar, justifica algumas "cautelas", pois "a aplicação das regras relativas à forma não pode, de modo directo, ser bloqueada", dada a sua "natureza plena, insusceptível de redução teleológica" e "as necessidades de segurança jurídica", que a cometeriam a "casos extremos e excepcionais". Justificar-se-iam, antes, "aplicações de outras regras que previnam danos, evitando injustiças", como *v.g.*, os arts. 483º e 566º do CódCiv.

Em sentido idêntico, sublinhando que "a solução com base no abuso de direito poderá não ser viável ou adequada", pelos motivos apontados, e concluindo que "nestes casos restará ao lesado exigir o ressarcimento dos danos sofridos, com fundamento em responsabilidade pré-contratual da outra parte", v. MOTA PINTO, *Teoria Geral do Direito Civil*, 2005 cit., pág. 439.

Na mesma senda, PAIS DE VASCONCELOS, perante a contraposição entre "o desvalor da preterição da forma legalmente obrigatória e o desvalor da sua invocação em certas circunstâncias", pondera como alternativas à mera declaração de invalidade do negócio jurídico, a saber, "o reconhecimento de um dever de formalização emergente da relação jurídica existente e vigente entre as partes", o "bloqueio da invocação do vício formal pela parte que lhe deu causa ou se recusa a cooperar na formalização" e o "suprimento judicial da deficiência de forma legal" (*Teoria Geral do Direito Civil*, 2008 cit., pp. 723 segs.). Sobre o carácter rígido das normas sobre forma, a sua natureza de ordem pública e as limitações daí decorrentes à "demonstração da má fé" da parte que invoca o vício de forma para suprir essa mesma deficiência de forma, v. OLIVEIRA ASCENSÃO, *Direito Civil – Teoria Geral*, Vol II, 2ª ed., Coimbra Editora, Coimbra, 2003, pp. 70-71.

[736] FURTADO MARTINS, "Nulidade da Revogação do Contrato de Trabalho", 1992 cit., pp. 374-376.

[737] Tendo ficado provado que "o trabalhador manifestou uma intenção inequívoca de extinguir o contrato de trabalho, quer pela declaração verbal que fez nesse sentido", quer, no caso que deu origem ao acórdão em anotação, "pelo comportamento assumido, ao entregar as chaves", seria de "considerar a possibilidade de converter o acordo revogatório numa rescisão unilateral pelo trabalhador". A viabilidade desta

A REVOGAÇÃO DO CONTRATO DE TRABALHO

CódCiv)[738], com vista a fazer valer o negócio revogatório nulo como rescisão pelo trabalhador[739].

solução dependeria apenas "da prova dos factos necessários ao preenchimento dos requisitos" do art. 293º do CódCiv, não suscitando a sua redução a escrito qualquer dificuldade "uma vez que a rescisão pelo trabalhador não está sujeita a forma escrita", exigida apenas para o aviso prévio, mas pressuporia sempre uma "iniciativa do empregador" em tal sentido, não sendo de conhecimento oficioso (FURTADO MARTINS, "Nulidade da Revogação do Contrato de Trabalho", 1992 cit., pág. 375).
Sobre a distinção entre conversão comum ou *stricto sensu*, prevista e regulada no art. 293º do CódCiv, a "conversão do negócio jurídico em sentido próprio" e outras realidades, habitualmente designadas como tal: a conversão *ope legis* ou legal, "que resulta de determinações injuntivas e específicas da norma jurídica e que constitui um "instituto autónomo, a que presidem razões diversas das que dominam a conversão definida no art. 293º" e a chamada "conversão formal", na qual está "apenas em causa o documento que titula o negócio" v. CARVALHO FERNANDES, *A Conversão dos Negócios Jurídicos Civis*, Quid Iuris, Lisboa, 1993, pp. 16 segs., e, ainda, *Teoria Geral do Direito Civil*, Vol. II, 2007 cit., pp. 533 segs.

[738] Atendendo às circunstâncias do caso, poder-se-ia concluir "que a vontade das partes não foi exactamente a de celebrarem um negócio revogatório", tendo o trabalhador acedido em "afastar-se voluntariamente da empresa" para evitar ser despedido com justa causa, pelo que "a extinção tinha resultado da rescisão unilateral pelo trabalhador, eventualmente acompanhada da declaração do empregador de prescindir do aviso prévio" (FURTADO MARTINS, "Nulidade da Revogação do Contrato de Trabalho", 1992 cit., pág. 376).

[739] Outras soluções a ponderar, perante a inaplicabilidade de princípio da figura geral do abuso do direito para obstar à arguição de nulidades formais seriam a responsabilidade por culpa *in contrahendo* ou a "condenação do trabalhador a suprir o vício, validando o acordo revogatório", ao abrigo do princípio da reconstituição natural.
A primeira solução radicaria no art. 227º do CódCiv ou, porventura, no art. 102º do CT2009 (que reproduziu inalterado o art. 93º do CT2003), que transpõe para o domínio laboral o princípio naquele enunciado e cuja violação determina a aplicabilidade do correspondente regime de responsabilidade civil. Sobre este preceito, v. LEAL AMADO, *Contrato de Trabalho – à luz do novo Código do Trabalho*, 2009 cit., pág. 171; ROMANO MARTINEZ, Anotações II e III ao art. 102º, *in* ROMANO MARTINEZ/LUÍS MIGUEL MONTEIRO/JOANA VASCONCELOS/PEDRO MADEIRA DE BRITO/GUILHERME DRAY/LUÍS GONÇALVES DA SILVA, *Código do Trabalho Anotado*, 8ª ed., 2009 cit. Esta solução, advertia contudo FURTADO MARTINS, levantaria "sérias dificuldades", porque no caso em questão (em que o acordo revogatório verbal se destinara a evitar o despedimento com justa causa de um trabalhador), "a indemnização, mesmo que cobrisse todos os danos (e não apenas o interesse contratual negativo), não parece que fosse de molde a "assegurar uma solução justa" ("Nulidade da Revogação do Contrato de Trabalho: Anotação ao Acórdão da Relação do Porto de 21 de Setembro de 1992", 1992 cit., pág. 374).
Quanto à outra hipótese aventada por FURTADO MARTINS, pressuporia que se entendesse, "seguindo a tese de MENEZES CORDEIRO, que a indemnização pela prática de acto ilícito, porque contrário ao princípio geral da boa fé", cairia "na alçada da regra geral da responsabilidade civil" (art. 483º do CódCiv) e poderia traduzir-se na "condenação do trabalhador a suprir o vício, validando o acordo revogatório", ao abrigo do princípio da reconstituição natural (art. 566º, nº 1, do CódCiv). Com efeito, para MENEZES CORDEIRO, "quem dê azo a uma nulidade formal e a alegue perpetra um facto ilícito: atenta contra a boa fé", pelo que "verificados os competentes requisitos, deve indemnizar", nos termos do art. 483º do CódCiv, "sendo certo que a indemnização será, em princípio, natural ou específica", por força do art. 566º, nº 1. Significa isto que "o alegante de nulidades formais poderá ser condenado a suprir o vício, validando o negócio" e, se inacatada, "esta obrigação poderia ser executada especificamente pelo tribunal" (*Tratado de Direito Civil Português*, I, Tomo I, 2005, cit., pág. 574; retomando o que sus-

FORMA, CONTEÚDO E EFEITOS DO ACORDO REVOGATÓRIO DO CONTRATO DE TRABALHO

Também a jurisprudência dos nossos tribunais superiores, se em mais de uma ocasião julgou inadmissível – por envolver *venire contra factum proprium* e, nessa medida, constituir abuso de direito (nos termos do art. 334º do CódCiv) – a invocação pelo trabalhador da nulidade do acordo revogatório outorgado, com base na inobservância da forma escrita ou de formalidades impostas por lei[740], igualmente admitiu, por diversas vezes, a validade de tal acordo, reduzido a escrito mas assinado apenas pelo trabalhador[741] e sem indicação da data de produção dos respectivos efeitos[742].

Quanto a nós, entendemos que, quer as razões que determinaram a opção do nosso legislador de rodear "de precauções formais"[743] a celebração do acordo revogatório do contrato de trabalho, quer o relevante papel cometido a cada uma das formalidades que complementam a imposição de forma escrita na promoção de uma genuína vontade extintiva do trabalhador e na prevenção da fraude aos seus direitos[744], apontam claramente no sentido de a respectiva preterição envolver, por via de regra, a nulidade do distrate pactuado.

---

tentara já em *Da Boa Fé no Direito Civil*, II, 1984 cit., pp. 795-796). Ou, dizendo de outro modo, que "o tribunal, embora adstrito às regras plenas da nulidade, tem a possibilidade de, a título indemnizatório, determinar o acatamento do contrato: este constitui afinal "a medida exacta do dano a ressarcir" (*Da Boa Fé no Direito Civil*, II, 1984 cit., pág. 796).

[740] Acs. RP de 21-9-1992 (Proc. nº 286, *in CJ*, 1992, IV, pp. 286 segs.) e RP de 10-10-1994 (Proc. nº 452, *in CJ*, 1994, IV, pp. 249 segs.). No primeiro destes casos, tratava-se de uma revogação meramente verbal; já na situação que deu origem ao segundo acórdão existia um acordo de cessação reduzido a escrito, mas assinado apenas pelo trabalhador e sem indicação da data de produção de efeitos.
Num e noutro caso, a "paralisação" do exercício pelo trabalhador do direito de invocar a nulidade do distrate por vício de forma radicou na violação que este envolveria das legítimas expectativas do empregador de que o trabalhador não iria fazê-lo. Expectativas que o tribunal considerou "objectivamente" fundadas nas circunstâncias em que decorrera a celebração do acordo e, em especial, "na conduta anterior daquele" – por a revogação verbal ter sido ajustada para evitar o despedimento com justa causa do trabalhador, gerente, por actos lesivos do património da empresa; por, na reunião em que a empresa deu a conhecer a sua difícil situação económica e propôs a cessação pactuada dos contratos, o trabalhador ter pedido a leitura e explicação do documento ao representante daquela, tendo-o depois assinado e recebido as quantias a que tinha direito.

[741] Por se tratar de um acordo de cessação e de a assinatura em falta ser a do empregador, tendo sido "a parte prejudicada" com essa cessação, "o trabalhador (a favor de quem tal formalidade é exigida) (...) precisamente a que assinou o documento em causa" (Ac. RP de 10-10-1994, Proc. nº 452 cit., pág. 250). A situação seria, com efeito, diferente se a assinatura em falta fosse a do trabalhador: "tal significava não ter este produzido qualquer declaração" de que o empregador pudesse prevalecer-se.

[742] "Contendo o documento uma única data", forçoso se torna "aceitar essa data como da celebração do acordo e do começo da produção dos respectivos efeitos", desde logo porque assim o terá entendido o próprio trabalhador, ao receber em tal data "as quantas que a empresa lhe pretendia entregar e que lhe eram devidas" (Ac. RP de 10-10-1994, Proc. nº 452 cit., pág. 250; no mesmo sentido, v. o Ac. STJ de 28-5-2003, Proc. nº 023062 cit.).

[743] BERNARDO XAVIER, *Iniciação ao Direito do Trabalho*, 2005 cit., pág. 417.

[744] Cfr. *supra* os nºs 2.4.2, 2.5.2, 2.6.2 e 2.8.

A REVOGAÇÃO DO CONTRATO DE TRABALHO

Temos as maiores dúvidas de que se justifique buscar a resposta para este problema num paralelismo entre mútuo acordo constitutivo e extintivo que a conformação do distrate como negócio formal há muito rompeu[745], atenta a disparidade dos interesses que num e noutro confluem e que o respectivo regime visa acautelar.

E muito embora a invocação dessa nulidade do acordo revogatório por uma das partes possa ser impedida (tudo se passando "como se o acto estivesse formalizado"[746]) perante a verificação de "certas circunstâncias qualificadoras da situação"[747] que a enquadrem no abuso de direito – por envolverem *dolus praeteritus*[748] ou *venire contra factum proprium*[749] – concordamos com aqueles que, entre nós, defendem que tal poderá suceder unicamente nos "casos excepcionalíssimos do art. 334º"[750], valendo, no comum dos casos, a regra relativa às consequências do vício de forma[751].

---

[745] Cfr. *supra* os nºs 2.2, 2.3.2 e 2.8

[746] MOTA PINTO, *Teoria Geral do Direito Civil*, 2005 cit., pág. 437, no mesmo sentido, HÖRSTER, *A Parte Geral do Código Civil*, 1992 cit., pág. 531.

[747] MOTA PINTO, *Teoria Geral do Direito Civil*, 2005 cit., pág. 438.

[748] Sobre a noção de *dolus praeteritus*, "em que uma parte obstou à observância da forma legal pré--ordenadamente, para vir depois a invocar esse vício", v. MOTA PINTO, *Teoria Geral do Direito Civil*, 2005 cit., pp. 438-439, e, ainda, OLIVEIRA ASCENSÃO, *Direito Civil – Teoria Geral*, Vol. III, Coimbra Editora, Coimbra, 2002, pp. 288-289; CARVALHO FERNANDES, *Teoria Geral do Direito Civil*, Vol. II, 2007 cit., pág. 298.

[749] A noção de *venire contra factum proprium* supõe o "exercício de uma posição jurídica em contradição com o comportamento assumido anteriormente pelo exercente", exercício que é "inadmissível" por contrariar a confiança gerada na outra parte: ao proibi-lo, "a ordem jurídica não visa a manutenção do *status* gerado pela primeira actuação, que o Direito não reconheceu, mas antes a protecção da pessoa que teve por boa, com justificação, a actuação em causa" (MENEZES CORDEIRO). Sobre este ponto, em especial, sobre a aplicação do *venire contra factum proprium* em matéria de vício de forma, em todas aquelas situações em que "a falta de forma, mesmo que não provocada dolosamente pela parte que a vem invocar, lhe é imputável, tendo a outra parte efectuado um «investimento» com base na confiança depositada na validade do negócio, v. OLIVEIRA ASCENSÃO, *Direito Civil – Teoria Geral*, Vol. III, 2002 cit., pág. 290; MENEZES CORDEIRO, *Da Boa Fé no Direito Civil*, II, 1984 cit., pp. 742 segs. e 785 segs.; *Tratado de Direito Civil Português*, I, Tomo IV, 2005 cit., pp. 275 segs; CARVALHO FERNANDES, *Teoria Geral do Direito Civil*, Vol. II, 2007 cit., pág. 298; MOTA PINTO, *Teoria Geral do Direito Civil*, 2005 cit., pág. 438.

[750] MOTA PINTO, *Teoria Geral do Direito Civil*, 2005 cit., pág. 437.

[751] Pelo que o negócio será nulo, podendo a parte que agiu com má fé nas negociações ter de indemnizar a outra, por todos os danos sofridos, nos termos do art. 227º do CódCiv.
A orientação exposta no texto, se se mostra plenamente conforme com a imperatividade das normas relativas à forma legal, decorrente da natureza "pública" ou "geral" dos interesses por estas tutelados (muito embora, adverte HÖRSTER, estes possam "coincidir com um interesse particular"), permite, nas hipóteses ressalvadas, tutelar a confiança da contraparte. Tais casos corresponderão àquelas situações em que a indemnização com base em culpa *in contrahendo* não seja suficiente – e em que "apenas o cumprimento, baseado no tratamento da declaração negocial inválida como se fosse válida é aceitável como resultado justo". Contudo, adverte HÖRSTER, para que tal suceda, não basta que "a invocação da inobservância de forma conduza a um resultado duro": é "necessário que o resultado seja pura e

FORMA, CONTEÚDO E EFEITOS DO ACORDO REVOGATÓRIO DO CONTRATO DE TRABALHO

No que se refere à eventual superação dos efeitos desta nulidade com recurso ao mecanismo da conversão comum (art. 293º do CódCiv), são dois os pontos que nos suscitam algumas reservas e, nessa medida, nos parecem impor especiais cautelas.

O primeiro prende-se com o facto de a conversão do acordo revogatório nulo numa denúncia do contrato pelo trabalhador determinar que "um negócio que não satisfaz as formalidades legalmente impostas para desencadear certas consequências de direito" dê lugar "a outro para cuja celebração não se façam exigências desse tipo"[752]. O que nos leva, desde logo, a questionar até que ponto a admissão desta conversão "não frustra o fim que o legislador teve em vista ao impor a observância de certos formalismos para que se observem determinadas consequências de direito"[753]. Questão que se mostra tanto mais premente quanto se considere que a denúncia, tal como a conforma o nosso ordenamento, não está sujeita a forma escrita[754], logo não tem de ser assinada pelo trabalhador, nem deve ser elaborada em duplicado, pelo que a este não é garantida a entrega de um exemplar. E que todos estes requisitos, como se viu *supra*, visam principalmente proteger o trabalhador, promovendo a correcta formação e expressão da sua vontade extintiva e prevenindo eventuais práticas fraudulentas[755]. Sendo assim, e a menos que as circunstâncias do caso suportem fortemente solução diversa, será insustentável a conversão, nos termos expostos, *v.g.*, de um distrate meramente verbal, por ser de exigir um mínimo de formalização, traduzido na sua redução a escrito e assinatura pelo

---

simplesmente intolerável para o próprio declarante e para a ordem jurídica", de tal modo que "nasce um outro interesse público", com base no qual se torna possível prescindir da "observância estrita do formalismo legal. Neste sentido, com mais desenvolvimento, v. CARVALHO FERNANDES, *Teoria Geral do Direito Civil*, Vol. II, 2007 cit., pp. 297-298; HÖRSTER, *A Parte Geral do Código Civil*, 1992 cit., pp. 530-532; MOTA PINTO, *Teoria Geral do Direito Civil*, 2005 cit., pág. 437; PAIS DE VASCONCELOS, *Teoria Geral do Direito Civil*, 2008 cit., pp. 718 segs., em especial 726-727.

Porque as imposições formais que rodeiam a celebração do acordo extintivo do contrato de trabalho se prendem essencialmente com a tutela do trabalhador (acautelando a sua "liberdade e discernimento" e garantindo a "documentação e certeza do conteúdo" pactuado) e não ultrapassam a "intimidade interprivada das partes", pois não visam "a sua publicidade, para conhecimento ou cognoscibilidade por terceiros", parece-nos que nas situações referidas "o bloqueio da invocação do vício formal pela parte que lhe deu causa" fornecerá suficiente protecção à contraparte, não se justificando soluções como "o reconhecimento de um dever de formalização" ou "o suprimento judicial da deficiência da forma legal" (PAIS DE VASCONCELOS, *Teoria Geral do Direito Civil*, 2008 cit., pp. 726 segs.).

[752] CARVALHO FERNANDES, *A Conversão dos Negócios Jurídicos Civis*, 1993 cit., pág. 268.

[753] CARVALHO FERNANDES, *A Conversão dos Negócios Jurídicos Civis*, 1993 cit., pág. 271.

[754] Imposta apenas para o aviso prévio. Neste sentido, FURTADO MARTINS, *Cessação do Contrato de Trabalho*, 2002 cit., pág. 193; ROSÁRIO PALMA RAMALHO, *Direito do Trabalho, Parte II*, 2008 cit., pág. 940, n. 524.

[755] Cfr. *supra* os nºs 2.3.2, 2.4.2, 2.5.2 e 2.8.

A REVOGAÇÃO DO CONTRATO DE TRABALHO

trabalhador[756] ou, *v.g.*, de um acordo, escrito e assinado por ambas as partes, mas num único exemplar, no qual a data de celebração não conste de qualquer cláusula, mas figure, manuscrita, junto das assinaturas.

Depois, é inquestionável que a viabilidade de qualquer solução que por tal via se encontre dependerá sempre da sua conformidade com a vontade conjectural das partes, nos termos gerais do art. 293º do CódCiv[757], em cuja averiguação terão papel decisivo os termos essenciais do acordo pactuado, que a violação de exigências de forma veio frustrar[758]. E nessa ponderação não poderá deixar de se ter presente que a nulidade do acordo revogatório, se impede a extinção do vínculo laboral a que este primordialmente se dirigia[759], implica também a nulidade das demais estipulações das partes (compensação por fim de contrato, compensação pecuniária global, remissão abdicativa, pacto de não concorrência, reforma antecipada) àquela "incindivelmente ligadas"[760].

O que significa que sempre que o acordo revogatório nulo exprima uma composição de interesses mais vasta que a extinção, sem mais, do contrato de trabalho[761], a eficácia sucedânea a atribuir-lhe não pode esgotar-se na mera declaração extintiva unilateral, antes terá de abranger outros elementos essenciais daquele. Mas se tal se afigura possível quanto à data da produção de efeitos[762]

---

[756] Aparentemente neste sentido, FURTADO MARTINS, *Cessação do Contrato de Trabalho*, 2002 cit., pág. 63, n. 6, ao admitir a "redução-conversão" do documento de revogação assinado apenas por uma das partes "numa rescisão pelo trabalhador, naturalmente desde que a sua assinatura conste do documento em causa".

[757] A vontade conjectural é "uma vontade construída ou reconstruída e não uma vontade real ou efectiva": a sua indagação implica apurar "o hipotético comportamento negocial que as partes adoptariam, quando confrontadas com a irremediável invalidade do negócio que celebraram", pressupondo que estas "nada estatuíram" para tal hipótese (CARVALHO FERNANDES, *A Conversão dos Negócios Jurídicos Civis*, 1993 cit., pp. 324-325 e 520; *Teoria Geral do Direito Civil*, Vol. II, 2007 cit., pág. 530).

[758] Conforme sublinha CARVALHO FERNANDES, "a determinação da vontade conjectural não se faz portanto, nem pela via da interpretação propriamente dita, pois a conversão não se funda na vontade das partes, nem por qualquer processo de preenchimento de lacunas negociais", mas, antes, "pela valoração do comportamento negocial das partes, segundo as circunstâncias do negócio, o tipo negocial e o fim económico-social que o determinou" (*A Conversão dos Negócios Jurídicos Civis*, 1993 cit., pp. 324 segs., em especial 327-329; *Teoria Geral do Direito Civil*, Vol. II, 2007 cit., pág. 530).

[759] Afirmaram-no, expressamente, entre outros, os Acs. RC de 20-5-2004 (Proc. nº 1142/04), RC de 11-1-2007 (Proc. nº 355/05); STJ de 5-11-1997 (Proc. nº 97S098); e STJ de 9-6-2004 (Proc nº 3689/93, *in CJ-STJ*, II, pág. 272), *supra* referenciados.

[760] Ac. STJ de 5-11-1997 (Proc. nº 97S098) cit.

[761] Como sucedia nas situações que deram origem, quer ao Ac. RP de 21-9-1992 (Proc. nº 286), quer ao Ac. RP de 10-10-1994 (Proc. nº 452) *supra* referidos.

[762] Caso se conclua ser esta um elemento essencial do acordo de cessação do contrato de trabalho. Tal como houve já ocasião de antecipar, não é evidente a recondução do momento de produção de efeitos a um elemento essencial ou a um mero elemento acessório do acordo extintivo pactuado – abrangido, num e noutro caso, pela forma legalmente imposta. O ponto será desenvolvido mais adiante, a propósito dos efeitos do acordo revogatório.

FORMA, CONTEÚDO E EFEITOS DO ACORDO REVOGATÓRIO DO CONTRATO DE TRABALHO

ou à compensação pecuniária paga ao trabalhador[763], o mesmo não sucede já quanto a outros ajustes como, *v.g.*, a remissão abdicativa dos seus créditos pelo trabalhador, o pacto de não concorrência ou a reforma antecipada, os quais pressupõem o acordo das partes. Acresce que, em tal cenário, a compensação pecuniária fixada, mesmo que revista natureza global, não suporta a presunção de inclusão de todos os créditos emergentes do vínculo laboral extinto, e nessa medida não concorre para a estabilização de situações ou a prevenção de futuros litígios. O que pode bem constituir, em muitos casos, forte argumento no sentido da exclusão da conversão por faltar a vontade conjectural de uma das partes[764].

Refira-se, por último, que no que respeita à não indicação da data de produção dos efeitos, a questão da admissibilidade da conversão apenas se colocará caso se entenda ser esta um elemento essencial do acordo de cessação do contrato de trabalho. Tal como houve já ocasião de antecipar, não é evidente a recondução do momento de produção de efeitos a um elemento essencial ou a um mero elemento acessório do acordo extintivo pactuado, abrangido, num e noutro caso, pela forma legalmente imposta. Na primeira hipótese, a sua não inclusão no documento escrito que o titula gera, em qualquer caso, a nulidade do distrate nos termos expostos no texto. E, por aplicação do art. 293º do CódCiv, pode ponderar-se a sua conversão em negócio com eficácia imediata, coincidente com a da data da respectiva celebração, se tal corresponder à vontade conjectural das partes. Diversa e mais simples se mostra a segunda hipótese, em que a qualificação como estipulação meramente acessória da fixação de um momento para a produção de efeitos diverso do da celebração implica que esta pode, ou não, ocorrer e que, no primeiro caso, estará sujeita à forma legalmente imposta. Sendo assim, a sua não inclusão no documento escrito que formaliza o distrate (por não ter sido, de todo, acordada ou tê-lo sido verbalmente) não acarreta a nulidade deste, mas apenas a sua sujeição, na falta de opção das partes em sentido diverso, àquela que será de considerar como a solução-regra do nosso ordenamento, de coincidência entre o momento de celebração e o de produção dos respectivos efeitos.

---

[763] A qual, tendo sido já recebida, não terá, pois, de ser restituída pelo trabalhador. A obrigação de restituição de todas as quantias percebidas em cumprimento do acordo revogatório declarado nulo é expressamente versada, entre outros, nos Acs. STJ de 5-11-1997 (Proc. nº 97S098), Ac. STJ de 8-3-2000 (Proc. nº 328/99), *in* www.dgsi.pt, e STJ de 9-6-2004 (Proc nº 3689/93), *in CJ-STJ*, II, pág. 272.

[764] Conforme sublinha CARVALHO FERNANDES, "para que a conversão funcione torna-se em geral necessário que a vontade conjectural seja comum a ambas as partes" (*A Conversão dos Negócios Jurídicos Civis*, 1993 cit., pág. 330).

5. Conteúdo e efeitos

5.1. Efeito extintivo

5.1.1. A revogação como declaração extintiva bilateral: a cessação consensual, discricionária e não retroactiva do contrato de trabalho

A revogação do contrato de trabalho, enquanto acordo "de sinal contrário" ao que se traduziu na sua celebração[765], assente num "consenso das partes"[766] que se renova "com o fito" de lhe "pôr fim"[767], produz a extinção do vínculo laboral – este o seu efeito primeiro, "principal"[768] e, como tal, "característico"[769].

Constituindo, antes de mais, uma "manifestação do princípio da autonomia da vontade"[770] – que exprime, também no domínio laboral, a regra de que as partes, se podem livremente vincular-se por acordo, podem sempre desvincular-se através de um mútuo consenso em sentido oposto (*contrarius consensus*)[771] –, a cessação pactuada do contrato de trabalho segue, em primeira linha, "o regime geral" da revogação dos contratos[772]. É o que resulta do art. 394º, nº 1, do CT2009 que,

---

[765] JÚLIO GOMES, *Direito do Trabalho*, Vol. I, 2007 cit., pág. 940.

[766] BERNARDO XAVIER, "A Extinção do Contrato de Trabalho", 1989 cit., pág. 427; *Curso de Direito do Trabalho*, 1993 cit., pág. 473; *Iniciação ao Direito do Trabalho*, 2005 cit., pág. 417

[767] LEAL AMADO, "A revogação do contrato de trabalho – nótula sobre os arts. 393º a 395º do CT", 2005 cit., pág. 97; *Contrato de Trabalho – à luz do novo Código do Trabalho*, 2009 cit., pág. 362.

[768] ROMANO MARTINEZ, *Da Cessação do Contrato*, 2006 cit., pág. 436; *Direito do Trabalho*, 2007 cit., pág. 955.

[769] LEAL AMADO, "A revogação do contrato de trabalho – nótula sobre os arts. 393º a 395º do CT", 2005 cit., pág. 100; *Contrato de Trabalho – à luz do novo Código do Trabalho*, 2009 cit., pág. 364. No mesmo sentido, ROSÁRIO PALMA RAMALHO aponta as "declarações de revogação" das partes como "aspecto essencial" do acordo extintivo (*Direito do Trabalho, Parte II*, 2008 cit., pág. 813), enquanto MONTEIRO FERNANDES frisa que "a revogação do contrato de trabalho opera a desvinculação das partes, sem, por si mesma, envolver quaisquer outras consequências" (*Direito do Trabalho*, 2009 cit., pág. 552).

[770] BERNARDO XAVIER, "A Extinção do Contrato de Trabalho", 2009 cit., pág. 426; *Curso de Direito do Trabalho*, 1993 cit., pág. 473; *Iniciação ao Direito do Trabalho*, 2005 cit., pág. 417.

[771] O ponto é amplamente sublinhado na nossa doutrina. V., entre outros, LEAL AMADO, "A revogação do contrato de trabalho – nótula sobre os arts. 393º a 395º do CT", 2005 cit., pág. 97; *Contrato de Trabalho – à luz do novo Código do Trabalho*, 2009 cit., pág. 362; MENEZES CORDEIRO, *Manual de Direito do Trabalho*, 1991 cit., pág. 797; JÚLIO GOMES, *Direito do Trabalho*, Vol. I, 2007 cit., pág. 940; JORGE LEITE, *Direito do Trabalho – Lições*, 1993 cit., pp. 515-516; ROMANO MARTINEZ, *Da Cessação do Contrato*, 2006 cit., pp. 430-431; *Direito do Trabalho*, 2007 cit., pág. 949; FURTADO MARTINS, *Cessação do Contrato de Trabalho*, 2002 cit., pág. 61; ROSÁRIO PALMA RAMALHO, *Direito do Trabalho, Parte II*, 2008 cit., pág. 812; JOANA VASCONCELOS, "A Revogação do Contrato de Trabalho", 1997 cit., pp. 173-174. No limite, e conforme sintetiza LEAL AMADO (*ops. locs. cits.*), "não faria qualquer espécie de sentido manter em vigor um contrato de trabalho contra a vontade de ambos os contraentes".

[772] Afirmam-no expressamente MENEZES CORDEIRO, *Manual de Direito do Trabalho*, 1991 cit., pág. 797; JORGE LEITE, *Direito do Trabalho – Lições*, 1993 cit., pág. 516; ROMANO MARTINEZ, *Da Cessação do Contrato*, 2006 cit., pág. 431; *Direito do Trabalho*, 2007, pág. 949; ROSÁRIO PALMA RAMALHO, *Direito do Trabalho, Parte II*, 2008 cit., pág. 812.
Sobre a categoria geral da revogação, enquanto forma de cessação dos efeitos negociais, v., entre outros, OLIVEIRA ASCENSÃO, *Direito Civil – Teoria Geral*, Vol. III, 2002 cit., pp. 336-337; CARVALHO FERNANDES,

FORMA, CONTEÚDO E EFEITOS DO ACORDO REVOGATÓRIO DO CONTRATO DE TRABALHO

tal como os que o precederam[773], remete implicitamente para o direito comum a disciplina desta matéria[774].

Porque a revogação é sempre livre ou discricionária[775], a extinção do vínculo laboral decorre do mútuo consenso das partes, independentemente da invocação de qualquer justificação ou motivo[776], que para este efeito se não exige[777]. E porque a revogação opera, em princípio, apenas para

Teoria Geral do Direito Civil, Vol. II, 2007 cit., pp. 475-476; MENEZES LEITÃO, *Direito das Obrigações*, Vol. II, 6ª ed., Almedina, Coimbra, 2008, pp. 101-102; ROMANO MARTINEZ, *Da Cessação do Contrato*, 2006 cit., pp. 50 segs. e 111 segs.; MOTA PINTO, *Teoria Geral do Direito Civil*, 2004 cit., pp. 629-630; GALVÃO TELLES, *Manual dos Contratos em Geral*, 1965 cit., pp. 350 segs.; ANTUNES VARELA, *Das Obrigações em Geral*, Vol. II, 7ª ed., Almedina, Coimbra, 1997, pp. 279 segs.; PAIS DE VASCONCELOS, *Teoria Geral do Direito Civil*, 2008 cit., pp. 771-772.

A revogação referida no texto – seja enquanto forma de cessação do vínculo laboral, seja enquanto figura de direito comum – consiste numa "destruição voluntária da relação contratual pelos próprios autores do contrato" (ANTUNES VARELA), através "de uma manifestação de autonomia privada em sentido oposto àquela que o constituiu" (MENEZES LEITÃO) e que se traduz, tratando-se de um negócio jurídico bilateral, no "mútuo consenso dos contraentes em relação à extinção", a que se refere o art. 406º, nº 1, do CódCiv, também designado como distrate, mútuo dissenso ou *contrarius consensus*. Estando em causa um negócio unilateral, "a revogação é igualmente unilateral, baseando-se unicamente numa segunda declaração negocial do seu autor, contrária à primeira" (MENEZES LEITÃO).

Não raro, porém, é diverso o sentido com que a revogação nos surge na doutrina e na própria lei. Nesta outra acepção, a revogação *proprio sensu* seria sempre unilateral, e operaria a "cessação dos efeitos do negócio por acto de uma das partes", só excepcionalmente sendo de admitir, por envolver "afastamento do princípio que impõe o cumprimento pontual dos contratos". Este o entendimento defendido, entre nós, por CARVALHO FERNANDES e por MOTA PINTO (*op. loc. cits.*) e que, conforme teremos ocasião de aprofundar, subjaz ao direito que o nosso legislador laboral em mais de um momento concedeu ao trabalhador de, unilateralmente, se desvincular do distrate outorgado com o empregador (cfr. *supra* os nºs 2.4.4, 2.6.2 e 2.7.3 e *infra* os nºs 14.1 e 14.2.3).

[773] Arts. 99º, nº 1, da LCT, 5º, nº 1, do DL nº 372-A/75, 7º do DL nº 64-A/89 e 393º do CT2003.

[774] Neste sentido, ROMANO MARTINEZ, *Da Cessação do Contrato*, 2006 cit., pág. 431; *Direito do Trabalho*, 2007 cit., pág. 949; ROSÁRIO PALMA RAMALHO, *Direito do Trabalho, Parte II*, 2008 cit., pág. 812.

[775] Referindo-se, em geral, ao distrate ou *contrarius consensus*, v., entre outros, OLIVEIRA ASCENSÃO, *Direito Civil – Teoria Geral*, Vol. III, 2002 cit., pág. 336; CARVALHO FERNANDES, *Teoria Geral do Direito Civil*, Vol. II, 2007 cit., pág. 476; MENEZES LEITÃO, *Direito das Obrigações*, Vol. II, 2008 cit., pág. 102; ROMANO MARTINEZ, *Da Cessação do Contrato*, 2006 cit., pp. 53-54; MOTA PINTO, *Teoria Geral do Direito Civil*, 2005 cit., pág. 629; GALVÃO TELLES, *Manual dos Contratos em Geral*, 1965 cit., pág. 350; ANTUNES VARELA, *Das Obrigações em Geral*, Vol. II, 1997 cit., pp. 279-280.

[776] Referindo-se especificamente à revogação do contrato de trabalho, v. entre outros, LEAL AMADO, "A revogação do contrato de trabalho – nótula sobre os arts. 393º a 395º do CT", 2005 cit., pág. 97; *Contrato de Trabalho – à luz do novo Código do Trabalho*, 2009 cit., pág. 362; MENEZES CORDEIRO, *Manual de Direito do Trabalho*, 1991 cit., pág. 797; MENEZES LEITÃO, *Direito do Trabalho*, 2008 cit., pág. 452; JORGE LEITE, *Direito do Trabalho – Lições*, 1993 cit., pp. 516-517; ROMANO MARTINEZ, *Da Cessação do Contrato*, 2006 cit., pág. 431; *Direito do Trabalho*, 2007 cit., pág. 950; FURTADO MARTINS, *Cessação do Contrato de Trabalho*, 2002 cit., pág. 61; ROSÁRIO PALMA RAMALHO, *Direito do Trabalho, Parte II*, 2008 cit., pág. 812; JOANA VASCONCELOS, "A Revogação do Contrato de Trabalho", 1997 cit., pág. 174.

[777] Refira-se, em todo o caso, que a indicação, no próprio texto do distrate, da respectiva justificação pode ser útil ou necessária para outro efeito que não a extinção do vínculo laboral.
É o que sucede, desde logo, com a obtenção pelo trabalhador, cujo contrato cessou por acordo com o empregador, de prestações de desemprego (*maxime* de subsídio de desemprego), nos termos do

A REVOGAÇÃO DO CONTRATO DE TRABALHO

o futuro[778], o distrate extingue *ex nunc* o contrato de trabalho, mantendo intocados os efeitos já produzidos[779]. Por último, e porque a revogação pode ser

DL nº 220/2006, de 3 de Novembro. Este diploma faz depender a atribuição de tais prestações da
verificação, relativamente ao trabalhador, da situação de desemprego involuntário (arts. 1º, 2º e 9º)
que, no caso de cessação do contrato de trabalho por mútuo acordo, ocorre apenas nas hipóteses
descritas nos nºs 1, 2 e 4 do respectivo art. 10º.
A atribuição das prestações de desemprego depende, em geral, de requerimento, a apresentar no prazo
previsto no nº 1 do art. 72º, em modelo próprio, a que se refere o seu nº 2, e acompanhado de "informação do empregador comprovativa da situação de desemprego e da data a que se reporta a última
remuneração", conforme prescreve o nº 1 do art. 73º. Tratando-se de cessação do contrato de trabalho
por acordo nas situações previstas na al. d) do nº 1 do art. 9º e no art. 10º referidos, impõe-se ainda ao
empregador que declare "os fundamentos que permitam avaliar os condicionalismos estabelecidos
no presente decreto-lei, sem prejuízo de, a qualquer momento, lhe poder ser exigida a exibição de
documentos probatórios dos fundamentos invocados" e "que a cessação do contrato de trabalho se
encontra compreendida nos limites estabelecidos no nº 4 do art. 10º e que informou o trabalhador
desse facto" (nºs 1 e 2 do art. 74º).
Significa isto que a inclusão no texto do acordo revogatório do motivo determinante da extinção pactuada
do contrato de trabalho não constitui condição da obtenção pelo trabalhador das referidas prestações
de desemprego, muito embora possa revelar-se útil, ante o disposto no nº 1, parte final e, sobretudo, no
nº 2 do art. 74º. Mais exactamente, a indicação desse motivo pode justificar-se sempre que o empregador
decida aproveitar o texto do acordo para cumprir o dever de informação que aí lhe é imposto, por escrito
ou, ainda, e em ordem a acautelar a sua situação (atento o disposto no art. 63º), esclarecer o trabalhador de
que a efectiva atribuição das prestações em causa depende sempre de apreciação do caso pela segurança
social, não lhe estando garantida. Em bom rigor, a indicação do motivo justificativo da cessação pactuada do
contrato de trabalho não deve constar senão dos documentos a enviar à segurança social para requerer tais
prestações: o impresso "de modelo próprio" (RP 5044) e a declaração "comprovativa da situação de desemprego" subscrita pelo empregador (a que se referem, respectivamente, o nº 3 do art. 72º, e os arts. 73º e 74º).
Mas é o que sucede igualmente nas situações, mais adiante versadas, que envolvem a celebração do
distrate sob condição suspensiva da verificação de determinado evento e, ainda, de certos acordos
entre trabalhador e empregador tendo em vista a passagem daquele à reforma antecipada, em que as
estipulações das partes se limitam a modelar certos aspectos da futura relação a estabelecer entre
estas, de modo algum influindo na cessação do contrato pactuada (cfr. *infra* os nºs 5.2.2 e 5.2.3.2).
[778] Sobre este ponto, no sentido apontado no texto, v., entre outros, OLIVEIRA ASCENSÃO, *Direito Civil
– Teoria Geral*, Vol. III, 2002 cit., pág. 336; CARVALHO FERNANDES, *Teoria Geral do Direito Civil*, Vol. II,
2007 cit., pág. 476; MENEZES LEITÃO, *Direito das Obrigações*, Vol. II, 2008 cit., pág. 102; ROMANO MARTINEZ,
Da Cessação do Contrato, 2006 cit., pp. 112 segs.; MOTA PINTO, *Teoria Geral do Direito Civil*, 2005 cit., pp.
629-630; GALVÃO TELLES, *Manual dos Contratos em Geral*, 1965 cit., pp. 350-351; ANTUNES VARELA, *Das
Obrigações em Geral*, Vol. II, 1997 cit., pág. 279; PAIS DE VASCONCELOS, *Teoria Geral do Direito Civil*, 2008
cit., pág. 772.
Refira-se, não obstante, que alguns destes AA admitem que à revogação possa ser conferida eficácia
retroactiva *inter partes,* por vontade expressa ou tácita destas, tratando-se de revogação bilateral – é o
caso de OLIVEIRA ASCENSÃO, CARVALHO FERNANDES, MENEZES LEITÃO, ROMANO MARTINEZ, MOTA PINTO e GAL-
VÃO TELLES, ops. locs. cits. Para OLIVEIRA ASCENSÃO e ROMANO MARTINEZ, a eficácia *ex tunc* da revogação,
quando unilateral (mas referida a um contrato), pode resultar da própria lei. Retomaremos esta questão
mais adiante, a propósito dos efeitos da revogação unilateral do distrate pelo trabalhador (nº 14.2.3).
[779] Referindo-se especificamente à revogação do contrato de trabalho, MENEZES CORDEIRO, *Manual
de Direito do Trabalho*, 1991 cit., pág. 797; MONTEIRO FERNANDES, *Direito do Trabalho*, 2009 cit., pág. 552;

FORMA, CONTEÚDO E EFEITOS DO ACORDO REVOGATÓRIO DO CONTRATO DE TRABALHO

acordada a todo o momento, a extinção pactuada do vínculo laboral pode ocorrer em qualquer fase "da vida"[780] deste (*v.g.*, no período experimental, durante a suspensão, no decurso de um processo disciplinar ou de um despedimento colectivo)[781].

Não obstante, os valores especificamente relacionados com a protecção do trabalhador subordinado, que justificam e inspiram a disciplina laboral da revogação – tomada essencialmente como forma de cessação do contrato de trabalho[782] – traduzem-se em significativos desvios às regras gerais enunciadas, a saber, em "exigências acrescidas"[783] para a expressão do mútuo consenso das partes e, bem assim, num leque de soluções destinadas a acautelar o trabalhador quanto ao efeito extintivo do distrate, as quais vão da possibilidade de revogação unilateral deste aos limites à conformação dos seus efeitos pelas partes (como, *v.g.*, quanto à atribuição de eficácia retroactiva[784]). É o que veremos já em seguida.

5.1.2. A revogação como abdicação do direito ao emprego pelo trabalhador: o "despedimento negociado"

A "cabal compreensão"[785] da revogação como facto extintivo do vínculo laboral exige, contudo e conforme fomos já antecipando, a superação da perspectiva

---

ROMANO MARTINEZ, *Da Cessação do Contrato*, 2006 cit., pp. 431 e 436; *Direito do Trabalho*, 2007 cit., pág. 950; ROSÁRIO PALMA RAMALHO, *Direito do Trabalho, Parte II*, 2008 cit., pág. 812; JOANA VASCONCELOS, "A Revogação do Contrato de Trabalho", 1997 cit., pág. 174.

[780] JORGE LEITE, *Direito do Trabalho – Lições*, 1993 cit., pág. 515. No mesmo sentido, LEAL AMADO, "A revogação do contrato de trabalho – nótula sobre os arts. 393º a 395º do CT", 2005 cit., pág. 97; *Contrato de Trabalho – à luz do novo Código do Trabalho*, 2009 cit., pág. 362; ROMANO MARTINEZ, *Da Cessação do Contrato*, 2006 cit., pág. 431; *Direito do Trabalho*, 2007 cit., pág. 950; FURTADO MARTINS, *Cessação do Contrato de Trabalho*, 2002 cit., pág. 61.

[781] JORGE LEITE, *Direito do Trabalho – Lições*, 1993 cit., pág. 515.
Trata-se de um ponto, entre outros, em que o nosso ordenamento se demarca claramente da orientação, definida e consolidada na jurisprudência e, mais recentemente, na lei francesas, que exclui a *rupture conventionelle*, mais exactamente a aplicação do respectivo regime, estando em curso um processo de despedimento por motivo económico: quaisquer acordos outorgados entre trabalhador e empregador em tal contexto cingem-se a um simples ajustar das respectivas consequências e de modo algum afastam a aplicação do correspondente regime de protecção. O ponto foi desenvolvido *supra* no nº 3.2.1.

[782] E não já como "anódino distrate", para usar a expressão sugestiva de LEAL AMADO ("A revogação do contrato de trabalho – nótula sobre os arts. 393º a 395º do CT", 2005 cit., pág. 99; *Contrato de Trabalho – à luz do novo Código do Trabalho*, 1993 cit., pág. 363).

[783] ROSÁRIO PALMA RAMALHO, *Direito do Trabalho, Parte II*, 2008 cit., pág. 812. O ponto foi desenvolvido *supra* nos nºs 4.1 a 4.3.

[784] O ponto será especificamente versado mais adiante, no nº 5.2.2.1.

[785] LEAL AMADO, "A revogação do contrato de trabalho – nótula sobre os arts. 393º a 395º do CT", 2005 cit., pág. 97; *Contrato de Trabalho – à luz do novo Código do Trabalho*, 2009 cit., pág. 362.

A REVOGAÇÃO DO CONTRATO DE TRABALHO

"puramente civilista"[786] do distrate como *contrarius consensus* e a consideração da sua incontornável vertente de abdicação pelo trabalhador do seu direito ao emprego.

Com efeito, ao assentir na cessação pactuada do contrato, o trabalhador renuncia à estabilidade que lhe é legal e constitucionalmente garantida e, não menos significativamente, ao regime de protecção contra o despedimento[787], que não tem, neste contexto, qualquer aplicação[788]. Não obstante, e porque o acordo revogatório constitui, em primeira linha, uma das formas legalmente admitidas de extinção do contrato de trabalho, a sua disciplina constitui parte integrante do correspondente regime[789], sendo largamente impregnada, como todo este, pelo princípio constitucional da segurança no emprego (art. 53º da CRP)[790].

Paralelamente, e por força da "estabilidade legal da relação laboral e do bloqueamento dos despedimentos"[791] que há mais de três décadas caracterizam o nosso ordenamento laboral, com frequência a cessação consensual do contrato de trabalho se traduz num verdadeiro "despedimento negociado"[792], sendo

---

[786] LEAL AMADO, "A revogação do contrato de trabalho – nótula sobre os arts. 393º a 395º do CT", 2005 cit., pág. 98; *Contrato de Trabalho – à luz do novo Código do Trabalho*, 2009 cit., pág. 363.

[787] Recorde-se, a este propósito, que era justamente no risco de preterição, em detrimento do trabalhador, do regime de protecção contra o despedimento que radicavam as reservas, hoje ultrapassadas, de um significativo sector da doutrina francesa quanto à admissibilidade de princípio da cessação por mútuo acordo do contrato de trabalho. E, bem assim, os vários limites a esta estabelecidos na jurisprudência da *Cour de Cassation*, os quais têm como denominador comum o garantirem a aplicação, em sede de *résiliation amiable*, primeiro e de *rupture conventionelle*, doravante, de certas regras injuntivas que integram aquele regime. V., com mais detalhe, *supra* o nº 3.2.1.

[788] Refira-se, porque especialmente ilustrativo do que se afirma no texto, o art. 5º do DL nº 372-A/75, que afirmava ser "sempre lícito" o empregador e o trabalhador "fazerem cessar, por mútuo acordo, o contrato de trabalho (...) sem observância das obrigações e das limitações estabelecidas nos capítulos subsequentes", entre os quais se contavam os relativos ao despedimento, com justa causa (arts. 9º e segs.) e por motivo atendível (art. 13º segs.), este último substituído, por força do DL nº 84/76, de 28 de Janeiro, pelo despedimento colectivo. Sobre este ponto, v. *supra* os nºs 2.4.1 e 2.4.2.
A inaplicabilidade apontada no texto refere-se, desde logo, às compensações legalmente previstas para certas hipóteses de despedimento (arts. 366º, 372º e 379º do CT2009): a atribuição ao trabalhador, no distrate, de uma qualquer compensação, radica sempre no acordo das partes, limitando-se a lei a permitir, muito latamente aliás, tal estipulação.

[789] Sendo, como este, imperativa e estando, por isso, subtraída à livre disponibilidade das partes. Neste sentido, ROMANO MARTINEZ, *Da Cessação do Contrato*, 2006 cit., pág. 436; *Direito do Trabalho*, 2007 cit., pág. 955.

[790] BERNARDO XAVIER, "A Extinção do Contrato de Trabalho", 1989 cit., pp 407-408; *Curso de Direito do Trabalho*, 1993 cit., pág. 473; *Iniciação ao Direito do Trabalho*, 2005 cit., pág. 417.

[791] BERNARDO XAVIER, "A Extinção do Contrato de Trabalho", 1989 cit., pp 407-408; *Curso de Direito do Trabalho*, 1993 cit., pág. 473; *Iniciação ao Direito do Trabalho*, 2005 cit., pág. 417.

[792] Esta a expressão que se generalizou na nossa doutrina: v., entre outros, LEAL AMADO, "A revogação do contrato de trabalho – nótula sobre os arts. 393º a 395º do CT", 2005 cit., pág. 100; *Contrato de*

FORMA, CONTEÚDO E EFEITOS DO ACORDO REVOGATÓRIO DO CONTRATO DE TRABALHO

"a motivação do trabalhador" em consentir na desvinculação obtida "contra a promessa de indemnização"[793], *i.e.*, mediante o pagamento de uma quantia "livremente negociada pelas partes"[794]. E, nesse sentido, funciona como uma relevante "válvula de escape ao serviço do empregador"[795], representando um elemento de flexibilidade num modelo, como o nosso, de cunho acentuadamente rígido.

Estes dois aspectos, estreitamente conexos, há muito que são acentuados na nossa doutrina, a qual enfatiza que, apesar de a revogação exprimir uma vontade extintiva de parte a parte, "a iniciativa e o interesse desta causa de ruptura" são quase sempre do empregador[796], para quem a revogação surge como "expediente técnico-jurídico altamente atractivo"[797]. E se para a jurisprudência unânime dos nossos tribunais superiores e para um crescente sector da doutrina tal facto resulta num efectivo reforço do poder negocial do trabalhador[798] (patente na fixação, "salvo raras excepções", de um "efeito compensatório da perda de emprego"[799]), vozes há que alertam para o risco de a díspar situação das partes e a premência do empregador na extinção propiciarem pressões de vária ordem sobre aquele, para obter a sua anuência. A justificar acrescidas precauções neste domínio[800].

Trabalho – à luz do novo Código do Trabalho, 2009 cit., pág. 364; ROMANO MARTINEZ, *Da Cessação do Contrato*, 2006 cit., pp. 437-438; *Direito do Trabalho*, 2007 cit., pág. 956. FURTADO MARTINS, *Cessação do Contrato de Trabalho*, 2002 cit., pp. 64-65; BERNARDO XAVIER, "A Extinção do Contrato de Trabalho", 1989 cit., pp 407-408; *Curso de Direito do Trabalho*, 1993 cit., pág. 473; *Iniciação ao Direito do Trabalho*, 2005 cit., pág. 417.

[793] BERNARDO XAVIER, "A Extinção do Contrato de Trabalho", 1989 cit., pp 407-408; *Curso de Direito do Trabalho*, 1993 cit., pág. 473; *Iniciação ao Direito do Trabalho*, 2005 cit., pág. 417.

[794] MONTEIRO FERNANDES, *Direito do Trabalho*, 2007 cit., pp. 552-553; ROMANO MARTINEZ, *Da Cessação do Contrato*, 2006 cit., pp. 437-438; *Direito do Trabalho*, 2007 cit., pág. 956.

[795] LEAL AMADO, "A revogação do contrato de trabalho – nótula sobre os arts. 393º a 395º do CT", 2005 cit., pág. 98; *Contrato de Trabalho – à luz do novo Código do Trabalho*, 2009 cit., pág. 363.

[796] JORGE LEITE, *Direito do Trabalho – Lições*, 1993 cit., pp. 517-518. No mesmo sentido, LEAL AMADO, "A revogação do contrato de trabalho – nótula sobre os arts. 393º a 395º do CT", 2005 cit., pág. 98; *Contrato de Trabalho – à luz do novo Código do Trabalho*, 2009 cit., pág. 363; MONTEIRO FERNANDES, *Direito do Trabalho*, 2009 cit., pág. 553.

[797] Pois permite-lhe, simultaneamente, "superar as dificuldades materiais e tornear as incomodidades procedimentais ligadas ao despedimento, de forma expedita" (LEAL AMADO, *Contrato de Trabalho – à luz do novo Código do Trabalho*, 2009 cit., pág. 363).

[798] Para maiores desenvolvimentos sobre este ponto, com indicação e análise de jurisprudência e de doutrina, v. *infra* os nºs 11.1.2 e 11.2.2.2 e 12.3.1.2.

[799] JORGE LEITE, *Direito do Trabalho – Lições*, 1993 cit., pág. 518.

[800] Neste sentido, LEAL AMADO, "A revogação do contrato de trabalho – nótula sobre os arts. 393º a 395º do CT", 2005 cit., pág. 98; *Contrato de Trabalho – à luz do novo Código do Trabalho*, 2009 cit., pág. 363; JORGE LEITE, *Direito do Trabalho – Lições*, 1993 cit., pp. 516-518.
As mesmas reservas expressas no texto terão fundado, no ordenamento italiano, o alargamento da impugnação das *rinunzie* e *transazioni* prevista no art. 2113 do *Codice Civile*, aos actos abdicativos do

No plano da disciplina legal da cessação pactuada do contrato de trabalho assume inquestionável preponderância este objectivo de garantir uma genuína, porque livre e esclarecida, vontade do trabalhador de pôr fim a um vínculo legalmente dotado de estabilidade e, como tal, subtraído à vontade do empregador[801]. E concretiza-se, antes de mais, nas cautelas formais que rodeiam a sua celebração[802] mas, também, na faculdade de desvinculação unilateral que ao trabalhador é reconhecida e que, qualquer que seja a sua concreta modelação[803], sempre lhe permite impedir (e, sendo o caso, reverter), de forma simples e eficaz a produção de efeito extintivo[804]. Ainda neste contexto, assume particular relevo – tanto maior quanto menos intensa seja a tutela da vontade por outras vias[805] – o regime comum dos vícios na formação da vontade, o qual deve, em qualquer caso, ser adaptado, na sua aplicação a este domínio, aos valores e inte-

---

trabalhador outorgados em momento posterior à cessação do vínculo laboral, bem como, no direito laboral espanhol, a formulação do art. 3.5 do *ET*, mais restritiva, quanto a este ponto, que a do regime antecedente e que proíbe, sob pena de nulidade, a renúncia pelo trabalhador aos seus direitos nele especificados (mas não já a transacção sobre os mesmos), tanto na vigência do contrato de trabalho como após a sua extinção. Um e outro ponto foram versados *supra* nos nºs 3.1.2 e 3.3.3, respectivamente, para os quais se remete.

[801] Cfr. *supra* os nºs 2.1 e 2.8.

[802] As quais, como houve já ocasião de verificar, visam permitir a ponderação e reflexão do trabalhador, mas também a prova e o controlo por este dos termos efectivamente ajustados. V. *supra* os nºs 4.1, 4.2 e 4.3.

[803] *I.e.*, quer se trate de um verdadeiro e próprio direito de arrependimento, quer se trate de um mero expediente de reacção a práticas de defraudação de direitos do trabalhador, ou mesmo de uma solução que congregue elementos de ambos. Para mais desenvolvimentos sobre este ponto, v. *infra* os nºs 14.1, 14.2.1 e 14.4.

[804] Trata-se de matéria que será aprofundada mais adiante nos nºs 15.2 e 15.4.

[805] Ou seja, o papel, mais central ou mais complementar, efectivamente cometido a tal regime depende, em larga medida, das concretas opções do nosso legislador em matéria de revogação unilateral do distrate pelo trabalhador – sendo certo que uma orientação claramente restritiva, como a adoptada no CT2003 e mantida no CT2009 (e já propugnada por alguma doutrina na vigência da L nº 38/96), redunda num maior protagonismo das suas normas. Retomaremos esta questão *infra*, nos nºs 14.4, 15.2 e 15.4

Este ponto resulta, aliás, amplamente ilustrado pelo excurso efectuado pelos ordenamentos próximos do nosso, o qual evidenciou uma contraposição básica entre aqueles que optam por acautelar directa e especificamente o trabalhador em caso de cessação pactuada do contrato de trabalho – caso do direito francês, que atribui um *droit de rétractation*, a exercer no prazo de quinze dias a contar da assinatura da *convention de rupture* ou do direito alemão, no qual a não atribuição *ex lege* de um tal direito (afastando a jurisprudência e a doutrina a hipótese de transpor para o distrate o direito de arrependimento previsto para certas formas especiais de venda, nos §§ 312 e 355 *BGB*), propicia a frequente criação e modelação de tal direito por via convencional – e os demais, que cometem a tutela do trabalhador aos expedientes de direito comum, em particular, se bem que não exclusivamente, ao regime dos vícios na formação da vontade – esta a opção dos ordenamentos italiano e espanhol. V. *supra* os nºs 3.1.3, 3.2.1, 3.3.3, 3.4.1 e 3.5

FORMA, CONTEÚDO E EFEITOS DO ACORDO REVOGATÓRIO DO CONTRATO DE TRABALHO

resses contrastantes envolvidos e ao contexto contratual em que tipicamente é ajustado o distrate[806].

Paralelamente, e conforme já se foi antecipando, a abordagem "substancial"[807] do distrate como "despedimento negociado" projecta-se no plano da modelação dos respectivos efeitos pelas partes, em especial na regulação das consequências patrimoniais da cessação, quanto a créditos laborais e, por tal via, a diferendos, presentes ou futuros – e justifica um alargamento da livre disponibilidade pelo trabalhador dos seus direitos no momento em que este se propõe negociar a sua desvinculação, em paralelismo com o que sucede após a cessação[808].

Refira-se, não obstante, que se o "despedimento negociado" se traduz na atribuição ao trabalhador de uma compensação em dinheiro[809], cuja fixação radica na lata faculdade que às partes assiste de associar "outros efeitos" ao distrate, aquela tende a dissolver-se na compensação pecuniária global e nos efeitos decorrentes da presunção que lhe é, entre nós, associada[810]. E, nesse sentido, a ter escassos reflexos na sua eficácia e na correspondente disciplina legal e contratual. O problema reside, não tanto na discricionariedade da revogação[811], como na opacidade que entre nós caracteriza a compensação pecuniária global[812]. Com grande frequência, já o dissemos, a previsão no distrate do pagamento de uma determinada quantia ao trabalhador que acede na cessação pactuada do seu contrato constitui a contrapartida dessa sua concordância[813]. Sucede, porém, que a eventual explicitação de tal facto no acordo revogatório, *i.e.*, a indicação de que tal soma constitui, no todo ou em parte, uma compensa-

---

[806] Para JÚLIO GOMES, a "situação de grande vulnerabilidade" do trabalhador face ao seu empregador" justificaria a "necessidade de adaptar as regras sobre vícios e a formação da vontade a esta situação concreta" (*Direito do Trabalho*, Vol. I, 2007 cit., pp. 940-941). Voltaremos a esta questão mais adiante, nos nºs 15.1 e 15.3.

[807] LEAL AMADO, "A revogação do contrato de trabalho – nótula sobre os arts. 393º a 395º do CT", 2005 cit., pág. 99; *Contrato de Trabalho – à luz do novo Código do Trabalho*, 2009 cit., pág. 363.

[808] Sobre a orientação presentemente consolidada na jurisprudência dos nossos tribunais superiores e com crescentes adesões na doutrina, que admite a disposição pelo trabalhador dos seus créditos salariais na fase em que este negoceia a sua desvinculação com o empregador, v. *supra* o nº 2.5.3 e *infra* os nºs 11.1.2, 11.2.2.2 e 12.3.1.1.

[809] FURTADO MARTINS, *Cessação do Contrato de Trabalho*, 2002 cit., pág. 65.

[810] Sobre este ponto, v. *supra* os nºs 2.5.3 e 2.7.2 e *infra* os nºs 7.1, 7.2 e 8.2.

[811] Que consiste unicamente na desnecessidade da indicação no distrate dos motivos ou fundamentos da desvinculação pactuada. O ponto foi versado no número anterior.

[812] Por força da recondução da natureza global à "indiscriminação" dos títulos e/ou fundamentos pelos quais o respectivo montante é fixado e pago. V. *infra* os nºs 7.1 e 7.2

[813] LEAL AMADO, "A revogação do contrato de trabalho – nótula sobre os arts. 393º a 395º do CT", 2005 cit., pág. 99; *Contrato de Trabalho – à luz do novo Código do Trabalho*, 2009 cit., pág. 363; ROMANO MARTINEZ, *Da Cessação do Contrato*, 2006 cit., pp. 437-438; *Direito do Trabalho*, 2007 cit., pág. 956; FURTADO MARTINS, *Cessação do Contrato de Trabalho*, 2002 cit., pág. 65. Sobre este ponto, v. ainda, MONTEIRO FERNANDES, *Direito do Trabalho*, 2009 cit., pp. 552-553.

ção de fim de contrato, o "preço do despedimento negociado"[814], tem um único e inexorável efeito, em mais de uma ocasião sublinhado pela nossa jurisprudência: exclui a qualificação como global da compensação, afastando a presunção nela baseada e o consequente efeito de limitação de ulteriores reclamações de créditos laborais pelo mesmo trabalhador[815]. O que, pelo menos na perspectiva do empregador, levará a excluir tal menção, que o priva desse efeito quase preclusivo que lhe é vantajoso[816]. Daí que por tal via resulte largamente esvaziada de relevo prático esta vertente do "despedimento negociado"[817], consumida pela finalidade liquidatória e estabilizadora das relações patrimoniais entre as partes que com frequência é associada ao acordo revogatório e, por isso, suportada na respectiva disciplina[818].

5.2. Outros efeitos

5.2.1. Admissibilidade de princípio de "outros efeitos" acordados pelas partes
Paralelamente, e ainda em matéria de eficácia do distrate, constitui um traço constante do nosso ordenamento laboral – tivemos ocasião de o evidenciar *supra*[819] – a latitude com que desde sempre às partes é permitida a estipulação de "outros efeitos" a associar ao acordo revogatório, para além da extinção do contrato de trabalho.

Esta opção radica na recondução, consensual na nossa doutrina, do pacto extintivo do vínculo laboral à categoria geral da revogação[820] e, nessa medida, ao princípio da liberdade contratual[821], de que resultaria ficarem também "os

---

[814] LEAL AMADO, "A revogação do contrato de trabalho – nótula sobre os arts. 393º a 395º do CT", 2005 cit., pág. 99; *Contrato de Trabalho – à luz do novo Código do Trabalho*, 2009 cit., pág. 363.

[815] A questão será versada mais adiante, nos nºs 7.1 e 7.2. Por ora, anteciparemos apenas que já por diversas vezes a jurisprudência dos nossos tribunais superiores recusou considerar como global a compensação ajustada e, consequentemente, aplicar a presunção nela estribada perante a indicação, no texto do acordo revogatório, de que a correspondente quantia constituía "indemnização pela cessação do contrato de trabalho".

[816] Cfr. *infra* os nºs 8.1, 9.2 e 9.4.

[817] A consequência apontada no texto surge especialmente nítida a propósito de questões como a da aplicabilidade da resolução por incumprimento, prevista e regulada no art. 801º do CódCiv, em caso de não pagamento pelo empregador da compensação pecuniária ajustada no distrate, que será tratada já em seguida, no nº 5.2.3.3.1

[818] V. *supra* os nºs 2.2 e 2.8 e *infra* os nºs 9.1 a 9.4.

[819] Cfr. *supra* os nºs 2.3.1 e 2.8.

[820] Cfr. *supra* o nº 5.1.1.

[821] Neste sentido, v., entre outros, LEAL AMADO, "A revogação do contrato de trabalho – nótula sobre os arts. 393º a 395º do CT", 2005 cit., pág. 97; *Contrato de Trabalho – à luz do novo Código do Trabalho*, 2009 cit., pág. 362; MENEZES CORDEIRO, *Manual de Direito do Trabalho*, 1991 cit., pág. 797; JÚLIO GOMES, *Direito*

FORMA, CONTEÚDO E EFEITOS DO ACORDO REVOGATÓRIO DO CONTRATO DE TRABALHO

seus efeitos na disponibilidade das partes"[822]. Refira-se, em todo o caso, que esta lata autonomia foi sendo matizada pelo legislador que, em mais de uma ocasião e com objectivos diversos, ora a restringiu significativamente, ora associou a certas expressões suas um efeito preclusivo mais ou menos pronunciado da ulterior reclamação de créditos laborais por qualquer das partes[823].

Enquanto "manifestação do princípio da autonomia da vontade"[824], a fixação pelas partes de "outros efeitos" deve evidentemente conter-se "dentro dos limites da lei" (art. 349º, nº 4, do CT2009), não contrariando normas injuntivas, de direito comum ou de direito laboral. Trata-se de um ponto expressamente ressalvado em todos os textos legais que nesta matéria se sucederam desde o DL nº 372-A/75[825].

As estipulações incluídas nesta lata faculdade que às partes é reconhecida repartem-se essencialmente por duas categorias, uma primeira relativa à produção de efeitos do próprio acordo extintivo – condição suspensiva, termo suspensivo, eficácia retroactiva –, a outra abarcando a definição, por diversas vias, da situação recíproca das partes, tendo em vista a projectada cessação do vínculo laboral – pacto de não concorrência, passagem à reforma antecipada, fixação de uma compensação pecuniária para o trabalhador, a qual pode revestir, ou não, natureza global[826], renúncia por este a todos os seus créditos, através

---

do Trabalho, Vol. I, 2007 cit., pág. 940; MENEZES LEITÃO, Direito do Trabalho, 2008 cit., pág. 452; ROMANO MARTINEZ, Da Cessação do Contrato, 2006 cit., pp. 430-431; Direito do Trabalho, 2007 cit., pág. 949; JORGE LEITE, Direito do Trabalho – Lições, 1993 cit., pág. 517; ROSÁRIO PALMA RAMALHO, Direito do Trabalho, Parte II, 2008 cit., pág. 812; BERNARDO XAVIER, "A Extinção do Contrato de Trabalho", 1989 cit., pág. 426; Curso de Direito do Trabalho, 1993 cit., pág. 473; Iniciação ao Direito do Trabalho, 2005 cit., pág. 417.

[822] MENEZES LEITÃO, Direito do Trabalho, 2008 cit., pág. 452.

[823] Foi o que sucedeu, respectivamente, com a expressa proibição (sob pena de nulidade) de cláusulas que impedissem o trabalhador de exercer direitos adquiridos ou de reclamar créditos já vencidos, constante do art. 6º, nº 3, do DL nº 372-A/75, e com a presunção – de início absoluta (segundo o entendimento unânime da jurisprudência) e mais recentemente relativa – de inclusão no montante da compensação pecuniária global, caso esta fosse ajustada, de todos os créditos laborais das partes vencidos ou tornados exigíveis pela cessação do contrato. Estes pontos foram versados supra nos nºs 2.4.3 e 2.5.3.

[824] BERNARDO XAVIER, "A Extinção do Contrato de Trabalho", 1989 cit., pág. 426; Curso de Direito do Trabalho, 1993 cit., pág. 473; Iniciação ao Direito do Trabalho, 2005 cit., pág. 417.

[825] Se bem que com formulações variadas. O ponto foi especificamente focado supra nos nºs 2.4.1 e 2.8, para os quais se remete.

[826] A quantia eventualmente atribuída ao trabalhador no contexto da composição de interesses plasmada no acordo revogatório como contrapartida da sua anuência na desvinculação tanto pode surgir – já o fomos advertindo, no nº 5.1.2 – como uma verdadeira e própria compensação de fim de contrato, com indicação da causa da sua atribuição, como pode não se autonomizar formalmente face a uma quantia "globalmente" fixada e apresentada sem mais indicação quanto à sua origem e justificação, sendo, nesta hipótese, absorvida pela respectiva função e regime.

A REVOGAÇÃO DO CONTRATO DE TRABALHO

de uma genérica remissão abdicativa, ajustes quanto a obrigações decorrentes da cessação[827].

As questões suscitadas por todas estas cláusulas, se se esgotam, no que respeita à condição suspensiva, na sua admissibilidade – afirmada, sem hesitação, pela jurisprudência[828] – justificam, quanto a todas as demais, uma abordagem mais desenvolvida, a que procederemos nos números que se seguem.

5.2.2. Regulação da eficácia do acordo revogatório

5.2.2.1. Atribuição de eficácia retroactiva

Há muito que a atribuição de eficácia *ex tunc* ao acordo extintivo do contrato de trabalho é firme e consistentemente recusada pela nossa doutrina.

A afirmação da eficácia estritamente *ex nunc* da revogação do contrato de trabalho, remonta, entre nós, a RAÚL VENTURA que, no direito anterior à LCT, recusava a atribuição de eficácia retroactiva à revogação por considerar que esta envolveria uma abdicação total e *ex tunc* do trabalhador a direitos resultantes do contrato de trabalho, contrária ao princípio de irrenunciabilidade por este dos seus direitos legais[829].

Mais recentemente, MENEZES CORDEIRO, ROMANO MARTINEZ e ROSÁRIO PALMA RAMALHO afirmaram expressamente a não retroactividade do acordo extintivo do contrato de trabalho, o qual seguiria, também quanto a este ponto, o regime comum da revogação dos negócios jurídicos bilaterais[830].

---

[827] A este propósito, ROMANO MARTINEZ acrescenta ainda a regulação, conexa com a cessação pactuada do contrato de trabalho, do destino de outros contratos coligados com este, os quais podem, ou não, subsistir e, bem assim, das obrigações deles emergentes para as partes (*Direito do Trabalho*, 2007 cit., pág. 956), enquanto ROSÁRIO PALMA RAMALHO, exemplifica com o "reforço do dever de sigilo do trabalhador, após a cessação" (*Direito do Trabalho, Parte II*, 2008 cit., pág. 813).

[828] O Ac. STJ de 25-9-2002 (Proc. nº 02S456, disponível em www.dgsi.pt) considerou válido o acordo de revogação do contrato de trabalho outorgado entre trabalhador e empregador, nos termos do qual o contrato de trabalho que os vinculava cessaria se e na data em que viesse a ocorrer a aquisição do estabelecimento pertença deste por um sujeito com o qual mantinha negociações com vista a tal resultado, caso contrário manter-se-ia em vigor (como veio a suceder, por se não ter verificado a condição fixada). Em sentido idêntico, o Ac RE de 8-5-1997 (Proc. nº 154/96, *in CJ*, 1997, II, pp. 291-292) admitiu, em geral, que "o acordo de cessação fique dependente da verificação de um acontecimento futuro e incerto", nos termos do art. 270º do CódCiv, a tal não obstando "qualquer proibição legal" (no caso, tratava-se de um acordo de revogação "cuja eficácia ficou condicionada ao diferimento do pedido de reforma do A" até uma determinada data).

[829] Cfr. *supra* o nº 2.2.

[830] MENEZES CORDEIRO, *Manual de Direito do Trabalho*, 1991 cit., pág. 797; ROMANO MARTINEZ, *Da Cessação do Contrato*, 2006 cit., pp. 430-431 e 436; *Direito do Trabalho*, 2007 cit., pág. 950; ROSÁRIO PALMA RAMALHO, *Direito do Trabalho, Parte II*, 2008 cit., pág. 812.

FORMA, CONTEÚDO E EFEITOS DO ACORDO REVOGATÓRIO DO CONTRATO DE TRABALHO

Porém, e porque no plano do direito comum um significativo sector da doutrina aceita que as partes acordem atribuir eficácia retroactiva (se bem que apenas *inter partes*) à revogação, a qual se aproxima, em tal hipótese, da resolução, importa indagar se tal solução se compagina, ou não, com os valores especificamente acautelados pelo regime laboral da revogação. E, consequentemente, se está, ou não, abrangida pela lata faculdade que às partes é reconhecida de modelar os efeitos do acordo revogatório do contrato de trabalho.

A questão é, entre nós, expressamente versada por ROMANO MARTINEZ, que conclui, em termos com que, no essencial, concordamos, pela inadmissibilidade da revogação do vínculo laboral com eficácia retroactiva. Invoca o A, antes de mais, o facto de o contrato de trabalho ser "de natureza continuada" (hipótese em que o art. 434º, nº 2, do CódCiv, afasta, em princípio, a regra da retroactividade da própria resolução) e, já no domínio especificamente laboral, a "protecção jurídica do trabalhador" e a "imperatividade do regime" legal da cessação do contrato de trabalho, que igualmente inviabilizariam tal solução[831]. Acrescentaríamos, apenas, que idêntica conclusão parece impor-se perante o lugar paralelo que é o regime da invalidade do contrato de trabalho (arts. 122º e 123º do CT2009), o qual diverge do regime comum constante do CódCiv (art. 289º), pois "não possui efeito retroactivo, vigorando apenas para o futuro"[832].

Já a argumentação aduzida a este propósito por RAÚL VENTURA, assente no referido princípio de irrenunciabilidade pelo trabalhador dos seus direitos resultantes da lei ou de convenção colectiva que, juntamente com o "princípio do melhor tratamento", informaria todo o nosso ordenamento laboral[833], nos parece mais difícil de subscrever, por serem *prima facie* mais que questionáveis a sua consagração no nosso ordenamento e, sobretudo, a extensão e implicações que lhe são atribuídas pelo A. O ponto será retomado e desenvolvido mais adiante[834].

5.2.2.2. Aposição de termo suspensivo

A eficácia do acordo extintivo do contrato de trabalho pode ser imediata ou diferida, consoante coincida com a sua outorga ou seja remetida para momento ulterior, mediante a aposição pelas partes de um termo suspensivo[835].

---

[831] ROMANO MARTINEZ, *Da Cessação do Contrato*, 2006 cit., pp. 430-431 e 436.

[832] Sobre este ponto, com mais desenvolvimento, v. MENEZES LEITÃO, *Direito do Trabalho*, 2008 cit., pp. 251 segs.

[833] Cfr. *supra* o nº 2.2.

[834] Nos nºs 1.1 e 11.2.

[835] Sobre este ponto, v., entre outros, LEAL AMADO, "A revogação do contrato de trabalho – nótula sobre os arts. 393º a 395º do CT", 2005 cit., pp. 99 segs.; *Contrato de Trabalho – à luz do novo Código do Trabalho*, 2009 cit., pp. 364 segs.; JÚLIO GOMES, *Direito do Trabalho*, Vol. I, 2007 cit., pág. 941; FURTADO MARTINS, *Cessação do Contrato de Trabalho*, 2002 cit., pp. 63-64.

A REVOGAÇÃO DO CONTRATO DE TRABALHO

Uma primeira questão que a este propósito se coloca refere-se à articulação entre estas duas soluções – se se perfilam como regra e excepção, valendo a primeira na falta de estipulação diversa das partes, ou se exprimem, antes, os dois termos de uma opção que trabalhador e empregador devem, em qualquer caso, fazer e explicitar. Resolvida na LCT – que inequivocamente definia como padrão a "pura e simples cessação imediata", mas permitia que as partes acordassem solução diversa[836] –, a questão não só deixou de ser versada nos diplomas que lhe sucederam, como adquiriu especial premência perante a imposição legal, que desde 1989 perdura, de que o documento escrito que titula o distrate contenha as datas da sua celebração e de início de produção dos seus efeitos[837]. E, conforme tivemos já ocasião de comprovar[838], não se reduz a uma mera indagação teórica, reflectindo-se de forma marcante nas consequências da preterição da referida imposição legal[839].

A resposta a tal questão há-de obter-se essencialmente pela averiguação do sentido e limites da obrigatória inclusão, entre as cláusulas do acordo revogatório, da indicação da data em que este se torna eficaz, sendo escassa a utilidade, quanto a este ponto, do elemento literal[840].

Procurando determinar a específica função cometida a este requisito no modelo de protecção do trabalhador contra a fraude aos seus direitos e garantias em sede de cessação do contrato, que a sua consagração terá vindo reforçar[841], parece-nos, antes de mais, evidente que a exigência da indicação da data em que o distrate se tornará eficaz adquire pleno sentido sempre que esta não coincida com a da sua outorga, *i.e.*, quando resulte da aposição àquele de um termo suspensivo. Em tal hipótese, com efeito, a menção no texto do acordo revogatório da data efectivamente ajustada pelas partes para a produção dos respectivos efeitos mostra-se tão crucial para inviabilizar certas práticas lesivas do trabalhador como a da data da sua celebração[842].

---

[836] Art. 99º, nº 2, da LCT. Cfr. *supra* os nºs 2.3.1 e 2.3.2.

[837] Arts. 8º, nº 2, do DL nº 64-A/89, 394º, nº 2, do CT2003 e 349º, nº 3, do CT2009.

[838] Cfr. *supra* os nºs 2.3.1 e 2.3.2.

[839] As quais serão bem diversas consoante se entenda ser a data de produção de efeitos um elemento essencial, cuja não previsão, na forma legalmente exigida, gera a nulidade de todo o negócio ou, diversamente, ser a aposição de termo suspensivo uma estipulação acessória, cuja não inclusão no acordo implica a aplicação do regime-regra de eficácia imediata. Cfr. *supra* o nº 4.3.

[840] Com efeito, muito embora a análise dos textos legais que entre nós regularam a revogação do contrato de trabalho nos forneça vários indícios de uma eficácia imediata que o nosso legislador, de forma mais ou menos evidente, parece pressupor, não o é menos que a evolução dos mesmos e, sobretudo, a exigência, desde 1989, da explicitação dos dois referidos momentos, permitiriam sustentar o contrário. Sobre esta concorrência de dados contraditórios, nos arts. 395º do CT2003 e 350º do CT2009, v. *supra* o nº 2.7.3. Para mais desenvolvimentos sobre este ponto, v. ainda *infra* os nºs 14.2.1.1 e 14.2.1.2.

[841] Cfr. *supra* o nº 2.5.2.

[842] Conforme se viu *supra* (nºs 2.5.2, 2.6.1 e 2.6.2), a indicação da data de celebração, articulada com a elaboração em duplicado e a entrega de um exemplar a cada parte dificulta a prática fraudulenta a que

FORMA, CONTEÚDO E EFEITOS DO ACORDO REVOGATÓRIO DO CONTRATO DE TRABALHO

Seria, aliás, totalmente contrário ao referido objectivo tutelar a possibilidade de ao distrate ser aposto um termo suspensivo que, à margem de qualquer formalização, remetesse os seus efeitos para um momento não explicitado no documento subscrito pelas partes, iludindo as garantias de prova e de controlo do conteúdo que aquela visa proporcionar ao trabalhador.

Diversamente, quando o acordo revogatório se destine a produzir efeitos na própria data em que é outorgado, a indicação expressa dessa coincidência no documento que o titula, se previne eventuais dúvidas quanto a tal ponto, não contribui, porém, para reforçar a protecção conferida ao trabalhador. Acresce que tal menção se perspectiva como redundante, logo não imprescindível no quadro da disciplina da revogação.

Aprofundando as considerações precedentes, não parece, com efeito, que a explicitação no texto do documento de que o distrate se torna eficaz no próprio dia da celebração comporte para o trabalhador qualquer outra vantagem que não seja a referida clarificação. Mais exactamente, e ao contrário do que sucede com a indicação de ambas as datas quando esteja em causa a produção diferida dos efeitos do distrate, a explicitação da coincidência dessas mesmas datas não constitui um meio sequer adequado de obstar à defraudação dos seus direitos[843].

Acresce que em tais hipóteses essa indicação se mostra, como se disse, redundante e, nessa medida, desnecessária. A simultaneidade entre a conclusão do distrate e a cessação do vínculo, mais que plenamente ajustada à revogação – assente no mútuo consenso das partes e antecedida, por via de regra, de um período mais ou menos longo de negociações –, parece ser-lhe conatural. Com efeito, representando a outorga do distrate o desfecho normal e pretendido de uma sequência de contactos, propostas e contrapropostas entre empregador e trabalhador, tendo em vista a cessação pactuada do vínculo, a sua eficácia imediata constitui, em nosso entender, consequência lógica do específico modo de ser deste meio extintivo do contrato de trabalho. Note-se que, contrariamente ao que sucede noutras formas de cessação, esta imediata eficácia extintiva da revogação não coloca qualquer das partes perante uma cessação inesperada e, nessa medida, intempestiva, contra a qual importe acautelá-la mediante a imposição de um aviso

---

alude o texto, de subscrição pelo trabalhador de um acordo de cessação não datado e que o empregador ulteriormente preencherá (e que a L n⁰ 38/96 procurou combater por outra via, através da concessão àquele do direito de revogação unilateral do distrate).

[843] Com efeito, e tal como ficou demonstrado, a defraudação dos direitos do trabalhador decorre, neste domínio, da adopção de práticas que confiram ao empregador um indevido controlo do momento da produção de efeitos do distrate, através da inclusão *a posteriori* de uma data (de celebração ou de eficácia, se diversa), que lhe seja conveniente. Ora, não se vê bem como é que a obrigatória inclusão no respectivo texto da indicação de que a celebração e a extinção do vínculo ocorrem em simultâneo contribua para evitar tal resultado.

A REVOGAÇÃO DO CONTRATO DE TRABALHO

prévio que assegure uma dilação entre a ocorrência do facto extintivo e o início dos seus efeitos[844]. Sendo assim, o diferimento da respectiva produção surge como uma alternativa de que as partes podem valer-se para prosseguir determinados objectivos (que não a tutela de uma ou de outra contra a extinção abrupta do vínculo laboral), e cuja adopção, através de um termo suspensivo, envolve um desvio àquele que nos parece ser o regime comum neste domínio.

Por todos os apontados motivos, parece-nos de concluir que a explicitação da data de produção dos efeitos, não constituindo condição necessária da determinação do momento em que o acordo revogatório se torna, em regra, eficaz e justificando-se apenas quando se pretenda introduzir um desvio a tal modelo, dificilmente poderá ser qualificada como elemento essencial do respectivo conteúdo, cuja preterição determine a sua nulidade[845]. Uma tal interpretação do texto legal é tão excessiva quanto destituída de fundamento, por objectivamente não contribuir para intensificar a tutela que ao trabalhador se pretende garantir.

Significa isto que, em nosso entender, a exigência legal de indicação no documento que titula o distrate da data de início da produção de efeitos se justifica unicamente nas hipóteses em que esta não coincida com o momento da respectiva celebração, *i.e.*, quando as partes decidam submetê-la a um termo suspensivo. Em todos os demais casos, a regra será a da coincidência daquelas duas datas, ou seja, a eficácia imediata do distrate, a qual dispensa a especial formalização decorrente da sua inclusão no respectivo texto.

Voltando à aposição de termo suspensivo ao acordo revogatório, esta constitui, nos termos expostos, uma excepção ao regime comum, admitida ao abrigo da lata possibilidade que às partes é reconhecida de atribuir àquele "outros efeitos" e cuja estipulação, meramente eventual, porque facultativa, está sujeita aos requisitos formais exigidos para a sua celebração. Fundada em razões de tutela do trabalhador que houve já ocasião de apontar, tal opção, expressa na lei desde 1989[846], resultaria, em nosso entender, já dos termos gerais do art. 221, nº 1, do CódCiv[847].

Respondendo à questão *supra* enunciada e transitoriamente deixada em aberto[848], diremos que, por todas as razões que antecedem, a inclusão de um

---

[844] Como sucede, entre nós, em matéria de despedimento colectivo, por extinção do posto de trabalho ou por inadaptação, de denúncia do contrato pelo trabalhador e, ainda, de contrato a termo (arts. 363º, nºs 1 e 2, 371º, nº 3, 378º, nº 2, 400º, nºs 1 a 4, 344º, nº 1 e 345º, nºs 1 e 2, do CT2009).

[845] Aparentemente neste sentido, o Ac. STJ de 28-5-2003 (Proc. nº 02S3062, *in* www.dgsi.pt) admite que um acordo revogatório do qual não constava a indicação da data de produção de efeitos, "fixara, tacitamente, a cessação da relação laboral na data em que o mesmo foi subscrito".

[846] Cfr. *supra* o nº 2.5.2.

[847] Sustentámo-lo, aliás, a propósito do sistema do DL nº 372-A/75, no nº 2.4.2 *supra*.

[848] Cfr. *supra* os nºs 4.2 e 4.3.

FORMA, CONTEÚDO E EFEITOS DO ACORDO REVOGATÓRIO DO CONTRATO DE TRABALHO

termo suspensivo no acordo extintivo do contrato de trabalho se reconduz a uma estipulação acessória, anterior ou contemporânea deste, mas submetida à mesma forma para este exigida, por estar inequivocamente abrangida pelo motivo justificativo da respectiva imposição[849].

Num outro plano, o nosso ordenamento laboral desde sempre permitiu, com grande latitude, a aposição de termo suspensivo ao acordo revogatório do contrato de trabalho, sem estabelecer qualquer limite máximo à sua duração, deixada por inteiro ao critério das partes[850].

Esta opção, plenamente conforme com o modelo de contratação a termo que entre nós vigorou até 1989[851], mostra-se, em nosso entender, dificilmente compaginável com o quadro normativo desde então vigente, o qual faz depender a válida aposição de um termo resolutivo ao contrato de trabalho da verificação e invocação de um dos motivos justificativos legalmente admitidos[852]. Parece-nos em absoluto contrário a este que um trabalhador por tempo indeterminado, ajuste com o empregador – *v.g.*, volvido um mês sobre o início da sua prestação, em pleno período experimental (art. 112º, nº 1, al. a), do CT2009) – um distrate para produzir efeitos daí a dois ou três anos, no que substancialmente equivale a uma conformação do vínculo como transitório, *a posteriori* e à margem das

---

[849] Cfr. *supra* os nºs 4.2 e 4.3.

[850] Cfr. *supra* os nºs 2.3.1 e 2.8. Refira-se, a este propósito, o Ac. STJ de 7-10-2003 (Proc. nº 03S1785, *in* www.dgsi.pt), que considerou plenamente válido um acordo de revogação do contrato de trabalho que diferia o início da produção dos respectivos efeitos para daí a um ano e meio. O mesmo acordo previa o pagamento imediato ao trabalhador de uma compensação (cujo montante incluía uma indemnização pela cessação e, bem assim, os vencimentos relativos ao período compreendido entre a outorga do distrate e a efectiva extinção do vínculo) e estabelecia ainda que, caso o trabalhador não lograsse obter, nesse período intermédio, a "baixa por doença" junto da Segurança Social requereria à empresa e esta conceder-lhe-ia uma licença sem vencimento. E apesar de o clausulado subscrito pelas partes nada explicitar quanto ao objectivo visado com tais estipulações, estas convergem no sentido de o diferimento da eficácia extintiva do acordo revogatório e da consequente dilação da situação de desemprego se dirigirem a possibilitar ao trabalhador contabilizar a seu favor mais uns meses de trabalho, tendo em vista a passagem à reforma por velhice.

[851] Sobre este modelo, constante do DL nº 781/76, de 28 de Outubro, v., entre outros, MORAIS ANTUNES/RIBEIRO GUERRA, *Despedimentos e outras formas de cessação do contrato de trabalho*, 1984 cit., pp. 29 segs.; MENEZES CORDEIRO, *Manual de Direito do Trabalho*, 1991 cit., pp. 624 segs; 406-407; MONTEIRO FERNANDES, *Direito do Trabalho*, I, 1987 cit., pp. 260 segs.; BERNARDO XAVIER, "A Extinção do Contrato de Trabalho", 1989 cit., pp. 406-407.

[852] V., entre outros, referindo-se ao regime do CT2003, JÚLIO GOMES, *Direito do Trabalho*, Vol. I, 2007 cit., pp. 591 segs.; MENEZES LEITÃO, *Direito do Trabalho*, 2008 cit., pp. 375 segs.; ROMANO MARTINEZ, *Direito do Trabalho*, 2007 cit., pp. 669 segs.; ROSÁRIO PALMA RAMALHO, *Direito do Trabalho, Parte II*, 2008 cit., pp. 239 segs; BERNARDO XAVIER, *Iniciação ao Direito do Trabalho*, 2005 cit., pp. 407 segs.; reportando-se já ao CT2009, LEAL AMADO, *Contrato de Trabalho – à luz do novo Código do Trabalho*, 2009 cit., pp. 91 segs.; LUÍS MIGUEL MONTEIRO/PEDRO MADEIRA DE BRITO, Anotação aos arts. 140º e 141º, ROMANO MARTINEZ/ LUÍS MIGUEL MONTEIRO/JOANA VASCONCELOS/PEDRO MADEIRA DE BRITO/GUILHERME DRAY/LUÍS GONÇALVES DA SILVA, *Código do Trabalho Anotado*, 8ª ed., 2009 cit.

A REVOGAÇÃO DO CONTRATO DE TRABALHO

exigências de fundo e de forma que legitimariam a outorga, no caso, de um contrato a termo (arts. 140º e 141º do CT2009)[853]. A verdade, porém, é que, fora destes casos extremos e na ausência de qualquer parâmetro ou limite, o regime da revogação se perfila, quanto a este ponto, como uma porta aberta à defraudação dos limites legais que, em sede de contratação a termo, tutelam o trabalhador. Situação que é agravada pela ausência de um mecanismo de prevenção ou de correcção das distorções propiciadas pela apontada irrestrição – como o previsto no art. 1º, nº 5, da L nº 38/96, suprimido pelo CT2003, que permitia ao trabalhador contrariar o efeito extintivo de um distrate cuja eficácia fosse diferida por mais de um mês[854].

Por último, e em estreita articulação com os vários pontos focados, importa questionar se, e em que medida, o facto de o diferimento da produção dos efeitos do distrate se perfilar como um desvio ao regime comum, que supõe a coincidência entre os momentos da sua celebração e eficácia, não compromete a adequação de certas soluções, obstando à sua aplicabilidade, sem mais, e impondo, aqui e além, ajustamentos.

As dúvidas que neste domínio se suscitam referem-se ao direito de revogação unilateral do acordo extintivo que ao trabalhador reconhece o art. 350º do CT2009[855], cujo nº 1 fixa como *dies a quo* do prazo para o seu exercício a "data da respectiva celebração". Porque esta norma, como a que a antecedeu[856], não estabelece qualquer distinção, haveria que indagar se não terá o legislador de 2003 (e, como este, o de 2009) "tomado a (maior) parte pelo todo"[857], não se

---

[853] A questão foi suscitada, perante o ordenamento italiano – que igualmente não submete a qualquer limite temporal o diferimento da eficácia da *risoluzione consensuale* – por ICHINO que, após notar a identidade de tal situação com a conversão de um vínculo por tempo indeterminado num vínculo a termo e constatar a sua invalidade por violação da regra de que a fixação do termo deve ser simultânea à celebração do contrato de trabalho, admite todavia que um tal diferimento possa ser validamente estipulado, desde que a sua duração não exceda a duração do aviso prévio legalmente fixado para a cessação por iniciativa do trabalhador (cfr. *supra* o nº 3.1.1).

A mesma identidade entre a aposição de um termo suspensivo ao distrate e a conformação como temporário de um vínculo de duração até então determinada levou certos AA alemães a propor, sempre que a dilação ajustada exceda a legalmente fixada para o despedimento, a aplicação analógica do § 14 *TzBfg*, relativo ao controlo da aposição do termo resolutivo, desde logo no que se refere à exigência de uma justificação material (cfr. *supra* o nº 3.4.1).

[854] Sobre esta norma e a sua abolição no CT2003, cfr. *supra* os nºs 2.6.2 e 2.7.3.

[855] O art. 350º do CT2003 reproduz, com alterações de mera forma, o disposto no art. 395º do CT2003, que inovou significativamente face ao art. 1º da L nº 38/96. Sobre este ponto, v. *supra* os nºs 2.7.3 e 2.7.4.

[856] Art. 395º, nº 1, do CT2003 Cfr. *supra* o nº 2.7.3. e *infra* o nº 14.2.1.1.

[857] "Isto é, terá suposto que a data da celebração do acordo revogatório coincide com a data de produção dos respectivos efeitos" (LEAL AMADO, "A revogação do contrato de trabalho – nótula sobre os arts. 393º a 395º do CT", 2005 cit., pág. 106; *Contrato de Trabalho – à luz do novo Código do Trabalho*, 2009 cit., pág. 369).

FORMA, CONTEÚDO E EFEITOS DO ACORDO REVOGATÓRIO DO CONTRATO DE TRABALHO

exprimindo correctamente[858]. Ou se, diversamente, a solução nela consagrada reflecte a preponderância que neste domínio é conferida ao momento da celebração[859] e ao intuito de obter "uma definição, tão rápida quanto possível", da situação relativamente à cessação (ou não) do vínculo[860]. Por outro lado, o CT2003 e, na sequência deste, o CT2009 não retomaram a norma constante do art. 1º, nº 5, da Lei nº 38/96, anteriormente referida, que, para preservar a genuinidade e a actualidade da vontade extintiva do trabalhador, prescrevia que o seu direito de revogar unilateralmente o distrate nos dois dias úteis subsequentes à produção dos respectivos efeitos se manteria, mesmo para lá da eventual adopção pelas partes do formalismo negocial reforçado[861], caso àquele fosse aposto termo suspensivo superior a um mês. De novo, e perante a alteração introduzida, cabe questionar se se pretendeu abandonar a opção de preservar a possibilidade de cessação unilateral do acordo revogatório sempre que a dilação dos seus efeitos exceda determinada duração, ou se a sua subsistência é ainda sustentável perante os lugares paralelos dos arts. 395º, nº 4, e 400º, nº 5, do CT2009, que limitam a exclusão de tal direito pelo reforço do formalismo negocial aos casos em que o aviso prévio não exceda sessenta dias[862].

No que se refere ao primeiro destes dois pontos, e antecipando o que mais adiante nos propomos desenvolver[863], o CT2003 alterou profundamente o regime e, por tal via, a própria fisionomia deste direito do trabalhador, numa inequívoca – conquanto que discutível – opção pela data da celebração do distrate como único momento relevante para efeitos de reponderação e eventual

---

[858] O facto de o legislador porventura não ter "dito o que pretendia dizer" justificaria a correcção por via interpretativa deste preceito proposta, "ainda que com dúvidas", por LEAL AMADO: "o prazo para o trabalhador exercer o seu «direito de arrependimento» deverá ser contado a partir do dia seguinte à data de produção de efeitos do acordo revogatório, independentemente da data em que este acordo seja celebrado" ("A revogação do contrato de trabalho – nótula sobre os arts. 393º a 395º do CT", 2005 cit., pág. 106; *Contrato de Trabalho – à luz do novo Código do Trabalho*, 2009 cit., pág. 369).

[859] Em detrimento do do início da produção de efeitos. Sobre as repercussões de tal opção na conformação do direito do trabalhador revogar o distrate e, bem assim, no plano da tutela dos interesses contrapostos deste e do empregador, v. *infra* os nºs 14.2.1.1. e 14.4.2.

[860] JOANA VASCONCELOS, "A Revogação do Contrato de Trabalho" cit., pág. 188. O ponto será retomado mais adiante, nos nºs 14.4.2 e 14.4.3.

[861] Que, em princípio, excluiria tal direito do trabalhador, nos termos do art. 1º, nº 4, da L nº 38/96. Sobre este ponto, v. *supra* o nº 2.6.2.

[862] Este, em nosso entender, o sentido essencial dos preceitos referidos no texto, os quais prescrevem que "o empregador pode exigir que a assinatura do trabalhador constante da declaração de resolução tenha reconhecimento notarial presencial, devendo, neste caso, mediar um período não superior a 60 dias entre a data do reconhecimento e a da cessação do contrato". Sobre estes dois artigos, que sucederam aos nºs 4 e 5 do art. 449º do CT2003, v. JOANA VASCONCELOS, Anotações aos arts. 395º e 400º, *in* ROMANO MARTINEZ/LUÍS MIGUEL MONTEIRO/JOANA VASCONCELOS/PEDRO MADEIRA DE BRITO/GUILHERME DRAY/LUÍS GONÇALVES DA SILVA, *Código do Trabalho Anotado*, 8ª ed., 2009 cit.

[863] Cfr. *infra* os nºs 14.2.1.1., 14.3 4 e 14.4.

A REVOGAÇÃO DO CONTRATO DE TRABALHO

recuo pelo trabalhador na sua decisão extintiva[864]. O que claramente nos parece inviabilizar eventuais tentativas de, por via interpretativa, obter outras soluções porventura mais consentâneas com a concreta modelação da eficácia do distrate pelas partes[865].

A mesma conclusão vale para o segundo dos pontos focados. A incontornável inflexão de rumo do CT2003 (que o CT2009 manteve) quanto ao peso a atribuir, em sede de desvinculação unilateral do distrate pelo trabalhador, ao momento da produção de efeitos traduziu-se na completa desconsideração da aposição àquele de um termo suspensivo – e, consequentemente, também na irrelevância da concreta duração do diferimento ajustado. Quanto à eventual invocação, a este propósito, do regime do direito de revogação pelo trabalhador das suas declarações extintivas unilaterais, dificilmente poderá proceder, por duas razões. Antes de mais, por inexistir a identidade de situações que justifique argumentar com base na analogia: a previsão dos referidos preceitos, mais exactamente do art. 400º, nº 5, relativo à denúncia[866], contempla uma situação (fixação de um aviso prévio de duração superior à legalmente imposta como mínimo) que de modo algum ocorrerá na cessação pactuada[867], em que a lei não só não impõe a dilação da eficácia do facto extintivo, como nada estabelece quanto à sua duração, mínima ou máxima, a qual é livremente fixada pelas partes. Mas, sobretudo, pela patente inadequação da solução em apreço ao objectivo visado: tais preceitos prescrevem, nas situações a que se aplicam,

---

[864] Cfr. *supra* o nº 2.7.3 e *infra* o nº 14.1 e 14.2.1.

[865] Cfr. em especial os nºs 14.2.1 e 14.4.2 *infra*.

[866] Referimo-nos no texto apenas ao art. 400º, nº 5, do CT2009 porque, conforme temos vindo a sustentar, o disposto no seu art. 395º, nº 5, terá resultado de um lapso do legislador, que consagrou em sede de resolução uma solução que no CT2003, apesar de visar indistintamente a revogação pelo trabalhador da resolução e da denúncia, só tinha sentido quanto a esta última (art. 449º, nºs 4 e 5). Com efeito, tal norma, porque parece supor "a genérica admissibilidade de uma dilação (de duração indeterminada) entre a resolução do contrato pelo trabalhador e a efectiva cessação deste – e que só nos casos nela contemplados (de exigência pelo empregador do reconhecimento presencial da assinatura do trabalhador) seria imperativamente limitada a um máximo de 60 dias" parece-nos muito dificlmente compaginável com a figura da resolução, que permite ao trabalhador fazer cessar "imediatamente" o contrato, dispensando-o de aviso prévio, mas que o obriga a actuar num curto prazo sobre o conhecimento dos factos que a motivam (arts. 394º, nº 1, e 395º, nº 1). Mais exactamente, "a hipótese de uma resolução diferida no tempo contraria frontalmente a gravidade dos factos invocados (sobretudo tratando-se de justa causa subjectiva) e das respectivas repercussões, seja no que se refere à prossecução do vínculo, seja quanto aos danos causados ao trabalhador", a indemnizar nos termos do art. 396º. Sobre este ponto, com maior desenvolvimento, v. JOANA VASCONCELOS, Anotação VI. ao art. 395º, ROMANO MARTINEZ/LUÍS MIGUEL MONTEIRO/JOANA VASCONCELOS/PEDRO MADEIRA DE BRITO/ GUILHERME DRAY/LUÍS GONÇALVES DA SILVA, *Código do Trabalho Anotado*, 8ª ed., 2009 cit.

[867] Para além de que o prazo de sessenta dias constante dos arts. 395º, nº 5, e 400º, nº 5, do CT2009 não seria sequer equiparável ao prazo de trinta dias que integrava a previsão do referido art. 1º, nº 5, da L nº 38/96.

FORMA, CONTEÚDO E EFEITOS DO ACORDO REVOGATÓRIO DO CONTRATO DE TRABALHO

a mera interdição de, mediante o reforço do formalismo negocial, se excluir o direito de revogação unilateral pelo trabalhador – o qual continua, não obstante, a exercer-se no prazo de sete dias contados da chegada da sua declaração extintiva "ao poder do empregador" (arts. 397º, nº 1, e 402º, nº 1, do CT2009)[868].

Significa isto que, também quanto a este específico ponto, o CT2003 representou um efectivo e significativo recuo na protecção que o direito anterior procurava garantir ao trabalhador[869].

5.2.3. Definição da situação das partes após a cessação do vínculo laboral

5.2.3.1. Pacto de não concorrência

A regulação, em simultâneo com a cessação pactuada do vínculo laboral, de aspectos essenciais da situação do trabalhador e do empregador, uma vez extinto aquele, se, com frequência, se traduz num "acerto final" de contas[870] quanto a créditos laborais e outras prestações patrimoniais devidas de parte a parte[871], pode também envolver a constituição de direitos e obrigações que reciprocamente os vinculem – como os emergentes de um pacto de não concorrência.

Perante o quadro normativo vigente, é inquestionável que o pacto de não concorrência pode ser ajustado em qualquer fase da relação laboral – no momento da admissão do trabalhador, durante a execução do contrato ou quando da sua extinção, por qualquer forma.

Nem sempre, porém, a situação se apresentou tão clara. O art. 36º, nº 2, al. a), da LCT impunha, entre as condições de que dependia a válida estipulação da cláusula de não concorrência, que esta constasse, "por forma escrita, do contrato de trabalho". A orientação restritiva assumida quanto a este ponto pelo Anteprojecto Pessoa Jorge – cujo art 30º, nº 2, al. a), expressamente exigia, ainda, que esta fosse incluída "no momento da celebração" do contrato de trabalho[872] – e a própria redacção adoptada, apesar de divergente, tornavam legítima a dúvida quanto à admissibilidade do seu ajuste em momento ulterior[873]. Não obstante,

---

[868] O que vale por dizer nem em tais situações se estabelece um diferimento do *dies a quo* para a contagem do prazo de exercício do direito de revogação unilateral, como sucedia, em todos os casos de aposição de um termo suspensivo superior a um mês, no art. 1º, nº 5, da L nº 38/96.

[869] A questão será retomada e desenvolvida *infra* nos nºs 14.3, 14.4.2 e 14.4.3.

[870] ROMANO MARTINEZ, *Da Cessação do Contrato*, 2006 cit., pág. 437; *Direito do Trabalho*, 2007 cit., pág. 956.

[871] ROMANO MARTINEZ, *Da Cessação do Contrato*, 2006 cit., pág. 437; *Direito do Trabalho*, 2007 cit., pág. 956. O ponto será desenvolvido, mais adiante, no 8.2.

[872] PESSOA JORGE, "Contrato de Trabalho – Anteprojecto de Diploma Legal", 1965 cit., pág. 264.

[873] Expressamente neste sentido, perante o art. 36º da LCT, MÁRIO PINTO/FURTADO MARTINS/NUNES DE CARVALHO, *Comentário às Leis do Trabalho*, Volume I, Lex, Lisboa, 1994, pág. 172.

A REVOGAÇÃO DO CONTRATO DE TRABALHO

desde cedo que um significativo sector da nossa doutrina se pronunciou no sentido da possibilidade de trabalhador e empregador outorgarem um pacto de não concorrência, quer durante a vigência do contrato[874], desde logo na sequência de alteração de funções que o tornasse necessário, quer no momento da sua cessação por acordo[875] ou por qualquer outra causa[876]. Nesse sentido, sustentava-se que a formulação legal adoptada representara o claro abandono da orientação do Anteprojecto[877] e que o seu sentido seria apenas o de impor a redução a escrito de tal cláusula, quando acordada[878]. Mais se argumentava, sobretudo após a intensificação, em 1975-1976[879], da garantia de estabilidade do trabalhador face ao modelo da LCT, que a situação de debilidade contratual deste, que justifica especiais cautelas quanto a este ponto, é decerto maior quando da sua admissão[880] que em momento subsequente[881].

[874] Conforme sublinhava MONTEIRO FERNANDES, "nalguns casos, só o desenvolvimento das relações contratuais permite ajuizar sobre os aspectos a que o pacto de não concorrência diz respeito", sendo certo que "no contrato de trabalho podem, naturalmente ser introduzidas modificações e cláusulas adicionais em qualquer momento da sua vigência" (*Direito do Trabalho*, I, 1994 cit., pág. 569). No mesmo sentido, v. JÚLIO GOMES, "As cláusulas de não concorrência no direito do trabalho (algumas questões)", *Juris et de Iure (nos Vinte Anos da Faculdade de Direito da Universidade Católica Portuguesa – Porto)*, Publicações Universidade Católica, Porto, 1998, pág. 943; MÁRIO PINTO/FURTADO MARTINS/NUNES DE CARVALHO, *Comentário às Leis do Trabalho*, 1994 cit., pág. 172.

[875] JÚLIO GOMES, "As cláusulas de não concorrência no direito do trabalho (algumas questões)", 1998 cit., pág. 943; FURTADO MARTINS, *Cessação do Contrato de Trabalho*, 2002 cit., pág. 65.

[876] MÁRIO PINTO/FURTADO MARTINS/NUNES DE CARVALHO, *Comentário às Leis do Trabalho*, 1994 cit., pág. 171.

[877] MÁRIO PINTO/FURTADO MARTINS/NUNES DE CARVALHO, *Comentário às Leis do Trabalho*, 1994 cit., pág. 172.

[878] FERNANDA AGRIA/MARIA LUIZA PINTO, *Manual Prático de Direito do Trabalho*, 1972 cit., pág. 67; MONTEIRO FERNANDES, *Direito do Trabalho*, I, 1994 cit., pág. 569.

Para além deste ponto, notavam MÁRIO PINTO/FURTADO MARTINS/NUNES DE CARVALHO, a letra do art. 36º, nº 1, al. a), da LCT não seria decisiva, já que "o contrato de trabalho" a que aludia, tanto seria "constituído pelo clausulado inicial, como pelas modificações e aditamentos posteriormente introduzidos" (*Comentário às Leis do Trabalho* cit., pág. 172)

[879] Cfr. *supra* os nºs 2.4.1 e 2.4.2.

[880] Com efeito, é justamente quando da sua admissão que o trabalhador pode "ser tentado a aceitar limitar a sua actividade profissional no futuro, a fim de conseguir o emprego que pretende no presente" (MÁRIO PINTO/FURTADO MARTINS/NUNES DE CARVALHO, *Comentário às Leis do Trabalho*, 1994 cit., pág. 172). No mesmo sentido, MONTEIRO FERNANDES, *Direito do Trabalho*, 2009 cit., pág. 654; JÚLIO GOMES, "As cláusulas de não concorrência no direito do trabalho (algumas questões)", 1998 cit., pág. 943; *Direito do Trabalho*, Vol. I, 2007 cit., pág. 608; ZENHA MARTINS, "Os Pactos de Não Concorrência no Código do Trabalho", *in RDES*, 2006, nºs 3-4, pp. 320-321.

[881] Conforme parecia supor o Anteprojecto Pessoa Jorge referido no texto. Inserido num sistema de relativa flexibilidade quanto à cessação do contrato de trabalho por iniciativa unilateral do empregador, o Anteprojecto parecia preocupar-se sobretudo com a vulnerabilidade do trabalhador na vigência da relação laboral que aquele potenciaria, já que o temor de perder o seu emprego o poderia dispor a subscrever cláusulas destinadas a limitar a sua liberdade de trabalho uma vez extinto o vínculo laboral. Sobre este ponto, v. MONTEIRO FERNANDES, *Direito do Trabalho*, 2009 cit., pág. 654; ZENHA MARTINS, "Os Pactos de Não Concorrência no Código do Trabalho", 2006 cit., pág. 321; MÁRIO PINTO/ /FURTADO MARTINS/NUNES DE CARVALHO, *Comentário às Leis do Trabalho*, 1994 cit., pág. 172.

FORMA, CONTEÚDO E EFEITOS DO ACORDO REVOGATÓRIO DO CONTRATO DE TRABALHO

A questão veio a ser esclarecida pelo CT2003, cujo art. 146º, nº 2, al. a), explicitou a possibilidade de inclusão do pacto de não concorrência no "acordo de cessação" do contrato de trabalho, tendo esta norma transitado inalterada para o art 136º, nº 1, al. a), do CT2009[882].

O pacto de não concorrência pode, pois, integrar o conteúdo do acordo revogatório do vínculo laboral. Mas pode, também, ser celebrado em momento anterior e por outras vias (*v.g.*, no próprio clausulado inicial do contrato ou através de ulterior ajuste *ad hoc*). Significa isto que a sua inclusão no mútuo acordo extintivo não constitui condição, seja da obtenção do resultado que a sua fixação possibilita (como sucede com a presunção de inclusão no montante da compensação pecuniária global de todos os créditos emergentes do contrato de trabalho extinto[883]), seja da sua lícita estipulação (como ocorre com a abdicação de créditos laborais pelo trabalhador[884]).

Num outro plano, a inclusão no distrate de um pacto de não concorrência de modo algum implica qualquer atenuação do regime deste. A inserção da correspondente cláusula no texto do acordo extintivo acautela, é certo, o preenchimento (e mesmo o reforço) da forma legalmente exigida, mas a sua validade depende, sempre, da verificação cumulativa dos demais requisitos legalmente enunciados[885]. Justifica uma especial referência a "compensação" (art. 136º, nº 2, al. c), do CT2009), a qual deve ser explicitamente fixada no texto do acordo

---

[882] O ponto foi, aliás, amplamente sublinhado pelos vários AA que se debruçaram sobre o art. 146º do CT2003. V., entre outros, LEAL AMADO, "A revogação do contrato de trabalho – nótula sobre os arts. 393º a 395º do CT", 2005 cit., pág. 100; JÚLIO GOMES, *Direito do Trabalho*, Vol. I, 2007 cit., pág. 614; MENEZES LEITÃO, *Direito do Trabalho*, 2008 cit., pág. 387; ROMANO MARTINEZ, *Direito do Trabalho*, 2007 cit., pág. 649; ZENHA MARTINS, "Os Pactos de Não Concorrência no Código do Trabalho", 2006 cit., pág. 320; ROSÁRIO PALMA RAMALHO, *Direito do Trabalho, Parte II*, 2008 cit., pág. 951; JOANA VASCONCE-LOS, Anotação II. ao art. 146º, *in* ROMANO MARTINEZ/LUÍS MIGUEL MONTEIRO/JOANA VASCONCELOS/JOSÉ MANUEL VILALONGA/PEDRO MADEIRA DE BRITO/GUILHERME DRAY/LUÍS GONÇALVES DA SILVA, *Código do Trabalho Anotado*, 2008 cit.
Sobre a disciplina do pacto de não concorrência constante do art. 136º do CT2009, v. LEAL AMADO, *Contrato de Trabalho – à luz do novo Código do Trabalho*, 2009 cit., pág. 364; MONTEIRO FERNANDES, *Direito do Trabalho*, 2009 cit., pp. 551-552; JOANA VASCONCELOS, Anotação ao art. 136º, *in* ROMANO MARTINEZ/ /LUÍS MIGUEL MONTEIRO/JOANA VASCONCELOS/PEDRO MADEIRA DE BRITO/GUILHERME DRAY/LUÍS GONÇALVES DA SILVA, *Código do Trabalho Anotado*, 8ª ed., 2009 cit.

[883] O ponto será desenvolvido *infra* nos nºs 7.1 e 8.2.

[884] O ponto será desenvolvido *infra* nos nºs 12.4.2 e 12.4.4.

[885] Sobre as condições, presentemente enunciadas nas als. a) a c) do nº 2 do art. 136º do CT2009 (que retomou o essencial do disposto quanto a este ponto no art. 146º, nº 2, do CT2003 e, por tal via, do art. 36º, nº 2, da LCT), v. JÚLIO GOMES, "As cláusulas de não concorrência no direito do trabalho (algumas questões), 1998 cit., pp. 941 segs.; *Direito do Trabalho*, Vol. I, 2007 cit., pp. 609 segs.; ZENHA MARTINS, "Os Pactos de Não Concorrência no Código do Trabalho", 2006 cit., pp. 312 segs.; MÁRIO PINTO/FUR-TADO MARTINS/NUNES DE CARVALHO, *Comentário às Leis do Trabalho*, 1994 cit., pp. 171 segs; RITA CANAS DA SILVA, "O pacto de não concorrência", *in RDES*, 2004, n.º 4, pp.292 segs.

A REVOGAÇÃO DO CONTRATO DE TRABALHO

revogatório, por não nos parecer compatível com a sua função de contrapartida da concreta limitação aceite pelo trabalhador e, sobretudo, com a possibilidade de controlo, a cada momento, da sua adequação, que claramente decorrem da respectiva disciplina legal[886], a sua inclusão – no limite, meramente presumida – no montante da compensação pecuniária global.

Por último, o pacto de não concorrência gera, qualquer que seja o momento e o modo da sua celebração, novas e transitórias obrigações que reciprocamente vinculam trabalhador e empregador num curto período subsequente à cessação do contrato de trabalho. E se é certo que a simultaneidade da sua celebração com o acordo extintivo faz com que a sua validade e eficácia passem a depender, em larga medida, da validade e da eficácia deste, o mesmo não sucede com as obrigações que para as partes resultem de um e de outro. Com efeito, e por força da patente diversidade das finalidades visadas por umas e outras, dificilmente estas se apresentarão como correspectivas e, nessa medida, como interdependentes entre si. Significa isto que se a revogação unilateral do distrate pelo trabalhador, bem como a sua invalidação (*v.g.*, por vício de forma ou por vício na formação da vontade), comprometerão, em princípio, a subsistência do pacto de não concorrência dele constante, já o incumprimento, por qualquer das partes, do primeiro[887] ou do segundo[888], em momento algum se reflecte no outro, *v.g.*, permitindo a desvinculação da contraparte quanto a este.

5.2.3.2. Reforma antecipada e pré-reforma
O acordo extintivo do contrato de trabalho pode conter um outro, de reforma antecipada, sempre que a empresa disponha de um esquema previdencial próprio[889]. Em tal hipótese, à cessação pactuada do vínculo "é associada a consti-

---

[886] Para maiores desenvolvimentos sobre este ponto, v. JÚLIO GOMES, "As cláusulas de não concorrência no direito do trabalho (algumas questões)", 1998 cit., pp. 945 segs.; *Direito do Trabalho*, Vol. I, 2007 cit., pp. 615 segs.

[887] Em particular do pagamento da compensação pecuniária global atribuída ao trabalhador, se escalonado em prestações e diferido para momento ulterior à cessação do contrato. Voltaremos a este ponto mais adiante, no nº 5.2.3.3.1.

[888] Desde logo da limitação de actividade imposta ao trabalhador ou do pagamento (eventualmente em prestações) da compensação ajustada. Sobre este último ponto, v., em especial, JÚLIO GOMES, "As cláusulas de não concorrência no direito do trabalho (algumas questões)", 1998 cit., pág. 948; *Direito do Trabalho*, Vol. I, 2007 cit., pág. 617.

[889] Enquanto forma organizada de atribuição de prestações para além das que são concedidas pelo regime-base da Segurança Social. Para uma caracterização destes esquemas complementares de responsabilidade das empresas – em que o empregador "assume o encargo (por mecanismos institucionais de certa complexidade ou através de uma sua transferência para uma entidade seguradora)" da atribuição de prestações complementares das concedidas pela Segurança Social pública" v. BERNARDO XAVIER, "Alguns problemas das chamadas «obras sociais» e outras vantagens – conexões contratuais na

FORMA, CONTEÚDO E EFEITOS DO ACORDO REVOGATÓRIO DO CONTRATO DE TRABALHO

tuição da relação de reforma que, desta forma, vem substituir a primitiva relação laboral"[890].

A celebração de um acordo de reforma antecipada faz surgir uma nova relação jurídica entre trabalhador e empregador, caracterizada por "uma disponibilização consensual e paga do trabalhador", *i.e.*, pela "percepção por parte deste de uma atribuição sem prestação laborativa"[891], que sucede à relação laboral até então existente e implica sempre a extinção desta[892].

relação de trabalho" *in RDES*, 2002, nºs 2-3-4, pág. 146; *Iniciação ao Direito do Trabalho*, 2005 cit., pág. 420; BERNARDO XAVIER/FURTADO MARTINS/ANTÓNIO NUNES DE CARVALHO, "Pensões Complementares de Reforma – Inconstitucionalidade da versão originária do art. 6º, 1, e) da LRC" *in RDES*, 1997, nºs 1-2-3, pp. 152 segs.
Sobre o seu enquadramento constitucional e legal, com especial destaque para as limitações ao seu estabelecimento por IRCT – desde a sua proibição, na versão originária do art. 6º, nº 1, al. e), da LRCT e na redacção mais mitigada que a este foi dada pelo DL nº 209/92, de 2 de Outubro, ao disposto no art. 533º, nº 2, do CT2003, que transitou com meras alterações de redacção, para o art. 478º, nº 2, do CT2009, v. MENEZES CORDEIRO, *Manual de Direito do Trabalho*, 1991 cit., pág. 284; ANTÓNIO NUNES DE CARVALHO, "Pensão Complementar de Reforma e Regulamento de Empresa", *in RDES*, 1993, nºs 1-2-3-4, pp. 353 segs.; MONTEIRO FERNANDES, *Noções Fundamentais de Direito do Trabalho*, Vol. 2, 2ª ed., Almedina, Coimbra, 1989, pp. 132-133; *Direito do Trabalho*, 2006 cit., pág. 752; ROMANO MARTINEZ, *Direito do Trabalho*, 2007 cit., pp. 1127-1128; FURTADO MARTINS, *Cessação do Contrato de Trabalho*, 2002 cit., pág. 67; BARROS MOURA, *A Convenção Colectiva entre as fontes de Direito do Trabalho*, 1984 cit., pág. 143; MÁRIO PINTO, *Direito do Trabalho – Introdução. Relações Colectivas de Trabalho*, 1996 cit., pp. 290 segs. LUÍS GONÇALVES DA SILVA, Anotação ao art. 478º, *in* ROMANO MARTINEZ/LUÍS MIGUEL MONTEIRO/JOANA VASCONCELOS/PEDRO MADEIRA DE BRITO/GUILHERME DRAY/LUÍS GONÇALVES DA SILVA, *Código do Trabalho Anotado*, 8ª ed., 2009 cit.; BERNARDO XAVIER, "Ainda o problema da constitucionalidade das prestações complementares de segurança social estabelecidas em convenção colectiva", *in RDES*, 1999, nº 4, pp. 434 segs.; *Curso de Direito do Trabalho*, I, 3ª ed., Verbo, Lisboa – São Paulo, 2004, pp. 547-548; *Iniciação ao Direito do Trabalho*, 2005 cit., pp. 492 segs.; BERNARDO XAVIER/FURTADO MARTINS/ANTÓNIO NUNES DE CARVALHO, "Pensões Complementares de Reforma – Inconstitucionalidade da versão originária do art. 6º, 1, e) da LRC", 1997 cit., pp. 160 segs.

[890] BERNARDO XAVIER, *Curso de Direito do Trabalho*, 1993 cit., pág. 477; *Iniciação ao Direito do Trabalho* 2005 cit., pág. 420. No mesmo sentido, v. FURTADO MARTINS, *Cessação do Contrato de Trabalho*, 2002 cit., pág. 67. Sobre as vantagens recíprocas que para o trabalhador e o empregador comporta a celebração de tal acordo, v. BERNARDO XAVIER, *Curso de Direito do Trabalho*, 1993 cit., pág. 474; *Iniciação ao Direito do Trabalho*, 2005 cit., pág. 419.

[891] BERNARDO XAVIER, *Curso de Direito do Trabalho*, 1993 cit., pág. 474; *Iniciação ao Direito do Trabalho*, 2005 cit., pág. 419.

[892] Ao contrário do que sucede na pré-reforma, que o art. 318º do CT2009 define (reproduzindo, no essencial, o disposto nos arts. 3º e 4º, nº 1, do DL nº 261/91, de 25 de Julho, e os arts. 356º e 357º, nº 1, do CT2003), como "a situação de redução ou suspensão da prestação do trabalho, constituída por acordo entre empregador e trabalhador com idade igual ou superior a 55 anos, durante o qual este tem direito a receber do empregador uma prestação pecuniária mensal" (igualmente "denominada de pré-reforma").
Porque a pré-reforma não implica a extinção do vínculo laboral, o trabalhador pode retomar o "pleno exercício de funções", seja por acordo com o empregador nesse sentido, seja como reacção à falta de pagamento por este da compensação pecuniária ajustada (arts. 322º, nº 1, al. b), e 321º, nº 3, do CT2009). Esta prestação,

A REVOGAÇÃO DO CONTRATO DE TRABALHO

Existe, com efeito, um incontornável "nexo de interdependência funcional"[893] entre a constituição a favor do trabalhador da "situação de reformado pela empresa"[894] e a cessação por acordo das partes do contrato de trabalho, que torna dificilmente dissociáveis as duas figuras: "a relação pensionística só surge com a celebração do distrate, a constituição da relação de reforma depende da extinção do vínculo operada pela revogação por mútuo acordo"[895].

Acentuando especialmente este ponto, BERNARDO XAVIER refere-se a um "típico efeito novatório"[896] (e não apenas extintivo) do acordo de revogação com tal conteúdo: a intenção das partes dirige-se "directamente à substituição da relação laboral pela nova relação de reforma" e não à sua cessação, sem mais[897]. O que vale por dizer que à "extinção da relação laboral vai indissociavelmente associada a constituição da relação de reforma e esta só nasce com aquela"[898].

Numa outra perspectiva, e em razão da apontada "interdependência funcional"[899], o acordo de reforma antecipada, porque implica sempre a extin-

que é suportada pela empresa empregadora, e está sujeita a limites máximo e mínimo, beneficia do regime de "garantias dos créditos do trabalhador emergentes do contrato de trabalho" (art. 320º, nºs 1 e 3, do CT2009). Em todo o caso e porque, constituída por acordo a situação de pré-reforma do trabalhador, se mostra "improvável" a "reconstituição da situação anterior", BERNARDO XAVIER aproxima esta figura da revogação, por serem idênticos aos seus os "efeitos práticos obtidos", neste contexto, "pela suspensão contratual".

Sobre o regime legal da pré-reforma no nosso ordenamento, o qual se tem mantido relativamente constante ao longo dos diplomas que nesta matéria se sucederam, v. LEAL AMADO, *Contrato de Trabalho – à luz do novo Código do Trabalho*, 2009 cit., pp 345-346; ROSÁRIO PALMA RAMALHO, *Direito do Trabalho, Parte II*, 2008 cit., pp. 737 segs.; BERNARDO XAVIER, *Curso de Direito do Trabalho*, 1993 cit., pp. 477-478; *Iniciação ao Direito do Trabalho*, 2005 cit., pp. 420-421.

[893] BERNARDO XAVIER, *Curso de Direito do Trabalho*, 1993 cit., pág. 476.

[894] BERNARDO XAVIER, *Curso de Direito do Trabalho*, 1993 cit., pág. 475; *Iniciação ao Direito do Trabalho*, 2005 cit., pág. 419.

[895] BERNARDO XAVIER, *Curso de Direito do Trabalho*, 1993 cit., pág. 476.

[896] BERNARDO XAVIER, *Curso de Direito do Trabalho*, 1993 cit., pág. 476; no mesmo sentido, *Iniciação ao Direito do Trabalho*, 2005 cit., pág. 420;

[897] BERNARDO XAVIER, *Curso de Direito do Trabalho*, 1993 cit., pág. 476; em sentido idêntico, *Iniciação ao Direito do Trabalho*, 2005 cit., pp. 419-420.

Neste sentido, sublinha ANTUNES VARELA que é "sobretudo a vontade de substituir a antiga obrigação mediante a contracção de novo vínculo que há-de resultar da declaração expressa" exigida pelo art. 859º do CódCiv. Donde, "só haverá novação, no entender da lei, quando as partes tenham directamente manifestado a vontade de substituir a antiga obrigação pela criação de outra no seu lugar". E acrescenta, invocando o preceito corespondente do Código Civil espanhol, que a manifestação directa de tal vontade tanto ocorre quando as partes a "declarem terminantemente", como quando sejam de todo incompatíveis as obrigações em questão (*Das Obrigações em Geral*, Vol. II, 1997 cit., pág. 237 e n. 2).

[898] BERNARDO XAVIER, *Curso de Direito do Trabalho*, 1993 cit., pág. 476.

Em sentido um tanto diverso, advertindo que a referência ao "efeito novatório" dos acordos de reforma antecipada não significa "que surge aqui uma verdadeira novação, tal como a figura se encontra prevista no Código Civil", v. FURTADO MARTINS, *Cessação do Contrato de Trabalho*, 2002 cit., pág. 67.

[899] BERNARDO XAVIER, *Curso de Direito do Trabalho*, 1993 cit., pág. 476.

FORMA, CONTEÚDO E EFEITOS DO ACORDO REVOGATÓRIO DO CONTRATO DE TRABALHO

ção consensual do contrato de trabalho e não a "simples modificação da situação jurídica preexistente"[900], integra-se nos "meios de cessação derivados do acordo das partes"[901]. Sendo assim, a celebração de um acordo de reforma antecipada implica a extinção do vínculo laboral por mútuo acordo das partes – e não por caducidade, pese embora o "automatismo" da produção do efeito extintivo[902] – e a consequente sujeição ao correspondente regime.

Por último, entendemos que é nesta mesma "interdependência funcional"[903] entre acordo de reforma e acordo extintivo que deve buscar-se a resposta para a questão, recentemente suscitada perante os nossos tribunais superiores[904], relativa à qualificação de certos "Acordos"[905] celebrados entre trabalhador e empregador, nos quais, num primeiro relance, não se pactuava qualquer cessação do vínculo laboral. Rigorosamente, através de tais "Acordos" limitavam-se as partes a considerar verificadas, no caso, as condições de que dependia, nos termos do IRCT aplicável, o acesso do trabalhador ao esquema de reforma antecipada nele estabelecido[906]. E apesar de alguns de tais "Acordos" afirmarem que

---

[900] Como sucede na pré-reforma. Sobre este ponto, v. BERNARDO XAVIER, *Curso de Direito do Trabalho*, 1993 cit., pág. 476; *Iniciação ao Direito do Trabalho*, 2005 cit., pág. 419.

[901] BERNARDO XAVIER, *Curso de Direito do Trabalho*, 1993 ed. cit., pág. 474.

[902] O "automatismo" referido no texto "deriva do efeito novatório que caracteriza o negócio celebrado entre as partes" (BERNARDO XAVIER, *Curso de Direito do Trabalho*, 1993 cit., pp. 476-477; *Iniciação ao Direito do Trabalho* 2005 cit., pág. 420).

[903] BERNARDO XAVIER, *Curso de Direito do Trabalho*, 1993 cit., pág. 476.

[904] A questão foi versada, entre outros, nos Acs. RL de 26-1-2005 (Proc. nº 9733/2004); RL de 9-3-2005 (Proc. nº 8682/2004); RL de 28-9-2005 (Proc. nº 1693/2004); RL de 19-10-2005 (Proc. nº 711/2005); RL de 19-10-2005 (Proc. nº 4301/2005); RL de 9-4-2008 (Proc. nº 332/2008); STJ de 16-4-1997 (Proc. nº 96S246); STJ de 13-7-2006 (Proc. nº 06S250); STJ de 20-9-2006 (Proc. nº 06S574); STJ de 6-12-2006 (Proc. nº 06S3208), todos integralmente disponíveis em www.dgsi.pt

[905] Resulta das várias decisões proferidas sobre esta questão, as quais reproduzem mais ou menos extensamente os clausulados subscritos pelas partes, terem estas denominado a composição de interesses entre ambas ajustada como "Acordo", sem mais especificações.

[906] As decisões analisadas referem-se, sem excepção, a trabalhadores bancários, relativamente aos quais seria aplicável o Acordo Colectivo de Trabalho do Sector Bancário (ACTV) então vigente, nos termos do qual os trabalhadores que não preenchessem ainda as condições para a reforma por velhice exigidas pelo regime geral da Segurança Social poderiam "ser reformados nos termos do ACTV, ou seja, pela cláusula 136ª – caso de reforma por invalidez – que é uma reforma antecipada", sendo futuramente "reformados por velhice pela Segurança Social" (Ac. RL de 28-9-2005, Proc. nº 1693/2004). Sucede, porém, que por força do disposto na clª 139ª do referido ACTV, as situações de invalidez que determinariam a passagem dos trabalhadores à reforma seriam verificados, antes de mais, por acordo e, "na falta deste, por junta médica" (o ponto é especialmente focado nos Acs. STJ de 13-7-2006, Proc. nº 06S250, e STJ de 6-12-2006, Proc. nº 06S3208). Nesse sentido, os "Acordos" subscritos por trabalhador e empregador e submetidos à apreciação judicial reconheciam a situação de invalidez do trabalhador, com base apenas num atestado médico comprovativo, por este entregue, e prescindindo o empregador da faculdade que lhe conferia o mesmo ACTV de fazer verificar através de junta médica essa mesma situação. São quanto a este ponto espe-

A REVOGAÇÃO DO CONTRATO DE TRABALHO

o contrato de trabalho caducaria com a reforma do trabalhador[907], atribuíam-lhe ainda uma "compensação pecuniária de natureza global", com expressa invocação do art. 8º, nº 4, do DL nº 64-A/89, então vigente[908], sugerindo tratar-se de uma verdadeira e própria revogação[909].

A nossa jurisprudência dividiu-se a propósito desta questão entre uma orientação mais lata, seguida pelo Tribunal da Relação de Lisboa, e outra mais restritiva, adoptada pelo STJ. A primeira acentuava a vertente consensual da extinção do vínculo laboral, que prevaleceria também nestes casos e, não menos significativamente, a finalidade de definição e de estabilização da situação recíproca das partes visada com a fixação das condições de acesso do trabalhador à reforma antecipada e com a atribuição de uma compensação pecuniária global. Nos vários casos decididos teria ocorrido uma "cessação por mútuo acordo", tendo as partes outorgado "um verdadeiro acordo revogatório", pese embora a alusão à "caducidade" decorrente da passagem à reforma[910]. Por outras palavras, a "causa da cessação do contrato" fora "o consenso de ambas as partes quanto à aceitação da situação de invalidez do trabalhador", com efeitos reportados a uma certa data, a partir da qual lhe "quiseram associar a atribuição da reforma prevista no ACTV respectivo"[911]. Sendo assim, aplicar-se-ia sempre o corres-

---

cialmente esclarecedores os Acs. RL de 9-3-2005 (Proc. nº 8682/2004); RL de 28-9-2005 (Proc. nº 1693/2004); RL de 19-10-2005 (Proc. nº 711/2005), RL de 19-10-2005 (Proc. nº 4301/2005) e STJ de 13-7-2006 (Proc. nº 06S250) e STJ de 6-12-2006 (Proc. nº 06S3208).

Não menos significativamente, vários desses "Acordos" definiam as condições de acesso à reforma antecipada segundo um "regime melhorado", face ao que resultaria da aplicação do ACTV à sua situação, o qual implicava a atribuição de mais antiguidade e/ou de um nível remuneratório superior ao que o trabalhador tinha (sobre este ponto, v., entre outros, os cits. Acs. RL de 9-3-2005, Proc. nº 8682/2004; RL de 28-9-2005, Proc. nº 1693/2004 e RL de 19-10-2005, Proc. nº 4301/2005) cits.

[907] V., entre outros, os "Acordos" analisados nos Acs. RL de 9-3-2005 (Proc. nº 8682/2004); RL de 19-10-2005 (Proc. nº 711/2005), RL de 19-10-2005 (Proc. nº 4301/2005) e STJ de 11-10-2005 (Proc. nº 05S1763); STJ de 13-7-2006 (Proc. nº 06S250); STJ de 20-9-2006 (Proc. nº 06S574) e STJ de 6-12-2006 (Proc. nº 06S3208) supra referenciados.

[908] Acs. RL de 9-3-2005 (Proc. nº 8682/2004); RL de 28-9-2005 (Proc. nº 1693/2004); RL de 19-10-2005 (Proc. nº 711/2005) e RL de 19-10-2005 (Proc. nº 4301/2005).

[909] E foi justamente a propósito da compensação pecuniária global e da presunção de liquidação de créditos nela assente que se suscitaram as questões que determinaram a sujeição de tais acordos a apreciação judicial, tendo os trabalhadores signatários pretendido reclamar, em momento posterior, créditos emergentes dos contratos de trabalho extintos que consideravam serem-lhes devidos.

[910] Acs. RL de 9-3-2005 (Proc. nº 8682/2004); RL de 19-10-2005 (Proc. nº 711/2005); RL de 19-10-2005 (Proc. nº 4301/2005).

[911] Acs. RL de 9-3-2005 (Proc. nº 8682/2004) e RL de 19-10-2005 (Proc. nº 4301/2005).

A este propósito, concluía o Ac. RL de 19-10-2005 (Proc. nº 711/2005) que "o documento assinado pelas partes (...) configura um contrato de revogação contratual de natureza mista, em que foi estabelecido um acordo de cessação do contrato a que foi associada a concessão de reforma, além de outros efeitos, tal como permite o art. 8º nº 3" do DL nº 64-A/89.

FORMA, CONTEÚDO E EFEITOS DO ACORDO REVOGATÓRIO DO CONTRATO DE TRABALHO

pondente regime – em particular a presunção de liquidação de créditos assente na compensação pecuniária global atribuída ao trabalhador[912]. Diversamente, a segunda orientação atribuía um relevo quase absoluto ao facto de o texto dos "Acordos" em apreço referir que o contrato de trabalho cessaria "com a reforma" do trabalhador[913], o que apontaria para a caducidade, sendo "sintomática" a ausência neste de qualquer referência à "revogação" ou ao "mútuo acordo"[914]. Em suporte deste entendimento eram invocadas a "eloquência do elemento literal"[915] e a teoria da impressão do declaratário[916]. A não recondução de tais "Acordos" à cessação pactuada do contrato de trabalho determinaria a inaplicabilidade da respectiva disciplina e a consequente irrelevância da expressa conformação pelas partes da compensação pecuniária ajustada como "de natureza global" (desde logo para suportar a presunção legal de liquidação de créditos)[917]. Refira-se, não obstante, que tais decisões procuravam obter um resultado idêntico ao qualificar as quitações genéricas dadas pelo trabalhador nos mesmos "Acordos" como remissão abdicativa por este de todos os seus créditos emergentes do contrato de trabalho, argumentando, para o efeito, com a admissibilidade de tal renúncia pelo trabalhador quando "este se predispõe a negociar a sua desvinculação"[918] e com o facto de "a própria lei" permitir que o acordo revogatório contenha "a regulação dos direitos remuneratórios decorrentes da relação laboral"[919].

Não podemos concordar com esta segunda abordagem. Começando pelo argumento literal em que quase exclusivamente se baseia, é muito duvidoso que este tenha o sentido inequívoco que lhe é atribuído e, sobretudo, que possa

---

[912] Acs. RL de 26-1-2005 (Proc. nº 9733/2004); RL de 9-3-2005 (Proc. nº 8682/2004); RL de 28-9-2005 (Proc. nº 1693/); RL de 19-10-2005 (2004Proc. nº 711/2005); RL de 19-10-2005 (Proc. nº 4301/2005); Ac. RL de 19-10-2005 (Proc. nº 5025/2005) cits.

[913] Decidiram neste sentido, entre outros, os já referidos Acs. STJ de 11-10-2005 (Proc. nº 05S1763); STJ de 13-7-2006 (Proc. nº 06S250); STJ de 20-9-2006 (Proc. nº 06S574) e STJ de 6-12-2006 (Proc. nº 06S3208).

[914] Ac. STJ de 6-12-2006 (Proc. nº 06S3208).

[915] Acs. STJ de 13-7-2006 (Proc. nº 06S250) e STJ de 6-12-2006 (Proc. nº 06S3208).

[916] Mais exactamente, a conclusão a que um declaratário normal chegaria quando colocado perante a letra da cláusula que nos "Acordos" em apreço aludia à "cessação" do contrato de trabalho "com a reforma" (Ac. STJ de 13-7-2006, Proc. nº 06S250).

[917] Neste sentido, referindo-se ao art. 8º, nº 4, do DL nº 64-A/89, v. os cits. Acs. STJ de 11-10-2005 (Proc. nº 05S1763); STJ de 13-7-2006 (Proc. nº 06S250) e STJ de 20-9-2006 (Proc. nº 06S574); e já ao art. 394º, nº 4, do CT2003, v. o Ac. STJ de 6-12-2006 (Proc. nº 06S3208).

[918] Acs. STJ de 11-10-2005 (Proc. nº 05S1763); STJ de 13-7-2006 (Proc. nº 06S250); STJ de 20-9-2006 (Proc. nº 06S574) e STJ de 6-12-2006 (Proc. nº 06S3208) cits.

[919] Acs. STJ de 11-10-2005 (Proc. nº 05S1763); STJ de 13-7-2006 (Proc. nº 06S250); STJ de 20-9-2006 (Proc. nº 06S574) e STJ de 6-12-2006 (Proc. nº 06S3208) cits.

A REVOGAÇÃO DO CONTRATO DE TRABALHO

assumir tamanha preponderância perante as demais estipulações das partes, que claramente convergem no sentido da recondução destes acordos à extinção pactuada do contrato de trabalho[920]. Evidenciam-no, aliás, as próprias decisões que acabámos de transcrever quando, em termos tão infundados quanto contraditórios, procuram justificar a admissibilidade da renúncia pelo trabalhador aos seus créditos por via da remissão abdicativa com os mesmos argumentos que legitimam tal solução quando outorgada no contexto de uma cessação por mútuo acordo, patentemente não transponíveis para o cenário de "caducidade" decorrente da reforma[921].

Tal como fomos já antecipando, parece-nos que a solução da questão suscitada por estes "Acordos" passa pela estreita ligação, que o seu clausulado reflecte, entre reforma antecipada e cessação pactuada do contrato. Mas supõe a resposta a uma outra, prévia, respeitante à qualificação, ou não, de tais "Acordos" como de reforma antecipada. E esta, ao que julgamos, não pode ser senão afirmativa, tendo em conta, quer o conteúdo "típico" destes "Acordos", quer

---

[920] A estipulação contratual – a que a jurisprudência do STJ citada no texto atribui peso decisivo na qualificação destes "Acordos" – de que "com a reforma" do trabalhador "cessa o contrato de trabalho vigente entre as partes" não contém (com uma única excepção, o caso decidido pelo Ac. STJ de 13-7-2006, Proc. nº 06S250) qualquer alusão à "caducidade" do vínculo laboral (que a lei expressamente associa à reforma, cfr. os arts. 387º, al. c), do CT2003 e 343º, al. c), do CT2009). Significa isto que se o seu sentido pode ser o que lhe dão os transcritos acórdãos, pode também, e mais fortemente, ser outro – o da fixação do momento da produção dos efeitos do acordo revogatório celebrado (cfr. *supra* o nº 5.2.2.2). Efeitos esses, convém sublinhar, que constariam dos demais números da mesma cláusula referente à cessação do contrato, relativos à compensação pecuniária de natureza global e à remissão abdicativa. A relevância do elemento sistemático na compreensão de tal estipulação é ainda reforçada pela consideração da cláusula que em tais "Acordos" a antecede e que, para além de reconhecer por acordo a invalidez do trabalhador e de regular certos aspectos relevantes para o cálculo da pensão de reforma, fixa o momento a partir do qual tal reconhecimento é eficaz e que coincide com o início de produção de efeitos do acordo e da relação de reforma.
No que se refere à linha de argumentação assente na teoria da impressão do declaratário, teremos ocasião, mais adiante, de evidenciar as suas limitações e, bem assim, os riscos que comporta a sua utilização neste domínio dos acordos outorgados entre trabalhador e empregador (cfr. *infra* o nº 12.3.2).

[921] É a este propósito especialmente ilustrativo o Ac. STJ de 20-9-2006 (Proc. nº 06S574) quando afirma, em termos que julgamos muito questionáveis no que à caducidade diz respeito, que, "sendo a remissão abdicativa celebrada por ocasião da cessação do contrato ou antes de operar a caducidade, mas para produzir efeitos depois desta, a mesma é válida e opera a extinção das dívidas de natureza remuneratória a que se reporta". Para mais desenvolvimentos sobre este ponto, v. *infra* os nºs 12.3.1 e 12.3.2.
Igualmente esclarecedora, por contrariar abertamente a tese nele acolhida da cessação do contrato por "caducidade", é a qualificação do acordo outorgado entra as partes, para o efeito de admitir a validade da "convenção extintiva" dos créditos do trabalhador nele incluída, como "acordo que levou à cessação do contrato" que nos surge no cit. Ac. STJ de 13-7-2006 (Proc. nº 06S250).

FORMA, CONTEÚDO E EFEITOS DO ACORDO REVOGATÓRIO DO CONTRATO DE TRABALHO

a finalidade visada pelas partes. Tendo como pano de fundo um regime de reforma antecipada não automática porque dependente do reconhecimento pelo empregador da situação de impossibilidade de prestação da sua actividade pelo trabalhador[922], tais "Acordos", ao acertar a respectiva invalidez, viabilizam a sua passagem a essa situação – e, nessa medida, exprimem uma vontade convergente das partes no sentido da constituição da relação de reforma antecipada. Sendo assim, e por força de tudo o que antecede, diremos que nos "Acordos" em apreço a cessação do contrato de trabalho terá resultado da vontade concorde das partes no sentido de substituir a relação de trabalho, que até então as vinculava, por uma relação de reforma ao abrigo do ACTV aplicável. Por seu turno, a análise do estipulado nos referidos "Acordos" evidencia bem a relevância da vontade das partes na modelação de aspectos essenciais da relação de reforma (preenchimento dos pressupostos exigidos, fixação do valor da pensão, indicação do momento do seu início), bem como na disciplina da sucessão de vínculos (momento em que ocorre, definição da situação dos créditos emergentes do contrato que cessa). Parece, pois, de concluir que a constituição da relação de reforma prevista e regulada no referido ACTV, não dependendo exclusivamente da autonomia contratual das partes, comporta, ainda assim, uma larga margem de conformação por esta, pelo que pode ainda considerar-se "emergente de contrato"[923]. E que os "Acordos" que permitem a passagem dos trabalhadores à situação de reformados são ainda enquadráveis "no âmbito dos meios de cessação dos contratos de trabalho por acordo das partes"[924]. O que se mostra, aliás, plenamente conforme com a nossa disciplina da revogação do contrato de trabalho, desde sempre marcada pela latitude com que às partes permite a estipulação de "outros efeitos", a associar ao distrate[925] – ponto que vários acórdãos proferidos sobre esta questão não deixam de salientar[926].

---

[922] O ponto é desenvolvido, entre outros, nos Acs. RL de 9-3-2005 (Proc. nº 8682/2004) e RL de 19-10-2005 (Proc. nº 711/2005), que explicam que o pedido do trabalhador "e o atestado médico que o acompanhava não tinham a virtualidade de, por si mesmos, determinar a concessão da reforma": sempre seria necessário "o reconhecimento e a aceitação dessa situação de invalidez" pelo empregador, o qual teria "a faculdade" de a "fazer verificar através de junta médica". Com efeito, o acordo era necessário "por a situação de reforma não ser automática, dependendo do reconhecimento pela entidade patronal de que o trabalhador se encontrava numa situação de impossibilidade absoluta e definitiva de prestação da sua actividade".

[923] BERNARDO XAVIER, *Iniciação ao Direito do Trabalho*, 2005 cit., pág. 419.

[924] Ac. RL de 26-1-2005 (Proc. nº 9733/2004) cit.

[925] Cfr. *supra* os nºs 2.8 e 5.2.1.

[926] V., entre outros, os Acs.. RL de 26-1-2005 (Proc. nº 9733/2004); RL de 9-3-2005 (Proc. nº 8682/2004); RL de 28-9-2005 (Proc. nº 711/2005); RL de 19-10-2005 (Proc. nº 1693/2004); RL de 19-10-2005 (Proc. nº 4301/2005) cits.

5.2.3.3. Créditos emergentes do contrato de trabalho

5.2.3.3.1. A atribuição ao trabalhador de uma compensação pecuniária global

A compensação pecuniária global, que deu entrada no nosso ordenamento laboral com o DL nº 64-A/89[927], é, antes de mais, uma compensação "de fim de contrato"[928], que surge estreitamente relacionada com o "efeito característico"[929] do distrate, que é a extinção do vínculo[930], para cuja produção concorre, sendo o seu pagamento (ou a promessa deste) determinante na decisão do trabalhador de consentir "pôr fim à relação laboral"[931].

O ponto que, contudo, avulta na sua disciplina – e que constitui um dos traços mais marcantes e originais do nosso regime de extinção pactuada do contrato de trabalho[932] – é o relevante papel que lhe é legalmente cometido na definição e estabilização da situação recíproca do trabalhador e do empregador relativamente aos créditos de um e de outro emergentes do contrato de trabalho, vencidos e/ou tornados exigíveis com a sua cessação[933]. A atribuição ao trabalhador de uma compensação pecuniária global constitui a base de uma presunção *ex lege* de inclusão de tais créditos no respectivo montante[934]. Mais exactamente, a sua fixação, em simultâneo com o acordo revogatório[935], tem o incontornável efeito de fazer considerar abrangidos e, como tal, satisfeitos, até prova em contrário, a produzir pelo interessado[936], os apontados créditos, qualquer que tenha sido a concreta e não explicitada finalidade pretendida pelas partes.

---

[927] Cfr. *supra* os nºs 2.5.2 e 2.5.3.

[928] Expressamente neste sentido, LEAL AMADO, "A revogação do contrato de trabalho – nótula sobre os arts. 393º a 395º do CT", 2005 cit., pág. 100; *Contrato de Trabalho – à luz do novo Código do Trabalho*, 2009 cit., pág. 365; JORGE LEITE, *Direito do Trabalho – Lições*, 1993 cit., pág. 518; ROSÁRIO PALMA RAMALHO, *Direito do Trabalho, Parte II*, 2008 cit., pág. 814.

[929] LEAL AMADO, "A revogação do contrato de trabalho – nótula sobre os arts. 393º a 395º do CT", 2005 cit., pág. 100; *Contrato de Trabalho – à luz do novo Código do Trabalho*, 2009 cit., pág. 365.

[930] Cfr. *supra* os nºs 5.1.1 e 5.1.2.

[931] ROMANO MARTINEZ, *Da Cessação do Contrato*, 2006 cit., pág. 437; *Direito do Trabalho*, 2007 cit., pág. 956.

[932] Cfr. *infra* os nºs 7, 8 e 9.

[933] Que, conforme houve já ocasião de acentuar, desde sempre constituiu uma das vertentes essenciais da nossa disciplina laboral da cessação por mútuo acordo. V. *supra* os nºs 2.1 e 2.8.

[934] Cfr. *supra* o nº 2.5.3 e *infra* os nºs 8.1, 8.2 e 8.3.

[935] A possibilidade de a compensação pecuniária global ser ajustada no próprio acordo revogatório "ou conjuntamente com este", admitida de forma expressa nos vários textos legais que dela se ocuparam (arts. 8º, nº 4, do DL nº 64-A/89, 394º, nº 4, do CT2003 e 349º, nº 5, do CT2009), implica, desde logo, não estar aquela abrangida pela forma legalmente imposta para o mútuo acordo extintivo, pelo que não tem que constar do documento escrito que obrigatoriamente o titula (cfr. *supra* os nºs 4.2 e 4.3).

[936] Cfr. *infra* os nºs 8.3.1 e 8.3.3.

FORMA, CONTEÚDO E EFEITOS DO ACORDO REVOGATÓRIO DO CONTRATO DE TRABALHO

Sucede, porém, que a concessão ao trabalhador de uma compensação pecuniária global não é obrigatória, *i.e.*, não decorre de qualquer imposição legal[937], antes representa o exercício de uma faculdade que às partes é latamente reconhecida e com grande frequência utilizada[938]. Por outro lado, quando estabelecem uma compensação para o trabalhador que concorda com a cessação pactuada da relação laboral, podem as partes conformá-la como não global, obstando a que sobre ela se erga a referida presunção – seja pela indicação do objectivo visado pela sua atribuição, seja pela explicitação dos créditos cujo valor foi computado no respectivo montante[939]. Significa isto que as partes sempre podem optar por excluir, no próprio acordo revogatório, a aplicabilidade deste regime. Mas mesmo que tal não ocorra, é, ainda assim, relativamente vasta a margem de actuação de que dispõem trabalhador e empregador no que se refere à concreta modelação da compensação pecuniária global efectivamente ajustada – seja quanto à fixação do respectivo montante, seja quanto à definição dos termos do respectivo pagamento.

Por tudo isto, justifica-se esta referência à compensação pecuniária global em sede de "outros efeitos", em especial quanto à definição para o futuro da situação das partes quanto a créditos emergentes do contrato de trabalho extinto. Nesse sentido – e deixando por ora de lado as questões especificamente relacionadas com a determinação da natureza global da compensação,

---

[937] O ponto tem sido destacado na jurisprudência dos nossos tribunais superiores. V., entre outros, os Acs. RP de 10-10-1994 (Proc. nº 452); RL de 25-9-1996 (Proc. nº 0005544); RP de 12-11-2001 (Proc. nº 0110816); RC de 18-11-2004 (Proc. nº 2946/04); RL de 9-3-2005 (Proc. nº 8682/2004); STJ de 18-6-1997 (Proc. nº 97S076); STJ de 24-3-1999 (Proc. nº 98S269). Todos estes Acórdãos estão integralmente disponíveis em www.dgsi.pt, com excepção do Ac. RP de 10-10-1994, publicado na *CJ*, 1994, IV, pp. 249 segs.
Transcreve-se, porque especialmente esclarecedor quanto ao ponto referido no texto, o Ac. RP de 12-11-2001 (Proc. nº 0110816) que, considerando que "na revogação do contrato de trabalho por mútuo acordo a lei não atribui ao trabalhador o direito a qualquer indemnização" e que "tal indemnização só é devida se tal for convencionado entre as partes", a "declaração emitida pelo empregador no acordo de revogação de que nenhuma indemnização foi paga ao trabalhador não equivale ao reconhecimento" àquele de qualquer direito a tal indemnização.

[938] Neste sentido, entre outros, LEAL AMADO, "A revogação do contrato de trabalho – nótula sobre os arts. 393º a 395º do CT", 2005 cit., pág. 100; *Contrato de Trabalho – à luz do novo Código do Trabalho*, 2009 cit., pág. 365; MENEZES CORDEIRO, *Manual de Direito do Trabalho*, 1991 cit., pág. 799; MONTEIRO FERNANDES, *Direito do Trabalho*, 2009 cit., pp. 552-553; JORGE LEITE, *Direito do Trabalho – Lições*, 1993 cit., pág. 417; ROMANO MARTINEZ, *Da Cessação do Contrato*, 2006 cit., pág. 437; *Direito do Trabalho*, 2007 cit., pág. 956; ROSÁRIO PALMA RAMALHO, *Direito do Trabalho, Parte II*, 2008 cit., pág. 813; BERNARDO XAVIER, "A Extinção do Contrato de Trabalho", 1989 cit., pág. 427; *Curso de Direito do Trabalho*, 2007 cit., pág. 473; *Iniciação ao Direito do Trabalho*, 2005 cit., pág. 417.

[939] Num e noutro caso, tratar-se-ia, segundo as nossas doutrina e jurisprudência, da "estipulação em contrário" a que se referia o art. 8º, nº 4, do DL nº 64-A/89, cuja previsão obstaria ao funcionamento da presunção. O ponto, já versado *supra* no nº 2.5.3, será desenvolvido mais adiante nos nºs 7.2 e 7.2.

A REVOGAÇÃO DO CONTRATO DE TRABALHO

enquanto suporte da referida presunção e, bem assim, de todas as que esta suscita, como os seus reflexos sobre os créditos laborais do trabalhador, das quais nos ocuparemos mais adiante[940] – vamos centrar-nos na compensação pecuniária global como um de entre os vários "efeitos conexos"[941] que as partes podem livremente associar ao acordo extintivo do contrato de trabalho[942]. E, nessa perspectiva, procurar determinar qual o espaço consentido à autonomia negocial das partes. Por outro lado, e porque, quer a atribuição ao trabalhador da compensação pecuniária global, quer a sua conformação, resultam do acordo das partes e, nessa medida, relevam do plano contratual, importa que nos detenhamos a considerar as consequências do seu eventual incumprimento e, ainda, das implicações em matéria de prescrição desta sua origem contratual.

Começando pelo montante da compensação pecuniária global, o nosso ordenamento não estabelece qualquer limite – desde logo mínimo – nem define qualquer parâmetro ou critério por que se devam reger as partes na sua fixação[943]. E, consequentemente, aceita sem reservas qualquer quantia ajustada entre trabalhador e empregador, associando-lhe – sempre que esta se apresente como "global"[944] – a referida presunção de inclusão de todos os créditos emergentes do contrato de trabalho consensualmente extinto. Trata-se de uma opção que nos suscita alguma perplexidade, por ser patentemente infundada e, nessa medida, excessiva a latitude consentida às partes na determinação do valor da compensação pecuniária global – tanto mais infundada e excessiva quanto se pondere a severidade das repercussões que do funcionamento da presunção advêm para o trabalhador[945]. Tudo isto resulta agravado pela opacidade que, entre nós, caracteriza a "natureza global" da compensação pecuniária e que inviabiliza qualquer controlo, no caso concreto, da suficiência ou da adequação do montante ajustado[946]. Mostra-se quanto a este ponto plenamente justificada a advertência já *supra* transcrita de LEAL AMADO quanto à necessidade de se ultrapassar a "perspectiva puramente civilista"[947] – seguida, quanto aos efeitos

[940] Cfr. *infra* os nºs 7.2, 7.2 e 8.2.

[941] ROMANO MARTINEZ, *Da Cessação do Contrato*, 2006. cit., pág. 437; *Direito do Trabalho*, 2007 cit., pág. 956.

[942] Cfr. *supra* o nº 5.2.1.

[943] Ao contrário do que se viu suceder em França, em que a recente disciplina jurídico-laboral da *rupture conventionelle* lhe faz corresponder sempre uma *indemnité spécifique de rupture*, cujo montante não pode ser inferior ao da indemnização legal de despedimento (art. L 1237-13 do *Code du Travail*). Para mais desenvolvimentos sobre este ponto, v. *supra* o nº 3.2.1.

[944] Sobre a "globalidade" como não indicação da causa do montante pago, v. *infra* os nºs 7.2 e 7.2.

[945] Para maiores desenvolvimentos quanto a este ponto, v. *infra* os nºs 8.1, 8.2 e 8.3.

[946] Como decorre do regime comum da transacção. A questão será desenvolvida adiante nos nºs 9.3 e 9.4.

[947] LEAL AMADO, "A revogação do contrato de trabalho – nótula sobre os arts. 393º a 395º do CT", 2005 cit., pp. 98-99; *Contrato de Trabalho – à luz do novo Código do Trabalho*, 2009 cit., pp. 362-363.

FORMA, CONTEÚDO E EFEITOS DO ACORDO REVOGATÓRIO DO CONTRATO DE TRABALHO

da revogação, pelo nosso legislador[948]. E, sobretudo, avulta neste contexto o decisivo papel reservado à jurisprudência na tutela do trabalhador, por ocasião da "prova em contrário" a produzir por este em ordem a afastar a referida presunção legal[949] – em particular perante situações de evidente desproporção entre o montante efectivamente ajustado e o valor total dos créditos laborais nele presumivelmente englobados ou de manifesta exiguidade de um montante que, por força do mesmo mecanismo, se suponha incluir, para além de tais créditos, ainda uma compensação pelo fim do contrato[950].

No que se refere ao pagamento da compensação pecuniária global ajustada, a ausência, nos vários regimes que nesta matéria se foram sucedendo, de qualquer imposição – *v.g.*, quanto à sua coincidência com o momento da celebração[951] e/ou à sua satisfação de uma só vez – evidencia a correspondente liberdade das partes na definição dos termos em que este se há-de fazer.

Este, aliás, o entendimento que desde o diploma de 1989 se consolidou nas nossas jurisprudência e doutrina, as quais cedo convergiram em afirmar ser lícito às partes acordar o pagamento diferido e/ou em prestações da compensação pecuniária global[952]. A mesma liberdade das partes, que constitui a regra neste domínio, legitimaria ainda que estas estabelecessem que tal paga-

---

[948] Conforme nota MENEZES LEITÃO, *Direito do Trabalho*, 2008 cit., pág. 452: sendo a revogação "baseada na autonomia privada", os seus efeitos "ficam na disponibilidade das partes, desde que não contrariem disposições injuntivas". Sobre este ponto, v. ainda *supra* o nº 5.2.1.

[949] Sobre a natureza relativa da presunção presentemente constante do art. 394º, nº 5, do CT2009 e as graves dificuldades com que se defronta a sua ilisão por qualquer das partes, em particular o trabalhador v. *infra* os nºs 8.3.1 e 8.3.3.

[950] Reportando-se a situação idêntica às referidas no texto, JORGE LEITE atribui à exiguidade do montante ajustado valor indiciário na prova de que a compensação pactuada não incluiu todos os créditos do trabalhador vencidos ou tornados exigíveis (*Direito do Trabalho – Lições*, 1993 cit., pp. 518-519). Já MONTEIRO FERNANDES parece aceitar sem reservas qualquer composição, mesmo que claramente prejudicial ao trabalhador, em nome da vantagem que representa a certeza do recebimento sobre a incerteza do pagamento integral, o que é tanto mais estranho quanto se considere tratar-se de créditos na sua maioria retributivos e num contexto de negociação da cessação, em que o trabalhador dispõe de algum poder negocial (*Direito do Trabalho*, I, 1994 cit., pág. 472; *Direito do Trabalho*, 2006 cit., pág. 526; *Direito do Trabalho*, 2009 cit., pág. 554).

[951] A este propósito, notam ROMANO MARTINEZ, *Da Cessação do Contrato*, 2006 cit., pág. 437; *Direito do Trabalho*, 2007 cit., pág. 956; FURTADO MARTINS, *Cessação do Contrato de Trabalho*, 2002 cit., pág. 67; que o nosso legislador desde sempre se demarcou da solução consagrada em matéria de despedimento colectivo (arts. 24º, nº 1, al. c), do DL nº 64-A/89, 431º, nº 1, al. c), do CT2003 e 383º, al. c) do CT2009) em que a colocação à disposição do trabalhador da compensação devida condiciona a licitude e, nessa medida, a validade do despedimento efectuado.

[952] Na jurisprudência dos nossos tribunais superiores afirmaram, entre outros, a licitude do pagamento em prestações da compensação pecuniária global atribuída ao trabalhador no acordo de cessação do contrato de trabalho, os Acs. RP de 11-10-2004 (Proc. nº 0442053); RL de 28-2-2007 (Proc. nº 9972/2006); STJ de 28-5-2003 (Proc. nº 02S3062) e STJ de 21-2-2006 (Proc. nº 05S1701), com texto integral disponível em www.dgsi.pt.

209

A REVOGAÇÃO DO CONTRATO DE TRABALHO

mento ocorreria unicamente "quando a situação económica e financeira" do empregador o permitisse, mediante a aposição da cláusula *cum potuerit* (ou de melhoria), nos termos do art. 778º, nº 1, do CódCiv[953].

O incumprimento da compensação pecuniária global ajustada no acordo revogatório faz o empregador incorrer em responsabilidade civil perante o trabalhador, o qual pode exigir a realização coactiva da prestação devida[954], em conformidade com o regime comum, constante dos arts. 798º e segs., 804º e 817º e segs. do CódCiv[955]. E, caso tenha sido estabelecido o pagamento fraccionado da compensação pecuniária global, a não realização de uma prestação determina o vencimento imediato de todas as demais, nos termos do art. 781º do CódCiv[956].

Mais complexa se mostra a questão da aplicabilidade, neste domínio, da resolução por incumprimento, nos termos do art. 801º do CódCiv. A solução é expressamente admitida por ROMANO MARTINEZ, "caso o acordo revogatório se

Na nossa doutrina, admitem expressamente o pagamento diferido e/ou em prestações da compensação pecuniária global LEAL AMADO, "A revogação do contrato de trabalho – nótula sobre os arts. 393º a 395º do CT", 2005 cit., pág. 100; *Contrato de Trabalho – à luz do novo Código do Trabalho*, 2009 cit., pág. 365; ROMANO MARTINEZ, *Da Cessação do Contrato*, 2006 cit., pág. 437; *Direito do Trabalho*, 2007 cit., pág. 956.; FURTADO MARTINS, *Cessação do Contrato de Trabalho*, 2002 cit., pág. 67.

[953] Acs. STJ de 24-3-1999 (Proc. nº 98S269) e de 13-10-1999 (Proc. nº 99S160), ambos integralmente disponíveis em www.dgsi.pt.

A cláusula *cum potuerit* não constitui um termo ou uma condição, mas a mera estipulação de "que a prestação só é exigível quando aquela possibilidade se verificar", cabendo tal prova ao trabalhador (Ac. STJ de 13-10-1999). Foram dois os argumentos em que se baseou o STJ para admitir a sua inclusão no acordo revogatório: o carácter não necessário da compensação pecuniária global, "a que o trabalhador só terá direito se e na medida em que a entidade patronal assumir a obrigação do respectivo pagamento", o que sucedeu nos dois referidos casos (conforme sublinhou o Ac. STJ de 24-3-1999, através de tal cláusula, a empresa empregadora, submetida a um processo de recuperação, assumiu "uma obrigação que não era, de resto, obrigada a assumir") e o facto de que o que fica por determinar é o momento do vencimento dessa obrigação: o tempo da prestação é deixado para "o momento da possibilidade do devedor" (Ac. STJ de 13-10-1999).

[954] Constituindo o acordo de revogação do contrato de trabalho título executivo, nos termos do art. 46º, nº 1, al. c), do CPC: v., neste sentido, entre outros, os Acs. RP de 11-10-2004 (Proc. nº 0442053), RL de 28-2-2007 (Proc. nº 9972-2006) e STJ de 21-2-2006 (Proc. nº 05S1701) cits.

[955] V., no sentido da aplicabilidade neste domínio do regime geral do incumprimento dos negócios jurídicos, ROMANO MARTINEZ, *Da Cessação do Contrato*, 2006 cit., pág. 438; *Direito do Trabalho*, 2007 cit., pág. 956.

[956] Assim decidiram, entre outros, os referidos Acs. RP de 11-10-2004 (Proc. nº 0442053), STJ de 28-5-2003 (Proc. nº 02S3062) e STJ de 21-2-2006 (Proc. nº 05S1701).

Sobre o sentido a atribuir ao afirmado no art. 781º quanto ao "vencimento de todas" as demais prestações decorrente da falta do pagamento de uma delas – perda do benefício do prazo, ficando o devedor "com o direito de exigir a realização, não apenas da prestação a que o devedor faltou, mas de todas as prestações restantes cujo prazo ainda se não tenha vencido", e não imediata entrada em mora do devedor, independentemente de interpelação pelo credor – v. ANTUNES VARELA, *Das Obrigações em Geral*, Vol. II, 1997 cit., pp. 53-54.

FORMA, CONTEÚDO E EFEITOS DO ACORDO REVOGATÓRIO DO CONTRATO DE TRABALHO

funde numa relação sinalagmática, tendo o assentimento do trabalhador sido obtido, ainda que parcialmente, em razão de um valor que lhe iria ser pago"[957]. O que, em nosso entender, muito dificilmente ocorrerá quando ao trabalhador seja atribuída uma compensação pecuniária global. O problema radica justamente no referido nexo de sinalagmaticidade e na quase impossibilidade prática da sua determinação e prova, para este efeito, perante a "opacidade"[958] da compensação pecuniária decorrente da caracterização da sua "natureza global" como "indiscriminação" do "valor dos diferentes créditos" nela abrangidos e/ou "dos fundamentos ou causas do montante pago"[959]. Com efeito, se parece possível vislumbrar tal nexo entre a declaração extintiva do trabalhador constante do distrate e a "compensação por cessação do contrato" que lhe é neste atribuída[960] – e que, em razão de tal indicação, não é de qualificar como "global"[961] –, o mesmo não sucede perante uma verba nele prevista, sem mais especificações, e que se entende abranger indistintamente a totalidade dos créditos laborais vencidos ou tornados exigíveis pela cessação do contrato, para além, sendo o caso, dessa compensação. Nesta situação, a invocação de um eventual nexo de causalidade tendo em vista a resolução do distrate por incumprimento implicaria a demonstração pelo trabalhador, primeiro de que tal montante corresponderia, no todo ou em parte, a uma compensação por fim de contrato e, depois, de que a sua vontade extintiva fora determinada pela sua atribuição. O que vai muito para além da prova em contrário consentida pela natureza relativa da presunção, em ordem a fazer valer este ou aquele crédito não abrangido, no entender do trabalhador, no "acerto final de contas"[962] concretizado no seu ajuste[963].

Por último, e no que se refere à prescrição do crédito relativo à compensação pecuniária global acordada em simultâneo com a cessação pactuada do vínculo

---

[957] *Da Cessação do Contrato*, 2006 cit., pág. 438; *Direito do Trabalho*, 2007 cit., pág. 956.

[958] Cfr. *infra* os nºs 7.1, 9.3 e 9.4.

[959] Acs. RL de 26-1-2005 (Proc. nº 9733/2004-4), RL de 28-9-2005 (Proc. nº 1693/2004-4) e RL de 19-10-2005 (Proc. nº 4301/2005-4). O ponto será desenvolvido *infra* nos 7.1 e 7.2.

[960] Que ocorrerá em muitas das hipóteses que a nossa doutrina designa como "despedimento negociado" (cfr. *supra* o nº 5.1.2).

[961] A indicação no texto do acordo revogatório de que a quantia atribuída ao trabalhador constitui "indemnização pela cessação do contrato de trabalho" afasta a sua qualificação como global e obsta ao funcionamento da presunção – assim o tem entendido a jurisprudência dos nossos tribunais superiores (v., entre outros, o Ac. STJ de 16-4-1997, Proc. nº 3997, e o Ac. STJ de 18-6-1997, Proc. nº 97S076). No mesmo sentido, LEAL AMADO, "A revogação do contrato de trabalho – nótula sobre os arts. 393º a 395º do CT", 2005 cit., pág. 101; *Contrato de Trabalho – à luz do novo Código do Trabalho*, 2009 cit., pág. 366. Voltaremos a esta questão mais adiante, no nº 7.1.

[962] ROMANO MARTINEZ, *Da Cessação do Contrato*, 2006 cit., pág. 437; *Direito do Trabalho*, 2007 cit., pág. 956. Sobre este ponto, com maior desenvolvimento, v. *infra* o nº 8.3.3.

[963] Sobre este ponto, com maior desenvolvimento, *infra* os nºs 8.1, 9.2 e 9.3.

A REVOGAÇÃO DO CONTRATO DE TRABALHO

laboral, a principal questão que se suscita refere-se à determinação do regime aplicável e do correspondente prazo. Estão em causa dois modelos: o regime de prescrição anual dos créditos laborais, previsto agora no art. 337º, nº 1, do CT2009[964] e o regime comum constante do CódCiv, mais exactamente o prazo ordinário de 20 anos, definido no seu art. 309º.

Chamada a pronunciar-se sobre este ponto, a jurisprudência dos nossos tribunais superiores enveredou, em mais de uma ocasião, por esta última hipótese[965].

São essencialmente três as linhas de argumentação que suportam tais decisões. Antes de mais, invoca-se que a fixação, pelas partes, no acordo revogatório, da compensação pecuniária global envolveria a definição da situação jurídica – no caso, "do montante total da dívida a pagar"[966] – através de um "título executivo"[967], o que, nos termos do art. 311º, nº 1, do CódCiv, afastaria a aplicabilidade do regime laboral de prescrição[968]. A compensação pecuniária global ajustada seria um "novo crédito", que "se autonomiza da relação laboral"[969] que existia entre as partes e cujo "fundamento directo e imediato" é "uma outra relação jurídica contratual", com aquela "conexa"[970], mas decorrente do acordo revogatório, que lhe "põe justamente fim"[971]. Surgindo tal crédito "como consequência da revogação", o trabalhador "ao exigir o pagamento daquela concreta compensação fundamenta-se não no contrato de trabalho, mas no acordo que o revogou"[972]. Acessoriamente, acentua-se o absurdo que resultaria, a entender-se aplicável o prazo prescricional de um ano, de as partes, ao acordarem o pagamento fraccionado da compensação pecuniária global por um período de mais de um ano sobre a data da cessação, estarem, afinal, a estabelecer "prestações que, *ab initio*, já se encontrariam prescritas"[973]. Por último, sendo certo que a compensação pecuniária global "inclui e liquida todos os créditos já vencidos

---

[964] Que reproduziu inalterados os arts. 38º, nº 1, da LCT e o art. 381º, nº 1, do CT2003.

[965] Acs. RP de 11-10-2004 (Proc. nº 0442053), RL de 28-2-2007 (Proc. nº 9972/2006), STJ de 21-2-2006 (Proc. nº 05S1701), com texto integral disponível em www.dgsi.pt.

[966] Ac. STJ de 21-2-2006 (Proc. nº 05S1701).

[967] Ac. RL de 28-2-2007 (Proc. nº 9972/2006).

[968] Conforme sublinha o Ac. RP de 11-10-2004 (Proc. nº 0442053), o prazo anual de prescrição previsto na legislação laboral "é apenas aplicável aos créditos laborais que ainda não estão – e enquanto não estiverem – definidos, pois importa introduzir segurança e certeza na relação laboral". Sendo assim, uma vez "definido o direito por sentença transitada em julgado ou por acordo das partes", cessa a incerteza, "havendo apenas que cumprir o decidido ou acordado". No mesmo sentido, v. o Ac. STJ de 21-2-2006 (Proc. nº 05S1701).

[969] Acs. RL de 28-2-2007 (Proc. nº 9972/2006) e STJ de 21-2-2006 (Proc. nº 05S1701).

[970] Ac. RL de 28-2-2007 (Proc. nº 9972/2006).

[971] Acs. RL de 28-2-2007 (Proc. nº 9972/2006) e STJ de 21-2-2006 (Proc. nº 05S1701).

[972] Acs. RL de 28-2-2007 (Proc. nº 9972/2006) e STJ de 21-2-2006 (Proc. nº 05S1701).

[973] Acs. RP de 11-10-2004 (Proc. nº 0442053) e RL de 28-2-2007 (Proc. nº 9972/2006).

FORMA, CONTEÚDO E EFEITOS DO ACORDO REVOGATÓRIO DO CONTRATO DE TRABALHO

à data da cessação do contrato de trabalho ou exigíveis em virtude da sua cessação", sustenta-se que, em bom rigor, "ao convencionarem aquela compensação global em substituição de todos" estes créditos, as partes "mais não fazem do que extinguir todos estes créditos, por meio da criação de uma nova obrigação em lugar deles"[974], nos termos do art. 857º do CódCiv.

Concordamos, no essencial, com a solução exposta e com o primeiro dos argumentos referidos. E parece-nos de rejeitar o segundo: o raciocínio *ad absurdum* descrito resulta infirmado, conforme bem nota o próprio STJ, pelo "efeito interruptivo dos pagamentos parcelares" efectuados, os quais "traduzem inequivocamente o reconhecimento da dívida" pelo devedor-empregador (art. 325º do CódCiv)[975]. Quanto à última das invocadas razões, justificam-se, em nosso entender, algumas advertências. Sendo várias e inquestionáveis as afinidades entre a fixação, por ocasião do distrate, de uma compensação pecuniária global para o trabalhador e a novação[976] – a constituição de uma nova obrigação, que vem substituir uma obrigação anterior (no caso, o conjunto dos créditos laborais visados pelas partes) e que assegura, em vez desta, a satisfação do interesse do credor –, são também várias e incontornáveis as diferenças entre uma e outra. Antes de mais, tal efeito novatório resultaria, não tanto de uma intenção das partes nesse sentido (que o art. 859º do CódCiv exige que seja expressa[977]), mas da própria lei, que associa ao ajuste de tal compensação pecuniária global a presunção de que o respectivo montante inclui todos os créditos laborais vencidos e exigíveis pelas partes. Depois, porque a nova obrigação substituiria e, como tal, extinguiria, não um único crédito, mas a totalidade dos créditos de parte a parte emergentes do vínculo laboral que cessa por acordo. Daí que, desde 2003 que a própria lei, em ordem a acautelar a respectiva situação, atenue o efeito novatório àquela associado, esclarecendo a natureza relativa da presunção nela estribada e a consequente susceptibilidade de prova do contrário, em ordem

---

[974] Ac. STJ de 21-2-2006 (Proc. nº 05S1701).

[975] Ac. STJ de 21-2-2006 (Proc. nº 05S1701).

[976] Sobre a novação como causa de extinção da obrigação "em virtude da constituição de uma nova, que a substitui", v. ALMEIDA COSTA, *Direito das Obrigações*, 11ª ed., Almedina, Coimbra, 2008, pp. 1110 segs., MENEZES LEITÃO, *Direito das Obrigações*, Vol. II, 2008 cit., pp. 211 segs.; PIRES DE LIMA/ANTUNES VARELA, *Código Civil Anotado*, Vol. II, 3ª ed., Coimbra Editora, Coimbra, 1986, pp. 150-151; ANTUNES VARELA, *Das Obrigações em Geral*, Vol. II, 1997 cit., pp. 227 segs.

[977] Em bom rigor, e conforme adverte ANTUNES VARELA, o *animus novandi*, a declarar expressamente, reporta-se "menos à vontade de contrair a nova obrigação do que à ideia de que essa nova contracção da dívida se faz em substituição da antiga" (*Das Obrigações em Geral*, Vol. II, 1997 cit., pág. 237). Sobre este ponto, v., ainda, ALMEIDA COSTA, *Direito das Obrigações*, 2008 cit., pp. 1112-1113; MENEZES LEITÃO, *Direito das Obrigações*, Vol. II, 2008 cit., pág. 213; PIRES DE LIMA/ANTUNES VARELA, *Código Civil Anotado*, Vol. II, 1986 cit., pp. 151-152.

A REVOGAÇÃO DO CONTRATO DE TRABALHO

a fazer valer créditos não incluídos na fixação do respectivo montante[978]. Tais créditos, não tendo sido extintos por novação, subsistiriam para lá da cessação pactuada do vínculo laboral e durante o ano subsequente a esta[979].

E se é certo que todas as razões apontadas obstam a que se reconduza a atribuição de uma compensação pecuniária global ao trabalhador a uma verdadeira e própria novação, não o é menos que o estreito nexo legalmente estabelecido entre aquela e a satisfação (ainda que meramente presumida) dos créditos deste resulta, em nosso entender, numa identidade de situações com a novação[980] que é de molde a justificar a analogia de soluções, desde logo no que se refere ao prazo prescricional aplicável.

5.2.3.3.2. Renúncia aos seus créditos pelo trabalhador

De entre as cláusulas que, com frequência, integram o texto do acordo extintivo do contrato de trabalho, importa referir aquelas que contêm uma declaração liberatória do empregador, latamente formulada. E apesar de os seus concretos

---

[978] Cfr. *supra* o nº 2.7.2 e, *infra*, os nºs 8.3.1, 8.3.2 e 8.3.3.

Na vigência do DL nº 64-A/89 (durante a qual foi proferido o Ac. STJ de 21-2-2006, Proc. nº 05S1701, transcrito no texto) a tese, consolidada na jurisprudência, da natureza absoluta da presunção, produzia um resultado substancialmente idêntico ao que se obteria com a novação.

Refiram-se, porque especialmente esclarecedores quanto a este ponto, os Acs. STJ de 21-4-1993 (Proc. nº 3513) e de 26-5-1993 (Proc. nº 3619), os quais, recusando expressamente a tese, que chegou a ser aventada perante a novidade que representou o art. 8º, nº 4, do DL nº 64-A/89 (cfr. *supra* o nº 2.5.3), de que o "estabelecimento no acordo de cessação do contrato de uma compensação pecuniária de natureza global para o trabalhador" implicasse "qualquer renúncia aos créditos de que este seja titular", concluíam ter tal preceito, "na falta de estipulação em contrário" e por força da natureza *iuris et de iure* da presunção legal, "o significado irrefutável de que nela foram pelas partes incluídos e liquidados os créditos do trabalhador já vencidos à data da cessação do contrato ou exigíveis em virtude dessa cessação". Por outras palavras, "não se priva o trabalhador dos seus créditos; somente se considera que esses créditos foram satisfeitos pela compensação pecuniária global". O ponto será retomado adiante nos nºs 8.1, 8.2 e 9.2.

[979] Cfr., *infra*, o nº 8.3.3.

[980] Identidade que decorre da verificação, também nestas hipóteses, de uma "dependência da causa jurídica do facto extintivo da obrigação antiga em relação ao facto constitutivo da nova obrigação e vice-versa": conforme sintetiza MENEZES LEITÃO, a "antiga obrigação só se extingue porque veio a ser constituída uma nova e a nova obrigação só se constitui porque veio a ser extinta a antiga". Por outras palavras, "a razão determinante da extinção da obrigação" é a "constituição de um novo vínculo que, embora se identifique economicamente com a obrigação extinta, tem uma fonte jurídica diferente" (*Direito das Obrigações*, Vol. II, 6ª ed. cit., pág. 213).

E que resulta, além do mais, reforçada por uma certa irreversibilidade da situação criada com a atribuição da compensação pecuniária global (não podendo o trabalhador optar por ser pago dos créditos nela incluídos ou desvincular-se do acordo firmado, senão nos limitados termos do "direito de arrependimento"), bem como pela transitoriedade da subsistência dos antigos créditos, prescritos volvido um ano sobre a cessação do contrato de trabalho.

FORMA, CONTEÚDO E EFEITOS DO ACORDO REVOGATÓRIO DO CONTRATO DE TRABALHO

termos variarem significativamente de caso para caso, tais cláusulas analisam-se numa declaração, pelo trabalhador, de que recebeu certa quantia, da qual dá quitação e, ainda, de que se considera pago de todos os créditos emergentes do contrato de trabalho cessante, dos quais dá também quitação total e plena ao empregador, concluindo nada mais ter a haver deste.

Antecipando parte do que adiante nos propomos tratar mais desenvolvidamente[981], não são evidentes nem incontroversos, entre nós, o sentido e efeitos destas cláusulas – desde logo, se constituem, ainda, verdadeiras quitações, cujo alcance transcende as quantias especificadas, mas cujo efeito é meramente probatório do seu pagamento, ou se comportam uma genérica renúncia do trabalhador aos seus créditos e a correspondente liberação do empregador[982].

A nossa jurisprudência, de forma consistente e quase unânime, e a nossa doutrina, com maiores reservas, têm vindo a aceitar que a quitação total e plena dada ao empregador no acordo revogatório possa, no caso concreto e perante as suas circunstâncias, valer como abdicação dos seus créditos pelo trabalhador – se se concluir ser essa a sua vontade, emitida no contexto de um "acerto final de contas" e acompanhada da atribuição àquele de uma contrapartida, expressão de uma adequada composição dos seus interesses contrastantes[983]. Quando assim suceda, tal declaração constitui elemento de um contrato de remissão abdicativa celebrado entre trabalhador e empregador[984] que, por extinguir quaisquer créditos laborais que aquele detivesse ainda sobre este, inviabiliza a sua ulterior reclamação[985].

Não se esgotam, porém, na determinação do seu alcance e consequente admissibilidade as questões que suscita a inclusão no texto do distrate destas declarações abdicativas do trabalhador sob a forma de "quitações amplas"[986] dadas ao empregador. Não é, desde logo, evidente a sua articulação com a presunção legal associada ao ajuste pelas partes, no mesmo pacto extintivo, uma compensação pecuniária global para o trabalhador. Por outro lado, a sua aceitação, nos termos expostos, implica que se aprecie a adequação e suficiência dos mecanismos de tutela que a este são, em tal cenário, conferidos. Todos estes pontos serão retomados mais adiante[987].

---

[981] Cfr. *infra* os nºs 12.1 a 12.4.

[982] Sobre as dificuldades com que se defronta a qualificação de tais cláusulas, v. *infra* os nºs 12.1 a 12.4

[983] Para além dos créditos emergentes da relação laboral ou da sua cessação. Sobre este ponto v. *infra* o nº 12.4.

[984] Sobre este ponto v. *infra* os nºs 12.4.2 e 12.4.3.

[985] Sobre este ponto v. *infra* os nºs 12.4.2 e 12.4.3.

[986] LEAL AMADO, *A Protecção do Salário*, 1993 cit., pp. 225-226.

[987] Respectivamente nos nºs 12.4.1 a 12.4.4 *infra*.

A REVOGAÇÃO DO CONTRATO DE TRABALHO

5.2.3.3.3. Obrigações em geral decorrentes da cessação

O acordo revogatório do contrato de trabalho, produzindo como efeito principal a extinção deste, determina, nos termos gerais, o vencimento antecipado e parcial[988] de certas prestações retributivas, como o subsídio de Natal e a retribuição e subsídio de férias relativos ao trabalho prestado no ano civil em que esta ocorre e que, não fora esta, se venceriam, respectivamente, apenas a 15 de Dezembro desse mesmo ano e no dia 1 de Janeiro do ano seguinte (arts. 263º, nº 2, al. b) e nº 1, e 245º e 237º, nºs 1 e 2, do CT2009). A cessação pactuada do vínculo laboral não apresenta, quanto a este ponto, particularidades, sendo os referidos créditos, ou quaisquer outros, também "de formação sucessiva e de vencimento diferido"[989], devidos e calculados em conformidade com o estabelecido no seu regime próprio, legal ou convencional.

Pode, porém, suceder que o acordo revogatório inclua uma cláusula que verse especificamente o pagamento de tais prestações – *v.g.*, uma quitação, se já efectuado, no todo ou em parte, ou o seu diferimento ou fraccionamento em prestações, acordado pelas partes. Igualmente pode o mesmo acordo dispor, nos mesmos termos, quanto à retribuição do/s último/s mês/es em que o trabalhador prestou o seu serviço[990] ou a quaisquer outros créditos laborais devidos de parte a parte.

Tais estipulações, por envolverem a liquidação em separado de uma determinada categoria de créditos, por tal motivo não abrangidos na compensação pecuniária global eventualmente ajustada, podem revelar-se problemáticas na sua articulação com esta. Mais exactamente, e por força da concepção que tem prevalecido quanto a este ponto nas nossas doutrina e jurisprudência seria, pelo menos, questionável em tais casos a qualificação daquela como global – desde logo para o efeito que a lei lhe associa de suportar a presunção de inclusão no respectivo montante dos créditos emergentes do contrato de trabalho extinto. O problema radicaria na conformação da respectiva natureza global como indiscriminação dos títulos pelos quais é calculado e pago o respectivo montante, a qual seria contrariada por uma tal solução[991]. Segundo este entendimento, que desde já antecipamos não subscrever, sendo incompatível com tal indiscriminação a indicação dos créditos abrangidos na quantia fixada pelas partes, igualmente o seria a obtenção por via indirecta de idêntico resultado,

---

[988] LEAL AMADO, *Contrato de Trabalho – à luz do novo Código do Trabalho*, 2009 cit., pág. 282.

[989] LEAL AMADO, *Contrato de Trabalho – à luz do novo Código do Trabalho*, 2009 cit., pág. 282.

[990] Sobretudo se tal prestação é subsequente à outorga do acordo revogatório, cuja eficácia extintiva é diferida mediante a aposição de um termo suspensivo (cfr. *supra* o nº 5.2.2.2).

[991] Cfr. *infra* os nºs 7.1 e 7.2.

FORMA, CONTEÚDO E EFEITOS DO ACORDO REVOGATÓRIO DO CONTRATO DE TRABALHO

através da explicitação dos que nela se não incluem[992]. Sendo assim, a inserção no acordo revogatório de quaisquer cláusulas que estabelecessem (ou apenas indiciassem) uma liquidação à parte de créditos laborais, traduzir-se-ia numa "estipulação em contrário", que excluiria a natureza global da compensação e impediria o funcionamento da presunção nela estribada. Regressaremos a esta questão mais adiante[993].

[992] Cfr. *infra* o nº 7.2.
[993] Cfr. *infra* os nºs 7.1 e 7.2.

Capítulo IV
Atribuição ao Trabalhador de uma Compensação Pecuniária Global e Presunção Legal de Inclusão nesta dos Créditos Emergentes do Contrato de Trabalho Extinto

6. Principais questões que suscitam a fixação de uma compensação pecuniária global para o trabalhador e a presunção legal de inclusão no seu montante dos créditos laborais vencidos ou tornados exigíveis pela cessação do contrato

Em matéria de revogação do contrato de trabalho, o DL nº 64-A/89, após enunciar a regra – que vinha já da LCT (art. 99º, nº 2) e do DL nº 372-A/75 (art. 6º, nº 2)[994] – de que as partes poderiam estipular outros efeitos no acordo extintivo[995], veio afirmar, de forma inovadora, no seu art. 8º, nº 4, que "se no acordo de cessação, ou conjuntamente com este", as partes estabelecessem "uma compensação pecuniária de natureza global" para o trabalhador, se entenderia, "na falta de estipulação em contrário", terem nela sido "incluídos e liquidados os créditos já vencidos à data da cessação do contrato ou exigíveis em virtude dessa cessação"[996].

Esta solução, sem paralelo, ao que sabemos, noutros ordenamentos[997], representou uma marcante inflexão de rumo face ao direito até então vigente.

---

[994] Cfr. *supra* os nºs 2.3.1 e 2.4.1.

[995] Sobre este ponto, para maior desenvolvimento, v. *supra* o nº 5.2.1.

[996] Cfr. *supra* o nº 2.5.3.

[997] Na análise a que *supra* procedemos de outros ordenamentos próximos do nosso, apenas no direito francês deparámos com duas soluções que, num primeiro relance, exibiam alguma afinidade com a solução descrita no texto, mas que a subsequente indagação revelou ser mais aparente que real. Foi o que sucedeu, desde logo, com a *indemnité spécifique de rupture conventionelle*, prevista no art. L 1237-13,

A REVOGAÇÃO DO CONTRATO DE TRABALHO

Recorde-se que o DL nº 372-A/75 prescrevia, no nº 3 do seu art. 6º, a nulidade das "cláusulas do acordo revogatório segundo as quais as partes declarem que o trabalhador não pode exercer direitos já adquiridos ou reclamar créditos vencidos"[998].

Norteada por um incontornável objectivo de estabilização da situação recíproca das partes quanto a créditos emergentes do contrato de trabalho extinto – encerrando definitivamente as contas pendentes e assim evitando futuros litígios –, esta solução cedo veio a revelar-se, nas suas diversas vertentes, fonte de dúvidas e de controvérsias, que a evolução legislativa subsequente foi procurando ultrapassar e resolver.

Logo de início, a discussão incidiu na compensação pecuniária, na determinação do sentido da sua "natureza global" e respectivas implicações mas, sobretudo, na "presunção" de inclusão no seu montante e de consequente liquidação de todos os créditos vencidos e/ou tornados exigíveis pela extinção do contrato, seu alcance, natureza e função. Quanto a esta, a orientação no sentido da sua natureza absoluta, que se consolidara na jurisprudência dos nossos tribunais superiores e que era contestada por grande parte da doutrina, foi frontalmente contrariada pelo CT2003, que alterou o texto legal de modo a tornar inequívocas, quer a sua natureza relativa, quer a admissibilidade da prova do contrário pelas partes.

Porém, e porque o CT2003 e o CT2009 (que manteve o essencial da disciplina anterior) não só não resolveram todas as dúvidas que neste domínio se suscitavam, como geraram, eles próprios, outras que vieram avolumar o elenco preexistente, são várias as que nos surgem perante o quadro normativo vigente.

Começando pela compensação pecuniária atribuída ao trabalhador, é questionável a assimilação da sua "globalidade" – que suporta a opção legal de

---

al. 1, do *Code du Travail*. Simplesmente esta, para além de ser obrigatória e de estar sujeita a um mínimo legal, esgota-se numa mera função compensatória, não tendo associado qualquer efeito de liquidação global de créditos laborais e de consequente prevenção de futuros litígios, solução há muito vedada às partes pela jurisprudência da *CassSoc*. Esta, como houve ocasião de verificar, demarca bem as funções do acordo extintivo (cessação do contrato e definição das respectivas condições) e as da *transaction* (resolução pactuada das consequências patrimoniais da ruptura já efectivada, qualquer que tenha sido a sua causa), proibindo a sua celebração em simultâneo. Igualmente díspar se mostrou a *indemnité globale et forfaitaire*, atribuída ao trabalhador no contexto da *transaction* outorgada com o empregador e destinada a pôr fim a todas as contestações relativas à ruptura do contrato de trabalho, a qual não tem, só por si, qualquer efeito preclusivo, apenas se reflectindo no plano dos descontos para a segurança social, dos quais está, em princípio, isenta. No ordenamento francês, tal resultado há-de obter-se, antes, por via da transacção outorgada, na sua globalidade – sendo certo que o respectivo conteúdo está submetido a um rigoroso controlo por parte da jurisprudência, que há muito chamou a si a apreciação da suficiência das *concessions réciproques*. Sobre todos estes aspectos, com mais desenvolvimento e indicações de doutrina e de jurisprudência, v. *supra* os nºs 3.2.1 e 3.2.2.

[998] Sobre o art. 6º, nº 3, do DL nº 372-A/75, v. *supra* o nº 2.4.3, com indicações de bibliografia e de jurisprudência.

ATRIBUIÇÃO AO TRABALHADOR DE UMA COMPENSAÇÃO PECUNIÁRIA GLOBAL

considerar incluídos no seu valor todos os créditos das partes vencidos à data da cessação do contrato – à total indiferenciação da causa da sua atribuição e montante. Igualmente cumpre indagar dos reflexos na respectiva disciplina da autonomia face aos créditos laborais anteriormente detidos pelas partes, que decorre dessa mesma natureza global. Depois, e perante a recente tomada de posição do legislador quanto à natureza da presunção baseada na sua atribuição, multiplicam-se as interrogações relativas ao âmbito daquela, à prova do contrário pelo trabalhador e pelo empregador, e à natureza, interpretativa ou não, da norma que esclareceu a admissibilidade desta. Finalmente, ainda que porventura atenuada pela expressa conformação como relativa da referida presunção, subsiste a questão do papel que, no contexto da cessação pactuada do contrato de trabalho, desempenham a compensação pecuniária global e a presunção que nela assenta – mais exactamente da coloração que uma e outra imprimem ao acordo extintivo em que se insere a primeira.

Todas estas as questões serão versadas ao longo da presente secção, que termina com a análise e a apreciação do modo como a disciplina vigente acautela os interesses contrapostos do trabalhador e do empregador envolvidos no ajuste de uma compensação pecuniária global para o primeiro e na presunção, nela estribada, de que a quantia correspondente inclui todos os créditos laborais reciprocamente devidos por um e outro.

7. A compensação pecuniária global

7.1. A natureza global da compensação como não indicação da causa da sua atribuição e montante

A previsão do art. 349º, nº 5, do CT2009, como a dos arts. 8º, nº 4, do DL nº 64-A/89 e 394º, nº 4, do CT2003, que a antecederam, é recortada a partir da "natureza global" da compensação pecuniária ajustada pelas partes[999]. Mais exactamente, é a atribuição ao trabalhador de uma compensação pecuniária com tal característica que suporta a presunção de inclusão[1000] de todos os "cré-

---

[999] O art. 349º, nº 5, do CT2009 qualifica a compensação pecuniária versada no texto como "global", sem mais, tendo abandonado a designação "de natureza global", constante do art. 8º, nº 4, do DL nº 64-A/89 e mantida no art. 394º, nº 4, do CT2003. Tal como *supra* afirmámos (nº 2.7.4), parece tratar-se de uma alteração meramente formal, sem reflexos na sua estrutura ou na sua disciplina.

[1000] Afirma o art. 349º, nº 5, do CT2009 que, sendo acordada pelas partes uma compensação pecuniária global para o trabalhador, "presume-se que esta inclui os créditos vencidos à data da cessação do contrato ou exigíveis em virtude desta" – e não já que nela "foram pelas partes incluídos e liquidados" tais créditos, como previam os arts. 8º, nº 4, do DL nº 64-A/89 e 394º, nº 4, do CT2003. Sobre o sentido desta alteração, v. *infra* o nº 8.2.

221

A REVOGAÇÃO DO CONTRATO DE TRABALHO

ditos vencidos à data da cessação do contrato ou exigíveis em virtude desta"[1001], que integra a sua estatuição.

Daí que revista especial premência a determinação do que seja essa "natureza global", enquanto traço distintivo que os vários preceitos que nesta matéria se foram sucedendo evocam, sem nada contudo adiantar quanto ao seu sentido.

A nossa doutrina, na senda de MONTEIRO FERNANDES, tem convergido em considerar que "a natureza global a que alude o preceito consiste na indiscriminação dos títulos ou fundamentos pelos quais o montante pecuniário em causa é estabelecido e pago"[1002], em consonância com a função de "acerto final de contas" não raro associada ao seu ajuste no contexto de um acordo revogatório[1003]. Esta "indiscriminação" supõe a ausência de qualquer "estipulação em contrário"[1004], através da explicitação de créditos nela incluídos[1005], da ressalva de outros, não abrangidos, ou da finalidade visada com a sua atribuição[1006].

A mesma concepção surge na jurisprudência dos nossos tribunais superiores[1007], que expressamente reconduz a natureza global da compensação à

[1001] Sobre os créditos a que se refere esta presunção, v. *infra* o nº 8.2.

[1002] MONTEIRO FERNANDES, *Direito do Trabalho*, I, 1994 cit., pág. 472; *Direito do Trabalho*, 2006 cit., pág. 526; *Direito do Trabalho*, 2009 cit., pág. 554; no mesmo sentido, perante os vários textos legais que nesta matéria se foram sucedendo, LEAL AMADO, "A revogação do contrato de trabalho – nótula sobre os arts. 393º a 395º do CT", 2005 cit., pág. 101; *Contrato de Trabalho – à luz do novo Código do Trabalho*, 2009 cit., pág. 366; ROMANO MARTINEZ, *Da Cessação do Contrato*, 2006 cit., pág. 438; *Direito do Trabalho*, 2007 cit., pág. 957; ABÍLIO NETO, *Contrato de Trabalho – Notas Práticas*, 1990 cit., pág. 513.
Em sentido um tanto diverso, considerando "de natureza global" a compensação "que abranja ou se refira à compensação de fim de contrato e aos créditos emergentes do contrato, da sua violação ou cessação, JORGE LEITE, *Direito do Trabalho – Lições*, 1993 cit., pág. 518.

[1003] ROMANO MARTINEZ, *Da Cessação do Contrato*, 2006 ed. cit., pág. 437; *Direito do Trabalho*, 2007 cit., pág. 956. Sobre este ponto, com mais desenvolvimento, v. *infra* os nºs 9.2 e 9.3.

[1004] Que ocorrerá sempre que no acordo revogatório se fixe um montante "global" a pagar ao trabalhador, mas acrescentando-se, *v.g.*, "sem prejuízo dos créditos salariais correspondentes a 2002 e ainda não pagos". A verificar-se uma tal hipótese, explica MONTEIRO FERNANDES, torna-se possível "invocar, por exemplo, trabalho suplementar não pago, além do montante dito global e dos créditos salariais expressamente ressalvados" (*Direito do Trabalho*, 2009 cit., pág. 554; retomando o entendimento que sustentara já perante os preceitos antecedentes, em *Direito do Trabalho*, I, 1994 cit., pág. 472; *Direito do Trabalho*, 2006 cit., pág. 525).

[1005] *I.e.* de alguma ou de todas as prestações "de que uma parte é devedora à outra" e que constituem parcelas do montante total a pagar ao trabalhador, refere ROMANO MARTINEZ, *Direito do Trabalho*, 2007 cit., pág. 957.

[1006] LEAL AMADO, "A revogação do contrato de trabalho – nótula sobre os arts. 393º a 395º do CT", 2005 cit., pág. 101; *Contrato de Trabalho – à luz do novo Código do Trabalho*, 2009 cit., pág. 366, sublinhando o A que "a própria natureza global da compensação não se presume, pelo que se as partes especificarem o título ao abrigo do qual o montante acordado será pago" (*v.g.* indemnização por cessação do contrato), "já à referida compensação não poderá ser atribuída natureza global".

[1007] V., entre outros, os Acs. RL de 26-1-2005 (Proc. nº 9733/2004-4), RL de 28-9-2005 (Proc. nº 1693/2004-4), RL de 19-10-2005 (Proc. nº 4301/2005-4), RL de 19-10-2005 (Proc. nº 711/2005-

ATRIBUIÇÃO AO TRABALHADOR DE UMA COMPENSAÇÃO PECUNIÁRIA GLOBAL

não discriminação do "valor dos diferentes créditos"[1008] e/ou "dos fundamentos ou causas do montante pago"[1009] – e que, em mais de uma ocasião, afastou tal qualificação, recusando aplicar a presunção, perante a indicação, no texto do acordo extintivo, de que a quantia fixada constituía "indemnização pela cessação do contrato de trabalho"[1010] ou se destinava a liquidar "todos os créditos vencidos e vincendos" em determinada data[1011].

No que se refere ao alcance desta mesma "indiscriminação", parte da nossa doutrina e alguma jurisprudência tendem a tomá-la num sentido quase absoluto, que não comportaria qualquer derrogação ou graduação. Mais exactamente, e segundo o entendimento que tem vindo a prevalecer, "qualquer afectação específica de valores desvanece a presunção e autoriza que se faça valer créditos não explicitados"[1012].

Não podemos subscrever a rigidez com que esta tese conforma a "indiscriminação" de verbas que caracteriza a "globalidade" da compensação e que justifica que nela se funde a presunção de que o seu montante inclui, e nessa medida,

---

4), STJ de 21-4-1993 (Proc. nº 3513), STJ de 26-5-1993 (Proc. nº 3619), STJ de 16-4-1997 (Proc. nº 3997), STJ de 18-6-1997 (Proc. nº 97S076), STJ de 19-2-2004 (Proc. nº 3404/03), STJ 6-12-2006 (Proc. nº 06S3208), todos com texto integral disponível em www.dgsi.pt, salvo o Ac. STJ de 19-2-2004, *in CJ-STJ*, 2004, I, pp. 274 segs.

[1008] Ac. RL de 28-9-2005 (Proc. nº 1693/2004-4).

[1009] Ac. RL de 26-1-2005 (Proc. nº 9733/2004-4). No mesmo sentido, v. o Ac. RL de 19-10-2005 (Proc. nº 4301/2005-4).

[1010] O Ac. STJ de 16-4-1997 (Proc. nº 3997)) considerou que, tendo o empregador declarado, no próprio acordo revogatório, que pagava a quantia acordada "a título de indemnização de cessação do contrato de trabalho (...) discriminou o título pelo qual se estabeleceu aquela indemnização", pelo que "não pode considerar-se tal quantia como compensação pecuniária global referida no n. 4 do artigo 8, não obstante as partes assim a terem qualificado" noutra cláusula do mesmo acordo.
No mesmo sentido, o Ac. STJ de 18-6-1997 (Proc. nº 97S076), perante um caso em que as partes "puseram termo ao contrato através de transacção efectuada em processo judicial", tendo ainda acordado que o empregador pagaria ao trabalhador "a título de indemnização pela cessação do contrato" uma determinada quantia, decidiu que as partes "discriminaram o título pelo qual aquele montante (...) foi fixado", o que obsta a que tal quantia seja "caracterizada como «compensação pecuniária de natureza global»".

[1011] Tendo as partes estabelecido que a quanta fixada no acordo de revogação se referia a "todos os créditos laborais vencidos" à data da cessação do contrato e, ainda, aos "vincendos", considerou o STJ, no seu Ac. de 19-2-2004 (Proc. nº 3404/03), que a presunção assente na atribuição de uma compensação pecuniária de natureza global não se aplicava visto "que consta expressamente do escrito a que é que se reporta a quantia global convencionada, ou seja, que créditos devem na mesma imputar-se".

[1012] MONTEIRO FERNANDES, *Direito do Trabalho*, I, 1994 cit., pág. 472, reportando-se o A ao regime constante do DL nº 64-A/89. No mesmo sentido, perante o CT2003, v. LEAL AMADO, "A revogação do contrato de trabalho – nótula sobre os arts. 393º a 395º do CT", 2005 cit., pág. 101; MONTEIRO FERNANDES, *Direito do Trabalho*, 2006 cit., pág. 526; ROMANO MARTINEZ, *Da Cessação do Contrato*, 2006 cit., pág. 438; *Direito do Trabalho*, 2007 cit., pág. 957; referindo-se já ao CT2009, MONTEIRO FERNANDES, *Direito do Trabalho*, 2009 cit., pág. 554; LEAL AMADO, *Contrato de Trabalho – à luz do novo Código do Trabalho*, 2009 cit., pág. 366. Expressamente no mesmo sentido v. entre outros, o Ac. STJ de 18-6-1997 (Proc. nº 97S076), *in* www.dgsi.pt.

A REVOGAÇÃO DO CONTRATO DE TRABALHO

satisfaz, os créditos emergentes do contrato de trabalho extinto. Antecipando o que nos propomos demonstrar já em seguida, diremos apenas que a *ratio* da previsão de tal requisito não só não impõe tal leitura restritiva, como se mostra plenamente conciliável com a diferenciação de alguns créditos e sua liquidação em separado, não raro justificadas por exigências de ordem prática decorrentes do próprio mecanismo de cessação por acordo ou por determinação de normas aplicáveis de outros ramos[1013].

7.2. Compensação pecuniária global, discriminação de créditos laborais e sua liquidação em separado

Nem sempre é possível, quando se negoceia a cessação do vínculo laboral e se compõe o acerto final de contas entre as partes plasmado na "compensação pecuniária global", determinar com certeza o momento em que essa extinção irá efectivamente ocorrer. Ora, durante o período que medeia entre a obtenção do acordo e a cessação do contrato, créditos há que se vencem e que não terão sido levados em conta na quantia fixada, desde logo por não ser viável a sua liquidação prévia. Será, desde logo, o caso do trabalho prestado no último mês (incluindo eventual trabalho suplementar), mas também da retribuição e subsídio relativos a férias vencidas e não gozadas, e da retribuição e subsídios de férias e de Natal reportados ao trabalho prestado nesse ano que, por tal motivo são, com frequência, pagos em separado.

Em todas estas situações, e em conformidade com o entendimento sustentado por parte da nossa doutrina e da nossa jurisprudência, haveria uma

---

[1013] É, desde logo, o caso do art. 2º, nºs 4 e 6, do CIRS, o qual parece impor a diferenciação e a liquidação em separado dos créditos, quando excepetua da isenção nele estabelecida – relativa às quantias "auferidas, a qualquer título", na parte que não exceda "o valor correspondente a uma vez e meia o valor médio das remunerações regulares com carácter de retribuição sujeitas a imposto, auferidas nos últimos doze meses, multiplicado pelo número de anos ou fracção de antiguidade ou de exercício de funções" – as importâncias "relativas aos direitos vencidos durante os referidos contratos ou situações, designadamente remunerações por trabalho prestado, férias, subsídios de férias e de Natal".
Esta solução suscita delicadas questões de articulação com o regime laboral porque a discriminação de créditos que dela decorre pode revelar-se problemática em dois planos. Antes de mais, por ser de molde a obstar, segundo o entendimento jurisprudencial e doutrinal exposto, à qualificação como global da compensação atribuída ao trabalhador no acordo revogatório, logo ao desencadear da presunção legal de inclusão no seu montante de todos os créditos vencidos ou tornados exigíveis. Depois, e não menos significativamente, tal liquidação "à parte", ainda que para efeitos estritamente fiscais (ou de segurança social) e porventura constante de um documento diverso do que titula o acordo extintivo, pode vir a ser utilizada pelo trabalhador que, valendo-se da natureza relativa da presunção, pretenda reclamar créditos laborais que considere não lhe terem sido satisfeitos, invocando, para tanto, que essa especificação de verbas evidenciaria que o montante ajustado como global não incluiria todos aqueles de que era, à data, titular (cfr. infra os nºs 8.3.2 e 8.3.3). Voltaremos a este ponto já no número seguinte.

ATRIBUIÇÃO AO TRABALHADOR DE UMA COMPENSAÇÃO PECUNIÁRIA GLOBAL

"estipulação em contrário"[1014], que obstaria à qualificação como "global" da compensação pactuada e ao funcionamento da presunção de inclusão no respectivo valor de todos os créditos emergentes do contrato de trabalho extinto. A especificação e a liquidação à parte de quaisquer créditos laborais seriam, sem mais, inconciliáveis com a plena indiferenciação de tratamento imposta pela globalidade da compensação.

Não nos parece, contudo, que sejam estes o sentido e menos ainda as implicações da "não discriminação dos títulos pelos quais o seu montante pecuniário foi estabelecido e pago"[1015], que constitui a nota característica da "compensação global", enquanto base da presunção legal estabelecida, agora, no art. 349º, nº 5, do CT2009.

Tal indiscriminação, sublinhada na doutrina e na jurisprudência, consiste essencialmente na não indicação dos vários créditos laborais, porventura recíprocos, considerados, bem como de eventuais indemnizações ajustadas, quando da fixação do seu *quantum*[1016]. Dizendo de outro modo, na não explicitação de eventuais parcelas de cuja soma este tenha resultado. A razão é simples: tal explicitação, quando ocorra, não só torna possível determinar, também, tudo o que para tal efeito não foi atendido como, sobretudo, inviabiliza que se considere que tal montante opera um acerto definitivo de contas entre as partes, abrangendo todos os possíveis créditos de uma sobre a outra. Ora, não é outra a função da compensação global: substituir "a inclusão e liquidação discriminada dos créditos emergentes do contrato de trabalho ou da sua cessação" por "uma avaliação global que feche as contas definitiva e pacificamente, com preclusão da invocabilidade de outros créditos eventualmente não considerados naquele cálculo"[1017].

Para poder suportar a presunção relativa a todos os créditos "vencidos à data da cessação do contrato ou exigíveis em virtude desta" (art. 349º, nº 5, do CT2009), a compensação pecuniária atribuída ao trabalhador por ocasião da revogação[1018] deve surgir desligada da satisfação de pretensões determinadas ou de uma estrita função compensatória – só assim o seu montante poderá abranger virtualmente qualquer daqueles créditos. O que vale por dizer que a "globalidade" da compensação consiste afinal na "não indicação da respectiva causa"[1019] – é esta,

---

[1014] Cfr. *supra* o nº 7.1.

[1015] Ac. STJ de 21-4-1993 (Proc. nº 3513) *supra* referenciado.

[1016] Neste sentido, o Ac. STJ de 19-2-2004 (Proc. nº 3404/03, in www.dgsi.pt)) distingue consoante a "compensação pecuniária ajustada" tenha "natureza global" ou, diversamente, se encontre "discriminada em função das diferentes prestações de que uma parte é devedora à outra".

[1017] Ac. RL de 19-10-2005 (Proc. nº 711/2005-4), in www.dgsi.pt.

[1018] No próprio acordo ou juntamente com este. Sobre este ponto, com maior desenvolvimento, v. *supra* oa nºa 2.5.4 e 4.2.

[1019] PAIS DE VASCONCELOS, *Teoria Geral do Direito Civil*, 2008 cit., pág. 453.

A REVOGAÇÃO DO CONTRATO DE TRABALHO

e só esta, que possibilita que lhe seja *ex lege* associada uma outra, presumida[1020]: a de que a sua atribuição se destinou a satisfazer os referidos créditos.

Mas, sendo assim, não parece que prejudique a qualificação de determinada compensação pecuniária como "global" o facto de claramente resultar do acordo extintivo[1021] que o seu montante não inclui determinados créditos, cujo pagamento se faz em separado e por acréscimo a esta. Bem pelo contrário, a ressalva de tais créditos e a razão que a dita confirmam, *a contrario*, que a compensação pactuada abarca efectivamente todos os demais, relativamente aos quais opera a presunção[1022].

Em síntese, não é a existência de uma especificação e liquidação à parte de determinados créditos laborais que, só por si, exclui o carácter "global" da compensação acordada e os efeitos dele decorrentes[1023]. Tal sucederá apenas

---

[1020] PAIS DE VASCONCELOS, *Teoria Geral do Direito Civil*, 2008 cit., pág. 453.
A atribuição ao trabalhador de uma compensação pecuniária de carácter "global" aproxima-se, pelos efeitos que a lei lhe associa, não tanto da categoria do negócio abstracto (a qual pressuporia a desconsideração ou a irrelevância da respectiva causa na fixação do correspondente regime, o que, entre nós, não sucede) mas, antes, da categoria próxima, se bem que distinta, do negócio com causa presumida – negócio causal, que tem como nota característica a promessa de uma determinada prestação desacompanhada da indicação da respectiva causa, cuja existência se presume, até prova em contrário. Sobre esta categoria, v., entre outros, CARVALHO FERNANDES, *Teoria Geral do Direito Civil*, II, 2007 cit., pp. 381-382; PAIS DE VASCONCELOS, *Teoria Geral do Direito Civil*, 2005 cit., pp. 453-454.
O paradigma do negócio com causa presumida é a promessa de cumprimento ou de reconhecimento de dívida, prevista e regulada no art. 458º, nº 1, do CódCiv. Neste, a presunção refere-se à própria existência de causa e visa beneficiar o credor, que não tem de a invocar e provar, antes pode exigir, sem mais, o pagamento (cabendo ao devedor a prova em contrário, *maxime* da inexistência daquela). Já na hipótese contemplada no art. 349º, nº 5, do CT2009, a presunção refere-se a determinada causa – a inclusão de todos os créditos emergentes do contrato de trabalho extinto – e formalmente beneficia ambas as partes por igual (pois respeita aos créditos que qualquer uma detenha sobre a outra). Voltaremos a este ponto mais adiante, nos nºs 8.1, 8.2 e 8.3.

[1021] *Rectius* do acordo das partes relativo à sua atribuição, o qual pode ser, ou não, titulado pelo documento que formaliza o distrate. Sobre este ponto, v. *supra* o nº 4.2.

[1022] A mesma conclusão se impõe perante a natureza relativa da presunção legal, assente na estipulação no distrate de uma compensação pecuniária global, a qual, conforme teremos ocasião de desenvolver, permite a qualquer das partes, desde logo ao trabalhador, a prova de que determinado crédito laboral não foi considerado no ajuste do respectivo valor, não estando, pois, nele incluído – e podendo o seu pagamento (à parte e sem prejuízo daquela compensação) ser exigido pela parte que o invoca, sem que, em nosso entender, a ocorrência de tal situação exclua, quer a natureza global da compensação, quer o funcionamento da presunção quanto aos demais créditos emergentes do contrato extinto. V., *infra*, os 8.3.1 e 8.3.3.

[1023] No sentido do entendimento expresso no texto poder-se-ia ainda invocar a eliminação, pelo CT2003, da previsão, no texto do art. 8º, nº 4, do DL nº 64-A/89, da "falta de estipulação em contrário" como pressuposto da presunção de inclusão e de liquidação dos créditos laborais nele estabelecida. Resulta, com efeito, mais claramente da norma constante do art. 349º, nº 5, do CT2009 (como, antes, do art. 394º, nº 4, do CT2003), que a inclusão no acordo de uma qualquer estipulação em contrário das partes, ainda que parcial, limitada ou circunscrita, não prejudica *ipso facto* a qualificação como

ATRIBUIÇÃO AO TRABALHADOR DE UMA COMPENSAÇÃO PECUNIÁRIA GLOBAL

quando seja evidente que tal especificação tem como objectivo ou resulte numa efectiva determinação dos créditos abrangidos no respectivo montante que, ao desvelar os termos e, nessa medida, a causa da sua atribuição, obste a que lhe seja atribuída uma função diversa[1024], ainda que meramente presumida.

O que supõe uma cuidadosa ponderação do conjunto das estipulações pactuadas pelas partes[1025] – seja da concreta individualização e liquidação de créditos efectuada, seja da compensação pecuniária ajustada e seu montante[1026], seja, ainda, de outras soluções eventualmente acordadas e/ou impostas[1027] quanto aos créditos em apreço.

global da compensação, nem afasta a aplicabilidade da referida presunção. Daí que a compensação pecuniária não deixe de ser global, nos termos expostos, ainda que as partes declarem ter deixado de fora ou não querer que a compensação abrangesse "este ou aquele crédito ou este ou aquele tipo de créditos" (Ac. RL de 19-10-2005, Proc. nº 4301/2005, *in* www.dgsi.pt).

Igualmente, a presunção só não operará perante uma "estipulação em contrário" de que resulte patentemente a indicação dos vários créditos e/ou compensações que a quantia ajustada visa liquidar ou que consista "na salvaguarda, pelas partes, no texto do acordo, ou em simultâneo com este, da existência de outros créditos" (Ac. RL de 19-10-2005, Proc. nº 4301/2005).

[1024] Sobre a noção de causa, enquanto "função económico-social" do negócio jurídico v., por todos, CARVALHO FERNANDES, *Teoria Geral do Direito Civil*, II, 2007 cit., pág. 375.

[1025] No sentido de que a aferição da natureza global, ou não, da compensação pecuniária estabelecida pelas partes depende, em primeira linha, da interpretação das suas concretas declarações negociais, v. o Ac. STJ de 18-6-1997 (Proc. nº 97S076).

[1026] Muito embora o nosso ordenamento não estabeleça qualquer mecanismo de controlo da suficiência ou da adequação do montante fixado pelas partes (cfr. *supra* o nº 5.2.3.3.1 e *infra* os nºs 9.3 e 9.4) – apesar de expressamente lhe associar uma presunção de inclusão de todos os créditos emergentes do contrato de trabalho –, a verdade é que o montante da compensação ajustada pode, juntamente com outros, constituir um elemento a ponderar caso se torne necessário indagar acerca da inclusão nele (ou não) de determinados créditos. Neste sentido, JORGE LEITE, *Direito do Trabalho – Lições*, 1993 cit., pp. 519-520; MONTEIRO FERNANDES, *Direito do Trabalho*, I, 1994 cit., pág. 472; *Direito do Trabalho*, 2006 cit., pág. 526; *Direito do Trabalho*, 2009 cit., pág. 554.

[1027] A articulação das regras fiscais sobre tributação dos rendimentos de trabalho *supra* referidas com o disposto no art. 349º, nº 5, do CT2009 (como, antes, nos arts. 8º, nº 4, do DL nº 64-A/89 e 394º, nº 4, do CT2003) sobre a natureza global da compensação pecuniária paga ao empregador e a presunção nela estribada justifica algumas precauções por parte do empregador, para evitar que resultem inviabilizada a sua aplicação e frustradas as finalidades por tal solução visadas.

São, a este propósito, concebíveis duas soluções. A primeira, proposta por FURTADO MARTINS ainda na vigência do direito anterior ao CT2003, parte da constatação de que "para evitar o afastamento da presunção" é "aconselhável que a referida afectação específica de verbas apenas conste de outro documento que não o que titula o acordo revogatório, designadamente do recibo de quitação relativo ao pagamento das diversas quantias devidas por ocasião da cessação do contrato de trabalho" (*Cessação do Contrato de Trabalho*, 2002 cit., pág. 66). Esta solução, isenta de risco no contexto jurisprudencial então consolidado e que o CT2003 veio alterar, em que a referida presunção era unanimemente considerada absoluta, pode, diante do presente quadro normativo, em que é inquestionável a natureza relativa da presunção, vir a revelar-se prejudicial ao empregador. Por envolver um documento escrito e assinado pelo trabalhador que contraria o que as partes afirmam no distrate e, sobretudo, porque ao especificar que quantias integraram, entre outras, o valor da compensação pecuniária global paga ao trabalha-

8. A presunção legal de inclusão no montante da compensação pecuniária global dos créditos laborais das partes vencidos ou exigíveis em virtude da cessação do contrato

8.1. Os efeitos da atribuição ao trabalhador de uma compensação pecuniária global quando da extinção pactuada do contrato de trabalho: da renúncia por este aos seus créditos laborais à presunção legal de inclusão naquela de todos os créditos vencidos ou exigíveis das partes

A norma constante do art. 8º, nº 4, do DL nº 64-A/89 suscitou, quando do seu aparecimento, alguma perplexidade entre os primeiros comentadores, tendo então sido aventadas várias explicações quanto ao sentido da sua parte final, que iam da renúncia pelo trabalhador aos respectivos créditos, à sua recondução a um regime supletivo, aplicável na falta de estipulação das partes em contrário[1028]. A abordagem que veio, contudo, a prevalecer e a consolidar-se, tanto na doutrina como na jurisprudência, foi a de que o referido preceito consagrava uma "mera presunção", de "que na compensação pecuniária global atribuída ao trabalhador foram incluídos e liquidados todos os créditos do trabalhador, designadamente os seus créditos salariais"[1029] vencidos na data da extinção do contrato de trabalho[1030].

Tratar-se-ia de uma presunção legal[1031], mediante a qual a própria lei, impondo-se ao julgador[1032], conferiria "certa relevância"[1033] a dado facto,

---

[1028] dor, facilita, e muito, a prova por este de que tal montante não abrangeu (por, *v.g.*, tal ser desde logo infirmado pelos valores em causa) determinado crédito que este pretende ver-lhe reconhecido e pago. Daí que, em face das considerações precedentes e em conformidade com o entendimento expresso no texto, nos pareça preferível uma solução diversa, traduzida na previsão, no texto do próprio acordo revogatório, da compensação pecuniária global atribuída ao trabalhador e, bem assim, dos créditos laborais que a este são liquidados em separado (desde logo em ordem a assegurar o cumprimento da legislação fiscal), devendo as correspondentes cláusulas ser formuladas de modo a que delas resulte clara e taxativamente que apenas estes últimos não são abrangidos no montante daquela.

[1028] O ponto foi versado *supra* no nº 2.5.3, para onde se remete.

[1029] LEAL AMADO, "Cessação do Contrato de Trabalho por Mútuo Acordo e Compensação por Perda de Emprego", 1990 cit., pág. 12; *A Protecção do Salário*, 1993 cit., pág. 208, n. 51; v., ainda, *supra* o nº 2.5.3.

[1030] Advirta-se, em todo o caso, que, conforme resulta da análise *supra* efectuada (cfr. o nº 2.5.3) e o evidenciará a que se segue, a convergência entre doutrina e jurisprudência perante o disposto nos arts. 8º, nº 4, do DL nº 64-A/89, 394º, nº 4, do CT2003 e 349º, nº 5, do CT2009 sempre se limitou à sua recondução a uma presunção, nos termos expostos, não se alargando ao âmbito e alcance da mesma nem quanto à sua natureza e efeitos.

[1031] VAZ SERRA, *Provas (Direito Probatório Material)*, Empresa Nacional de Publicidade, Lisboa, 1962, pág. 125; no mesmo sentido, MANUEL DE ANDRADE, *Noções Elementares de Processo Civil*, Coimbra Editora, Coimbra, 1979, pág. 215.

[1032] VAZ SERRA, *Provas (Direito Probatório Material)*, 1962 cit., pág. 125; v. ainda MANUEL DE ANDRADE *Noções Elementares de Processo Civil*, 1979 cit., pág. 215.

[1033] VAZ SERRA, *Provas (Direito Probatório Material)*, 1962 cit., pág. 127.

ATRIBUIÇÃO AO TRABALHADOR DE UMA COMPENSAÇÃO PECUNIÁRIA GLOBAL

associando à sua verificação uma determinada consequência jurídica. Mais exactamente, a norma em questão inferiria da ocorrência do facto "base da presunção"[1034] – a atribuição ao trabalhador, por ocasião do distrate, de uma "compensação pecuniária de natureza global" – a ocorrência de um outro, "presumido", que em regra é consequência daquele[1035], no caso, a "liquidação" dos créditos emergentes do vínculo laboral revogado. E, sobretudo, a produção de um efeito jurídico dele decorrente[1036] – a extinção dos referidos créditos.

O CT2003, houve já ocasião de o referir, alterou de forma marcante a formulação da norma relativa à compensação pecuniária de natureza global e à presunção de inclusão e de liquidação de créditos nela estribada[1037]. E apesar de não ter sido este o principal aspecto visado com a nova redacção adoptada[1038], constitui ponto assente que do art. 394º, nº 4, passou a resultar "inequivoca-

---

[1034] MANUEL DE ANDRADE *Noções Elementares de Processo Civil*, 1979 cit., pág. 216; VAZ SERRA, *Provas (Direito Probatório Material)*, 1962 cit., pág. 126.

[1035] VAZ SERRA, *Provas (Direito Probatório Material)*, 1962 cit., pp. 126-127; MANUEL DE ANDRADE *Noções Elementares de Processo Civil*, 1979 cit., pág. 216.

[1036] Tratar-se-ia, pois, de uma presunção de direito (e não já de uma simples presunção de facto), pois baseando-se em determinado facto, a lei conclui pela "existência ou não existência de um direito ou relação jurídica" e não pela mera ocorrência de um outro "facto ou complexo de factos (que constituem "pressuposto", *i.e.*, dos quais resulta a existência ou não existência de tais situações e cuja verificação "de algum modo" também se presume). Neste sentido, VAZ SERRA, *Provas (Direito Probatório Material)*, 1962 cit., pág. 126 e n. 225.

E de uma presunção pertencente, não tanto ao "sistema probatório" – visto que patentemente não visa resolver uma questão "meramente de prova, em que de factos conhecidos se tiram ilações para dar como provados factos desconhecidos" –, mas, antes, ao "sistema da norma". Conforme nota BERNARDO XAVIER, não raro nos surgem presunções legais que "dão como presumidas não apenas factualidades, mas situações jurídicas, para a existência das quais basta provar o facto previsto na lei" e que constituem pressuposto necessário "para o desencadeamento de consequências jurídicas" determinadas. Em tais situações, e à semelhança do que sucede no domínio do direito probatório, "a parte que beneficia da presunção só terá assegurada a existência da situação jurídica presumida nos casos de presunções *iuris et de iure*". Quando a presunção deva considerar-se *iuris tantum*, admitindo a prova do contrário, esta supõe, porque se não está perante meras questões de facto mas de questões de direito, a demonstração de factos de que resulte não ser "verdadeiro o facto presumido ou subsistente a situação jurídica pressuposta". Sobre este ponto, com maior desenvolvimento, v. BERNARDO XAVIER, *O Despedimento Colectivo no Dimensionamento da Empresa*, 2000 cit., pp. 562-563, n. 14; "Regime de Despedimento Colectivo e as Alterações da Lei nº 32/99, *in Estudos do Instituto de Direito do Trabalho*, Almedina, Coimbra, 2002, pág. 254.

Em sentido diverso, explicando que "ao ser estipulada uma compensação pecuniária de natureza global para o trabalhador (facto conhecido) a lei retira a ilação de que no respectivo montante já vão incluídos e liquidados os restantes créditos do trabalhador (facto desconhecido)", LEAL AMADO ("A revogação do contrato de trabalho – nótula sobre os arts. 393º a 395º do CT", 2005 cit., pág. 101; *Contrato de Trabalho – à luz do Novo Código do Trabalho*, 2009 cit., pág. 366).

[1037] Cfr. *supra* o nº 2.7.3

[1038] Sobre o sentido das modificações introduzidas em 2003, v., *supra* o nº 2.7.3 e, por todos, ROMANO MARTINEZ, *Da Cessação do Contrato*, 2006 cit., pág. 439; *Direito do Trabalho*, 2007 cit., pp. 957 segs.

A REVOGAÇÃO DO CONTRATO DE TRABALHO

mente" tratar-se de uma presunção[1039]. Este entendimento subsiste perante o art. 349º, nº 5, do CT2009, que quanto a este ponto reproduz, no essencial inalterada, a norma que o antecedeu[1040]. Não obstante, inova, ao limitar o alcance da presunção à "inclusão" – e não já à inclusão e liquidação pelas partes – de todos os créditos vencidos quando da extinção do contrato[1041].

As principais questões que neste contexto se suscitam referem-se, por um lado, aos créditos abrangidos pela presunção e ao significado da sua presumida inclusão no montante da compensação global – sobretudo após a eliminação, na recente revisão do CT, da alusão expressa à liquidação – e, por outro, à natureza, absoluta ou relativa, da mesma presunção e ao seu efeito, liberatório[1042] ou de mera inversão do ónus da prova[1043]. Importa que nos detenhamos em cada uma delas e nas respostas muito diversas que têm recebido, por parte da doutrina, como da jurisprudência.

8.2. Âmbito e limites da presunção de inclusão dos créditos laborais vencidos ou exigíveis na compensação pecuniária global

Passando a considerar a presunção sucessivamente consagrada nos arts. 8º, nº 4, do DL nº 64-A/89, 394º, nº 4, do CT2003 e 349º, nº 5, do CT2009, de que a compensação pecuniária global "inclui" os "créditos vencidos à data da cessação do contrato ou exigíveis em virtude desta", vários pontos justificam uma análise mais detalhada, a saber: que créditos efectivamente abarca, que sentido reveste a referida inclusão e quais os seus limites.

No que se refere aos créditos laborais abrangidos pela presunção, resulta das apontadas disposições a inequívoca limitação desta aos créditos já "vencidos" ou tornados "exigíveis", sempre com referência ao momento da cessação do contrato. E a consequente exclusão dos créditos incertos, ilíquidos ou litigiosos. Estes, se podem ser especificamente versados na composição de interesses

---

[1039] LEAL AMADO, "A revogação do contrato de trabalho – nótula sobre os arts. 393º a 395º do CT", 2005 cit., pág. 101; no mesmo sentido, JÚLIO GOMES, *Direito do Trabalho*, Vol. I, 2007 cit., pág. 942; ROSÁRIO PALMA RAMALHO, *Direito do Trabalho, Parte II*, 2008 cit., pág. 814, n. 263.

[1040] Neste sentido, v. LEAL AMADO, *Contrato de Trabalho – à luz do Novo Código do Trabalho*, 2009 cit. pp. 365 segs.; ROMANO MARTINEZ, Anotações I. e III. ao art. 349º, ROMANO MARTINEZ/LUÍS MIGUEL MONTEIRO/ /JOANA VASCONCELOS/PEDRO MADEIRA DE BRITO/GUILHERME DRAY/LUÍS GONÇALVES DA SILVA, *Código do Trabalho Anotado*, 8ª ed., 2009 cit.

[1041] Conforme assinalámos *supra*, no nº 2.7.4. O ponto será retomado já no número seguinte.

[1042] Neste sentido, na vigência do DL nº 64-A/89, MONTEIRO FERNANDES, *Direito do Trabalho*, I, 1994 cit., pp. 472-473.

[1043] LEAL AMADO, *A Protecção do Salário*, 1993 cit., pág. 209, n. 51; "A revogação do contrato de trabalho – nótula sobre os arts. 393º a 395º do CT", 2005 cit., pág. 101; *Contrato de Trabalho – à luz do novo Código do Trabalho*, 2009 cit., pág. 366.

ATRIBUIÇÃO AO TRABALHADOR DE UMA COMPENSAÇÃO PECUNIÁRIA GLOBAL

acertada entre as partes quando da extinção pactuada do vínculo – *v.g.*, pela sua liquidação em bloco, através de uma quantia destinada a satisfazê-los na sua totalidade –, não são, contudo, de considerar incluídos, por via da presunção, numa eventual compensação pecuniária global ajustada. O que representa uma relevante limitação do mecanismo resultante da articulação de ambas e destinado a resolver em definitivo as contas entre as partes e a prevenir futuros litígios[1044]. Tais objectivos hão-de obter-se por outra via, como a remissão abdicativa ajustada na mesma ocasião[1045].

Num plano diverso, a latitude com que os sucessivos preceitos aplicáveis referem os créditos visados pela presunção[1046] e, sobretudo, a função de acerto final de contas entre as partes que à compensação pecuniária global é legalmente cometida, apontam decisivamente no sentido da sua aplicação a todos os créditos emergentes do contrato que qualquer das partes pudesse ter sobre a outra[1047]. Donde, apesar de assente, sempre e só, no pagamento da compensação pecuniária global ao trabalhador, a presunção tem alcance bilateral, abarcando créditos do trabalhador e também do empregador, vencidos ou tornados exigíveis por força da extinção do vínculo por estes pactuada. E apesar de a larga maioria das análises efectuadas sobre esta matéria tender a enfatizar a incidência da presunção sobre os créditos laborais do trabalhador e seus reflexos na situação deste[1048], não parece que a limitação da perspectiva

---

[1044] O limite assinalado no texto há-de necessariamente reflectir-se na prova em contrário que é, entre nós, permitida à parte que, pese embora o ajuste de uma compensação pecuniária global por ocasião do distrate, pretenda fazer valer, em momento subsequente a este, determinado crédito emergente do contrato de trabalho. Porque a presunção não abarca, nos termos expostos, créditos não vencidos ou não exigíveis à data da cessação, a invocação e prova de que era essa a situação do crédito invocado será suficiente para afastar a presunção. Mais problemática se mostra, conforme se verá, a ilisão da presunção quanto a créditos laborais vencidos ou tornados exigíveis pela cessação do contrato. O ponto será versado já no número seguinte.

[1045] Cfr. *infra* os nºs 12.4.2 e 12.4.3.

[1046] O art. 8º, nº 4, do DL nº 64-A/89 referia-se genericamente aos "créditos já vencidos à data da cessação do contrato ou exigíveis em virtude dessa cessação", fórmula que transitou, imodificada, para o art. 394º, nº 4, do CT2003. Com alcance idêntico, se bem que com ligeiras alterações de redacção, o art. 349º, nº 5, do CT2009 alude aos "créditos vencidos à data da cessação do contrato ou exigíveis em virtude desta".

[1047] Neste sentido, expressamente, ROMANO MARTINEZ, *Da Cessação do Contrato*, 2006 cit., pp. 437-438; *Direito do Trabalho*, 2007 cit., pp. 956-957; ROSÁRIO PALMA RAMALHO, *Direito do Trabalho, Parte II*, 2008 cit., pág. 814.

[1048] LEAL AMADO, *A Protecção do Salário*, 1993 cit., pp. 208-209, n. 51; "Revogação do contrato e compensação pecuniária para o trabalhador", 1994 cit., pág 167; *Contrato de Trabalho – à luz do Novo Código do Trabalho*, 1994 cit. pp. 365-367; ANTÓNIO NUNES DE CARVALHO, "Contrato de trabalho. Revogação por acordo. Compensação pecuniária global: seu valor", 1994 cit., pág. 221; MENEZES CORDEIRO, *Manual de Direito do Trabalho*, 1991 cit., pág. 799, n. 9; MONTEIRO FERNANDES, *Direito do Trabalho*, I, 1994 cit., pág. 472; *Direito do Trabalho*, 2009 cit., pág. 553-554; JORGE LEITE, *Direito do Trabalho – Lições*, 1993 cit.,

A REVOGAÇÃO DO CONTRATO DE TRABALHO

adoptada exprima, sem mais, uma qualquer opção quanto à correspondente restrição do seu âmbito[1049].

Significa isto que, por força da amplitude que a nossa lei confere a tal presunção, o valor da compensação pecuniária global tanto pode constituir um ajuste baseado apenas nos vários créditos reclamados pelo trabalhador (incluindo uma eventual compensação "de fim do contrato"[1050]), como pode reflectir a ponderação também de créditos que o empregador sobre aquele detinha. E que, afectando a presunção tanto o trabalhador, como o empregador[1051], a ambos será permitida a prova do contrário, no prazo de um ano contado da cessação do vínculo laboral[1052].

Uma outra questão que neste domínio se coloca refere-se ao significado da inclusão na compensação pecuniária global dos créditos laborais vencidos ou exigíveis, que desde a recente revisão do CT2003 recorta o âmbito de aplicação da presunção. Vinte anos volvidos sobre a sua consagração legal, o legislador modificou os termos em que estava formulada a presunção – a qual deixou de inferir a liquidação dos créditos a que se aplica, passando a aludir apenas à respectiva inclusão no valor da compensação pecuniária global. Importa averiguar o sentido desta alteração que, ao contrário de várias outras que nos surgem ao longo do articulado do CT2009, não nos parece quedar-se no plano puramente formal.

Perante a referência expressa, nos textos de 1989 e de 2003, à inclusão e à liquidação dos créditos laborais a que se aplicava, as nossas doutrina e jurisprudência convergiam em considerar englobados no montante daquela com-

---

pág. 519; FURTADO MARTINS, *Cessação do Contrato de Trabalho*, 2002 cit., pág. 64; JOANA VASCONCELOS, "A Revogação do Contrato de Trabalho", 1997 cit., pág. 183.

[1049] Queremos com isto significar que os AA que perfilham entendimento diverso e mais restritivo quanto ao âmbito da presunção o explicitam – sublinhando a estreita conexão entre a compensação pecuniária global e a presunção e a projecção desta unicamente sobre os créditos laborais do trabalhador, e concluindo que esta "presunção desfavorável" ao trabalhador opera "em benefício do empregador". Neste sentido, LEAL AMADO, *A Protecção do Salário*, 1993 cit., pp. 208-209, n. 51; "Revogação do contrato e compensação pecuniária para o trabalhador", 1994 cit., pág 167; *Contrato de Trabalho – à luz do Novo Código do Trabalho*, 2009 cit. pp. 365-367; e, ainda, JORGE LEITE, *Direito do Trabalho – Lições*, 1993 cit., pág. 519.

[1050] A expressão é utilizada por LEAL AMADO, "A revogação do contrato de trabalho – nótula sobre os arts. 393º a 395º do CT", 2005 cit., pág. 100; *Contrato de Trabalho – à luz do Novo Código do Trabalho*, 2009 cit. pág. 365, e por JORGE LEITE, *Direito do Trabalho – Lições*, 1993 cit., pág. 517.

[1051] O paralelismo consagrado na lei quanto a este ponto e assinalado no texto não se reflecte, contudo, numa qualquer identidade, seja das situações do trabalhador e do empregador, enquanto detentores de créditos laborais, seja das repercussões na esfera de um e de outro do funcionamento da presunção de inclusão dos respectivos créditos no montante da compensação global ou das dificuldades com que se defronta a prova em contrário a produzir por um e por outro. O ponto será retomado adiante nos nºs 8.3.3 e 9.4.

[1052] ROSÁRIO PALMA RAMALHO, *Direito do Trabalho, Parte II*, 2008 cit., pág. 815.

ATRIBUIÇÃO AO TRABALHADOR DE UMA COMPENSAÇÃO PECUNIÁRIA GLOBAL

pensação e, como tal, pagos os créditos em apreço[1053]. Ou seja, em tomar a "liquidação" como sinónimo de pagamento[1054].

A supressão da referência legal à liquidação veio dissociar a atribuição da compensação e o pagamento dos referidos créditos, eliminando uma formulação na aparência restritiva e substituindo-a por outra mais adequada à multiplicidade de composições pactuadas entre as partes que podem determinar a atribuição de uma compensação "global" ao trabalhador e/ou influir na fixação do respectivo *quantum*, bem como produzir a extinção dos respectivos créditos.

Será o caso, desde logo, da compensação de créditos laborais detidos pelo trabalhador e pelo empregador, a qual constitui, nos termos gerais, uma forma de satisfação do crédito diversa do pagamento[1055] e que, atento o disposto no art. 279º, nº 1, do CT2009[1056] (que reproduz, inalterado, o art. 270º, nº 1, do CT2003[1057]), nos parece claramente de admitir no contexto de um acordo de revogação[1058], quando o trabalhador negoceia já a sua desvinculação[1059]. Neste

[1053] V., entre outros, LEAL AMADO, *A Protecção do Salário*, 1993 cit., pp. 208-209, n. 51; "A revogação do contrato de trabalho – nótula sobre os arts. 393º a 395º do CT", 2005 cit., pp. 100-101; ROMANO MARTINEZ, *Da Cessação do Contrato*, 2006 cit., pág. 437; *Direito do Trabalho*, 2007 cit., pág. 957; ROSÁRIO PALMA RAMALHO, *Direito do Trabalho, Parte II*, 2008 cit., pág. 814; BERNARDO XAVIER, "A Extinção do Contrato de Trabalho", 1989 cit., pág. 42; *Iniciação ao Direito do Trabalho*, 2005 cit., pág. 417. Na jurisprudência, v. os Acs. cits *supra* nos nºs 2.5.3, 7.1 e 8.1.

[1054] Neste sentido, expressamente, LEAL AMADO, *A Protecção do Salário*, 1993 cit., pág. 209, n. 51; "A revogação do contrato de trabalho – nótula sobre os arts. 393º a 395º do CT", 2005 cit., pág 101; BERNARDO XAVIER, "A Extinção do Contrato de Trabalho", 1989 cit., pág. 427; *Iniciação ao Direito do Trabalho*, 2005 cit., pág. 417.

[1055] Prevista e regulada nos arts. 847º e segs. do CódCiv, "a compensação é uma forma de extinção das obrigações em que, no lugar do cumprimento, como sub-rogado dele, o devedor opõe o crédito que tem sobre o credor" donde, "ao mesmo tempo que se exonera da sua dívida, cobrando-se do seu crédito, o compensante realiza o seu crédito liberando-se do seu débito, por uma espécie de acção directa" (PIRES DE LIMA/ANTUNES VARELA, *Código Civil Anotado*, Vol. II, cit., pág 135).

[1056] V. JOANA VASCONCELOS, Anotação II. ao art. 279º, ROMANO MARTINEZ/LUÍS MIGUEL MONTEIRO/JOANA VASCONCELOS/PEDRO MADEIRA DE BRITO/GUILHERME DRAY/LUÍS GONÇALVES DA SILVA, *Código do Trabalho Anotado*, 8ª ed., 2009 cit.

[1057] Sobre este preceito, cujo nº 1 veio esclarecer que a proibição de compensações e descontos na retribuição nele prescrita vigora unicamente enquanto se mantiver a relação laboral, v. JÚLIO GOMES, *Direito do Trabalho*, Vol. I, 2007 cit., pág. 792; ROMANO MARTINEZ, *Direito do Trabalho*, 2007 cit., pág. 613; JOANA VASCONCELOS, Anotação II. ao art. 270º; ROMANO MARTINEZ/LUÍS MIGUEL MONTEIRO/JOANA VASCONCELOS/JOSÉ MANUEL VILALONGA/PEDRO MADEIRA DE BRITO/GUILHERME DRAY/LUÍS GONÇALVES DA SILVA, *Código do Trabalho Anotado*, 2008 cit.; BERNARDO XAVIER, *Iniciação ao Direito do Trabalho*, 2005 cit., pág. 349.

[1058] Neste sentido, expressamente, ROMANO MARTINEZ, *Da Cessação do Contrato*, 2006 cit., pág. 437; *Direito do Trabalho*, 2007 cit., pág. 956; ROSÁRIO PALMA RAMALHO, *Direito do Trabalho, Parte II*, 2008 cit., pp. 583, n. 701, e 814, n. 262.

[1059] Sobre a disponibilidade pelo trabalhador dos seus créditos retributivos no contexto da negociação com o empregador com vista à obtenção de um acordo de cessação do contrato de trabalho, solução há muito aceite na jurisprudência dos nossos tribunais superiores e que tem vindo a obter crescentes adesões na doutrina, v. *supra* o nº 2.5.3 e *infra* os nºs 11.1.2, 11.2.1 e 11.2.2...

A REVOGAÇÃO DO CONTRATO DE TRABALHO

sentido, a inclusão de dado crédito, *v.g.*, do empregador, na quantia globalmente ajustada, que se supõe ocorrer, pode traduzir-se na sua compensação com créditos – quaisquer créditos – do trabalhador[1060].

O mesmo se poderá dizer da renúncia pelo trabalhador a eventuais créditos laborais de que seja titular. É incontestável que o trabalhador e o empregador podem pactuar, após a cessação do contrato de trabalho[1061] ou, em momento anterior a esta, no próprio distrate[1062], uma remissão abdicativa[1063] dos créditos laborais do primeiro. E que esta envolverá, não raro, uma contrapartida[1064], sob a forma de uma quantia destinada a compensar o trabalhador pela abdicação de todos os demais créditos que ainda tivesse e que resultam, por tal modo, extintos[1065]. Ora, tal contrapartida, tratando-se de remissão abdicativa inserta num acordo de revogação do contrato de trabalho, integrará a compensação pecuniária global[1066], sempre que esta tenha sido ajustada. É o que parece resultar, de forma incontornável, da presunção nesta assente que, ao considerar que aquela inclui todos os créditos devidos de parte a parte, abarca também no seu montante o correspectivo da eventual remissão pelo trabalhador dos seus créditos[1067].

[1060] Sendo certo que, a verificar-se tal hipótese, o montante globalmente ajustado resulta de um encontro de contas entre as partes, o que permite explicar o seu valor porventura inferior àquele que resultaria da soma de todos os créditos vencidos e exigíveis do trabalhador – desde logo num cenário de prova do contrário por este, com vista à reclamação de outros créditos, alegadamente não incluídos na fixação daquela. Sobre este ponto, com maior desenvolvimento, v. *supra* o nº 5.2.3.3.2 e *infra* os nºs 8.3.3 e 9.3.

[1061] Qualquer que tenha sido a forma dessa cessação. Sobre este ponto, v. *infra* os nºs 11.2.1 e 11.2.2.

[1062] Sobre este ponto, v. *infra* os nºs 11.1.2 e 11.2.2.2.

[1063] Sobre este ponto, v. *infra* o nº 12.4.

[1064] A remissão abdicativa pode ser, nos termos gerais do art. 863º, nº 2, do CódCiv, onerosa ou gratuita Sobre este ponto, v. *infra* os nºs 11.1.4 e 12.3.2.

[1065] Sobre este ponto, v. *infra* os nºs 12.3.1.2 e 12.4.3.

[1066] ROMANO MARTINEZ, *Da Cessação do Contrato*, 2006 cit., pág. 439; *Direito do Trabalho*, 2007 cit., pág. 957.

[1067] E parece que será assim mesmo quando não tenha sido especificamente acordada entre as partes uma contrapartida para a renúncia pelo trabalhador aos seus créditos laborais. A latitude com que está conformada a presunção legal faz supor, sempre que coexistam num mesmo acordo extintivo a atribuição de uma compensação pecuniária global ao trabalhador e a remissão por este dos seus créditos laborais, que o valor da primeira foi fixado em função da segunda, *i.e.*, que constitui (ou, pelo menos, inclui também) o seu correspectivo. E que, nessa medida, a compensação global ajustada terá pesado na decisão do trabalhador de pactuar com o empregador tal remissão abdicativa. Significa isto, afinal, que a presunção de inclusão na compensação global dos créditos vencidos e exigíveis das partes pode redundar numa presunção de onerosidade da remissão abdicativa.

Este facto, só por si, não reveste especial gravidade – recebendo o trabalhador uma compensação pecuniária global cujo montante repute adequado será, no limite, irrelevante que o seu valor tenha sido ajustado contra a remissão de um significativo acervo de créditos laborais ou que, diversamente, tal remissão tenha sido, afinal, gratuita, dada a amplitude da compensação de fim de contrato oferecida pelo empregador (e a eventual exiguidade e/ou incerteza dos próprios créditos remitidos). Contudo,

ATRIBUIÇÃO AO TRABALHADOR DE UMA COMPENSAÇÃO PECUNIÁRIA GLOBAL

Ora este, não se reconduzindo ao seu pagamento, rigorosamente não opera a respectiva liquidação[1068].

Ainda a propósito da demarcação dos limites da presunção de inclusão de créditos laborais na compensação pecuniária global atribuída ao trabalhador, surge-nos a questão, em mais de uma ocasião submetida aos nossos tribunais e *supra* versada, da sua aplicabilidade a certos acordos em que as partes, à primeira vista, não pactuam a extinção do vínculo, antes se limitam a definir as condições em que se dará a sua cessação por outra forma – a saber, a reforma antecipada –, mas ajustando uma compensação pecuniária global, em termos em tudo idênticos ao que ocorre no distrate[1069]. Sintetizando o que julgamos ter logrado demonstrar, diremos apenas que em tais casos nos parece haver ainda uma cessação consensual do contrato, sendo aplicável a correspondente disciplina – em particular a presunção assente na atribuição ao trabalhador da compensação pecuniária global, que permite obter a definição e a estabilização da respectiva situação recíproca, visadas pelas partes.

pode vir a revelar-se problemático, na perspectiva da tutela do trabalhador, perante a orientação que tem vindo a consolidar-se na jurisprudência dos nossos tribunais superiores de, na interpretação das declarações de quitação total e plena emitidas pelos trabalhadores quando da cessação dos respectivos contratos, atribuir um peso determinante na sua qualificação como remissão abdicativa à simples atribuição de uma qualquer quantia ao trabalhador (que se assume ser contrapartida daquela). A questão reveste particular acuidade perante as quitações genéricas insertas em acordos de distrate, concretizando-se a orientação referida em decisões que afirmam que quando aquelas sejam dadas na sequência da atribuição de uma compensação pecuniária global, não podem ter outro alcance que não seja o de o trabalhador querer, através delas, remitir todos os seus créditos. Sobre este ponto, com maior desenvolvimento, v. *infra* os nºs 12.1 a 12.4.

A conjugação, no mesmo caso, das duas abordagens descritas gera uma espiral de suposições claramente desfavorável ao trabalhador em que, com base no mero ajuste de uma compensação pecuniária global no acordo de distrate, se lhe atribui uma vontade abdicativa, com uma extensão, um correspectivo e, como tal, uma motivação que poderão nunca ter existido (mesmo tendo aquele subscrito uma quitação latamente formulada).

[1068] O ponto assinalado no texto mostra-se especialmente nítido em todas as hipóteses em que, sendo outorgada uma remissão abdicativa dos seus créditos pelo trabalhador, se considere que o seu correspectivo integra o montante da compensação pecuniária global ajustada. Com efeito, referindo-se a renúncia do trabalhador a todos os seus créditos laborais emergentes do contrato de trabalho extinto – mais exactamente aos seus créditos vencidos e exigíveis, mas também, e sobretudo, aos incertos ou controvertidos –, dir-se-ia que o valor fixado como correspectivo desta iria, em todos estes casos, para além da previsão legal, que nitidamente circunscreve a presunção aos primeiros. Não é, contudo, isso que sucede, pois o correspectivo económico da remissão onerosa ajustada não se refere especifica ou directamente aos créditos abrangidos (*i.e.*, à sua satisfação, total ou parcial), não havendo nestas situações qualquer liquidação de créditos vencidos ou exigíveis e, por maioria de razão, de créditos não certos ou não exigíveis remitidos por acordo entre trabalhador e empregador (sobre este ponto, mais desenvolvidamente, v. *infra* o nº 11.1.4). E é a tal correspectivo, e não aos eventuais créditos genericamente remitidos, que se refere a presunção.

[1069] Cfr. *supra* o nº 5.2.3.2

A REVOGAÇÃO DO CONTRATO DE TRABALHO

8.3. Natureza da presunção de inclusão na compensação pecuniária global dos créditos laborais vencidos ou exigíveis

8.3.1. A recente explicitação da natureza relativa da presunção e as questões dela decorrentes

A análise *supra* efectuada evidenciou como, perante a norma constante do art. 8º, nº 4, do DL nº 64-A/89, que nada estabelecia quanto à natureza, absoluta ou relativa, da presunção nele estabelecida, a jurisprudência dos nossos tribunais superiores e a doutrina maioritária se dividiram quanto à admissibilidade da prova do contrário, a produzir pelo trabalhador[1070]. Mais exactamente, enquanto as Relações e o STJ se orientaram unânime e firmemente no sentido de qualificar tal presunção como *iuris et de iure*, excluindo que o trabalhador pudesse vir, em momento ulterior, demonstrar a não inclusão de determinados créditos na compensação pecuniária global e exigir o seu pagamento, a doutrina maioritária contestava tal jurisprudência, afirmando a natureza *iuris tantum* dessa mesma presunção[1071]. Igualmente houve ocasião de verificar como o CT2003, acolhendo o essencial da referida norma no seu art. 394º, nº 3, lhe introduziu duas alterações que inequivocamente modificaram o sentido da presunção fundada na atribuição ao trabalhador da compensação pecuniária global – doravante modelada como *iuris tantum*, a admitir a prova do contrário, nos termos gerais do art. 350º, nº 2, do CódCiv[1072].

Inspirada por um claro desígnio de superar uma controvérsia que há muito durava[1073], esta opção legislativa veio, não obstante, suscitar ela própria dúvidas e dificuldades – as quais subsistem ante o articulado do CT2009, que a reproduziu quase inalterada no seu art. 349º, nº 5[1074]. De entre estas, avultam a questão da eventual natureza interpretativa destas normas e várias outras ligadas à prova do contrário, doravante admitida sem reservas, as quais serão abordadas nos números seguintes.

[1070] Cfr. *supra* o nº 2.5.3.

[1071] Cfr. *supra* o nº 2.5.3.

[1072] Cfr. *supra* o nº 2.7.2.

[1073] Neste sentido, v. por todos, ROMANO MARTINEZ, *Da Cessação do Contrato*, 2006 cit., pág. 439; *Direito do Trabalho*, 2007 cit., pág. 959 e *supra* o nº 2.7.2.

[1074] Foram dois os pontos em que o art. 349º, nº 5, do CT2009 inovou face ao art. 394º, nº 4, do CT2003: na qualificação da compensação pecuniária (como "global" *tout court* e não já como "de natureza global") e na explicitação do sentido da presunção nele consagrada (de que a compensação pecuniária global "inclui os créditos" vencidos à data da cessação do contrato ou exigíveis em virtude desta (e não já de "que pelas partes foram incluídos e liquidados" os mesmos créditos). Sobre o significado e reflexos destas alterações v., respectivamente, *supra* os nºs 2.7.4 e 8.2.
Sobre o art. 349º, nº 5, do CT2009, sublinhando a continuidade de soluções apontada no texto, LEAL AMADO, *Contrato de Trabalho – à luz do Novo Código do Trabalho*, 2009 cit. pp. 365 segs.; ROMANO MARTINEZ, Anotações I. e III. ao art. 349º, *in* ROMANO MARTINEZ/LUÍS MIGUEL MONTEIRO/JOANA VASCONCELOS/PEDRO MADEIRA DE BRITO/GUILHERME DRAY/LUÍS GONÇALVES DA SILVA, *Código do Trabalho Anotado*, 8ª ed., 2009 cit.

236

8.3.2. A eventual natureza interpretativa das normas constantes dos arts. 394º, nº 3, do CT2003 e 349º, nº 5, do CT2009

A natureza interpretativa das normas constantes do nº 4 do art. 394º do CT2003, primeiro, e do art. 349º, nº 5, do CT2009, que se lhe seguiu, é afirmada por ROMANO MARTINEZ[1075] e foi acolhida em, pelo menos, uma decisão judicial[1076]. Parte da constatação de que os preceitos em questão resolveriam "uma dúvida relativa à interpretação do anterior regime"[1077], optando por uma das possíveis leituras em confronto e pondo assim "termo à discussão anterior". E tem como consequência a sua aplicação retroactiva, nos termos gerais do art. 13º, nº 1, do CódCiv[1078].

Não podemos concordar com este entendimento, por várias razões. Em primeiro lugar, porque o facto de o CT2003 constituir um novo sistema, que substituiu o quadro normativo anteriormente vigente, se mostra dificilmente compaginável com a atribuição a uma das suas disposições de uma função interpretativa de uma norma deste último, que expressamente revoga[1079]. Depois, porque a doutrina tende a exigir à lei interpretativa um claro objectivo de interpretação autêntica da lei antiga[1080], que patentemente não resulta, de forma

---

[1075] ROMANO MARTINEZ, *Da Cessação do Contrato*, 2006 cit., pág. 441; *Direito do Trabalho*, 2007 cit., pág. 959; referindo-se já ao art. 349º, nº 5, do CT2009, ROMANO MARTINEZ, Anotação III. ao art. 349º, ROMANO MARTINEZ/LUÍS MIGUEL MONTEIRO/JOANA VASCONCELOS/PEDRO MADEIRA DE BRITO/GUILHERME DRAY/LUÍS GONÇALVES DA SILVA, *Código do Trabalho Anotado*, 8ª ed., 2009 cit.

[1076] Ac. RP de 10-9-2007 (Proc. nº 0712112, *in* www.dgsi.pt) que, após afirmar "ser actualmente entendimento pacífico que a presunção" prevista no art. 394º, nº 4, do CT2003 "é uma presunção *juris tantum*, acrescenta que "este entendimento ultrapassa os limites de aplicação do Código do Trabalho, estendendo os seus efeitos ao tempo de vigência da LCCT, pois se trata de norma interpretativa e, portanto, de aplicação retroactiva, atento o disposto no art. 13º, nº 1 do Cód. Civil".

[1077] *Direito do Trabalho*, 2007 cit., pág. 957. Mais exactamente, "tendo em conta a anterior redacção, poder-se-ia entender que o legislador recorrera a uma ficção jurídica ou estabelecera uma presunção *iuris et de iure*, a qual só poderia ser afastada por estipulação das partes em contrário", ora "a actual redacção, seguindo outra interpretação da norma revogada, estabelece uma presunção *iuris tantum*, ilidível nos termos gerais" (ROMANO MARTINEZ, *Da Cessação do Contrato*, 2006 cit., pág. 441; *Direito do Trabalho*, 2007 cit., pág. 958).

[1078] ROMANO MARTINEZ, *Da Cessação do Contrato*, 2006 cit., pág. 441; *Direito do Trabalho*, 2007 cit., pág. 959.

[1079] Cfr. o art. 21º, nº 1, al. m), da L nº 99/2003, que aprovou o CT2003. V., ainda, em sentido próximo, o Ac. STJ de 14-3-2006 (Proc. nº 05S3825, *in* www.dgsi.pt), proferido acerca da questão, paralela, da eventual natureza interpretativa dos arts. 250º, nº 1, 254º, nº 1 e 255º, nº 1, do CT2003 e que, após transcrever parte da Exposição de Motivos referente "à orientação que presidiu à elaboração" respectiva, conclui ter-se tratado "de uma reforma profunda e global da legislação laboral, que não cabe nos estreitos propósitos de uma lei interpretativa".
Sobre este ponto, v. BAPTISTA MACHADO, *Introdução ao Direito e ao Discurso Legitimador*, Almedina, Coimbra, 1982 (17ª reimp., 2008), pág. 246.

[1080] Neste sentido, BAPTISTA MACHADO, *Sobre a Aplicação no Tempo do Novo Código Civil*, Almedina, Coimbra, 1968, pág. 287; *Introdução ao Direito e ao Discurso Legitimador*, 1982 cit., pp. 245-246 e, ainda, OLIVEIRA ASCENSÃO, *O Direito – Introdução e Teoria Geral*, 13ª ed., Almedina, 2005, pág. 562.
O mesmo argumento foi, em mais de uma ocasião invocado pelo STJ para resolver em sentido negativo a questão da eventual natureza interpretativa dos arts. 250º, nº 1, 254º, nº 1, e 255º, nº 2,

A REVOGAÇÃO DO CONTRATO DE TRABALHO

expressa ou tácita, das normas em apreço. Finalmente, porque tais normas, se tomam posição na controvérsia preexistente e o fazem dentro dos quadros em que esta se desenrolava[1081], vêm contudo consagrar a interpretação normativa contrária à "corrente jurisprudencial uniforme"[1082] que entretanto se formara, pelo que nenhuma destas normas "pode ser considerada realmente interpretativa"[1083], antes surge como "inovadora"[1084].

Parece-nos, pois, que quer o art. 394º, nº 4, do CT2003, quer o art. 349º, nº 5, do CT2009, que lhe sucedeu, dispõem apenas para o futuro, não se destinando a interpretar autenticamente a legislação anterior.

---

do CT2003. Nesse sentido, o Ac. STJ de 20-2-2008 (Proc. nº 07S2910, integralmente disponível em www.dgsi.pt) decidiu, valendo-se do ensinamento de GALVÃO TELLES que, "para que uma lei assuma a natureza de lei interpretativa, «[é] necessário que o legislador a qualifique expressamente como tal ou que, pelo menos, essa intenção resulte em termos suficientemente inequívocos; e isto porque nem toda a decisão legal de uma controvérsia gizada em torno do significado de certo preceito legal se deve tomar como interpretação autêntica"» donde, perante uma nova lei que suscita dúvidas e diversas correntes de interpretação, se «o legislador intervém em ordem a pôr termo à incerteza gerada», isso não significa «que estejamos perante uma lei interpretativa; bem pode acontecer que o legislador tenha pretendido afastar as dúvidas *para o futuro*, não o movendo a intenção de considerar a nova lei como o conteúdo ou a expressão da antiga, visto que «tal intenção só existirá se se tiver querido realmente explicar a lei anterior e impor como obrigatória essa explicação». V., ainda, no mesmo sentido, o Ac. STJ de 14-3-2006 (Proc. nº 05S3825) cit.

[1081] *I.e.*, não deslocando a solução da questão "para um terreno novo ou dando-lhe uma solução que o julgador ou o intérprete não estavam autorizados a dar-lhe" (BAPTISTA MACHADO, *Sobre a Aplicação no Tempo do Novo Código Civil*, 1968 cit., pág. 287; *Introdução ao Direito e ao Discurso Legitimador*, 1982 cit., pág. 247).

[1082] BAPTISTA MACHADO, *Introdução ao Direito e ao Discurso Legitimador*, 1982 cit., pág. 246.

[1083] BAPTISTA MACHADO, *Introdução ao Direito e ao Discurso Legitimador*, 1982 cit., pp. 246-247. É que, conforme sublinha o A, "são de sua natureza interpretativas aquelas leis que, sobre pontos ou questões em que as regras jurídicas aplicáveis são incertas ou o seu sentido controvertido, vem consagrar uma solução que os tribunais poderiam ter adoptado", sendo certo que não foi de todo isto – antes o seu inverso – que ocorreu na hipótese versada no texto. Este mesmo entendimento de BAPTISTA MACHADO foi invocado pelo Ac. STJ de 20-2-2008 (Proc. nº 07S2910) cit., que afastou a natureza interpretativa dos arts. 250º, nº 1, 254º, nº 1, e 255º, nº 2, do CT2003 considerando ser função da lei interpretativa "fixar uma das interpretações possíveis da lei anterior, com que os interessados podiam e deviam contar, sem violar expectativas seguras e legitimamente fundadas, por isso que se a lei nova consagra uma solução contrária à corrente jurisprudencial constante e pacífica, entretanto formada, na vigência da lei antiga, não pode aquela considerar-se lei interpretativa". E que concluiu – em termos que se mostram especialmente esclarecedores para a hipótese que temos vindo a apreciar – que "havendo orientação jurisprudencial deste Supremo já sedimentada (...) no domínio da vigência da lei antiga (...) deve considerar-se que a norma em causa (...) não tem a natureza de lei interpretativa, sendo antes uma disposição inovadora".

[1084] BAPTISTA MACHADO, *Sobre a Aplicação no Tempo do Novo Código Civil*, 1968 cit., pág. 287; *Introdução ao Direito e ao Discurso Legitimador*, 1982 cit., pág. 247.

ATRIBUIÇÃO AO TRABALHADOR DE UMA COMPENSAÇÃO PECUNIÁRIA GLOBAL

8.3.3. A prova do contrário: sentido e efeitos

A nova redacção dada pelo CT2003 (e mantida no CT2009) à norma, originária do DL nº 64-A/89, que consagra a presunção baseada na atribuição ao trabalhador de uma compensação pecuniária global, foi saudada pela nossa doutrina como um reforço da tutela a este deferida – por exprimir, sem margem para dúvida, a admissibilidade da prova do contrário[1085], principal meio de que este poderia lançar mão para acautelar a sua situação. Tal presunção operaria, em geral, a inversão do ónus da prova[1086], o qual recairia sobre a parte interessada na ulterior reclamação de crédito não incluído no montante global ajustado e, como tal, não satisfeito[1087].

Porém, e porque se esgotou nas alterações *supra* descritas[1088], a diversa orientação assumida quanto a este ponto pelo nosso ordenamento laboral surge desacompanhada de qualquer indicação quanto aos termos e efeitos dessa prova em contrário. Cabe, pois, à doutrina e à jurisprudência, tendo presentes as características essenciais da presunção legal e da compensação pecuniária global que a suporta, bem como as finalidades por estas visadas, concretizar tais aspectos. É o que nos propomos fazer já em seguida, remetendo para momento ulterior a apreciação, na perspectiva do trabalhador, da adequação e suficiência deste mecanismo de protecção[1089].

Começando pelo tipo de prova a produzir pelo trabalhador que, tendo recebido uma compensação pecuniária global por ocasião do distrate, pretenda, em momento ulterior, fazer valer contra o empregador determinado crédito emergente do contrato de trabalho extinto, diremos que esta sua opção implica bem mais que a demonstração da sua não satisfação através da percepção daquela. E que a presunção em apreço não redunda numa mera inversão do ónus da prova quanto ao pagamento do crédito invocado, a qual caberia, por via de regra, ao empregador.

Recorde-se, a este propósito, que o que desde 1989 a nossa lei presume é que no montante da compensação global terão sido pelas partes incluídos

---

[1085] ROMANO MARTINEZ, *Da Cessação do Contrato*, 2ª ed. cit., pág. 442; *Direito do Trabalho*, 4ª ed. cit., pág. 961; JÚLIO GOMES, *Direito do Trabalho*, Vol. I, cit., pág. 942. Em sentido idêntico, sublinhando a "inversão de rumo jurisprudencial" imposta pela orientação assumida quanto a este ponto pelo CT2003, v. LEAL AMADO, "A revogação do contrato de trabalho – nótula sobre os arts. 393º a 395º do CT", 2005 cit., pág. 104.

[1086] LEAL AMADO, "A revogação do contrato de trabalho – nótula sobre os arts. 393º a 395º do CT", 2005 cit., pág. 103; *Contrato de Trabalho – à luz do novo Código do Trabalho* cit., pág. 367; ROMANO MARTINEZ, *Da Cessação do Contrato*, 2006 cit., pág. 440, n. 875; *Direito do Trabalho*, 2007 cit., pp. 958-959, n. 1.

[1087] LEAL AMADO, "A revogação do contrato de trabalho – nótula sobre os arts. 393º a 395º do CT", 2005 cit., pág. 103; *Contrato de Trabalho – à luz do novo Código do Trabalho*, 2009 cit., pág. 367; ROMANO MARTINEZ, *Da Cessação do Contrato*, 2006 cit., pp. 442-443; *Direito do Trabalho*, 2007 cit., pág. 961; ROSÁRIO PALMA RAMALHO, *Direito do Trabalho, Parte II*, 2008 cit., pp. 814-815; MONTEIRO FERNANDES, *Direito do Trabalho*, 14ª ed. cit., pp. 553-554.

[1088] Cfr. *supra* os nºs 2.7.2 e 8.3.1

[1089] Cfr. infra o nº 8.3.3.

(e, nessa medida, pagos, compensados, remitidos[1090]) todos os créditos, de uma e de outra, vencidos ou tornados exigíveis em resultado da cessação do contrato. Ora, é contra esta assunção que deve dirigir-se o esforço probatório do trabalhador. Mais exactamente, este terá de demonstrar que o crédito cujo pagamento pretende obter – e cuja existência, valor e exigibilidade lhe cabe também provar, nos termos gerais – não foi incluído no montante ajustado. E, bem assim, o motivo pelo qual o não foi: por, *v.g.*, a compensação, apesar de apresentada como global, se referir apenas à cessação do contrato (*i.e.*, não ser senão contrapartida desta) ou, tratando-se de um crédito à data vencido, ter ocorrido um lapso que motivou a sua exclusão ou ter havido uma opção das partes nesse sentido; porque, estando em causa um crédito à data não exigível (*v.g.* por ser controvertido quanto à sua existência ou montante), estava fora do alcance da presunção, tal como a lei a define[1091].

Esta prova, já de si complexa e exigente[1092], é ainda dificultada pela opacidade que, no nosso ordenamento laboral constitui a nota característica da compensação pecuniária global[1093]. A "globalidade" da compensação, viu-se *supra*, traduz-se na não revelação da causa da sua atribuição e montante, ou, dizendo de outro modo, na não indicação dos créditos e/ou compensações nela incluídos, bem como das composições subjacentes à fixação do seu valor[1094]. Ora, se não se sabe (nem é suposto saber-se) que concretos créditos e/ou indemnizações foram incluídos no montante pago, nem que ajustes a este terão conduzido, não se vê bem como possa provar-se que determinado crédito nele não foi afinal abrangido[1095].

[1090] Cfr. *supra* o nº 8.2.

[1091] Cfr. *supra* o nº 8.2.

[1092] A este propósito, observa LEAL AMADO que "as dificuldades probatórias experimentadas pelo trabalhador revelar-se-ão, em boa parte dos casos, insuperáveis" ("A revogação do contrato de trabalho – nótula sobre os arts. 393º a 395º do CT", 2005 cit., pág. 104; *Contrato de Trabalho – à luz do novo Código do Trabalho* cit., pág. 367). No mesmo sentido, sublinhando a complexidade da prova a produzir pelo trabalhador, v. MONTEIRO FERNANDES, *Direito do Trabalho*, 2009 cit., pp. 553-554; ROSÁRIO PALMA RAMALHO, *Direito do Trabalho, Parte II*, 2008 cit., pág. 814-815.

[1093] Cfr. *supra* o nº 7.1.

[1094] Cfr. *supra* o nº 7.1. A mesma objecção parece valer quanto à invocação de negociações mantidas entre as partes: a compensação global, expressão da composição de interesses contrapostos obtida, envolve a superação e a consequente irrelevância, para este efeito, de eventuais divergências preexistentes.

[1095] A dificuldade apontada no texto radica nas duas opções do nosso ordenamento em matéria de compensação pecuniária global que tivemos já ocasião de versar – o não estabelecimento de qualquer limite mínimo, parâmetro ou critério para a fixação do seu montante, totalmente deixada à autonomia das partes (cfr. *supra* o nº 5.2.3.3.1) e a sua opacidade, resultante da assimilação da sua globalidade à não indicação da causa da sua atribuição e montante (cfr. *supra* o nº 7.1).
Neste cenário, a mera demonstração de que, no caso, o valor estipulado é muito inferior ao que resultaria da simples soma das várias prestações a que o trabalhador teria direito pela execução do contrato

ATRIBUIÇÃO AO TRABALHADOR DE UMA COMPENSAÇÃO PECUNIÁRIA GLOBAL

Por outro lado, e no que se refere aos efeitos da eventual prova em contrário que o trabalhador venha a produzir, não parece – atento o que *supra* ficou dito quanto à natureza não absoluta e ao sentido da "globalidade" da compensação pecuniária[1096] – que esta seja de molde, só por si, a afastar por completo a presunção suportada na atribuição da compensação pecuniária global. Antes, os seus reflexos circunscrevem-se ao crédito em causa, mantendo-se a presunção de inclusão de todos os demais na compensação global paga. O que significa que, caso o trabalhador pretenda invocar um outro crédito laboral, terá, de novo, de percorrer o árduo caminho descrito.

Num outro plano, importa sublinhar que esta possibilidade que ao trabalhador é reconhecida de, ilidindo a presunção legal, fazer valer contra o empregador créditos (afinal) não incluídos no montante da compensação pecuniária global recebida é temporalmente limitada ao prazo de um ano subsequente à cessação do contrato, decorrido o qual opera a prescrição de todos os créditos laborais dele emergentes.

Por último, e conforme teremos ocasião de comprovar, a inclusão no acordo de revogação de uma declaração de quitação total e plena do empregador emitida pelo trabalhador com o sentido de remissão abdicativa de todos os seus créditos[1097], preclude o recurso a esta prova em contrário, pois extingue os eventuais créditos cuja reclamação esta seria apta a viabilizar.

9. Sentido do modelo legal de acerto de contas e de estabilização da situação das partes quanto a créditos laborais

9.1. Indicação de sequência
Em ordem a aprofundar a análise do modelo legalmente predisposto para a definição da situação recíproca do trabalhador e do empregador quanto a créditos emergentes do contrato de trabalho, importa que nos detenhamos, antes de mais, a ponderar o efectivo significado que revestem, no contexto da respectiva cessação consensual, a atribuição àquele de uma compensação pecuniária

---

e pela sua cessação nada permite concluir (como sustentava JORGE LEITE, ainda em face do direito anterior ao CT2003) quanto, *v.g.*, ao facto de nele não terem sido levados em conta determinados créditos, visto que tal montante pode ter resultado de qualquer outro ajuste entre as partes (*v.g.*, por ter sido feita a compensação de créditos que sobre aquele detinha o empregador). Sobre este ponto, v. JORGE LEITE, *Direito do Trabalho – Lições*, 1993 cit., pp. 519-520) e, em sentido diverso, admitindo uma lata faculdade de composição das partes, MONTEIRO FERNANDES, *Direito do Trabalho*, 1994 cit., pág. 472; *Direito do Trabalho*, 2006 cit., pág. 526; *Direito do Trabalho*, 2009 cit., pág. 554 e *supra* nº 5.2.3.3.1.
[1096] Cfr. *supra* o nº 7.2.
[1097] Sobre este ponto, v. *infra* o nº 12.4.3.

A REVOGAÇÃO DO CONTRATO DE TRABALHO

global e a presunção nela assente. Mais exactamente, em que medida a opção das partes por tal esquema influi na caracterização do acordo extintivo outorgado e no próprio quadro normativo que lhe é aplicável. São duas as questões que a este propósito se nos deparam. Uma primeira, relativa às repercussões do referido modelo nos créditos laborais das partes e na eventual recondução do distrate a que se aplica a um acto abdicativo; uma outra centrada na nova relação creditícia que se estabelece entre trabalhador e empregador por força do ajuste da compensação pecuniária global, em particular que conexões esta apresenta com os créditos preexistentes de um e de outro e que regime lhe é aplicável.

Paralelamente, importa considerar os mecanismos que neste plano do acerto de contas e da estabilização da situação das partes quanto a créditos emergentes do contrato de trabalho extinto acautelam o trabalhador, procurando fixar o seu elenco, primeiro, e avaliar a sua adequação, depois. Justificam-se, ainda, uma referência à protecção de que neste contexto beneficia o empregador e, bem assim, o cotejo de uma e de outra, com vista a apreender o essencial das opções do nosso ordenamento quanto a este ponto.

9.2. Compensação pecuniária global, presunção de inclusão de créditos e renúncia pelo trabalhador

No direito anterior ao CT2003, a doutrina e a jurisprudência recusaram liminarmente a leitura do art. 8º, nº 4, do DL nº 64-A/89 que reconduzia a estipulação entre trabalhador e empregador da compensação pecuniária de natureza global nele prevista a uma renúncia pelo primeiro a todos os seus créditos laborais[1098].

Sucede, porém, que pouco divergia desta tese, ao menos quanto aos seus efeitos práticos, aquela que veio a firmar-se na jurisprudência, com o apoio de um sector da doutrina, da natureza absoluta da presunção assente na atribuição ao trabalhador da referida compensação, no acordo de revogação ou em simultâneo com este[1099]. Inspirada por considerações de certeza e de segurança e movida por um claro objectivo de estabilização da situação recíproca das partes, findo o contrato – inconciliável com a persistência de créditos eventuais, incertos e actual ou potencialmente litigiosos –, tal interpretação visava o encerramento definitivo das respectivas contas, através do ajuste (por alto, por aproximação) de uma verba (redonda, abrangente, e nessa medida, global), destinada a saldar quaisquer créditos invocáveis e cujo pagamento precludiria a sua ulterior reclamação[1100].

[1098] Cfr. *supra* os nºs 2.5.3 e 8.1.

[1099] Cfr. *supra* os nºs 2.5.3 e 8.1.

[1100] Cfr. *supra* o nº 2.5.3. Transcrevemos, porque especialmente ilustrativo do que se afirma no texto, o Ac. RL de 19-10-2005 (Proc. nº 711/2005) cit., para o qual "a compensação global visa precisamente

ATRIBUIÇÃO AO TRABALHADOR DE UMA COMPENSAÇÃO PECUNIÁRIA GLOBAL

Neste cenário, a aceitação pelo trabalhador da compensação pecuniária global revestia um incontornável alcance de abdicação dos créditos porventura não contemplados no seu montante. Com efeito, e muito embora tais créditos subsistissem, não se extinguindo senão volvido um ano sobre a cessação do contrato (nos termos do art. 38º, nº 1, da LCT), o trabalhador deixava de os poder fazer valer contra o empregador[1101], como se deles houvesse, em definitivo, disposto[1102].

E terá sido justamente o propósito de evitar este resultado prático – de renúncia do trabalhador a créditos vencidos ou tornados exigíveis e de correspondente liberação do empregador – que terá determinado a opção do CT2003, mantida no CT2009, de explicitar a natureza relativa da presunção[1103]. Esta pode, em geral, ser ilidida mediante prova em contrário, recaindo o correspondente esforço probatório sobre o trabalhador sempre que este pretenda reclamar créditos que entenda não terem sido incluídos no montante recebido e, como tal, não satisfeitos[1104].

A realidade, contudo, é que a simples conformação como *iuris tantum* da presunção nos recentes textos legais pouco ou nada garante e menos ainda permite afirmar quanto à efectiva consecução do apontado desígnio. Um tal balanço suporia que essa solução, no contexto do modelo em que se insere e em correlação com os seus demais traços estruturantes, ao permitir, em geral, ilidir a presunção estribada na compensação pecuniária global, conferisse uma tal consistência aos créditos laborais das partes que, em definitivo, dissociasse a atribuição daquela e a abdicação destes pelo seu titular. O que, resulta da análise que acabámos de efectuar[1105], manifestamente não sucede entre nós.

---

evitar a inclusão e liquidação discriminada dos créditos emergentes do contrato de trabalho ou da sua cessação, substituindo-a por uma avaliação global que feche as contas definitiva e pacificamente, com preclusão da invocabilidade de outros créditos eventualmente não considerados naquele cálculo".

[1101] A menos que impugnasse a sua aceitação da compensação pecuniária de natureza global, invocando e provando, nos termos gerais, a ocorrência de algum vício na formação da vontade (erro, dolo, coacção moral). Advirta-se, em todo o caso, que nos parece dificilmente admissível esta impugnação selectiva, por respeitar apenas a uma vertente da composição de interesses mais vasta ajustada entre as partes, por ocasião e tendo em vista a extinção pactuada do vínculo laboral. Voltaremos a este ponto mais adiante, nos nºs 9.4 e 15.3.

[1102] Refira-se, a este propósito, porque especialmente ilustrativo do que se afirma no texto, o Ac. STJ de 13-7-2006 (Proc. nº 06S250) que, após constatar a inaplicabilidade, no caso (tratava-se de um "Acordo" entre trabalhador e empregador com vista à reforma antecipada do primeiro, v. *supra* o nº 5.2.3.2), do regime da revogação do contrato de trabalho, logo da presunção fundada na compensação pecuniária global conclui ser "óbvio que os créditos salariais referidos não podem ser considerados extintos com base na referida presunção".

[1103] Cfr. *supra* os nºs 2.7.2, 8.1 e 8.3.1.

[1104] Cfr. *supra* os nºs 8.3.1 e 8.3.3.

[1105] Cfr. supra o nº 8.3.3.

A REVOGAÇÃO DO CONTRATO DE TRABALHO

Significa isto que, em face do quadro normativo vigente, o trabalhador que receba uma compensação pecuniária global quando da extinção pactuada do seu contrato continua a ver fortemente comprimida a possibilidade de, em momento ulterior, invocar créditos laborais vencidos à data da cessação. Daí que nos pareça de concluir que, tal como sucedia no direito anterior, se bem que em medida e por motivos diversos, a aceitação daquela compensação se traduzirá ainda, as mais das vezes, numa efectiva (conquanto que não inteiramente intencionada) disposição desses créditos pelo trabalhador. O que constitui um dado incontornável a ponderar quando se trate de avaliar o nosso sistema sob a perspectiva da tutela do trabalhador, o que faremos mais adiante[1106].

9.3. Compensação pecuniária global, presunção de inclusão de créditos e natureza transaccional do acordo de revogação

A cessação pactuada do contrato de trabalho tem, não raro, como efeito, para lá da extinção do vínculo[1107], o acertar e encerrar de contas entre as partes, de modo a resolver e a prevenir litígios de modo especialmente firme e seguro.

Através da estipulação, juntamente com a revogação do contrato, de uma compensação global, trabalhador e empregador liquidam créditos laborais vencidos ou tornados exigíveis, compensam outros que reciprocamente detinham, desistem de créditos incertos ou controvertidos. E fazem-no em termos tendencialmente definitivos, por força da presunção de inclusão no montante daquela de todos os créditos vencidos e exigíveis[1108]. Por isso, em todas estas hipóteses, o acordo extintivo do contrato de trabalho, assume um incontestável carácter compromissório, que evidencia a sua natureza transaccional[1109] ou paratransaccional[1110].

[1106] Cfr. *infra* o nº 9.4.

[1107] Cfr. *supra* os nºs 5.1 e 5.2.

[1108] Referimo-nos, para já, unicamente à função de acerto de contas e de consequente definição e estabilização da situação das partes desempenhada pela compensação pecuniária global e pela presunção (relativa) de inclusão no respectivo montante de todos os créditos emergentes do vínculo laboral extinto. Mais adiante, serão também versadas as declarações do trabalhador com alcance abdicativo (sob a forma de quitações genéricas), as quais, quando reconductíveis a uma remissão abdicativa licitamente incluída no acordo extintivo do contrato, produzem um idêntico e, como veremos, complementar efeito de encerramento de contas e de prevenção de futuros litígios (cfr. *infra* o nº 12.4.3).

[1109] Neste sentido, perante o direito anterior ao CT2003, JOANA VASCONCELOS, "A Revogação do Contrato de Trabalho", 1997 cit., pp. 189-190, n. 51.

[1110] BERNARDO XAVIER/PEDRO FURTADO MARTINS, "A transacção em Direito do Trabalho: direitos indisponíveis, direitos inderrogáveis e direitos irrenunciáveis", *in Liberdade e Compromisso – Estudos dedicados ao Professor Mário Fernando de Campos Pinto*, Vol. II, Universidade Católica Editora, Lisboa, 2009, pág. 448, afirmando os AA que a revogação por acordo do contrato de trabalho tem "muito de transaccional", sobretudo quando acompanhada do estabelecimento de uma compensação global.

ATRIBUIÇÃO AO TRABALHADOR DE UMA COMPENSAÇÃO PECUNIÁRIA GLOBAL

São, com efeito, acentuadas as afinidades entre o acordo extintivo do vínculo laboral, quando tenha tal conteúdo, e o contrato de transacção, previsto e regulado nos arts. 1248º e segs. do CódCiv[1111].

A atribuição ao trabalhador e a aceitação por este de uma compensação pecuniária global a que a lei associa um efeito preclusivo da ulterior reclamação de créditos laborais[1112] corresponde à ideia de resolução e/ou prevenção de litígios – no caso, relativos a créditos laborais devidos de parte a parte – através de "recíprocas concessões", *i.e.*, de sacrifícios e benefícios correspectivos, que define a transacção[1113]. Igualmente exprime uma clara opção pela segurança e previsibilidade da solução pactuada[1114] – porventura menos benéfica, mas também menos aleatória – e pela recusa da incerteza quanto à ocorrência e/ou o desfecho de futuros litígios. Não menos significativamente, a compensação pecuniária global ajustada, enquanto expressão das recíprocas concessões das partes surge, em consonância com o art. 1248º, nº 2, do CódCiv, como um direito constituído *ex novo*[1115], em substituição dos créditos laborais de qualquer das partes[1116]. Finalmente, parece inquestionável que o modelo legal há duas décadas adoptado, assente no binómio compensação pecuniária global/ presunção de inclusão de créditos, prossegue, em claro paralelismo com a transacção, um objectivo de terminar e, sobretudo, de prevenir diferendos, actuais ou meramente eventuais, entre trabalhador e empregador[1117], através de uma

---

[1111] Para uma caracterização da transacção, nos seus elementos essenciais, v., entre outros, MENEZES LEITÃO, *Direito das Obrigações*, Vol. III, 6ª ed. Almedina, Coimbra, 2009 cit., pp. 587 segs.; PIRES DE LIMA/ ANTUNES VARELA, *Código Civil Anotado*, Vol. II, 1987 cit., pp. 856 segs; CASTRO MENDES, *Direito Processual Civil*, Vol. II, 1990 cit., pág. 443; JOSÉ ALBERTO DOS REIS, *Comentário*, Vol. 3º, 1946 cit., pp. 489 segs. e *infra* o nº 11.2.3.2, onde este ponto será tratado com mais desenvolvimento.

[1112] A menos que logre previamente afastar, quanto a tais créditos, a presunção de que foram incluídos no montante da compensação global. Neste sentido, ROSÁRIO PALMA RAMALHO, *Direito do Trabalho, Parte II*, 2008 cit., pág. 815.

[1113] V. JOSÉ ALBERTO DOS REIS, *Comentário*, Vol. 3º, 1946 cit., pp 489-490 e *infra* o nº 11.2.3.2.

[1114] O ponto tem sido versado por MONTEIRO FERNANDES que, ponderando a hipótese de ser acordado um montante inferior àquele a que o trabalhador porventura teria direito, conclui que este "pode bem preferir a certeza da compensação à incerteza do ressarcimento integral" (*Direito do Trabalho*, I, 1994 cit., pág. 472; *Direito do Trabalho*, 2006 cit., pág. 526; *Direito do Trabalho*, 2009 cit., pág. 554). V., ainda, *infra* o nº 11.2.3.2.

[1115] O que tem evidentes reflexos no seu regime. Cfr. *supra* o nº 5.2.3.3.1. Sobre os dois modos pelos quais podem, segundo o art. 1248º, nº 2, do CódCiv, efectivar-se as concessões recíprocas – redução do direito controvertido ou constituição, modificação ou extinção de direito diverso do controvertido (art. 1248º, nº 2, do CódCiv) v. MENEZES LEITÃO, *Direito das Obrigações*, Vol. III, 2009 cit., pág. 588; TEIXEIRA DE SOUSA, *Estudos sobre o Novo Processo Civil*, 1997 cit., pág. 207; JOSÉ ALBERTO DOS REIS, *Comentário*, Vol. 3º cit., pág. 495 e infra o nº 11.2.3.2.

[1116] BERNARDO XAVIER/PEDRO FURTADO MARTINS, "A transacção em Direito do Trabalho", 2009 cit., pp. 491-492.

[1117] Cfr. *infra* o nº 11.2.3.2.

A REVOGAÇÃO DO CONTRATO DE TRABALHO

composição equitativa dos interesses contrapostos de um e de outro. E que essa sua função não resulta comprometida pelo facto de, desde 2003, a lei admitir o afastamento da presunção mediante a prova em contrário: tal prova refere-se unicamente a créditos não abrangidos no montante da compensação global[1118] pelo que não prejudica, seja a sua consistência (*i.e.*, os termos em que esta foi ajustada), seja a definição da situação recíproca das partes dela resultante.

Esta aproximação do acordo de distrate à transacção é essencial à compreensão da vertente, que este frequentemente comporta, de meio de definição e estabilização da situação recíproca das partes quanto a créditos emergentes do contrato de trabalho extinto[1119].

Isto é especialmente nítido no que respeita à compensação pecuniária global e à presunção de inclusão de créditos no respectivo valor, que nesta perspectiva adquirem pleno sentido e justificação. Mas é também neste contexto, mais alargado, do acordo extintivo como composição de interesses patrimoniais contrapostos e controvertidos das partes, através de cedências mútuas e ajustes correspectivos, que devem ser abordadas as questões suscitadas pelas declarações de quitação total e plena do empregador subscritas pelo trabalhador nele insertas. Referimo-nos, evidentemente, à sua interpretação e qualificação como remissão abdicativa, bem como à admissibilidade e função desta, de que nos ocuparemos mais adiante[1120].

Por aqui se queda, contudo, a assimilação das duas figuras. De modo algum o acordo de revogação se reduz a uma transacção, constituindo, antes de mais, um acto de disposição pelo trabalhador de um seu direito certo e seguro – a estabilidade do seu vínculo laboral, sendo tal aspecto central na conformação da sua disciplina[1121]. E só acessória e eventualmente envolve uma solução próxima da transacção quanto a direitos emergentes do contrato de trabalho, mais exactamente de créditos laborais, retributivos ou não. Quando assim suceda, esse ajuste segue um regime próprio, informado por valorações específicas do ordenamento laboral, que diverge e afasta, em princípio, a aplicabilidade do regime constante dos arts. 1248º e segs. do CódCiv. Refira-se, porque especialmente ilustrativa, a exigência de "recíprocas concessões" como requisito substancial da transacção (art. 1248º, nº 1, do CódCiv). Se é certo que o acordo de revogação no qual é fixada uma compensação pecuniária global traduz uma composição de pretensões contrapostas, assente em cedências de parte a parte, não o é menos que a opacidade da compensação global, tal como a nossa lei a modela, implica

---

[1118] Cfr. supra os nºs 8.2 e 8.3.3.
[1119] Cfr. *supra* os nºs 2.1, 2.8 e 5.2.3.
[1120] Cfr. infra os nºs 12.1 a 12.4
[1121] Cfr. *supra* o nº 5.1.

246

ATRIBUIÇÃO AO TRABALHADOR DE UMA COMPENSAÇÃO PECUNIÁRIA GLOBAL

a não indicação da causa da sua atribuição e montante[1122] e, consequentemente, das "recíprocas concessões" que a suportam. Ora, não sendo tais "recíprocas concessões" apreensíveis, não serão evidentemente controláveis, desde logo quanto à sua adequação, proporção e suficiência. Tal controlo, possível e até necessário no quadro do regime comum da transacção[1123], mostra-se totalmente estranho ao regime laboral, para o qual parece bastar que a compensação pecuniária se apresente como "global" – qualquer que seja a relação entre o seu valor e o dos créditos que supostamente inclui – para que a presunção funcione[1124]. Por outro lado, e ao contrário do que sucede no regime comum da transacção, em que as partes "previnem ou terminam um litígio", encerrando em definitivo a questão, no regime laboral esse efeito de pacificação, traduzido na evitação de futuros litígios e obtido pela conjugação da compensação pecuniária global e da presunção nela baseada, não é pleno, ao menos no ano subsequente à cessação do contrato, durante o qual se admite a prova em contrário e a exigência de créditos não satisfeitos[1125]. Conforme teremos ocasião de verificar, perante o quadro normativo vigente, tal efeito de definitividade da composição ajustada obter-se-á unicamente por via de uma remissão abdicativa que, ao extinguir todos os créditos eventualmente detidos pelo trabalhador, preclude qualquer ulterior reclamação por parte deste[1126].

9.4. Compensação pecuniária global, presunção de inclusão de créditos, tutela do trabalhador e tutela do empregador

Os traços essenciais do modelo entre nós consagrado e o modo como este se repercute na esfera do trabalhador implicariam o desdobrar da sua tutela por duas vertentes – uma, prévia, relativa à compensação pecuniária global ajustada, mais exactamente ao seu montante e aos termos da sua fixação, outra, subsequente e reportada à presunção legal de inclusão naquela de todos os créditos

---

[1122] Cfr. *supra* o nº 7.1.

[1123] A questão será especificamente versada já no número seguinte e *infra* no nº 11.2.3.2

[1124] Cfr. *supra* os nºs 5.2.3.3.1 e 7.1

[1125] Cfr. *supra* o nº 8.1, 8.3.3 e 9.2.

[1126] Cfr. *infra* o nº 12.4.3. Justifica uma especial referência, por em nosso entender reflectir o que se afirma *supra* no texto, o Ac. RL de 9-4-2008 (Proc. nº 332/2008) cit. que, perante um acordo revogatório contendo uma cláusula que afirmava que "como compensação pecuniária de natureza global pela cessação do contrato a entidade patronal paga, nesta data (...) ao trabalhador, a quantia de (...), estando incluídos nessa compensação todos os créditos já vencidos e exigíveis, emergentes do contrato de trabalho e da sua cessação, dando o trabalhador a respectiva quitação", considerou que a declaração do trabalhador dela constante constituía elemento de "uma verdadeira remissão abdicativa" outorgada com o empregador, que extinguira todos os créditos a que se reportava.

A REVOGAÇÃO DO CONTRATO DE TRABALHO

vencidos e/ou tornados exigíveis, em particular sobre as condições e os limites em que esta pode ser afastada.

Sucede, porém, que no que se refere à primeira das apontadas vertentes, o nosso ordenamento laboral não prevê qualquer controlo da quantia ajustada a título de compensação pecuniária global. Mais, parece bastar-se com a sua simples qualificação como global pelas partes, desde logo para o efeito de lhe associar a consequência jurídica expressa na presunção[1127].

Ora, o reconhecimento do carácter transaccional ou paratransaccional ao acordo em que se ajuste uma compensação pecuniária global levaria, pelo menos, a ponderar a aplicabilidade, neste ponto, do regime comum da transacção. E a submeter, por força deste, a compensação pecuniária global, enquanto expressão das "recíprocas concessões" das partes no distrate, a um controlo do respectivo montante, o qual teria que exprimir sacrifícios e benefícios do trabalhador e do empregador, se não equivalentes, pelo menos não irrelevantes, numa composição equitativa dos seus interesses contrapostos[1128]. A verdade, porém, é que um tal controlo, porque supõe uma indagação dos concretos termos e ajustes que terão determinado a fixação do respectivo valor, resulta liminarmente inviabilizado perante a globalidade que caracteriza a compensação pecuniária atribuída ao trabalhador, tomada como indiscriminação dos títulos e fundamentos pelo qual é pago o seu montante[1129].

Voltando ao ordenamento laboral, e na ausência de quaisquer imposições ou limites quanto a este ponto, o facto de a compensação pecuniária global ajustada não comportar qualquer vantagem para o trabalhador (ou lhe conferir um benefício irrisório[1130]), não compromete, só por si, a sua válida estipulação ou o funcionamento da presunção assente na sua atribuição.

Diante de tal constatação, já foi entre nós defendido que sempre pode o trabalhador lançar mão do mecanismo de revogação do distrate (art. 350º do CT2009) para se libertar, sem grandes exigências probatórias, de uma composição de interesses que lhe seja objectivamente desvantajosa[1131]. Sucede, porém, que tal solução, não só não promove a correcção do montante ajustado, pois faz cessar, sem mais, o acordo revogatório pactuado como, mesmo nessa estrita perspectiva, se revela inadequada, por ser exígua a tutela que efectivamente

---

[1127] O ponto foi versado *supra* nos nºs 5.2.3.3.1. e 9.3.

[1128] Cfr. *supra* o nº 9.3 e *infra* o nº 11.2.3.2.

[1129] Cfr. *supra* o nº 7.1.

[1130] Sobre este ponto v. MONTEIRO FERNANDES, *Direito do Trabalho*, I, 1994 cit., pág. 472; *Direito do Trabalho*, 2006 cit., pág. 526; *Direito do Trabalho*, 2009 cit., pág. 554 e *supra* o nº 5.2.3.3.1.

[1131] LEAL AMADO, "A revogação do contrato de trabalho – nótula sobre os arts. 393º a 395º do CT", 2005 cit., pág. 102; *Contrato de Trabalho – à luz do novo Código do Trabalho*, 2009 cit., pág. 366.

ATRIBUIÇÃO AO TRABALHADOR DE UMA COMPENSAÇÃO PECUNIÁRIA GLOBAL

confere ao trabalhador, atento o limitado alcance com que é modelado no ordenamento vigente[1132].

Fora destas hipóteses, apenas quando tal estipulação não resulte de uma sua vontade livre e/ou esclarecida pode o trabalhador impugnar a aceitação de uma compensação pecuniária global irrelevante ou insatisfatória, com base no regime comum dos vícios na formação da vontade, cabendo-lhe, nos termos gerais, a invocação e prova dos correspondentes elementos e requisitos de relevância[1133]. Também esta solução tende a produzir a destruição de todo o acordo ajustado e não a eventual revisão ou correcção do seu montante. Este resultado, em teoria alcançável através dos regimes do erro sobre a base do negócio e da usura (arts. 252º, nº 2, 282º e 283º do CódCiv, respectivamente), os quais admitem a modificação do negócio "segundo juízos de equidade", mostra-se contudo dificilmente compaginável com a natureza global da compensação pecuniária[1134].

Tudo isto é pouco, na perspectiva da tutela do trabalhador. Sobretudo se se atentar nas consequências que um acordo de revogação que fixa uma compensação pecuniária global tipicamente envolve quanto aos seus créditos resultantes do vínculo laboral consensualmente extinto. Justificar-se-ia uma menor indiferença quanto a este ponto por parte do legislador laboral.

No que se refere à presunção de inclusão de créditos laborais das partes na quantia paga ao trabalhador a título de compensação pecuniária global, a tutela deste radica essencialmente na admissibilidade de prova em contrário, que, desde 2003, lhe é reconhecida pelo nosso ordenamento[1135]. A análise efectuada leva-nos, contudo, a concluir que esta recente opção do nosso legislador, movida por um intuito de garantir a "integralidade dos créditos devidos ao trabalhador"[1136], reforçando a sua posição neste domínio, se traduz afinal numa solução que verdadeiramente lhe promete mais do que lhe dá. As dificuldades com que se defronta a prova do contrário, conjugadas com a limitação do seu âmbito temporal e efeitos, determinam que seja escasso o benefício que delas retira o trabalhador[1137]. Logo, insuficiente a protecção que por tal via efectivamente se lhe confere.

Passando a considerar toda esta matéria na perspectiva do empregador, e repartindo a nossa análise pelas mesmas duas vertentes que identificámos a

---

[1132] Sobre este ponto v. *supra* o nº 2.7.3 e *infra* os nºs 14.1, 14.2 e 14.4.

[1133] Cfr. *infra* o nº 15.3

[1134] Todos estes pontos serão desenvolvidos mais adiante no nº 15.3.

[1135] Sobre este ponto, v. *supra* o nº 2.7.3 e *infra* o nº 8.3.1.

[1136] ROMANO MARTINEZ, *Da Cessação do Contrato*, 2006 ed. cit., pág. 442; *Direito do Trabalho*, 2007 cit., pág. 961; no mesmo sentido, JÚLIO GOMES, *Direito do Trabalho*, Vol. I, 2007 cit., pág. 942.

[1137] Cfr. *supra* o nº 8.3.3.

A REVOGAÇÃO DO CONTRATO DE TRABALHO

propósito da protecção do trabalhador, começaremos pela compensação pecuniária global, a qual surge, neste contexto, como um expediente especialmente apto à satisfação por este de créditos que porventura detenha sobre o trabalhador e que pode, no respectivo ajuste, fazer valer, *v.g.*, promovendo a respectiva compensação[1138]. Paralelamente, e por força da latitude com que foi *ab intio* modelada (tanto por via da sua natureza global, como do vasto elenco de créditos laborais que no seu montante se consideram abrangidos[1139]), a compensação pecuniária global pode traduzir as mais diversas composições de interesses pactuadas pelas partes. E pode, mesmo, exprimir a gestão pelo trabalhador, acertada com o empregador, de créditos laborais de outro modo irrenunciáveis (*v.g.*, prestações retributivas vencidas e não pagas, mas também férias não gozadas), que por tal via se têm como satisfeitos[1140]. Por último, pode constituir contrapartida – e, nessa medida, condicionar a própria admissibilidade – da remissão abdicativa pelo trabalhador de todos os eventuais créditos laborais que sobre o empregador detivesse[1141]. Tudo isto vale por dizer que através da atribuição ao trabalhador de uma compensação pecuniária global o empregador logra obter – por mais de uma via e naturalmente em graus variáveis – um efeito próximo da sua liberação quanto à generalidade dos créditos laborais vencidos e exigíveis àquele pertencentes.

Este último aspecto vem a ser reforçado pela ponderação da segunda das apontadas vertentes – a presunção de inclusão, no montante da compensação pecuniária global, de todos os créditos do trabalhador vencidos ou tornados exigíveis pela cessação do vínculo laboral. Porque estabiliza a definição da situação recíproca das partes quanto a créditos de uma e de outra emergentes do contrato de trabalho revogado (os quais se supõem extintos por qualquer forma por estas ajustada e reflectida na compensação pecuniária global), esta presunção opera inequivocamente "em benefício do empregador"[1142]. E se é certo que, em particular desde 2003, tal resultado se não produz de forma irreversível, podendo o trabalhador fazer prova do contrário e, com base nesta, reclamar um crédito afinal não extinto nos termos referidos, não o é menos que, perante as apontadas dificuldades e as limitações de vária ordem com que se defronta

---

[1138] Cfr. *supra* o nº 8.2.

[1139] Cfr. *supra* o nº 8.2.

[1140] O ponto será desenvolvido adiante no nº 12.2.3.

[1141] O ponto será desenvolvido adiante no nº 12.4.2.

[1142] Trata-se de um ponto desde cedo apontado, em termos com frequência críticos, pela nossa doutrina. Neste sentido, v., entre outros, LEAL AMADO, Cessação do Contrato de Trabalho por Mútuo Acordo e Compensação por Perda de Emprego", 1990 cit., pág. 13; *A Protecção do Salário*, 1993 cit., pág. 208, n. 51; "A revogação do contrato de trabalho – nótula sobre os arts. 393º a 395º do CT", 2005 cit., pág. 101; *Contrato de Trabalho – à luz do novo Código do Trabalho*, 2009 cit., pág. 365; JORGE LEITE, *Direito do Trabalho – Lições*, 1993 cit., pág. 519.

ATRIBUIÇÃO AO TRABALHADOR DE UMA COMPENSAÇÃO PECUNIÁRIA GLOBAL

tal prova, o seu efeito prático continua, em larga medida, a ser esse[1143]. Donde, pese embora a sua conformação como relativa desde 2003, esta presunção legal subsiste como solução sobretudo favorável ao empregador.

Refira-se, finalmente, que, tal como *supra* antecipámos, também o empregador pode, em princípio, ilidir a presunção assente na atribuição da compensação pecuniária global, em ordem a fazer valer contra o trabalhador determinado crédito não incluído no seu montante[1144]. Trata-se, naturalmente, de uma hipótese bastante remota, cujo principal obstáculo nos parece que residirá, não tanto nas dificuldades e limitações com que se defronta o trabalhador em situação simétrica, mas, sobretudo, na forte probabilidade de o exercício de tal pretensão pelo empregador se mostrar, no caso, inadmissível, por envolver *venire contra factum proprium.*

Chegados a este ponto, forçoso se torna concluir que o nosso ordenamento laboral se apresenta, nesta matéria, desequilibrado, pois se promove legítimos interesses do empregador não logra, contudo, assegurar uma adequada protecção ao trabalhador, cuja situação muito dificilmente se pode considerar acautelada – sendo certo que as alterações introduzidas em 2003 apenas vieram atenuar uma distorção que, conforme ficou demonstrado, permanece por resolver.

[1143] Cfr. *supra* os nºs 8.3.3 e 9.2.
[1144] Cfr. *supra* o nº 8.2.

Capítulo V
Renúncia pelo Trabalhador aos seus Créditos Emergentes do Contrato de Trabalho

10. Extinção consensual do contrato de trabalho, definição da situação das partes quanto a créditos dele emergentes e renúncia pelo trabalhador
Um dos principais objectivos desde sempre prosseguidos pela nossa disciplina laboral da cessação pactuada do contrato de trabalho é a definição, tanto quanto possível certa e segura, da situação recíproca das partes quanto a créditos daquele emergentes[1145].

No capítulo anterior evidenciámos como tal desígnio de estabilização era plenamente alcançado, no direito anterior ao CT2003, por via da tese, unanimemente sufragada pelos nossos tribunais superiores, da natureza absoluta da presunção de liquidação pela compensação pecuniária global de todos os créditos laborais vencidos ou tornados exigíveis, a qual obstaria a qualquer ulterior reclamação destes, num efeito prático próximo da renúncia[1146]. E como, com o esclarecimento, pelo CT2003, da natureza relativa da presunção e da consequente admissibilidade de prova em contrário, tal estabilização passou a ser meramente tendencial, ante a possibilidade de qualquer das partes invocar, no ano subsequente à extinção, créditos não abrangidos no montante global ajustado.

Sucede, porém, que mesmo durante a vigência do DL nº 64-A/89, subsistiu a prática de incluir nos acordos revogatórios cláusulas nas quais o trabalhador dava quitação total e plena ao empregador e afirmava nada mais ter a haver deste. Tais declarações, com claro intuito abdicativo, eram em tudo idênticas às

---

[1145] Cfr. *supra* os nºs 2.1 e 2.8.
[1146] Cfr. *supra* os nºs 8.1 e 9.2.

A REVOGAÇÃO DO CONTRATO DE TRABALHO

subscritas pelo trabalhador quando da cessação do contrato por qualquer outra forma. Contudo, a sua inclusão no texto do distrate, porque à primeira vista duplicava o efeito preclusivo da compensação pecuniária de natureza global e da presunção nela estribada, suscitava a questão da respectiva articulação. No presente quadro normativo, marcado pela exclusão da natureza irrefragável daquela presunção, é de prever que tais quitações amplas venham a adquirir um maior protagonismo, o que justifica que lhes dediquemos uma especial atenção.

Quanto à renúncia pelo trabalhador aos seus créditos laborais, há muito que os nossos tribunais superiores assumem uma posição de acentuada abertura em dois planos: a afirmação da plena disponibilidade daqueles, uma vez findo o contrato de trabalho, e a qualificação de tais declarações liberatórias amplas como elemento de um contrato de remissão abdicativa entre trabalhador e empregador, que extinguiria os créditos nelas abarcados.

Neste capítulo dedicado à abdicação de tais créditos pelo trabalhador quando da cessação pactuada do contrato, começaremos por versar as principais restrições à disposição pelo trabalhador dos seus créditos laborais, seus fundamentos e limites. Porque se trata de uma zona marcada por alguma flutuação terminológica, haverá, antes, que assentar algumas ideias quanto a várias noções que nos surgem, como indisponibilidade, inderrogabilidade e irrenunciabilidade. Num segundo momento, procederemos à análise das referidas declarações de quitação total e plena do empregador, procurando determinar se, e em que condições, podem estas exprimir uma vontade abdicativa do trabalhador, apta a extinguir todos os seus créditos laborais porventura subsistentes – contemplando especialmente a cessação pactuada do vínculo laboral e as várias questões que a propósito desta se suscitam.

11. Limitações à disposição pelo trabalhador dos seus créditos laborais

11.1. Indisponibilidade, inderrogabilidade, irrenunciabilidade

11.1.1. A indisponibilidade como total subtracção do direito à vontade do seu titular: os direitos indisponíveis em sentido próprio

A indisponibilidade constitui a nota característica de uma particular categoria de direitos – os direitos indisponíveis[1147] – totalmente subtraídos "ao jogo da

---

[1147] Sobre a categoria dos direitos indisponíveis, v., entre outros, LEBRE DE FREITAS/JOÃO REDINHA/RUI PINTO, *Código de Processo Civil Anotado*, Vol. 1º, Coimbra Editora, Coimbra, 1999, pp. 531 segs.; PIRES DE LIMA/ANTUNES VARELA, *Código Civil Anotado*, Vol. I, 1987 cit., pp. 272, 315 e Vol. II, 3ª ed., Coimbra Editora, Coimbra, 1986, pág. 858; CASTRO MENDES, *Direito Processual Civil*, Vol. I, AAFDL, Lisboa, 1990, pp. 210-211; JOSÉ ALBERTO DOS REIS, *Comentário ao Código de Processo Civil*, Vol. 3º, Coimbra Editora, Coimbra, 1946, pp. 518 segs; VAZ SERRA, *Prescrição Extintiva e Caducidade – Estudo de Direito Civil Português*,

RENÚNCIA PELO TRABALHADOR AOS SEUS CRÉDITOS

livre vontade do seu titular"[1148], a qual irreleva para efeitos da sua "transmissão, oneração e extinção"[1149]. Ao titular de um direito indisponível é vedado "influir de modo directo e imediato sobre a sua consistência ou destino"[1150] – seja através da modificação do seu conteúdo[1151] ou oneração, seja pela sua transmissão a outrem e, bem assim, pela sua extinção, por remissão, renúncia ou qualquer outro modo[1152].

Concretizando-se numa ligação especialmente intensa entre o direito e o seu titular[1153], a indisponibilidade perfila-se como significativa excepção à lata faculdade de disposição que a este é genericamente reconhecida pela ordem jurídica[1154] – a qual resulta, no essencial, suprimida no tocante à categoria dos direitos indisponíveis[1155] – determinada pela necessidade de acautelar interesses que, sendo de ordem pública, se impõem à autonomia privada.

---

de Direito Comparado e de Política Legislativa, Separata do *BMJ* (nºs 105-107), 1961, pp. 56 segs.; CAPELO DE SOUSA, *O Direito Geral de Personalidade*, Coimbra Editora, Coimbra, 1995, pág. 404; TEIXEIRA DE SOUSA, *Estudos sobre o Novo Processo Civil*, 2ª ed., Lex, Lisboa, 1997, pp. 201 segs.; PAIS DE VASCONCELOS, *Teoria Geral do Direito Civil*, 2008 cit., pp. 299 segs.; CARVALHO FERNANDES, *Teoria Geral do Direito Civil*, Vol. I, 5ª ed., Universidade Católica Editora, Lisboa, 2009, pág. 224, e Vol. II, 2007 cit., pág. 688.

[1148] CARVALHO FERNANDES, *Teoria Geral do Direito Civil*, Vol. I, 2009 cit., pág. 224. No mesmo sentido, v. JOSÉ ALBERTO DOS REIS, *Comentário*, Vol. 3º, 1946 cit., pág. 518.

[1149] Enquanto vertentes da disposição. V. OLIVEIRA ASCENSÃO, *Direito Civil – Teoria Geral*, Vol. III, 2002 cit., pág. 144; PAIS DE VASCONCELOS, *Teoria Geral do Direito Civil*, 2008 cit., pág. 299.

[1150] MANUEL DE ANDRADE, *Teoria Geral da Relação Jurídica*, Vol. II, 6ª reimp., Coimbra Editora, Coimbra, 1983, pág. 66, acrescentando sugestivamente o A que "dispor de um direito" é "fazer dele o que se quer" (*idem, ibidem*).

[1151] A modificação do conteúdo de um direito, adverte MANUEL DE ANDRADE, *Teoria Geral da Relação Jurídica*, Vol. II, 1983 cit., pág. 66, só será considerada disposição quando importe a sua "redução ou enfraquecimento" (ficando fora do conceito de actos dispositivos ou disposições patrimoniais as modificações que importem "um incremento ou reforço do mesmo direito"). No mesmo sentido, OLIVEIRA ASCENSÃO, *Direito Civil – Teoria Geral*, Vol. III, 2002 cit., pág. 151.

[1152] Sobre o conteúdo da faculdade de disposição, MANUEL DE ANDRADE, *Teoria Geral da Relação Jurídica*, Vol. II, 1983 cit., pp. 66-67; OLIVEIRA ASCENSÃO, *Direito Civil – Teoria Geral*, Vol. III, 2002 cit., pág. 144; MENEZES CORDEIRO, *Tratado de Direito Civil Português*, I, Tomo I, 2005 cit., pág. 427; CARVALHO FERNANDES, *Teoria Geral do Direito Civil*, Vol. II, 2007 cit., pág. 589; CAPELO DE SOUSA, *O Direito Geral de Personalidade*, 1995 cit., pág. 404, n. 1003; PAIS DE VASCONCELOS, *Teoria Geral do Direito Civil*, 2008 cit., pp. 299 segs.

[1153] A "ligação incindível" a que se referem MANUEL DE ANDRADE, *Teoria Geral da Relação Jurídica*, Vol. I, 1983 cit., pp. 36 segs., e HÖRSTER, *A Parte Geral do Código Civil Português*, 1992 cit., pág. 272.

[1154] No sentido da autonomia da faculdade de disposição, seguindo o ensinamento de PAULO CUNHA, v., por todos, CARVALHO FERNANDES, *Teoria Geral do Direito Civil*, Vol. II, 2007 cit. pág. 589. Em sentido diverso, incluindo a faculdade de disposição ("que põe a tónica na natureza permissiva do conjunto e na possibilidade da sua transmissão") nas "faculdades clássicas atribuídas ao proprietário" (sendo a propriedade, neste domínio, "paradigmática" face aos outros direitos patrimoniais), MENEZES CORDEIRO, *Tratado de Direito Civil Português*, I, Tomo I, 2005 cit., pág. 427.

[1155] CARVALHO FERNANDES, *Teoria Geral do Direito Civil*, Vol. II, 2007 cit., pág. 589 limita expressamente a faculdade de disposição aos direitos disponíveis: "a faculdade de disposição, existindo na esfera jurídica de cada pessoa, refere-se a todos os direitos subjectivos de que ela seja titular", pelo que "cada pessoa não tem tantas faculdades de disposição quantos os direitos (disponíveis) de que seja titular, mas uma faculdade de disposição genérica, alheia ou exterior àqueles direitos, embora a eles se reportando e conferindo ao respectivo titular a possibilidade de deles dispor juridicamente".

A REVOGAÇÃO DO CONTRATO DE TRABALHO

Nesta acepção, própria[1156], a indisponibilidade radica, com efeito, e antes de mais, na natureza dos bens que mediante a atribuição de tais direitos se visa tutelar – "bens pessoalíssimos"[1157], porque inerentes e essenciais à pessoa do titular[1158] – mas também na relevância da sua função económico-social e dos interesses de cuja realização são instrumento[1159].

Quanto aos direitos que integram esta categoria, há muito que a nossa doutrina, na ausência de uma qualquer definição ou critério legal, converge em qualificar como indisponíveis os direitos de natureza pessoal ou não patrimonial[1160], mais exactamente os direitos da personalidade[1161], os direitos relativos ao estado e capacidade das pessoas[1162], os direitos e situações jurídicas familiares de conteúdo não patrimonial[1163].

[1156] Em ordem a acentuar o contraste com a figura, a seguir versada, da "indisponibilidade limitada" poderíamos, de forma imprópria, mas seguramente sugestiva, designar esta indisponibilidade como "plena", "total" ou "absoluta". Não o faremos, contudo, pois, conforme teremos ocasião de demonstrar, a diferença entre uma e outra não é apenas de grau ou medida, residindo essencialmente na natureza muito diversa dos interesses que cada uma pretende acautelar (v. o nº seguinte), pelo que continuaremos a referi-la como indisponibilidade *tout court* ou *proprio sensu*.

[1157] MENEZES CORDEIRO, *Tratado de Direito Civil Português*, I, Tomo I, 2005 cit.,pág. 373, GUILHERME DRAY, *Direitos de Personalidade – Anotações ao Código Civil e ao Código do Trabalho*, Almedina, Coimbra, 2006, pág. 27, referindo-se os AA aos direitos de personalidade.

[1158] CAPELO DE SOUSA, *O Direito Geral de Personalidade*, 1995 cit., pp. 402-404. São especialmente esclarecedoras neste contexto (apesar de reportadas aos direitos de personalidade) as referências do A ao carácter essencial, inerente, inseparável e necessário de certos bens jurídicos relativamente à pessoa do titular do direito (que justificaria a limitação dos correspondentes poderes jurídicos).

[1159] VAZ SERRA, *Prescrição Extintiva e Caducidade*, 1961 cit., pág. 56; CAPELO DE SOUSA, *O Direito Geral de Personalidade*, 1995 cit., pág. 402, n. 997.

[1160] Neste sentido, entre outros, MANUEL DE ANDRADE, *Teoria Geral da Relação Jurídica*, Vol. I, cit., pág. 38. Sobre os direitos pessoais ou não patrimoniais, definidos pela sua insusceptibilidade de avaliação em dinheiro ou, na fórmula sugestiva de MENEZES CORDEIRO, pela "proibição", pela ordem jurídica, dos "negócios que postulem a sua troca por dinheiro", entre outros, MENEZES CORDEIRO, *Tratado de Direito Civil Português*, I, Tomo I, 2005 cit., pág. 308; CARVALHO FERNANDES, *Teoria Geral do Direito Civil*, Vol. I, 2009 cit., pp. 148 e 224 e Vol. II, cit., pág. 581; CAPELO DE SOUSA, *O Direito Geral de Personalidade*, 1995 cit., pág. 414.

[1161] HÖRSTER, *A Parte Geral do Código Civil*, 1992 cit., pág. 267; CARVALHO FERNANDES, *Teoria Geral do Direito Civil*, Vol. II, 2007 cit., pág. 688; PIRES DE LIMA/ANTUNES VARELA, *Código Civil Anotado*, Vol. I, 1987 cit., pág 272; VAZ SERRA, *Prescrição Extintiva e Caducidade*, 1961 cit., pág. 58; CAPELO DE SOUSA, *O Direito Geral de Personalidade*, 1995 cit., pág. 413; PAIS DE VASCONCELOS, *Teoria Geral do Direito Civil*, 2005 cit., pág. 299. Com idêntico alcance, MOTA PINTO, *Teoria Geral do Direito Civil*, 2005 cit., pág. 215, afirma que os direitos de personalidade "são inalienáveis e irrenunciáveis dada a sua essencialidade relativamente à pessoa, da qual constituem o núcleo mais profundo".

[1162] CARVALHO FERNANDES, *Teoria Geral do Direito Civil*, Vol. II, 2007 cit., pág. 688; VAZ SERRA, *Prescrição Extintiva e Caducidade*, 1961 cit., pp. 63 segs. No mesmo sentido, JOSÉ ALBERTO DOS REIS, *Comentário*, Vol. 3º, 1946 cit., pp. 519-520; TEIXEIRA DE SOUSA, *Estudos sobre o Novo Processo Civil*, 1997 cit., pp. 201 segs.

[1163] MANUEL DE ANDRADE, *Teoria Geral da Relação Jurídica*, Vol. I, 1983 cit., pág. 38; CARVALHO FERNANDES, *Teoria Geral do Direito Civil*, Vol. II, 2007 cit., pág. 688; HÖRSTER, *A Parte Geral do Código Civil*, 1992 cit., pág. 267; PIRES DE LIMA/ANTUNES VARELA, *Código Civil Anotado*, Vol. I, 1987 cit., pág 272; JOSÉ ALBERTO DOS

RENÚNCIA PELO TRABALHADOR AOS SEUS CRÉDITOS

Paralelamente, constitui entendimento generalizado que em matéria de direitos patrimoniais[1164] a regra é a sua disponibilidade[1165] – pelo que podem tais direitos, em princípio, e salvo quando a lei estabeleça o contrário[1166], ser transmitidos, onerados e extintos por vontade do seu titular[1167].

Os direitos indisponíveis estão submetidos a um regime específico, que se retira de um conjunto de disposições substantivas e adjectivas que se lhes referem, sem mais, e que se traduz, essencialmente, na inaplicabilidade do regime comum em matéria de prescrição, de confissão e de transacção. Nesse sentido, o art. 298º, nº 1, do CódCiv limita a prescrição aos "direitos que não sejam indisponíveis"[1168]. Por seu turno, o art. 354º, al. b), do CódCiv recusa valor probatório à confissão que recaia "sobre factos relativos a direitos indisponíveis"[1169]. Com alcance idêntico, o art. 299º, nº 1, do CPC veda a confissão que importe "a afirmação da vontade das partes relativamente a direitos indisponíveis"[1170], enquanto o seu art. 485º, al. c), exclui os efeitos da revelia (*maxime* a confissão,

---

REIS, *Comentário*, Vol. 3º, 1946 cit., pp. 520 segs. e 523 segs; VAZ SERRA, *Prescrição Extintiva e Caducidade*, 1961 cit., pp. 63 segs.; TEIXEIRA DE SOUSA, *Estudos sobre o Novo Processo Civil*, 1997 cit., pp. 201 segs.; PAIS DE VASCONCELOS, *Teoria Geral do Direito Civil*, 2008 cit., pág. 300.

[1164] Os direitos patrimoniais definem-se pela sua susceptibilidade de avaliação em dinheiro ou, como nota MENEZES CORDEIRO, pelo facto de a sua "troca por dinheiro" ser "admitida pelo Direito". V., entre outros, MENEZES CORDEIRO, *Tratado de Direito Civil Português*, I, Tomo I, 2005 cit., pág. 308; CARVALHO FERNANDES, *Teoria Geral do Direito Civil*, Vol. I, 2009 cit., pp. 148 e 224 e Vol. II, cit., pág. 581; MOTA PINTO, *Teoria Geral do Direito Civil*, 2005 cit., pp. 344-346; CAPELO DE SOUSA, *O Direito Geral de Personalidade*, 1995 cit., pág. 414.

[1165] MANUEL DE ANDRADE, *Teoria Geral da Relação Jurídica*, Vol. I, cit., pág. 38; OLIVEIRA ASCENSÃO, *Direito Civil – Teoria Geral*, Vol. III, 2002 cit., pág. 144; CARVALHO FERNANDES, *Teoria Geral do Direito Civil*, Vol. II, 2007 cit., pp. 582 e 589; PAIS DE VASCONCELOS, *Teoria Geral do Direito Civil*, 2008 cit., pág. 300.

[1166] Como sucede, *v.g.*, em matéria de alimentos, por força do art. 2008º do CódCiv. Sobre este ponto, v. PIRES DE LIMA/ANTUNES VARELA, *Código Civil Anotado*, Vol. I, 1987 cit., pág 315; PAIS DE VASCONCELOS, *Teoria Geral do Direito Civil*, 2008 cit., pág. 300.

[1167] OLIVEIRA ASCENSÃO, *Direito Civil – Teoria Geral*, Vol. III, 2002 cit., pág. 144, sublinhando o A que "o princípio geral da nossa ordem jurídica é o da disponibilidade das situações jurídicas".

[1168] V., entre outros, CARVALHO FERNANDES, *Teoria Geral do Direito Civil*, Vol. II, 2007 cit., pág. 688; PIRES DE LIMA/ANTUNES VARELA, *Código Civil Anotado*, Vol. I, 1987 cit., pág 272; PAIS DE VASCONCELOS, *Teoria Geral do Direito Civil*, 2008 cit., pág. 299.

[1169] V., entre outros, MANUEL DE ANDRADE, *Noções Elementares de Processo Civil*, 1979 cit., pp. 166 e 243; CASTRO MENDES, *Direito Processual Civil*, Vol. I, 1990 cit., pág. 206; *Direito Processual Civil*, Vol. II, AAFDL, Lisboa, 1990, pp. 441-443 e 697 segs.; TEIXEIRA DE SOUSA, *As Partes, o Objecto e a Prova na Acção Declarativa*, Lex, Lisboa, 1995, pp. 241-242; *Estudos sobre o Novo Processo Civil*, 1997 cit., pág. 325; ANTUNES VARELA/J.M. BEZERRA/SAMPAIO E NORA, *Manual de Processo Civil*, 2ª ed., Coimbra Editora, Coimbra, 1985, pp. 449-450.

[1170] Sobre este ponto, v., entre outros, MANUEL DE ANDRADE, *Noções Elementares de Processo Civil*, 1979 cit., pp. 166 e 243; CASTRO MENDES, *Direito Processual Civil*, Vol. I, 1990 cit., pág. 206, e Vol. II, 1990 cit., pp. 441-443 e 592-593; TEIXEIRA DE SOUSA, *As Partes, o Objecto e a Prova*, 1995 cit., pp. 241-242; *Estudos sobre o Novo Processo Civil*, 1997 cit., pp. 201 segs.; LEBRE DE FREITAS/JOÃO REDINHA/RUI PINTO, *Código de Processo Civil Anotado*, Vol. 1º, 1999 cit., pp. 530 segs.

A REVOGAÇÃO DO CONTRATO DE TRABALHO

nos termos do seu art. 484º, nº 1) nas situações em que "a vontade das partes" seja "ineficaz para produzir o efeito jurídico que pela acção se pretende obter", *i.e.*, sempre que os factos que haveria de considerar confessados respeitem a direitos indisponíveis[1171]. Finalmente, e no que se refere à transacção, estabelece o art. 1249º do CódCiv que esta não pode incidir sobre direitos de que as partes não possam dispor[1172], enquanto o art. 299º, nº 1, do CPC impede a transacção que importe "a afirmação da vontade das partes relativamente a direitos indisponíveis"[1173]. Todas estas soluções têm como objectivo comum tornar tais direitos plenamente inatingíveis pela vontade dispositiva do respectivo titular, evitando que indirectamente[1174] – por via dos mecanismos da prescrição[1175], da confissão ou da transacção – sejam defraudados os objectivos de tutela subjacentes à supressão da faculdade de disposição do seu titular, mediante a obtenção, por este, de um resultado prático (transmissão, oneração, extinção) que lhe estaria vedado atingir por qualquer outra via (*v.g.*, negócio jurídico)[1176].

11.1.2. A indisponibilidade limitada, parcial ou relativa como mera compressão da faculdade de disposição do direito pelo seu titular

Não é, contudo, nesta acepção – enquanto plena subtracção do direito à faculdade de disposição do seu titular – que a indisponibilidade nos surge habitualmente no domínio laboral, a propósito dos créditos do trabalhador.

[1171] Sobre esta solução, que constitui uma das quatro hipóteses de "revelia inoperante" previstas no art. 485º do CPC, v. MANUEL DE ANDRADE, *Noções Elementares de Processo Civil*, 1979 cit., pp. 166 e 243; LEBRE DE FREITAS/MONTALVÃO MACHADO/RUI PINTO, *Código de Processo Civil Anotado*, Vol. 2º Vol. 2º, Coimbra Editora, Coimbra, 2001, pp. 275 segs.; CASTRO MENDES, *Direito Processual Civil*, Vol. II, 1990 cit., pp. 592-593; TEIXEIRA DE SOUSA, *Estudos sobre o Novo Processo Civil*, 1997 cit., pp. 209 segs.; ANTUNES VARELA/J.M. BEZERRA/SAMPAIO E NORA, *Manual de Processo Civil*, 1985 cit., pp. 449-450.

[1172] Sobre este ponto, v. PIRES DE LIMA/ANTUNES VARELA, *Código Civil Anotado*, Vol. II, 1986 cit., pp. 857-858.

[1173] Sobre este ponto, v. LEBRE DE FREITAS/JOÃO REDINHA/RUI PINTO, *Código de Processo Civil Anotado*, Vol. 1º, 1999 cit., pp. 530 segs.; CASTRO MENDES, *Direito Processual Civil*, Vol. II, 1990 cit., pp. 441-443; TEIXEIRA DE SOUSA, *Estudos sobre o Novo Processo Civil*, 1997 cit., pp. 201 segs.

[1174] E até eventualmente, *i.e.*, de modo não intencional. Sobre este ponto, v. MANUEL DE ANDRADE, *Noções Elementares de Processo Civil*, 1979 cit., pág. 166; CASTRO MENDES, *Direito Processual Civil*, Vol. I, 1990 cit., pág. 206.

[1175] Referindo-se especificamente à prescrição, sublinha VAZ SERRA que "se o titular não pode, mediante um negócio jurídico, dispor do direito, não pode igualmente provocar a extinção do direito em consequência da sua inércia em exercê-lo" (*Prescrição Extintiva e Caducidade*, 1961 cit., pág. 57).

[1176] MANUEL DE ANDRADE, *Noções Elementares de Processo Civil*, 1979 cit., pág. 166; CASTRO MENDES, *Direito Processual Civil*, Vol. I, 1990 cit., pág. 206; JOSÉ ALBERTO DOS REIS, *Comentário*, Vol. 3º, 1946 cit., pág. 518. CASTRO MENDES refere-se, a este propósito (*maxime* das soluções referidas no texto em matéria de revelia e de confissão), a um princípio geral de direito processual – o "princípio da submissão aos limites substantivos", nos termos do qual se às partes é vedado conseguir certo efeito jurídico fora do processo, "não deve ser lícito à pura vontade das partes conseguir tal efeito através das actuações processuais: (...) nem directamente, nem indirectamente, nem eventualmente" (*op. loc. cits.*).

RENÚNCIA PELO TRABALHADOR AOS SEUS CRÉDITOS

Estes são, com frequência, qualificados como indisponíveis porque a lei veda e/ou limita, quanto a determinados direitos ou a categorias mais latas, certas formas de disposição por aquele.

A construção e a afirmação desta indisponibilidade "limitada"[1177], "parcial"[1178] ou "relativa"[1179] dos direitos do trabalhador devem-se, sobretudo, à doutrina e jurisprudência italianas, na elaboração que há mais de sessenta anos vêm desenvolvendo em torno do art. 2113 do *Codice Civile*[1180].

Há muito, porém, que esta noção deu entrada no nosso ordenamento, não apenas no direito laboral, mas também no direito sucessório[1181] e no direito

---

[1177] GHERA, *Diritto del Lavoro*, 2008 cit., pág. 229; ICHINO, *Il Contrato di Lavoro*, III, 2003 cit, pág. 603.; PERA, *Le Rinunce.e le Transazioni*, 1990 cit., pág. 43; SUPPIEJ/DE CRISTOFARO/CESTER, *Diritto del Lavoro – Il Rapporto Individuale* cit., pág. 444.

[1178] GHERA, *Diritto del Lavoro*, 2008 cit., pág. 229; MAZZOTTA, *Diritto del Lavoro*, 2007 cit., pág. 841.

[1179] ARANGUREN, *La Tutela dei Diritti dei Lavoratori*, 1981 cit., pág. 44; VALLEBONA, *Istituzioni di Diritto del Lavoro, II*, 2008 cit., pág. 767.

[1180] Procurando sintetizar o que *supra* se tratou com mais desenvolvimento (nº 3.1.2), a jurisprudência e a doutrina italianas fundam-se nas notas mais características do regime do art. 2113 referido no texto – em especial na necessidade de remoção do acto abdicativo, na legitimidade exclusiva do trabalhador para a sua impugnação, na conformação do prazo como de caducidade, na inderrogabilidade da fonte (legal ou convencional) como único parâmetro para apreciar a validade do acto celebrado, na sua sanação pela sua não impugnação tempestiva e na expressa previsão da validade das *rinunzie* e *transazioni* celebradas em determinadas sedes (judicial, administrativa e sindical), com integração da vontade do trabalhador – para concluir que, apesar de o trabalhador não poder abdicar "a favor do empregador" (GHEZZI/ROMAGNOLI) dos seus direitos derivados de disposições inderrogáveis, caso considere "conveniente o acto de disposição celebrado, pode torná-lo definitivamente válido pela simples omissão de impugnação no prazo" (VALLEBONA). Daí que "os direitos atribuídos ao trabalhador por normas inderrogáveis da lei ou de contrato colectivo" não possam "considerar-se, sem mais, indisponíveis, se bem que não possam considerar-se, também, plenamente disponíveis" (ICHINO): são, antes, "e em plena fidelidade à letra e ao espírito da norma, limitadamente disponíveis" (PERA). Não se trata, com efeito, de uma "verdadeira e própria subtracção da disposição do direito ao seu titular (...) mas antes de um exercício da faculdade de disposição dentro de certos limites ou requisitos, impostos para garantia do interesse do trabalhador individualmente considerado à conservação do tratamento mínimo imposto ao empregador pelas normas da lei e dos contratos colectivos" (GHERA). O que vale por dizer que "nenhum dos direitos inerentes à relação de trabalho pode considerar-se absolutamente indisponível" (SUPPIEJ/DE CRISTOFARO/CESTER).

[1181] Sob a designação genérica de "casos de indisponibilidade relativa", o CódCiv, nos seus arts. 2192º a 2198º, declara nulas as disposições testamentárias feitas a favor dos seguintes sujeitos: "tutor, curador ou administrador legal de bens" (do interdito ou inabilitado); "médico ou enfermeiro que tratar do testador" ou "sacerdote que lhe prestar assistência espiritual" ("se o testamento for feito durante a doença e o seu autor vier a falecer desta"); "pessoa com quem o testador casado cometeu adultério"; "notário ou entidade com funções notariais que lavrou o testamento público ou aprovou o testamento cerrado, ou a favor da pessoa que escreveu este, ou das testemunhas, abonadores ou intérpretes que intervierem no testamento ou na sua aprovação". De acordo com o entendimento prevalecente na nossa doutrina, estas "indisponibilidades relativas" aproximam-se da ilegitimidade (e não da incapacidade), pois fundam-se "numa especial posição" do testador "em relação a certas pessoas" e visam "a

A REVOGAÇÃO DO CONTRATO DE TRABALHO

processual civil[1182], muito embora seja no primeiro que tem tido uma aplicação e difusão sem paralelo noutras áreas.

Começando pela lei, o art. 56º da LCT referia-se em epígrafe à "indisponibilidade" do direito a férias, cuja "irrenunciabilidade" proclamava depois no seu texto[1183].

Na doutrina, a "indisponibilidade", cujo "campo" seria "no direito do trabalho muito mais amplo" que no domínio do direito comum[1184], foi sendo associada, ao conjunto dos direitos abrangidos pela previsão do art. 6º, nº 3, do DL nº 372-A/75[1185]

---

defesa da própria liberdade de testar", contra o eventual "aproveitamento", por parte do beneficiário, da posição de fragilidade ou dependência do testador. Sobre esta matéria v., entre outros, CARVALHO FERNANDES, *Lições de Direito das Sucessões*, 2ª ed., Quid Juris, Lisboa, 2001, pp. 441 segs.; HÖRSTER, *A Parte Geral do Código Civil*, 1992 cit., pp. 348-349; GUILHERME DE OLIVEIRA, *O Testamento – Apontamentos*, s.d., pp. 21-22; GALVÃO TELLES, *Sucessão Testamentária*, Coimbra Editora, Coimbra, 2006, pp. 31 segs. Pesem embora as evidentes diferenças entre as várias situações contempladas nestas normas e a do trabalhador que pretenda, no decurso da relação laboral, renunciar, modificar ou extinguir certos créditos (*v.g.*, retributivos) por acordo com o empregador, avulta uma substancial e patente afinidade entre ambas. Com efeito, o que se pretende em todas estas hipóteses é proteger um determinado sujeito – o testador, o trabalhador – que se encontra, pelas mais variadas razões, numa situação de vulnerabilidade, de fragilidade, até de inferioridade relativamente a outro (ou outros) – os beneficiários das disposições proibidas, o empregador – que, não configurando uma situação de incapacidade, envolve, todavia, um incontornável risco de aproveitamento de tal situação por parte destes últimos. E o meio encontrado é o mesmo: a imposição de limitações à liberdade de disposição do sujeito (dos seus bens, por testamento, dos seus créditos laborais, na pendência do vínculo laboral), mas unicamente quando exercida em relação a tais sujeitos – donde a sua qualificação como "relativa", não apenas pela nossa lei, mas, muito sugestivamente, também por alguns AA italianos (ARANGUREN, *La Tutela dei Diritti dei Lavoratori*, 1981 cit., pág. 42; FERRARO, "Rinunzie e Transazione del Lavoratore", 1991 cit., pág. 5; VALLEBONA, *Istituzioni di Diritto del Lavoro, II*, 2008 cit., pág. 767).

[1182] No domínio do processo civil, as noções de indisponibilidade absoluta e relativa surgem-nos a propósito da admissibilidade quanto a determinados direitos, dos chamados negócios de auto-composição do litígio (confissão, desistência, transacção), totalmente excluída na primeira hipótese, admitida quanto a algum ou alguns desses negócios, na segunda. Neste sentido, v. LEBRE DE FREITAS/ JOÃO REDINHA/RUI PINTO, *Código de Processo Civil Anotado*, Vol. 1º, 1999 cit., pp. 530 segs.; CASTRO MENDES, *Direito Processual Civil*, Vol. I, 1990 cit., pp. 206 segs.; TEIXEIRA DE SOUSA, *Estudos sobre o Novo Processo Civil*, 1997 cit., pp. 201 segs. Para CASTRO MENDES (*op. loc. cits.*), as situações de indisponibilidade relativa constituiriam ainda, como as de indisponibilidade absoluta, concretizações do "princípio da submissão aos limites substantivos" (cfr. o número anterior).

[1183] Sobre este preceito, v., ALMEIDA POLICARPO/MONTEIRO FERNANDES, *Lei do Contrato de Trabalho Anotada*, 1970 cit., pp. 142 segs.

[1184] JOSÉ ANTÓNIO MESQUITA, "Renúncia pelos trabalhadores aos direitos sobre a entidade patronal", 1980 cit., pág. 44.

[1185] Mas apenas "na vigência da relação de trabalho", advertiam MORAIS ANTUNES/RIBEIRO GUERRA, *Despedimentos e outras formas de cessação do contrato de trabalho*, 1984 cit., pág. 22; MONTEIRO FERNANDES, *Noções Fundamentais de Direito do Trabalho*, Vol. 1, 1987 cit., pág. 417. Sobre esta norma, com mais desenvolvimento, v. *supra* o nº 2.4.3.

RENÚNCIA PELO TRABALHADOR AOS SEUS CRÉDITOS

e, para lá dos vários regimes que se sucederam, ao direito a férias[1186] e à retribuição[1187].

Também na jurisprudência, tanto do TC, como dos nossos tribunais superiores, são correntes as alusões à "indisponibilidade" limitada dos seus créditos laborais pelo trabalhador. Nesse sentido, o Ac. TC nº 600/2004 sublinha que com a cessação do vínculo laboral "tende a dissipar-se a situação de subordinação jurídica e económica que justifica a indisponibilidade de (certos) direitos do trabalhador"[1188]. Paralelamente, na jurisprudência das Relações e do STJ há muito que se consolidou a orientação tendente a limitar a "indisponibilidade"[1189]

[1186] Referindo-se à LCT, JOSÉ ANTÓNIO MESQUITA, "Renúncia pelos trabalhadores aos direitos sobre a entidade patronal", 1980 cit., pág. 44; perante a LFFF; MENEZES CORDEIRO, *Manual de Direito do Trabalho*, 1991 cit., pag. 710; BRITO CORREIA, *Direito do Trabalho*, I, 1980-1981 cit., pág. 206; MONTEIRO FERNANDES, *Noções Fundamentais de Direito do Trabalho*, Vol. 1, 6ª ed., Almedina, Coimbra, 1987, pág. 316; *Noções Fundamentais de Direito do Trabalho*, I, 1994 cit., pág. 357; e já na vigência do CT2003, sublinhando a sua natureza "parcialmente indisponível", atento o disposto no art. 211º, ROMANO MARTINEZ, *Direito do Trabalho*, 2007 cit., pág. 562.

[1187] Na vigência da LCT, mas referindo-se apenas aos "salários mínimos", JOSÉ ANTÓNIO MESQUITA, "Renúncia pelos trabalhadores aos direitos sobre a entidade patronal", 1980 cit., pág. 44. No mesmo sentido, mas referindo-se a todos os créditos retributivos, MORAIS ANTUNES/RIBEIRO GUERRA, *Despedimentos e outras formas de cessação do contrato de trabalho*, 1984 cit., pág. 22, considerando ser apenas a estes que se referia o art. 6º, nº 3, do DL nº 372-A/75. Reportando-se à LCT e ao respectivo regime de tutela, sublinhava MENEZES CORDEIRO que a retribuição não seguia "em pontos importantes, o regime dos direitos patrimoniais privados", apontando como exemplo o seu carácter "indisponível", pois nos termos do seu art. 97º "o trabalhador não pode ceder, a título gratuito ou oneroso, os seus créditos a retribuições (*Manual de Direito do Trabalho*, 1991 cit., pág. 710). Mais recentemente, ROSÁRIO PALMA RAMALHO, referindo-se às "diversas normas" que no regime da retribuição constante do CT "concretizam o princípio da intangibilidade" respectiva, conclui que "os créditos remuneratórios do trabalhador são irrenunciáveis e parcialmente indisponíveis, não podendo ser cedidos a terceiros na parcela da indisponibilidade" (*Direito do Trabalho, Parte II*, 2008 cit., pp. 582-583). Sobre o princípio da relativa intangibilidade da retribuição, segundo o qual "pelo menos uma parte da retribuição do trabalhador nunca lhe pode ser retirada", v. ROSÁRIO PALMA RAMALHO, *Direito do Trabalho, Parte II – Situações Laborais Individuais*, 2008 cit., Almedina, Coimbra, 2008, pág. 582.

[1188] Ac. nº 660/2004, de 12 de Outubro de 2004 (Proc. nº 797/03), com texto integral disponível em www.tc.pt.

[1189] Refiram-se, entre outros, na jurisprudência das Relações, os Acs. RL de 26-5-1980 (Proc. nº 1047, *in CJ*, 1980, pp. 244-245); RP de 18-4-1983 (Proc. nº 3356, *in CJ*, 1983, II, pp. 204 segs.); RC de 12-4-1984 (Proc. nº 31672, *in CJ*, 1984, II, pág. 96); RC de 31-5-1984 (Proc. nº 31928, *in CJ*, 1984, III, pp. 115 segs.); RP de 19-11-1984 (Proc. nº 3324, *in CJ*, 1984, V, pág. 293); RC de 16-12-1986 (Proc. nº 36816, *in CJ*, 1986, V, pp. 113-114); RC de 12-1-1988 (Proc. nº 39177, *in CJ*, 1988, I, pág. 96); RE de 26-5-1988 (Proc. nº 72/86, *in CJ*, 1988, III, pág. 331); RE de 17-11-1988 (Proc. nº 75/86, *in CJ*, 1988, V, pp. 289-290); RE de 30-1-1990 (Proc. nº 12, *in CJ*, 1990, I, pág. 318); RL de 6-6-1990 (Proc. nº 6260, *in CJ*, 1990, III, pág. 191); RC de 5-6-1991 (Proc. nº 6976, *in CJ*, 1991, III, pp. 217-218); RP de 21-10-1991 (Proc. nº 368, *in CJ*, 1991, IV, pág. 289); RL de 11-1-1995 (Proc. nº 9719, *in CJ*, 1995, II, pág. 172); RP de 3-2-1997 (Proc. nº 138/95, *in CJ*, 1984, I, pág. 275); RP de 19-9-2005 (Proc. nº 0512318), RP de 8-5-2006 (Proc. nº 0542317), RP de 9-10-2006 (Proc. nº 0612742), relativos ainda ao direito anterior ao CT2003, e os Acs. RC 11-1-2007 (Proc. nº 355/05), RE de 23-10-2007 (Proc. nº 2008/07) e RL de 16-1-2008 (Proc. nº 7884/2007), que aplicam o CT. Quanto à jurisprudência do STJ, v., *inter alia*, os Acs. de 23-7-1982 (Proc. nº 321, *in BMJ* nº 319, pp. 237 segs.); de 11-10-1983 (Proc. nº 522, *in BMJ* nº 330, pp. 436 segs.); de 4-4-1986 (Proc. nº 1233, *in BMJ*

A REVOGAÇÃO DO CONTRATO DE TRABALHO

dos créditos laborais do trabalhador à vigência do contrato de trabalho[1190] – tornando-se estes, com a sua extinção[1191] (ou com a sua mera cessação de facto, devido a um acto ilícito do empregador[1192]), "livremente disponíveis"[1193], uma vez cessadas a subordinação[1194] e a dependência económica[1195] que a justificam.

Procurando sintetizar os traços essenciais desta indisponibilidade "limitada", "parcial" ou "relativa", diríamos que o seu alcance é mais restrito e o seu âmbito bem diverso do da indisponibilidade *proprio sensu supra* versada[1196]. Com efeito, e ao contrário desta, que se traduz na completa supressão da faculdade de disposição do titular[1197], a indisponibilidade "limitada" envolve a sua mera compressão[1198], mediante a interdição de algumas formas de disposição do direito, e apenas enquanto se mantiverem determinados pressupostos que a motivam. Por outro lado, refere-se unicamente a direitos patrimoniais, por via de regra livremente disponíveis[1199].

Significa isto que a indisponibilidade que na doutrina e na jurisprudência laborais surge associada aos créditos do trabalhador – acompanhada, ou não, dos qualificativos "limitada", "parcial" ou relativa" – de modo algum corresponde à que caracteriza os direitos indisponíveis verdadeiros e próprios, *supra* versados[1200]. Dirigindo-se à tutela de bens inerentes e essenciais à pessoa do seu titular e, por

---

nº 356, pp. 183 segs.); de 14-2-1991 (Proc. nº 2635, *in BMJ* nº 404, pp. 303 segs.); de 3-4-1991 (Proc. nº 2908, *in BMJ* nº 406, pp. 433 segs.); de 2-4-1992 (Proc. nº 3203, *in BMJ* nº 416, pp. 485 segs.); de 27-5-1992 (Proc. nº 3348, *in BMJ* nº 417, pp. 545 segs.); de 20-11-2003 (Proc. nº 01S4270), de 3-3-2005 (Proc. nº 04S3154) e de 5-4-2006 (Proc. nº 05S3822), que fazem aplicação do direito anterior e os Acs. de 31-10-2007 (Proc. nº 1442/07) e de 6-2-2008 (Proc. nº 07S741), que aplicam já o CT2003. Os acórdãos sem indicação de publicação estão integralmente disponíveis em www.dgsi.pt.

[1190] V., entre outros, os Acs. RP de 19-9-2005 (Proc. nº 0512318), RP de 8-5-2006 (Proc. nº 0542317), RP de 9-10-2006 (Proc. nº 0612742), RC 11-1-2007 (Proc. nº 355/05), RE de 23-10-2007 (Proc. nº 2008/07), RL de 16-1-2008 (Proc. nº 7884/2007), STJ de 3-3-2005 (Proc. nº 04S3154), STJ de 5-4-2006 (Proc. nº 05S3822) e STJ de 31-10-2007 (Proc. nº 1442/07) STJ de 6-2-2008 (Proc. nº 07S741).

[1191] Acs. RP de 9-10-2006 (Proc. nº 0612742), RC 11-1-2007 (Proc. nº 355/05), RL de 16-1-2008 (Proc. nº 7884/2007), Acs. STJ de 20-11-2003 (Proc. nº 01S4270), STJ de 5-4-2006 (Proc. nº 05S3822) e STJ de 6-2-2008 (Proc. nº 07S741), *inter alia*.

[1192] Acs. RC de 11-1-2007 (Proc. nº 355/05) e RL de 16-1-2008 (Proc. nº 7884/2007) cits.

[1193] Acs. RP de 19-9-2005 (Proc. nº 0512318), RC de 11-1-2007 (Proc. nº 355), RL de 16-1-2008 (Proc. nº 7884/2007-4), STJ de 20-11-2003 (Proc. nº 01S4270) e STJ de 6-2-2008 (Proc. nº 07S741) cits.

[1194] Acs. RP de 19-9-2005 (Proc. nº 0512318), RC de 11-1-2007 (Proc. nº 355/05), RE de 23-10-2007 (Proc. nº 2008/07), RL de 16-1-2008 (Proc. nº 7884/2007), STJ de 31-10-2007 (Proc. nº 1442/07) e STJ de 6-2-2008 (Proc. nº 07S741) cits.

[1195] Acs. RP de 19-9-2005 (Proc. nº 0512318), RC de 11-1-2007 (Proc. nº 355/05) e STJ de 6-2-2008 (Proc. nº 07S741) cits.

[1196] Neste sentido, VAZ SERRA, *Prescrição Extintiva e Caducidade*, 1961 cit., pág. 58.

[1197] GHERA, *Diritto del Lavoro*, 2008 cit., pág. 229.

[1198] GHERA, *Diritto del Lavoro*, 2008 cit., pág. 229.

[1199] Cfr. *supra* o nº 11.1.1.

[1200] Cfr. *supra* o nº 11.1.1.

RENÚNCIA PELO TRABALHADOR AOS SEUS CRÉDITOS

isso, deles inseparáveis, tais direitos envolvem a total supressão da faculdade de disposição por parte daquele – traduzindo-se numa indisponibilidade que, por contraste com a anterior, se poderia, muito impropriamente, designar como "plena" ou "absoluta". Contudo, a diferença entre uma e outra, não é de mais insistir, não é apenas de grau ou medida.

A ideia de indisponibilidade limitada, mais que representar uma categoria *a se*[1201], tem um valor essencialmente descritivo[1202] e aglutinador de uma pluralidade de hipóteses – tão diversas entre si quantas as opções que neste domínio se oferecem ao legislador – tendo como denominador comum a compressão da faculdade de disposição do direito pelo seu titular (pela interdição de algumas das formas de actuação nela incluídas)[1203], com alcance transitório (porque temporalmente balizado ou, pelo menos, condicionado à subsistência de determinados pressupostos) e, não menos relevante, o respeitarem a direitos de conteúdo claramente patrimonial. A efectiva modelação destas diversas situações, o elenco de direitos abrangidos, a maior ou menor amplitude e intensidade das limitações introduzidas releva essencialmente do direito positivo[1204], na medida em que exprime opções concretas do legislador tendo em conta os interesses que por esta via se pretendem acautelar. E que são essencialmente interesses do trabalhador, relacionados com a sua situação de subordinação e, não rara, dependência económica ou necessidade, que enfraquecem, durante a vigência da relação laboral, o seu poder contratual perante o empregador. É esta a situação que constitui fundamento e critério para a introdução de restrições à livre gestão pelo trabalhador dos seus direitos patrimoniais laborais que envolva a negociação e/ou a celebração de acordos ou outras composições de interesses com o empregador, tal como é a sua cessação que dita o fim de tais restrições. E muito embora a concreta fisionomia de determinados direitos possa impor uma maior latitude ou intensidade a essas mesmas restrições (como sucede, *v.g.*, com a retribuição ou com a indemnização por acidente de trabalho), a perspectiva mantém-se: não há, neste domínio, direitos a requerer uma tutela "absoluta", nem resulta alterada a finalidade de protecção que as justifica. Toda

---

[1201] Contra a afirmação de uma categoria intermédia, em que o direito apenas parcialmente é subtraído à liberdade de disposição normalmente reconhecida ao titular, por considerar que tem "carácter contraditório" (pois "por definição não é indisponível aquilo de que, pelo menos em parte ou por certa forma, se pode afinal dispor") e que "contribui para dificultar a exposição de um quadro conceptual coerente que propicie a correcta aplicação das normas que se referem aos direitos indisponíveis", BERNARDO XAVIER/PEDRO FURTADO MARTINS, "A transacção em Direito do Trabalho", 2009 cit., pág. 451.

[1202] GHERA, *Diritto del Lavoro*, 2008 cit., pág. 233; MAZZOTTA, *Diritto del Lavoro*, 2007 cit., pág. 845.

[1203] *V.g.*, mediante a consagração, em maior ou menor grau, da sua irrenunciabilidade, intransigibilidade, intransmissibilidade ou incompensabilidade.

[1204] SUPPIEJ/DE CRISTOFARO/CESTER, *Diritto del Lavoro*, 2005 cit., pág. 444.

A REVOGAÇÃO DO CONTRATO DE TRABALHO

esta matéria se situa num plano diverso do da tutela objectiva de valores *supra* individuais, ligados à pessoa – os quais têm a sua sede própria na categoria dos direitos indisponíveis *proprio sensu*, cuja aplicabilidade no domínio do direito do trabalho (como sucede, *v.g.*, com os direitos da personalidade) não carece evidentemente de demonstração[1205].

Sendo assim, os créditos laborais do trabalhador não estão de modo algum submetidos ao regime traçado para os direitos indisponíveis *proprio sensu,* quedando-se patentemente fora da previsão das normas que, em matéria de prescrição, transacção ou outras, se referem aos direitos "indisponíveis" ou de que o respectivo titular "não pode dispor". Este entendimento resulta, aliás, confirmado pela expressa sujeição, comum aos diversos ordenamentos, dos direitos laborais do trabalhador a prescrição[1206]. Igualmente relevante nesta perspectiva é o facto, já aludido, de as limitações à faculdade de disposição do trabalhador cessarem (ou resultarem muito atenuadas) com o desaparecimento dos pressupostos que genericamente as justificavam[1207], tornando-se os direitos em causa "plenamente disponíveis"[1208], o que dificilmente se coaduna com ideia de total supressão desta que inspira o regime dos direitos indisponíveis, todo ele dirigido a evitar que o seu titular deles venha a dispor por qualquer modo[1209].

[1205] Neste sentido, expressamente, ICHINO, *Il Contrato di Lavoro*, III, 2003 cit., pp. 601-602. Entre nós, apontando "certas posições jurídicas de índole pessoal do trabalhador", susceptíveis de serem qualificadas como "verdadeiros direitos indisponíveis" (como o direito à igualdade de tratamento ou à filiação sindical), BERNARDO XAVIER/PEDRO FURTADO MARTINS, "A transacção em Direito do Trabalho", 2009 cit., pp. 453 e 455.
Sublinhando a relevância da inclusão no articulado do CT2003 de uma subsecção relativa aos direitos da personalidade com maior projecção na relação de trabalho (que o CT2009 manteve) e que se perfila como especial relativamente ao regime constante dos arts. 70º e segs. do CódCiv, v. JOSÉ JOÃO ABRANTES, "O Novo Código do Trabalho e os Direitos de Personalidade do Trabalhador", *in A Reforma do Código do Trabalho*, Coimbra Editora, Coimbra, 2004, pp. 159-160; GUILHERME DRAY, *Direitos de Personalidade*, 2006 cit., pp. 61 segs.; MARIA REGINA REDINHA, "Os Direitos de Personalidade no Código do Trabalho, *in A Reforma do Código do Trabalho*, Coimbra Editora, Coimbra, 2004, pp. 162-163.
[1206] Sublinham a sujeição expressa dos créditos laborais do trabalhador a prescrição como evidência da sua natureza não indisponível *proprio sensu*, entre nós, LEAL AMADO, *A Protecção do Salário* 1993 cit., pág. 216; BERNARDO XAVIER/PEDRO FURTADO MARTINS, "A transacção em Direito do Trabalho", 2009 cit., pág. 454. Referindo-se especificamente ao direito italiano, afirma PERA que "os direitos do trabalhador não são indisponíveis pela simples razão de que os mesmos", por força do direito vigente, em orientação sancionada pela *Corte Costituzionale*, "são prescritíveis" (*Le Rinunce e le Transazioni*, 1990 cit., pág. 36). Em sentido idêntico, ICHINO (*Il Contrato di Lavoro*, III, 2003 cit., pág. 603) sublinha "o facto de o direito do trabalhador à retribuição ou ao *tratamento di fine rapporto*" ser "explicitamente sujeito pelo *Codice Civile* à prescrição, sendo certo que o mesmo dela isenta explicitamente os direitos indisponíveis".
[1207] Em geral com a cessação do contrato de trabalho – é o que resultava *a contrario* do art. 270º, nº 1, do CT2003 e, agora, do art. 279º, nº 1, do CT2009, mas que constituía já entendimento pacífico da doutrina e jurisprudência anteriores.
[1208] Esta a expressão utilizada pela nossa jurisprudência maioritária.
[1209] Sobre este ponto, v. *supra* o nº 11.1.1.

RENÚNCIA PELO TRABALHADOR AOS SEUS CRÉDITOS

Será, pois, tendo presentes todas estas distinções e ressalvas – em especial quanto à sua não recondução, quer à categoria da indisponibilidade verdadeira e própria, quer a uma autónoma categoria *a se*, dotada de um regime próprio – que continuaremos a referir-nos à indisponibilidade "limitada" dos direitos laborais do trabalhador, por ser uma expressão especialmente ilustrativa e pelas amplas difusão e consolidação de que goza, também entre nós, no domínio laboral.

11.1.3. A inderrogabilidade como insusceptibilidade de disposição antecipada do direito emergente de norma imperativa

Em matéria de limitações à disposição pelo trabalhador dos seus direitos emergentes da relação laboral, surge-nos ainda a noção de inderrogabilidade, da norma e dos direitos por esta atribuídos.

São inderrogáveis os direitos que "derivam de normas de direito necessário e que possuem como característica essencial a circunstância de não consentirem uma modelação contratual que tenha por efeito afastar a aquisição do direito através da não aplicação da norma que o atribui"[1210].

A inderrogabilidade da norma, implicando a irrelevância da vontade das partes quanto à sua não aplicação, projecta-se no momento da constituição do direito e da conformação da relação, garantindo, em qualquer caso, a aquisição daquele pelo seu titular[1211] e obstando, nessa medida, à sua disposição antecipada, *i.e.*, antes de verificados os pressupostos dessa mesma aquisição. Significa isto que a inderrogabilidade impede a renúncia prévia aos direitos atribuídos ao trabalhador por normas legais ou convencionais injuntivas[1212]. A razão é evidente e radica na imperatividade da norma e da protecção por ela deferida ao trabalhador. A norma inderrogável "predetermina o possível conteúdo da relação de trabalho"[1213], impedindo a inclusão no contrato de "uma disciplina contrastante"[1214] com a sua. A "autonomia das partes" é "fortemente comprimida", sendo a estipulação em contrário "substituída de pleno direito" por aquela e "considerada pelo ordenamento *tamquam non esset*"[1215].

[1210] BERNARDO XAVIER/PEDRO FURTADO MARTINS, "A transacção em Direito do Trabalho", 2009 cit., pág. 456.

[1211] SUPPIEJ/DE CRISTOFARO/CESTER, *Diritto del Lavoro*, 2005 cit., pág. 444; VALLEBONA, *Istituzioni di Diritto del Lavoro, II*, 2008 cit., pág. 759.

[1212] BERNARDO XAVIER/PEDRO FURTADO MARTINS, "A transacção em Direito do Trabalho", 2009 cit., pp. 456-457.

[1213] SUPPIEJ/DE CRISTOFARO/CESTER, *Diritto del Lavoro*, 2005 cit., pág. 443.

[1214] PERA, *Le Rinunce e Le Transazioni*, 1990 cit., pág. 35.

[1215] ICHINO, *Il Contrato di Lavoro*, Vol. III, 2003 cit., pág. 605; no mesmo sentido SUPPIEJ/DE CRISTOFAR/CESTER, *Diritto del Lavoro*, 2005 cit., pág. 443; VALLEBONA, *Istituzioni di Diritto del Lavoro, II*, 2008 cit., pág. 759. A abordagem que seguimos no texto é largamente tributária daquela que há muito se consolidou na doutrina juslaboral italiana e que assenta na distinção entre um plano ou momento genético, relativo à aquisição do direito e à disciplina da relação – no qual se suscita a questão, versada no texto, da

A REVOGAÇÃO DO CONTRATO DE TRABALHO

Há muito que o nosso ordenamento laboral prescreve a ineficácia (e não a invalidade) de qualquer acto dispositivo do trabalhador que se traduza numa renúncia prévia a direitos previstos em normas imperativas, fazendo prevalecer a disciplina injuntiva legal ou convencional e garantindo a aquisição do direito pelo trabalhador. Não é outro o sentido dos arts. 3°, nº 4, 121°, nº 2, e 476° do CT2009[1216] (que retomam o essencial dos arts. 4°, nº 3, 114°, nº 2, e 531° do CT2003[1217] e, bem assim, dos arts. 14°, nº 2, da LCT e 14°, nº 1, da LRCT[1218]) que asseguram uma "imperatividade mínima"[1219], ao prescrever que as cláusulas contratuais que importem um tratamento menos favorável para o trabalhador (ou que, sem mais, derroguem normas injuntivas[1220]) são substituídas pelas normas legais ou colectivas correspondentes[1221].

inderrogabilidade da norma e dos seus reflexos na renúncia prévia ao direito por esta atribuído –, e um plano ou momento funcional ou de gestão desse mesmo direito, uma vez ingressado na esfera do trabalhador – no qual se situam as repercussões da mesma inderrogabilidade sobre a sua plena disponibilidade pelo trabalhador (traduzidas no direito italiano, no art. 2113 do *Codice Civile*). O ponto foi desenvolvido *supra* no nº 3.1.2, para onde se remete.

[1216] Sobre estes preceitos, v. LEAL AMADO, *Contrato de Trabalho – à luz do novo Código do Trabalho*, 2009 cit., Pp. 40 segs.; PEDRO MADEIRA DE BRITO, Anotação ao art. 121° *in* ROMANO MARTINEZ/LUÍS MIGUEL MONTEIRO/JOANA VASCONCELOS/PEDRO MADEIRA DE BRITO/GUILHERME DRAY/LUÍS GONÇALVES DA SILVA, *Código do Trabalho Anotado*, 8^a ed., 2009 cit.; MONTEIRO FERNANDES, Direito do Trabalho, 2009 cit., pp. 125-126; ROSÁRIO PALMA RAMALHO, *Direito do Trabalho, Parte I – Dogmática Geral*, 2009 cit., pp. 305 segs.; LUÍS GONÇALVES DA SILVA, Anotação ao art. 3° e Anotação ao art. 476°, *in* ROMANO MARTINEZ/LUÍS MIGUEL MONTEIRO/JOANA VASCONCELOS/PEDRO MADEIRA DE BRITO/GUILHERME DRAY/LUÍS GONÇALVES DA SILVA, *Código do Trabalho Anotado*, 8^a ed., 2009 cit.

[1217] Neste sentido, referindo-se genericamente a todos os direitos do trabalhador, LEAL AMADO, *A Protecção do Salário*, 1993 cit., pp. 203-204 e 210-211; e, especificamente, à retribuição MENEZES CORDEIRO, *Manual de Direito do Trabalho*, 1993 cit., pág. 734; ROMANO MARTINEZ, *Direito do Trabalho*, 2007 cit., pág. 612; BERNARDO XAVIER, *Curso de Direito do Trabalho*, 1993 cit., pág. 404; *Iniciação ao Direito do Trabalho*, 2005 cit., pág. 348 (mas apenas, salvaguarda o A, na parte dos valores mínimos assegurados por lei ou por convenção colectiva).

[1218] Sobre estes preceitos, v., entre outros, ROMANO MARTINEZ, *Direito do Trabalho*, 2007 cit., pp. 264 segs.; ROSÁRIO PALMA RAMALHO, *Direito do Trabalho, Parte II*, 2008 cit., pp. 180 segs.; BERNARDO XAVIER, *Curso de Direito do Trabalho*, I, 2004 cit., pp. 633 segs.; *Iniciação ao Direito do Trabalho* 2005 cit., pp. 186 segs.;

[1219] BERNARDO XAVIER, *Curso de Direito do Trabalho*, I, 2004 cit., pág. 636.

[1220] Para uma distinção e caracterização das várias categorias de normas laborais a que alude o art. 3° do CT2009, referido no texto (como o art. 4° do CT2003 que o antecedeu): imperativas ou injuntivas, "de ordem pública legal", as quais se subdividem em "imperativas absolutas", as quais "não podem ser afastadas nem em sentido mais favorável nem em menos favorável aos trabalhadores (bidireccionais)" e "imperativas relativas, que podem ser afastadas em sentido mais favorável para o trabalhador (unidireccionais)", por um lado, e "colectivo-dispositivas", *i.e.*, "colectivamente disponíveis, podendo ser modificadas por convenção colectiva mesmo em sentido menos favorável para o trabalhador, mas não por contrato individual" e "facultativas (supletivas) que podem ser afastadas por contrato individual ou que permitem uma intervenção do contrato individual em excepção às regras gerais de tutela do trabalhador", por outro v. BERNARDO XAVIER, *Curso de Direito do Trabalho*, I, 2004 cit., pp. 629-630 e, ainda, ROSÁRIO PALMA RAMALHO, *Direito do Trabalho, Parte I – Dogmática Geral*, 2009 cit., pp. 305-306.

[1221] Os preceitos citados no texto constituem concretizações do que CARVALHO FERNANDES designa "eficácia imediata da norma imperativa" e que se contrapõe à eficácia meramente "sancionatória" da mesma. Assim, enquanto esta última – baseada, entre nós, no art. 294° do CódCiv – actua

RENÚNCIA PELO TRABALHADOR AOS SEUS CRÉDITOS

Refira-se, por último, que da inderrogabilidade da norma não resulta, sem mais, a interdição de o trabalhador dispor dos direitos dela emergentes. A garantia dos valores por aquela tutelados transcende, em regra, o momento da aquisição do direito e projecta-se no subsequente, da sua gestão, uma vez ingressado na esfera daquele. Mas não necessariamente pela supressão da faculdade de disposição *a posteriori*[1222]: a inderrogabilidade da norma não implica "a absoluta indisponibilidade" do direito[1223]. O que não exclui, evidentemente, que a mesma finalidade de protecção subjacente à disciplina legal ou convencional imperativa determine a aposição de limites mais ou menos pronunciados à disposição do direito já adquirido, de modo a complementar a tutela deferida quando da sua génese[1224].

11.1.4. Irrenunciabilidade, insusceptibilidade de renúncia e "exercício necessário" do direito

A irrenunciabilidade refere-se a uma particular forma de extinção do direito, a renúncia[1225] (que quando referida aos direitos de crédito se designa remissão[1226]),

---

num "papel negativo", assegurando, através da invalidação da cláusula e/ou do negócio desconforme, "que a violação convencional da norma imperativa não prevalece", à "eficácia mediata" corresponde um "papel positivo", de "efectiva aplicação da composição de interesses imperativamente consagrada na norma", por via da qual se assegura a pretendida tutela de uma das partes. Neste sentido, e para maiores desenvolvimentos, v. CARVALHO FERNANDES, *A Conversão dos Negócios Jurídicos Civis*, 1993 cit., pp. 536 segs.; *Teoria Geral do Direito Civil*, Vol. II, 2007 cit., pp. 397 segs.

[1222] Entre outros, MAZZONI, *Manuale di Diritto del Lavoro*, Vol. I, 1988 cit., pág. 1010; MAZZOTTA, *Diritto del Lavoro*, 2007 cit., pág. 845; PERA, *Le Rinunce e le Transazioni*, 1990 cit., pp. 34 segs. e 41; SUPPIEJ/DE CRISTOFARO/CESTER, *Diritto del Lavoro*, 2005 cit., pág. 444.

[1223] FERRARO, "Rinunzie e Transazione del Lavoratore", 1991 cit., pág. 5.

[1224] VALLEBONA, *Istituzioni di Diritto del Lavoro, II*, 2008 cit., pág. 762 e *supra* o nº 3.1.2.

[1225] Sobre o conceito de renúncia, v., entre outros, PEREIRA COELHO, *A Renúncia Abdicativa no Direito Civil, Studia Iuridica*, nº 8, Coimbra Editora, Coimbra, 1995, pp. 7 segs.; ALMEIDA COSTA, *Direito das Obrigações*, 2008 cit., pág. 1115; CARVALHO FERNANDES, *Lições de Direitos Reais*, 6ª ed., Quid Iuris, Lisboa, 2009, pp. 256 segs.; MENEZES LEITÃO, *Direito das Obrigações*, Vol. II, 2008 cit., pp. 219 segs.; MANUEL HENRIQUE MESQUITA, *Obrigações Reais e Ónus Reais*, Almedina, Coimbra, 1990, pp. 365 segs.; PIRES DE LIMA/ANTUNES VARELA, *Código Civil Anotado*, Vol. II, 1986 cit., pág. 155; ANTUNES VARELA, *Das Obrigações em Geral*, Vol. II, 1997 cit., pp. 242 segs.

[1226] PEREIRA COELHO, *A Renúncia Abdicativa*, 1995 cit., pp. 107 segs.; PIRES DE LIMA/ANTUNES VARELA, *Código Civil Anotado*, Vol. II, 1986 cit., pág. 155; ANTUNES VARELA, *Das Obrigações em Geral*, Vol. II, 1997 cit., pp. 243 segs.

Porque, apesar da sua estrutura necessariamente contratual, a remissão "é no seu cerne uma renúncia ao direito de crédito", uma "renúncia aceite pelo devedor" (ANTUNES VARELA, *op. cit.*, pág. 249), utilizaremos indistintamente os termos renúncia e remissão para referir a extinção dos créditos laborais por vontade do trabalhador. Seguimos, pois, quanto a este ponto, a orientação de LEAL AMADO, *A Protecção do Salário*, 1993 cit., pág. 201; *Contrato de Trabalho – à luz do novo Código do Trabalho*, 2009 cit., pág. 323.

A REVOGAÇÃO DO CONTRATO DE TRABALHO

a qual se analisa numa "declaração dispositiva extintiva"[1227], *i.e.*, numa "manifestação da faculdade de disposição" do seu titular, "no exercício da qual a extinção de um direito se dá por mero efeito de um acto voluntário"[1228] deste (o qual carece, no caso da remissão, da "aceitação dessa abdicação"[1229] pelo devedor[1230]).

Mais exactamente, a irrenunciabilidade traduz-se na interdição ao titular de tal forma de disposição do direito[1231] e, nessa medida, constitui uma das várias formas, porventura a mais intensa, que pode revestir a "compressão" da faculdade de disposição do titular a que corresponde a "indisponibilidade relativa"[1232].

Porque obsta a que o titular decida não beneficiar do direito[1233], removendo-o da sua esfera jurídica (e da própria ordem jurídica), com ou sem intenção de

---

[1227] PEREIRA COELHO, *A Renúncia Abdicativa*, 1995 cit., pág. 81.

[1228] CARVALHO FERNANDES, *Lições de Direitos Reais*, 2009 cit., pág. 256.

[1229] MENEZES LEITÃO, *Direito das Obrigações*, Vol. II, 2008 cit., pág. 220.

[1230] A renúncia é, em regra, um negócio unilateral: a declaração extintiva ou abdicativa do renunciante opera, só por si, a extinção do direito, não tendo, designadamente, "como destinatário pessoa determinada" (ANTUNES VARELA). Sobre este ponto, v., entre outros, CARVALHO FERNANDES, *Lições de Direitos Reais*, 2009 cit., pág. 246; PIRES DE LIMA/ANTUNES VARELA, *Código Civil Anotado*, Vol. II, 1986 cit., pág. 155; MANUEL HENRIQUE MESQUITA, *Obrigações Reais e Ónus Reais*, 1990 cit., pág. 365, ANTUNES VARELA, *Das Obrigações em Geral*, Vol. II, 1997 cit., pág. 249; em sentido parcialmente diverso, sustentando que "as renúncias atributivas deverão ser, em princípio, renúncias contratuais", PEREIRA COELHO, *A Renúncia Abdicativa*, 1995 cit., pág. 40.

Não obstante, a remissão reveste sempre natureza contratual, sendo necessário, nesta hipótese, o consentimento do devedor para a extinção do direito – é o que prescreve o art. 863º, nº 1, do CódCiv. Sobre este ponto, v. ALMEIDA COSTA, *Direito das Obrigações*, 2008, cit., pp. 1114-1115; PEREIRA COELHO, *A Renúncia Abdicativa*, 1995 cit., pp. 107 segs.; MENEZES LEITÃO, *Direito das Obrigações*, Vol. II, 2008 cit., pp. 220 segs; PIRES DE LIMA/ANTUNES VARELA, *Código Civil Anotado*, Vol. II, 1986 cit., pág. 155. Sobre as razões que terão determinado a opção do nosso ordenamento por tal solução, em detrimento da que constava do Anteprojecto Vaz Serra (que, na senda do direito italiano, admitia a remissão, desde que gratuita, por declaração unilateral do credor, podendo o efeito extintivo ser destruído pela declaração de recusa do devedor), v., por todos, ANTUNES VARELA, *Das Obrigações em Geral*, Vol. II, 1997 cit., pp. 244 segs.

A aceitação pelo devedor da proposta do remitente pode manifestar-se de forma tácita e, até, através do silêncio, nos termos gerais dos arts. 234º e 218º CódCiv, respectivamente. Neste sentido, ALMEIDA COSTA, *Direito das Obrigações*, 2008 ed., cit., pág. 1040; PIRES DE LIMA/ANTUNES VARELA, *Código Civil Anotado*, Vol. II, 1986 cit., pág 155; ANTUNES VARELA, *Das Obrigações em Geral*, Vol. II, 1997 cit., pág. 246. Sobre o regime constante destes preceitos, v., por todos, CARVALHO FERNANDES, *A Conversão dos Negócios Jurídicos Civis*, 1993 cit., pp. 536 segs.; *Teoria Geral do Direito Civil*, Vol. II, 2007 cit., pp. 276 segs. e 282 segs.

[1231] A remissão "constitui sempre para o credor um acto de disposição" (MENEZES LEITÃO, *Direito das Obrigações*, Vol. II, 2008 cit., pág. 221).

[1232] Cfr. *supra* o nº 11.1.2.

[1233] O ponto é especialmente nítido no que se refere à extinção do crédito por remissão. Conforme sublinha ANTUNES VARELA, "o direito de crédito não chega a funcionar; o interesse do credor a que a obrigação se encontra adstrita não chega a ser satisfeito, nem sequer indirecta ou potencialmente, extinguindo-se a obrigação "sem chegar a haver prestação", porque o credor "renuncia ao poder de exigir a prestação devida, afastando definitivamente da sua esfera jurídica os instrumentos de tutela do seu interesse que a lei lhe conferia" (*Das Obrigações em Geral*, Vol. II, 1997 cit., pág. 243).

RENÚNCIA PELO TRABALHADOR AOS SEUS CRÉDITOS

beneficiar outrem[1234], com ou sem contrapartida[1235], a irrenunciabilidade concretiza-se numa ligação especialmente intensa entre o direito e o seu titular, motivada por um objectivo de realização de interesses deste (e, não raro, de interesses de ordem pública), os quais determinam a conformação desse mesmo

[1234] A renúncia pode ser puramente "abdicativa", tendo por "único efeito negocial a abdicação do direito", ou "atributiva" ("donativa", para ANTUNES VARELA), quando, pela presença de "uma intenção atributiva" do titular, realiza uma "atribuição patrimonial ao beneficiário respectivo". Na primeira hipótese, o titular do direito, "quando declara renunciar a ele", pretende "a produção desse efeito que se cifra na extinção (ao menos subjectiva) daquele direito e a produção apenas desse" e não, também, de qualquer outro, de benefício ou enriquecimento de outrem. Daí que o "efeito negocial imediato", aquele a que se dirige a vontade do renunciante, se esgote na extinção do direito a que se renuncia. Dele se distinguem os chamados "efeitos legais ulteriores", que se referem "à sorte do direito abdicado" e, sobretudo, à determinação, pela lei, de "um benefício ou um enriquecimento de terceiros" em virtude da abdicação, o qual pode consistir na atribuição do próprio direito ou de vantagens decorrentes da sua extinção (expansão do direito por ele onerado, liberação do obrigado). A renúncia abdicativa constitui a regra – ou, segundo PEREIRA COELHO, a causa abdicativa tem natureza "residual", sendo "abdicativa" toda a renúncia que "não represente qualquer tipo de atribuição ao beneficiário respectivo" (*A Renúncia Abdicativa*, 1995 cit., pp. 13 segs., 33 e 59). E, tratando-se de remissão, tanto pode constituir "um acto a título oneroso, como um acto a título gratuito, consoante haja, ou não, em troca dela, um correspectivo" (ANTUNES VARELA): o ponto será desenvolvido já na nota que se segue. Diversamente, na remissão atributiva, o titular pretende "atribuir o direito objecto de renúncia àquela mesma pessoa que o recolheria em caso de renúncia puramente abdicativa" ou "atribuir a essa mesma pessoa a vantagem decorrente da extinção de um direito renunciado", que serão, já nesta hipótese, "efeitos negociais directos" (PEREIRA COELHO, *A Renúncia Abdicativa*, 1995 cit., pp. 28 e 33). Sobre os reflexos da distinção entre estas duas categorias no plano do respectivo regime, PEREIRA COELHO, *A Renúncia Abdicativa*, 1995 cit., pp. 129 segs.; ANTUNES VARELA, *Das Obrigações em Geral*, Vol. II, 1997 cit., pág. 250. Referindo-se especialmente à remissão, sublinha este último A (*op.loc* cits.) que, quando feita com *animus donandi*, constitui uma verdadeira doação, nos termos do art. 940º, nº 1, do CódCiv – donde a sua sujeição "às regras de forma, de capacidade, de revogação e de disponibilidade próprias das doações", nos termos do nº 2 do art. 863º do CódCiv. Sobre a noção de atribuição patrimonial, como acto mediante o qual "uma pessoa aumenta o património de outra à sua custa, enriquecendo-o com sacrifício próprio, qualquer que seja a forma por que este resultado se produz", e sua relação com as disposições patrimoniais ("pode haver disposição sem atribuição", *v.g.*, na renúncia pura e simples a um direito, como "pode haver atribuição sem disposição", assim sucedendo, *v.g.*, em caso de assunção de uma obrigação ou de prestação de serviços com valor patrimonial) v., por todos, MANUEL DE ANDRADE, *Teoria Geral da Relação Jurídica*, Vol. II, 1983 cit., pág. 68.
[1235] Referindo-se especificamente à remissão, explica ANTUNES VARELA, num trecho já parcialmente transcrito na n. anterior, que sempre que a remissão seja feita com o mero intuito de rejeitar ou demitir o crédito da esfera jurídica do credor, tanto pode constituir "um acto a título oneroso, como um acto a título gratuito, consoante haja, ou não, em troca dela, um correspectivo". Contudo, adverte o A, este "correspectivo económico" dificilmente revestirá "a natureza duma contraprestação da remissão" (ou, dizendo de outro modo, consistirá numa "obrigação recíproca sinalagmática"). Com efeito, se o credor abdicar "do seu direito por troca com uma prestação diferente, que recebe no acto de abdicação", ou se a renúncia se der "em troca de uma nova obrigação a que o devedor (ou terceiro) fica adstrito", ou, ainda, "se a contraprestação do devedor consistir na liberação do devedor de um débito recíproco", haverá, respectivamente, dação em cumprimento, novação e compensação – mas não, em qualquer destes casos, remissão, desde logo por em qualquer das três referidas hipóteses o crédito ter sido satisfeito por formas alternativas (MENEZES LEITÃO). V., neste sentido, MENEZES LEITÃO, *Direito das Obrigações*, Vol. II, 2008 cit., pág. 221; ANTUNES VARELA, *Das Obrigações em Geral*, Vol. II, 1997 cit., pp. 250-251.

A REVOGAÇÃO DO CONTRATO DE TRABALHO

direito como de "exercício necessário"[1236]. Não se trata, evidentemente, de induzir o seu exercício pelo titular, designadamente através da previsão de sanções para a sua não ocorrência[1237], mas, antes, de promover esse mesmo exercício, valorizado como benéfico para o titular e mais vantajoso que eventuais alternativas, resultantes da sua gestão por este.

No plano substantivo, a irrenunciabilidade implica, em geral, a irrelevância da vontade extintiva do titular, a qual não opera o efeito pretendido de prescindir do direito – e, no caso particular dos direitos de crédito, não liberando o devedor, o qual permanece obrigado, nos termos gerais. No plano adjectivo e enquanto excepção à livre disponibilidade pelo titular dos seus direitos, a irrenunciabilidade projecta-se em limitações mais ou menos significativas ao princípio dispositivo[1238].

A terminar, sublinhe-se que a irrenunciabilidade se diferencia claramente da indisponibilidade *proprio sensu*. O titular do direito irrenunciável sempre pode não o exercer e, no limite, inutilizá-lo pelo decurso do tempo ou deixá-lo mesmo prescrever. O direito conformado como irrenunciável pertence à zona dos direitos, em princípio, disponíveis. E nessa medida é compatível com uma certa margem de gestão pelo seu titular[1239] – seja nos termos referidos, seja verificadas determinadas condições, num contexto transaccional, com vista a uma adequada composição de interesses. Voltaremos a este ponto mais adiante[1240].

11.2. Os créditos laborais do trabalhador como direitos limitada ou relativamente indisponíveis

11.2.1. Enquadramento normativo da questão. A disponibilidade de princípio dos seus créditos laborais pelo trabalhador

Não existe, no nosso ordenamento, ao contrário do que vimos suceder em Itália (art. 2113 do *Codice Civile*)[1241] e em Espanha (art. 3-5 do *ET*)[1242], uma norma que defina uma regra em matéria de disponibilidade pelo trabalhador dos seus

---

[1236] CASTRO MENDES, "Pedido e Causa de Pedir no Processo do Trabalho", *Curso de Direito Processual do Trabalho, Suplemento da RFDUL*, 1964, pág. 132.

[1237] CASTRO MENDES, "Pedido e Causa de Pedir no Processo do Trabalho", 1964 cit., pág. 132.

[1238] Por força do "princípio da submissão aos limites substantivos" (CASTRO MENDES, *Direito Processual Civil*, Vol. I, 1990 cit., pp 206 segs.), a que se aludiu *supra* no nº 11.1.1.

[1239] BERNARDO XAVIER/PEDRO FURTADO MARTINS, "A transacção em Direito do Trabalho", 2009 cit., pp. 466-467.

[1240] Cfr. *infra* o nº 11.2.3.

[1241] O ponto foi abordado com detalhe *supra* no nº 3.1.2, para o qual se remete, onde versámos sucessivamente a sua *ratio*, âmbito de aplicação e limites, valendo-nos dos ricos e abundantes ensinamentos da doutrina e jurisprudência italianas.

[1242] V. *supra* o nº 3.3.3, onde nos ocupámos com algum desenvolvimento deste preceito, procurando determinar a sua *ratio* e recortar a sua previsão, colhendo o essencial dos contributos da doutrina e jurisprudência espanholas.

RENÚNCIA PELO TRABALHADOR AOS SEUS CRÉDITOS

créditos laborais. Haverá, pois, que indagar, em face dos dados normativos vigentes, quais as orientações essenciais do nosso direito laboral no que se refere à possibilidade de o trabalhador dispor dos seus créditos emergentes do contrato de trabalho, da sua violação ou cessação.

E começaríamos por sublinhar três pontos que constituem outras tantas relevantes coordenadas para este caminho que nos propomos trilhar. Em primeiro lugar, a não recondução dos créditos laborais do trabalhador, enquanto direitos patrimoniais, à categoria dos direitos indisponíveis *proprio sensu*, *supra* versada, e a consequente inaplicabilidade a estes do respectivo regime[1243]. Depois, a insusceptibilidade de renúncia prévia a estes direitos, sempre que sejam atribuídos ao trabalhador por normas legais ou convencionais imperativas, atento o disposto nos arts. 3º, nºs 1 a 5, 121º, nº 2, e 476º do CT2009[1244]. Finalmente, a afirmação expressa, pela lei, da irrenunciabilidade de determinados direitos do trabalhador – férias (art. 237º, nº 3, do CT2009), "créditos provenientes do direito à indemnização" por acidente de trabalho, os quais são também declarados "inalienáveis" (art. 78º da L nº 98/2009, de 4 de Setembro). E, bem assim, a consagração de um conjunto de limitações de diversa ordem à disposição pelo trabalhador dos seus créditos retributivos (arts. 279º e 280º do CT2009)[1245].

Em face de todos estes dados parece, pois, possível concluir que em matéria de créditos emergentes do contrato de trabalho, a regra, no nosso ordenamento, é a da sua livre disponibilidade pelo trabalhador, uma vez adquiridos, na pendência da relação laboral e uma vez cessada esta[1246] – solução que não se diferencia, à partida, do regime comum dos direitos patrimoniais privados[1247].

Esta regra comporta, naturalmente, excepções, ditadas pela necessidade de acautelar valores especificamente laborais[1248] através de formas reforçadas de tutela e garantia[1249], que se traduzem, *grosso modo*, em limitações à disposição de tais direitos pelo trabalhador.

[1243] Cfr. *supra* o nº 11.1.1

[1244] Cfr. *supra* o nº 11.1.3.

[1245] BERNARDO XAVIER/PEDRO FURTADO MARTINS, "A transacção em Direito do Trabalho", 2009 cit., pág. 463, referem ainda, a este propósito, certos direitos que, pela função que desempenham, dificilmente poderão conceber-se como renunciáveis pelo trabalhador, como a retribuição mínima garantida, legal ou convencional, ou as indemnizações devidas pela aplicação de sanções abusivas (arts. 273º e 331º, nº 3, do CT2009, respectivamente).

[1246] Neste sentido, BERNARDO XAVIER/PEDRO FURTADO MARTINS, "A transacção em Direito do Trabalho", 2009 cit., pp. 453-455.

[1247] Cfr. *supra* o nº 11.1.1.

[1248] Cfr. *supra* o nº 11.1.2.

[1249] BERNARDO XAVIER/PEDRO FURTADO MARTINS, "A transacção em Direito do Trabalho", 2009 cit., pp 453-454.

A REVOGAÇÃO DO CONTRATO DE TRABALHO

Reencontramos, pois, neste domínio, a noção de "indisponibilidade limitada" – se bem que com um alcance mais restrito, por englobar apenas os direitos singulares, relativamente aos quais resulta comprimida, em maior ou menor grau, a faculdade de disposição do trabalhador – e não a toda uma categoria ou conjunto de direitos, genericamente definidos[1250].

Importa que nos detenhamos agora a analisar o alcance, contornos e fundamento de tais restrições, em especial da "irrenunciabilidade" associada a vários dos referidos direitos.

11.2.2. As excepções à regra: os limites à disposição pelo trabalhador dos seus direitos

11.2.2.1. Os direitos indisponíveis como direitos irrenunciáveis. A irrenunciabilidade como garantia do gozo efectivo do direito pelo trabalhador

Tal como fomos antecipando, as excepções à livre disponibilidade pelo trabalhador dos seus direitos patrimoniais laborais concretizam-se, entre nós, essencialmente na "irrenunciabilidade" de certos direitos[1251] – férias, retribuição, indemnização por acidente de trabalho[1252] – expressamente proclamada na lei ou afirmada pela doutrina e pela jurisprudência, com base no respectivo regime. Justifica-se que nos debrucemos, ainda que brevemente, sobre o sentido e os contornos essenciais da limitação em todos estes casos estabelecida, bem como sobre os interesses por tal via acautelados. Porque extravasaria manifestamente o objecto desta nossa investigação a exposição e a análise detalhada da disciplina, nesta vertente, de cada um dos direitos em questão, cingir-nos-emos aos respectivos pontos que se mostrem, para o efeito, adequados.

Percorrendo o regime dos vários direitos que o nosso ordenamento conforma como irrenunciáveis, há um primeiro e principal aspecto que resulta evidente: todas as restrições à sua disposição pelo trabalhador em que se con-

---

[1250] Como vimos suceder em Itália e em Espanha, cfr. *supra* os nºs 3.1.2, 3.3.3 e 11.1.2.

[1251] A que acresce a proclamação expressa, no art. 78º da L nº 98/2009, de 4 de Setembro, da "inalienabilidade" dos créditos de indemnização por acidente de trabalho. Voltaremos a este ponto mais adiante.

[1252] Muito embora os créditos de indemnização por acidente de trabalho não constituam, em bom rigor, créditos laborais ("créditos emergentes do contrato de trabalho, ou da sua violação ou cessação", na formulação do art. 333º do CT2009), mas créditos de indemnização fundados em responsabilidade civil objectiva, justifica-se, em nosso entender, a sua inclusão no presente estudo ao lado dos demais créditos laborais indisponíveis pelo trabalhador pela preponderância que na sua disciplina assume a tutela do trabalhador sinistrado, a ditar várias especialidades face ao regime comum – entre as quais as suas irrenunciabilidade e inalienabilidade –, numa clara aproximação aos valores que norteiam o ordenamento laboral, confirmada, aliás, pela opção, expressa no art. 78º da L nº 98/2009, de fazer tais créditos beneficiar do regime de garantias traçado para os créditos laborais do trabalhador.

272

RENÚNCIA PELO TRABALHADOR AOS SEUS CRÉDITOS

cretiza a referida irrenunciabilidade visam garantir o seu efectivo recebimento e/ou desfrute por este, atenta a relevante função que desempenham, mais exactamente a essencialidade dos interesses que acautelam ou promovem. O ponto é especialmente nítido no que se refere ao direito a férias, que desde as suas primeiras consagrações legislativas[1253], surge imperativamente conformado como direito "a desfrutar *in natura*"[1254], cujo gozo pelo trabalhador é visto como "necessário"[1255] e, nessa medida, subtraído à vontade dispositiva das partes, em

[1253] O princípio da irrenunciabilidade do direito a férias foi proclamado no art. 7º, § 3, da L nº 1952 e manteve-se quase inalterado, na sua formulação e sentido, ao longo dos sucessivos diplomas que entre nós regularam este direito do trabalhador, surgindo-nos nos arts. 56º da LCT, 2º, nº 4, da LFFF e, mais recentemente, 211º, nº 3, do CT2003 e 237º, nº 3, do CT2009.

Sobre este princípio, v., no direito anterior à LCT, MONTEIRO FERNANDES, "A Irrenunciabilidade do Direito a Férias: Algumas Questões", *in ESC* nº 22, 1967, pp. 11 segs.; ALMEIDA POLICARPO, "O Fundamento do Direito a Férias", *in ESC*, nº 26, 1968, pp. 18 segs; na vigência da LCT, ALMEIDA POLICARPO/ MONTEIRO FERNANDES, *Lei do Contrato de Trabalho Anotada*, 1970 cit., pp. 56. segs; BERNARDO XAVIER, *Regime Jurídico do Contrato de Trabalho Anotado*, 1972 cit., pp. 107 segs.; sobre o regime da LFFF, MENEZES CORDEIRO, *Manual de Direito do Trabalho*, 1991 cit., pág. 710; MONTEIRO FERNANDES, *Direito do Trabalho*, I, 1987 cit., pp. 316-317 e 9ª ed. I, 1994 cit., pp. 357-358; JOSÉ ANDRADE MESQUITA, "O Direito a Férias", *Estudos do IDT*, III, Almedina, Coimbra, 2002, pp. 118 segs.; BERNARDO XAVIER, *Curso de Direito do Trabalho*, 1993 cit., pp. 433 segs.; referindo-se já ao CT2003, MONTEIRO FERNANDES, *Direito do Trabalho*, 2006 cit., pp. 416 segs.; JÚLIO GOMES, *Direito do Trabalho*, Vol. I, 2007 cit., pp. 708 segs.; MENEZES LEITÃO, *Direito do Trabalho* 2008 cit., pp. 320 segs.; ROMANO MARTINEZ, *Direito do Trabalho*, 2007 cit., pp. 560 segs.; LUÍS MIGUEL MONTEIRO, Anotação aos arts. 211º segs., *in* ROMANO MARTINEZ/LUÍS MIGUEL MONTEIRO/JOANA VASCONCELOS/JOSÉ MANUEL VILALONGA/PEDRO MADEIRA DE BRITO/GUILHERME DRAY/LUÍS GONÇALVES DA SILVA, *Código do Trabalho Anotado*, 2008 cit.; ROSÁRIO PALMA RAMALHO, *Direito do Trabalho, Parte II*, 2008 cit., pp. 500 segs.; BERNARDO XAVIER, *Iniciação ao Direito do Trabalho*, 2005 cit., pp. 378 segs.; reportando-se já ao CT2009, LEAL AMADO, *Contrato de Trabalho – à luz do novo Código do Trabalho*, 2009 cit., pp. 286-287; LUÍS MIGUEL MONTEIRO, Anotação aos arts. 237º segs., *in* ROMANO MARTINEZ/ LUÍS MIGUEL MONTEIRO/JOANA VASCONCELOS/PEDRO MADEIRA DE BRITO/GUILHERME DRAY/LUÍS GONÇALVES DA SILVA, *Código do Trabalho Anotado*, 8ª ed., 2009 cit.

[1254] JÚLIO GOMES, *Direito do Trabalho*, Vol. I, 2007 cit., pág 708.

[1255] BERNARDO XAVIER, *Regime Jurídico do Contrato de Trabalho Anotado*, 1972 cit., pág. 116.

A irrenunciabilidade do direito a férias refere-se ao seu gozo e não à sua aquisição, já que a insusceptibilidade de renúncia antecipada a este direito "sempre resultaria da inderrogabilidade das disposições legais" que o consagram (BERNARDO XAVIER/PEDRO FURTADO MARTINS, "A transacção em Direito do Trabalho", 2009 cit., pág. 484 e *supra* o nº 11.1.3). E radica no seu próprio fundamento (ALMEIDA POLICARPO): há muito que o nosso ordenamento considera "de interesse e ordem pública" (BERNARDO XAVIER) o "repouso efectivo" e "continuado" (ALMEIDA POLICARPO/MONTEIRO FERNANDES), durante um período mínimo, com vista à recuperação psicofísica e à promoção de outros relevantes interesses pessoais do trabalhador. Para mais desenvolvimentos sobre este ponto, v. MONTEIRO FERNANDES, "A Irrenunciabilidade do Direito a Férias", 1967 cit., pág. 11; *Direito do Trabalho*, 2006 cit., pág. 417; JÚLIO GOMES, *Direito do Trabalho*, Vol. I, 2007 cit., pp. 707-708; ALMEIDA POLICARPO, "O Fundamento do Direito a Férias", 1968 cit., pp. 17-18; ALMEIDA POLICARPO/MONTEIRO FERNANDES, *Lei do Contrato de Trabalho Anotada*, 1970 cit., pp. 142-143; ROSÁRIO PALMA RAMALHO, *Direito do Trabalho, Parte II*, 2008 cit., pp. 499-500; BERNARDO XAVIER, *Regime Jurídico do Contrato de Trabalho Anotado*, 1972 cit.,

A REVOGAÇÃO DO CONTRATO DE TRABALHO

especial do trabalhador, ao qual é vedado dele prescindir[1256]. O mesmo sucede com os créditos que ao trabalhador são atribuídos na sequência de acidente de trabalho, cujo regime, desde sempre fortemente limitativo quanto à sua disponibilidade, visa assegurar a sua percepção e aproveitamento pelo sinistrado[1257],

pág. 107; *Iniciação ao Direito do Trabalho*, 2005 cit., pág. 370; BERNARDO XAVIER/PEDRO FURTADO MARTINS, "A transacção em Direito do Trabalho", 2009 cit., pág. 485.

[1256] O regime jurídico das férias exprime uma "concepção objectiva" (MONTEIRO FERNANDES) quanto ao interesse do trabalhador, que prevalece sobre eventuais motivações subjectivas ou conveniências imediatas deste. Neste sentido, MONTEIRO FERNANDES, "A Irrenunciabilidade do Direito a Férias", 1967 cit., pp. 12-13; ALMEIDA POLICARPO, "O Fundamento do Direito a Férias", 1968 cit., pág. 17.

[1257] Os créditos de indemnização por acidente de trabalho são, na L nº 98/2009, como o eram na LAT e no CT2003, submetidos a um especial conjunto de regras entre as quais avulta a expressa proclamação de que estes são "inalienáveis, impenhoráveis e irrenunciáveis" e de que "gozam das garantias consignadas no Código do Trabalho" (art. 78º da Lei nº 98/2009, que reproduz o essencial do disposto nos arts. 302º do CT2003, 35º da LAT, e, por via deste, da Base XLI da Lei nº 2127, de 3 de Agosto de 1965). O CT2003 regulava a matéria dos acidentes de trabalho nos seus arts. 281º segs. Porque, por força do disposto no art. 3º, nº 2, da L nº 99/2003, de 27 de Agosto, tais normas só iniciariam a sua vigência com a entrada em vigor da "legislação especial" para a qual remetiam, e que não chegou a ser aprovada (continuando a aplicar-se a LAT e a respectiva regulamentação, constante do DL nº 143/99, de 30 de Abril). O CT2009 remeteu o essencial da disciplina da reparação e prevenção dos acidentes de trabalho e doenças profissionais para legislação especial (art. 284º). A prevenção dos acidentes de trabalho foi, já depois da sua entrada em vigor, regulada pela L nº 102/2009, de 10 de Setembro; quanto ao regime de reparação de acidentes de trabalho e de doenças profissionais, consta da também recente L nº 98/2009, de 4 de Setembro, que revogou a LAT e a respectiva regulamentação, tendo uma e outra entrado em vigor a 1 de Janeiro de 2010. Para mais desenvolvimentos sobre este ponto, v. ROMANO MARTINEZ, *Direito do Trabalho*, 2007 cit., pp. 819-820; Anotações ao art. 21º da Lei nº 99/2003 e 281º do CT2003 *in* ROMANO MARTINEZ/LUÍS MIGUEL MONTEIRO/JOANA VASCONCELOS/JOSÉ MANUEL VILALONGA/ PEDRO MADEIRA DE BRITO/GUILHERME DRAY/LUÍS GONÇALVES DA SILVA, *Código do Trabalho Anotado*, 2008 cit.; Anotação ao art. 283º, *in* ROMANO MARTINEZ/LUÍS MIGUEL MONTEIRO/JOANA VASCONCELOS/PEDRO MADEIRA DE BRITO/GUILHERME DRAY/LUÍS GONÇALVES DA SILVA, *Código do Trabalho Anotado*, 8ª ed., 2009 cit.; ROSÁRIO PALMA RAMALHO, *Direito do Trabalho, Parte II*, 2ª ed. cit., pág. 747.

Para uma descrição dos regimes que entre nós se sucederam em matéria de reparação de acidentes de trabalho, v., reportando-se ainda à L nº 2127, FELICIANO TOMÁS DE RESENDE, *Acidentes de Trabalho e Doenças Profissionais*, 2ª ed., Almedina, Coimbra, 1988, pp. 71 segs.; contemplando apenas a LAT, CARLOS ALEGRE, *Acidentes de Trabalho e Doenças Profissionais – Regime Jurídico Anotado*, 2ª ed., Almedina, Coimbra, 2000, pp. 72 segs. e 162 segs.; FLORBELA ALMEIDA PIRES, *Seguro de Acidentes de Trabalho*, Lex, Lisboa, 1999, pp. 41 segs; referindo-se ao CT2003 e à LAT, PAULO MORGADO DE CARVALHO, "Os Acidentes de Trabalho e as Doenças Profissionais no Código do Trabalho", *in A Reforma do Código do Trabalho*, Coimbra Editora, Coimbra, 2004, pp. 424 segs.; MENEZES LEITÃO, "A Reparação de Danos Emergentes de Acidentes de Trabalho", *in Temas Laborais – Estudos e Pareceres*, Almedina, Coimbra, 2006, pp. 40 segs.; *Direito do Trabalho* 2008 cit., pp. 424 segs.; ROMANO MARTINEZ, *Direito do Trabalho*, 2007 cit., pp. 841 e 871 segs.; Anotações aos arts. 288º, 296º e segs., 302º e 308º, *in* ROMANO MARTINEZ/LUÍS MIGUEL MONTEIRO/JOANA VASCONCELOS/JOSÉ MANUEL VILALONGA/PEDRO MADEIRA DE BRITO/GUILHERME DRAY/LUÍS GONÇALVES DA SILVA, *Código do Trabalho Anotado*, 2008 cit.; ROSÁRIO PALMA RAMALHO, *Direito do Trabalho, Parte II*, 2008 cit., pág. 762; BERNARDO XAVIER, *Iniciação ao Direito do Trabalho*, 2005 cit., pp. 398-399.

RENÚNCIA PELO TRABALHADOR AOS SEUS CRÉDITOS

atenta a relevante função que a indemnização desempenha, de garantir a reparação dos danos sofridos e de assegurar a recuperação da sua capacidade de trabalho e de ganho ou, sendo o caso, compensar a sua redução ou perda[1258]. Igual conclusão se impõe quanto à retribuição, que há muito beneficia, entre nós, de um regime fortemente tutelar[1259], destinado a acautelar a sua efectividade e consistência, em razão da função que "tipicamente desempenha para o trabalhador, de suporte da sua existência"[1260].

Comum é também o modo como tal finalidade é prosseguida, através da restrição da margem de gestão pelo trabalhador dos direitos em causa perante o empregador. Pretende-se, acima de tudo, evitar que o trabalhador negoceie e/ou aceite uma composição de interesses que determine a substituição do direito por outra contrapartida, pecuniária ou não, tendo presente que a subordinação deste, bem como a necessidade e dependência que, não raro, a acompanham, enfraquecem o seu poder negocial, tornando-o mais permeável

---

[1258] Sobre a função da indemnização por acidente de trabalho, acentuando que esta se dirige essencialmente a garantir ao trabalhador lesado a reparação do dano sofrido, mais exactamente, o restabelecimento da sua saúde, com a consequente recuperação da sua capacidade de trabalho e de ganho e a compensação dos prejuízos decorrentes da impossibilitação temporária da prestação do trabalho (ou, sendo o caso, da redução da capacidade de trabalho, da incapacidade permanente ou da morte do trabalhador), v., entre outros, MENEZES LEITÃO, "A Reparação de Danos Emergentes de Acidentes de Trabalho", 2006 cit., pp. 39 segs; *Direito do Trabalho*, 2008 cit., pp. 416 segs; ROMANO MARTINEZ, *Direito do Trabalho*, 2007 cit., pp. 836 segs e 860 segs.; BERNARDO XAVIER, *Iniciação ao Direito do Trabalho*, 2005 cit., pág. 495.

[1259] Sobre este regime, na vigência da LCT, v., LEAL AMADO, *A Protecção do Salário*, 1993 cit., pp.37 segs. e 163 segs.; MENEZES CORDEIRO, *Manual de Direito do Trabalho*, 1991 cit., pp. 733 segs.; MONTEIRO FERNANDES, *A Protecção do Salário no Direito Português*, ESC nº 17, pp. 66 segs.; MÁRIO PINTO//FURTADO MARTINS/NUNES DE CARVALHO, *Comentário às Leis do Trabalho*, 1994 cit., pp. 245 segs.; BERNARDO XAVIER, *Curso de Direito do Trabalho*, 1993 cit., pp. 404 segs. Referindo-se ao CT2003, v. LEAL AMADO, "Crédito Salarial, Compensação e Cessão – nótula sobre os arts. 270º e 271º do Código do Trabalho" e "A Prescrição dos Créditos Laborais – nótula sobre o art. 381º do Código do Trabalho", *in Temas Laborais, 2*, Coimbra Editora, Coimbra, 2007, pp. 47 segs. e pp. 59 segs.; JÚLIO GOMES, *Direito do Trabalho, Vol. I*, 2007 cit., pp. 791-792; MENEZES LEITÃO, *Direito do Trabalho*, 2008 cit., pp. 356 segs.; ROMANO MARTINEZ, *Direito do Trabalho*, 2007 cit., pp. 612 segs.; ROSÁRIO PALMA RAMALHO, *Direito do Trabalho, Parte II*, 2008 cit., pp. 582-583 e 594 segs.; JOANA VASCONCELOS, Anotação aos arts. 249º segs., *in* ROMANO MARTINEZ/LUÍS MIGUEL MONTEIRO/JOANA VASCONCELOS/JOSÉ MANUEL VILALONGA//PEDRO MADEIRA DE BRITO/GUILHERME DRAY/LUÍS GONÇALVES DA SILVA, *Código do Trabalho Anotado*, 2008 cit.; BERNARDO XAVIER, *Iniciação ao Direito do Trabalho*, 2005 cit., pp. 348 segs. Reportando-se já ao CT2009, LEAL AMADO, *Contrato de Trabalho – à luz do novo Código do Trabalho*, 2009 cit., pp. 314 segs; JOANA VASCONCELOS, Anotação aos arts. 258º segs., *in* ROMANO MARTINEZ/LUÍS MIGUEL MONTEIRO/JOANA VASCONCELOS/PEDRO MADEIRA DE BRITO/GUILHERME DRAY/LUÍS GONÇALVES DA SILVA, *Código do Trabalho Anotado*, 8ª ed., 2009 cit.;

[1260] MÁRIO PINTO/FURTADO MARTINS/NUNES DE CARVALHO, *Comentário às Leis do Trabalho*, 1994 cit., pág. 274.

A REVOGAÇÃO DO CONTRATO DE TRABALHO

a pressões ou sugestões nesse sentido[1261]. Bem patente no regime do direito
a férias[1262] e no dos créditos retributivos[1263], esta nota marca também o dos

[1261] O mesmo intuito de assegurar a efectividade destes direitos implica, ainda, a limitação da sua transmissibilidade a terceiros, quando esta seja, em abstracto, possível. Este o sentido da parcial incedibilidade da retribuição e, mais acentuadamente, da inalienabilidade dos créditos de indemnização por acidente de trabalho. Também por esta via se procura evitar que o trabalhador prive de consistência os créditos em apreço, trocando-os, no todo ou em parte, por qualquer outro benefício.

[1262] A irrenunciabilidade do direito a férias obsta a que o trabalhador substitua o seu gozo efectivo por qualquer compensação económica ou outra, pactuada com o empregador. A sua troca por "um benefício pecuniário imediato" (MONTEIRO FERNANDES), porque implica uma renúncia ou desistência pelo trabalhador, é irrelevante, não desonerando o empregador das suas obrigações. Mais exactamente, gera a nulidade de eventuais acordos entre trabalhador e empregador nesse sentido. E é reforçada, tanto pelo regime da violação do direito a férias, como pela imposição do gozo do período em falta no início do ano civil subsequente. Para mais desenvolvimentos sobre este ponto, v. MONTEIRO FERNANDES, *Direito do Trabalho*, 2006 cit., pág. 417; ROMANO MARTINEZ, *Direito do Trabalho*, 2007 cit., pág. 560; ALMEIDA POLICARPO/MONTEIRO FERNANDES, *Lei do Contrato de Trabalho Anotada*, 1970 cit., pág. 143; ROSÁRIO PALMA RAMALHO, *Direito do Trabalho, Parte II*, 2008 cit., pág. 501; BERNARDO XAVIER/PEDRO FURTADO MARTINS, "A transacção em Direito do Trabalho", 2009 cit., pp. 485-486.

[1263] Integram tal regime a limitação e, em certos casos, a interdição de certos actos do empregador e até de terceiros (credores), mas também do próprio trabalhador, relativos ao seu salário. Referimo-nos à proibição de compensação e descontos pelo empregador fora dos casos excepcionalmente admitidos (art. 270º do CT2009), da sujeição a certos limites dos montantes das sanções pecuniárias a aplicar por este (art. 328º, nº 3, do CT2009); da impenhorabilidade de 2/3 do crédito salarial (art. 824º, nº 1, al. a), e nº 2 do CPC) ou da proibição de cessão, a título gratuito ou oneroso, de parte significativa deste (correspondente à parecela de impenhorabilidade do mesmo, art. 280º do CT2009). Paralelamente, e no que se refere à extinção do crédito salarial, o respectivo regime, tributário de uma "comum preocupação restritiva" (LEAL AMADO), tende a privilegiar o cumprimento, em detrimento de outras formas de extinção, porventura benéficas para o empregador, mas que não asseguram a satisfação do interesse do trabalhador acautelado pela percepção de tal crédito. Neste sentido, v. LEAL AMADO, *A Protecção do Salário*, 1993 cit., pp. 164 segs.; *Contrato de Trabalho – à luz do novo Código do Trabalho*, 2009 cit., pp. 314 segs.; BERNARDO XAVIER, *Curso de Direito do Trabalho*, 1993 cit., pág. 404; *Iniciação ao Direito do Trabalho*, 2005 cit., pág. 348.

E muito embora não exista, nem nunca tenha existido entre nós qualquer determinação expressa sobre a matéria, constitui entendimento pacífico das nossas doutrina e jurisprudência que o crédito salarial, em todas suas componentes, é irrenunciável pelo trabalhador. A justificação para tão significativa limitação retira-se do "complexo normativo relativo à retribuição" (LEAL AMADO) e reside, essencialmente, na situação de subordinação e não rara dependência do trabalhador face ao empregador, que enfraquecem de forma acentuada o seu poder negocial.

Na doutrina, refiram-se, entre outros, na vigência da LCT, MENEZES CORDEIRO, *Manual de Direito do Trabalho*, 1991 cit., pág. 734; JOSÉ ANTÓNIO MESQUITA, "Renúncia pelos trabalhadores aos direitos sobre a entidade patronal", 1980 cit., pág. 46; BERNARDO XAVIER, *Curso de Direito do Trabalho*, 1993 cit., pp. 404-405; no domínio do CT2003, MENEZES LEITÃO, *Direito do Trabalho*, 2008 cit., pág. 357; ROMANO MARTINEZ, *Direito do Trabalho*, 4ª ed. cit., pág. 612; ROSÁRIO PALMA RAMALHO, *Direito do Trabalho, Parte II*, 2008 cit., pág. 582; BERNARDO XAVIER, *Iniciação ao Direito do Trabalho* 2005 cit., pág. 348 e já perante o CT2009, LEAL AMADO, *Contrato de Trabalho – à luz do novo Código do Trabalho*, 2009 cit., pp. 323 segs.

Na jurisprudência, e no direito anterior ao CT2003, v., entre outros, os Acs. RP de 22-5-2000 (Proc. nº 419/2000), RP de 18-6-2001 (Proc. nº 0110674), RC de 19-1-2005 (Proc. nº 3598704), RP de 19-9-2005 (Proc. nº 0512318), RC de 2-3-2006 (Proc. nº 3900/05), RP de 8-5-2006 (Proc. nº 0542317), RP de 9-10-2006 (Proc. nº 0612742), RL de 16-1-2008 (Proc. nº 2224/2007-4) e STJ de 3-4-1991 (Proc.

RENÚNCIA PELO TRABALHADOR AOS SEUS CRÉDITOS

créditos de indemnização por acidente de trabalho[1264] (apesar da obrigatória transferência de responsabilidade do empregador para uma seguradora)[1265].

Por serem diferentes as funções cometidas a cada um dos direitos considerados[1266] são, naturalmente, diversas, desde logo no que se refere à sua amplitude e intensidade, as concretas limitações impostas à sua disposição pelo trabalhador. E se é certo que a indisponibilidade de qualquer um destes direitos – retribuição, férias, indemnização por acidentes de trabalho – se concretiza, essencialmente, na sua irrenunciabilidade, tal como *supra* definida[1267], o alcance desta varia, e muito, de caso para caso. Mais exactamente, a concreta modelação de cada uma

nº 002908), STJ de 18-3-1998 (Proc. nº 196/97), STJ de 12-5-1999 (Proc. nº 33/99), STJ de 14-1-2004, Proc. nº 2558/03), STJ de 24-11-2004 (Proc. nº 04S2846), STJ de 11-10-2005 (Proc. nº 05S1763) e STJ de 31-10-2007 (Proc. nº 07S1442), STJ de 6-2-2008 (Proc. nº 07S741). No mesmo sentido, aplicando já o CT2003, v., entre outros, o RL de 16-1-2008 (Proc. nº 7884/2007-4), Ac. STJ de 6-12-2006 (Proc. nº 3208/06). O texto integral de todos estes acórdãos está disponível em www.dgsi.pt (o do Ac. STJ de 3-4-1991 também *in BMJ*, nº 406, pág. 433 e o do Ac. RC de 19-1-2005 *in CJ*, 2005, I, pp. 55 segs.), com excepção dos Acs. RP de 22-5-2000 (*in CJ*, 2000, III, pp. 246 segs.), STJ de 18-3-1998 (*in CJ-STJ*, 1998, I, pp. 284 segs.), STJ de 12-5-1999 (*in AD*, nº 458, pp. 268 segs.; *CJ-STJ*, 1999, II, pp. 281-282) e STJ de 14-1-2004 (*in CJ-STJ*, 2004, I, pp. 249 segs.).

[1264] O objectivo apontado no texto de assegurar o efectivo gozo pelo trabalhador dos direitos que lhe são legalmente atribuídos em caso de acidente de trabalho concretiza-se, já o fomos antecipando, na expressa proclamação da sua inalienabilidade, impenhorabilidade e irrenunciabilidade, bem como na aplicabilidade a tais créditos do regime tutelar dos créditos retributivos, do qual resulta a interdição de certos actos de terceiros (*maxime* credores) e sobretudo, do próprio trabalhador (para além do reforço das garantias da sua satisfação, constantes dos arts. 333º a 335º do CT2009). A este propósito, sublinha MENEZES LEITÃO, a inalienabilidade, a impenhorabilidade e a imprescritibilidade dos créditos derivados de um acidente de trabalho confirmam a sua "natureza de prestação social", destinada "aliviar a situação de carência em que o trabalhador se encontra" (donde o seu o seu carácter "não estritamente reparatório" e a sua função "de carácter alimentar") e a sua previsão visa "impedir que essa reparação possa vir a desempenhar qualquer outra função económica" ("A Reparação de Danos Emergentes de Acidentes de Trabalho", 2006 cit., pp. 39-40) A inalienabilidade e a irrenunciabilidade referem-se aos créditos que o trabalhador adquire por força da efectiva ocorrência de um acidente de trabalho e não à sua disposição antecipada, interdita em geral (cfr. *supra* o nº 11.1.3) e pelo art. 12º da L nº 98/2009 (e, antes, pelo art. 34º da LAT e pelo art. 288º, nºs 1 e 2, do CT2003). E que se traduzem, num primeiro momento, no direito de exigir do empregador as indemnizações previstas na lei e, uma vez fixado, por acordo ou por decisão judicial, o respectivo montante, no direito de exigir o seu pagamento (a distinção surge especialmente nítida nos nºs 1 e 2 do art. 179º da L nº 98/2009, como nos nºs 1 e 2 do art. 32º da LAT e nos nºs 1 e 2 do art. 202º do CT2003).

[1265] Imposta, presentemente, pelo art. 79º, nº 1, da L nº 98/2009. Para a qual, nos termos do art. 283º, nº 5, do CT2009 (que reproduz o disposto nos arts. 303º, nº 1, do CT2003 e 37º, nº 1, da LAT), o empregador é obrigado a transferir a responsabilidade pela indemnização dos danos emergentes de acidente de trabalho. Sobre este ponto, v. PAULO MORGADO DE CARVALHO, "Os Acidentes de Trabalho", 2004 cit., pág. 429; MENEZES LEITÃO, "A Reparação de Danos Emergentes de Acidentes de Trabalho", 2006 cit., pp. 37 segs.; FLORBELA ALMEIDA PIRES, *Seguro de Acidentes de Trabalho*, 1999 cit., pp. 15-16 e 31 segs.

[1266] E que vão da função alimentar, de suporte da existência do trabalhador, que desempenha a retribuição, à promoção do repouso e do lazer do trabalhador, proporcionada pelas férias, e à recuperação da capacidade de trabalho e ganho do trabalhador (e/ou à compensação da sua perda, temporária ou definitiva), a que se destina a indemnização por acidente de trabalho.

[1267] Cfr. *supra* o nº 11.1.4.

A REVOGAÇÃO DO CONTRATO DE TRABALHO

destas hipóteses de irrenunciabilidade depende tanto da eventual previsão de
excepções (traduzidas na admissão da gestão do direito pelo trabalhador) como,
sobretudo, da definição dos respectivos contornos, da qual resulta a delimitação
recíproca de duas zonas, uma indisponível e outra disponível. Assim, a irrenunciabilidade da retribuição não comporta qualquer derrogação na vigência
da relação laboral, mas tem como limite a sua duração, pois finda com esta,
melhor dizendo, com a subordinação do trabalhador que lhe é inerente[1268].
Já a irrenunciabilidade do direito a férias admite excepções (conquanto que
de alcance limitado) na constância do vínculo laboral[1269], durante a qual pode

---

[1268] Constitui, com efeito, entendimento unânime na jurisprudência e largamente maioritário na
doutrina que a irrenunciabilidade dos créditos salariais é temporalmente limitada, vigorando apenas
na pendência da relação laboral e cessando, juntamente com a subordinação e dependência do trabalhador, uma vez extinta aquela. Neste sentido, MENEZES LEITÃO, *Direito do Trabalho*, 2008 cit., pág.
358; JOSÉ ANTÓNIO MESQUITA, "Renúncia pelos trabalhadores aos direitos sobre a entidade patronal",
1980 cit., pág. 46; ROMANO MARTINEZ, *A Cessação do Contrato*, 2ª ed. cit., pág. 439; *Direito do Trabalho*,
2007 cit., pág. 612; BERNARDO XAVIER, *Iniciação ao Direito do Trabalho*, 2005 cit., pág. 348. A questão
será retomada e desenvolvida já no número seguinte.

[1269] Se é certo que, desde cedo, a proclamação da irrenunciabilidade do direito a férias foi, entre nós,
acompanhada pela previsão de um relevante leque de excepções, não o é menos que tanto na LCT,
como na LFFF, tais hipóteses não comportavam, na sua grande maioria, a possibilidade de disposição
pelo trabalhador desse seu direito. Tratava-se, antes, de casos muito distintos entre si em que, perante
a impossibilidade prática de gozo das suas férias pelo trabalhador – fosse por vicissitudes do contrato
(arts. 55º, nº 4, da LCT e 10º e 11º da LFFF), por razões de conveniência do empregador (arts. 57º, nº
3, e 68º, nºs 2 e 3, da LCT) ou em resultado de opções legislativas quanto a outros aspectos (arts. 64º,
nº 1, e 58º da LCT), tal direito se efectivava "por forma diferente da concessão de repouso" (ALMEIDA
POLICARPO/MONTEIRO FERNANDES), recebendo aquele, "por expressa determinação do legislador",
apenas a "retribuição devida pelo respectivo período" e que, em bom rigor, constituiriam excepções
ao "princípio do repouso efectivo" e não ao princípio da irrenunciabilidade, que a respectiva previsão
deixava inalterado (MONTEIRO FERNANDES).
Era uma única a situação em que a LCT permitia ao trabalhador dispor do seu direito a férias, numa
troca por si reputada vantajosa: a diminuição do período de férias para evitar a perda da retribuição
correspondente a faltas dadas (art. 67º, nº 2). Já a LFFF admitiu, ao lado da possibilidade de substituição de dias de falta envolvendo perda de retribuição por dias de férias (art. 28º, nº 2), uma outra
hipótese de disposição pelo trabalhador do seu direito a férias, ao permitir-lhe optar apenas pelo seu
pagamento, na parte em que a sua duração excedesse o período de encerramento para férias (art. 4º, nº
4), devendo, num e noutro caso ser sempre salvaguardado o "gozo efectivo de 15 dias úteis de férias". O
CT2003, se acolheu o essencial do disposto na LFFF, quer quanto à derrogação *ex lege* (arts. 220º, nº 1,
221º e 215º), quer quanto à renúncia pelo trabalhador ao gozo das férias (art. 232º, nº 2), inovou quanto
a este último ponto, ao generalizar a possibilidade de renúncia ao direito a férias pelo trabalhador,
a qual deixou de estar limitada às hipóteses de encerramento da empresa ou estabelecimento (arts.
213º, nº 5, e 216º). Paralelamente, aumentou, por imposição comunitária (art. 7º, nº 1, da Directiva nº
93/104/CE do Conselho, de 23 de Novembro de 1993), para vinte dias úteis (arts. 213º, nº 5, e 232º,
nº 2), a duração do período mínimo de gozo efectivo de férias. Todas estas soluções transitaram, no
essencial, inalteradas, para o CT2009 – que prescreve um período mínimo de vinte dias úteis de
gozo efectivo de férias nos arts. 238º, nº 5, 257º, nº 1, al. a), e 328º, nº 3, al. b), o exclui nos arts. 244º,
nº 3, 245º e 240º e admite a renúncia parcial pelo trabalhador ao gozo das férias nos arts. 238º, nº 5,
e 257º, nºs 1, al. a) e 2. Para mais desenvolvimentos sobre todos estes pontos, v. MONTEIRO FERNANDES,

RENÚNCIA PELO TRABALHADOR AOS SEUS CRÉDITOS

igualmente cessar, visto que é delimitada pela possibilidade do gozo efectivo daquele, o qual não resulta inviabilizado apenas pela cessação do contrato[1270]. Num e noutro caso, ao trabalhador são atribuídos a retribuição e o subsídio correspondentes e uma eventual compensação pelo seu não gozo efectivo, os quais seguem o regime comum dos créditos retributivos e, sendo o caso, o da sua irrenunciabilidade[1271]. É, no entanto, a irrenunciabilidade dos créditos de indemnização por acidente de trabalho aquela que mais intensamente comprime a vontade dispositiva do trabalhador, pois abrange genericamente todos os créditos provenientes do direito à indemnização em causa[1272], não comporta

"A Irrenunciabilidade do Direito a Férias", 1967 cit., pág. 30; *Direito do Trabalho*, I, 1987 cit., pp. 316-317, n. 2; *Direito do Trabalho*, 2006 cit., pág. 417; JÚLIO GOMES, *Direito do Trabalho*, Vol. I, 2007 cit., pp. 653 segs. e 708 segs.; LUÍS MIGUEL MONTEIRO, Anotação aos arts. 211º e segs. *in* ROMANO MARTINEZ/LUÍS MIGUEL MONTEIRO/JOANA VASCONCELOS/JOSÉ MANUEL VILALONGA/PEDRO MADEIRA DE BRITO/GUILHERME DRAY/LUÍS GONÇALVES DA SILVA, *Código do Trabalho Anotado*, 2008 cit.; Anotação aos arts. 237º e segs. *in* ROMANO MARTINEZ/LUÍS MIGUEL MONTEIRO/JOANA VASCONCELOS/PEDRO MADEIRA DE BRITO/GUILHERME DRAY/LUÍS GONÇALVES DA SILVA, *Código do Trabalho Anotado*, 8ª ed., 2009 cit.; ALMEIDA POLICARPO/MONTEIRO FERNANDES, *Lei do Contrato de Trabalho Anotada*, 1970 cit., pp. 140 segs.; ROSÁRIO PALMA RAMALHO, *Direito do Trabalho, Parte II*, 2ª ed. cit., pp. 501 segs. e 515 segs.; BERNARDO XAVIER, *Regime Jurídico do Contrato de Trabalho Anotado*, 1972 cit., pág. 119.

[1270] A irrenunciabilidade do direito a férias supõe a possibilidade do seu gozo pelo trabalhador, a qual é excluída, pelas mais diversas razões – impossibilidade, como nas hipóteses de cessação do contrato de trabalho não sujeita a aviso prévio (arts. 245º e 241º, nº 5, do CT2009), opção do legislador, como na hipótese de suspensão do contrato de trabalho por facto imputável ao trabalhador no ano em que esta ocorre ou de férias vencidas e não gozadas em anos anteriores, fora dos casos em que é admitida a sua cumulação com as vencidas no ano civil subsequente (arts. 244º, nº 3, e 240º do CT2009, respectivamente) – em várias situações que, por tal motivo, se situam para lá dos seus limites.

[1271] Frustrando-se o gozo de férias vencidas pela cessação do contrato ou, durante a sua vigência, pela sua suspensão por facto imputável ao trabalhador ou por força dos limites legais à sua deslocação (envolvendo, ou não, cumulação) para o ano civil subsequente, aquelas passam "a ser livremente substituíveis por uma compensação" (BERNARDO XAVIER/PEDRO FURTADO MARTINS). E a questão da eventual disposição pelo trabalhador dos seus direitos em matéria de férias por acordo com o empregador (designadamente através de um acordo de transacção), passa a relevar de um outro plano: o da renunciabilidade por aquele aos seus créditos laborais, retributivos ou não. Sobre a "possibilidade de transaccionar sobre os efeitos associados a situações" em que as férias "não foram atempadamente gozadas", pelo "pagamento de uma compensação em dinheiro", ou por uma vantagem "de outra natureza", v. BERNARDO XAVIER/PEDRO FURTADO MARTINS, "A transacção em Direito do Trabalho", 2009 cit., pp. 486-488. Voltaremos a este ponto mas adiante, no nº 11.2.3.

[1272] Em especial, no que se refere aos créditos resultantes da fixação (por acordo ou decisão judicial) da indemnização devida ao trabalhador sinistrado, a inalienabilidade e, sobretudo, a irrenunciabilidade referem-se tanto às prestações "em espécie", como às prestações "em dinheiro" (arts. 10º, als. a) e b), da LAT e 296º, nº 1, als. a) e b), do CT2003): os arts. 35º da LAT e 302º do CT2003 não distinguem quanto a este ponto. E se é certo que, por via de regra e atenta a diferente natureza das prestações em causa, a questão da sua disposição pelo trabalhador se suscitará sobretudo a propósito dos créditos indemnizatórios "em dinheiro", casos haverá, contudo, em que a garantia traduzida na irrenunciabilidade terá plena justificação relativamente às "prestações em espécie". O que se pretende, não parece de mais insistir, é assegurar que o trabalhador delas beneficie efectivamente, evitando que, *v.g.* por acordo com o empregador ou a seguradora, as substitua por qualquer outra contrapartida ou

A REVOGAÇÃO DO CONTRATO DE TRABALHO

qualquer excepção na vigência da relação laboral e perdura para lá da cessação do contrato de trabalho[1273], numa ligação quase incindível destes direitos ao respectivo titular, limitada unicamente pela sua eventual prescrição[1274].

Porque a irrenunciabilidade da retribuição é, de entre as que fomos abordando ao longo desta secção, aquela que mais interesse reveste para a nossa investigação, por estarem o seu fundamento e limites estreitamente relacionados com a cessação do contrato de trabalho e suas repercussões na situação do trabalhador, importa que nos alonguemos um pouco mais na sua análise. É o que faremos já em seguida.

vantagem. Ainda a este propósito, nota ROMANO MARTINEZ (*Direito do Trabalho*, 2007 cit., pág. 871) que as prestações em espécie são "naturalmente inalienáveis, (...) porque se trata de obrigações infungíveis, estabelecidas em função da pessoa do credor", e que, pelas mesmas razões, "tais prestações não são penhoráveis", apenas sendo concebível a sua renúncia pelo trabalhador. Sobre as prestações em espécie ("de natureza médica, cirúrgica, farmacêutica, hospitalar e quaisquer outras") e em dinheiro (indemnizações, pensões e subsídios, a atribuir ao trabalhador ou aos seus familiares) compreendidas no direito à indemnização por acidente de trabalho, v., entre outros, ROMANO MARTINEZ, *Direito do Trabalho*, 2007 cit., pp. 864 segs.; ROSÁRIO PALMA RAMALHO, *Direito do Trabalho, Parte II*, 2008 cit., pág. 761.

[1273] Com efeito, as limitações à disposição pelo trabalhador destes seus créditos indemnizatórios não estão temporalmente limitadas à vigência da relação laboral. Significa isto que, cessando por qualquer motivo o contrato de trabalho (desde logo por motivo relacionado com o acidente ocorrido), tais limitações perduram, não se tornando tais créditos plenamente disponíveis pelo seu titular. Sobre este ponto, com mais desenvolvimento, v. ROSÁRIO PALMA RAMALHO, *Direito do Trabalho, Parte II*, 2008 cit., pp. 766-767; BERNARDO XAVIER, *Iniciação ao Direito do Trabalho*, 2005 cit., pág. 498.

Esta solução parece radicar (à semelhança do que ocorre quanto ao gozo das férias) numa valoração objectiva do interesse do trabalhador em receber a compensação, atenta a função que desempenha, o qual prevalece, assim, sobre as particulares intenções ou ponderações deste e em face do qual patentemente irreleva o facto de recuperar o seu poder negocial face ao empregador. Dizendo de outro modo, a finalidade prosseguida com a atribuição de tal indemnização, se é determinante na sua efectiva concessão ao trabalhador (sendo o correspondente regime todo ele orientado para facilitar a sua atribuição), é-o também na sua efectiva percepção por este, ao qual não é concedida alternativa. Naturalmente que o trabalhador sempre poderá optar por não receber a prestação, *v.g.*, recusando os tratamentos médicos ou a quantia que lhe foi atribuída, deixando mesmo prescrever o respectivo crédito (neste sentido, ROMANO MARTINEZ, *Direito do Trabalho*, 2007 cit., pp. 871-872): a ausência de alternativa a que nos referimos consiste na supressão, por determinação legal expressa, de qualquer margem de actuação daquele quanto à substituição de tais prestações por outras contrapartidas que repute mais vantajosas.

[1274] Estes créditos são prescritíveis, aplicando-se-lhes "o prazo de cinco anos", contado do seu vencimento (ou do "conhecimento pessoal" pelo beneficiário da fixação das prestações), a que se referem os nºs 2 e 3 do art. 179º da L nº 98/2009 (que retomam o disposto no art. 32º, nºs 1 e 2 da LAT). O exercício judicial destes direitos pelo trabalhador está sujeito ao prazo de um ano a contar "da data da alta clínica formalmente comunicada" salvo se "do evento resultar a morte" daquele, hipótese em que prazo se conta a partir desta (art. 179º, nº 1, da L nº 98/2009, que reproduz o disposto no art. 32º, nº 1, da LAT). Este prazo, que na L nº 98/2009, como na LAT, é expressamente qualificado como de caducidade, era conformado pelo CT2003 como de prescrição (para um cotejo, quanto a este ponto, dos dois regimes, v. PAULO MORGADO DE CARVALHO, "Os Acidentes de Trabalho", 2004 cit., pp. 431-432; ROMANO MARTINEZ, *Direito do Trabalho*, 2007 cit., pp. 889-890).

11.2.2.2. Irrenunciabilidade da retribuição – sentido e limites

Tivemos já ocasião de referir como apesar da ausência, no quadro normativo vigente e no que o antecedeu, de uma qualquer disposição expressa sobre a matéria, as nossas jurisprudência e doutrina convergem pacificamente no sentido de considerar que o crédito salarial, em todas as suas componentes, é irrenunciável[1275]. E em fundar tão significativa limitação à faculdade de disposição do trabalhador – resultante de todo o "complexo normativo relativo à retribuição"[1276] – na subordinação (e não rara dependência) deste, que acentuadamente enfraquece o seu poder negocial face ao empregador. Esta a principal – se bem que não exclusiva[1277] – justificação que suporta tal irrenunciabilidade.

E que tem como consequência a sua limitação temporal: viu-se também como a irrenunciabilidade dos créditos retributivos se mantém apenas enquanto dure a relação laboral, cessando, juntamente com a subordinação e dependência do trabalhador, uma vez finda aquela[1278].

[1275] Cfr. *supra* o nº 11.2.2.1

[1276] LEAL AMADO, *A Protecção do Salário*, 1993 cit., pág. 214 e *supra* o nº 11.2.2.1.

[1277] Contra esta perspectiva "tradicional" e "unidmensional", presente sobretudo na jurisprudência, que reduziria a *ratio* da irrenunciabilidade dos créditos salariais "à natureza própria da relação juslaboral, enquanto relação marcada pela subordinação", LEAL AMADO propõe uma "perspectiva bidimensional que funde a tendencial irrenunciabilidade dos créditos salariais, não apenas no carácter hierarquizado ou subordinado das relações de trabalho, mas também na função alimentar desempenhada por estes créditos, função que subsiste mesmo após a dissolução do contrato de trabalho" ("Crédito Salarial, Compensação e Cessão", 2007 cit., pág. 58; *Contrato de Trabalho – à luz do novo Código do Trabalho*, 2009 cit., pág. 324).

[1278] A conclusão expressa no texto, se se imporia já perante o conjunto de garantias do crédito salarial originárias da LCT, as quais, "excepção feita à penhora, só têm sentido na pendência da relação laboral" (ROMANO MARTINEZ), veio a ser recentemente reforçada pelo disposto nos arts. 270º, nº 1, do CT2003, primeiro, e 279º, nº 1, do CT2009, que se lhe seguiu, os quais claramente explicitam que tais garantias são "conferidas ao trabalhador apenas na vigência do contrato de trabalho" (ROMANO MARTINEZ). Neste sentido, expressamente, ROMANO MARTINEZ, *A Cessação do Contrato*, 2006 cit., pág. 439, n. 863; *Direito do Trabalho*, 2007 cit., pp. 612 e 957, n. 2; BERNARDO XAVIER, *Iniciação ao Direito do Trabalho*, 2005 cit., pág. 348. Contra, limitando o alcance do disposto no art. 279º, nº 1, do CT2009 (como no art. 270º, nº 1, do CT2003) à proibição de compensações e deduções pelo empregador e apontando uma clara opção de sentido contrário do legislador em matéria de cessão, a qual valeria, por maioria de razão, para a renúncia ao crédito salarial, LEAL AMADO: "o ponto era discutido à luz da legislação pré-codicística (...) mas hoje com a distinta redacção dada aos arts. 279º e 280º [270ºº e 271º do CT2003] (...) só a proibição de compensações e deduções – mas não já a insusceptibilidade de cessão e, consequentemente, a irrenunciabilidade – vê a sua operatividade limitada às situações de pendência do contrato de trabalho" ("Crédito Salarial, Compensação e Cessão", 2007 cit., pp. 56-58; *Contrato de Trabalho – à luz do novo Código do Trabalho*, 2009 cit., pág. 324).

Igualmente esclarecedor seria o prazo muito curto de prescrição dos créditos laborais: conforme nota MENEZES LEITÃO, "se estes créditos prescrevem ao fim de um ano, naturalmente que poderão ser entretanto remitidos pelo trabalhador" (*Direito do Trabalho*, 2008 cit., pág. 358).

A REVOGAÇÃO DO CONTRATO DE TRABALHO

Nesse sentido, a nossa doutrina[1279], com a excepção de LEAL AMADO[1280], admite a possibilidade de o trabalhador renunciar aos seus créditos salariais após a extinção do contrato de trabalho.

[1279] Entre outros, MENEZES CORDEIRO, *Manual de Direito do Trabalho*, 1991 cit., pág. 734; MENEZES LEITÃO, *Direito do Trabalho*, 2008 cit., pág. 358; ROMANO MARTINEZ, *A Cessação do Contrato*, 2006 cit., pág. 439, n. 863; *Direito do Trabalho*, 2007 cit., pág. 612; JOSÉ ANTÓNIO MESQUITA, "Renúncia pelos trabalhadores aos direitos sobre a entidade patronal", 1980 cit., pág. 46; BERNARDO XAVIER, *Iniciação ao Direito do Trabalho*, 2005 cit., pág. 348.

[1280] Na indagação a que procede acerca da renunciabilidade do crédito salarial, LEAL AMADO, após esboçar duas significativas "limitações" – uma "de ordem temporal" (a renúncia ao crédito salarial seria inadmissível enquanto o contrato subsistisse), outra "de ordem quantitativa" (o crédito salarial seria "irrenunciável, no mínimo, em medida igual àquela" em que fosse "insusceptível de cessão ou de compensação", por tais limites se manterem mesmo após a cessação do vínculo) – vem contudo a concluir pela sua (absoluta) irrenunciabilidade, invocando, para tanto, o "complexo normativo atinente ao salário", em especial o disposto no art. 21º, nº 1, al. c), da LCT quanto à irredutibilidade da retribuição, bem como a conformação constitucional da retribuição como um direito fundamental (*A Protecção do Salário*, 1993 cit., pp. 214-222). Este entendimento foi reafirmado pelo A perante o CT2003 e igualmente em face do CT2009 – cujos arts. 270º, nº 1, e 271º e 279º, nº 1, e 280º, respectivamente, exprimiriam uma opção legislativa no sentido de a insusceptibilidade de renúncia ao crédito salarial se manter mesmo após a extinção do vínculo laboral. Tal opção resultaria, "por identidade ou até por maioria de razão" do prescrito em matéria de cessão após a relação laboral terminar: "sendo o crédito salarial parcialmente insusceptível de cessão a terceiro, como compreender que o trabalhador fosse livre de a ele renunciar integralmente, em óbvio benefício do respectivo empregador?" Mais exactamente, "as razões que presidem ao sistema restritivo" estabelecido em matéria de cessão "valem ainda em mais forte medida para a hipótese de renúncia, pelo que haverá que entender-se que a lei que proíbe o menos (o menos gravoso para o trabalhador, a cessão do crédito a um terceiro) também proíbe o mais (o mais gravoso, a renúncia perante aquele e em proveito daquele a quem se se deve obediência)". Em síntese, "o crédito laboral deve considerar-se irrenunciável, no mínimo, em medida igual àquela em que é insusceptível de cessão (...) mesmo após a cessação do contrato de trabalho" (LEAL AMADO, "Crédito Salarial, Compensação e Cessão", 2007 cit., pp. 56-58; *Contrato de Trabalho – à luz do novo Código do Trabalho*, 2009 cit., pp. 323-324).

Não podemos concordar com esta tese. Sendo incontestáveis a pertinência e o peso de muitas das objecções aduzidas pelo A, não nos parece, todavia, que dos argumentos invocados resulte forçosamente a plena ou sequer a parcial irrenunciabilidade do crédito salarial. Começando pela invocação de uma "identidade de razão" (ou "analogia") com o que ocorre em matéria de prescrição durante a vigência da relação laboral, na qual se basearia a referida limitação de ordem temporal à eventual renúncia pelo trabalhador aos seus créditos retributivos, afirma o A que, "enquanto o direito ao salário não puder prescrever também não será passível de válida renúncia" (*A Protecção do Salário*, 1993 cit., pág. 216). Sucede, porém, que o inverso também é verdadeiro: prescrevendo os créditos laborais no prazo de um ano subsequente à cessação do contrato, e podendo o trabalhador deles dispor, desde logo determinando (unilateral e indirectamente) a respectiva extinção pelo seu não exercício em tal prazo, não se vê como justificar (sem incorrer em contradição) a manutenção, durante o mesmo período, desta relevante limitação à faculdade de disposição do trabalhador. Por outro lado, e face ao disposto no art. 270º, nº 1, do CT2003, agora 279º, nº 1, do CT2009, sobretudo, à afirmação do carácter temporalmente limitado das garantias do crédito salarial previstas na lei (em matéria de compensação, mas também de cessão), que tem vindo a prevalecer na nossa doutrina, parecem-nos gravemente prejudicadas, quer a ideia de sujeição da renúncia do trabalhador a "limitações de ordem quantitativa", quer, em especial, a projecção da tutela do crédito salarial para lá da cessação do vínculo, na qual a tese do A claramente se apoia. Quanto ao argumento retirado do art. 21º, nº 1, al. c), da LCT (insusceptibilidade de diminuição da retribuição por acordo entre trabalhador e empregador, salvo se autorizada pela IGT), este prova de mais, pois tal interdição vigorava evidentemente só na pendência da relação laboral, ao passo que a eventual renunciabilidade (dentro dos "apertadíssimos moldes" por si definidos) que o A. pretendia contestar se referia apenas ao momento posterior à cessação do vínculo laboral. Acresce que tal preceito não transitou sequer para o CT2003 nem para o CT2009 (vejam-se, respectivamente os arts. 122º, al. d), 247º, nº 1, al. a) e 314º, nºs 1 e 3, e os arts. 129º, n. 1, al. d), 164º, nº 1, al. a) e 120º, nºs 1 e 4).

No que se refere às invocadas repercussões, em matéria de (ir)renunciabilidade da retribuição, da sua natureza de direito fundamental, lembraremos apenas que o TC, no seu Ac. nº 600/2004 (Proc. nº 797/03), decidiu no sentido da não inconstitucionalidade – por alegada violação do art. 59º, nº 1, al. a), da CRP – do art. 863º do CódCiv "na vertente da sua aplicação às relações juslaborais, tendo em conta que o direito ao salário está relacionado com interesses de ordem pública e social". Considerou a este propósito o TC que a protecção dos direitos dos trabalhadores, "que se invoca para pretender excluir a remissão abdicativa da esfera pós-relação laboral, impediria que estes formulassem por si o juízo sobre a celebração de tais contratos, sem que se imponha, legal ou constitucionalmente, qualquer presunção de que o seu juízo livre e informado – quando o não seja a ordem jurídica faculta-lhes mecanismos de invalidação de tais contratos – lhes será necessariamente prejudicial, com a concomitante imposição de uma indisponibilidade restritiva da liberdade contratual de ambas as partes".

Quanto ao argumento de "identidade" e até "maioria de razão" mais recentemente utilizado pelo A e estribado no regime "altamente restritivo" consagrado no CT2003 e no CT2009 quanto à cessão do crédito salarial, o qual subsistiria mesmo "após a extinção do vínculo juslaboral", diremos, antes de mais, que nos parece insuficientemente fundada a assimilação em que assenta das hipóteses de cessão (gratuita ou onerosa) a terceiro do seu crédito laboral pelo trabalhador e de renúncia a tal crédito por acordo entre este e o empregador e, sobretudo, das razões que subjazem às restrições que a uma e outra se estabelecem. Se nas primeiras avulta, essencialmente, a função alimentar do salário – que levaria a garantir a efectiva percepção pelo trabalhador ao menos de uma parte deste (mas não já a interferir com a forma como aquele gastaria tal quantia) e, nessa medida se aproximaria, no contexto da relação com o empregador, dos limites quantitativos às compensações e descontos a efectuar por este no crédito salarial –, nestas últimas avulta, antes, a situação de subordinação jurídica e não rara dependência económica do trabalhador, que condicionariam, enfraquecendo-a, a sua posição negocial face ao empregador. Depois, e contrariamente ao que supõe o A, parece-nos que também a respectiva proibição termina quando ocorre tal extinção. E percebe-se porquê: cessando a relação de trabalho, deixa de vencer-se periodicamente o crédito salarial, cuja função de suporte da vida corrente do trabalhador justifica as restrições à sua disposição, gratuita ou onerosa, por parte deste, de modo a garantir, ao menos em parte, a sua efectiva percepção e consistência. Mais exactamente, a partir desse momento apenas existem créditos vencidos (anteriormente ou por efeito da própria cessação), prescritíveis no prazo de um ano, de que o trabalhador pode livremente dispor, seja perante terceiros, seja por acordo com o empregador. No que se refere a este último ponto, parecem-nos injustificados e até excessivos os receios expressos pelo A ante a perspectiva de renúncia pelo trabalhador aos seus créditos finda a relação laboral. Em tal cenário, é sabido, cessa ou resulta significativamente atenuada a "situação de dependência do trabalhador-credor relativamente ao devedor-empregador", pelo que não parece razoável supor que admitir a abdicação pelo trabalhador dos seus créditos se reduz a deixar ao empregador "o caminho livre para pressionar o trabalhador a remitir a dívida" ou que a renúncia pelo trabalhador seja sempre gravosa, porque "em proveito daquele a quem se deve obediência", *i.e.*, "em óbvio benefício do respectivo empregador".

Por último, e ao contrário do que sustenta o A, não parece que a eventual manutenção, para lá da cessação do vínculo laboral, da garantia de impenhorabilidade "dos vencimentos, salários ou prestações de natureza semelhante auferidos pelo executado" (art. 824º, nº 1, al. a)) implique igual solução para a proibição de cessão parcial do crédito salarial. São muito diversos o alcance e função desta proibição,

A REVOGAÇÃO DO CONTRATO DE TRABALHO

E há muito que constitui entendimento pacífico na nossa jurisprudência que, cessada a relação laboral, os direitos patrimoniais do trabalhador se tornam livremente disponíveis[1281] – qualquer que tenha sido a causa dessa cessação[1282] e mesmo tratando-se de mera cessação factual[1283] – pois só então cessa a "subordinação juridica do trabalhador ao empregador", a qual "tem sempre a virtualidade" de "retirar espontaneidade e autenticidade à declaração da von-

que verdadeiramente apenas tem em comum com a garantia de impenhorabilidade a sujeição aos respectivos limites quantitativos: a impenhorabilidade do salário dirige-se a limitar, não a sua disposição pelo trabalhador, mas a sua apreensão, contra a vontade deste, por decisão judicial e para satisfação de créditos em processo de execução.

[1281] Em conformidade com esta orientação, afirmam expressamente a indisponibilidade dos créditos retributivos do trabalhador na vigência da relação laboral, recusando qualquer efeito remissivo a declarações subscritas pelo trabalhador em que este declara renunciar a créditos salariais fora do contexto da cessação do contrato de trabalho, entre outros, os Acs. RP de 31-1-2005 (Proc. 0413700), RP de 19-9-2005 (Proc. nº 0512318), RP de 3-10-2005 (Proc. nº 0542320), RC de 11-1-2007 (Proc. nº 355/05), RE de 23-10-2007 (Proc. nº 2008/07-3) acessíveis em www.dgsi.pt (salvo o Ac. RP de 3-10-2005, in CJ, 2005, IV, pp. 244 segs.).

[1282] A jurisprudência das Relações e do STJ decidiu no sentido apontado no texto, ainda na vigência do direito anterior, em situações de rescisão pelo trabalhador (Acs. RC de 19-1-2005, Proc. nº 3598/04, RP de 19-9-2005, Proc. nº 0512318, RC de 2-3-2006, Proc. nº 3900/05 e STJ de 6-7-1994, Proc. nº 3997), de despedimento com justa causa (Ac. RP de 18-6-2001, Proc. nº 0110674), de extinção do posto de trabalho (Ac. RP de 22-5-2000, Proc. nº 419/2000), de despedimento colectivo (Acs. RC de 18-5-2005, Proc. nº 3986/05, RC de 22-9-2005, Proc. nº 3985/04, STJ de 18-3-1998, Proc. nº 196/97) de caducidade de contrato a termo (Ac. STJ 24-11-2004, Proc. nº 04S2846). No mesmo sentido, mas aplicando já o CT2003, em caso de caducidade por encerramento total e definitivo (Ac. RP de 25-9-2006, Proc. nº 0516184). Todos estes acórdãos estão integralmente disponíveis em ww.dgsi.pt. (e o Ac. RC de 19-1-2005 está também publicado na CJ, 2005, I, pp. 55 segs.), com excepção dos Acs. STJ de 6-7-1994 (in AD, nº 396, pp. 1461 segs e BMJ nº 439, pp. 376 segs.) e de 18-3-1998 (in CJ-STJ, 1998, I, pp. 284 segs.), bem como do Ac RP de 22-5-2000 (in CJ, 2000, III, pp. 246 segs.).

[1283] Decidiram no sentido da admissibilidade da renúncia pelo trabalhador aos seus direitos patrimoniais laborais, maxime a prestações retributivas, em caso de mera cessação factual da relação laboral, decorrente de um despedimento ilícito efectuado pelo empregador, no direito anterior ao CT2003, os Acs. RP de 22-5-2000 (Proc. nº 419/2000), RP de 18-6-2001 (Proc. nº 0110674), RC de 18-5-2005 (Proc. nº 3986/05), RC de 22-9-2005 (Proc. nº 3985/04), RL de 28-9-2005 (Proc. nº 1693/2004-4), RC 2-3-2006 (Proc. nº 3900/05), RP de 8-5-2006 (Proc. nº 0542317), STJ de 3-4-1991 (Proc. nº 002908), STJ de 24-11-2004 (Proc. nº 04S2846) e STJ de 25-5-2005 (Proc. nº 05S480). No mesmo sentido, mas aplicando já o CT2003, v. os Acs. RC de 11-1-2007 (Proc. nº 355/05) e RL de 16-1-2008 (Proc. nº 7884/2007-4). O texto integral de todos estes acórdãos está disponível em www.dgsi.pt (o Ac. STJ de 3-4-1991 está também publicado no BMJ, nº 406, pág. 433), com excepção dos Acs. RP de 22-5-2000 (in CJ, 2000, III, pp. 246 segs.), RC de 18-5-2005 (in CJ, 2005, III, pp. 60 segs.) e de 22-9-2005 (in CJ, 2005, IV, pp. 61 segs.).

Esta orientação jurisprudencial, sendo maioritária, não é, contudo unânime: em sentido contrário, invocando a subsistência da relação laboral, atenta a ilicitude da cessação, decidiram, entre outros, os Acs. RP de 31-1-2005, Proc. nº 0413700 (disponível em www.dgsi.pt), RP de 3-10-2005 (in CJ, 2005, III, pp. 244 segs.) e STJ de 14-1-2004, Proc. nº 2558/03 (in CJ-STJ, 2004, I, pp. 249 segs.).

RENÚNCIA PELO TRABALHADOR AOS SEUS CRÉDITOS

tade através da qual o trabalhador dispõe do direito"[1284], inibindo-o "de tomar decisões verdadeiramente livres"[1285].

Mas a jurisprudência dos nossos tribunais superiores vai mais longe, neste domínio. Constitui orientação já consolidada aquela que – com crescentes adesões na doutrina[1286] – tende a admitir a renúncia a créditos pelo trabalhador no próprio acordo de cessação do contrato de trabalho[1287].

A principal linha de argumentação que suporta esta tese parte da constatação de que o trabalhador, no momento em que se predispõe "a negociar a sua desvinculação, discutindo a correspondente compensação pecuniária"[1288], deixa de estar na situação "psicologicamente inibidora"[1289] da reclamação de eventuais créditos, normalmente associada à subordinação. Ora, a não verificação, nesta hipótese, do cenário que motiva a irrenunciabilidade dos seus créditos laborais pelo trabalhador há-de justificar a sua inaplicabilidade[1290].

[1284] Ac. STJ de 3-4-1991 (Proc. nº 002908), no mesmo sentido, v. o Ac. RL 16-1-2008 (7884/2007-4), *supra* referenciados.

[1285] Desde logo "em resultado do temor reverencial em que se encontra face aos seus superiores ou do medo de represálias ou de algum modo poder vir a ser prejudicado na sua situação profissional" (Ac. RP de 19-9-2005, Proc. nº 0512318; no mesmo sentido, Ac. RC 11-1-2007, Proc. nº 355/05, Ac. RE de 23-10-2007, Proc. nº 2008/07-3 cits).

[1286] ROMANO MARTINEZ, *A Cessação do Contrato*, 2006 cit., pp. 438-439; *Direito do Trabalho*, 2007 cit., pág. 957; BERNARDO XAVIER, "A Extinção do Contrato de Trabalho", 1989 cit., pág. 480; *Curso de Direito do Trabalho*, 1993 cit., pág. 544; *Iniciação ao Direito do Trabalho*, 2005 cit., pág. 476.
Contra, por entender que se "a renúncia ao salário não é possível enquanto o contrato de trabalho vigorar, não deverá ser igualmente admissível no acordo de cessação, uma vez que este, embora extinga o contrato de trabalho, é celebrado ainda durante a sua vigência", MENEZES LEITÃO, *Direito do Trabalho*, 2008 cit., pp. 357-358.

[1287] Afirmavam expressamente a disponibilidade pelo trabalhador dos seus créditos salariais na fase em que este negoceia já a sua desvinculação com o empregador, ainda no direito anterior ao CT2003, entre outros, os Acs. RL de 18-10-1995 (Proc. nº 0098414), RP de 8-7-2002 (Proc. nº 560/02), RL de 26-1-2005 (Proc. nº 9733/2004-4), RL de 9-3-2005 (Proc. nº 8682/2004-4), RL de 28-9-2005 (Proc. nº 1693/2004-4), RL de 19-10-2005 (Proc. nº 4301/2005-4), RL de 19-10-2005 (Proc. nº 711/2005-4), STJ de 16-4-1997 (Proc. nº 246/96) e STJ de 3-3-2005 (Proc. nº 04S3154), STJ de 11-10-2005 (Proc. nº 05S1763), STJ de 16-1-2008 (Proc. nº 07S2884). Já reportados ao CT2003, refiram-se os Acs. RL de 9-4-2008 (332/2008-4), RL de 16-1-2008 (Proc. nº 7884/2007) e. STJ de 6-12-2006 (Proc. nº 06S3208). O texto de todos estes Acs. está integralmente disponível em www.dgsi.pt (o Ac. RL de 18-10-1995 também na CJ, 1995, IV, pág. 164), salvo o do Ac. RP de 8-7-2002 (*CJ*, 2002, IV, pp. 218 segs.)

[1288] Ac. de STJ 3-3-2005 (Proc. nº 04S3154); no mesmo sentido, Ac. de STJ de 16-4-1997 (Proc. nº 246/96), RP de 8-7-2002 (Proc. nº 560/02); Ac. RL de 26-1-2005 (Proc. nº 9733/2004), Ac. RL de 28-9-2005 (Proc. nº 1693/2004) e Ac. RL de 19-10-2005 (Proc. nº 711/2005).

[1289] Ac. de RL 19-10-2005 (Proc. nº 4301/2005), no mesmo sentido, Ac. RL de 26-1-2005 (Proc. nº 9733/2004), Ac. RL de 28-9-2005 (Proc. nº 1693/2004), RL de 19-10-2005 (Proc. nº 711/2005-4).

[1290] Trata-se de um ponto em que o nosso ordenamento se demarca de outros que lhe são próximos. A análise *supra* efectuada evidenciou bem como os legisladores italiano, francês e espanhol assumem que a debilidade contratual do trabalhador subsiste enquanto perdurar a subordinação jurídica, ou seja, até à efectiva cessação do contrato de trabalho – e, no caso dos ordenamentos italiano e espanhol,

A REVOGAÇÃO DO CONTRATO DE TRABALHO

Paralelamente, invoca-se a própria natureza do acordo de revogação e da compensação pecuniária global[1291]: com efeito, "uma coisa é o trabalhador prescindir de reclamar os seus créditos laborais, na vigência do contrato, por receio de suscitar um conflito que possa pôr em risco o vínculo contratual; coisa diferente é o trabalhador" ajustar com o empregador, quando da cessação pactuada do contrato, a "correspondente compensação pecuniária", a qual inclui "os créditos já vencidos à data da cessação do contrato e aqueles que sejam exigíveis em virtude dessa cessação"[1292]. Ora, "qualquer outro entendimento levaria ao absurdo de se concluir que os acordos de cessação de contrato de trabalho" seriam, neste domínio e pese embora a expressa orientação da lei em contrário, "irrelevantes", pois "o trabalhador nunca poderia dispor aí dos seus direitos"[1293].

A favor da mesma solução pesaria ainda a possibilidade de revogação unilateral do distrate pelo trabalhador[1294], "solução normativa que permite garantir ao trabalhador o pleno domínio da sua autonomia negocial"[1295], não apenas quanto à extinção do vínculo laboral, mas relativamente a qualquer outra declaração negocial sua constante do acordo de cessação, possibilitando-lhe a sua revogação sempre que esta não corresponda à sua "livre vontade"[1296].

---

mesmo para lá dessa cessação. Donde a cominação legal da invalidade de quaisquer actos dispositivos (art. 2113 do *Codice Civile*) ou de actos meramente abdicativos (art. 3-5 do *ET*) do trabalhador tendo como objecto direitos decorrentes de normas inderrogáveis, legais ou convencionais, celebrados na pendência da relação laboral ou já depois da sua cessação (cfr. *supra* os nºs 3.1.2 e 3.3.3). E, bem assim, a regra, com origem jurisprudencial, que obsta à celebração em simultâneo de um acordo de *résiliation amiable* do contrato de trabalho e de uma transaction, destinada a resolver as questões pecuniárias emergentes dessa mesma cessação, mediante a composição dos interesses contrapostos das partes e que impõe a outorga desta apenas quando a *rupture* seja de considera *intervenue et définitive* (cfr. *supra* os nºs 3.2.1 e 3.2.2).

[1291] Ac. de STJ 3-3-2005 (Proc. nº 04S3154), no mesmo sentido, Ac. RL de 28-9-2005 (Proc. nº 1693/2004-4).

[1292] Ac. de STJ 3-3-2005 (Proc. nº 04S3154), que cita o art. 8º, nº 3, do DL nº 64-A/89, reproduzido, no essencial, pelos arts. 394º, nº 4, do CT2003 e 349º, nº 5, do CT2009.

[1293] Ac. de STJ 3-3-2005 (Proc. nº 04S3154), que invoca a este propósito o disposto no art. 8º, nº 3, do DL nº 64-A/89, quanto ao âmbito e função da compensação pecuniária global, em termos que mantêm plena actualidade face à continuidade de soluções resultante dos arts. arts. 394º, nº 4, do CT2003 e 349º, nº 5, do CT2009.

[1294] Acs. RL de 28-9-2005 (Proc. nº 1693/2004-4), RL de 19-10-2005 (Proc. nº 4301/2005-4), RL de 19-10-2005 (Proc. nº 711/2005-4).

Todas estas decisões se referem ao art. 1º, nº 1, da L nº 38/96, que permitia ao trabalhador revogar o acordo de cessação do contrato de trabalho até ao segundo dia útil seguinte à data de produção dos seus efeitos, mediante comunicação escrita à entidade empregadora. O art. 395º do CT2003 alterou profundamente os traços essenciais desta solução, no que foi seguido pelo art. 350º do CT2009, com significativas repercussões, não apenas na conformação, mas sobretudo na efectividade deste mecanismo de tutela que serão versadas mais adiante (cfr. *supra* os nºs 2.7.3 e 2.7.4 e *infra* os nºs 14.2.1, 14.3 e 14.4.2).

[1295] Ac. de RL 19-10-2005 (Proc. nº 4301/2005) cit.

[1296] Acs. RL de 28-9-2005 (Proc. nº 1693/2004-4), RL de 19-10-2005 (Proc. nº 711/2005-4) cits.

RENÚNCIA PELO TRABALHADOR AOS SEUS CRÉDITOS

11.2.3. A transigibilidade dos créditos laborais do trabalhador

11.2.3.1. Enquadramento normativo da questão

O nosso ordenamento não contém qualquer norma que, em geral, disponha sobre a admissibilidade da transacção entre trabalhador e empregador[1297]. Não obstante, e até há bem pouco tempo, as normas adjectivas laborais limitavam fortemente o seu possível relevo, ao prescrever que a transacção só poderia realizar-se em audiência de conciliação[1298], vedando, pois, às partes a composição do litígio por acordo obtido em qualquer outra fase do processo e, por maioria de razão, por transacção extrajudicial. Tendo tais especialidades de regime sido eliminadas nas sucessivas reformas da lei processual do trabalho[1299], a transacção em matéria laboral segue, no ordenamento vigente, o regime comum constante do CódCiv (arts. 1248º segs.) e ainda do CPC (arts. 293º segs.), tratando-se de transacção judicial[1300].

[1297] Mais exactamente, inexiste no nosso ordenamento uma norma, como o art. 2113 do *Codice Civile*, que interdite a transacção entre trabalhador e empregador, tanto na vigência da relação laboral, como uma vez finda esta, admitindo, todavia, a sua excepcional validade, se celebrada em determinadas instâncias nela indicadas (judicial, administrativa e sindical). Igualmente não se nos depara, como em França, uma orientação jurisprudencial e doutrinal firme no sentido de remeter a válida celebração da transacção para um momento subsequente à ruptura do contrato de trabalho, sempre que aquela tenha por objecto regular as respectivas consequências (e por maioria de razão, resolver um litígio dela emergente). Para mais desenvolvimentos sobre todos estes pontos v., respectivamente, *supra* os nºs 3.1.2 e 3.2.2)

[1298] De modo a assegurar a "intervenção tutelar" face ao trabalhador, primeiro do Ministério Público, depois do juiz. V., com indicação dos traços essenciais da evolução legislativa quanto a este ponto, CARLOS ALEGRE, *Código de Processo do Trabalho Anotado e Actualizado (DL 38/2003)*, Almedina, Coimbra, 2003, pp. 161 segs.; ALBINO MENDES BAPTISTA, *Código de Processo do Trabalho Anotado*, 2ª ed., Quid Iuris, Lisboa, 2002, pág. 123; LEITE FERREIRA, *Código de Processo do Trabalho Anotado*, Coimbra Editora, Coimbra, 1989, pp. 149 segs. e 212-213; BERNARDO XAVIER/PEDRO FURTADO MARTINS, "A transacção em Direito do Trabalho", 2009 cit., pp. 471 segs.

[1299] Sobre a evolução recente do nosso direito processual no sentido da progressiva aproximação ao regime comum e, nessa medida, da transigibilidade dos direitos dos trabalhadores, v. BERNARDO XAVIER/PEDRO FURTADO MARTINS, "A transacção em Direito do Trabalho", 2009 cit., pp. 471 segs. Para maiores desenvolvimentos sobre a evolução da legislação processual laboral em matéria de transacção, v., entre outros, CARLOS ALEGRE, *Código de Processo do Trabalho Anotado e Actualizado*, 2003 cit., pp. 159 segs.; ALBINO MENDES BAPTISTA, *Código de Processo do Trabalho Anotado*, 2002 cit., pp. 123 segs.; LEITE FERREIRA, *Código de Processo do Trabalho Anotado*, 1989 cit., pp. 149 segs. e 195 segs; JOÃO PALLA LIZARDO, "Que futuro para o Processo do Trabalho face ao actual Processo Civil?", *in QL*, nº 11, 1998, pp. 94-95; CASTRO MENDES, "Tipos, Espécies e Formas de Processo do Trabalho", *Curso de Direito Processual do Trabalho, Suplemento da RFDUL*, 1964, pp. 144 segs.

[1300] O que caracteriza a transacção judicial e a diferencia da transacção preventiva ou extrajudicial é o seu objecto e fim. A transacção é judicial porque visa compor um litígio pendente em juízo, e não por ser feita no processo, pois pode, no limite, não o ser. É o que resulta do art. 300º, nº 1, do CPC, que admite que a transacção se faça "por documento autêntico ou particular" ou por termo no processo,

A REVOGAÇÃO DO CONTRATO DE TRABALHO

Significa isto que a transacção é, em geral, admitida[1301] como forma de prevenir ou terminar um litígio entre trabalhador e empregador, antes da (e para evitar) a propositura da acção judicial[1302]. Estando esta já pendente em juízo, muito embora a transacção tenda a fazer-se em audiência de conciliação[1303], pode resultar de acordo das partes, em qualquer fase do processo[1304]. Quanto ao controlo da legalidade da transacção, este é assegurado pelo poder judicial de fiscalização, previsto nos arts. 52º, nº 2, do CPT e 300º, nº 3, do CPC.

Ora, sendo ponto assente que o nosso ordenamento laboral estabelece limitações diversas à livre disponibilidade pelo trabalhador dos seus direitos patrimoniais laborais, limitações essas concretizadas, fundamentalmente, na

sendo a validade de um e de outro apreciada pelo juiz que, sendo o caso, a declarará, condenando ou absolvendo em conformidade (nº 3 do mesmo art. 300º). Sobre este ponto, v. LEBRE DE FREITAS/JOÃO REDINHA/RUI PINTO, *Código de Processo Civil Anotado*, Vol. 1º, 1999 cit., pp. 522-523 e 532 segs.; MENEZES LEITÃO, *Direito das Obrigações*, Vol. III, 2009 cit., 589; CASTRO MENDES, *Direito Processual Civil*, Vol. II, 1990 cit., pág. 443; JOSÉ ALBERTO DOS REIS, *Comentário*, Vol. 3º, 1946 cit., pág. 489; TEIXEIRA DE SOUSA, *Estudos sobre o Novo Processo Civil*, 1997 cit., pp. 203-204.

Para uma distinção entre os efeitos materiais e processuais da transacção, *i.e.*, os seus efeitos de direito substantivo, enquanto "negócio de auto-composição do litígio" e os efeitos processuais da sentença que o homologa, v. LEBRE DE FREITAS/JOÃO REDINHA/RUI PINTO, *Código de Processo Civil Anotado*, Vol. 1º, 1999 cit., pp. 534-535; TEIXEIRA DE SOUSA, *Estudos sobre o Novo Processo Civil*, 1997 cit., pág 207.

[1301] BERNARDO XAVIER/PEDRO FURTADO MARTINS, "A transacção em Direito do Trabalho", 2009 cit., pág. 482.

[1302] O art. 1250º, nº 1, do CódCiv refere-se, a este propósito, a transacção preventiva ou extra-judicial. Sobre este preceito, v. PIRES DE LIMA/ANTUNES VARELA, *Código Civil Anotado*, Vol. II, 1987 cit., pp. 858-859.

[1303] Neste sentido, ALBINO MENDES BAPTISTA, *Código de Processo do Trabalho Anotado*, 2002 cit., pág. 123; LEITE FERREIRA, *Código de Processo do Trabalho Anotado*, 1999 cit., pág. 213.

A tentativa de conciliação, que no actual CPT se realiza obrigatoriamente nos casos previstos nos seus arts. 55º, nº 2, e 70º, nº 1 – durante a audiência de partes e na data marcada para a audiência de discussão e julgamento, antes de aberta esta –, pode ainda realizar-se (de forma facultativa) em qualquer outra fase do processo, sempre que as partes conjuntamente a requeiram ou o juiz a julgue oportuna, não podendo, contudo, convocar as partes exclusivamente para tal fim mais do que uma vez (art. 509º do CPC). Presidida pelo juiz e tendo como objectivo "pôr termo ao litígio mediante acordo equitativo" (art. 51º, nº 2, do CPT), a tentativa de conciliação tanto pode resultar numa transacção judicial, como em desistência ou confissão, que, se obtidas neste contexto, não carecem de homologação para produzir efeitos de caso julgado, nos termos do art. 52º, nº 1, sendo este desvio ao regime comum (constante do art. 300º, nºs 3 e 4, do CPC) justificado pelo facto de tal audiência ser presidida pelo juiz, ao qual é cometido um "posicionamento activo" na busca de uma "resolução amigável e equitativa" do litígio (ALBINO MENDES BAPTISTA). Para maiores desenvolvimentos sobre toda esta matéria, v. LEITE FERREIRA, *Código de Processo do Trabalho Anotado*, 1989 cit., pp. 212 segs.; ALBINO MENDES BAPTISTA, "A audiência de partes no novo Código de Processo do Trabalho", *RMP*, nº 82, 2000, pp. 164-165; *Código de Processo do Trabalho Anotado*, 2002 cit., pp. 123-124; CARLOS ALEGRE, *Código de Processo do Trabalho Anotado e Actualizado*, 2003 cit., pp. 162-163.

[1304] Nos termos gerais dos arts. 293º segs., *maxime* 300º do CPC. Sobre este ponto, v. CARLOS ALEGRE, *Código de Processo do Trabalho Anotado e Actualizado*, 2003 cit., pp. 161-162; ALBINO MENDES BAPTISTA, *Código de Processo do Trabalho Anotado*, 2002 cit., pp. 123-124; BERNARDO XAVIER/PEDRO FURTADO MARTINS, "A transacção em Direito do Trabalho", 2009 cit., pág. 493.

RENÚNCIA PELO TRABALHADOR AOS SEUS CRÉDITOS

sua irrenunciabilidade, cujo sentido e limites se mostram variáveis[1305], é chegado o momento de questionar se, e em que medida, essa mesma irrenunciabilidade, traduzindo-se na irrelevância da vontade extintiva do titular para prescindir, no todo ou em parte, do direito, substituindo-o, ou não, por uma qualquer vantagem[1306], não implicará também a inviabilidade da transacção relativa aos mesmos direitos[1307] – dada a significativa margem de gestão do direito pelo seu titular que esta sempre envolve (e não porque tais direitos se perfilem como direitos indisponíveis *proprio sensu*)[1308]. Ou se, diversamente, pelas suas particulares características e regime, a transacção se revela, afinal, compaginável com a limitada disponibilidade de tais direitos.

A resposta a esta questão exige que nos detenhamos, antes de mais, na análise da transacção e dos seus elementos essenciais, procurando delimitá-la face à renúncia, para depois indagar acerca da sua admissibilidade quanto aos direitos do trabalhador que o nosso ordenamento laboral conforma como irrenunciáveis.

11.2.3.2. Transacção e renúncia a direitos

A noção legal de transacção – o contrato pelo qual "as partes previnem ou terminam um litígio mediante recíprocas concessões" (art. 1248º, nº 1, do CódCiv) – evidencia, para além da sua natureza contratual[1309], os seus elementos essenciais e finalidade. A qualificação de um acordo das partes como transacção supõe, sempre, quer a existência de um litígio, *i.e.*, de um diferendo, actual ou meramente eventual, quer a sua resolução "mediante recíprocas concessões" destas, *i.e.*, através de "sacrifícios e benefícios"[1310] correspectivos.

A controvérsia em que radica o litígio que opõe as partes há-de traduzir-se na afirmação, por uma delas, da "juridicidade de certa pretensão", que a

---

[1305] Cfr. *supra* o nº 11.2.2.1.

[1306] BERNARDO XAVIER/PEDRO FURTADO MARTINS, "A transacção em Direito do Trabalho", 2009 cit., pág. 467.

[1307] E enquanto essa se mantiver – *i.e.*, na vigência do contrato de trabalho, tratando-se de créditos retributivos, enquanto for possível o seu gozo, no caso das férias, e mesmo para lá da cessação do contrato no caso de acidentes de trabalho. Cfr. *supra* o nº 11.2.2.1.

[1308] BERNARDO XAVIER/PEDRO FURTADO MARTINS, "A transacção em Direito do Trabalho", 2009 cit., pág. 483.

[1309] A transacção é, antes de mais, um contrato, sujeito à disciplina comum do negócio jurídico e dos contratos (arts. 217º segs. e 405º segs. do CódCiv), mas dotado de regras próprias em matéria de objecto (arts. 1248º e 1249º do CódCiv e 299º, nº 1, do CPC) e de forma (arts. 1250º do CódCiv e 300 do CPC). É, ainda, e por força da exigência de recíprocas concessões entre as partes, um contrato oneroso e sinalagmático. Sobre estes pontos, v. MENEZES LEITÃO, *Direito das Obrigações*, Vol. III, 2009 cit., pp. 587 segs.; PIRES DE LIMA/ANTUNES VARELA, *Código Civil Anotado*, Vol. II, 1987 cit., pp. 856 segs; CASTRO MENDES, *Direito Processual Civil*, Vol. II, 1990 cit., pág. 443. Sobre a correspectividade dos benefícios, v., ainda, JOSÉ ALBERTO DOS REIS, *Comentário*, Vol. 3º, 1946 cit., pp. 489 segs.

[1310] JOSÉ ALBERTO DOS REIS, *Comentário*, Vol. 3º, 1946 cit., pág. 490.

A REVOGAÇÃO DO CONTRATO DE TRABALHO

outra contesta[1311]. A ocorrência do litígio gera, para ambas, a incerteza quanto ao seu desfecho. E é justamente esta dúvida quanto à evolução e resolução do diferendo (no plano dos factos, como no plano do direito), *rectius* o "risco do resultado"[1312] dela decorrente, que a transacção visa, em primeira linha, ultrapassar[1313], através de uma composição dos interesses contrapostos marcada por cedências de parte a parte relativamente às suas pretensões: não é outro o sentido das "recíprocas concessões" que alude a noção legal. Perante um litígio cujo resultado é imprevisível e cuja solução é "incerta e duvidosa (*res dubia*)", as partes optam por eliminar essa *alea* através de um acordo que lhes garanta um "mínimo de sacrifício e benefício certos como contrapartida de um máximo de sacrifício e benefício incertos"[1314]. Por outras palavras, "em vez de correrem o risco de perder tudo, preferem sacrificar uma parte e assegurar-se do benefício correspondente à parte restante"[1315].

O cerne da transacção reside, assim, na equivalência, para cada parte, entre "o *minor* benefício ou sacrifício certo e o *major* benefício ou sacrifício incerto", que verdadeiramente as motiva a solucionar o seu diferendo nos termos descritos. Através das recíprocas concessões, cada uma cede em benefício da outra, mas também em benefício próprio: "cede em parte mas lucra noutra parte (*aliquid datum, aliquid retentum*)"[1316]. As concessões recíprocas podem efectivar-se por uma de duas vias: redução do direito controvertido[1317] ou constituição, modificação ou extinção de direito diverso do controvertido (art. 1248º, nº 2, do CódCiv)[1318]. Em qualquer dos casos, a solução pactuada não tem que coincidir com aquela que resultaria da aplicação da lei ao caso, consistindo, não raro, numa composição equitativa do litígio[1319], *i.e.*, numa composição do litígio pelas

---

[1311] PIRES DE LIMA/ANTUNES VARELA, *Código Civil Anotado*, Vol. II, 1987 cit., pág 856, que acrescentam ser essencial que o desacordo se reporte à existência ou à legitimidade de certo direito ou crédito e não, *v.g.*, ao seu montante.

[1312] JOSÉ ALBERTO DOS REIS, *Comentário*, Vol. 3º, 1946 cit., pág. 490.

[1313] Para além de outros inconvenientes (custos, despesas e incómodos) que a "sustentação do pleito" implica para as partes. Neste sentido, JOSÉ ALBERTO DOS REIS, *Comentário*, Vol. 3º, 1946 cit., pp. 490-491; ANTUNES VARELA/J.M. BEZERRA/SAMPAIO E NORA, *Manual de Processo Civil*, 1985 cit., pág. 379.

[1314] JOSÉ ALBERTO DOS REIS, *Comentário*, Vol. 3º, 1946 cit., pág. 490.

[1315] JOSÉ ALBERTO DOS REIS, *Comentário*, Vol. 3º, 1946 cit., pág. 490.

[1316] JOSÉ ALBERTO DOS REIS, *Comentário*, Vol. 3º, 1946 cit., pág. 489.

[1317] Fruto da "cedência mútua de parte das pretensões" (JOSÉ ALBERTO DOS REIS, *Comentário*, Vol. 3º, 1946 cit., pág. 495).

[1318] Que TEIXEIRA DE SOUSA designa, respectivamente, transacção quantitativa e transacção novatória (*Estudos sobre o Novo Processo Civil*, 1997 cit., pág. 207). Sobre este ponto, v. ainda MENEZES LEITÃO, *Direito das Obrigações*, Vol. III, 2009 cit., pág. 588.

[1319] Na transacção, a eventual composição equitativa do litígio que se obtenha deverá sempre envolver concessões recíprocas, o que não sucede na conciliação. Neste sentido, sublinhando o alcance mais amplo da conciliação, "porque não subordinada à ideia fundamental das concessões recíprocas" em que aquela assenta, v. PIRES DE LIMA/ANTUNES VARELA, *Código Civil Anotado*, Vol. II, 1987 cit., pág. 857.

RENÚNCIA PELO TRABALHADOR AOS SEUS CRÉDITOS

partes segundo "o seu interesse ou a sua conveniência", sem curar da sua coincidência, ou não, com o direito constituído ou com a solução a que se chegaria caso o litígio "fosse decidido pelo juiz"[1320]. As concessões recíprocas podem ainda ser de valor desigual, *i.e.*, não rigorosamente equivalentes, devendo, não obstante, ser consideráveis, i.e., não despiciendas[1321].

Significa isto que a transacção não envolve, relativamente ao direito controvertido, "desistência plena" ou "reconhecimento pleno"[1322]: ao ceder mutuamente, nem a parte que o invoca tenciona deixar de o efectivar, nem a parte que o contesta visa admitir a sua procedência. E é por esta ausência de qualquer intuito primordialmente extintivo do direito[1323], acompanhado, ou não, de contrapartida, que a transacção nitidamente se diferencia da renúncia.

Por outro lado, e muito embora na transacção cada parte ceda parcialmente – e nessa medida sacrifique a sua pretensão, que pretendia fazer valer por inteiro – a verdade é que essa mesma pretensão, porque objecto de controvérsia, era duvidosa, não sendo seguros, quer o reconhecimento e a efectivação do direito invocado, quer a sua contestação. O que patentemente inviabiliza a assimilação das declarações emitidas em tal contexto à "declaração dispositiva extintiva"[1324] de um direito, *maxime* de um crédito, existente e certo[1325], porque incontestado na sua titularidade e contornos essenciais, que caracteriza a renúncia[1326].

[1320] JOSÉ ALBERTO DOS REIS, *Comentário*, Vol. 3º, 1946 cit., pág. 498. Em sentido idêntico, LEBRE DE FREITAS/JOÃO REDINHA/RUI PINTO reconduzem a transacção (junto com a desistência e a confissão) aos "negócios de autocomposição do litígio", os quais determinam a subtracção ao tribunal do "poder de decidir a causa mediante a aplicação do direito objectivo aos factos" (*Código de Processo Civil Anotado*, Vol. 1º, 1999 cit., pág. 522).

[1321] Em França, muito embora a noção constante do *Code Civil* (art. 2044) não se lhes refira expressamente, há muito que a jurisprudência da *Chambre Sociale* da *Cour de Cassation* se orienta consistentemente no sentido de as *concéssions réciproques* serem uma condição de validade da *transaction*, mais que um elemento de qualificação do contrato. Contudo, e segundo a mesma jurisprudência, a reciprocidade não implica a igualdade ou rigorosa equivalência das *concéssions*, podendo estas, no limite, ser de valor desigual – ponto é que tenham um mínimo de consistência i.e. que sejam *"appréciables"* ou, pelo menos, *"non dérisoires"*. O ponto foi versado *supra* no nº 3.2.2, para onde se remete.

[1322] PIRES DE LIMA/ANTUNES VARELA, *Código Civil Anotado*, Vol. II, 1987 cit., pág 856.

[1323] A "intenção e eficácia directamente extintiva ou abdicatória" a que se refere PEREIRA COELHO, *A Renúncia Abdicativa*, 1995 cit., pág. 30. Recordando o que *supra* se disse (nº 11.1.4), a renúncia pode ser puramente "abdicativa", se dirigida unicamente à extinção do direito, ou "atributiva", se envolver ainda uma intenção do seu titular de realizar uma atribuição patrimonial ao respectivo beneficiário – mas supõe sempre uma vontade do renunciante, directa e principalmente dirigida à extinção do direito a que renuncia.

[1324] PEREIRA COELHO, *A Renúncia Abdicativa*, 1995 cit., pág. 81.

[1325] Neste sentido, v. MENEZES LEITÃO, *Direito das Obrigações*, Vol. II, 2008 cit., pág. 219; ANTUNES VARELA, *Das Obrigações em Geral*, Vol. II, 1997 cit., pág. 252.

[1326] Cfr. *supra* o nº 11.1.4

A REVOGAÇÃO DO CONTRATO DE TRABALHO

Verdadeiramente, o que avulta na transacção é a gestão, nos termos descritos, da incerteza relativamente a um direito controvertido[1327], enquanto objecto de um litígio, mais do que a gestão pelo seu titular de um direito que pacificamente adquiriu ou lhe foi reconhecido – e que, podendo, sem mais, exercer, opta por não efectivar, dele abdicando, com ou sem contrapartida, como tipicamente sucede na renúncia.

Um outro ponto que nitidamente demarca a transacção da renúncia, mais exactamente da remissão, prende-se com o seu "principal requisito substancial"[1328]: as concessões recíprocas que, pela sua razão de ser e função, revestem carácter necessariamente correspectivo e sinalagmático[1329]. Ora, conforme *supra* houve ocasião de verificar, a abdicação do crédito, quando onerosa, implica um correspectivo económico que, contudo, não consistirá numa "contraprestação da remissão" (traduzida, *v.g.*, na realização de uma prestação ou na constituição de uma nova obrigação a cargo do devedor)[1330].

Reciprocamente delimitadas que ficaram, ao longo dos parágrafos antecedentes a transacção e a renúncia[1331], parece possível concluir que a irrenunciabilidade de certos direitos, enquanto interdição ao titular desta específica forma de disposição[1332], não determina, só por si, a insusceptibilidade de transacção relativamente aos mesmos.

Porém, e porque, conforme tivemos ocasião de verificar, são muito variáveis entre si, quer a concreta conformação, quer o objectivo de tutela que norteia cada uma das hipóteses de irrenunciabilidade de direitos do trabalhador resultantes do nosso ordenamento, cabe ainda indagar se da concreta regulamentação de cada um desses direitos resulta algum obstáculo à transacção que sobre eles incida.

[1327] Conforme sublinham LEBRE DE FREITAS/JOÃO REDINHAO/RUI PINTO, há na transacção "disposição de situações jurídicas que são objecto da pretensão ou pedido (...) com abstracção da real existência e conteúdo anterior dessas situações" (*Código de Processo Civil Anotado*, Vol. 1º, 1999 cit., pág. 522).

[1328] PIRES DE LIMA/ANTUNES VARELA, *Código Civil Anotado*, Vol. II, 1987 cit., pág. 859.

[1329] PIRES DE LIMA/ANTUNES VARELA, *Código Civil Anotado*, Vol. II, 1987 cit., pág. 856.

[1330] Cfr. *supra* o nº 11.1.4.

[1331] Questão diversa da versada até agora no texto, e que é tratada por PEREIRA COELHO, é a da eventual inclusão de uma renúncia (a um qualquer direito, de crédito ou não) no quadro mais vasto de uma transacção. A verificar-se uma tal hipótese, a renúncia será um dos efeitos desse quadro negocial diverso e mais complexo, do qual retira, aliás, a sua causa (que se substitui à causa puramente abdicativa). E, por isso, tal renúncia, ainda que se mostre, na aparência, abdicativa (*v.g.* uma das partes declara renunciar, sem mais, ao crédito que detém sobre a outra) será, em todos estes casos, atributiva (constituirá uma forma "especialíssima" de atribuição), pois cumpre, no contexto desse negócio, "o papel normalmente reservado à obrigação de prestação ou à transferência de um direito". Ou, dizendo de outro modo, "o efeito de atribuição de uma vantagem patrimonial ao devedor é um efeito negocial (imediato) da declaração de remissão (*A Renúncia Abdicativa*, 1995 cit., pp. 26 segs. e 58 segs).

[1332] Cfr. *supra* o nº 11.1.4.

RENÚNCIA PELO TRABALHADOR AOS SEUS CRÉDITOS

11.2.3.3. Transacção e direitos irrenunciáveis do trabalhador

A análise até agora efectuada permite-nos dar como assentes vários pontos aptos a orientar-nos na averiguação que se segue em matéria de transigibilidade dos créditos laborais do trabalhador: sujeição da transacção em matéria laboral ao regime comum constante do CódCiv e do CPC; transigibilidade de princípio de tais direitos do trabalhador, enquanto direitos patrimoniais, logo não indisponíveis[1333], nítida diferenciação estrutural e funcional entre renúncia e transacção, donde não interdição de princípio desta relativamente aos créditos do trabalhador conformados como irrenunciáveis.

Paralelamente, e em conformidade com o que *supra* ficou dito em matéria de renúncia prévia a direitos pelo trabalhador, a transacção será, em geral, inadmissível quanto a direitos futuros emergentes de normas legais ou convencionais imperativas, na medida em que comporta a definição, por acordo das partes, de uma regulamentação futura das situações laborais por aquela abrangidas diversa e, como tal, desconforme com a resultante do quadro normativo injuntivamente aplicável[1334].

A transacção entre trabalhador e empregador será, então e antes de mais, permitida quanto aos direitos patrimoniais laborais daquele não atingidos por qualquer limitação à sua livre disposição – como os créditos não retributivos durante a relação laboral ou os próprios créditos retributivos, uma vez cessada esta[1335].

Porém e porque, conforme fomos antecipando, os dados do ordenamento actualmente vigente permitem ir mais longe nesta matéria, será igualmente de admitir a transacção, salvo orientação em contrário resultante do respectivo regime, relativamente aos direitos do trabalhador conformados como irrenunciáveis. Estão nesta situação os créditos de férias e de retribuição[1336], relativamente

---

[1333] BERNARDO XAVIER/PEDRO FURTADO MARTINS, "A transacção em Direito do Trabalho", 2009 cit., pp. 453-454 e 483 e *supra* o nº 11.1.1

[1334] BERNARDO XAVIER/PEDRO FURTADO MARTINS, "A transacção em Direito do Trabalho", 2009 cit., pp. 465, 490 e 492 e *supra* o nº 11.1.3.

[1335] BERNARDO XAVIER/PEDRO FURTADO MARTINS, "A transacção em Direito do Trabalho" cit., pp. 453-454, 464-465, 482 segs., 495-496 e *supra* o nº 11.2.1.

[1336] Em sentido diverso, LEAL AMADO, ainda na vigência do CPT 1981, logo referindo-se apenas à transacção (necessariamente) obtida em conciliação judicial. Reconhecendo embora não poder o direito ao salário ser qualificado como indisponível (nos termos e para os efeitos do art. 1249º do CódCiv) e, ainda, que o direito adjectivo laboral não estabelecia quaisquer "limites a observar na conciliação judicial", o A alertava para o risco de esta "ser utilizada como forma de esvaziar de conteúdo o princípio da irrenunciabilidade dos direitos do trabalhador (e, em particular, do direito ao salário)", perante a inexistência de uma norma que expressamente o afirmasse e de uma certa "hipervalorização do acto conciliatório", que legitimaria "não poucas dúvidas sobre o devido enquadramento e os justos limites deste instituto" (bem como da transacção dele resultante). Por tudo isto, concluía o A que haveria "toda a vantagem em consagrar legislativamente o princípio da irrenunciabilidade", admitindo-se, todavia (como no direito italiano), que em sede de conciliação judicial, "o trabalhador transija relativamente

A REVOGAÇÃO DO CONTRATO DE TRABALHO

aos quais se afigura possível, durante a vigência do contrato de trabalho, a composição de eventuais litígios que venham a surgir, por acordo entre empregador e trabalhador que implique a disposição por este (no contexto das "recíprocas concessões") de direitos incertos, porque contestados ou controvertidos. A excepção neste domínio refere-se aos créditos do trabalhador relativos à indemnização por acidente de trabalho, cuja regulamentação legal, muito restritiva dos acordos, judiciais e extrajudiciais, quanto às prestações a atribuir ao trabalhador se mostra dificilmente compatível com a transacção entre as partes[1337].

12. Quitações totais e plenas dadas ao empregador no acordo de cessação do contrato de trabalho

12.1. Declarações genéricas de integral pagamento e de quitação total e plena do empregador subscritas pelo trabalhador quando da cessação do contrato de trabalho: principais questões que suscitam

Com frequência, os acordos de cessação do contrato de trabalho incluem uma cláusula na qual o trabalhador declara ter recebido certa/s quantia/s a certo/s título/s e, bem assim, que se considera integralmente pago de todos os créditos emergentes do vínculo laboral que finda, dos quais dá quitação total e plena ao empregador, afirmando ainda nada mais ter a haver deste.

A primeira e principal questão que suscita a subscrição pelo trabalhador de tais declarações de integral pagamento e/ou quitação total e plena do empre-

---

a direitos em princípio irrenunciáveis (...) no pressuposto de que o juiz enquanto entidade que superintende e dirige a conciliação, acautelará os reais interesses dos trabalhadores". Em todo o caso, e face ao ordenamento então vigente, entendia o A, citando JORGE LEITE, que, no tocante ao direito ao salário, "o princípio é o de que «o direito à retribuição é irrenunciável e sobre ele não admite a lei transacção»" (*A Protecção do Salário*, 1993 cit., pp. 211 segs., n. 53).

[1337] Com efeito, o art. 109º do CPT prescreve que na tentativa de conciliação o Ministério Público promove o acordo "de harmonia com os direitos consignados na lei, tomando por base os elementos fornecidos pelo processo". Por seu turno, o art. 114º, nºs 1 e 2, do CPT faz depender a homologação pelo juiz do acordo (judicial ou extrajudicial) obtido na fase conciliatória da sua "conformidade" com "as normas legais, regulamentares ou convencionais". Exprimindo uma inequívoca e incontornável opção pela aplicação estrita das normas, em detrimento da preferência, subjacente aos arts. 51º, nº 2, do CPT e 509º, nº 3, do CPC, por uma composição equitativa do litígio, tais normas não deixam qualquer espaço à transacção, enquanto composição de interesses contrapostos, assente em cedências mútuas e norteada por critérios eventualmente diversos dos de direito objectivo. Esta opção radica na irrenunciabilidade dos direitos conferidos ao trabalhador em matéria infortunística, mais exactamente na especial intensidade que esta reveste face às demais hipóteses consagradas no nosso direito laboral (cfr. *supra* o nº 11.2.2.1). Para mais desenvolvimentos sobre este ponto, v. CARLOS ALEGRE, *Código de Processo do Trabalho Anotado e Actualizado*, 2003 cit., pág. 270; ALBINO MENDES BAPTISTA, *Código de Processo do Trabalho Anotado*, 2002 cit., pp. 123-124; LEITE FERREIRA, *Código de Processo do Trabalho Anotado*, 1989 cit., pág. 447; BERNARDO XAVIER/ PEDRO FURTADO MARTINS, "A transacção em Direito do Trabalho", 2009 cit., pág. 478, n. 72.

RENÚNCIA PELO TRABALHADOR AOS SEUS CRÉDITOS

gador respeita ao seu sentido e efeitos. Do que se trata é de averiguar se tais "quitações amplas"[1338] constituem, ainda, verdadeiras e próprias quitações, conquanto que de alcance muito lato (englobando, para lá das quantias especificadas, outros eventuais créditos do trabalhador), com mero efeito probatório do respectivo pagamento ou se, diversamente, são recondutíveis a uma renúncia aos seus créditos (quaisquer créditos) pelo trabalhador, a qual resultaria na correspondente liberação do empregador. As várias dificuldades com que se defronta tal indagação radicam nos termos muito latos, vagos e imprecisos em que são por via de regra formuladas tais declarações, diante dos quais nem sempre é fácil ou sequer possível concluir que o trabalhador, ciente da existência de outros créditos seus, pretendeu consciente e inequivocamente renunciar a todos eles.

Os ordenamentos próximos do nosso orientam-se firmemente, com uma única e recente excepção, em sentido adverso à qualificação abdicativa de tais declarações: doutrina e jurisprudência e, por vezes, a própria lei convergem na recusa de eficácia dispositiva a tais declarações e na afirmação, quando muito, de uma sua eficácia probatória e de alcance circunscrito[1339].

[1338] LEAL AMADO, *A Protecção do Salário*, 1993 cit., pp. 225-226.

[1339] Em Itália, conforme houve ocasião de verificar, jurisprudência e doutrina são unânimes a recusar às denominadas *quietanze a saldo* ou *liberatorie* qualquer valor dispositivo quanto aos créditos que o trabalhador genericamente declara satisfeitos ou não existentes e a reconduzi-las a meras declarações de ciência que, quando muito, exprimem uma opinião deste acerca da suficiência do pagamento efectuado. E, bem assim, a afirmar que a respectiva subscrição não preclude, em princípio (e à margem de qualquer impugnação *ex* art. 2113 do *Codice Civile*, ao qual estão subtraídas), a possibilidade de o trabalhador demandar o empregador, dentro do comum prazo de prescrição, para fazer valer direitos que considere não lhe terem sido satisfeitos. O principal argumento que suporta tal orientação prende--se com o carácter genérico, *i.e.*, muito lato e impreciso, de tais declarações, as quais nem evidenciam o conhecimento pelo trabalhador da existência de outros direitos, nem traduzem uma sua patente vontade de deles abdicar. Ora, sendo essenciais para uma tal abdicação, tanto a inequívoca expressão da vontade do trabalhador em tal sentido, como a indicação do ou dos direitos, determinados ou determináveis, a sua falta, na mera afirmação por este de que "se considera totalmente pago e que nada mais tem a haver", obsta, naturalmente, a que se lhe atribua qualquer sentido negocial ou remissivo. Apenas perante a concorrência, no caso, de circunstâncias – retiradas do próprio documento que titula a *quietanza liberatoria* genérica ou que tenham rodeado a sua emissão – e que revelem que o trabalhador, ciente de ser titular de específicos direitos, deles pretendeu abdicar ou sobre eles transigir, a jurisprudência excepcionalmente qualifica tais actos como negócio dispositvo (*rinunzia* ou *transazione*). O ponto foi versado, com mais detalhe, *supra* no nº 3.1.2, para onde se remete.

Em Espanha, e no que se refere à eficácia do chamado *recibo de finiquito*, na sua dupla vertente extintiva do vínculo contratual e liquidatória das dívidas dele emergentes, a orientação tradicional da jurisprudência, que tendia a atribuir-lhe um amplo valor liberatório das obrigações do empregador (que ficava a salvo de ulteriores reclamações do trabalhador quanto à subsistência de um e de outras), o que lhe merecera fortes críticas por parte da doutrina, evoluiu recentemente num sentido mais restritivo. Esta alteração de rumo repercutiu-se, antes de mais, na interpretação das declarações de vontade das partes, em particular do trabalhador, plasmadas do texto do *finiquito*. E traduziu-se numa forte atenuação da importância até então atribuída ao elemento literal ou gramatical – ante a constatação das suas evidentes e incontornáveis limitações, decorrentes do facto de os *finiquitos* serem habitualmente redigidos e

A REVOGAÇÃO DO CONTRATO DE TRABALHO

Diversamente, entre nós, a questão está longe de poder considerar-se resolvida. No silêncio da lei, a doutrina e a jurisprudência dos tribunais superiores assumem posições divergentes, a primeira no sentido de atenuar o sentido

unilateralmente predispostos pelo empregador, sem qualquer participação do trabalhador, pelo que, em bom rigor, mais que a vontade de um e de outro, os termos e expressões utilizados reflectiriam a intenção do empregador. A este propósito, ganhou crescente difusão o apelo ao art. 1288 do *Codigo Civil*, para sustentar que as ambiguidades do recibo em momento algum podem favorecer a parte causante, porque redactora, das mesmas – o empregador. No que respeita especificamente ao efeito extintivo do *finiquito* (*i.e.*, à prova da cessação do contrato de trabalho por acordo), passou a exigir-se a inclusão, no respectivo texto, de forma expressa, clara e inequívoca do consentimento mútuo em tal sentido. Já quanto ao efeito liquidatório (*i.e.*, à prova do pagamento), este foi circunscrito aos elementos retributivos nele discriminados e relativamente aos quais as partes declaram ter-se por saldadas, opção que implica a irrelevância das cláusulas liquidatórias com formulação genérica e indeterminada, de modo a abarcar todos os elementos retributivos porventura devidos de parte a parte. Paralelamente, e por impulso do *princípio de irrenunciabilidade* proclamado no art. 3-5 do *ET*, a nova orientação jurisprudencial concretizou-se num mais intenso controlo do próprio conteúdo dos pactos – extintivo e liquidatório – constantes do *finiquito*. Nesse sentido, e quanto aos primeiros, o controlo da validade do negócio extintivo passou a versar, além da existência, ou não, de vícios da vontade, a regularidade dos seus objecto e causa. Em relação aos segundos, assente o seu cunho transaccional, a aplicação rigorosa do regime comum da transacção resultou na exigência de "uma justa equiparação entre as contraprestações das partes" e na limitação da eficácia dos *finiquitos* ao objecto do litígio por eles resolvido, *i.e.*, aos créditos expressamente enumerados no seu texto. Por último, no plano processual, têm vindo a ganhar peso o apelo a uma correcta perspectivação do *recibo de saldo y finiquito* como facto impeditivo da demanda do trabalhador, a fazer recair o ónus da prova sobre o empregador. V. *supra* os nºs 3.3.1 a 3.3.3, onde todos estes pontos foram tratados com mais desenvolvimento.

A excepção a que se alude no texto é recente e radica no novo art 1234-20 do *Code du Travail* francês que, na sequência da *Loi sur la Modernisation du Marché du Travail*, de 25 de Junho de 2008, restabeleceu o efeito liberatório do *reçu pour solde de tout compte*. Visto como um regresso ao primitivo modelo legal, que a *Loi de Modernisation Sociale*, de 17 de Janeiro de 2002 abolira e, nessa medida, recebido com alguma desconfiança, o novo regime *do reçu pour solde de tout compte* afasta-se contudo daquele num sentido claramente mais favorável ao trabalhador. Com efeito, e conforme houve ocasião de apontar, o efeito liberatório do *reçu pour solde de tout compte* só se produz seis meses volvidos sobre a sua assinatura, durante os quais o trabalhador o pode livremente denunciar (em contraste com os dois meses e a imposição de que a denúncia fosse "devidamente motivada" que marcavam o regime precedente). O aspecto mais significativo da nova disciplina prende-se, contudo, com a expressa limitação do efeito liberatório aos créditos "inventariados" – *i.e.*, identificados e discriminados – no texto do *reçu* subscrito pelo trabalhador. Mantém-se, pois, intacta a possibilidade de este exigir quaisquer outros créditos nele não explicitados. Paralelamente, carecem em absoluto de efeito liberatório os *reçus* contendo declarações de quitação formuladas em termos genéricos, com o evidente intuito de colocar o empregador ao abrigo de quaisquer futuras reclamações por parte daquele. Recorde-se que a irrelevância de tais declarações, agora suportada pela própria letra da lei, se consolidara na jurisprudência da *CassSoc* em 1998 (ou seja, em momento anterior à opção do legislador de 2002 de privar o *reçu* de qualquer efeito liberatório). Justifica-se ainda uma referência à orientação consolidada da *CassSoc* no sentido de limitar o alcance da *transaction*, mais exactamente da força de caso julgado que a lei lhe associa, às questões relativas ou conexas com o litígio que dela foi objecto, não retirando da eventual adopção de fórmulas globais ou genéricas a renúncia pelo trabalhador a qualquer pretensão relativa à execução ou à cessação do contrato de trabalho, sobretudo se desprovida de qualquer conexão com tal litígio. Todos estes aspectos foram versados e desenvolvidos *supra* no nº 3.2.2, para o qual se remete.

RENÚNCIA PELO TRABALHADOR AOS SEUS CRÉDITOS

remissivo de tais declarações, admitindo, excepcional e muito limitadamente, a sua eficácia liberatória, a segunda aceitando-as em termos quase irrestritos como abdicação dos seus créditos laborais pelo trabalhador.

Estas quitações genéricas subscritas pelo trabalhador não são, no nosso como nos demais ordenamentos analisados, privativas da cessação por mútuo acordo, surgindo associadas à extinção, por qualquer forma, do contrato de trabalho[1340], e suscitando questões que a todas essas hipóteses são comuns, das relativas à sua qualificação e eficácia às que versam os termos da sua admissibilidade. E é nessa perspectiva que são apreciadas pela doutrina e jurisprudência. Por isso, a análise que se segue centrar-se-á, num primeiro momento, na exposição e apreciação das referidas orientações de sentido contrário por que, em geral, enveredam uma e outra.

Porém, e porque a inclusão num acordo extintivo de uma cláusula dando quitação total e plena ao empregador nos termos expostos exige que a determinação do seu sentido atenda à especificidade do respectivo regime, para além de colocar questões como a da sua função no contexto da composição de interesses pactuada com o distrate, segue-se uma secção centrada na revogação do contrato de trabalho, que inclui a apreciação dos mecanismos destinados a acautelar os interesses contrapostos do trabalhador e do empregador em tal situação.

12.2. A abordagem doutrinal: limitação de efeitos das declarações de integral pagamento e de quitação total e plena do empregador

12.2.1. Recusa de princípio de atribuição de efeito liberatório

A nossa doutrina há muito que converge na recusa de efeito liberatório[1341] às quitações "totais e plenas" dadas pelo trabalhador[1342], as quais, por via de regra, não valem como abdicação deste aos seus créditos laborais não abrangidos no

---

[1340] As mesmas quitações integrais são por vezes emitidas na vigência da relação laboral, à margem de qualquer perspectiva de cessação desta. Sobre as questões suscitadas por tais declarações que, por envolverem a renúncia pelo trabalhador aos seus créditos laborais num momento em que lhe é ainda vedado deles dispor por acordo com o empregador, são de excluir liminarmente, v. o Ac. RE de 23-10-2007, Proc. nº 2008/07-3, *in* www.dgsi.pt) e *supra* o nº 11.2.2.

[1341] RAÚL VENTURA, "Extinção das relações jurídicas de trabalho", 1950 cit., pág. 335.

[1342] Expressamente em tal sentido, entre outros, ainda perante a Lei nº 1952, RAÚL VENTURA, "Extinção das relações jurídicas de trabalho", 1950 cit., pág. 335; já na vigência da LCT, a propósito do DL nº 372--A/75, MORAIS ANTUNES/RIBEIRO GUERRA, *Despedimentos e outras formas de cessação do contrato de trabalho*, 1984 cit., pág. 25; e referindo-se ao DL nº 64-A/89, LEAL AMADO, *A Protecção do Salário*, 1993 cit., pp. 222 segs.; BERNARDO XAVIER, "A Extinção do Contrato de Trabalho", 1989 cit., pp. 479-480; *Curso de Direito do Trabalho*, 1993 cit., pág. 544. Mais recentemente, reportando-se ao CT2003,

A REVOGAÇÃO DO CONTRATO DE TRABALHO

pagamento efectuado e não discriminados no correspondente recibo, de que aquelas igualmente constam[1343].

Esta orientação de princípio, por vezes associada à especificidade dos créditos laborais, desde logo à sua irrenunciabilidade[1344], justifica-se principalmente pela "amplitude"[1345] e abrangência das declarações em apreço, que as priva de "significado dispositivo"[1346], tornando-as inidóneas para exprimir uma renúncia por parte do trabalhador. Com efeito, ao afirmar que "se considera pago de tudo quanto lhe era devido"[1347], este exprime uma mera convicção, uma certeza subjectiva, fundada ou não, mas desprovida de qualquer intenção remissiva[1348]. Por outras palavras, emite uma mera declaração de ciência e de modo algum uma declaração de vontade[1349].

A recusa de princípio de efeito liberatório a tais declarações limita significativamente a sua relevância prática. Estas têm mero valor declarativo[1350], seja quanto às quantias efectivamente percebidas pelo trabalhador[1351], seja quanto

LEAL AMADO, "Declarações liberatórias: efeitos probatórios ou efeitos dispositivos?" in *Maia Jurídica*, 2006, nº 2, pp. 156 segs.; BERNARDO XAVIER, *Iniciação ao Direito do Trabalho*, 2005 cit., pág. 476.

[1343] MORAIS ANTUNES/RIBEIRO GUERRA, *Despedimentos e outras formas de cessação do contrato de trabalho*, 1984 cit., pág. 25.

[1344] RAÚL VENTURA, "Extinção das relações jurídicas de trabalho", 1950 cit., pp. 335-336, sublinhando o A a desnecessidade de invocação e prova pelo trabalhador da inexistência de qualquer vontade de renunciar ou de erro, bastando-lhe invocar a irrenunciabilidade dos direitos em causa (no caso "indemnizações provenientes da aplicação da lei ou do contrato colectivo"). É também este o ponto de partida de LEAL AMADO, cuja análise subsequente se centra contudo no sentido das declarações liberatórias subscritas pelo trabalhador, concluindo que estas, pelo seu teor e pelas circunstâncias em que são emitidas "não consubstanciam uma remissão da dívida salarial" (*A Protecção do Salário*, 1993 cit., pp. 222-224).

[1345] LEAL AMADO, *A Protecção do Salário*, 1993 cit., pág. 225.

[1346] LEAL AMADO, *A Protecção do Salário*, 1992 cit., pág. 224; "Declarações liberatórias: efeitos probatórios ou efeitos dispositivos?", 2006 cit., pág. 156.

[1347] LEAL AMADO, *A Protecção do Salário*, 1993 cit., pág. 225; "Declarações liberatórias: efeitos probatórios ou efeitos dispositivos?", 2006 cit., pág. 156.

[1348] Verdadeiramente, o trabalhador "não pretende extinguir o seu crédito, ele julga que o seu crédito já se encontra extinto (isto é que o salário já foi integralmente pago)" (LEAL AMADO, *A Protecção do Salário*, 1993 cit., pág. 225; "Declarações liberatórias: efeitos probatórios ou efeitos dispositivos?", 2006 cit., pág. 156).

[1349] LEAL AMADO, *A Protecção do Salário*, 1993 cit., pp. 224-225; "Declarações liberatórias: efeitos probatórios ou efeitos dispositivos?", 2006 cit., pág. 156.
O entendimento expresso pelo A e transcrito no texto segue de muito perto a orientação unânime da jurisprudência e doutrina italianas *supra* referida que reconduz as *quietanze a saldo* ou *liberatorie* a meras declarações de ciência que exprimem o simples convencimento pessoal do trabalhador quanto à completude ou suficiência do pagamento efectuado e que, nessa qualidade, carecem de qualquer valor negocial.

[1350] RAÚL VENTURA, "Extinção das relações jurídicas de trabalho", 1950 cit., pág. 335.

[1351] MORAIS ANTUNES/RIBEIRO GUERRA, *Despedimentos e outras formas de cessação do contrato de trabalho*, 1984 cit., pág. 25; BERNARDO XAVIER, "A Extinção do Contrato de Trabalho", 1989 cit., pp. 479-480; *Curso de Direito do Trabalho*, 1993 cit., pág. 544; *Iniciação ao Direito do Trabalho*, 2005 cit., pág. 476.

RENÚNCIA PELO TRABALHADOR AOS SEUS CRÉDITOS

aos seus demais créditos, porventura não satisfeitos por tal via[1352]. No que a estes últimos respeita, a afirmação subscrita pelo trabalhador de que recebeu "tudo a que tinha direito" e de "nada mais ter a haver"[1353], não implicando "qualquer extinção de crédito", releva unicamente no plano probatório, "onerando a posição do seu emitente"[1354] com a prova do seu não cumprimento, sempre que este pretenda vir, depois, exigir o respectivo pagamento[1355]. Importa que nos detenhamos sobre este ponto, entre nós aprofundado por LEAL AMADO.

12.2.2. Reconhecimento de efeitos meramente probatórios

A recusa de efeito liberatório às quitações genéricas dadas pelo trabalhador, se lhes retira parte significativa da utilidade porventura visada pelo empregador ao promover a sua subscrição, não as torna contudo "juridicamente irrelevantes"[1356]. Tais "declarações liberatórias"[1357] repercutem-se, e de forma marcante, na prova do não pagamento pelo empregador de "todos" os créditos a que aludem – qualquer que seja a perspectiva por que se encarem.

Com efeito, e valendo-nos quanto a este ponto da análise efectuada por LEAL AMADO[1358], o acentuar da "faceta positiva" de tais declarações, que realça "o pagamento por parte do empregador, asseverando que este pagou"[1359], permite qualificá-las como verdadeiras e próprias quitações; diversamente, o encará-las pela sua "faceta negativa", em que avulta sobretudo "a completa liberação do devedor-empregador, a inexistência de quaisquer débitos deste para com o empregador", determina a sua aproximação ao "reconhecimento negativo de dívida"[1360]. Na primeira hipótese, tais declarações, pese embora a sua latitude

---

[1352] BERNARDO XAVIER, *Iniciação ao Direito do Trabalho*, 2005 cit., pág. 476.

[1353] Sobre as diversas formulações que em concreto revestem tais declarações liberatórias, v. LEAL AMADO, *A Protecção do Salário*, 1993 cit., pág. 222; "Declarações liberatórias: efeitos probatórios ou efeitos dispositivos?", 2006 cit., pág. 156 e *infra* o nº 12.3.1.

[1354] LEAL AMADO, "Declarações liberatórias: efeitos probatórios ou efeitos dispositivos?", 2006 cit., pág. 159.

[1355] LEAL AMADO, "Declarações liberatórias: efeitos probatórios ou efeitos dispositivos?", 1993 cit., pág. 157; MORAIS ANTUNES/RIBEIRO GUERRA, *Despedimentos e outras formas de cessação do contrato de trabalho*, 1984 cit., pág. 25.

[1356] LEAL AMADO, "Declarações liberatórias: efeitos probatórios ou efeitos dispositivos?", 1993 cit., pág. 159.

[1357] É a designação utilizada por LEAL AMADO, *A Protecção do Salário*, 1993 cit., pág. 222; "Declarações liberatórias: efeitos probatórios ou efeitos dispositivos?", 2006 cit., pág. 155.

[1358] LEAL AMADO, *A Protecção do Salário*, 1993 cit., pp. 225 segs.; "Declarações liberatórias: efeitos probatórios ou efeitos dispositivos?", 2006 cit., pp. 156 segs.

[1359] LEAL AMADO, *A Protecção do Salário*, 1993 cit., pág. 228.

[1360] Expressa na afirmação de que "nada mais tem a exigir" ou a haver. Neste sentido, LEAL AMADO, *A Protecção do Salário*, 1993 cit., pág. 228; "Declarações liberatórias: efeitos probatórios ou efeitos dispositivos?", 2006 cit., pág. 158.

A REVOGAÇÃO DO CONTRATO DE TRABALHO

que as torna atípicas[1361] (donde a designação "quitação *sui generis*"[1362]), são, ainda, recondutíveis à figura da quitação[1363], constituindo um relevante "elemento probatório"[1364] à disposição do empregador. Mais exactamente, surgem como um "documento particular" ao qual este "poderá recorrer em ordem a, se necessário, provar o cumprimento das suas obrigações" para com o trabalhador. Contra tal quitação *sui generis*, o trabalhador terá de provar "o contrário" daquilo "que resulta do documento", o que pode, naturalmente, revelar-se muito gravoso[1365]. Por seu turno, a recondução destas declarações de quitação integral a um reconhecimento negativo de dívida "não extingue", apenas "faz presumir a extinção de obrigações, derivada de outros actos ou factos (designadamente o cumprimento) que, esses sim, serão a sua causa"[1366]. E, nessa medida, inverte

[1361] Conforme sublinha LEAL AMADO, trata-se de "uma quitação algo peculiar, mas abrangente: o trabalhador não se limita a atestar que recebeu a prestação (aquela prestação determinada); atesta que as recebeu *a todas* (todas a que tinha direito a receber)" (*A Protecção do Salário*, 1993 cit., pág. 225; "Declarações liberatórias: efeitos probatórios ou efeitos dispositivos?", 2006 cit., pág. 157).

[1362] LEAL AMADO, *A Protecção do Salário*, 1993 cit., pág. 228

[1363] Se bem que com "especialidades" de regime "relativamente à quitação propriamente dita". O ponto é desenvolvido, em termos que nos parecem de subscrever, por LEAL AMADO, que sustenta designadamente carecer de sentido aplicar à quitação "ampla" o disposto no art. 787º do CódCiv, que confere ao empregador o direito de exigir quitação (e, mesmo, de recusar a prestação enquanto a quitação não for dada): "o trabalhador não pode ser juridicamente obrigado a declarar que o empregador já pagou tudo o que devia" (LEAL AMADO, *A Protecção do Salário*, 1993 cit., pág. 226, n. 67).

[1364] LEAL AMADO, *A Protecção do Salário*, 1993 cit., pág. 227.

[1365] Neste sentido, mais desenvolvidamente, LEAL AMADO, *A Protecção do Salário*, 1993 cit., pp. 225-226; "Declarações liberatórias: efeitos probatórios ou efeitos dispositivos?", 2006 cit., pág. 157.

[1366] A este propósito, adverte LEAL AMADO que, sendo certo que o nosso CódCiv "não prevê o reconhecimento negativo de dívida como causa extintiva das obrigações", não o é menos que o mesmo "não se coibiu de regular a figura oposta, isto é, o reconhecimento (positivo) de dívida". Ora, perante o art. 458º, nº 1, do CódCiv, a doutrina civilista "vem sendo firme" em considerar que nele "não se consagra o princípio do negócio abstracto; o reconhecimento positivo de dívida não se analisa numa fonte de obrigações, não possui carácter constitutivo; traduz-se apenas num comportamento declarativo, importando apenas para efeitos de prova". Mais exactamente, prossegue o A, valendo-se do ensinamento de GALVÃO TELLES, "declarações deste tipo «não criam obrigações, mas apenas fazem presumir a existência de outras obrigações, derivadas de outros actos ou factos, que esses sim são a sua fonte»". Tudo isto fundaria a conclusão de que "num sistema causalista" como o nosso, "solução de algum modo simétrica há-de valer para as hipóteses de reconhecimento negativo da dívida (quer dizer, a solução há-de ser a mesma *mutatis mutandis*): sendo assim, "o reconhecimento negativo de dívida não extingue obrigações, mas apenas faz presumir a extinção de obrigações, derivada de outros actos ou factos (designadamente o cumprimento) que, esses sim, são a sua causa". Sobre este ponto, com maior desenvolvimento, LEAL AMADO, *A Protecção do Salário*, 1993 cit., pp. 229-230; "Declarações liberatórias: efeitos probatórios ou efeitos dispositivos?", 2006 cit., pp. 158-159. Sobre o disposto no art. 458º, nº 1, do CódCiv, v. MENEZES LEITÃO, *Direito das Obrigações*, Vol. I, 8ª ed., Almedina, Coimbra, 2009, pp. 275 segs.; GALVÃO TELLES, – *Direito das Obrigações*, 7ª ed., Coimbra Editora, Coimbra, 1997, pp. 181 segs.; ANTUNES VARELA, *Das Obrigações em Geral*, Vol. I, 10ª ed. (6ª reimp., 2009), Almedina, Coimbra, 2000, pp. 436 segs.

RENÚNCIA PELO TRABALHADOR AOS SEUS CRÉDITOS

o ónus da prova, passando a recair sobre o "trabalhador-credor" a prova do não cumprimento dos créditos que pretenda ver-lhe reconhecidos e pagos[1367]. A determinação do sentido concreto e do próprio "peso probatório"[1368] a atribuir a tais declarações caberá, em última análise, à jurisprudência[1369]. Porém, e porque, num e noutro caso, tais declarações, mesmo sem implicar "a extinção dos seus créditos salariais ainda insatisfeitos"[1370], não deixam de ter "consequências altamente danosas no que respeita à respectiva prova"[1371], LEAL AMADO adverte para o risco de, por via de uma apreciação menos "restritiva"[1372], se facilitar "ao empregador a prova de pagamentos que, afinal, não efectuou"[1373].

12.2.3. Excepcional admissibilidade de efeito remissivo da quitação genérica dada pelo trabalhador

São duas as hipóteses em que a nossa doutrina excepcionalmente admite o efeito liberatório das declarações de quitação total e plena do empregador emitidas pelo trabalhador quando da cessação do vínculo laboral.

A primeira – que, frisa LEAL AMADO, de modo algum corresponde à "situação típica"[1374] em que são subscritas tais declarações – ocorre sempre que "o trabalhador, tendo plena consciência de que alguns dos seus créditos não foram ainda satisfeitos (ou, no mínimo, tendo dúvidas a esse respeito), voluntariamente

---

[1367] LEAL AMADO, *A Protecção do Salário*, 1993 cit., pág. 230; "Declarações liberatórias: efeitos probatórios ou efeitos dispositivos?", 2006 cit., pág. 159.

[1368] LEAL AMADO, "Declarações liberatórias: efeitos probatórios ou efeitos dispositivos?", 2006 cit., pág. 159.

[1369] Porque a jurisprudência maioritária dos nossos tribunais superiores, houve já ocasião de o antecipar, tende a atribuir efeito liberatório a estas quitações genéricas, reconduzindo-as à figura comum da remissão abdicativa (para uma exposição e análise detalhada desta jurisprudência v. *infra* os nºs 12.3.1 e 12.3.2), são escassas as decisões disponíveis que lhes reconhecem uma eficácia meramente probatória. Refiram-se, entre outros, os Acs. RL de 26-1-2005 (Proc. nº 9733/2004-4), STJ de 19-2-2004 (Proc. nº 3404/03) e STJ de 5-4-2006 (Proc. nº 05S4233), que qualificam tais declarações como quitações *sui generis*, associando-lhes a inversão do ónus da prova: diante delas, cabe ao trabalhador "provar que, apesar da referida quitação", o empregador "não lhe pagou" determinado crédito. O texto integral do primeiro e do terceiro acórdãos referidos pode obter-se em www.dgsi.pt, o do segundo *in CJ-STJ*, 2004, I, pp. 274 segs.

[1370] LEAL AMADO, *A Protecção do Salário*, 1993 cit., pág. 230.

[1371] LEAL AMADO, *A Protecção do Salário*, 1993 cit., pág. 230.

[1372] Para LEAL AMADO, a "natureza alimentar do direito ao salário" imporia um "regime restritivo no que toca à prova do cumprimento da obrigação retributiva", designadamente a atribuição de um "diminuto" peso probatório às declarações liberatórias em questão. No mesmo sentido apontariam a "complexidade estrutural do próprio salário" e, ainda, "a circunstância de o credor se encontrar, neste campo, juridicamente subordinado ao devedor, com os reflexos psicológicos daí advenientes" (*A Protecção do Salário*, 1993 cit., pág. 231; "Declarações liberatórias: efeitos probatórios ou efeitos dispositivos?", 2006 cit., pág. 159).

[1373] LEAL AMADO, *A Protecção do Salário*, 1993 cit., pág. 231; "Declarações liberatórias: efeitos probatórios ou efeitos dispositivos?", 2006 cit., pág. 159.

[1374] LEAL AMADO, "Declarações liberatórias: efeitos probatórios ou efeitos dispositivos?", 2006 cit., pág. 159.

A REVOGAÇÃO DO CONTRATO DE TRABALHO

afirma que «se considera pago de tudo quanto lhe era devido»"[1375]. A concluir-
-se pela verificação de uma tal hipótese, o que supõe "uma cuidada e casuística
tarefa interpretativa" da "concreta declaração em causa"[1376], há uma "verdadeira
remissão do débito, na medida em que o trabalhador emite uma declaração de
vontade com um conteúdo abdicativo". Pelo que "a declaração liberatória poderá
possuir virtualidades dispositivas (*rectius* remissivas do débito patronal)"[1377].

Quanto à segunda, o seu âmbito é mais restrito (conquanto que parcialmente
coincidente com a anterior), porque circunscrito às situações de revogação do
contrato de trabalho, em particular às que envolvam a atribuição ao trabalhador
de uma compensação pecuniária global (arts. 8º, nº 4, do DL nº 64-A/89, 394º,
nº 4, do CT2003 e 349º, nº 5, do CT2009).

Perante o regime constante do DL nº 64-A/89, BERNARDO XAVIER, se excluía
que as declarações genéricas de "que nada mais lhe é devido" constantes do
recibo passado pelo trabalhador "por ocasião da cessação" pudessem, em geral,
valer como "como transacção ou acto abdicativo"[1378], expressamente ressal-
vava a hipótese de tais declarações integrarem um acordo extintivo celebrado
ao abrigo do respectivo art. 8º[1379], enquanto "negócio relativo à delimitação
dos direitos das partes"[1380]. No mesmo sentido, e já na vigência do CT2003,
o A admite que tais declarações do trabalhador valham como "declaração de
renúncia a outros direitos que eventualmente não tenham sido satisfeitos"[1381],
dada a natureza transaccional do acordo de revogação, "sobretudo quando
acompanhada do estabelecimento de uma compensação global"[1382]. Porque o
regime jurídico da revogação do contrato de trabalho de modo algum se opõe a

---

[1375] LEAL AMADO, "Declarações liberatórias: efeitos probatórios ou efeitos dispositivos?", 2006 cit., pág.
159. Apoiando-se no ensinamento de VAZ SERRA, o A frisa que a remissão "postula uma verdadeira e
própria declaração de vontade", sendo certo que "a vontade de remitir pressupõe que o credor conhece
a existência da dívida" ou que, pelo menos, "tem dúvidas acerca da existência da dívida e quer remiti-
-la, para o caso de existir".

[1376] LEAL AMADO, "Declarações liberatórias: efeitos probatórios ou efeitos dispositivos?", 2006 cit., pág. 155.

[1377] Esta recente abertura por parte de LEAL AMADO ao reconhecimento pontual de eficácia liberatória
às quitações "amplas" dadas ao empregador, que envolve uma atenuação da posição anteriormente
assumida (*A Protecção do Salário*, 1993 cit., pág. 224), é em parte esbatida pela advertência do A de que por
tal via se "relança a discussão em torno da eventual irrenunciabilidade dos créditos laborais por banda
do trabalhador" ("Declarações liberatórias: efeitos probatórios ou efeitos dispositivos?", 2006 cit., pág.
160). Para uma exposição e apreciação da posição do A quanto a este último ponto, v. *supra* o nº 11.2.2.2.

[1378] BERNARDO XAVIER, "A Extinção do Contrato de Trabalho", 1989 cit., pp. 479-480; *Curso de Direito
do Trabalho*, 1993 cit., pág. 544; *Iniciação ao Direito do Trabalho*, 2005 cit., pág. 476.

[1379] BERNARDO XAVIER, "A Extinção do Contrato de Trabalho", 1989 cit., pp. 479-480; *Curso de Direito
do Trabalho*, 1993 cit., pág. 544; *Iniciação ao Direito do Trabalho*, 2005 cit., pág. 476.

[1380] BERNARDO XAVIER, "A Extinção do Contrato de Trabalho", 1989 cit., pp. 479-480; *Curso de Direito
do Trabalho*, 1993 cit., pág. 544; *Iniciação ao Direito do Trabalho*, 2005 cit., pág. 476.

[1381] BERNARDO XAVIER, *Iniciação ao Direito do Trabalho*, 2005 cit., pág. 476

[1382] BERNARDO XAVIER/PEDRO FURTADO MARTINS, "A Transacção em Direito do Trabalho", 2009 cit.,
pág. 448.

RENÚNCIA PELO TRABALHADOR AOS SEUS CRÉDITOS

que o trabalhador "consinta na extinção de todos os direitos que possa ter"[1383], a "gestão de alguns desses direitos" (designadamente os que sejam incertos ou duvidosos) far-se-á, neste contexto, "através da sua substituição por uma compensação pecuniária (como será mais frequente) ou mesmo sem qualquer contrapartida"[1384], bem como através de uma declaração abdicativa do trabalhador, sob a forma de uma quitação "total e plena" dada ao empregador[1385].

12.3. A abordagem jurisprudencial: maximização dos efeitos das declarações de integral pagamento e de quitação total e plena do empregador

12.3.1. As declarações de "quitação total e plena" como elemento de um contrato de remissão abdicativa entre trabalhador e empregador

12.3.1.1. Argumentos que suportam tal tese
A jurisprudência recente dos nossos tribunais superiores orienta-se consistentemente[1386] no sentido de qualificar como remissão abdicativa[1387], e não como

---

[1383] BERNARDO XAVIER/PEDRO FURTADO MARTINS, "A Transacção em Direito do Trabalho", 2009 cit., pp. 467 e 496-498.

[1384] BERNARDO XAVIER/PEDRO FURTADO MARTINS, "A Transacção em Direito do Trabalho", 2009 cit., pp. pp. 467 e 496-498.

[1385] Quanto à função que, no contexto de tais acordos e da "gestão" dos seus direitos pelo trabalhador desempenha tal declaração abdicativa, mais exactamente quanto à sua articulação com a presunção de inclusão e de liquidação de todos os créditos assente no pagamento àquele da compensação pecuniária global, v. infra o nº 12.4.3.

[1386] V., entre outros, os Acs. RL de 18-10-1995 (Proc. nº 9841), RP de 22-5-2000 (Proc. nº 419/2000), RP de 18-6-2001 (Proc. nº 0110674), RP de 8-7-2002 (Proc. nº 560/02), RC de 19-1-2005 (Proc. nº 3598/04), RL de 26-1-2005 (Proc. nº 9733/2004-4), RL de 9-3-2005 (Proc. nº 8682/2004-4), RC de 18-5-2005 (Proc. nº 3986/05), RP de 19-9-2005 (Proc. nº 0512318), RC de 22-9-2005 (Proc. nº 3985/04), RL de 28-9-2005 (Proc. nº 1693/2004-4), RL de 19-10-2005 (Proc. nº 4301/2005-4), RL de 19-10-2005 (Proc. nº 711/2005-4), RC de 2-3-2006 (Proc. nº 3900/05), RP de 8-5-2006 (Proc. nº 0542317), STJ de 6-7-1994 (Proc. nº 3997), STJ de 16-4-1997 (Proc. nº 96S246), STJ de 18-3-1998 (Proc. nº 196/97), STJ de 12-5-1999 (Proc. nº 33/99), STJ de 14-1-2004 (Proc. nº 2558/03), STJ de 24-11-2004 (Proc. nº. 04S2846), STJ de 3-3-2005 (Proc. nº 04S3154), STJ de 25-5-2005 (Proc. nº 05S480), STJ de 11-10-2005 (Proc. nº 05S1763), STJ de 13-7-2006 (Proc. nº 06S250), referidos ao direito anterior ao CT2003 e, reportando-se já a este, os Acs. RP de 15-5-2006 (Proc. nº 0516962), RC de 11-1-2007 (Proc. nº 355/05), RL de 9-4-2008 (Proc. nº 322/2008-4), STJ de 6-12-2006 (Proc. nº 06S3208), STJ de 6-12-2006 (Proc. nº 3409/06), STJ de 31-10-2007 (Proc. nº 07S1442).

Todos estes acórdãos estão integralmente disponíveis em www.dgsi.pt, com excepção dos Acs. RL 18-10-1995 (Proc. nº 9841, in CJ, 1995, IV, pp. 164 segs.), RP de 22-5-2000 (Proc. nº 419/2000, in CJ, 2000, III, pp. 248 segs.), RP de 8-7-2002 (Proc. nº 560/02, in CJ, 2002, IV, pp. 218 segs.), RC de 18-5-2005 (Proc. nº 3986/05, in CJ, 2005, III, pp. 60 segs.), RC de 22-9-2005 (Proc. nº 3985/04, in CJ, 2005, IV, pp. 61 segs.), STJ de 6-7-1994 (Proc. nº 3997, in AD, nº 396, pp. 1461 segs. e BMJ nº 439, pp. 376 segs.), STJ de 18-3-1998 (Proc. nº 196/97, in CJ-STJ, 1998, I, pp. 284 segs.), STJ de 12-5-1999

A REVOGAÇÃO DO CONTRATO DE TRABALHO

"mero recibo de quitação"[1388], a declaração subscrita pelo trabalhador na qual este, após atestar ter recebido do empregador certa quantia, a determinado título, se afirma ainda integralmente pago de todos os créditos emergentes do contrato de trabalho e da sua cessação e destes dá "quitação total e plena"[1389], concluindo "nada mais ter a haver, seja a que título for"[1390]. Esta declaração, na medida em que se não refere a créditos ou quantias especificadas[1391], implicaria

(Proc. nº 33/99, *in AD*, nº 458, pp. 268 segs. e *CJ-STJ*, 1999, II, pp. 281-282), STJ de 14-1-2004 (Proc. nº 2558/03, *in CJ-STJ*, 2004, I, pp. 249 segs.) STJ de 6-12-2006 (Proc. nº 3409/06, *in CJ-STJ*, 2006, III, pp. 300 segs)

[1387] A remissão abdicativa, regulada nos arts. 863º e segs. do CódCiv é uma causa comum de extinção das obrigações e consiste na "renúncia do credor ao direito de exigir a prestação que lhe é devida, feita com a aquiescência da contraparte". Para uma caracterização da figura, nos seus traços essenciais, v. *supra* o nº 11.1.4 e, entre outros, os Acs. RP de 8-7-2002 (Proc. nº 560/02), RP de 19-9-2005 (Proc. nº 0512318), RP de 8-5-2006 (Proc. nº 0542317), RC de 11-1-2007 (Proc. nº 355/05), STJ de 6-7-1994 (Proc. nº 3997), STJ de 16-4-1997 (Proc. nº 96S246), STJ de 13-7-2006 (Proc. nº 06S250), STJ de 6-12-2006 (Proc. nº 06S3208), STJ de 6-12-2006 (Proc. nº 3409/06) e STJ de 31-10-2007 (Proc. nº 07S1442) referidos na n. anterior.

[1388] Ac. STJ de 3-3-2005 (Proc. nº 04S3154) cit.

[1389] Acs. RP de 18-6-2001 (Proc. nº 0110674), RL de 26-1-2005 (Proc. nº 9733/2004-4), RL de 9-3-2005 (Proc. nº 8682/2004-4), RL de 19-10-2005 (Proc. nº 4301/2005-4) e STJ de 11-10-2005 (Proc. nº 05S1763) cits. No mesmo sentido, com formulações diversas, v., entre outras, as declarações analisadas nos Acs. RC de 2-3-2006, Proc. nº 3900/05 ("inteira e total quitação") e STJ de 25-5-2005, Proc. nº 05S480 ("integral quitação") cits.

[1390] Ac. RP de 18-6-2001 (Proc. nº 0110674) cit. São muito variadas, se bem que com alcance essencialmente idêntico, as formulações em cada caso adoptadas: "nada tenho a reclamar ou exigir" (Ac. RP de 22-5-2000, Proc. nº 419/2000), "nada mais tendo a receber" (Ac. RC de 18-5-2005, Proc. nº 3986/05, Ac. RP de 19-9-2005, Proc. nº 0512318, Ac. RC de 22-9-2005, Proc. nº 3985/04), "nada mais havendo a haver" (Ac. RC 2-3-2006, Proc. nº 3900/05), "nada mais tendo a receber ou a reclamar a qualquer título" (Ac. STJ 24-11-2004, Proc. nº 04S2846), "nada mais tendo a exigir, reclamar ou receber, por efeito das relações que agora cessam" (Ac. STJ de 25-5-2005, Proc. nº 05S480) cits.

[1391] Conforme sublinha o Ac. RP de 22-5-2000 (Proc. nº 419/2000), são duas e bem distintas as declarações do trabalhador contidas nestes documentos: uma primeira, relativa ao recebimento de certa quantia (cujo montante e título indica), e uma outra na qual "declara que lhe foram liquidados todos os direitos que a lei lhe confere e que nada tem a reclamar ou exigir" do empregador, mas "não especifica que outros direitos lhe foram liquidados". Ora, se relativamente à primeira "o documento faz prova de que aquela importância foi paga à recorrente", tratando-se de "verdadeira quitação", nos termos do art. 787º do CódCiv, já quanto à segunda, "meramente conclusiva", o mesmo documento "não prova que outras retribuições lhe tenham sido pagas, uma vez que a força probatória dos documentos só abrange os factos compreendidos na declaração (art. 376º, nº 2, do Cód Civ)". No mesmo sentido, conclui o Ac. RP de 18-6-2001 (Proc. nº 0110674) que "uma tal declaração não vale como quitação dos créditos peticionados (...), uma vez que a força probatória material dos documentos só abrange os factos compreendidos na declaração neles contida e na declaração em causa não se diz que esses créditos foram pagos".
Não podendo tal declaração "valer como quitação de outros eventuais créditos", não fica contudo desprovida de relevo jurídico, valendo "como declaração negocial abdicativa em relação a esses: "ao declarar que nada mais tem a exigir", o trabalhador "está implicitamente a abdicar, a renunciar, dos créditos a que eventualmente ainda tivesse direito" (Acs. RP de 22-5-2000, Proc. nº 419/2000 e RP de 18-6-2001, Proc. nº 0110674, cits.).

RENÚNCIA PELO TRABALHADOR AOS SEUS CRÉDITOS

a renúncia pelo trabalhador aos seus créditos emergentes do contrato de trabalho, extinguindo a correspondente dívida do empregador[1392].

São duas as linhas de argumentação que, em geral, suportam tal tese: a primeira trata de evidenciar o sentido, objectivamente abdicativo, da declaração do trabalhador, a segunda procura demonstrar, com base nas circunstâncias do caso, a efectiva celebração entre este e o empregador, de um acordo remissivo dos seus créditos emergentes do contrato de trabalho "a que eventualmente ainda tivesse direito"[1393]. E ambas radicam num mesmo pressuposto: a plena disponibilidade pelo trabalhador, uma vez cessado o contrato de trabalho ou ainda no momento em que negoceia a sua desvinculação, dos seus créditos dele emergentes[1394].

No que se refere ao primeiro dos referidos pontos, entendem os vários acórdãos que sobre a questão se pronunciaram[1395] que tais declarações, quer pelos termos – genéricos[1396] e, por isso, muito latos – em que são formuladas, quer

---

[1392] Ac. RP de 19-5-2005 (Proc. nº 0512318) cit.

[1393] Ac. STJ de 24-11-2004 (Proc. nº 04S2846) cit.

[1394] Ponto que foi já especificamente versado *supra* nos nºs 11.1.2 e 11.2.2.

[1395] V., entre outros, os Acs. RP de 22-5-2000 (Proc. nº 419/2000), RP de 18-6-2001 (Proc. nº 0110674), RC de 19-1-2005 (Proc. nº 3598/04), RL de 9-3-2005 (Proc. nº 8682/2004-4), RC de 18-5-2005 (Proc. nº 3986/05), RP de 19-9-2005 (Proc. nº 0512318), RC de 22-9-2005 (Proc. nº 3985/04), RL de 19-10--2005 (Proc. nº 4301/2005-4), RL de 19-10-2005 (Proc. nº 711/2005-4), STJ de 24-11-2004 (Proc. nº 04S2846), STJ de 25-5-2005 (Proc. nº 05S480), STJ de 13-7-2006 (Proc. nº 06S250), STJ de 20-9-2006 (Proc. nº 06S574), reportados ao direito anterior ao CT2003, e, fazendo já aplicação deste, os Acs. RC de 11-1-2007 (Proc. nº 355/05), STJ de 6-12-2006 (Proc. nº 3409/06) e STJ de 31-10-2007 (Proc. nº 07S1442) cits.

[1396] Trata-se de um ponto especialmente sublinhado pelo Ac. STJ de 6-12-2006 (Proc. nº 3409/06), quando afirma que "os termos abrangentes em que a declaração de quitação é emitida não deixam margem para dúvidas" e que "a utilização dos vocábulos todos (todos os créditos) e total e plena (quitação total e plena) só pode ter esse sentido e alcance".
São, quanto a este ponto, muito esclarecedores, os Acs. RL de 9-3-2005 (Proc. nº 8682/2004-4) e RL de 19-10-2005 (Proc. nº 4301/2005-4), os quais entenderam que, declarando-se o trabalhador "integralmente pago de todos os créditos emergentes do contrato de trabalho e da sua cessação, deles dando quitação total e plena", indagar "se o apelante recebeu tudo, ou se apenas recebeu parte e renunciou ao resto, é irrelevante face ao normal sentido de uma declaração de quitação com tal extensão, a qual tem por efeito extinguir, por remissão, todos os demais créditos."
Justifica ainda uma referência o Ac. RC de 19-1-2005 (Proc. nº 3598/04) que, perante a declaração do trabalhador de que fora "remunerado de todos os seus direitos", afirmou expressamente (contrariando a tese por este defendida) que não obsta à sua qualificação como renúncia a outras importâncias a que aquele pudesse ter direito o tratar-se de uma declaração formulada em termos genéricos. Com efeito, "partir-se do pressuposto que se trata de uma declaração genérica, que não discriminando as importâncias, não tem só por isso, valor de declaração abdicativa é, salvo melhor entendimento, entrar em colisão com as normas que regem quer a figura da remissão, quer as próprias normas que regulam a forma de interpretar as declarações negociais, quer ainda o princípio da possibilidade de renúncia a direitos de natureza disponível. Todos os direitos são isso mesmo: todos e não este ou aquele." Esta tese foi reafirmada pelos Acs. RL de 19-10-2005 (Proc. nº 4301/2005-4) e RC de 11-1-2007 (Proc. nº 355/05) cits.

A REVOGAÇÃO DO CONTRATO DE TRABALHO

pelas circunstâncias que rodeiam a sua emissão[1397], não podem ter outro sentido que não o de uma renúncia do trabalhador "a reclamar todos e quaisquer eventuais créditos que tivesse sobre o empregador"[1398]. Seria este – e não outro – o sentido que de tal declaração do trabalhador deduziria um "declaratário normal" colocado na posição do declaratário real (no caso, o empregador), em conformidade com o disposto no art. 236º, nº 1, do CódCiv, expressa e reiteradamente invocado a este propósito[1399]. Porém, e porque este mesmo preceito obsta a que à declaração seja atribuído um sentido com o qual o declarante não pudesse razoavelmente contar, algumas decisões tratam ainda de acentuar ser aquele "o sentido que usualmente lhe é dado"[1400].

[1397] Revestiria neste contexto especial significado o facto de tais declarações serem subscritas depois da cessação do contrato de trabalho e no âmbito do "acerto final de contas" entre trabalhador e empregador, bem como o facto de o mesmo documento que contém a declaração abdicativa atribuir ao trabalhador determinada quantia, que este não poderia pretender ou exigir, em termos que sugerem fortemente que o empregador jamais a teria pago se o trabalhador "não tivesse abdicado de outros eventuais créditos". Assim o entenderam, entre outros, os já referidos Acs. RP de 22-5-2000 (Proc. nº 419/2000), RL de 19-10-2005 (Proc. nº 4301/2005-4), STJ de 16-4-1997 (Proc. nº 96S246), STJ de 18-3-1998 (Proc. nº 196/97), STJ de 12-5-1999 (Proc. nº 33/99), STJ de 5-4-2006 (Proc. nº 05S4233), STJ de 13-7-2006 (Proc. nº 06S250), STJ de 6-12-2006 (Proc. nº 3409/06), STJ de 6-12-2006 (Proc. nº 06S3208).
Em termos muito próximos destes, o Ac. STJ de 31-10-2007 (Proc. nº 07S1442) considerou que o alcance abdicativo da declaração do trabalhador resultaria evidenciado pelo facto de esta ter sido "produzida no âmbito de um acordo de cessação", no qual lhe foi reconhecida "uma antiguidade bem superior àquela que o mesmo detinha na empresa e de (...) se haver obrigado a pagar-lhe uma compensação pecuniária global", sendo certo que "nem a uma coisa nem a outra estava minimamente obrigada".

[1398] Ac. STJ de 13-7-2006 (Proc. nº 06S250), que julgou que "ao declarar que estava integralmente pago de todos os créditos emergentes do contrato de trabalho e da sua cessação e ao dar quitação total e plena de tais créditos", o trabalhador "renunciou a reclamar todos e quaisquer eventuais créditos" que tivesse sobre o empregador, "emergentes da execução do contrato ou da sua cessação independentemente de ter ou não conhecimento deles nesse momento". Refira-se ainda a este propósito o Ac. STJ de 24-11-2004 (Proc. nº 04S2846), que decidiu que a declaração em que o trabalhador "se considera inteiramente retribuído pelos serviços prestados, nada mais tendo a receber ou a reclamar a qualquer título" consubstancia uma "verdadeira declaração negocial abdicativa", pela qual aquele "renunciou, ou abdicou dos créditos decorrentes do referido contrato e a que eventualmente ainda tivesse direito" e os Acs. RC de 19-1-2005 (Proc. nº 3598/04), RC de 11-1-2007 (Proc. nº 355/05) e STJ de 31-10-2007 (Proc. nº 07S1442) cits.

[1399] V., entre outros, os Acs. RP de 22-5-2000 (Proc. nº 419/2000), RP de 18-6-2001 (Proc. nº 0110674), RC de 19-1-2005 (Proc. nº 3598/04), RL de 9-3-2005 (Proc. nº 8682/2004-4), RP de 19-9-2005 (Proc. nº 0512318), RL de 19-10-2005 (Proc. nº 4301/2005-4), STJ de 24-11-2004 (Proc. nº 04S2846), STJ de 25-5-2005 (Proc. nº 05S480), STJ de 5-4-2006 (Proc. nº 05S4233); proferidos já no quadro do CT2003, os Acs. RC de 11-1-2007 (Proc. nº 355/05), STJ de 6-12-2006 (Proc. nº 3409/06), STJ de 6-12-2006 (Proc. nº 06S3208) e STJ de 31-10-2007 (Proc. nº 07S1442) cits.

[1400] Pelo que não poderia o trabalhador "ter em mente qualquer outra ideia que não fosse essa" (Ac. STJ de 24-11-2004, Proc. nº 04S2846). V., no mesmo sentido, os Acs. RP de 18-6-2001 (Proc. nº 0110674), RP de 19-9-2005 (Proc. nº 0512318), STJ de 25-5-2005 (05S480) e STJ de 6-12-2006 (Proc. nº 3409/06).

RENÚNCIA PELO TRABALHADOR AOS SEUS CRÉDITOS

Paralelamente, e porque a remissão abdicativa é conformada, pelo art. 863º, nº 1, do CódCiv como um contrato entre credor e devedor[1401], a jurisprudência que temos vindo a referir procura identificar, nos casos que lhe são submetidos, os respectivos elementos essenciais, mais exactamente a declaração negocial de aceitação por parte do devedor-empregador, omissa no documento subscrito pelo trabalhador[1402]. Nesse sentido, e após enfatizar a natureza não formal do contrato em apreço[1403], conclui que essa aceitação pode ser – e sê-lo-á, na maioria dos casos – tácita. Convergiriam nesse sentido os termos gerais dos artigos 863º, 217º[1404] e 234º do CódCiv, este especialmente favorável "à prova da aceitação do devedor"[1405] (e, segundo alguns acórdãos, o próprio art. 218º[1406]), bem como,

---

[1401] Mais exactamente, sublinha o Ac. STJ de 13-7-2006, Proc. nº 06S250, "como contrato que é, a remissão implica a existência de duas declarações negociais: uma proferida pelo credor (declarando renunciar ao direito de exigir a prestação) e outra da parte do devedor (declarando aceitar aquela renúncia)". Sobre este ponto, v. *supra* o nº 11.1.4 e, entre outros, os cits. Acs. RP de 22-5-2000 (Proc. nº 419/2000), RP de 18-6-2001 (Proc. nº 0110674), RC de 19-1-2005 (Proc. nº 3598/04), RP de 19-9-2005 (Proc. nº 0512318), RC de 2-3-2006 (Proc. nº 3900/05), RP de 8-5-2006 (Proc. nº 0542317), STJ de 16-4--1997 (Proc. nº 96S246); STJ de 6-12-2006 (Proc. nº 06S3208), STJ de 6-12-2006 (Proc. nº 3409/06).

[1402] Acs. RP de 22-5-2000 (Proc. nº 419/2000), RP de 19-9-2005 (Proc. nº 0512318), RP de 15-5-2006 (Proc. nº 0516962) e STJ de 24-11-2004 (Proc. nº 04S2846).

[1403] Conforme sintetiza o Ac. STJ de 24-11-2004 (Proc. nº 04S2846), "não sendo a remissão um negócio solene, não têm as respectivas declarações negociais que ser reduzidas a escrito", nos termos do art. 219º do CódCiv, "não tendo a declaração de anuência" do empregador "que constar do documento onde a declaração foi exarada, nem tinha que revestir forma expressa, bastando que o acordo efectivamente exista." No mesmo sentido, entre outros, v. os Acs. RP de 22-5-2000 (Proc. nº 419/2000), RP de 18-6-2001 (Proc. nº 0110674), RC de 2-3-2006 (Proc. nº 8682/2004-4), STJ de 16-4-1997 (Proc. nº 96S246) e STJ de 25-5-2005 (Proc. nº 05S480).

[1404] Com efeito, "não exigindo o artigo 863.º que o consentimento do devedor, a sua aceitação à proposta de acordo, seja manifestado por forma expressa", este segue o "regime geral", pelo que "a sua aceitação pode ser tácita", nos termos do art. 217.º (Acs. RP de 19-9-2005, Proc. n.º 0512318, RC de 2-3--2006, Proc. n.º 3900/05, STJ de 16-4-1997, Proc. n.º 96S246, e STJ de 24-11-2004, Proc. n.º 04S2846).

[1405] Notam, a este propósito, os Acs. STJ de 16-4-1997 (Proc. nº 96S246) e STJ 24-11-2004 (Proc. nº 04S2846) que "a lei é especialmente aberta à prova da aceitação do devedor, facilitada pelo disposto no artigo 234º", o qual estabelece que "quando a proposta, a própria natureza ou circunstâncias do negócio, ou os usos tornem dispensável a declaração de aceitação, tem-se o contrato por concluído logo que a conduta da outra parte mostre a intenção de aceitar a proposta". No mesmo sentido se pronunciaram, entre outros, os cits. Acs. RP de 22-5-2000 (Proc. nº 419/2000), RP de 18-6-2001 (Proc. nº 0110674), RP de 8-7-2002 (Proc. nº 560/02), RP de 19-9-2005 (Proc. nº 0512318), RL de 28-9-2005 (Proc. nº 1693/2004-4), RL de 19-10-2005 (Proc. nº 711/2005-4), RC de 2-3-2006 (Proc. nº 3900/05), RP de 8-5-2006 (Proc. nº 0542317), RC 11-1-2007 (Proc. nº 355/05), STJ de 18-3-1998 (Proc. nº 196/97), STJ 25-5-2005 (Proc. nº 05S480), STJ 13-7-2006 (Proc. nº 06S250), STJ de 6-12-2006 (Proc. nº 06S3208), STJ de 6-12-2006 (Proc. nº 3409/06).

[1406] Reconhecem ao "silêncio" do empregador, nestes casos, o valor de "declaração negocial de aceitação (art. 218.º)", por tal corresponder "aos usos do comércio jurídico em causa" e às "circunstâncias em que tal tipo de documentos são elaborados" os Acs. RP de 22-5-2000 (Proc. n.º 419/2000) e RP de 18-6-2001 (Proc. n.º 0110674).

em cada caso, o conjunto de circunstâncias que evidenciariam a celebração de um tal acordo entre trabalhador e empregador[1407].

A argumentação exposta vem a ser reforçada, nalgumas decisões[1408], pela expressa afirmação da não inconstitucionalidade, por violação dos preceitos constitucionais relativos à tutela do salário, da abdicação pelo trabalhador dos seus créditos, em conformidade com a doutrina do Ac. TC nº 600/2004[1409].

[1407] Seriam particularmente expressivos, enquanto "factos que, com toda a probabilidade", revelam a aceitação da remissão por parte do empregador a "natureza da própria declaração em causa", mais exactamente o momento e a finalidade com que é emitida, bem como o ser acompanhada do pagamento por este de determinada quantia. Igualmente relevante seria a própria iniciativa do empregador de juntar ao processo a referida declaração.

Quanto ao primeiro aspecto, os vários acórdãos analisados são unânimes em afirmar que este "tipo de declarações é normalmente emitido aquando do acerto de contas na sequência da cessação do contrato de trabalho" e evidencia "um acordo de interesse para ambas as partes": o "empregador paga determinadas importâncias exigindo em troca a emissão daquela declaração, a fim de evitar futuros litígios; por sua vez, o trabalhador aceita passar essa declaração em troca da quantia que recebe". V., entre outros, os Acs. RP de 22-5-2000 (Proc. nº 419/2000), RP de 19-9-2005 (Proc. nº 0512318), RL de 19-10-2005 (Proc. nº 4301/2005-4), RC de 2-3-2006 (Proc. nº 3900/05), RP de 8-5-2006 (Proc. nº 0542317), RC de 11-1-2007 (Proc. nº 355/05), STJ de 16-4-1997 (Proc. nº 96S246), STJ de 12-5-1999 (Proc. nº 33/99), STJ de 24-11-2004 (Proc. nº 04S2846) e STJ de 6-12-2006 (Proc. nº 3409/06).

A relevância, neste contexto, da natureza não gratuita da renúncia do trabalhador é sublinhada pelos Acs. STJ de 6-12-2006 (Proc. nº 3409/06) e RP de 8-5-2006 (Proc. nº 0542317) que invocam, respectivamente, o recebimento pelo trabalhador de "uma avultada quantia" e o facto de o empregador "titulando e pagando as quantias constantes do aludido documento" ter manifestado "tacitamente a sua aceitação da declaração abdicativa de tal documento emergente". Também o Ac. RL de 19-10-2005 (Proc. nº 711/2005-4) conclui que a renúncia do trabalhador foi "aceite tacitamente" pelo empregador, que "não só pagou a compensação global acordada, como cumpriu as restantes obrigações decorrentes do acordo".

Paralelamente, "sempre seria de considerar que, ao juntar a referida declaração abdicativa (...) com a sua contestação", o empregador "revelou uma clara intenção" de a aceitar, "considerando-se o contrato concluído, pelo menos nessa data, nos termos do art. 234º" do CódCiv. Assim decidiram, entre outros, os Acs. RP de 22-5-2000 (Proc. nº 419/2000), RC de 2-3-2006 (Proc. nº 3900/05), RP de 8-5-2006 (Proc. nº 0542317), RP de 19-9-2005 (Proc. nº 0512318), RP de 15-5-2006 (Proc. nº 0516962), RC de 11-1-2007 (Proc. nº 355/05), e STJ de 16-4-1997 (Proc. nº 96S246).

[1408] Acs. RL de 9-3-2005 (Proc. nº 8682/2004-4), STJ de 13-7-2006 (Proc. nº 06S250), STJ de 6-12--2006 (Proc. nº 06S3208), STJ de 6-12-2006 (Proc. nº 3409/06).

[1409] No seu Ac. nº 600/2004 cit. (cfr. *supra* os nºs 11.1.2 e 11.2.2.2), o TC decidiu no sentido da não inconstitucionalidade da norma do nº 1 do art. 863º do CódCiv "quando aplicada a um acordo de remissão complementar do da cessação de um contrato de trabalho" (por reforma antecipada do trabalhador fundada em invalidez). Perante a invocação de que tal inconstitucionalidade resultaria "da sua contrariedade ao disposto nos artigos 17º e 59º, nº 1, alínea a), da Constituição", considerou o TC que "não se vê, porém, como é que a possibilidade de o credor remitir a dívida por contrato com o devedor, nessas condições (isto é, por ocasião da cessação do contrato, ou, mais precisamente: antes de operar a caducidade do contrato de trabalho mas para produzir efeitos depois desta), possa contender com o direito à "retribuição do trabalho, segundo a quantidade, natureza e qualidade", consagrado na alínea a) do nº 1 do artigo 59º da Constituição, mesmo admitindo que, nos termos do igualmente invocado artigo 17º da Lei Fundamental, o regime de direitos, liberdades e garantias lhe seja aplicável." Quanto

RENÚNCIA PELO TRABALHADOR AOS SEUS CRÉDITOS

12.3.1.2. Alcance e efeitos da remissão abdicativa

A remissão abdicativa expressa em tais declarações do trabalhador, não sendo privativa da revogação do contrato de trabalho, é admitida qualquer que seja a forma de cessação deste[1410] e abrange, segundo os vários acórdãos proferidos

aos fundamentos que suportam a conclusão do TC de que "não subsiste qualquer fundamento para a inconstitucionalidade da interpretação normativa impugnada" são essencialmente dois e têm como denominador comum o apelo ao lugar paralelo do art. 8º, nº 4, do DL nº 64-A/89. Com efeito, o TC começa por afirmar que tal preceito contém "uma estatuição de efeitos semelhante à que ora está em causa, e nunca foi julgado inconstitucional", pelo que "a recondução da declaração de quitação total (...) ao instituto da remissão abdicativa, afastado que foi o seu enquadramento na compensação pecuniária de natureza global (...), em razão de o contrato de trabalho ter cessado por caducidade (decorrente de invalidez) e não de acordo de cessação do contrato de trabalho por acordo entre trabalhador e entidade patronal" não altera "a sua compatibilização constitucional". Depois, e não menos significativamente, entende o TC que "a protecção dos direitos do trabalhador, que se invoca para pretender excluir a remissão abdicativa da esfera pós-relação laboral, impediria que estes formulassem por si o juízo sobre a celebração de tais contratos, sem que se imponha, legal ou constitucionalmente, qualquer presunção de que o seu juízo livre e informado – quando o não seja a ordem jurídica faculta-lhes mecanismos de invalidação de tais contratos – lhes será necessariamente prejudicial, com a concomitante imposição de uma indisponibilidade restritiva da liberdade contratual de ambas as partes". Ora, a realidade é que, conforme "se pressupõe no regime do" referido art. 8º, nº 4, com a extinção do vínculo laboral "tende a dissipar-se a situação de subordinação jurídica e económica que justifica a indisponibilidade de (certos) direitos do trabalhador – como, aliás, demonstra, por exemplo, a solução adoptada na matéria, próxima, da prescrição (só os direitos disponíveis são prescritíveis), a qual não é admissível no decurso do contrato de trabalho, mas se torna possível depois da cessação deste".

Advirta-se, não obstante, que em mais de uma ocasião, neste mesmo Ac. nº 600/2004, o TC admite que a "concorrência", no caso, de uma série de "circunstâncias qualificativas" possa determinar a lesão dos direitos invocados e, nessa medida, a inconstitucionalidade da aplicação da norma em apreço. Voltaremos a este ponto mais adiante, no nº 12.3.2.

[1410] Neste sentido, na vigência do direito anterior ao CT2003, v., entre outros, referindo-se à cessação por acordo do contrato de trabalho os Acs. RL de 18-10-1995 (Proc. nº 9841), RP de 8-7-2002 (Proc. nº 560/02), RL de 26-1-2005 (Proc. nº 9733/2004-4), RL de 19-10-2005 (Proc. nº 711/2005-4) e STJ de 3-3-2005 (Proc. nº 04S3154), à cessação do contrato por iniciativa do trabalhador os cits. Acs. RC de 19-1-2005 (Proc. nº 3598/04), RP de 19-9-2005 (Proc. nº 0512318), RC de 2-3-2006 (Proc. nº 3900/05) e STJ de 6-7-1994 (Proc. nº 3997); ao despedimento com justa causa o Ac. RP de 18-6-2001 (Proc. nº 0110674), às situações de extinção do posto de trabalho o RP de 22-5-2000 (Proc. nº 419/2000) e de despedimento colectivo os Acs. RC de 18-5-2005 (Proc. nº 3986/05), RC de 22-9-2005 (Proc. nº 3985/04) e STJ de 18-3-1998 (Proc. nº 196/97) e, ainda, à caducidade de contrato a termo o Ac. STJ de 24-11-2004 (Proc. nº 04S2846). Já na vigência do CT2003, e aplicando as respectivas disposições, v., a propósito da revogação do contrato, o Ac. RL de 9-4-2008 (Proc. nº (Proc. nº 322/2008-4) e em caso de caducidade por encerramento total e definitivo, o Ac. RP de 25-9-2006 (Proc. nº 0516184). Quanto às hipóteses de despedimento ilícito, *i.e.*, de mera cessação *de facto* da relação laboral, admitiram a remissão abdicativa, ainda em face do direito anterior, os cits. Acs. RP de 22-5-2000 (Proc. nº 419/2000), RP de 18-6-2001 (Proc. nº 0110674), RC de 18-5-2005 (Proc. nº 3986/05), RC de 22-9--2005 (Proc. nº 3985/04), RL de 28-9-2005 (Proc. nº Proc. nº 1693/2004-4), RC 2-3-2006 (Proc. nº Proc. nº 3900/05), RP de 8-5-2006 (Proc. nº 0542317) e STJ de 3-4-1991 (Proc. nº 002908), STJ de 24-11-2004 (Proc. nº 04S2846), STJ de 25-5-2005 (Proc. nº 05S480); aplicando já o CT2003, os Acs. RC de 11-1-2007 (Proc. nº 355/05), RL de 16-1-2008 (Proc. nº 7884/2007-4).

A REVOGAÇÃO DO CONTRATO DE TRABALHO

nesta matéria, quaisquer créditos laborais que aquele detenha sobre o empregador – todos os créditos[1411], presentes e futuros[1412], à data conhecidos ou não conhecidos[1413].

A tal não obsta o carácter muito genérico da declaração[1414] e a consequente indeterminação dos créditos abrangidos dela resultante[1415]. Igualmente irrelevam neste contexto a iniciativa da emissão de tal declaração abdicativa (*i.e.*, ter esta pertencido ao empregador ou ao trabalhador)[1416] e a própria autoria do respectivo texto, mais exactamente o ter sido este redigido pelo empregador[1417].

[1411] Neste sentido, entre outros, os Acs. RC de 19-1-2005 (Proc. nº 3598/04), RC de 11-1-2007 (Proc. nº 355/05), STJ de 13-7-2006 (Proc. nº 06S250), STJ de 6-12-2006 (Proc. nº 06S3208) e STJ de 6-12--2006 (Proc. nº 3409/06).

[1412] Acs. STJ de 6-12-2006 (Proc. nº 06S3208) e de 6-12-2006 (Proc. nº 3409/06).

[1413] V., entre outros, os Acs. RC de 19-1-2005 (Proc. nº 3598/04), RC de 11-1-2007 (Proc. nº 355/05), STJ de 13-7-2006 (Proc. nº 06S250) e STJ de 6-12-2006 (Proc. nº 3409/06).

[1414] A questão foi expressamente versada, entre outros, pelos Acs. RL de 19-10-2005 (Proc. nº 4301/2005-4), RC de 19-1-2005 (Proc. nº 3598/04) e RC 11-1-2007 (Proc. nº 355/05).

[1415] A questão da eventual nulidade de tais declarações por ser "indeterminável" o objecto da renúncia do trabalhador foi decidida em sentido negativo pelo Ac. STJ de 6-12-2006 (Proc. nº 3409/06) que começou por precisar apenas serem nulos por força do art. 280º, nº 1, do CódCiv os negócios cujo objecto seja indeterminável e "não os de objecto indeterminado" para concluir que no caso "os créditos emergentes do contrato de trabalho e da sua cessação eram perfeitamente determináveis, embora pudessem não estar ainda perfeitamente determinados".

[1416] "É indiferente" ter sido o empregador "a propor a emissão da declaração abdicativa em troca do pagamento" de determinada quantia ou o trabalhador a propor esse pagamento "em troca da declaração abdicativa. Importante é que tenha havido acordo e este existiu de facto.". Neste sentido, expressamente, entre outros, os Acs. RP de 22-5-2000 (Proc. nº 419/2000), RP de 18-6-2001 (Proc. nº 0110674), STJ de 12-5-1999 (Proc. nº 33/99), STJ de 24-11-2004 (Proc. nº 04S2846) e STJ de 25-5--2005 (Proc. nº 05S480).

[1417] V. o Ac. RL de 18-10-1995 (Proc. nº 9841), que julgou improcedente a alegação, por parte do trabalhador, de que não tivera "qualquer autonomia da vontade na elaboração" do acordo de cessação e da cláusula de quitação genérica dele constante, por ter ficado demonstrado que este aceitara o respectivo conteúdo. A mesma irrelevância de princípio da elaboração pelo próprio empregador do texto das declarações remissivas a subscrever pelo trabalhador é afirmada pelos Acs. STJ de 29-9-1999 (Proc. nº 99S041), STJ de 3-3-2005 (Proc. nº 04S3154) e STJ de 26-3-2008 (Proc. nº 07S4653). O primeiro recusou qualificar como abdicativa a declaração do trabalhador constante de documento impresso "em papel timbrado do empregador", com "dizeres dactilografados e espaçados a preencher", mas unicamente por este ter riscado a parte que dizia "me pagou na totalidade, tudo a que eu tinha direito a receber" e manuscrito, em substituição, "me pagou (...) a título de compensação". Já o referido Ac. STJ de 3-3-2005, perante o facto de "a declaração destinada a ser subscrita se encontrar já elaborada" (*i.e.*, de ter o empregador "preparado um documento" a explicitar "os termos do acordo e as verbas envolvidas"), limitou-se a notar que competia ao trabalhador "ler o documento e actuar com prudência e consideração, por forma a manifestar conscientemente a sua vontade". Mais recentemente, o Ac. STJ de 26-3-2008 cit., numa situação em que o documento que titulava o acordo de cessação do contrato de trabalho (e que continha uma "quitação global e recíproca de créditos entre os contratantes") fora "previamente elaborado e assinado" pelo empregador, afastou a sua qualificação como contrato de adesão por terem as cláusulas relativas à extinção do vínculo e ao pagamento de uma compensação pecuniária "sido objecto de expressa declaração de aceitação pelo trabalhador, previamente à sua

310

RENÚNCIA PELO TRABALHADOR AOS SEUS CRÉDITOS

A subscrição pelo trabalhador de tais declarações tem como primeiro e principal efeito a extinção de eventuais créditos laborais que este detivesse ainda sobre o empregador[1418]. Consequentemente, obsta à ulterior reclamação de "quaisquer quantias" emergentes do respectivo vínculo laboral[1419] ou da sua cessação, funcionando como uma verdadeira excepção peremptória[1420].

Justifica-se, a este propósito, uma especial referência a algumas decisões que alargaram, e muito, o âmbito do efeito extintivo das declarações abdicativas do trabalhador referidas no texto, nele incluindo o direito de este impugnar o despedimento e os direitos emergentes da sua eventual declaração de ilicitude[1421]. Tendo começado por qualificar como remissão abdicativa, nos termos expostos no texto, a declaração de quitação genérica subscrita pelo trabalhador quando da cessação do seu vínculo laboral[1422], vieram a julgar improcedentes as acções por este intentadas com vista a obter a declaração judicial de ilicitude do seu despedimento[1423] e a condenação do empregador a pagar-lhe

elaboração", tendo este influído "na determinação do conteúdo essencial daquele acordo". Donde, assumiria aqui "plena preponderância o princípio da liberdade contratual acolhido no nº 1 do artigo 405º do Código Civil." Voltaremos a esta questão mais adiante (nº 12.3.2 *infra*). Por ora, anteciparemos apenas que nos parece inaceitável a indiferença que estes acórdãos exprimem quanto a este ponto, ao qual não atribuem o menor peso na apreciação das declarações subscritas pelo trabalhador.

[1418] Afirmam-no expressamente, entre outros, os Acs. RP de 18-6-2001 (Proc. nº 0110674), RP de 8-7-2002 (Proc. nº 560/02), RC de 19-1-2005 (Proc. nº 3598/04), RL de 26-1-2005 (Proc. nº 9733/2004-4), RL de 9-3-2005 (Proc. nº 8682/2004-4), RP de 19-9-2005 (Proc. nº 0512318), RL de 19-10-2005 (Proc. nº 4301/2005-4), RC de 2-3-2006 (Proc. nº 3900/05), RP de 8-5-2006 (Proc. nº 0542317), STJ de 6-7-1994 (Proc. nº 3997), STJ de 16-4-1997 (Proc. nº 96S246), STJ de 18-3-1998 (Proc. nº 196/97), STJ de 12-5-1999 (Proc. nº 33/99), STJ de 24-11-2004 (Proc. nº 04S2846), STJ de 13-7-2006 (Proc. nº 06S250), STJ de 6-12-2006 (Proc. nº 06S3208), STJ de 6-12-2006 (Proc. nº 3409/06) e STJ de 31-10-2007 (Proc. nº 07S1442).

[1419] V., entre outros, Acs. RL de 18-10-1995 (Proc. nº 9841), RP de 18-6-2001 (Proc. nº 0110674), RP 8-7--2002 (Proc. nº 560/02), RL de 26-1-2005 (Proc. nº 9733/2004-4), RL de 9-3-2005 (Proc. nº 8682/2004-4), RP de 19-9-2005 (Proc. nº 0512318), RL de 19-10-2005 (Proc. nº 4301/2005-4), RL de 19-10-2005 (Proc. nº 711/2005-4), RC de 2-3-2006 (Proc. nº 3900/05), RP de 8-5-2006 (Proc. nº 0542317), STJ de 6-7-1994 (Proc. nº 3997), STJ de 16-4-1997 (Proc. nº 96S246), STJ de 24-11-2004 (Proc. nº 04S2846), STJ de 13-7-2006 (Proc. nº 06S250), STJ de 6-12-2006 (Proc. nº 06S3208), STJ de 6-12-2006 (Proc. nº 3409/06) e STJ de 31-10-2007 (Proc. nº 07S1442).

[1420] Acs. RP de 18-6-2001 (Proc. nº 0110674), RL de 19-10-2005 (Proc. nº 4301/2005-4) e STJ de 24-11-2004 (Proc. nº 04S2846).

[1421] Acs. RP de 22-5-2000 (Proc. nº 419/2000), RP de 18-6-2001 (Proc. nº 0110674), RP de 8-5-2006 (Proc. nº 0542317), STJ de 24-11-2004 (Proc. nº 04S2846) e STJ de 5-4-2006 (Proc. nº 05S4233).

[1422] Com excepção do Ac. STJ de 5-4-2006 (Proc. nº 05S4233), que começou por reconduzir a declaração do trabalhador a uma quitação *sui generis* (seguindo a tese e a argumentação de LEAL AMADO, expostas *supra* no nº 12.2.2), a qual operaria uma inversão do ónus da prova do não pagamento dos créditos invocados pelo trabalhador, mas veio a decidir, em termos que se nos afiguram especialmente incompreensíveis, no sentido apontado no texto.

[1423] Por não ter sido precedido de processo disciplinar, num dos casos, por ser nulo o termo aposto ao respectivo contrato, noutro. V., respectivamente, os Acs. RP de 22-5-2000 (Proc. nº 419/2000) e STJ de 24-11-2004 (Proc. nº 04S2846).

A REVOGAÇÃO DO CONTRATO DE TRABALHO

salários intercalares e indemnização nos termos legalmente prescritos, por ter "renunciado aos seus direitos, sendo válida tal renúncia" e constituindo a sua invocação "defesa por excepção", que "dispensa que se conheça das restantes questões suscitadas"[1424]. Teremos ocasião de demonstrar o desacerto desta jurisprudência[1425].

12.3.1.3. Excepcional recusa de efeito liberatório a quitações genéricas

No cenário que acabámos de descrever, de quase unânime recondução à figura da remissão abdicativa das declarações de quitação "total e plena" ou de "integral quitação" subscritas pelo trabalhador quando da cessação do seu vínculo laboral, surgem-nos algumas raras decisões que contestam a adequação de tais declarações, pelos termos muito genéricos em que estão formuladas[1426], para exprimir a intenção remissiva[1427] por parte do trabalhador que lhes é imputada e, nessa medida, produzir a extinção de todos e quaisquer créditos deste sobre o empregador.

Nesse sentido, foi em mais de uma ocasião afirmado que "declarações abstractas, imprecisas e genéricas em que o trabalhador declare que a entidade patronal nada lhe deve em virtude da relação laboral, não podem assumir a

---

[1424] Acs. RP de 22-5-2000 (Proc. nº 419/2000), RP de 18-6-2001 (Proc. nº 0110674) e RP de 8-5-2006 (Proc. nº 0542317).

[1425] Cfr. *infra* o nº 12.3.2.

[1426] Questão diferente desta, mas também versada nalguma jurisprudência, é a que se prende com o facto de as concretas circunstâncias em que são emitidas tais declarações (e não já o seu teor) serem de molde a obstar à sua qualificação como elemento de um contrato de remissão abdicativa regularmente celebrado.

É o que sucede, desde logo, em todas as situações em que seja patente a inexistência de qualquer intenção abdicativa por parte do trabalhador. Refira-se, porque especialmente ilustrativo, o caso apreciado no Ac. STJ de 29-9-1999 (Proc. nº 99S041), em que o trabalhador, confrontado com "uma declaração em papel timbrado (...) com dizeres dactilografados e espaçados a preencher (...)" que deveria subscrever e na qual afirmava que o empregador lhe havia pago "na totalidade, tudo" o que "tinha direito a receber", riscou tal expressão "e manuscreveu, em substituição (...) «me pagou 260567 escudos a título de compensação»". Perante esta atitude, com "inequívoca intenção restritiva", considerou o STJ ser de repudiar a ideia de "quitação total" (expressão de remissão abdicativa) que, se tinha "razoável sustentação" na "versão originária (dactilografada)" da referida declaração, "perde de todo" esse sentido após a alteração introduzida pelo trabalhador. Igualmente esclarecedora é a hipótese tratada no Ac. STJ de 7-10-1999 (Proc. nº 9S133), em que num recibo relativo a determinadas quantias pagas assinado pelo trabalhador surgia, "já depois da assinatura do A e no final da folha de papel sem que se lhe seguisse qualquer nova assinatura ou rubrica", uma declaração ("mais declaro que me ficam liquidadas todas as remunerações devidas até à presente data") – à qual o STJ não atribuiu qualquer valor remissivo, afirmando que "tem, naturalmente, o valor de uma declaração não assinada pelo declarante, o que decide logo o problema da sua força probatória."

[1427] Ac. STJ de 5-4-2006 (Proc. nº 05S4233).

RENÚNCIA PELO TRABALHADOR AOS SEUS CRÉDITOS

relevância jurídica da remissão de dívida tal qual a mesma é definida pelo art. 863º"[1428] do CódCiv.

Tal conclusão impor-se-ia, antes de mais, por força do próprio regime legal de protecção da retribuição, o qual "exige uma especial cautela na apreciação de eventuais declarações de remissão de dívidas provenientes de créditos laborais"[1429].

Paralelamente, haveria que ponderar "a natureza contratual da remissão", afirmada no mesmo art. 863º, nº 1, do CódCiv, a qual "não pode satisfazer-se com uma mera declaração abstracta e imprecisa, onde nem sequer se afirma a existência de uma qualquer dívida, antes se partindo do pressuposto de que não existe"[1430]. Com efeito, tais declarações limitam-se, por via de regra, a "uma afirmação genérica, um mero juízo de valor ou uma conclusão que, sem expressa concretização", não poderá "ter a força probatória" que o empregador pretende atribuir-lhe[1431] – desde logo por ser "totalmente omissa acerca da intenção das partes de renunciarem seja ao que for"[1432]. Ora, para que tais quitações totais e plenas pudessem ser qualificadas como remissão, seria "necessário que a declaração nele contida tivesse carácter remissivo", *i.e.*, que "as partes tivessem declarado que renunciavam ao direito de exigir esta ou aquela prestação, o que manifestamente não aconteceu"[1433].

12.3.2. Apreciação crítica

A orientação jurisprudencial que ficou retratada nos seus traços essenciais suscita-nos as maiores reservas e algumas críticas, que nesta secção procuraremos expor. Antecipando o que se desenvolverá já em seguida, parecem-nos incor-

---

[1428] Ac. RE de 21-9-2004 (Proc. nº 1535/04-2).

[1429] Ac. RE de 21-9-2004 (Proc. nº 1535/04-2).

[1430] Ac. STJ de 7-10-1999 (Proc. nº 99S133), v. ainda o Ac. RE de 21-9-2004 (Proc. nº 1535/04-2).

[1431] Ac. STJ de 7-10-1999 (Proc. nº 99S133).

[1432] Assim sucede quando as partes declaram, *v.g.*, que consideram "extintos, por recíproco pagamento, ajustado e efectuado nesta data, todo e qualquer débito/crédito emergente da relação laboral, nada mais havendo cada um a receber do outro, seja a que título for". Quando assim suceda, as partes limitam-se "a reconhecer que todos os seus créditos tinham sido pagos, ou seja, que todas as prestações que lhes eram devidas tinham sido realizadas, o que vale por dizer que todas as obrigações decorrentes do contrato de trabalho tinham sido cumpridas. Ora, se todas as prestações tinham sido cumpridas, é óbvio que nem sequer havia prestações a que elas pudessem renunciar (remitir)". Estar-se-á, por isso, "perante uma mera declaração de quitação que, sendo embora uma quitação *sui generis*, não deixa de ser uma quitação (Ac. STJ de 5-4-2006, Proc. nº 05S4233). Sobre a noção e alcance das denominadas "quitações *sui generis*" v. *supra* o nº 12.2.3.

[1433] Pese embora a "designação que lhe foi dada pelas partes ("Declaração de remissão-Recibo de quitação")", conforme sublinha o Ac. STJ de 5-4-2006 (Proc. nº 05S4233).

A REVOGAÇÃO DO CONTRATO DE TRABALHO

rectas as premissas em que se baseia, desacertada a análise dos casos concretos a que procede e, consequentemente, inaceitáveis os resultados a que conduz.

O problema radica, importa sublinhá-lo, não tanto na admissibilidade de princípio, no domínio laboral, da figura da remissão abdicativa – questão que o TC versou e resolveu, em sentido afirmativo e em termos que em pleno subscrevemos, no seu Ac. nº 600/2004[1434] –, mas na aplicação que dela têm vindo a fazer os nossos tribunais superiores quando confrontados com declarações de quitação total e plena do empregador subscritas pelo trabalhador, por ocasião da extinção do respectivo vínculo laboral.

Com efeito, o vasto conjunto de decisões proferidas sobre esta matéria evidencia, antes de mais, que a recondução de tais declarações à figura da remissão abdicativa se faz de modo puramente formal, quase mecânico, com recurso a categorias e conceitos da civilística, em detrimento da perspectiva especifica do ordenamento laboral, como se a cessação do contrato de trabalho subtraísse o caso às suas normas e valorações próprias. Paralela, mas não menos significativamente, avultam nas mesmas decisões uma sistemática desconsideração dos interesses contrapostos e uma deficiente ponderação das concretas circunstâncias do caso, pesem embora as proclamações expressas em contrário.

Começando pelo primeiro destes pontos, é quase invariável o modelo que seguem as muitas decisões disponíveis, assente em duas premissas básicas: a necessidade de interpretação da declaração do trabalhador segundo a "teoria da impressão do declaratário", por um lado, e a susceptibilidade de a aceitação do empregador ser tácita, por outro, nos termos dos arts. 236º, nº 1, parte inicial, 234º, 217º e 218º do CódCiv, respectivamente[1435].

E é justamente aqui que reside o principal problema desta construção, que centra a análise do sentido da quitação integral subscrita pelo trabalhador na óptica "objectiva"[1436] do "declaratário normal" colocado na posição do "declaratário real"[1437] (i.e., do empregador), sem considerar eventuais expectativas razoáveis daquele e, menos ainda, a sua vontade real, quanto a tais aspectos.

Parece-nos, antes de mais, claramente infundado e, nessa medida, inadequado apelar sistematicamente ao padrão do "ser humano de mediana compreensão"[1438] ou do sujeito "medianamente informado dos usos em voga no sector laboral"[1439] para aferir o sentido de tais declarações, dado o contexto em que estas são redigidas e emitidas. Depois, julgamos excessiva a protec-

---

[1434] Cfr. *supra* o nº 12.2.2.

[1435] Cfr. *supra* o nº 12.3.1.1.

[1436] Ac. STJ de 25-5-2005 (Proc. nº 05S480.

[1437] Cfr. *supra* o nº 12.3.1.1.

[1438] Ac. RC de 19-1-2005 (Proc. nº 3598/04).

[1439] Ac. STJ de 25-5-2005 (Proc. nº 05S480).

RENÚNCIA PELO TRABALHADOR AOS SEUS CRÉDITOS

ção que, por via de tal regime, dirigido a tutelar o destinatário da declaração negocial[1440], é conferida ao empregador – a quem cabe a iniciativa e, não raro, a autoria das declarações em apreço.

Constitui um dado da experiência que, com grande frequência, porventura na maioria dos casos, o trabalhador subscreve tais declarações de quitação total e plena no momento da cessação do contrato a pedido, ou mesmo por insistência, do empregador[1441], principal interessado no acerto final e definitivo de contas e na preclusão de ulteriores reclamações e pedidos por parte daquele. O mesmo se diga do facto de, não raro, a fórmula nelas adoptada ser elaborada pelo próprio empregador, o qual, para além de conhecer bem o seu teor, com grande probabilidade terá escolhido as palavras e expressões aptas a exprimir uma vontade genericamente abdicativa por parte do trabalhador. Quando assim suceda, é no empregador – e não no trabalhador que formalmente as emite – que têm origem tais declarações remissivas[1442], facto, que em si não é problemático, mas que deve evidentemente ser tido em conta quando se trate de proceder à sua interpretação[1443].

Neste contexto, carece em absoluto de sentido a invocação da teoria da impressão do declaratário, com o intuito de acautelar o empregador quanto à determinação do sentido de uma declaração... que ele mesmo redigiu. Na larga maioria dos casos, é o empregador quem verdadeiramente domina os termos e

---

[1440] Neste sentido CARVALHO FERNANDES, *Teoria Geral do Direito Civil*, II, 2007 cit., pág. 442; HÖRSTER, *A Parte Geral do Código Civil Português*, 1992 cit., pág. 511; MOTA PINTO, *Teoria Geral do Direito Civil*, 2005 cit., pág. 444.

[1441] O ponto é especificamente versado por LEAL AMADO, *A Protecção do Salário*, 1993 cit., pág. 226, n. 67.

[1442] Em todas estas hipóteses, a situação do trabalhador apresenta alguma semelhança com a do consumidor que contrata através de cláusulas contratuais gerais, cuja interpretação (regulada nos arts. 10º e 11º do DL nº 446/85) segue as regras comuns aplicáveis aos demais negócios jurídicos, salvo tratando-se de cláusulas ambíguas – às quais "é atribuído o sentido que lhes daria o contraente indeterminado normal que se limitasse a subscrevê-las ou a aceitá-las, quando colocado na posição do aderente real e, na dúvida, prevalece o sentido mais favorável ao aderente" (MOTA PINTO, *Teoria Geral do Direito Civil*, 2005 cit., pág. 448).

[1443] Não é outro o entendimento que vimos prevalecer na doutrina e jurisprudência italianas e espanholas. Relembre-se, a este propósito, e no que se refere às primeiras, o apelo ao princípio da boa fé na interpretação contratual (enunciado no art. 1366 do *Codice Civile*), quando se trate de determinar o sentido de uma *quietanza a saldo* ou *liberatoria*, ante a habitual predisposição do texto de tais declarações pelo sujeito em cujo interesse são emitidas pelo outro, que as subscreve (cfr. *supra* o nº 3.1.2). De igual modo, em Espanha, e tal como houve ocasião de assinalar, tem ganho relevo crescente, quer a constatação da inutilidade da análise centrada na exegese da letra das fórmulas utilizadas nos *finiquitos*, em ordem a determinar uma suposta vontade da parte de que formalmente emanam, mas que de modo algum contribui para a respectiva redacção, quer a invocação do art. 1288 do *Codigo Civil* para obstar a que eventuais ambiguidades do respectivo texto revertam, por via interpretativa, a favor da parte que lhes deu causa, o empregador, seu autor material.

A REVOGAÇÃO DO CONTRATO DE TRABALHO

conta com determinado sentido (objectivo) da declaração remissiva subscrita pelo trabalhador. Bem diversa é a situação deste que, com frequência, se limita a apor a sua assinatura num impresso ou modelo contratual cujas cláusulas não redigiu e que porventura não exprime a sua vontade real, sendo tal facto conhecido do próprio empregador. Não obstante, e tal como tivemos ocasião de evidenciar, a nossa jurisprudência, quando confrontada com a expressa invocação de tal circunstância pelo trabalhador, respondeu, não com particular preocupação ou cautela, mas afirmando (e decidindo em conformidade com) a sua tendencial irrelevância[1444].

Ao estribar-se, nos termos descritos, na teoria da impressão do declaratário para determinar o sentido das quitações integrais dadas pelo trabalhador, a nossa jurisprudência enevereda, já o antecipámos, por uma abordagem estritamente civilista da questão, colocando os dois sujeitos envolvidos ("declarante" e "declaratário") numa posição de paridade e aplicando o regime comum constante do CódCiv. Simplesmente, ao fazê-lo, desconsidera que estes são, antes de mais, trabalhador e empregador, até aí vinculados por um contrato de trabalho e procede como se a respectiva relação não fosse conformada por um conjunto de regras especiais (e, em larga medida, imperativas), norteadas por valorações próprias e por um intuito de tutela de um deles. Várias decisões que tivemos ocasião de analisar reportam-se ao ordenamento laboral apenas para nele fundar a plena disponibilidade de créditos pelo trabalhador, uma vez cessado o contrato de trabalho[1445].

Acresce que, mesmo atendo-nos unicamente ao plano civilístico, a abordagem descrita incorre num objectivismo extremo, sem apoio nos próprios textos legais que invoca. É o próprio nº 1 do art. 236º do CódCiv que, na sua parte final, restringe o alcance da regra enunciada no seu início[1446], prescrevendo que "não pode ser atendido qualquer sentido objectivo da declaração", já que este terá de ser "imputável ao declarante", *i.e.*, poder este "contar com a possibilidade de ao seu comportamento declarativo ser atribuído aquele sentido"[1447]. E, sobretudo, importa atender ao nº 2 do mesmo art. 236º, que afirma que se o declaratá-

---

[1444] Cfr. *supra* o nº 12.3.1.2.

[1445] V., entre outros, os Acs. RP de 22-5-2000 (Proc. nº 419/2000), RP de 18-6-2001 (Proc. nº 0110674), RC de 19-1-2005 (Proc. nº 3598/04), RP de 19-9-2005 (Proc. nº 0512318), RP de 8-5-2006 (Proc. nº 0542317), RC de 18-5-2005 (Proc. nº 3986/05), RC de 22-9-2005 (Proc. nº 3985/04), RC de 2-3-2006 (Proc. nº 3900/05), STJ de 6-7-1994 (Proc. nº 3997), STJ de 18-3-1998 (Proc. nº 196/97), STJ de 12-5--1999 (Proc. nº 33/99), STJ de 24-11-2004 (Proc. nº 04S2846), STJ de 11-10-2005 (Proc. nº 05S1763), STJ de 31-10-2007 (Proc. nº 07S2091) e, aplicando já o CT2003, RC de 11-1-2007 (Proc. nº 355/05), RE 23-10-2007, STJ de 31-10-2007 (Proc. nº 07S1442).

[1446] CARVALHO FERNANDES, *Teoria Geral do Direito Civil*, II, 2007 cit., pág. 443; MOTA PINTO, *Teoria Geral do Direito Civil*, 2005 cit., pág. 444.

[1447] CARVALHO FERNANDES, *Teoria Geral do Direito Civil*, II, 2007 cit., pág. 443.

RENÚNCIA PELO TRABALHADOR AOS SEUS CRÉDITOS

rio conhecer a vontade real do declarante, "a declaração vale de acordo com ela"[1448], fazendo, afinal, prevalecer, em matéria de interpretação da declaração negocial, o seu sentido subjectivo (comum ou apenas conhecido do declaratário)[1449].

Donde, ao submeter, por princípio, a interpretação das quitações totais e plenas subscritas pelo trabalhador à teoria da impressão do declaratário, impondo um sentido "objectivo", em detrimento da vontade real ou das razoáveis expectativas do trabalhador, as decisões que temos vindo a apreciar subvertem o próprio critério legalmente estabelecido para a interpretação das declarações negociais.

Igualmente forçada, porque desconforme com a realidade a que respeita, nos parece a construção, por parte das referidas decisões, de uma aceitação tácita pelo empregador das declarações de renúncia do trabalhador, de modo a viabilizar a sua recondução à remissão abdicativa. De novo se parece supor que o empregador é alheio a toda a situação, num esforço que se mostra verdadeiramente excessivo e redundante, atento o contexto em que são emitidas tais quitações integrais: quando da cessação do vínculo laboral, por imposição e nos termos predispostos pelo próprio empregador, cujo papel central na abdicação (e consequente extinção) de créditos do trabalhador não carece de grande demonstração.

Assente nestas duas discutíveis premissas, a abordagem que desta matéria faz a nossa jurisprudência é, ainda, puramente formal, esgotando-se no enquadramento das declarações de quitação total e plena subscritas pelo trabalhador, enquanto elementos de um contrato de remissão abdicativa celebrado com o empregador, nos termos descritos[1450]. Em momento algum procede a uma real indagação e ponderação dos interesses contrapostos em presença, em particular da vontade e motivações do trabalhador para quem, não raro, tais declarações

---

[1448] Sobre este preceito, sublinhando a necessidade de o realçar no contexto de todo o art. 236º do CódCiv e o facto de dele resultar claramente que, "sendo a vontade real do declarante conhecida do declaratário, prevalece sempre sobre o sentido objectivo do negócio", CARVALHO FERNANDES, *Teoria Geral do Direito Civil*, II, 2007 cit., pág. 442. No mesmo sentido, PAIS DE VASCONCELOS, *Teoria Geral do Direito Civil*, 2008 cit., pp. 550-551, notando, ainda, não ser "sequer exigido o acordo ou o consenso nesse sentido: basta que ele seja conhecido pelo declarante".

[1449] PAIS DE VASCONCELOS, *Teoria Geral do Direito Civil*, 2008 cit., pp. 551-552. Em bom rigor, o disposto no nº 1 do art. 236º aplicar-se-á somente quando haja divergência entre o sentido subjectivo e o sentido objectivo da declaração, quando o declaratário desconheça a vontade real do declarante e quando esse sentido objectivo não contrarie a expectativa razoável do autor da declaração. Por isso, sintetiza PAIS DE VASCONCELOS, "só em casos marginais e muito contados o sentido subjectivo da declaração negocial pode ser desconsiderado em favor do seu sentido objectivo", pelo que "só naquelas circunstâncias que, sem dúvida, não constituem a normalidade dos casos, a orientação objectivista poderá ditar o sentido juridicamente relevante da declaração negocial" (*op. loc. cits.*).

[1450] Cfr. *supra* o nº 12.3.1.

A REVOGAÇÃO DO CONTRATO DE TRABALHO

são um verdadeiro "alçapão" que, é certo, pisa com o seu próprio pé, mas no qual não deixa de cair inadvertidamente[1451].

Tudo isto é especialmente nítido no que se refere à valoração das circunstâncias do caso, as quais evidenciariam a vontade do trabalhador remitir os seus créditos laborais e a do empregador aceitar tal remissão, logo a de ambos saldarem, por acordo e em definitivo, as respectivas contas[1452]. Com efeito, e pese embora a proclamação expressa da sua relevância[1453], a verdade é que, em várias das decisões proferidas nesta matéria, essa ponderação teve escassa concretização prática e menos peso ainda na apreciação e decisão do caso – sendo este um outro aspecto desta orientação jurisprudencial que nos parece criticável.

São, a este propósito, especialmente ilustrativas várias decisões que, após afirmarem, em geral, o sentido inequivocamente abdicativo da quitação total e plena dada na sequência do pagamento ao trabalhador de uma compensação, quando da cessação do contrato, por estar em causa "um acerto final de contas"[1454], vêm a concluir, por tal motivo, ser esse e não outro o alcance da declaração emitida pelo trabalhador no caso... apesar de se não ter provado o ajuste ou sequer o pagamento, a este, de qualquer quantia[1455].

Verdadeiramente, nestes, como noutros casos[1456], o tribunal limita-se, afinal, a constatar que o trabalhador subscreveu uma declaração genérica, dotada de uma virtualidade extintiva de todos os seus eventuais créditos, sem qualquer contrapartida – e sem que tal situação de renúncia gratuita lhe suscite qualquer estranheza ou alarme. Ora, a correcta ponderação dos interesses envolvidos – em particular a tutela do interesse do trabalhador, cuja situação de debilidade contratual se atenua, mas não desaparece com a cessação do vínculo laboral[1457] – imporia a indagação, perante as circunstâncias do caso, da justi-

---

[1451] Neste sentido, nota LEAL AMADO que o trabalhador "subscreve com frequência as ditas declarações de forma incauta, mas voluntária" (*A Protecção do Salário*, 1993 cit., pág. 226, n. 67).

[1452] Cfr. *supra* o nº 11.3.1.

[1453] "O empregador paga determinadas importâncias, exigindo, em troca, a emissão daquela declaração, a fim de evitar futuros litígios, e, por sua vez, o trabalhador aceita passar essa declaração em troca da quantia que recebe, evidenciando-se, assim, um verdadeiro acordo negocial, com interesse para ambas as partes" (Acs. STJ de 24-11-2004, Proc. nº 04S2846, e RP de 19-9-2005, Proc. nº 0512318, entre outros).

[1454] Ac. RC de 2-3-2006 (Proc. nº 3900/05).

[1455] Neste sentido, v., entre outros, os Acs. RP de 19-9-2005 (Proc. nº 0512318), RC de 2-3-2006 (Proc. nº 3900/05), RC de 11-1-2007 (Proc. nº 355/05), STJ de 24-11-2004 (Proc. nº 04S2846).

[1456] V., ainda, entre outros, o Ac. RC de 19-1-2005 (Proc. nº 3598/04).

[1457] Trata-se de um ponto especialmente versado na doutrina italiana, que justifica (e aplaude) a extensão do âmbito da invalidade e da consequente impugnabilidade das *rinunzie* e *transazioni* do trabalhador de modo a compreender as outorgadas após a extinção da relação laboral (art. 2113, § 1, do *Codice Civile*) com a subsistência, para lá do fim "da subordinação jurídica face à contraparte" (GHEZZI/ROMAGNOLI), da "debilidade sócio-económica" (VALLEBONA) e, em geral, da situação de "subprotecção social" (GHERA)

RENÚNCIA PELO TRABALHADOR AOS SEUS CRÉDITOS

ficação para que este renunciasse, a troco de nada, ao que poderia ainda ter a haver do empregador. E, faltando uma explicação para tal atitude, exigiria que, pelo menos, se questionasse tal "sentido que usualmente lhe é dado"[1458], desde logo se ao subscrever tal declaração o trabalhador teve mesmo intenção (ou até consciência) de renunciar aos seus créditos laborais[1459]. Com efeito, a patente disparidade dos interesses, motivações e finalidades que movem as duas partes envolvidas na emissão de tais declarações abdicativas tornam dificilmente aceitável uma renúncia por parte do trabalhador que não seja explicitamente formulada ou que inequivocamente resulte de todo o contexto em que ocorre. E tal, parece-nos evidente, não sucederá perante declarações genéricas, logo equívocas e imprecisas quanto ao seu teor, sobretudo se proferidas à margem de qualquer correspectivo.

Rigorosamente, e à luz das considerações precedentes, mais que determinar o sentido "típico"[1460] de tais declarações, na óptica "típica"[1461] do "declaratário normal" (e dos factos indiciadores da sua aceitação pelo empregador), importa, em primeira linha aferir a intenção e motivos subjacentes a uma eventual remissão gratuita do trabalhador, *i.e.*, se esta corresponde à sua vontade real. Mas mesmo no plano puramente objectivo, a questão é incontornável: como justificar um encerramento de contas em patente desvantagem para uma das partes, sobretudo estando em causa créditos que eram, até esse momento, indisponíveis, para tutela do seu titular?[1462]. Trata-se de um sentido que dificilmente se "poderá deduzir" da declaração em causa e, menos ainda, com que o trabalhador podia "razoavelmente contar".

---

do trabalhador. Sobre este ponto, mais desenvolvidamente, v. *supra* o nº 3.1.2. A mesma constatação subjaz à interpretação dominante na doutrina (não já na jurisprudência) espanhola, que sustenta (e igualmente aplaude) que a previsão do art. 3-5 do *ET* claramente abarque a renúncia (definida como abdicação puramente gratuita) a direitos conferidos ao trabalhador por normas imperativas legais e convencionais, durante a vigência e já depois da cessação do contrato de trabalho (cfr. *supra* o nº 3.3.3).

[1458] Acs. STJ de 24-11-2004 (Proc. nº 04S2846), STJ de 25-5-2005 (Proc. nº 05S480) e RP de 19-9-2005 (Proc. nº 0512318). Sobre este ponto, v. *supra* o nº 12.3.1.

[1459] Tendo em conta, naturalmente, o seu grau de instrução, o "nível intelectual e cultural" (Ac. STJ de 6-12-2006, Proc. nº 3409/06) e a sua "condição sócio-económica" (Ac. RP de 16-10-2004, Proc. nº 0642094).

[1460] PAIS DE VASCONCELOS, *Teoria Geral do Direito Civil*, 2008 cit., pág. 553.

[1461] PAIS DE VASCONCELOS, *Teoria Geral do Direito Civil*, 2008 cit., pág. 553.

[1462] Transcrevemos, por ser especialmente esclarecedor quanto ao ponto versado no texto, o Ac. RC de 19-1-2005 (Proc. nº 3598/04) que, após qualificar como remissão abdicativa uma quitação latamente formulada inserida no recibo relativo à retribuição e proporcionais de férias e de Natal pagos ao trabalhador que fizera cessar o contrato invocando justa causa (por irregularidades e atrasos no pagamento de retribuição e ajudas de custo), afirma, que, "como se sabe, uma vez findo o contrato de trabalho (como foi o caso), os direitos dele decorrentes passam a estar na disponibilidade do trabalhador", pelo que "nada obsta a que terminado o convénio, o trabalhador *por qualquer motivo, ou mesmo sem ele*, renuncie a direitos que porventura integrassem a sua esfera jurídica" (itálico nosso).

A REVOGAÇÃO DO CONTRATO DE TRABALHO

A verdade é que a jurisprudência analisada, se atribui – e bem – relevo ao modo como ocorreu a cessação do contrato, designadamente quando esta resulta de acordo das partes, com atribuição de uma quantia ao trabalhador[1463], ou de despedimento colectivo, igualmente acompanhado da compensação legal[1464], não percorre o caminho inverso, desvalorizando ou, ao menos questionando, as situações em que patentemente a suposta renúncia pelo trabalhador a todos os seus direitos ocorre à margem de qualquer composição de interesses com o empregador[1465].

Passando a um outro plano – o da extensão do efeito liberatório tendencialmente reconhecido pela nossa jurisprudência às quitações genéricas dadas pelo trabalhador –, parece-nos totalmente inaceitável a doutrina de certas decisões a que houve ocasião de aludir e que incluiria na declaração abdicativa daquele a renúncia ao direito de impugnar judicialmente o seu despedimento[1466]. É patente o desacerto de tal tese[1467], que contraria aspectos essenciais do enquadramento normativo desta matéria – ao imputar à declaração subscrita pelo trabalhador um sentido sem qualquer correspondência com a sua vontade real ou o seu teor objectivamente considerado[1468]; ao atribuir à remissão abdicativa um alcance que esta não pode ter enquanto causa comum de extinção de direitos de crédito e, sobretudo, ao admitir a renúncia pelo trabalhador

---

[1463] Neste sentido v., entre outros, os Acs. RL de 19-10-2005 (Proc. nº 4301/2005-4), RL de 19-10-2005 (Proc. nº 4301/2005-4) e STJ de 31-10-2007 (Proc. nº 07S1442). Para maiores desenvolvimentos sobre este ponto v. *infra* o nº 12.4.2.

[1464] V., entre outros, os Acs. RP de 8-5-2006 (Proc. nº 0542317) e STJ de 18-3-1998 (Proc. nº 196/97). No mesmo sentido, perante um despedimento por extinção do posto de trabalho, Ac. RP de 22-5-2000 (Proc. nº 419/2000).

[1465] Refira-se, a este propósito, que o TC, no seu Ac. nº 600/2004, se claramente se pronunciou pela não inconstitucionalidade da aplicação da remissão abdicativa aos créditos laborais do trabalhador, extinto o contrato de trabalho, não deixou, todavia, de ressalvar que a ocorrência de determinadas "circunstâncias qualificativas" que envolvessem a lesão do direito deste ao salário, poderiam determinar a "desconformidade constitucional" das normas em apreço (os arts. 863º e segs. do CódCiv, "na vertente da sua aplicação às relações juslaborais"). Tais circunstâncias qualificativas seriam, no entender do TC, "que o credor (o trabalhador) tenha direito a importâncias que excedem as que o devedor (a entidade patronal) lhe paga a troco dessa declaração de total quitação, e que a declaração de vontade do credor (trabalhador) não seja plenamente esclarecida quanto aos direitos que lhe assistem, ou, sendo-o, não seja totalmente livre (por ser condicionada pela necessidade ou interesse de receber a parte da dívida que o devedor – a entidade patronal – se dispõe a pagar-lhe)".

[1466] Cfr. *supra* o nº 12.3.1.2.

[1467] Em sentido muito crítico de um dos acórdãos em causa – o Ac. STJ de 5-4-2006 (Proc. nº 05S4233) –, mas em termos plenamente aplicáveis a todas os *supra* indicados que decidiram em conformidade com tal tese, LEAL AMADO, "Declarações liberatórias: efeitos probatórios ou efeitos dispositivos?", 2006 cit., pp. 159 segs.

[1468] Neste sentido, LEAL AMADO, "Declarações liberatórias: efeitos probatórios ou efeitos dispositivos?", 2006 cit., pág. 161.

RENÚNCIA PELO TRABALHADOR AOS SEUS CRÉDITOS

ao direito de impugnar o despedimento, implícita numa declaração genérica, reportada a certas quantias pagas e a quaisquer créditos que ainda detivesse sobre o empregador[1469].

A terminar esta secção diremos, em jeito de conclusão, que nos parece necessária e urgente uma mudança de perspectiva da nossa jurisprudência em matéria de análise e de qualificação das declarações de quitação integral subscritas pelo trabalhador quando da cessação do contrato de trabalho. Mais exactamente, importa ultrapassar uma certa deriva civilística, recentrando a apreciação dos casos nos valores especificamente laborais, solução que não prejudica, como é evidente, o recurso aos conceitos e categorias gerais que nestas matérias têm o seu lugar próprio.

Nesse sentido, haverá que averiguar, perante as circunstâncias concretas, se a declaração de quitação integral subscrita pelo trabalhador exprime uma sua real vontade abdicativa, convergente com a da contraparte, ou se a sua intenção foi patentemente outra (*v.g.*, dar mera quitação das quantias recebidas sem prejuízo de eventuais acertos ulteriores) e o empregador sabia-o (ou não o podia ignorar), nos termos do art. 236º, nº 2, do CódCiv. Unicamente quando essa determinação se não mostre possível, em face dessas mesmas circunstâncias, deverá prevalecer o sentido objectivo de tal declaração (aquele que dela deduziria o "declaratário normal" colocado na posição do real declaratário), mas desde que tal não contrarie razoáveis expectativas do trabalhador, em conformidade com o art. 236º, nº 1, do CódCiv.

[1469] O problema radica, quanto a nós (e contrariamente ao que, a este propósito, sustenta LEAL AMADO, "Declarações liberatórias: efeitos probatórios ou efeitos dispositivos?" cit., pp. 160-161), não tanto numa insusceptibilidade de o trabalhador renunciar ao seu direito de impugnar o despedimento, uma vez efectuado este (que não nos parece resultar do nosso ordenamento, cfr. *supra* o nº 5.1), mas nas condições em que as decisões referidas admitem que possa tal renúncia ter ocorrido.

Relembre-se, a este propósito, que quando, entre nós, o legislador laboral pretendeu associar ao recebimento pelo trabalhador da compensação por despedimento colectivo a renúncia deste a impugná-lo (através da ficção da sua "aceitação"), fê-lo de forma inequívoca (arts. 20º, nº 3, do DL nº 64-A/89, na sua versão originária, art. 401º, nº 4, do CT2003 e, mais recentemente, se bem que em termos diversos, art. 366º, nºs 4 e 5, do CT2009). E se é certo que o alcance de tais preceitos transcende a mera explicitação do sentido "objectivo" de tal pagamento – a não impugnabilidade do despedimento, primeiro, e a impugnabilidade dependente da prévia restituição da compensação recebida, constituem contrapartida da garantia de pagamento decorrente da ilicitude do despedimento por não disponibilização da corespondente quantia (v. BERNARDO XAVIER, *O Despedimento Colectivo no Dimensionamento da Empresa*, 2000 cit., pág. 114; "Regime do despedimento colectivo e as alterações da Lei nº 32/99", 2002 cit., pág. 782) –, a verdade é que deste lugar paralelo se retira um relevante argumento no sentido de que a simples aceitação pelo trabalhador do pagamento da compensação e de outros créditos não envolve, a menos que a lei o preveja, qualquer abdicação por parte deste ao direito de impugnar o seu despedimento. Pelo mesmo motivo, a subscrição de uma declaração de quitação genérica, mesmo exprimindo uma real intenção remissiva de eventuais outros créditos laborais, nada permite concluir quanto a uma renúncia pelo trabalhador ao seu direito de impugnar o despedimento.

A REVOGAÇÃO DO CONTRATO DE TRABALHO

12.4. Declarações de quitação total e plena e revogação do contrato de trabalho

12.4.1. Inclusão de uma quitação integral do empregador no acordo de cessação do contrato de trabalho – principais questões que suscita

A inclusão no texto de um acordo de revogação do contrato de trabalho de uma cláusula na qual o trabalhador dá quitação total e plena ao empregador começa por suscitar essencialmente as mesmas questões que nas demais formas de cessação decorrem da subscrição por este de tais declarações. Significa isto que, perante tal cláusula, cumpre, antes de mais, indagar da admissibilidade da sua recondução a uma abdicação por parte do trabalhador (ou se, ao invés, deve a sua eficácia cingir-se ao plano probatório). A aceitar-se uma sua eficácia liberatória do empregador, importa, ainda, averiguar, em concreto e ante as circunstâncias do caso, qual o seu sentido e efeitos.

Existem, não obstante, questões que surgem estreitamente associadas à especificidade do acordo extintivo do vínculo laboral. Assim sucede com a articulação de tais declarações (sobretudo se remissivas) com a presunção assente na atribuição ao trabalhador de uma compensação pecuniária global e, bem assim, com a adequação e suficiência dos mecanismos de tutela deste quanto à abdicação de créditos no contexto da cessação pactuada do contrato (e seu cotejo com os que versam os interesses contrapostos do empregador).

No que se refere às primeiras questões enunciadas, a análise efectuada evidenciou como a doutrina e a jurisprudência tendem a considerar que as características próprias do acordo revogatório e o duplo objectivo prosseguido pela sua disciplina permitem, e porventura exigem, maior latitude e flexibilidade na aceitação de princípio de uma eficácia liberatória de tais declarações e na indagação da vontade do trabalhador que as subscreve. O que, naturalmente, confere uma singular premência às questões conexas da articulação de tais declarações extintivas com a presunção de inclusão de créditos no montante da compensação global e, sobretudo, de tutela do trabalhador e do empregador.

Na vigência do DL nº 64-A/89 e, depois, da L nº 38/96, a jurisprudência dos nossos tribunais superiores e, em menor medida, a doutrina conferiam especial relevo, neste contexto, à atribuição ao trabalhador de uma compensação pecuniária global, bem como ao direito de este fazer unilateralmente cessar o acordo de revogação. Paralelamente, a jurisprudência pronunciava-se, se bem que em termos não uniformes, quanto à função das declarações abdicativas do trabalhador no âmbito do distrate, num quadro normativo marcado por uma presunção de liquidação a que, no direito anterior ao CT2003, unanimemente atribuía natureza irrefragável. E tratava de assinalar os interesses contrastantes do trabalhador e do empregador por tais mecanismos acautelados.

RENÚNCIA PELO TRABALHADOR AOS SEUS CRÉDITOS

Porque o CT2003 e, na senda deste, o CT2009 inovaram em vários pontos da disciplina da revogação do contrato de trabalho, importa reequacionar esta matéria perante o quadro normativo vigente, procurando em especial determinar e apreciar os reflexos das recentes opções nas várias vertentes da abordagem descrita.

12.4.2. Admissibilidade da quitação integral como abdicação pelo trabalhador de todos os seus créditos

12.4.2.1. Quitação integral e atribuição de uma compensação pecuniária global

Constitui orientação firme da nossa jurisprudência – vimo-lo *supra* – o reconhecimento de um sentido inequivocamente abdicativo à quitação total e plena dada ao empregador, sempre que esta seja emitida no contexto do "acerto final de contas" entre as partes e que ao trabalhador haja sido atribuída determinada quantia (que este "não poderia pretender ou exigir"), para além dos créditos emergentes da relação laboral ou da sua cessação[1470]. Com efeito, e conforme houve ocasião de verificar, tal declaração liberatória, porque não gratuita, exprimiria uma clara vontade remissiva do trabalhador, tal como o pagamento da soma em apreço por parte do empregador revelaria uma não menos clara adesão deste à extinção de todos e quaisquer créditos laborais daquele, através da remissão abdicativa por tal modo acordada[1471].

Esta abordagem baseia-se principalmente – e, em nosso entender, com inteira propriedade – na análise de declarações liberatórias insertas em acordos de revogação do contrato de trabalho, em que ao trabalhador é atribuída uma compensação pecuniária de natureza global que, na falta de estipulação em contrário, num primeiro momento, ou de prova em contrário pelo trabalhador, actualmente, se presume incluir todos os créditos "vencidos à data da cessação"

[1470] Cfr. *supra* o nº 12.3.1.1.

[1471] O particular relevo que neste contexto assume (ou deveria assumir) a não gratuitidade da remissão pelo trabalhador prende-se essencialmente com a determinação do sentido da quitação integral por este subscrita e, em especial, com a constatação de que, a menos que (expressa ou tacitamente) resulte desta (ou das circunstâncias em que foi subscrita) um motivo justificativo de tal decisão, não parece plausível, não sendo pois de aceitar com base na mera letra da declaração (não raro redigida pelo próprio empregador), que o trabalhador prescinda, sem qualquer contrapartida, de todos créditos que porventura detenha sobre o empregador, e que este resulte, por tal via, inexplicavelmente beneficiado. Cabe recordar, a este propósito, que a remissão abdicativa tanto pode ser gratuita como onerosa, constituindo, neste último caso, uma liberalidade, submetida ao regime das doações (é o que prescreve o art. 863º, nº 2, *in fine*, do CódCiv). Todos estes pontos foram desenvolvidos *supra* nos nºs 12.3.1.1., 12.3.2 e 11.1.4, para onde se remete

ou "exigíveis em virtude desta" (arts. 8º, nº 4, do DL nº 64-A/89, 394º, nº 4, do CT2003 e 349º, nº 5, do CT2009)[1472].

Paralelamente, a nossa doutrina tem vindo a aceitar – se bem que excepcionalmente[1473] – a abdicação pelo trabalhador dos seus créditos laborais através de quitação genérica dada no acordo extintivo do vínculo laboral. O que se justifica plenamente em razão da preponderância que na conformação juslaboral do distrate assume o objectivo de definição da situação recíproca das partes quanto a prestações pecuniárias emergentes do contrato que cessa[1474], mediante uma adequada composição dos seus interesses contrapostos, que supõe a negociação e a resolução de questões entre trabalhador e empregador de modo a evitar futuros litígios. E, sobretudo, do perfil incontornavelmente transaccional e de encerramento de contas e litígios que o nosso ordenamento há muito consente à figura da revogação do contrato de trabalho[1475], o qual necessariamente comporta uma certa *alea* relativamente a créditos laborais do trabalhador não contemplados na solução pactuada[1476].

Afigura-se, com efeito, evidente que o trabalhador não conhece nem tem presentes todos os créditos que porventura lhe assistem quando aceita a compensação pecuniária global e, com esta, as consequências que quanto àqueles a lei lhe associa, pelo que ao fazê-lo aceita o correspondente risco[1477]. E que o mesmo sucede com a declaração liberatória com alcance genérico proferida pelo trabalhador nesse mesmo contexto[1478], cuja intenção inequívoca será a de consolidar o compromisso obtido com o distrate, a compensação global e a presunção nesta suportada.

[1472] A evolução normativa quanto a este ponto foi por nós tratada *supra* nos nºs 2.5.3, 2.7.2 e 2.7.4. Para uma abordagem das várias questões suscitadas, quer pela compensação pecuniária global, que pela presunção de liquidação nela estribada, v., respectivamente, os nºs 7.1 e 7.2, 8.1 a 8.3 e 9.2 a 9.4 *supra*.

[1473] Cfr. *supra* o nº 12.2.3.

[1474] JOANA VASCONCELOS, "A revogação do contrato de trabalho", 1997 cit., pág. 180.

[1475] JOANA VASCONCELOS, "A revogação do contrato de trabalho", 1997 cit., pág. 189, n. 52; BERNARDO XAVIER, "A Extinção do Contrato de Trabalho", 1989 cit., pp. 479-480; *Iniciação ao Direito do Trabalho*, 2005 cit., pág. 476; BERNARDO XAVIER/PEDRO FURTADO MARTINS, "A Transacção em Direito do Trabalho", 2009 cit., pág. 448.

[1476] BERNARDO XAVIER/PEDRO FURTADO MARTINS, "A Transacção em Direito do Trabalho", 2009 cit., pp. 494-497.

[1477] BERNARDO XAVIER/PEDRO FURTADO MARTINS, "A Transacção em Direito do Trabalho", 2009 cit., pp. 494-497.

Este risco, que no direito anterior ao CT2003 decorria da preclusão da invocação ulterior de créditos em razão da natureza absoluta reconhecida à presunção, radica, presentemente, na imposição à parte que pretenda fazer valer créditos não incluídos no montante da compensação global da necessidade de ilidir a presunção legalmente conformada como meramente relativa, tarefa que envolve significativas dificuldades que tivemos ocasião de sublinhar. Sobre este ponto, com mais desenvolvimento, v. *supra* o nº 8.3.3.

[1478] LEAL AMADO, "Declarações liberatórias: efeitos probatórios ou efeitos dispositivos?", 2006 cit., pág. 159.

RENÚNCIA PELO TRABALHADOR AOS SEUS CRÉDITOS

Parece, pois, possível concluir, seguindo o caminho aberto pela jurisprudência e pela doutrina, que a ponderação das características próprias do acordo de revogação, não só permite ultrapassar – no cenário descrito e pelos motivos apontados – as reservas que, em geral, obstam à admissão de declarações liberatórias muito latamente formuladas, como e no que se refere à determinação em concreto do sentido das quitações integrais subscritas pelo trabalhador, vivamente sugere uma vontade abdicativa por parte deste[1479].

12.4.2.2. Quitação integral e direito de arrependimento do trabalhador

Em mais de uma ocasião, a jurisprudência dos nossos tribunais superiores baseou o reconhecimento de uma genérica eficácia liberatória às declarações de quitação integral do empregador insertas em acordos de revogação do contrato de trabalho na possibilidade de o trabalhador fazer unilateralmente cessar os respectivos efeitos[1480]. Tal direito, atribuído ao trabalhador pela L nº 38/96 e mantido no CT2003 e no CT2009, constituiria um relevante elemento a atender na interpretação de tais cláusulas, favorecendo a sua recondução a declarações abdicativas do trabalhador, relativamente às quais se perfilaria como reforço da tutela a este deferida[1481].

O direito de revogação do acordo revogatório dirige-se, em primeira linha, a acautelar o trabalhador contra o efeito extintivo do distrate[1482], permitindo-lhe recuar na sua decisão de aceder na cessação do vínculo laboral. Mas por ser de exercício discricionário e por incidir sobre todo o acordo celebrado, *i.e.*, sobre o conjunto de condições pactuadas no distrate, em particular sobre as composições de interesses patrimoniais ajustadas entre empregador e trabalhador, pode ser por este utilizado para se libertar de soluções que lhe sejam prejudiciais – como tipicamente sucederá com a remissão abdicativa expressa numa declaração de quitação total e plena dada ao empregador[1483].

Sucede, porém, que os termos da protecção de que neste ponto indirectamente beneficia o trabalhador são decalcados nos da tutela que lhe é deferida quanto ao efeito extintivo do distrate. Ora, conforme fomos antecipando e

---

[1479] Sem prejuízo, naturalmente, das cautelas que sempre haverá que observar quando se trate de indagar uma eventual vontade abdicativa do trabalhador quanto aos seus créditos laborais. Sobre este ponto, v. *supra* o nº 12.3.2.

[1480] V., entre outros, os Acs. RL de 28-9-2005 (Proc. nº 1693/2004-4), RL de 19-10-2005 (Proc. nº 4301/2005-4), RL de 19-10-2005 (Proc. nº 4301/2005-4) e STJ de 31-10-2007 (Proc. nº 07S1442).

[1481] Neste sentido, Acs. RL de 28-9-2005 (Proc. nº 1693/2004-4) e RL de 19-10-2005 (Proc. nº 4301/2005-4) e STJ de 31-10-2007 (Proc. nº 07S1442).

[1482] Cfr. *supra* os nº 5.1, 2.6 e 2.7.3.

[1483] Cfr. *supra* os nºs 2.6 e 2.7.3 e *infra* o nº 14.2.1 e 14.4.2..

A REVOGAÇÃO DO CONTRATO DE TRABALHO

teremos ocasião de demonstrar já em seguida, a efectividade do mecanismo instituído pela L nº 38/96 foi significativamente reduzida pelo CT2003, tendo o CT2009 mantido o essencial das respectivas opções[1484]. Movido por um intuito de alterar a configuração do instituto, dissociando-o do combate à fraude do empregador, o legislador de 2003 alterou o respectivo regime num sentido que nos parece claramente prejudicial ao trabalhador. São essencialmente dois os pontos problemáticos: a contagem do prazo para o exercício do direito de revogação unilateral a partir da celebração do acordo de cessação e a possibilidade de supressão de tal direito pelo empregador, através da imposição de um reforço do formalismo negocial[1485]. Por uma e por outra via, este "direito de arrependimento" tem agora escassa consistência prática no que se refere à estabilidade do vínculo laboral e, consequentemente, quanto à eventual renúncia a créditos laborais pelo trabalhador quando da cessação pactuada do contrato.

Parece, pois, de concluir que é, afinal, limitado o alcance deste argumento e, sobretudo, que importa utilizá-lo com parcimónia, seja quanto à admissibilidade, em geral, de declarações remissivas do trabalhador nos acordos revogatórios, seja na interpretação de concretas declarações de quitação integral dadas ao empregador por ocasião do distrate.

12.4.3. Função da quitação integral no contexto da cessação por acordo do contrato de trabalho: remissão de créditos *versus* presunção de liquidação

O DL nº 64-A/89 prescrevia, no seu art. 8º, nº 4, que, "se no acordo de compensação ou conjuntamente com este as partes estabelecerem uma compensação pecuniária de natureza global para o trabalhador, entende-se, na falta de estipulação em contrário, que naquela foram pelas partes incluídos e liquidados os créditos já vencidos à data da cessação do contrato ou exigíveis em virtude da cessação". Esta presunção, que a jurisprudência *ab initio* e quase unanimemente qualificou como inilidível (absoluta, *iuris et de iure*)[1486], inviabilizava qualquer ulterior pedido de reconhecimento e/ou pagamento de créditos laborais por parte do trabalhador. E, nessa medida, desempenhava uma função substancialmente idêntica à da abdicação de créditos pelo trabalhador através das declarações de quitação total e plena do empregador subscritas quando da cessação do contrato de trabalho: o que se pretendia, por via de uma e de outra, era obter um acerto final e definitivo de contas entre as partes, precludindo futuras reclamações e litígios.

[1484] Cfr. *supra* o nº 2.7.3 e *infra* os nºs 14.1 a 14.4.
[1485] Cfr. *supra* os nºs 2.6 e 2.7.2 e infra os nºs 14.3 e 14.4.3.
[1486] Cfr. *supra* o nº 2.5.3.

RENÚNCIA PELO TRABALHADOR AOS SEUS CRÉDITOS

A principal questão que suscitava esta aparente concorrência de mecanismos coincidentes quanto à sua finalidade prendia-se, evidentemente, com a respectiva articulação, quando convergissem num mesmo caso. Com frequência os clausulados dos acordos revogatórios em que ao trabalhador era atribuída uma quantia expressamente designada como "compensação pecuniária de natureza global" incluíam, ainda, uma cláusula de "quitação total e plena" ou "integral" do empregador, numa duplicação que, se exprimia um claro reforço de cautelas por parte do empregador, tornava pelo menos duvidosa a fundamentação do efeito preclusivo de ulteriores litígios.

Reiteradamente versada pelos nossos tribunais superiores, a questão obteve respostas variadas, conquanto que subordinadas ao denominador comum da natureza absoluta da presunção.

Assim, se nas primeiras decisões proferidas chegou a esboçar-se uma tendência para valorizar unicamente a presunção *iuris et de iure* (a qual tornaria desnecessário, porque redundante, o recurso à quitação genérica em sede de revogação do contrato de trabalho[1487]), veio, contudo, a prevalecer a orientação que reconhecia utilidade a ambas as soluções, procurando reciprocamente conjugá-las, ainda que segundo diversos moldes.

Nesse sentido, foi em mais de uma ocasião afirmado que a eventual remissão abdicativa actuaria em primeira linha, enquanto excepção peremptória, cabendo à presunção (inilidível) um papel subsidiário[1488]. Num entendimento próximo deste, certas decisões fizeram decorrer o referido efeito preclusivo da celebração entre as partes de um acordo de remissão abdicativa, omitindo, na resolução do caso, qualquer alusão à presunção, pese embora o facto de se tratar de um acordo de cessação em que foi acordado o pagamento ao trabalhador de uma compensação pecuniária global[1489].

Em sentido inverso, julgaram vários acórdãos ser a presunção que interviria em primeiro lugar, remetendo para um plano subsidiário a remissão abdicativa eventualmente pactuada pelas partes[1490]. Ou, ainda, que esta actuaria somente quando a presunção *iuris et de iure* não fosse, por qualquer motivo, aplicável[1491]

A favor desta segunda orientação poder-se-ia invocar uma maior adequação da presunção, enquanto solução especialmente concebida para impedir a

---

[1487] V., neste sentido, sublinhando ainda o alcance não remissivo do disposto no art. 8º, nº 4, do DL nº 64-A/89, os Acs. STJ de 21-4-1993 (Proc. nº 003513), STJ de 26-5-1993 (Proc. nº 3619) e, ainda, Acs. RL de 25-9-1996 (Proc. nº 0005544).

[1488] Acs. RL de 18-10-1995 (Proc. nº 0098414), RL de 9-3-2005 (Proc. nº 8682/2004-4).

[1489] Acs. RP 8-7-2002 (Proc. nº 560/02), STJ de 3-3-2005 (04S3154).

[1490] Acs. RL de 26-1-2005 (Proc. nº 9733/2004-4), RL de 28-9-2005 (Proc. nº 1693/2004-4), RL de 19-10-2005 (Proc. nº 4301/2005-4), RL de 19-10-2005 (Proc. nº 711/2005-4).

[1491] Acs. STJ de 16-4-1997 (Proc. nº 96S246), STJ de 11-10-2005 (Proc. nº 05S1763).

A REVOGAÇÃO DO CONTRATO DE TRABALHO

ulterior invocação de créditos pelo trabalhador em caso de distrate. Designadamente, a presunção operaria de modo mais simples e expedito, assente na simples atribuição ao trabalhador de uma compensação global (e na ausência de estipulação em contrário) e, sobretudo, à margem dos problemas de interpretação e de tutela da vontade do trabalhador que tais declarações genéricas sempre suscitam. Donde a sua aplicabilidade, em primeira linha e em detrimento de eventual remissão abdicativa expressa numa quitação total e plena, que em sede de revogação interviria em termos meramente residuais[1492].

Verdadeiramente, esta indagação tinha mais interesse teórico que reflexos práticos. No contexto normativo que antecedeu o CT2003, a existência de uma orientação jurisprudencial consolidada no sentido da natureza absoluta da presunção de liquidação associada ao pagamento da compensação pecuniária de natureza global garantia, em qualquer hipótese, a intangibilidade da definição da situação recíproca das partes estipulada no acordo de cessação.

Este equilíbrio veio contudo a romper-se com o CT2003, que intencionalmente alterou a fisionomia da presunção legal, de modo a possibilitar a prova do contrário pelo trabalhador[1493], tendo esta opção transitado inalterada para o CT2009. Por força desta significativa alteração de rumo, o pagamento ao trabalhador de uma compensação pecuniária global, muito embora dificulte[1494], não obsta à ulterior invocação de créditos laborais por este. Ou seja, não produz o efeito de encerramento de contas, de acerto final e definitivo da situação das partes no plano patrimonial, antes deixa em aberto a possibilidade de, no ano subsequente à cessação do contrato, serem reabertas questões e ressurgirem reclamações e litígios, pese embora a composição de interesses obtida quando da outorga do acordo de distrate.

Tal efeito pode, não obstante, ser obtido – agora exclusivamente – por via da remissão abdicativa celebrada entre trabalhador e empregador. O que claramente aponta para um ressurgir da utilidade e relevância, neste domínio, das cláusulas de quitação total e plena exprimindo uma vontade remissiva daquele, a qual, convergindo com a inquestionável adesão do empregador, produz a

---

[1492] Assim sucederia em situações como as apreciadas nos Acs. STJ 11-10-2005 (Proc. nº 05S1763), STJ 13-7-2006 (Proc. nº 06S250), STJ 20-9-2006 (Proc. nº 06S574), STJ 6-12-2006 (Proc. nº 06S3208), em que estava em causa um acordo entre trabalhador e empregador que, para além de dar como verificadas as condições de que dependia o acesso do primeiro à reforma antecipada (nos termos do IRCT aplicável) e definir algumas condições desta, previa a atribuição de uma compensação pecuniária de natureza global e continha uma cláusula de quitação genérica do empregador. Tendo o STJ decidido (contrariando o entendimento das Relações) que em tais hipóteses o contrato cessava não por acordo das partes, mas por caducidade, seria inaplicável a presunção (então) prevista no art. 8º, nº 4, do DL nº 64-A/89. Estes "Acordos" foram analisados *supra* no nº 5.2.3.2., para onde se remete.

[1493] Cfr. *supra* os nºs 2.7.2 e 8.3.1 a 8.3.3.

[1494] O ponto foi versado no nº 8.3.3 *supra*.

RENÚNCIA PELO TRABALHADOR AOS SEUS CRÉDITOS

extinção de eventuais créditos emergentes da relação laboral finda que aquele ainda detivesse sobre este.

Tais declarações, que sempre constaram dos acordos de revogação, tenderão com grande probabilidade a assumir uma crescente e incontornável preponderância no contexto da definição a que estes não raro procedem da situação recíproca das partes quanto a pretensões pecuniárias emergentes do contrato de trabalho e da sua cessação.

Mas, a ser assim, parece igualmente previsível um certo esvaziamento de sentido e, nessa medida, uma escassa relevância prática da referida susceptibilidade de prova do contrário quanto à presunção assente no pagamento da compensação pecuniária global, expressamente prescrita pelo CT2003. A extinção de todos e quaisquer créditos do trabalhador por remissão abdicativa priva de utilidade tal solução, facto que, aliado às dificuldades com que se defronta a sua efectivação prática, não é de molde a augurar grande efectividade a este mecanismo dirigido a proteger o trabalhador[1495].

12.4.4. Declarações liberatórias, tutela do trabalhador e tutela do empregador

Assente que ficou a admissibilidade de o trabalhador remitir os seus créditos laborais por qualquer motivo não satisfeitos através de declaração abdicativa inserta no acordo de distrate e formulada como uma quitação integral dada ao empregador, importa considerar os mecanismos que asseguram a sua tutela em tais situações e apreciar a sua adequação e suficiência. Acessoriamente, justifica-se a indagação quanto aos meios por que se acautela a situação do empregador, bem como o cotejo de uns e outros.

A protecção do trabalhador que outorga um distrate contendo uma declaração liberatória do empregador genericamente formulada resulta, no ordenamento vigente, da conjugação de mecanismos de direito comum e de mecanismos de direito laboral.

No que se refere aos primeiros, a análise precedente evidenciou bem que, neste domínio, a concessão de uma efectiva tutela ao trabalhador decorre, fundamentalmente, de uma rigorosa determinação da sua vontade, remissiva ou não, expressa em tal declaração. O que postula, antes de mais, e tal como tivemos ocasião de advertir, em crítica à orientação dominante na jurisprudência dos nossos tribunais superiores, uma correcta aplicação das regras de interpretação da declaração negocial constantes do art. 236º do CódCiv[1496]. Ou seja, um especial enfoque na averiguação, à luz das circunstâncias do caso, da vontade

---

[1495] O ponto foi por nós já antecipado *supra* o nº 8.3.3, para o qual se remete.
[1496] Cfr. *supra* o nº 12.3.2.

real do trabalhador, com a consequente superação da abordagem, até agora prevalecente, no sentido da sua interpretação à luz da "teoria da impressão do declaratário"[1497].

Ainda no plano das soluções de direito comum, as declarações abdicativas do trabalhador serão, em geral, anuláveis com fundamento na ocorrência de vícios na formação da vontade[1498] ou de divergências entre a vontade e a declaração.

No que se refere aos mecanismos de Direito do Trabalho, se é certo que a atribuição ao trabalhador de uma compensação pecuniária global no acordo de distrate pode perfilar-se como adequado correspectivo de uma quitação ampla dada ao empregador, a verdade é que tal nexo, que em muitos casos existirá, não é de molde a suportar uma linha de argumentação tendente a limitar a admissibilidade de tais declarações liberatórias a tais casos (excluindo-a sempre que o acordo de revogação não contenha tal solução). Antes de mais, porque a previsão de uma compensação pecuniária global para o trabalhador não constitui elemento essencial do acordo de revogação, mas antes um efeito que as partes podem estipular, por acréscimo ao seu efeito principal, a extinção do vínculo laboral[1499]. Por outro lado, refira-se que, quer a doutrina, quer a jurisprudência, se tendem a associar a atribuição da compensação pecuniária global e a admissibilidade de remissão aos seus créditos pelo trabalhador[1500], admitem, contudo, a respectiva dissociação[1501]. O que significa, afinal, que também nestes casos a tutela do trabalhador decorre de uma correcta determinação, nos termos gerais, da sua efectiva vontade, havendo ou não atribuição a este de compensação pecuniária global – sendo certo que a falta desta, no caso e no silêncio de outros elementos, pode bem indiciar a ausência de uma vontade remissiva daquele.

[1497] Cfr. *supra* os nºs 12.3.1.1 e 12.3.2.

[1498] Justifica-se uma especial referência, neste contexto, à coacção moral. Com efeito, e tal como houve ocasião de sublinhar, a subscrição pelo trabalhador de tais declarações ocorre, as mais das vezes, a instâncias do empregador, principal, senão único, interessado na estabilização por esta via das relações entre as partes (nºs 12.3.1.1 e 12.3.2. *supra*). E muito embora, por via de regra, revistam a forma de quitações, trata-se de quitações "amplas" (LEAL AMADO) e, por tal motivo, atípicas, não podendo o empregador exigi-las (ou induzir a sua emissão pelo trabalhador) nos termos do art. 787º do CódCiv (cfr. *supra* o nº 12.2.2). Constitui, no entanto, um dado da experiência que, por vezes o empregador vai além da mera solicitação ou proposta, impondo-as ao trabalhador, *v.g.*, como condição *sine qua non* do pagamento de somas devidas pela prestação do trabalho ou pela cessação do contrato. Quando assim suceda, tais declaração serão anuláveis por coacção moral, nos termos gerais e verificados os respectivos requisitos de relevância: assim decidiram, entre outros, os Acs. RC de 18-5-2006 (Proc. nº 3986/05) e RC de 22-9-2005 (Proc. nº 3985/04), integralmente disponíveis em www.dgsi.pt. O ponto será retomado *infra* no nº 15.3.

[1499] Cfr. *supra* os nºs 5.1 e 5.2.

[1500] Cfr. *supra* os nºs 12.2.3, 12.3.1.1 e 12.3.2.

[1501] Cfr. *supra* os nºs 12.2.3, 12.3.1.1 e 12.3.2.

RENÚNCIA PELO TRABALHADOR AOS SEUS CRÉDITOS

Mais relevante nesta perspectiva poderá ser, num primeiro relance, o "direito de arrependimento" que, permitindo ao trabalhador fazer cessar o acordo extintivo celebrado, lhe permite igualmente libertar-se de uma renúncia aos respectivos créditos laborais dele constante. Trata-se de um ponto versado nalguma jurisprudência, que nele funda a admissibilidade do efeito liberatório das quitações integrais dadas pelo trabalhador no acordo de cessação do contrato[1502]. A verdade, contudo, é que se trata de um mecanismo de tutela cuja adequação e efectividade são exíguas. O problema radica, não tanto no facto de se tratar de um expediente que só de forma indirecta protege o trabalhador nestas situações[1503], mas antes, e tal como já em mais de uma ocasião advertimos, na sua actual modelação legal, que o torna muito pouco apto a acautelar o trabalhador, seja quanto ao efeito extintivo do distrate, seja quanto a uma eventual abdicação de créditos dele constante[1504].

Em jeito de balanço final, diremos que nos parece muito insuficiente a tutela que neste domínio é deferida ao trabalhador pelo nosso ordenamento. A falta de uma específica regulação da matéria[1505] é agravada, seja pela insuficiência da tutela reflexamente deferida por mecanismos específicos de Direito do Trabalho, seja por uma muito questionável aplicação dos mecanismos de direito comum que, se correctamente utilizados, poderiam assegurar uma adequada e efectiva garantia dos interesses do trabalhador.

Quanto ao empregador, a inclusão no acordo extintivo de uma quitação integral dada pelo trabalhador com alcance liberatório permite-lhe obter um efeito de encerramento total e definitivo de contas entre as partes e, por tal via, reforçar a estabilização já resultante da presunção assente no pagamento da compensação pecuniária global. Este benefício, se se mostra justificado, e nessa medida indiscutível, no contexto transaccional da cessação pactuada do contrato, vem a ser, contudo, ampliado – de forma desmesurada, em nosso

---

[1502] Cfr. *supra* o nº 12.4.2.2.

[1503] Naturalmente que, ao valer-se da protecção conferida por este expediente, o trabalhador atinge, não apenas a sua declaração abdicativa, mas a própria extinção do vínculo laboral e, bem assim, outros efeitos constantes do acordo celebrado. Tal objecção, contudo, só à primeira vista procede pois na realidade tal declaração constitui parte do todo que é esse mesmo acordo, enquanto composição final de interesses das partes (sendo certo que só neste contexto se justifica a sua eficácia extintiva). Seria, com efeito, muito dificilmente sustentável a concessão ao trabalhador (porventura ao abrigo de um outro mecanismo) de uma hipótese de recuar quanto a uma eventual remissão, mantendo o resto do acordado com o empregador.

[1504] Cfr. *supra* os nºs 2.6 e 2.7.2 e infra os nºs 14.2.1.1 e 14.4.

[1505] Reclamada, entre nós, por LEAL AMADO, que acentua a "necessidade de o legislador do trabalho disciplinar as condições e o alcance das declarações liberatórias", orientando-se num de dois sentidos: a sua proibição pura e simples, "considerando-as juridicamente irrelevantes" ou a sua admissão, sob "certas e apertadas condições, designadamente permitindo a sua revogação unilateral pelo trabalhador num prazo razoável" (*A Protecção do Salário*, 1993 cit., pág. 232).

A REVOGAÇÃO DO CONTRATO DE TRABALHO

entender – por uma jurisprudência quase unânime, centrada na interpretação "objectiva" das quitações integrais dadas ao empregador e na indagação da (mais que evidente) aceitação por este da remissão nelas expressa e, por isso, patentemente alheada da ponderação da concreta situação do trabalhador.

Significa isto que, perante o ordenamento vigente, o sistema de tutela dos interesses contrapostos das partes se apresenta, quanto a este ponto, gravemente desequilibrado, a favor do empregador e em detrimento do trabalhador.

Capítulo VI
Os Meios de Tutela do Trabalhador

13. Efeito extintivo do distrate e tutela do trabalhador. Os modelos possíveis e as concretas opções legislativas

Porque o distrate constitui, em primeira linha, um modo de cessação do contrato de trabalho que envolve a abdicação pelo trabalhador, por acordo com o empregador, do seu direito ao emprego (constitucional e legalmente dotado de forte protecção que o subtrai à livre disposição deste), revestem especial delicadeza as questões relacionadas com a espontaneidade, genuinidade, liberdade e esclarecimento da decisão extintiva do trabalhador nele expressa.

E se é certo que tais questões não são senão aquelas que se suscitam a propósito de quaisquer outros contratos, não o é menos que assumem uma particular premência quando referidas ao acordo revogatório, pela magnitude e irreversibilidade das repercussões deste na esfera do trabalhador. Daí a importância, no contexto da sua disciplina, da tutela que ao trabalhador é deferida nesta matéria. A justificar que lhe dediquemos um capítulo, a terminar a nossa investigação.

A breve análise de outros ordenamentos *supra* efectuada colocou-nos perante uma primeira e principal opção neste domínio: intensificar a protecção do trabalhador através da previsão de mecanismos especificamente laborais que, actuando *a priori* e/ou *a posteriori*, acresceriam àquela que resultaria dos mecanismos comuns, aplicáveis nos termos gerais, ou, diversamente, cometer essa protecção exclusivamente a estes[1506]. Opção cujo sentido essencial exprime afinal a preponderância que se confira a uma ou a outra das duas vertentes características do distrate: causa de extinção do vínculo laboral, na primeira hipótese, acordo das partes, expressão da sua autonomia contratual, na segunda.

[1506] Cfr. *supra* o nº 3.5.

A REVOGAÇÃO DO CONTRATO DE TRABALHO

Entre nós, e tal como a evolução *supra* descrita bem evidenciou, foi-se alternando entre um modelo assente na exclusiva aplicabilidade dos meios de direito comum, *maxime* do regime dos vícios na formação da vontade[1507], e um outro, de reforço da protecção deferida ao trabalhador através de soluções próprias do direito laboral[1508]. Estas, se tiveram sempre como denominador comum a possibilidade de desvinculação unilateral concedida ao trabalhador (actuando, por isso, *a posteriori*), foram, contudo, variando muito na sua concreta conformação[1509]. E a sua aplicação pressupunha a do regime dos vícios na formação da vontade.

Na abordagem que se segue da tutela de que beneficia, no quadro normativo vigente, o trabalhador parte num distrate, vamos debruçar-nos sucessivamente sobre as duas vertentes por que esta se desdobra. Nesse sentido, começaremos pelo mecanismo especificamente laboral do "direito de arrependimento", procurando determinar como acautela, em concreto, o trabalhador, em ordem a avaliar a sua suficiência e adequação, ante a relevância dos valores que estão em causa. Trataremos depois da aplicabilidade ao acordo extintivo do contrato de trabalho do regime comum dos vícios na formação da vontade, procurando centrar a nossa análise nas condições de que esta depende e nas dificuldades com que se defronta, mas também, e em paralelo com a análise que antecede, na suficiência e na adequação da protecção que dela resulta para o trabalhador. Por último, e com base nos resultados assim obtidos, formularemos algumas conclusões quanto ao sentido geral do modelo que entre nós actualmente vigora.

14. Revogação unilateral pelo trabalhador do acordo revogatório

14.1. Revogação unilateral pelo trabalhador do acordo revogatório – principais questões que suscita

A concessão ao trabalhador, e só a este, de um direito de unilateralmente revogar[1510] o acordo de cessação do contrato de trabalho celebrado com o empre-

---

[1507] Foi o que sucedeu, conforme houve ocasião de verificar, no direito anterior à LCT, na própria LCT e na vigência do DL nº 64-A/89, até à publicação da L nº 38/96 (cfr. *supra* os nºs 2.2, 2.3, 2.5.1 e 2.8).

[1508] Foi esta a opção do DL nº 372-A/75, da L nº 38/96 e do CT2003, que o CT2009 manteve (cfr. *supra* os nºs 2.4.4, 2.6, 2.7.3 e 2.7.4).

[1509] Cfr. *supra* o nºs 2.8 e, já adiante, o nº 14.1.

[1510] A designação do direito que o nosso ordenamento laboral atribui ao trabalhador de unilateralmente fazer cessar o acordo de revogação do contrato de trabalho celebrado com o empregador (ou as suas declarações extintivas a este dirigidas) e que será agora especificamente versado é uma questão cuja abordagem legislativa, não linear e por vezes equívoca, tem gerado alguma incerteza na doutrina recente, que a trata com prudência, valendo-se de expressões genéricas ou essencialmente descritivas e evitando as tradicionais categorias da civilística.

Nas suas primeiras consagrações legais, este direito era expressamente denominado "revogação" – revogação unilateral, segundo o art. 7º, nº 1, do DL nº 372-A/75, revogação, sem mais, nos nºs 1 e 2 do

OS MEIOS DE TUTELA DO TRABALHADOR

gador constitui seguramente um dos traços mais originais[1511] e marcantes da regulação desta matéria no nosso ordenamento laboral.

art. 1º da L nº 38/96 (e nos nºs 1 e 2 do seu art. 2º, para os casos de rescisão). Diversamente, o CT2003, limitou a designação "revogação" ao próprio acordo extintivo (art. 395º, nºs 1 e 4), tendo passado a referir este direito do trabalhador como "«cessação», sem qualificar a modalidade" (ROMANO MARTINEZ): a epígrafe e os nºs 1 e 3 do seu art. 395º aludiam tanto à cessação do acordo como à cessação dos seus efeitos (já o art. 449º, relativo à resolução e à denúncia, manteve no seu nº 1 a referência à respectiva "revogação" pelo trabalhador, lado a lado com as alusões da epígrafe e do nº 3 à "não produção de efeitos" e à "cessação" destes). Estas soluções transitaram no essencial inalteradas para o CT2009 (arts. 350º, nºs 1 e 3, 397º, nºs 1 e 2, e 402º, nºs 1 e 2), sendo contudo de assinalar, para além da disciplina separada e paralela da desvinculação pelo trabalhador das suas declarações extintivas unilaterais (resolução e denúncia), nos arts. 397º e 402º, o regresso, nas epígrafes e no texto destas novas disposições, da "revogação", em substituição da "não produção de efeitos" e respectiva "cessação" que marcavam o art. 449º do CT2003.

Quanto à doutrina, a indefinição terminológica introduzida nesta matéria pelo CT2003 determinou o recurso quase generalizado a expressões como "direito de cessação unilateral" (BERNARDO XAVIER), "cessação do acordo de revogação" (LEAL AMADO, JÚLIO GOMES ROMANO MARTINEZ), "direito de arrependimento" (LEAL AMADO, MENEZES LEITÃO, ROSÁRIO PALMA RAMALHO) e, mais raramente, "rescisão" (ROSÁRIO PALMA RAMALHO, BERNARDO XAVIER), para referir tal direito do trabalhador. Como desvio a esta tendência para evitar as categorias tradicionais, surgia-nos a recondução desse mesmo direito a uma "revogação atípica" (ROMANO MARTINEZ).

A verdade, porém, é que a revogação, já *supra* o afirmámos (nº 5.1.1), enquanto forma de cessação do contrato, tanto pode ser bilateral como unilateral. No primeiro caso, resulta de um novo acordo entre as respectivas partes (*contrarius consensus*), por vezes designado acordo ou contrato extintivo ou abolitivo (MOTA PINTO) e é, em geral, permitida, nos termos do art. 406º, nº 1, do CódCiv, só excepcionalmente sendo proibida. Quanto à revogação unilateral do contrato, por envolver derrogação de tal princípio, é a sua admissão que é excepcional, dependendo de previsão legal expressa. Em qualquer das hipóteses, a revogação é, em regra, livre (*ad libitum, ad nutum*, discricionária) e actua *ex nunc*, fazendo cessar os efeitos do negócio para o futuro e mantendo os efeitos já produzidos. Não obstante, pode, por lei ou por vontade das partes, ser-lhe atribuída eficácia retroactiva.

Porque, antecipando um pouco o que mais adiante desenvolveremos, entendemos que o direito de cessação unilateral do distrate (e também da resolução e da denúncia) que ao trabalhador é, entre nós, atribuído se reconduz, pelos termos em que é legalmente conformado, a uma revogação unilateral (ainda que com especificidades de regime, como a retroactividade *ex lege*), será essa a designação que em primeira linha utilizaremos (sem prejuízo de outras que, no contexto, possam mostrar-se adequadas). Ao fazê-lo, teremos naturalmente presentes a necessidade de, em cada momento, explicitar a qual das duas hipóteses de revogação que neste domínio convergem nos referimos, bem como a conveniência de evitar duplicações que tornem o texto repetitivo e dificultem a sua leitura.

Sobre a evolução do nosso ordenamento laboral quanto a este ponto, v. *supra* os nºs 2.4.1, 2.4.4, 2.5.1, 2.5.2, 2.7.3 e 2.7.4, e a bibliografia aí indicada.

Sobre a revogação, enquanto forma de cessação dos efeitos negociais, v., *supra* o nº 5.1.1 e a bibliografia aí indicada.

[1511] Este direito que o nosso ordenamento confere ao trabalhador de, unilateral, discricionariamente, e por mera comunicação escrita dirigida ao empregador se desvincular do acordo extintivo do contrato de trabalho com este outorgado, obstando à sua cessação tem um único e recente paralelo no direito francês. Viu-se *supra* como o novo regime da *rupture conventionnelle* resultante da *Loi* de 25 de Junho de 2008 e constante dos arts. L 1237-11 a 1237-16 do *Code du Travail*, confere ao trabalhador, e também

A REVOGAÇÃO DO CONTRATO DE TRABALHO

Há mais de três décadas que, entre nós – e com excepção do período de 1989 a 1996 –, se permite ao trabalhador, por sua exclusiva iniciativa e sem necessidade de invocar qualquer motivo, fazer cessar o acordo revogatório outorgado, impedindo, por tal modo, a produção do seu principal efeito, a extinção do vínculo laboral. Nesse sentido, o DL nº 372-A/75 admitia, no seu art. 7º, nº 1, a revogação unilateral do acordo revogatório do contrato de trabalho, pelo trabalhador, "no prazo de sete dias a contar da data da assinatura do documento" que o titulava[1512]. Suprimido pelo DL nº 64-A/89[1513], o direito de revogação do distrate pelo trabalhador ressurgiu com a L nº 38/96 (art. 1º), que o alargou à rescisão do contrato de trabalho (art. 2º) e o modelou em termos sensivelmente diversos face ao que o antecedera[1514]. Tendo transitado com alterações de relevo quanto ao seu regime para o CT2003 (art. 395º)[1515], esta possibilidade de o trabalhador se desvincular do acordo de revogação manteve-se, no essencial, imodificada na recente revisão deste (art. 350º do CT2009)[1516].

Refira-se, em todo o caso – e esta constitui outra nota característica do nosso sistema –, que a tendencial constância na atribuição ao trabalhador deste direito contrasta com a acentuada variabilidade da sua concreta conformação, em especial no que respeita à função que lhe é cometida no contexto da disciplina da

---

ao empregador, um *droit de rétractation*, a exercer livre e extrajudicialmente, por escrito, nos quinze dias subsequentes à assinatura da *convention de rupture*. Ao decurso de tal prazo segue-se ainda a sua sujeição a homologação administrativa, cuja obtenção desencadeia a produção de efeitos da *convention de rupture*. Para uma exposição e análise mais detalhada destes pontos, v. *supra* o nº 3.2.1.

É certo que o direito italiano vigente (art. 2113 do *Codice Civile*) permite ao trabalhador a "impugnação" – também unilateral, livre e extrajudicial, através de qualquer acto escrito, idóneo a expressar tal intenção – no prazo de seis meses subsequente à sua celebração ou à cessação do contrato (consoante aquela tenha ocorrido durante a relação laboral ou seja simultânea ou até posterior ao seu fim), de certos actos dispositivos por si outorgados. Sucede, porém, que tais actos, relativamente aos quais se admite o recuo do trabalhador, não são senão actos abdicativos de direitos atribuídos por normas inderrogáveis, legais ou convencionais, genericamente recondutíveis às categorias da *rinunzia* e da *transazione*. Ora, a *risoluzione consensuale* está subtraída (como toda a matéria da tutela da estabilidade e conservação do posto de trabalho) à específica disciplina do referido art. 2113, pelo que não constitui acto impugnável nos termos descritos. Mais exactamente, a eventual impugnação pelo trabalhador dos seus actos abdicativos deixa indemne a extinção do contrato de trabalho por este pactuada com o empregador – a menos que esta se integre numa composição transaccional mais ampla, tendo por objecto também direitos derivados de normas legais ou colectivas inderrogáveis. Sobre este ponto, com mais desenvolvimento, v., *supra* os nºs 3.1.1, 3.1.2 e 3.1.3.

[1512] Para uma abordagem detalhada deste ponto, v. *supra* os nºs 2.4.1 e 2.4.4.

[1513] Cfr. *supra* o nº 2.5.1.

[1514] O ponto foi desenvolvido *supra* nos nºs 2.6.1 e 2.6.1, para os quais se remete.

[1515] Para uma descrição e análise das principais modificações introduzidas, bem como das respectivas motivações, v. *supra* os nºs 2.7.1 e 2.7.3.

[1516] Cfr. *supra* o nº 2.7.4.

OS MEIOS DE TUTELA DO TRABALHADOR

cessação pactuada do vínculo laboral[1517]. Com efeito, a mesma figura da revogação do acordo revogatório, se começou por ser, entre nós, expressão de um verdadeiro e próprio "direito de arrependimento" do trabalhador[1518], surgiu em dado período como meio privilegiado de combate a determinadas práticas de defraudação da estabilidade do vínculo laboral[1519], opção que subsequentemente se terá procurado reverter[1520]. O regime vigente reflecte bem esta pouco linear evolução, sendo tributário das diversas orientações seguidas que nele foram deixando a sua marca, facto que, teremos ocasião de demonstrar, prejudica a coerência do modelo adoptado e, sobretudo, compromete gravemente o seu intuito tutelar do trabalhador.

Por tudo isto, esta figura – dirigida, em primeira linha, a acautelar o trabalhador, se bem que o seu regime não descure os interesses do empregador[1521] – ainda hoje não é isenta de controvérsia, sendo certo que esta, sem ter deixado de incidir na sua necessidade e justificação, se deslocou em larga medida para a finalidade e o alcance da sua função protectora e, bem assim, para os reflexos das concretas opções legislativas no que se refere à sua operacionalidade e adequação.

Nesta secção dedicada à revogação do distrate pelo trabalhador começaremos por nos debruçar sobre aqueles que constituem os traços essenciais do seu regime, de modo a obter uma sua mais cabal compreensão, seja quanto à sua eficácia, seja quanto à sua natureza jurídica. Segue-se uma indagação acerca da sua adequação como meio de tutela do trabalhador, tendo em conta os interesses a acautelar e as orientações que nesta matéria se foram sucedendo. A terminar, far-se-á referência à tutela dos interesses do empregador afectados por este mecanismo, às suas concretizações e ao peso que estas assumem numa disciplina preordenada à garantia do trabalhador.

14.2. Exercício do direito de revogação pelo trabalhador

14.2.1. Requisitos
A revogação pelo trabalhador do acordo extintivo do contrato de trabalho é – sempre o foi – discricionária, *i.e.*, independente da invocação por este de qualquer motivo ou fundamento.

[1517] Cfr. *supra* no nº 2.8.
[1518] Cfr. *supra* o nº 2.4.4.
[1519] Cfr. *supra* os nºs 2.6.1 e 2.6.2.
[1520] Cfr. o nº 2.7.3 *supra*.
[1521] Este ponto será desenvolvido mais adiante, no nº 14.4.

A REVOGAÇÃO DO CONTRATO DE TRABALHO

Contudo, o seu exercício esteve *ab initio* sujeito a um prazo de caducidade[1522], decorrido o qual o direito se extinguiria. E o ressurgir da figura, em 1996, foi acompanhado da imposição da entrega ou colocação "por qualquer forma" à disposição do empregador da totalidade do valor das compensações pecuniárias pagas ao trabalhador em cumprimento do acordo extintivo ou por efeito da cessação do contrato[1523], que ainda hoje se mantém.

São, assim, dois os requisitos de que depende o regular exercício do direito de revogação do distrate pelo trabalhador: observância do prazo e devolução, nos termos aludidos, das quantias recebidas em virtude da cessação pactuada do seu vínculo laboral.

14.2.1.1. Prazo

O art. 7º, nº 1, do DL nº 372-A/75, já o referimos, previa um prazo de "sete dias a contar da data da assinatura do documento" de revogação. Este prazo foi significativamente encurtado pela L nº 38/96, que alterou também o respectivo *dies a quo*: o trabalhador passou a poder revogar o acordo extintivo apenas "até ao 2º dia útil seguinte à data da produção dos seus efeitos".

Esta disparidade de soluções, tivemos ocasião de o sublinhar, reflectia bem a disparidade de funções que, num e noutro diploma, eram cometidas à revogação do distrate pelo trabalhador – expressão de um "direito de arrependimento" deste, ao qual se concedia um período de uma semana para repensar a sua decisão de assentir na cessação do vínculo laboral e, sendo o caso, recuar, no primeiro; meio de reacção a certas situações de fraude, consistentes na imposição ao trabalhador, quando da celebração do contrato de trabalho, da assinatura de um acordo de revogação sem data ("em branco") ou com data posterior, permitindo-lhe libertar-se, de forma simples e expedita, de uma situação que não era fruto de uma sua vontade livre e actual[1524].

Neste contexto, não carecia de grande explicação a *ratio* da diferente duração dos prazos concedidos ao trabalhador: se o mais longo visava possibilitar a sua reflexão[1525], o mais curto corresponderia ao tempo estritamente necessário para este remover o acto extintivo que o prejudicava[1526].

[1522] Cfr. *supra* o nº 2.6.2.

[1523] Cfr. *supra* o nº 2.6.2.

[1524] Cfr. os nºs 2.4.4 e 2.6.2 *supra*.

[1525] JOANA VASCONCELOS, "A Revogação do Contrato de Trabalho", 1997 cit., pp. 187-188.

[1526] JOANA VASCONCELOS, "A Revogação do Contrato de Trabalho", 1997 cit., pág. 188.
O mesmo prazo, muito curto, ao diminuir o intervalo de incerteza quanto à cessação do vínculo acautelava também a situação do empregador (cfr. *supra* o nº 2.6.2 e *infra* o nº 14.4)
Naturalmente que tal direito poderia ser utilizado, e sê-lo-ia decerto, fora das hipóteses de fraude descritas no texto, para permitir uma (rápida) reponderação pelo trabalhador da sua decisão de fazer

OS MEIOS DE TUTELA DO TRABALHADOR

Quanto à diversidade de opções em matéria de *dies a quo*, o diploma de 1975 parecia supor a coincidência temporal entre a assinatura do acordo de revogação e a extinção do vínculo laboral, ao fixar o primeiro como início do período durante o qual se permitia ao trabalhador reconsiderar a sua decisão[1527]. Já a opção da L nº 38/96, de fazer contar o prazo para a revogação do acordo extintivo da data de produção dos seus efeitos radicava na ideia de que, cessando o vínculo laboral, o trabalhador recuperaria a liberdade e a autonomia necessárias para agir contra o empregador, mas, sobretudo, na constatação de que apenas por tal via se obstaria, no caso dos "acordos em branco", à manipulação pelo empregador da respectiva data, de modo a frustrar qualquer direito de revogação cujo prazo de exercício dela se contasse[1528]. O CT2003, tendo procurado

cessar o contrato de trabalho – não apenas em razão do carácter discricionário da revogação, como, não menos significativamente, do facto de o prazo se contar da produção de efeitos do distrate. Esta "dupla finalidade" *de facto* prosseguida pelo direito de revogação do trabalhador na vigência da Lei nº 38/96 era, aliás, sublinhada por muitos AA. V., neste sentido, entre outros, LEAL AMADO, "A revogação do contrato de trabalho – nótula sobre os arts. 393º a 395º do CT", 2005 cit., pág. 104; ALBINO MENDES BAPTISTA, "O Direito de Arrependimento" 1997 cit., pág. 50; JÚLIO GOMES, *Direito do Trabalho, Vol. I*, 2007 cit., pág. 942; ROMANO MARTINEZ, *Da Cessação do Contrato*, 2006 cit., pp. 444 e 447, n. 891; *Direito do Trabalho*, 2007 cit., 2007, pp. 962-963; ROSÁRIO PALMA RAMALHO, *Direito do Trabalho, Parte II*, 2008 cit., pág. 816 e supra os nºs 2.6.2 e 2.7.3.

Refira-se, a este propósito, o Ac. STJ de 31-3-2001 (*in CJ-STJ*, 2001, I, pp. 306 segs.), que recusou qualificar como abuso de direito a actuação do trabalhador que, tendo rescindido o contrato de trabalho com aviso prévio (nos termos do art. 38º, nº 1, do DL nº 64-A/89), veio a revogar essa sua declaração (nos termos do art. 2º, nº 1, da L nº 38/96), para, logo em seguida, voltar a rescindir o mesmo contrato, ao abrigo do regime da LSA e com fundamento em atraso no pagamento de salários, de modo a obter a correspondente indemnização. Começando por expressar a sua adesão à tese (sufragada pela Procuradora Geral Adjunta) de que "o fim social e económico" do direito de revogação é a manutenção do contrato de trabalho pelo trabalhador, o STJ, ao decidir como decidiu, julgando legítimo o exercício de tal direito para viabilizar uma nova rescisão "em circunstâncias mais favoráveis", veio a admitir, implicitamente, que através de tal direito o trabalhador prosseguisse outras finalidades (para lá de "manter a vitalidade do contrato"), desde que, ao fazê-lo, não ofendesse clamorosamente a boa fé, os bons costumes e o fim social e económico do direito (nos termos do art. 334º do CódCiv) ou atentasse contra "o sentimento ético-jurídico dominante".

[1527] E justamente por ser um dado da experiência que, não raro, as partes estipulavam, no próprio acordo revogatório, o diferimento da produção dos respectivos efeitos, AA havia que advertiam já para a necessidade de, em tais hipóteses, a contagem do prazo se iniciar unicamente no momento desta – e não no da "assinatura do documento", a que aludia o nº 1 do art. 7º. Sobre este ponto, com mais detalhe, v. *supra* os nºs 2.4.4 e 5.2.2.2.

[1528] V., neste sentido, os Acs. RL de 9-4-2003 (Proc. nº10520/02, *in* CJ 2003, II, pp. 157 segs.) e STJ de 31-3-2001 (Proc. nº 3319/00 cit., *in* www.dgsi.pt) que, referindo-se à revogação pelo trabalhador da sua declaração rescisória, decidiram que o prazo para o seu exercício se contaria da efectiva cessação do contrato – *i.e.*, decorrido, sendo o caso, o período de aviso prévio. Diversamente, o Ac. RC de 10-11-2005 (Proc. nº 2144/05, *in* www.dgsi.pt), entendeu que tal prazo se iniciaria com a recepção da declaração rescisória pelo empregador.

Para mais desenvolvimentos sobre o ponto referido no texto, v. *supra* o nº 2.6.2.

A REVOGAÇÃO DO CONTRATO DE TRABALHO

distanciar-se do modelo da L n⁰ 38/96, regressou, no essencial, às soluções consagradas no DL n⁰ 372-A/75. Nesse sentido, o seu art. 395⁰, n⁰ 1, referia-se ao "sétimo dia seguinte à data da respectiva celebração", sem mais, solução que transitou inalterada para o art. 350⁰, n⁰ 1, *in fine*, do CT2009[1529]. Significa isto que o prazo para o exercício pelo trabalhador do seu direito de fazer "cessar" os "efeitos do acordo de revogação", não só foi alargado, como passou a contar-se, em qualquer caso, da "celebração" daquele. E, por isso, a poder correr ainda na vigência da relação laboral[1530]. Ora, se é certo que, não raro, coincidirão a celebração e a produção de efeitos do acordo extintivo do contrato[1531], não o é menos que nem sempre assim será. Sucede, porém, que o quadro normativo vigente não reflecte tal distinção. E que o tratamento indiferenciado de uma e de outra hipótese[1532] terá sido, não fortuito, mas intencional[1533], mais exactamente ditado pelo objectivo de dissociar a revogação do distrate de qualquer intuito ou virtualidade de combate à fraude do empregador[1534].

As alterações descritas envolvem, já o fomos antecipando, um efectivo e injustificado recuo na protecção deferida ao trabalhador[1535], pois inviabilizam, sempre que a celebração do distrate e a produção dos seus efeitos ocorram em momentos diversos, que a sua revogação possa ser por aquele utilizada, ainda que acessoriamente, para reagir a práticas fraudulentas como as que a L n⁰ 38/96 pretendia combater[1536]. Aliás, a solução adoptada em matéria de

---

[1529] As alterações descritas no texto, as razões que as ditaram e as suas repercussões quanto à "finalidade da norma" em apreço (ROMANO MARTINEZ) e, em geral, quanto à tutela por esta deferida ao trabalhador, foram especificamente versadas *supra* nos n⁰s 2.7.3, relativo ao CT2003, e 2.7.4, relativo ao CT2009.

[1530] BERNARDO XAVIER, *Iniciação ao Direito do Trabalho*, 2005 cit., pág. 418.

[1531] Neste sentido, ROMANO MARTINEZ, *Da Cessação do Contrato*, 2006 cit., pág. 436; *Direito do Trabalho*, 2007 cit., 2007, pág. 955.

Coincidência que, de novo, as normas do CT2003 e do CT2009 parecem supor, conforme houve ocasião de evidenciar *supra* no n⁰ 2.7.3.

[1532] Sublinhado por ROSÁRIO PALMA RAMALHO, *Direito do Trabalho, Parte II*, 2008 cit., pp. 817-818; BERNARDO XAVIER, *Iniciação ao Direito do Trabalho*, 2005 cit., pág. 418.

[1533] Intencionalidade que se retiraria, também, e tal como aventámos *supra* no n⁰ 2.7.3, da supressão, no CT2003, da solução prevista no art. 1⁰, n⁰ 5, da L n⁰ 38/96 (que fazia ressurgir o direito de revogação do distrate, excluído pela adopção pelas partes do formalismo reforçado previsto no seu n⁰ 4, sempre que àquele fosse aposto um termo suspensivo de duração superior a "um mês sobre a data da assinatura").

[1534] Doravante cometida, por decisão do legislador de 2003, aos mecanismos de direito comum, *maxime* aos regimes dos vícios na formação da vontade e das divergências entre a vontade e a declaração. Sobre este ponto, mais desenvolvidamente, v. *supra* o n⁰ 2.7.3 e *infra* os n⁰s 15.1, 15.2 e 15.4.

[1535] Cfr. o n⁰ 2.7.3.

[1536] Trata-se de um ponto acentuado – em termos não raro críticos – pelos vários AA que se debruçaram sobre a nova fisionomia que, em face do CT2003, reveste o direito de revogação unilateral do distrate pelo trabalhador, os quais ora constatam a inviabilidade da prossecução de tal objectivo com recurso a tal mecanismo, ora lamentam as grandes dificuldades com que se defronta tal possibilidade. Referimo-lo com detalhe *supra* no n⁰ 2.7.3, para onde aqui remetemos.

OS MEIOS DE TUTELA DO TRABALHADOR

dies a quo, a menos que venha a ser atenuada por via interpretativa[1537], potencia o risco dessa mesma fraude – basta que entre as duas datas a apor no acordo "em branco" (de assinatura e de produção de efeitos) decorram mais de sete dias[1538]. Com a agravante de que nestes e nos demais casos de fraude visados pela L nº 38/96, dificilmente se poderá considerar que o recurso pelo trabalhador aos mecanismos comuns de tutela da sua vontade negocial – os quais implicam recorrer a juízo, produzir prova, incorrer em despesas e suportar as inevitáveis incerteza e demora da decisão – lhe proporcionará uma tutela expedita e adequada, equivalente à que lhe advinha da pura e simples desvinculação unilateral do acordo extintivo[1539].

E esse recuo é tanto mais incompreensível quanto se considere ser o mesmo o interesse do trabalhador – a estabilidade do seu vínculo laboral – que subjaz à concessão da possibilidade de reponderar a sua decisão extintiva e que resulta preterido pelas referidas práticas fraudulentas[1540].

[1537] Conforme desde 2003 propõe LEAL AMADO. Reconhecendo embora que a letra dos preceitos que nesta matéria se sucederam (art. 395º, nº 1, do CT2003 e art. 350º, nº 1, do CT2009) "parece inequívoca", sustenta o A que "a *ratio* do preceito não deixa de militar fortemente contra uma interpretação literal do mesmo", pelo que, conclui, o prazo nele fixado "deverá ser contado a partir do dia seguinte à data de produção de efeitos do acordo revogatório, independentemente da data em que este acordo seja celebrado", visto que só assim "este prazo desempenhará efectivamente a função de *cooling-off period* pretendida pela lei" ("A revogação do contrato de trabalho – nótula sobre os arts. 393º a 395º do CT", 2005 cit., pp 105-106; *Contrato de Trabalho – à luz do novo Código do Trabalho* cit.,pp. 368-369). Recorde-se que a mesma solução fora já defendida, perante o art. 7º, nº 1, do DL nº 372-A/75, por JORGE LEITE (cfr. *supra* o nº 2.4.4).
Refira-se, contudo, que se tal interpretação era ainda suportada pela letra do art. 395º, nº 1, do CT2003 – nesse sentido, notava LEAL AMADO, que "ao dizer que os efeitos «podem cessar» a lei pressupõe logicamente que estes já começaram a produzir-se, o que não sucede na hipótese de ser aposto um termo suspensivo ao acordo revogatório" ("A revogação do contrato de trabalho – nótula sobre os arts. 393º a 395º do CT", 2005 cit., pág. 106) –, deixou de o ser diante da nova formulação adoptada pelo art. 350º, nº 1, do CT2009, que admite, sem mais, que o trabalhador possa "fazer cessar o acordo de revogação".
[1538] Expressamente neste sentido, notando que "essa prática, dificultada pela anterior legislação, volta agora a ser possível, uma vez que o prazo passou a contar-se da data da celebração do acordo e não da cessação efectiva do contrato de trabalho", BERNARDO XAVIER, *Iniciação ao Direito do Trabalho*, 2005 ed. cit., pág. 418.
[1539] Por isso JÚLIO GOMES sublinha a necessidade, "por parte da jurisprudência", de "uma vigilância atenta" quanto à ocorrência de vícios da vontade no acordo de cessação, "dada a especial vulnerabilidade em que o trabalhador se pode encontrar" (*Direito do Trabalho, Vol. I*, cit., pág. 943). Voltaremos a este ponto mais adiante, no nºs 15.1 e 15.3.
[1540] Acrescentaríamos apenas ter sido o desígnio de assegurar a liberdade do consentimento das partes – condição essencial da "securização" dos acordos extintivos outorgados, pela redução das hipóteses de futura contestação – que inspirou a opção do legislador francês de 2008 de estruturar a celebração da *convention de rupture* em três fases, envolvendo a entrevista prévia e os já referidos *droit de rétractation* e a homologação administrativa. E se é certo que o segundo permite, antes de mais, a reponderação e o eventual recuo do trabalhador quanto à sua decisão extintiva, não o é menos que também este, como de resto a primeira (pelas condições em que decorre, estando assegurada a assistência de pessoa da

A REVOGAÇÃO DO CONTRATO DE TRABALHO

14.2.1.2. Entrega ou colocação à disposição do empregador das quantias recebidas

Quanto à entrega ou colocação à disposição do empregador, por qualquer forma, da totalidade "do valor das compensações pecuniárias" pagas ao trabalhador em cumprimento do acordo celebrado ou em resultado da cessação do contrato, a sua conformação na L nº 38/96 como condição do exercício do direito de revogação do distrate pelo trabalhador representou uma novidade inequivocamente destinada a intensificar a tutela que neste contexto àquele é deferida[1541]. Através desta solução, que de modo algum decorria dos princípios gerais em matéria de obrigação de restituição[1542], obtinha-se a pronta e certa percepção pelo empregador das quantias pagas num cenário – a extinção consensual do contrato de trabalho – que o exercício pelo trabalhador do seu direito de revogação fazia, sem mais, desaparecer. E, nessa medida, garantia-se a coincidência temporal entre a reposição da sua situação no plano patrimonial e a retoma do vínculo laboral[1543].

Tendo transitado, no essencial, inalterada para o CT2003 e para o CT2009 (arts. 395º, nº 3 e 350º, nº 3, respectivamente[1544]), são as mesmas as questões que desde a sua entrada em vigor esta solução suscita – e que se referem essencialmente à determinação das quantias a restituir, aos termos da sua devolução ou colocação à disposição do empregador e, bem assim, às consequências da inobservância pelo trabalhador deste ónus[1545] que sobre ele impende.

---

confiança do trabalhador) e a terceira visam principalmente acautelar que a vontade extintiva expressa por qualquer das partes é uma vontade esclarecida e livre. Por outro lado, e conforme houve também ocasião de sublinhar, esta opção legislativa deixa imprejudicada a possibilidade de qualquer das partes lançar mão do regime comum dos vícios na formação da vontade para impugnar o acordo obtido. Este perfila-se, contudo, como reforço de um modelo de tutela directa e especificamente orientado para as hipóteses de cessação pactuada do contrato – e não como o único meio de acautelar, em tal hipótese, a vontade do trabalhador. Sobre todos estes pontos, com mais desenvolvimento, v. *supra* o nº 3.2.1.

[1541] Sobre este ponto, v. *supra* o nº 2.6.2.

[1542] Neste sentido v. ROMANO MARTINEZ, *Da Cessação do Contrato*, 2006 cit., pp. 192 segs. e 199 segs. e *supra* os nºs 2.4.4 e 2.6.2.

[1543] Ou seja, evitava-se que o empregador tivesse de suportar a dilação, a demora e o próprio incumprimento da obrigação de restituição a que o trabalhador ficava adstrito em decorrência da revogação do acordo extintivo.

[1544] São pouco significativas as diferenças de redacção entre os três preceitos. Assim, se o CT2003 inovou em dois pontos relativamente à L nº 38/96, substituindo, no seu art. 395º, nº 3, a designação "revogação" por "cessação" e esclarecendo que as quantias a restituir seriam as "eventualmente" pagas; o CT2009 eliminou, no seu art. 350º, nº 3, esta última ressalva e passou a referir-se ao "montante" e não já ao "valor" das compensações pecuniárias em causa.

[1545] A imposição ao trabalhador da concomitante entrega ou colocação à disposição do empregador do montante total das compensações pecuniárias recebidas como condição de regularidade da cessação unilateral do distrate perfila-se como um verdadeiro ónus jurídico, enquanto "necessidade de observar

342

OS MEIOS DE TUTELA DO TRABALHADOR

No que se refere à primeira – e principal – das questões enunciadas, sustentámos, perante a L nº 38/96, em termos que nos parecem, em geral, de manter no quadro normativo vigente que muito embora a lei se refira à "totalidade" do "valor das compensações pecuniárias" recebidas pelo trabalhador (arts. 1º, nº 3, da L nº 38/96, 395º, nº 3, do CT2003 e 350, nº 3, do CT2009), caberá distinguir entre a compensação atribuída ao trabalhador pela cessação do contrato e os créditos tornados exigíveis pelo facto da cessação, por um lado, e os créditos vencidos no decurso da relação laboral que entretanto cessou, por outro[1546]. Sendo os primeiros inquestionavelmente abrangidos pela previsão das normas que impõem a sua devolução ao empregador, "por deixar de se justificar a sua percepção num contexto de retoma do vínculo laboral"[1547], o mesmo não sucede com os últimos, que o trabalhador pode manter, mesmo tendo revogado o acordo extintivo.

Esta contraposição, suportada pela letra das várias normas que nesta matéria se sucederam[1548], corresponde também à orientação unânime da jurisprudência proferida, tanto na vigência da L nº 38/96, como já no domínio do CT2003[1549].

---

um certo comportamento como meio de realização de um certo interesse do onerado" (CARVALHO FERNANDES, *Teoria Geral do Direito Civil*, Vol. II, 2007 cit., pág. 651).

[1546] JOANA VASCONCELOS, "A Revogação do Contrato de Trabalho", 1997 cit., pág. 189. Para uma concretização dos diversos créditos a que se alude no texto, v *supra* o nº 2.6.2.

[1547] JOANA VASCONCELOS, "A Revogação do Contrato de Trabalho", 1997 cit., pág. 189.

[1548] As quais não aludem senão às "compensações pecuniárias" pagas "em cumprimento do acordo" ou "por efeito da cessação do contrato de trabalho" (cfr. os arts. 1º, nº 3, da L nº 38/96, 395º, nº 3, do CT2003 e 350, nº 3, do CT2006).

[1549] V., entre outros, os Acs. RP de 17-1-2005 (Proc. nº 0414888), RL de 1-2-2006 (Proc. nº 11425/2005-4), que aplicaram a L nº 38/96 e os Acs. RC de 20-9-2007 (Proc. nº 664/05), RL de 16-1-2008 (Proc. nº 1761/2007-4) e RP de 21-1-2008 (Proc. nº 0744798), relativos ao CT2003, integralmente disponíveis em www.dgsi.pt (com excepção do Ac. RC de 20-9-2007, *in CJ*, 2007, IV, pp. 70 segs.).

Decidindo em conformidade com a distinção explicitada no texto, os nossos tribunais superiores têm entendido que, revogado o acordo extintivo, o contrato de trabalho continua a vigorar, "não fazendo qualquer sentido que o trabalhador mantenha o direito aos créditos que apenas se vencem com a efectiva cessação do contrato" – "férias, subsídio de férias, proporcionais dos mesmos e de Natal" (Ac. RP de 21-1-2008, Proc. nº 0744798, cit.; no mesmo sentido, Ac. RL de 16-1-2008, Proc. nº 1761/2007-4, cit.). E que por vezes haverá que distinguir, de entre as quantias recebidas, aquelas que o trabalhador terá de restituir e aquelas que pode conservar – caso da "retribuição auferida como contrapartida da prestação do trabalho e outras atribuições patrimoniais que se vencem com regularidade, durante e por causa da execução do contrato de trabalho" (Ac. RP de 17-1-2005, Proc. nº 0414888, cit., que apesar de versar a revogação de uma rescisão, o faz em termos plenamente válidos para a revogação do distrate). Com efeito, sempre que se demonstre que "a importância paga" ao trabalhador "para assinar o acordo revogatório" se reportava unicamente "aos salários relativos aos meses" anteriores ("devidos por força do próprio contrato de trabalho, independentemente da existência de qualquer acordo revogatório"), este não tem que devolver qualquer quantia, já que tal obrigação não abrange "créditos já vencidos" e que deveriam mesmo ter sido pagos "antes da celebração do acordo" (Ac. RL de 16-1-2008, Proc. nº 1761/2007-4, cit.).

A REVOGAÇÃO DO CONTRATO DE TRABALHO

Sempre que ao trabalhador tenha sido atribuída, "no acordo de cessação ou conjuntamente com este", uma compensação pecuniária global (arts. 394º, nº 3, do CT2003 e 349º, nº 3, do CT2009), e de acordo com o critério enunciado, esta deve, em princípio, ser considerada como tendo sido paga "em cumprimento do acordo" e, nessa medida, restituída ao empregador, a menos que o trabalhador possa provar que o respectivo montante se destinava também a liquidar créditos vencidos e qual o valor destes[1550]. Quando assim suceda, esse mesmo valor pode ser por ele deduzido da "totalidade do montante das compensações pecuniárias" a devolver ao empregador. Caso contrário e em nosso entender sempre que tenha dúvidas quanto à consistência e/ou à procedência de tal prova, deverá o trabalhador devolver na íntegra o montante da compensação pecuniária global recebida, de modo a não pôr em risco a pretendida desvinculação do acordo revogatório.

Quanto à entrega ou colocação à disposição do empregador das quantias em apreço, parece inquestionável que com a lata expressão adoptada – "por qualquer forma" (arts. 395º, nº 3, do CT2003 e 350º, nº 3, do CT2009) – se terá pretendido abarcar todos os possíveis modos de o trabalhador as fazer chegar ao poder daquele (devolução[1551] ou destruição do cheque emitido pelo empregador, transferência bancária, depósito à ordem daquele ou envio de cheque emitido pelo trabalhador)[1552]. Por seu turno, a imposição de que essa mesma devolução se faça "em simultâneo" com a comunicação ao empregador (arts. 395º, nº 3, do CT2003 e 350º, nº 3, do CT2009) pressupõe, naturalmente, que as quantias a que respeita tenham sido efectivamente pagas ou colocadas à disposição do trabalhador[1553].

Finalmente, e no que se refere às consequências da inobservância deste ónus de restituição, a norma constante do 350º, nº 3, do CT2009 (que reproduz imodificado o art. 1º, nº 3, da L nº 38/96 e o art. 395º, nº 3, do CT2003) é peremptória[1554]: a não entrega ou colocação à disposição das quantias visadas

---

[1550] Cfr. *supra* o nº 8.3.3.

[1551] V. o Ac. RC de 20-9-2007 cit., pp. 70-71.

[1552] V., sobre este ponto, LEAL AMADO, "A revogação do contrato de trabalho – nótula sobre os arts. 393º a 395º do CT", 2005 cit., pág. 107.

[1553] E que quando tal não haja sucedido, não será exigível a restituição em simultâneo de tais quantias. Mas mesmo em tal hipótese, deve o trabalhador proceder à respectiva devolução logo que estas cheguem ao seu poder (*v.g.*, por as verbas pagas por transferência bancária, ordenada no dia da assinatura do acordo extintivo, só terem ficado disponíveis dias depois do envio da comunicação pelo trabalhador). V., neste sentido, o Ac. RP de 21-1-2008 (Proc. nº 0744798) cit.

[1554] As disposições referenciadas no texto são unânimes em afirmar que a revogação do distrate pelo trabalhador "só é eficaz se" (e não, *v.g.*, torna-se eficaz quando) o trabalhador entregar ou colocar à disposição do empregador as quantias nelas visadas (neste sentido, ante a L nº 38/96, JOANA VASCONCELOS, "A Revogação do Contrato de Trabalho", 1997 cit., pág. 189).

OS MEIOS DE TUTELA DO TRABALHADOR

gera uma irregularidade insanável da revogação unilateral e a sua consequente ineficácia, mantendo-se (ou, sendo o caso, vindo a produzir-se) a extinção do contrato de trabalho resultante do distrate outorgado[1555].

14.2.2. Forma

A revogação pelo trabalhador do acordo de cessação do contrato de trabalho é um negócio formal.

Não o era na vigência do DL nº 372-A/75, que expressamente admitia a revogação do distrate pela mera reassunção, pelo trabalhador, do "exercício do seu cargo" (art. 7º, nº 1, *in fine*)[1556]. A L nº 38/96 alterou este estado de coisas impondo a forma escrita da comunicação a dirigir ao empregador (art. 1º, nº 1), se bem que apenas quanto à revogação do distrate[1557]. Esta díspar opção transitou para o CT2003 (art. 449º), mas não já para o CT2009, o qual exige, em qualquer hipótese, a "comunicação escrita" (arts. 350º, nº 1, 397º, nº 1, e 402º, nº 1).

Nesta imposição se detém, contudo, o paralelismo entre a disciplina da revogação unilateral e a do acordo revogatório sobre que esta incide. Designadamente, não se prescrevem quaisquer menções obrigatórias ou formalidades adicionais a cumprir, sob pena de invalidade[1558].

A inobservância da forma legalmente imposta gera, nos termos gerais (art. 220º do CódCiv), a nulidade da revogação do distrate[1559].

Quanto à razão de ser de tal exigência, parece-nos que há-de residir essencialmente na prova, não tanto da intenção de retoma da relação laboral pelo trabalhador mas, sobretudo, da observância por este dos requisitos (prazos e restituição tempestiva das quantias recebidas), a qual condiciona a regularidade e a eficácia da revogação unilateral que lhe é permitida[1560].

14.2.3. Efeitos e natureza jurídica

De entre os vários textos legais que em matéria de revogação do acordo extintivo do contrato de trabalho se sucederam entre nós, só o DL nº 372-A/75 regulou expressamente os efeitos do exercício de tal direito pelo trabalhador.

[1555] Acs. RP de 17-1-2005 (Proc. nº 0414888) e RL de 1-2-2006 (Proc. nº 11425/2005-4) cits. (que apesar de referidos à revogação pelo trabalhador da rescisão, nos termos do art. 2º, nºs 1 e 2, da L nº 38/96, são plenamente transponíveis para a revogação do distrate).

[1556] Cfr. *supra* o nº 2.4.4.

[1557] Com efeito, e segundo o art. 2º, nº 1, da L nº 38/96, a revogação pelo trabalhador da rescisão do contrato de trabalho poderia fazer-se "por qualquer forma". O ponto foi versado *supra* no nº 2.6.2.

[1558] Cfr. *supra* os nºs 4.2 e 4.3.

[1559] FURTADO MARTINS, *Cessação do Contrato de Trabalho*, 2002 cit., pág. 69.

[1560] Neste sentido, ROMANO MARTINEZ, *Da Cessação do Contrato*, 2006 cit., pág. 112; FURTADO MARTINS, *Cessação do Contrato de Trabalho*, 2002 cit., pág. 194, n. 41; v. ainda *supra* o nº 2.6.2.

A REVOGAÇÃO DO CONTRATO DE TRABALHO

Nesse sentido, prescrevia o seu art. 7º, nº 2, que o trabalhador perderia "a antiguidade que tinha à data do acordo revogatório", a menos que provasse "que a sua declaração de revogar o contrato foi devida a dolo ou coacção da outra parte". A doutrina convergiu em acentuar que o trabalhador retomaria o "seu cargo", mas sem a "antiguidade anterior": com o seu regresso iniciar-se-ia uma "nova contagem", mantendo-se, não obstante, o vínculo anterior, "modificado por força da lei"[1561]. E, igualmente, em demarcar desta a hipótese de dolo ou coacção do empregador, a qual geraria a anulação do próprio acordo revogatório e a plena reconstituição, nos termos gerais, do vínculo laboral[1562].

Quanto à natureza jurídica deste direito do trabalhador, a doutrina andou longe do consenso, repartindo-se entre a sua construção como "uma espécie" de condição suspensiva "imprópria" e a sua recondução às categorias gerais, da revogação (eficaz apenas para o futuro) ou da resolução (retroactiva)[1563].

Na ausência de disposição paralela na L nº 38/96, a doutrina dividiu-se quanto aos efeitos – *ex tunc* ou *ex nunc* – e à própria natureza jurídica desta desvinculação unilateral que ao trabalhador era, de novo, consentida. A larga maioria dos AA sustentava a sua retroactividade, aproximando-a da resolução. Para um sector minoritário, que então integrámos, tratar-se-ia antes de revogação, que actuaria unicamente para o futuro, deixando "imprejudicada a produção dos efeitos extintivos" do distrate no curto período "entre o início da sua vigência e a sua revogação pelo trabalhador"[1564].

A questão manteve-se na vigência do CT2003 que, como o diploma que o antecedeu, nada estatuiu quanto aos termos em que operaria este direito do trabalhador (arts. 395º, nºs 1 e 3), opção que transitou, imodificada, para o CT2009 (art. 350º, nºs 1 e 3).

Perante o quadro normativo vigente, a doutrina, se converge na atribuição de eficácia retroactiva ao exercício pelo trabalhador de tal direito – o qual opera a destruição (unilateral) do acordo extintivo celebrado e, sendo o caso, de quaisquer efeitos por este eventualmente produzidos –, tende a divergir, ainda que não significativamente, quanto ao enquadramento dogmático da figura. A

[1561] O texto *supra* limita-se a reproduzir muito sinteticamente o essencial das mais significativas interpretações deste preceito, a cuja transcrição e análise procedemos, mais detidamente, *supra* no nº 2.4.4.

[1562] Sobre este ponto, com mais desenvolvimento, v. *supra* o nº 2.4.4.

[1563] Para uma exposição e análise mais aprofundada das posições referidas no texto e defendidas, respectivamente, por JORGE LEITE, a primeira, MONTEIRO FERNANDES, MORAIS ANTUNES/RIBEIRO GUERRA E ALBINO MENDES BAPTISTA, a segunda, e por MENEZES CORDEIRO, a terceira, v. *supra* o nº 2.4.4.

[1564] JOANA VASCONCELOS, "a Revogação do Contrato de Trabalho", 1997 cit., pág. 191.
V. *supra* o nº 2.6.2, onde procedemos a uma exposição e análise mais detalhada da tese maioritária, defendida entre outros, por ALBINO MENDES BAPTISTA e por FURTADO MARTINS, da argumentação que então aduzimos em defesa da recondução deste direito a uma revogação eficaz *ex nunc* e, ainda, da tese de JORGE LEITE, que retomava o essencial daquela que defendia perante o DL nº 372-A/75.

OS MEIOS DE TUTELA DO TRABALHADOR

tese maioritária quanto a este ponto continua a ser a que aproxima tal direito da resolução[1565] ou, com alcance idêntico, da rescisão[1566].

Quanto a nós, tendo tomado posição sobre esta questão perante o direito anterior[1567], reconhecemos hoje, volvidos alguns anos e alguma reflexão, que a construção por nós então defendida carece de ser revista nalguns dos seus pontos essenciais.

E cremos ser este o momento e o lugar para o fazer.

Antes de prosseguir, não parece de mais insistir que aquilo que nos propomos não é adaptar a tese por nós defendida à evolução normativa ocorrida (a qual, resulta de tudo o que foi sendo dito, não tem especial relevo neste domínio) mas antes reequacionar o enquadramento dogmático da figura à luz de certos dados incontornáveis do nosso ordenamento que, no essencial, se mantiveram estáveis – como os requisitos de que depende o exercício deste direito do trabalhador, o objecto sobre que incide ou os efeitos que lhe estão associados.

O direito que ao trabalhador é conferido de, unilateralmente, "fazer cessar" o acordo de revogação do contrato de trabalho celebrado com o empregador é um direito potestativo[1568], cujo exercício depende da mera comunicação (escrita) ao empregador de tal intenção, no prazo legalmente estabelecido, sem que seja necessária a invocação de qualquer motivo justificativo.

[1565] Neste sentido, ROMANO MARTINEZ, *Da Cessação do Contrato*, 2006 cit., pág. 115, sustenta que a hipótese de cessação do acordo de revogação do contrato de trabalho por decisão do trabalhador prevista no nº 1 do art. 395º do CT2003 (e, agora, no nº 1, do art. 350º do CT2009) "não corresponde a uma revogação típica e segue o regime da resolução, na modalidade de arrependimento". Para o A, a "atipicidade" desta revogação resultaria, antes de mais, e em conformidade com o seu entendimento quanto à figura da revogação (que concebe como, em regra, bilateral), do seu carácter unilateral: em todas as situações legalmente previstas de "arrependimento", permite-se a "uma das partes (...) fazer cessar o contrato sem necessidade de invocar um motivo", *i.e.,* "um dos contraentes pode livremente extinguir o contrato" (*Da Cessação do Contrato*, 2006 cit., pp. 52 segs., 71, 160-161, 166 e 445). Mais exactamente, este direito do trabalhador enquadrar-se-ia "numa condição resolutiva": a revogação do contrato ficaria "por imperativo legal, sujeita a uma condição resolutiva, nos termos da qual o trabalhador, no exercício de um direito potestativo, pode destruir retroactivamente os efeitos extintivos ajustados relativamente a um contrato de trabalho, fazendo-o renascer" (*Da Cessação do Contrato*, 2006 cit., pág. 446; *Direito do Trabalho*, 2007 cit., pp. 963 segs.; Anotação II. ao art. 350º, *in* ROMANO MARTINEZ/LUÍS MIGUEL MONTEIRO/JOANA VASCONCELOS/PEDRO MADEIRA DE BRITO/GUILHERME DRAY/LUÍS GONÇALVES DA SILVA, *Código do Trabalho Anotado*, 8ª ed., 2009 cit.).

[1566] ROSÁRIO PALMA RAMALHO, *Direito do Trabalho, Parte II*, 2008 cit., pág. 815, n. 265; BERNARDO XAVIER, *Iniciação ao Direito do Trabalho*, 2005 cit., pág. 418. Sobre a rescisão, como modalidade de resolução do contrato v. OLIVEIRA ASCENSÃO, *Direito Civil – Teoria Geral*, Vol. III, 2002 cit., pp. 337-338.

[1567] JOANA VASCONCELOS, "A Revogação do Contrato de Trabalho", 1997 cit., pp. 190 segs.

[1568] Neste sentido, LEAL AMADO, "A revogação do contrato de trabalho – nótula sobre os arts. 393º a 395º do CT", 2005 cit., pág. 104; *Contrato de Trabalho – à luz do novo Código do Trabalho*, 2009 cit., pág. 367; JORGE LEITE, "Observatório Legislativo", 1996 cit., pág. 217; FURTADO MARTINS, *Cessação do Contrato de Trabalho*, 2002 cit., pág. 68; ROMANO MARTINEZ, *Da Cessação do Contrato*, 2006 cit., pág. 446; *Direito do Trabalho*, 2007 cit., pág. 964.

A REVOGAÇÃO DO CONTRATO DE TRABALHO

E possibilita ao trabalhador desfazer tal pacto[1569] no período imediatamente subsequente à sua celebração, de modo a obviar ao seu principal efeito – a extinção do vínculo laboral –, seja impedindo a sua produção, seja revertendo a situação dela resultante.

Ora, neste segundo e relativamente frequente caso do que se trata é de remover um efeito já produzido. E um efeito que, consistindo na terminação do vínculo laboral que até então existia entre trabalhador e empregador, se verifica e se esgota num só momento: aquele em que ocorre. Tratando-se de um efeito jurídico "de produção instantânea"[1570], esta, uma vez verificada, está concluída, pelo que nem se vai produzindo ao longo do tempo, nem se repete em momentos ulteriores[1571].

Significa isto que o acto do trabalhador dirigido à eliminação desse efeito deve reportar-se ao momento da sua produção, ou seja, necessariamente a um momento que lhe é anterior. O que é o mesmo que dizer que terá de actuar retroactivamente[1572], destruindo um efeito já totalmente produzido e fazendo, por tal via (e só por esta), ressurgir o vínculo laboral entretanto extinto. A mera eficácia *ex nunc*, porque mantém os efeitos já produzidos[1573], projectando-se apenas para o futuro[1574], revela-se, nesta hipótese, inoperante (seja para remover o efeito extintivo pretérito, seja para restabelecer a relação laboral entre as partes à margem de novo acordo nesse sentido[1575]), pelo que é de afastar.

Assente que esta cessação de efeitos do acordo revogatório que ao trabalhador é permitida não pode actuar senão retroactivamente sempre que estes se tenham já produzido, acrescentaríamos mais três notas. Uma primeira relativa à natureza *ex lege* de tal retroactividade, a qual decorre, nos termos expostos, da própria modelação legal deste direito e dos efeitos ao seu exercício associados: a remoção do efeito extintivo e o consequente ressurgir do contrato de trabalho[1576],

---

[1569] Ou retirar as suas declarações extintivas unilaterais (resolução e denúncia, nos termos, respectivamente dos arts. 449º do CT2003 e 397º e 402º do CT2009).

[1570] CARVALHO FERNANDES, *Teoria Geral do Direito Civil*, Vol. II, 2007 cit., pp. 466 e 600.

[1571] CARVALHO FERNANDES, *Teoria Geral do Direito Civil*, Vol. II, 2007 cit., pp. 466 e 600.

[1572] Tratar-se-á, verdadeiramente, de um caso em que a própria finalidade da "cessação" que ao trabalhador se permite impõe essa mesma retroactividade.

[1573] PAIS DE VASCONCELOS, *Teoria Geral do Direito Civil*, 2008 cit., pág. 772.

[1574] CARVALHO FERNANDES, *Teoria Geral do Direito Civil*, Vol. II, 2007 cit., pág. 476; GALVÃO TELLES, *Manual dos Contratos em Geral*, 1965 cit., pág. 351.

[1575] Neste sentido, referindo-se ao art. 7º, nº 2, do DL nº 372-A/75, mas em termos que mantêm plena validade, MENEZES CORDEIRO, *Manual de Direito do Trabalho*, 1991 cit., pág. 799.

[1576] Neste sentido, LEAL AMADO, já em face do CT2003 e do CT2009, considera ser "certo", perante "a redacção do preceito em apreço", que sempre a cessação dos efeitos do acordo revogatório "determinará a repristinação do contrato de trabalho que este dissolvera", qualquer que seja o seu concreto enquadramento dogmático ("A revogação do contrato de trabalho – nótula sobre os arts. 393º a 395º do CT", 2005 cit., pág. 108; *Contrato de Trabalho – à luz do novo Código do Trabalho*, 2009 cit., pág.370).

OS MEIOS DE TUTELA DO TRABALHADOR

bem como a obrigação de o trabalhador restituir todas as quantias que haja recebido do empregador. Uma segunda relativa ao âmbito desta mesma retroactividade, a qual, na ausência de qualquer distinção da lei, que trata uniformemente toda esta matéria, abarca todos os casos em que o trabalhador exerça esse seu direito, tenha o distrate produzido, ou não, os seus efeitos, *maxime* a extinção do contrato de trabalho. Finalmente, e no que se refere ao seu alcance, esta eficácia retroactiva da cessação do acordo revogatório há-de reportar-se ao momento da respectiva celebração – o qual, tivemos já ocasião de o evidenciar, se pode ser também o da produção dos seus efeitos; será sempre, e por força do disposto no art. 350º, nº 1, do CT2009, aquele em que se inicia o prazo de sete dias concedido ao trabalhador para reavaliar e, sendo o caso, retroceder na sua decisão[1577].

Quanto ao enquadramento dogmático deste direito do trabalhador fazer unilateralmente cessar o acordo revogatório outorgado com o empregador, começaríamos por notar que a resolução, muito embora justifique a sua eficácia retroactiva, não a impõe necessaria ou sequer exclusivamente. E, sobretudo, retrata-o de forma imperfeita. A revogação, por seu turno, e contrariamente ao que entendemos em estudo anterior[1578], não só não é incompatível com a referida retroactividade, como se mostra, em geral, mais adequada a explicá-la nos seus traços essenciais.

Começando pela resolução[1579], esta é, por via de regra, vinculada, dependendo da invocação e prova, pela parte que a pretende fazer valer, de um fundamento (motivo justificativo, justa causa[1580]) posterior à celebração do negócio e que ilude a sua legítima expectativa[1581]. E muito embora a resolução tenda a operar retroactivamente, essa mesma retroactividade é apenas *inter partes* e será excluída desde que contrarie a vontade destas, a própria finalidade da resolução ou tratando-se de contrato de execução continuada ou periódica[1582] – é o que resulta dos termos

---

[1577] Cfr. *supra* o nº 14.2.1.1.

[1578] JOANA VASCONCELOS, "A Revogação do Contrato de Trabalho", 1997 cit., pp. 190 segs.

[1579] Sobre a categoria geral da resolução, enquanto forma de cessação dos efeitos negociais, v., entre outros, OLIVEIRA ASCENSÃO, *Direito Civil – Teoria Geral*, Vol. III, 2002 cit., pp. 336-337; CARVALHO FERNANDES, *Teoria Geral do Direito Civil*, Vol. II, 2007 cit., pp. 475-476; ROMANO MARTINEZ, *Da Cessação do Contrato*, 2006 cit., pp. 66 segs. e 125 segs.; MOTA PINTO, *Teoria Geral do Direito Civil*, 2005 cit., pp. 618 segs.; PAIS DE VASCONCELOS, *Teoria Geral do Direito Civil*, 2008 cit., pp. 772-773.

[1580] OLIVEIRA ASCENSÃO, *Direito Civil – Teoria Geral*, Vol. III, 2002 cit., pág. 337.

[1581] E cuja natureza é variada: tanto pode ser um facto da contraparte (incumprimento de uma obrigação), como um facto natural ou social ("alteração anormal das circunstâncias"). Sobre este ponto, v., entre outros, OLIVEIRA ASCENSÃO, *Direito Civil – Teoria Geral*, Vol. III, 2002 cit., pág. 338; CARVALHO FERNANDES, *Teoria Geral do Direito Civil*, Vol. II, 2007 cit., pág. 475; ROMANO MARTINEZ, *Da Cessação do Contrato*, 2006 cit., pp. 167 segs.; MOTA PINTO, *Teoria Geral do Direito Civil*, 2005 cit., pág. 619; PAIS DE VASCONCELOS, *Teoria Geral do Direito Civil*, 2008 cit., pág. 772.

[1582] V., entre outros, OLIVEIRA ASCENSÃO, *Direito Civil – Teoria Geral*, Vol. III, 2002 cit., pág. 338; CARVALHO FERNANDES, *Teoria Geral do Direito Civil*, Vol. II, 2007 cit., pág 475; ROMANO MARTINEZ, *Da Cessação do*

A REVOGAÇÃO DO CONTRATO DE TRABALHO

gerais dos arts. 434º, nºs 1 e 2, e 435º, nº 1, do CódCiv[1583]. Tudo isto se mostra especialmente nítido no campo do Direito do Trabalho, ante a necessidade de "justa causa" e o carácter não retroactivo da resolução do contrato[1584], seja pelo empregador, seja pelo trabalhador (arts. 351º e 394º do CT2009)[1585].

Já a revogação[1586] é, por definição, livre (*ad libitum, ad nutum*, discricionária)[1587]. E se é certo que, por princípio, opera apenas para o futuro (*ex nunc*)[1588], são vários os AA que admitem, seja no caso de revogação bilateral (*contrarius consensus*), seja tratando-se de revogação unilateral do contrato, que lhe possa ser atribuída eficácia retroactiva, pelas partes (no primeiro caso)[1589] ou pela própria lei[1590].

Contrato, 2006 cit., pp. 99 e 184 segs.; MOTA PINTO, *Teoria Geral do Direito Civil*, 2005 cit., pp. 619-620; PAIS DE VASCONCELOS, *Teoria Geral do Direito Civil*, 2008 cit., pág. 773.

[1583] OLIVEIRA ASCENSÃO, *Direito Civil – Teoria Geral*, Vol. III, 2002 cit., pág. 338; CARVALHO FERNANDES, *Teoria Geral do Direito Civil*, Vol. II, 2007 cit., pág 475; ROMANO MARTINEZ, *Da Cessação do Contrato*, 2006 cit., pp. 50 segs. e 188 segs.; MOTA PINTO, *Teoria Geral do Direito Civil*, 2005 cit., pág. 619-620; PAIS DE VASCONCELOS, *Teoria Geral do Direito Civil*, 2008 cit., pp. 771-772.

[1584] Porque "a relação laboral é de execução continuada", a sua resolução "implica a cessação do vínculo com eficácia *ex nunc*, não tendo, pois, efeito retroactivo" (ROMANO MARTINEZ, *Direito do Trabalho*, 2007 cit., pp. 979 e 1044).

[1585] Sobre a resolução como modalidade de cessação do contrato de trabalho, v. MENEZES LEITÃO, *Direito do Trabalho*, 2008 cit., pág. 453; ROMANO MARTINEZ, *Da Cessação do Contrato*, 2006 cit., pp. 396 segs. e 454 segs., *Direito do Trabalho*, 2007 cit., pp. 977 segs.; ROSÁRIO PALMA RAMALHO, *Direito do Trabalho, Parte II*, 2008 cit., pág. 782 segs.

[1586] Sobre a categoria geral da revogação, enquanto forma de cessação dos efeitos negociais, v., entre outros, OLIVEIRA ASCENSÃO, *Direito Civil – Teoria Geral*, Vol. III, 2002 cit., pp. 336-337; CARVALHO FERNANDES, *Teoria Geral do Direito Civil*, Vol. II, 2007 cit., pp. 475-476; ROMANO MARTINEZ, *Da Cessação do Contrato*, 2006 cit., pp. 50 segs. e 111 segs.; MOTA PINTO, *Teoria Geral do Direito Civil*, 2005 cit., pp. 620 segs.; GALVÃO TELLES, *Manual dos Contratos em Geral*, 1965 cit., pp. 350 segs.; PAIS DE VASCONCELOS, *Teoria Geral do Direito Civil*, 2008 cit., pp. 771-772.

[1587] OLIVEIRA ASCENSÃO, *Direito Civil – Teoria Geral*, Vol. III, 2002 cit., pág. 336; CARVALHO FERNANDES, *Teoria Geral do Direito Civil*, Vol. II, 2007 cit., pág. 476; ROMANO MARTINEZ, *Da Cessação do Contrato*, 2006 cit., pp. 53-54; MOTA PINTO, *Teoria Geral do Direito Civil*, 2005 cit., pág. 620; GALVÃO TELLES, *Manual dos Contratos em Geral*, 1965 cit., pág. 350.
Referindo-se especificamente à revogação de doações por ingratidão do donatário, OLIVEIRA ASCENSÃO considera não se tratar de "uma verdadeira revogação, porque se exige justa causa" (*op. cit.*, pág. 337).

[1588] Sobre este ponto, v., entre outros, OLIVEIRA ASCENSÃO, *Direito Civil – Teoria Geral*, Vol. III, 2002 cit., pág. 336; CARVALHO FERNANDES, *Teoria Geral do Direito Civil*, Vol. II, 2007 cit., pág. 476; ROMANO MARTINEZ, *Da Cessação do Contrato*, 2006 cit., pp. 112 segs.; MOTA PINTO, *Teoria Geral do Direito Civil*, 2005 cit., pág. 620; GALVÃO TELLES, *Manual dos Contratos em Geral*, 1965 cit., pp. 350-351; PAIS DE VASCONCELOS, *Teoria Geral do Direito Civil*, 2008 cit., pág 772.

[1589] Neste sentido, OLIVEIRA ASCENSÃO, *Direito Civil – Teoria Geral*, Vol. III, 2002 cit., pág. 336; CARVALHO FERNANDES, *Teoria Geral do Direito Civil*, Vol. II, 2007 ed. cit., pág 476; ROMANO MARTINEZ, *Da Cessação do Contrato*, 2006 cit., pp. 112-113; MOTA PINTO, *Teoria Geral do Direito Civil*, 2005 cit., pp. 620-621; GALVÃO TELLES, *Manual dos Contratos em Geral*, 1965 cit., pág. 350.

[1590] OLIVEIRA ASCENSÃO, *Direito Civil – Teoria Geral*, Vol. III, 2002 cit., pág. 336. Trata-se de um ponto especialmente desenvolvido por ROMANO MARTINEZ, que sublinha a estreita conexão entre a revogação unilateral (e retroactiva, porque submetida ao regime da resolução) do contrato e a tutela da parte

OS MEIOS DE TUTELA DO TRABALHADOR

Sendo assim, parece-nos muito questionável a opção de reconduzir tal direito do trabalhador à resolução, em ordem a enquadrar um traço do seu regime que daquela não é indissociável ou sequer exclusivo e que deixa na sombra (enquanto excepção ou desvio, tolerado num contexto de cessação vinculada) um outro traço, este verdadeiramente essencial: o seu carácter livre, que o torna especialmente apto a tutelar o respectivo titular, permitindo-lhe prosseguir as mais diversas finalidades[1591].

Já a qualificação como revogação, não só faz avultar esse mesmo traço, como se mostra plenamente compatível com a eficácia retroactiva deste direito, a qual, julgamos ter demonstrado, resulta do próprio ordenamento laboral vigente, mais exactamente da modelação legal deste direito que ao trabalhador é conferido e dos efeitos que lhe são associados.

Por tudo isto nos parece de concluir pela recondução deste direito do trabalhador a uma revogação dotada de eficácia retroactiva *ex lege*.

14.3. Exclusão do direito de revogação pelo reforço do formalismo negocial

A L nº 38/96, vimo-lo *supra*, concebia a revogação do distrate pelo trabalhador essencialmente como meio de combate a certas práticas de defraudação do seus direitos[1592]. E modelava-o como um mecanismo que permitia ao trabalhador libertar-se, de forma muito simples e célere, de uma declaração extintiva que não exprimia uma sua vontade livre e actual[1593]. A mesma finalidade inspirava a opção de excluir tal direito sempre que a adopção de um formalismo reforçado na celebração do distrate assegurasse a actualidade e, nessa medida, a genuinidade da vontade extintiva expressa pelo trabalhador[1594], perfilando-se como um sucedâneo do referido direito de revogação que, por diversa via, acautelava o mesmo interesse daquele.

---

mais fraca, à qual se possibilita, por tal via, a reponderação dos termos ajustados e a subsequente desvinculação sem fundamento, num período breve após a sua celebração – "direito de arrependimento", com várias e distintas concretizações, sobretudo no domínio dos contratos com o consumidor (*Da Cessação do Contrato*, 2006 cit., pp. 54 segs.; 71, 79 e 115).

[1591] E estando tal prossecução sujeita apenas às limitações (intencionais ou não) decorrentes da regulação deste direito (*v.g.*, quanto aos pressupostos do seu exercício ou aos seus efeitos).

[1592] Em especial à imposição, quando da admissão, de um acordo extintivo "em branco" (*i.e.*, sem data) ou já datado. Sobre este ponto, com mais detalhe, v. *supra* o nº 2.6.2.

[1593] Simplicidade e celeridade que decorriam da sua discricionariedade – a dispensar o trabalhador da invocação e prova de factos cuja ocorrência dificilmente lograria demonstrar – e do prazo muito curto para o seu exercício. Sobre este ponto, v. *supra* o nº 2.6.2.

[1594] Para mais desenvolvimentos sobre este formalismo negocial reforçado (reconhecimento notarial presencial das assinaturas das partes ou assinatura do acordo perante um inspector do trabalho, nos termos do art. 1º, nº 4, da L nº 38/96), v. *supra* o nº 2.6.2.

A REVOGAÇÃO DO CONTRATO DE TRABALHO

O CT2003 manteve o essencial desta última solução, limitando-se a abolir a intervenção do inspector do trabalho, pelo que o reforço formal em apreço ficou reduzido ao reconhecimento notarial presencial das assinaturas (art. 395º, nº 4[1595], que transitou quase inalterado para o art. 350º, nº 4, do CT2009)[1596].

Trata-se de uma opção muito discutível, visto que o mesmo CT2003 alterou, e de forma significativa, a fisionomia do direito de desvinculação unilateral do trabalhador, procurando demarcá-lo do combate à fraude e modelando-o como "direito de arrependimento", exclusivamente vocacionado para a reponderação por este da sua decisão extintiva[1597]. As questões que a este propósito se suscitam vão para lá da mera dificuldade em atribuir uma função útil, no contexto do modelo vigente, a esta solução, estreitamente vinculada a uma concepção entretanto abandonada[1598]. E prendem-se com as graves distorções que decorrem da sua subsistência, num cenário em que manifestamente carece de sentido.

A adopção de um formalismo reforçado como o descrito na celebração do acordo extintivo do contrato de trabalho em momento algum constitui adequado sucedâneo da oportunidade de reflexão e de recuo que com o referido direito de revogação unilateral se concede ao trabalhador. Daí que se mostre incompreensível, porque infundada e, sobretudo, desproporcionada, a consequência que a lei lhe associa: a exclusão desse mesmo direito do trabalhador

---

[1595] Sobre este ponto, v. ROMANO MARTINEZ, Anotação II. ao art. 395º, *in* ROMANO MARTINEZ/LUÍS MIGUEL MONTEIRO/JOANA VASCONCELOS/JOSÉ MANUEL VILALONGA/PEDRO MADEIRA DE BRITO/GUILHERME DRAY/ LUÍS GONÇALVES DA SILVA, *Código do Trabalho Anotado*, 2008 cit.; ROSÁRIO PALMA RAMALHO, *Direito do Trabalho, Parte II*, 2008 cit., pág. 817.

[1596] O art. 350º, nº 4, do CT2009 inova, não obstante, face ao direito anterior, ao acrescentar, na sua parte final, e a propósito do "reconhecimento notarial presencial", a expressão "nos termos da lei". Sobre o alcance desta alteração, que se presta a alguma dúvida, v. *supra* o nº 2.7.4.

[1597] Cfr. *supra* os nºs 2.7.3 e 14.2.1.1.

[1598] Em sentido diverso, mas em termos que não podemos subscrever, porquanto claramente infirmados pela actual fisionomia deste mecanismo, sustenta LEAL AMADO que, "ao introduzir esta ressalva, o CT denuncia que, mais do que garantir uma adequada ponderação do trabalhador sobre as consequências do acordo revogatório, a *ratio* do nº 1 consiste, sobretudo, na tentativa de garantir a genuinidade de tal acordo, combatendo o fenómeno do «despedimento dissimulado» ("A revogação do contrato de trabalho – nótula sobre os arts. 393º a 395º do CT", 2005 cit., pág. 107; *Contrato de Trabalho – à luz do novo Código do Trabalho*, 2009 cit., pág. 370). O mesmo entendimento é, em parte, sufragado por ROSÁRIO PALMA RAMALHO que afirma ser ainda ("para além da oportunidade de reavaliação da decisão de pôr fim ao contrato") a prevenção da fraude "que continua a estar na base do regime do direito ao arrependimento no Código do Trabalho", sendo esta que "justifica a não sujeição a este regime do acordo devidamente datado e cujas assinaturas sejam reconhecidas presencialmente perante notário (...) uma vez que esta formalidade assegura que o acordo corresponde, efectivamente, à vontade das partes e que foi celebrado por ocasião da cessação do contrato e não anteriormente" (*Direito do Trabalho, Parte II*, 2008 cit., pp. 816-817). V. ainda *supra* o nº 14.2.1.1.

OS MEIOS DE TUTELA DO TRABALHADOR

(art. 350º, nº 4, do CT2009)[1599]. A situação é agravada pelo facto de a iniciativa quanto a tal opção caber, em regra, ao empregador[1600]. Significa isto que é este quem, no limite, decide em cada caso se afasta, ou não, este direito, se recusa ao trabalhador ou se, diversamente, mantém a possibilidade de este repensar

[1599] O ponto sublinhado no texto resulta evidente no que respeita ao acordo de revogação, cujo regime há muito procura assegurar a ponderação do trabalhador quanto à sua opção de assentir na cessação do contrato e nas condições em que esta se efectiva em momento prévio e independentemente de qualquer possibilidade de recuo da sua parte, uma vez celebrado este. Tal objectivo é prosseguido, já houve ocasião de o referir, através da imposição de um relevante conjunto de requisitos de ordem formal (cfr. *supra* o nº 4.1), ao qual a intervenção do notário, para reconhecer as assinaturas das partes, pouco ou nada acrescenta. Queremos com isto significar que, neste contexto, não parece que tal reforço, só por si, seja de molde a justificar o afastamento da oportunidade que ao trabalhador é concedida de reconsiderar e eventualmente recuar na sua decisão.

Não podemos, pois, concordar com LEAL AMADO quando afirma que "a própria intervenção notarial também não deixa de constituir um outra instância, suplementar relativamente à mera exigência de forma escrita, tendente a evitar comportamentos precipitados por banda do trabalhador" ("A revogação do contrato de trabalho – nótula sobre os arts. 393º a 395º do CT", 2005 cit., pág. 107; *Contrato de Trabalho – à luz do novo Código do Trabalho*, 2009 cit., pág. 370). Só assim seria se a sua adopção viesse acrescer às imposições de forma e conteúdo prescritas para o distrate, não tendo como efeito necessário (e dependente da vontade do empregador) privar o trabalhador do "direito de arrependimento" em que presentemente se traduz o direito de revogar o distrate.

Refira-se ainda, porque especialmente ilustrativa da objecção exposta no texto, a hipótese de revogação pelo trabalhador da sua declaração (escrita) de resolução (art. 397º do CT2009), na qual este comunica ao empregador pretender fazer cessar imediatamente o contrato, indicando os factos que entende constituírem justa causa e perante a qual a exigência, pelo empregador, do reconhecimento presencial da sua assinatura, patentemente não visa proporcionar-lhe uma acrescida ponderação da sua decisão, antes prossegue outra finalidade – como excluir qualquer possibilidade de "arrependimento" ou fixar inequivocamente a data da efectiva invocação dos factos pelo trabalhador (*v.g.*, com vista à sua ulterior desvalorização como justa causa, atento o período decorrido ou a verificação de certos eventos). Retomando aqui o que afirmámos perante a L nº 38/96 quanto à incompatibilidade desta solução com a concessão ao trabalhador de um "direito de arrependimento" expresso na possibilidade de revogação do acordo extintivo outorgado, "afigura-se, na verdade, dificilmente concebível um "direito de arrependimento" que tenha como pressuposto negativo o reconhecimento notarial das assinaturas" das partes (JOANA VASCONCELOS, "A Revogação do Contrato de Trabalho", 1997 cit., pág. 193).

[1600] Este ponto resulta com particular nitidez do regime, paralelo, da revogação pelo trabalhador da resolução e da denúncia do contrato. Com efeito, os arts. 394º, nº 5, expressamente, e 400º, nº 5, por remissão, atribuem ao empregador um direito de "exigir que a assinatura do trabalhador constante da declaração" extintiva em causa "tenha reconhecimento notarial presencial". Em matéria de revogação do distrate, a ausência de uma norma de igual teor não obsta à mesma conclusão, que decorre da simples ponderação do efeito do reconhecimento notarial presencial das assinaturas (previsto no art. 350º, nº 4, do CT2009): será certamente o empregador o principal (e único) interessado em afastar o direito que ao trabalhador (e só a este) é conferido de unilateralmente de desvincular do acordo de cessação por ambos outorgado.

Neste sentido, salientando a "grande importância", na perspectiva do empregador, deste "recurso à formalidade do reconhecimento notarial, aquando da celebração do pacto revogatório", v. ROSÁRIO PALMA RAMALHO, *Direito do Trabalho, Parte II*, 2008 cit., pág. 817.

A REVOGAÇÃO DO CONTRATO DE TRABALHO

e reverter a sua decisão extintiva. O que retira grande parte da consistência e, nessa medida, compromete a utilidade deste mecanismo de tutela do trabalhador[1601]. Voltaremos a este ponto mais adiante[1602].

14.4. Cessação do acordo revogatório, tutela do trabalhador e tutela do empregador

14.4.1. Considerações prévias

A possibilidade que o nosso ordenamento laboral confere ao trabalhador de, unilateralmente, pôr fim ao acordo revogatório celebrado com o empregador e de, por tal modo, obstar à cessação do vínculo laboral – que se mantém por sua exclusiva vontade – é uma solução que visa, em primeira linha, a sua protecção.

Do que se trata é de salvaguardar, numa situação em que a extinção é consentida pelo trabalhador e por este pactuada com o empregador, a estabilidade do vínculo laboral e a garantia de segurança no emprego.

Se, porém, foi sempre este o objectivo subjacente à atribuição ao trabalhador, nos diplomas que se sucederam ao longo das três últimas décadas, de um direito de se desvincular do acordo extintivo por si outorgado, a verdade é que, advertimo-lo logo de início, a tendencial continuidade na sua consagração não tem correspondência no plano da sua disciplina[1603], em particular no que respeita à sua concreta conformação e à finalidade que lhe é cometida. A análise efectuada evidenciou bem como a mesma revogação constituiu veículo para duas opções muito distintas em matéria de protecção do trabalhador, as quais marcaram profundamente o respectivo regime, em termos que ainda hoje perduram, a saber, a de o acautelar, em geral, contra a sua própria precipitação ou leviandade[1604] e a de lhe permitir reagir contra situações de fraude aos seus direitos.

A terminar esta secção dedicada ao estudo da revogação do distrate pelo trabalhador, e valendo-nos dos elementos que fomos obtendo a propósito de cada ponto versado, propomo-nos apreciar, ante o quadro normativo vigente,

---

[1601] O carácter limitado da tutela presentemente concedida ao trabalhador neste domínio, destinada "apenas a proteger o trabalhador contra a sua própria ligeireza na celebração do acordo" e "apenas se tal acordo não tiver sido devidamente datado e as assinaturas nele apostas objecto de reconhecimento notarial presencial", é acentuado por JÚLIO GOMES, *Direito do Trabalho, Vol. I*, 2007 cit., pág. 942.

[1602] Para maiores desenvolvimentos, v. *infra* os nºs 14.4.2 e 14.4.3.

[1603] Cfr. *supra* os nºs 2.8 e 14.1.

[1604] Neste sentido, em face do DL nº 372-A/75, MENEZES CORDEIRO, *Manual de Direito do Trabalho*, 1991 cit., pág. 799; referindo-se já ao CT2003, JÚLIO GOMES, *Direito do Trabalho*, Vol. I, 2007 cit., pág. 942.

OS MEIOS DE TUTELA DO TRABALHADOR

a adequação da tutela que este proporciona ao trabalhador e como se articula esta com a dos interesses necessariamente contrastantes do empregador.

Nesse sentido, começaremos por ponderar, tendo presentes os traços essenciais da sua disciplina, qual a latitude e a consistência com que é acautelada a sua situação. Segue-se a análise dos termos em que se concretiza o objectivo acessório de salvaguarda da posição do empregador, em particular das soluções adoptadas, do peso que assumem no contexto daquela e dos seus reflexos na protecção efectivamente deferida ao trabalhador.

14.4.2. O direito de revogação do distrate como meio de tutela do trabalhador

A atribuição ao trabalhador do direito de unilateralmente fazer cessar o acordo de revogação do contrato de trabalho decorre, entre nós, da sua mera celebração – seja esta acompanhada, ou não, da atribuição àquele de uma compensação pecuniária global; incluindo, ou não, no seu conteúdo, actos abdicativos dos seus créditos laborais[1605].

Significa isto que o primeiro e principal valor por esta via acautelado é o da estabilidade do vínculo, que a outorga pelo trabalhador de tal acordo põe em causa[1606]. A revogação do acordo revogatório visa, antes de mais, impedir o efeito extintivo do contrato de trabalho[1607] e resulta necessariamente na sua remoção[1608] e na consequente retoma e prossecução da relação laboral preexistente. É ainda a perspectiva necessariamente diferenciada do nosso ordenamento quanto à estabilidade, a qual resulta na "concessão de um estatuto preferencial para o trabalhador no que toca à cessação do contrato"[1609], que subjaz a esta solução, excepcional no quadro da pura lógica contratual[1610].

Quaisquer outros interesses do trabalhador associados ao mesmo acordo extintivo só acessoriamente serão acautelados através deste direito. Com efeito, muito embora possa ser utilizado por aquele para se libertar de uma composição de interesses patrimoniais que considere ser-lhe desfavorável (e expressa, *v.g.*, na compensação pecuniária global atribuída ou na remissão abdicativa inserta

---

[1605] Cfr. *supra* os nºs 7, 8 e 12.

[1606] BERNARDO XAVIER, "A Extinção do Contrato de Trabalho", 1989 cit., pp. 400 segs.; *Curso de Direito do Trabalho*, 1993 cit., pp. 448 segs; *Iniciação ao Direito do Trabalho*, 2005 cit., pp. 391 segs.

[1607] FURTADO MARTINS, *Cessação do Contrato de Trabalho*, 2002 cit., pág. 68.

[1608] Ou na sua preclusão, se o exercício de tal direito pelo trabalhador, no prazo legalmente fixado, for anterior à produção de tal efeito, diferida para momento posterior.

[1609] FURTADO MARTINS, *Cessação do Contrato de Trabalho*, 2002 cit., pp. 13 segs.; BERNARDO XAVIER, "A Extinção do Contrato de Trabalho", 1989 cit., pp. 401 segs.; *Curso de Direito do Trabalho*, 1993 cit., pp. 448 segs; *Iniciação ao Direito do Trabalho*, 2005 cit., pág. 392.

[1610] ROMANO MARTINEZ, *Da Cessação do Contrato*, 2006 cit., pp. 433, 445; *Direito do Trabalho*, 2007 cit., pp. 963-964; ROSÁRIO PALMA RAMALHO, *Direito do Trabalho, Parte II*, 2008 cit., pp. 815-817.

A REVOGAÇÃO DO CONTRATO DE TRABALHO

no distrate), a verdade é que a protecção assim obtida sempre será de segunda linha[1611], operando indirectamente e à custa da cessação pactuada, o que pode, nalguns casos, revelar-se desvantajoso e até excessivo, na perspectiva do próprio sujeito protegido.

Voltando ao interesse do trabalhador principalmente tutelado neste domínio, a estabilidade do emprego, constitucionalmente garantida, se esta impregna todo o regime da cessação do contrato de trabalho[1612] e, naturalmente, também o da revogação[1613], não parece, contudo, que no que a esta respeita, prescreva soluções concretas quanto à sua disciplina[1614]. Mais exactamente, não parece que imponha a concessão àquele de um direito de, unilateralmente, e à margem dos princípios comuns em matéria contratual, se libertar do acordo extintivo outorgado – seja com um alcance lato, concretizado na atribuição de um genérico "direito de arrependimento", que lhe permita reconsiderar e recuar na sua decisão de assentir na cessação; seja com um alcance mínimo, destinado a combater a fraude a essa mesma estabilidade, com recurso ao esquema do distrate.

Neste contexto, as duas orientações que entre nós se foram alternando em matéria de revogação do acordo revogatório, apesar de plenamente consentâneas com o princípio constitucional da segurança do emprego, de modo algum podem ser reduzidas a imposições ou corolários deste[1615]. Sendo assim, a opção

---

[1611] A revogação do distrate, porque determina a cessação de todos os seus efeitos, para lá da extinção do contrato, permite ao trabalhador obter, de forma indirecta, no que se refere à eventual disposição de créditos laborais naquele incluída, um resultado prático análogo ao que, no direito italiano é directamente assegurado ao trabalhador, mediante a concessão, pelo art. 2113 do *Codice Civile*, de um direito de impugnação dos actos abdicativos de direitos decorrentes de normas legais e convencionais inderrogáveis (v. *supra* os nºs 3.1.2 e 3.1.3).

[1612] FURTADO MARTINS, *Cessação do Contrato de Trabalho*, 2002 cit., pp. 13 segs.; BERNARDO XAVIER, "A Extinção do Contrato de Trabalho", 1989 cit., pp. 407-408; *Curso de Direito do Trabalho*, 1993 cit., pp. 454-455; *Iniciação ao Direito do Trabalho* 2005 cit., pp. 396-397.

[1613] BERNARDO XAVIER, "A Extinção do Contrato de Trabalho", 1989 cit., pág. 408; *Curso de Direito do Trabalho*, 1993 cit., pág. 455; *Iniciação ao Direito do Trabalho*, 2005 cit., pág. 397.

[1614] A este propósito, BERNARDO XAVIER aponta como corolário do princípio constitucional da segurança do emprego a previsão, em sede de revogação do contrato, de "especiais requisitos de forma na revogação do contrato por mútuo acordo", que sejam de molde a assegurar a ponderação dos contraentes e a facilitar a prova, cabendo, evidentemente à lei concretizar tal exigência ("A Extinção do Contrato de Trabalho", 1989 cit., pp. 408 e 427; *Curso de Direito do Trabalho*, 1993 cit., pág. 455 e 472; *Iniciação ao Direito do Trabalho*, 2005 cit., pp. 397 e 417).

[1615] Neste sentido, e na vigência do DL nº 372-A/75, RODRIGUES DA SILVA considerava o "direito de arrependimento" concedido ao trabalhador no seu art. 7º, nº 2, resultado de uma "hipervalorização do princípio constitucional da segurança no emprego" ("Modificação, suspensão e extinção do contrato de trabalho", 1979 cit., pág. 204). Referindo-se à mesma solução, BERNARDO XAVIER relacionava-o com o objectivo, sempre presente no regime jurídico da revogação do contrato de trabalho, de "evitar fraudes à protecção à estabilidade", constitucionalmente consagrada ("A Extinção do Contrato de Trabalho", 1989 cit., pág. 426; *Curso de Direito do Trabalho*, 1993 cit., pág. 472).

OS MEIOS DE TUTELA DO TRABALHADOR

por uma ou por outra reduz-se, afinal, a uma mera questão de política legislativa, de sentido a imprimir, quanto a este ponto, ao ordenamento laboral, com base numa ponderação dos interesses contrapostos das partes. Ao legislador oferecem-se, pois, como igualmente admissíveis a decisão de não atribuir qualquer direito deste tipo ao trabalhador, a de o fazer, com alcance mais lato ou mais restrito e, bem assim, a de o destinar à prossecução de um leque mais ou menos vasto de finalidades. O que explica a variedade de soluções concretas que nesta matéria se têm entre nós sucedido.

Dito isto, cabe analisar em que termos tal direito de revogação acautela presentemente o trabalhador. Do que se trata não é de discutir, ou sequer questionar, o mérito ou a justificação da opção de atribuir ao trabalhador tal direito[1616], mas, apenas, de a avaliar na óptica do interesse que se destina a acautelar, desde logo quanto à sua adequação e efectividade.

São vários os pontos que, ao longo dos números precedentes nos foram suscitando observações críticas, por serem, não raro, expressão de escolhas legislativas menos felizes. É o que sucede, desde logo, com a duração do prazo para o "arrependimento" do trabalhador (sete dias) ou com a fixação do *dies a quo* da sua contagem na data da celebração do distrate. Não querendo reproduzir aqui tudo o que *supra* ficou dito sobre um e outro[1617], acrescentaremos apenas que, no que se refere ao primeiro, apesar de seguir o relevante antecedente do art. 7º, nº 2, do DL nº 372-A/75[1618], o seu cotejo com soluções paralelas, no âmbito laboral[1619] mas também noutros ramos igualmente dominados por um desígnio de tutela, em sede contratual, da parte mais fraca[1620], permite pelo menos, questionar a sua suficiência para permitir a reponderação pelo trabalhador

---

[1616] Trata-se de um ponto que desde sempre motivou críticas da nossa doutrina. Para mais desenvolvimentos v. *supra* os nºs 2.4.4, 2.5.1, 2.6.1 e 2.6.2.

[1617] V., *supra*, os nºs 2.7.3 e 14.2.1.1.

[1618] Cfr. *supra* os nºs 2.4.4 e 2.7.3.

[1619] Referimo-nos evidentemente ao que nos foi dado observar na análise de outros ordenamentos laborais, quer quanto ao direito conferido ao trabalhador de se desvincular de actos unilaterais ou bilaterais que envolvam a abdicação de direitos patrimoniais laborais (com ou sem repercussões na subsistência do acordo extintivo outorgado) – a exercer, tanto em Itália, como em França, num prazo de seis meses (arts. 2113 do *Codice Civile*, quanto às *rinunzie* e *transazioni* e L 1234-20, al. 2, do *Code du Travail* relativo ao *reçu pour solde de tout compte*) – quer quanto ao próprio *droit de rétractation* que em matéria de *rupture conventionelle* o art. L 1237-13 do *Code du Travail* concede a qualquer das partes – que dispõe, para tanto, de quinze dias. Todos estes pontos foram versados *supra* os nºs 3.1.2, 3.1.3, 3.2.1 e 3.2.2.

[1620] Em especial o direito do consumo. O ponto, por nós referido em estudo anterior (JOANA VASCONCELOS, "A Revogação do Contrato de Trabalho", 1997 cit., pág. 187), é especialmente desenvolvido por ROMANO MARTINEZ que, partindo da análise do regime jurídico de diversos contratos em que se permite a desvinculação unilateral e livre pelo consumidor num período curto após a sua celebração, conclui que a duração desse prazo tenderá a variar entre um mínimo de sete e um máximo de trinta dias (ROMANO MARTINEZ, *Da Cessação do Contrato*, 2006 cit., pp. 55, 71 e 448; *Direito do Trabalho*, 2007 cit., pág. 967).

A REVOGAÇÃO DO CONTRATO DE TRABALHO

da respectiva decisão. No que se refere ao novo *dies a quo* fixado, e mesmo na estreita perspectiva do "direito de arrependimento" do trabalhador, é muito duvidoso que o decurso do prazo durante a relação laboral[1621] seja de molde a propiciar-lhe uma reflexão livre de pressões ou de constrangimentos face ao empregador[1622].

Verdadeiramente problemática na perspectiva da tutela do trabalhador é, contudo, a possibilidade, já *supra* aludida, de exclusão de tal direito pelo simples reforço do formalismo acordo de cessação. Com efeito, o CT2003 e, na senda deste, o CT2009, tendo alterado, intencional e profundamente, por via do seu regime, a configuração deste direito, modelando-o como um "direito de arrependimento" do trabalhador, deixaram intacta a possibilidade de este ser afastado pela mera adopção de formalidades adicionais (nos termos dos seus arts. 395º, nº 4, e 350º, nº 4, respectivamente), adopção essa que por via de regra será requerida, quando não imposta, pelo empregador[1623].

Tivemos ocasião de sublinhar como este específico traço de regime surgiu estreitamente associado à tutela do empregador, num modelo em que a revogação do distrate era norteada por um desígnio de combate à fraude[1624]. Ao permitir ao empregador acautelar a sua posição, tornando patente a actualidade da vontade extintiva expressa pelo trabalhador (e a inexistência de fraude) e obtendo uma definitiva, porque irreversível, definição da situação quanto à cessação do contrato, tal expediente restabelecia um certo equilíbrio entre as partes e, nessa medida, mostrava-se justificado[1625]. Sucede, porém, que perante o quadro normativo vigente esta mesma solução, não só carece de fundamento, como se mostra gravemente desconforme com a finalidade tutelar subjacente à concessão ao trabalhador de um "direito de arrependimento". Com efeito, se se pretende proporcionar ao trabalhador uma oportunidade para repensar, atenta a gravidade das suas implicações, a sua decisão de acordar a extinção do vínculo laboral com o empregador, não se vê como explicar a sua exclusão pelo mero reforço do formalismo do distrate, o qual de modo algum funciona, no direito actual, como seu adequado sucedâneo. E, sobretudo, porque a adopção dessas formalidades adicionais, podendo ser exigida pelo empregador, coloca nas mãos deste o "direito de arrependimento" do trabalhador: este só o poderá exercer se o empregador não decidir em contrário, o que parece dificilmente compatível com o sentido e função de tal direito[1626]. Verdadeiramente, esta solução, porque

---

[1621] Cfr. *supra* o nº 14.2.1.1.
[1622] Cfr. *supra* os nºs 2.4.4 e 14.2.1.1.
[1623] O ponto foi desenvolvido *supra* no nº 14.3.
[1624] Cfr. *supra* os nºs 2.6.1 e 2.6.2.
[1625] Cfr. *supra* os nºs 2.6.1 e 2.6.2.
[1626] Cfr. *supra* o nº 14.3.

OS MEIOS DE TUTELA DO TRABALHADOR

permite ao empregador antepor sistematicamente a salvaguarda da sua situação
à promoção do interesse do trabalhador, fragiliza a posição deste e, sobretudo,
exprime uma orientação do ordenamento que é, pelo menos, ambígua quanto
à recíproca articulação e prevalência dos interesses envolvidos.

Por tudo isto, forçoso se torna concluir pela escassa efectividade, logo pela
tendencial inadequação do direito de desvinculação unilateral do acordo de
revogação como meio de tutela do trabalhador.

14.4.3. Regulação da revogação do acordo revogatório e tutela do empregador

Se é inquestionável que a revogação unilateral do acordo de cessação do contrato pelo trabalhador constitui uma solução destinada, antes de mais, à sua
tutela, não o é menos que a sua disciplina, entre nós, desde sempre procurou
acautelar a situação do empregador, sujeito ao exercício pelo trabalhador de
um direito potestativo[1627] que implica a reposição, à margem e frequentemente
contra a sua vontade, do vínculo laboral cuja extinção foi por ambos pactuada.

Porque são vários os interesses do empregador a fazer valer neste contexto,
a sua tutela há-de repartir-se por, pelo menos, três vertentes. A primeira será,
evidentemente, a garantia de "uma definição, tão rápida quanto possível", da
situação relativamente à cessação, ou não, do vínculo[1628], seja pela redução do
prazo que ao trabalhador é concedido para voltar atrás na sua decisão (e da
consequente incerteza que lhe é inerente)[1629], seja pelo início da sua contagem
imediatamente após a sua celebração (e não em momento ulterior, como, *v.g.*,
o da produção de efeitos). Segue-se, no que respeita aos efeitos do exercício de
tal direito pelo trabalhador, a garantia de uma célere e efectiva reposição da
situação que existiria não fora a celebração do distrate (desde logo quanto às
quantias pagas por força do acordo e em resultado da cessação). Por último, e
sempre que tal se mostre possível, a previsão de mecanismos sucedâneos que,
ao garantirem por outra via o interesse em causa, permitam excluir tal direito
de revogação unilateral.

Todas estas vertentes foram sendo consagradas, com variações maiores
ou menores, nos regimes que entre nós se foram sucedendo. Nesse sentido, o
art. 7º, nº 1, do DL nº 372-A/75 mandava contar o prazo de sete dias para a
revogação do distrate pelo trabalhador "da data da assinatura" do documento
que o titulava[1630], por tal via promovendo a estabilização, tanto quanto possível

---

[1627] Cfr. *supra* o nº 14.2.3.

[1628] JOANA VASCONCELOS, "A Revogação do Contrato de Trabalho", 1997 cit., pág. 188.

[1629] ROMANO MARTINEZ, *Da Cessação do Contrato*, 2006 cit., pág. 447, n. 891; JOANA VASCONCELOS,
"A Revogação do Contrato de Trabalho", 1997 cit., pág. 188.

[1630] Cfr. *supra* o nº 2.4.4.

A REVOGAÇÃO DO CONTRATO DE TRABALHO

breve, da situação. Por seu turno, a L nº 38/96, imbuída de um forte desígnio de protecção do trabalhador, não deixou de prover aos interesses do empregador. E fê-lo em todas as apontadas vertentes: reduziu o prazo para a revogação pelo trabalhador, impôs como condição do seu regular exercício a simultânea restituição ao empregador das quantias recebidas, garantindo a sua imediata percepção por este e, por último, admitiu a exclusão de tal direito do trabalhador, por iniciativa do empregador, desde que este lograsse assegurar e evidenciar a actualidade da vontade extintiva daquele, logo a não ocorrência da fraude que se visava, em primeira linha, combater[1631]. O CT2003, tendo abarcado o essencial dos dois anteriores modelos de tutela do empregador, opção que o CT2009 manteve, maximizou a protecção deste em termos que nos parecem excessivos e, sobretudo, dificilmente compatíveis com o objectivo de tutela do trabalhador que subjaz à concessão a este de um direito de revogação unilateral do distrate. Com efeito, o modelo do CT2003, que transitou para o CT2009, retomou do DL nº 372-A/75 o prazo de sete dias, bem como o respectivo *dies a quo*, e acolheu o disposto na L nº 38/96 quanto à devolução ao empregador da totalidade das quantias pagas e, sobretudo, quanto à possibilidade de este excluir a revogação unilateral do distrate pelo reforço do formalismo neste adoptado[1632].

Relativamente aos dois primeiros, houve já ocasião de sublinhar os seus reflexos no tocante, quer à célere estabilização da situação quanto ao futuro do vínculo laboral em causa, quer à garantia da reposição do *statu quo ante* quanto a prestações patrimoniais pagas pelo empregador[1633]. Importa, pois, que nos detenhamos neste último e nas suas implicações.

Dissociado do contexto de combate à fraude e do papel sucedâneo da revogação unilateral que nele desempenhava e que motivava a sua atribuição ao empregador, este direito de exigir o reforço do formalismo a observar no distrate não reveste, de momento, outro alcance que não seja o de permitir obstar ao exercício do direito de revogação que ao trabalhador é genericamente reconhecido. E de o fazer livremente, *i.e.*, sem necessidade de invocar qualquer motivo e mediante a simples imposição do reconhecimento presencial das assinaturas das partes. Ao permitir frustrar, nos termos descritos, a hipótese de "arrependimento" que ao trabalhador se concede, este direito do empregador priva de consistência e, nessa medida, torna tal mecanismo inapto para prosseguir a finalidade tutelar que se propõe[1634]. Por outro lado, e porque vai muito para lá

[1631] Todos estes pontos foram desenvolvidos *supra* no nº 2.6.1 e 2.6.2.
[1632] Cfr. *supra* os nºs 2.7.3, 14.2.1.1, 14.2.1.2 e 14.3.
[1633] Cfr. *supra* os nºs 2.6.1 e 2.6.1 e 14.2.1.1 e 14.2.1.2.
[1634] Cfr. *supra* os nºs 14.3 e 14.4.

OS MEIOS DE TUTELA DO TRABALHADOR

do objectivo de acautelar o empregador perante um direito excepcional do trabalhador que se mostra, na sua perspectiva, especialmente gravoso[1635], redunda numa infundada e insustentável prevalência do interesse deste num domínio em que apenas subsidiariamente deveria relevar.

Significa isto que, perante o quadro normativo vigente, este reforço do formalismo negocial por exigência do empregador, mais que um mero vestígio, porventura inócuo, de uma orientação legislativa ultrapassada, constitui um verdadeiro "cavalo de Tróia" que mina, a partir do seu interior, um instituto primordialmente orientado para a tutela do trabalhador.

Trata-se, em nosso entender, de uma grave incongruência do nosso ordenamento laboral, a resolver numa sua próxima revisão.

15. Anulação do acordo revogatório com fundamento em vícios na formação da vontade

15.1. Principais questões que suscita a aplicabilidade do regime comum dos vícios na formação da vontade ao acordo revogatório do contrato de trabalho

A aplicabilidade ao acordo revogatório do contrato de trabalho – como a qualquer outro negócio jurídico – do regime comum dos vícios na formação da vontade há muito que é consensualmente afirmada na nossa doutrina[1636] e se concretiza num relevante conjunto de decisões proferidas nesse sentido pelos nossos tribunais superiores[1637].

[1635] ROSÁRIO PALMA RAMALHO, *Direito do Trabalho, Parte II*, 2008 cit., pág. 817-818.

[1636] Neste sentido, entre outros, no direito anterior à LCT, RAÚL VENTURA, *Lições de Direito do Trabalho*, 1948/49 cit., pág. 637; "Extinção das relações jurídicas de trabalho", 1950 cit., pág. 222; perante o DL nº 372-A/75, MORAIS ANTUNES/RIBEIRO GUERRA, *Despedimentos e outras formas de cessação do contrato de trabalho*, 1984 cit., pág. 24; JORGE LEITE, *Direito do Trabalho – Da Cessação do Contrato de Trabalho*, 1978 cit., pp. 82 segs; RODRIGUES DA SILVA, "Modificação, suspensão e extinção do contrato de trabalho", 1979 cit., pág. 204. Mais recentemente, referindo-se ao DL nº 64-A/89, ALBINO MENDES BAPTISTA, "O Direito de Arrependimento", 1997 cit., pág. 49; JORGE LEITE, "Observatório Legislativo", 1996 cit., pág. 217; ROMANO MARTINEZ, *Direito do Trabalho*, 2002 cit., pág. 833; e ao CT2003, JÚLIO GOMES, *Direito do Trabalho*, Vol. I, 2007 cit., pp. 941 e 943; ROMANO MARTINEZ, *Direito do Trabalho*, 2007 cit., pág 963; ROSÁRIO PALMA RAMALHO, *Direito do Trabalho, Parte II*, 2008 cit., pág. 816, n. 267. Reportando-se já ao CT2009, v. ROMANO MARTINEZ, Anotação III. ao art. 350º, ROMANO MARTINEZ/LUÍS MIGUEL MONTEIRO/ JOANA VASCONCELOS/PEDRO MADEIRA DE BRITO/GUILHERME DRAY/LUÍS GONÇALVES DA SILVA, *Código do Trabalho Anotado*, 8ª ed., 2009 cit.

[1637] V., em matéria de anulabilidade do acordo revogatório por erro do trabalhador, entre outros, os Acs. RC de 20-5-2004 (Proc. nº 1142/04), RL de 19-10-2005 (Proc. nº 4301/2005), RL de 19-10-2005 (Proc. nº 711/2005), STJ de 16-10-2002 (Proc. nº 01S3668), STJ de 5-11-2003 (Proc. nº 03S123), STJ de 3-3-2005 (Proc. nº 04S3154), STJ 26-3-2008 (Proc. nº 07S4653) e com fundamento em coacção moral exercida sobre o trabalhador pelo empregador, nomeadamente, os Acs. RL de 25-9-1996 (Proc. nº 5544), Ac. RL

A REVOGAÇÃO DO CONTRATO DE TRABALHO

São, não obstante, várias, as questões que suscita esta sujeição de princípio da cessação pactuada do vínculo laboral ao regime constante dos arts. 251º e segs. do CódCiv[1638].

A primeira e principal refere-se ao papel que neste contexto desempenha este regime comum, como meio de tutela do trabalhador face ao efeito extin-

de 24-11-1999 (Proc. nº 595/96); RL de 12-12-2001 (Proc. nº 9712/4/01), RC de 18-5-2005 (Proc. nº 3986/05), RC de 22-9-2005 (Proc. nº 3985/04), RP de 25-9-2006 (Proc. nº 0516184), STJ de 16-4-1997 (Proc. nº 3997), STJ de 16-10-2002 (Proc. nº 01S3668), STJ de 3-3-2005 (Proc. nº 04S3154), STJ de 6-12-2006 (Proc. nº 06S3208), STJ de 26-3-2008 (Proc. nº 07S4653). De referir, ainda, os Acs. STJ de 16-10-2002 (Proc. nº 01S3668), STJ de 5-11-2003 (Proc. nº 03S123), STJ de 3-3-2005 (Proc. nº 04S3154) e STJ 26-3-2008 (Proc. nº 07S4653), relativos à anulabilidade do distrate por dolo do empregador, o Ac. RE de 20-4-2004 (Proc. nº 400/04-3), sobre incapacidade acidental do trabalhador e, ainda, o Ac. STJ de 26-5-1993 (Proc. nº 3619), que tratou da anulabilidade com fundamento em usura. Todos estes acórdãos estão integralmente disponíveis em www.dgsi.pt, com excepção do Ac. RL de 24-11-1999 (Proc. nº 595/96), *in CJ*, 1999, V, pp. 163 segs.; do Ac. RL de 12-12-2001 (Proc. nº 9712/4/01), *in CJ*, 2001, V, pp. 164 segs.; dos Acs. RC de 18-5-2005 (Proc. nº 3986/05) e de 22-9-2005 (Proc. nº 3985/04), respectivamente *in CJ*, 2005, III, pp. 60 segs. e *CJ*, 2005, IV, pp. 61 segs. e do Ac. STJ de 26-5-1993 (Proc. nº 3619), *in CJ-STJ*, 193, II, pp. 287 segs.

[1638] Os arts. 251º e segs. do CódCiv referidos no texto tratam sucessivamente do erro simples, nas suas várias modalidades (erro sobre a pessoa do declaratário e sobre o objecto do negócio, erro sobre os motivos e erro sobre a base do negócio), do erro qualificado por dolo, da coacção moral e da incapacidade acidental. A estes vícios deve, ainda acrescentar-se a usura, vício de natureza "híbrida" no qual concorrem dois elementos de ordem subjectiva, relativos quer ao declarante, quer ao declaratário, e um de ordem objectiva, referido ao objecto negocial. E se é certo que terá sido a consideração deste último que pesou decisivamente na arrumação sistemática da matéria – nos arts. 282º e 283º, junto do objecto negocial –, não o é menos que no respectivo regime predominam os elementos de ordem subjectiva que, por isso, levam parte significativa da nossa doutrina a incluir a usura entre os vícios na formação da vontade. Neste sentido, CARVALHO FERNANDES, *Teoria Geral do Direito Civil*, II, 2007 cit., pp 196 segs. e 241 segs; MOTA PINTO, *Teoria Geral do Direito Civil*, 2005 cit., pp. 534 segs.; diversamente, considerando a usura "fundamentalmente" como "um vício do conteúdo do negócio jurídico, por desequilíbrio e injustiça", se bem que não "exclusivamente", pois "essa injustiça é qualificada com a deficiência de discernimento e liberdade do lesado, e com a imoralidade dessa exploração pelo usurário", PAIS DE VASCONCELOS, *Teoria Geral do Direito Civil*, 2008 cit., pp. 679 e 625 segs.

O acordo revogatório do contrato de trabalho está também submetido – pelo mesmo motivo apontado no texto – ao regime das divergências entre a vontade e a declaração, constante dos arts. 240º e segs. do CódCiv. Porém, e porque se trata de situações de muito mais rara verificação, logo com menor incidência prática, não serão aqui por nós tratadas.

Da muito escassa jurisprudência disponível sobre esta matéria, destaquem-se dois acórdãos do STJ, nos quais este se pronunciou, em sentidos opostos, sobre a nulidade por simulação de acordos de revogação do contrato de trabalho: Acs. STJ de 10-5-2001 (Proc. nº 00S1812) e de 7-10-2003 (Proc. nº 03S1785), ambos integralmente disponíveis em www.dgsi.pt. Pelo seu especial interesse, justifica-se a transcrição de parte do primeiro dos Acs. referidos, o qual concluiu serem nulos, porque simulados, os acordos de revogação celebrados entre o empregador e várias das suas trabalhadoras, com base na "flagrante desconformidade entre a realidade (manutenção da prestação do trabalho) e a declaração (de imediata cessação dos contratos de trabalho) com a expressa invocação, não do diploma que regula a cessação dos contratos de trabalho por acordo das partes, mas do que regula a concessão de subsídio de desemprego, com reprodução da formulação legal do requisito dessa concessão".

OS MEIOS DE TUTELA DO TRABALHADOR

tivo do distrate, em especial à sua articulação com um outro, especificamente laboral, com o qual coexiste quase ininterruptamente há mais de três décadas. Referimo-nos ao direito de revogação unilateral que, entre nós, desde 1975 e até ao presente[1639], assiste ao trabalhador e lhe permite de forma simples e expedita desvincular-se do distrate outorgado e, por tal via, impedir ou reverter a cessação do seu contrato de trabalho.

Por outro lado, e trata-se de uma outra questão, o regime comum dos vícios na formação da vontade supõe um contexto de igualdade e de equilíbrio entre as partes (que a ocorrência de um vício na formação da vontade vem perturbar), bem diverso daquele que com frequência marca o normal desenrolar da relação laboral. Ora, é justamente neste contexto de díspar peso negocial das partes e de consequente "debilidade negocial"[1640] do trabalhador – esbatido, é certo, quando este se dispõe a negociar a sua saída[1641] – que ocorrerão eventuais "perturbações do processo formativo"[1642] da sua vontade extintiva, sendo indiscutível que o cenário descrito é de molde a propiciar vícios como a coacção ou a usura, nos quais avultam factores como o medo ou a dependência[1643]. Parece-nos, pois, que, como adverte JÚLIO GOMES, se impõe em primeira linha uma "vigilância atenta" por parte da jurisprudência, dada a situação de "especial vulnerabilidade em que o trabalhador se pode encontrar"[1644]. Ainda na esteira de JÚLIO GOMES, acrescentaríamos a necessidade e a essencialidade de adaptar às especificidades da relação laboral[1645] as regras gerais que integram tal disciplina, com destaque para os requisitos legais, reflexo de um modelo preordenado à tutela do declaratário (não raro o empregador) e para os efeitos da ocorrência do vício invocado.

[1639] Com um interregno de sete anos, entre 1989 e 1996 (cfr. *supra* os nºs 2.5.1 e 2.6.1).

[1640] ROSÁRIO PALMA RAMALHO, *Direito do Trabalho, Parte II*, 2008 cit., pág. 816.

[1641] O ponto foi desenvolvido *supra* nos nºs 11.1.2 e 11.2.2.

[1642] MOTA PINTO, *Teoria Geral do Direito Civil*, 2005 cit.,pág. 498.

[1643] São a este propósito especialmente esclarecedoras as considerações de LEAL AMADO que, após sublinhar a ausência, na regulação legal da extinção unilateral do contrato de trabalho, "de qualquer ideia de reciprocidade ou de igualdade de tratamento das duas partes" – a "perspectiva diferenciada" de que há muito fala BERNARDO XAVIER –, adverte para o facto de a cessação pactuada constituir um expediente "altamente atractivo" para o empregador que, por isso, e para além de quase sempre tomar a iniciativa e formular a correspondente proposta, com frequência se prevalece "do seu normal ascendente económico e social (com evidentes reflexos psicológicos)", podendo mesmo exercer "pressões nesse sentido". Sobre este ponto, com maior desenvolvimento, v. *supra* o nº 5.1.2 e LEAL AMADO, "Cessação do Contrato por Mútuo Acordo e Compensação por Perda do Emprego", 1990 cit., pág. 12; "A revogação do contrato de trabalho – nótula sobre os arts. 393º a 395º do CT", 2005 cit., pág. 98; *Contrato de Trabalho – à luz do novo Código do Trabalho*, 2009 cit., pág. 363.

[1644] *Direito do Trabalho*, Vol. I, 2007 cit., pág. 943.

[1645] *Direito do Trabalho*, Vol. I, 2007 cit., pág. 941.

A REVOGAÇÃO DO CONTRATO DE TRABALHO

Por último, e perante a opção recente do nosso legislador de remeter quase em exclusivo para o regime comum dos vícios na formação da vontade a tutela da liberdade e do esclarecimento da vontade extintiva do trabalhador expressa no distrate[1646], justifica-se uma análise das correspondentes soluções, tanto na perspectiva deste, como na perspectiva forçosamente contrastante do empregador. Efectuada esta, propomo-nos apreciar a adequação e a suficiência deste regime comum, considerado isoladamente e em articulação com os resultados obtidos na análise do direito de revogação unilateral pelo trabalhador[1647].

15.2. A limitada complementaridade entre a revogação unilateral e a anulação com fundamento em vício na formação da vontade

A coexistência, em sede de disciplina da cessação por mútuo acordo do contrato de trabalho, de um mecanismo de direito comum e de outro especificamente laboral, ambos dirigidos a tutelar o trabalhador, permitindo-lhe libertar-se do acordo revogatório outorgado, suscita, conforme fomos antecipando, uma primeira e incontornável questão – a da sua recíproca delimitação e articulação[1648].

O cotejo dos dois regimes evidencia, antes de mais, uma muito diversa configuração dos direitos neles previstos – um direito de anulação, de exercício judicial e dependente da verificação de um conjunto de requisitos legalmente definidos[1649] e um direito de revogação, de exercício extrajudicial e discricionário[1650]. Mas também uma significativa disparidade quanto ao relativo âmbito de aplicação, sendo o das regras sobre vícios na formação da vontade simultaneamente mais limitado e mais vasto – por se não aplicar a todo e qualquer acordo extintivo[1651],

---

[1646] Cfr. *supra* os nºs 2.7.3 e 14.2.1.1.

[1647] Cfr. *supra* os nºs 14.4.2 e 14.4.3.

[1648] De todos os regimes que nesta matéria se foram sucedendo entre nós, apenas o DL nº 372-A/75 procedeu, no seu art. 7º, nº 2, a uma delimitação de ambos os mecanismos, parcial porque limitada aos respectivos efeitos, então bem diversos. Para mais desenvolvimentos sobre esta norma, que foi pacificamente entendida como reconhecimento da plena aplicabilidade do regime comum dos vícios na formação da vontade, na sua totalidade e não apenas nos casos de "dolo e coacção da contraparte", v. *supra* o nº 2.4.4.

[1649] Que variam consoante o vício em causa e cuja alegação e prova cabem, nos termos gerais, à parte que os invoca. Todos estes pontos serão desenvolvidos no número seguinte.

[1650] Cfr. *supra* os nºs 14.2.1 a 14.2.3.

[1651] Como tipicamente sucede com a revogação unilateral do distrate. Trata-se de um ponto amplamente sublinhado pela doutrina, perante os vários regimes que entre nós previram e regularam tal direito do trabalhador. V., entre outros, MORAIS ANTUNES/RIBEIRO GUERRA, *Despedimentos e outras formas de cessação do contrato de trabalho*, 1984 cit., pp. 23-24, ALBINO MENDES BAPTISTA, "O Direito de Arrependimento", 1997 cit., pág. 50; JÚLIO GOMES, *Direito do Trabalho*, Vol. I, 2007 cit., pág. 943; ROMANO MARTINEZ, *Direito do Trabalho*, 2007 cit., pág. 963; Anotação III. ao art. 350º, *in* ROMANO MARTINEZ/LUÍS MIGUEL MONTEIRO/JOANA VASCONCELOS/PEDRO MADEIRA DE BRITO/GUILHERME DRAY/LUÍS GONÇALVES DA SILVA, *Código do Trabalho Anotado*, 8ª ed., 2009 cit.; ROSÁRIO PALMA RAMALHO, *Direito do Trabalho, Parte II*,

364

OS MEIOS DE TUTELA DO TRABALHADOR

mas apenas àqueles que sejam inválidos por ter ocorrido uma "anomalia no processo volitivo" de uma das partes"[1652] e por visar promover, em plena simetria, a "correcta formação da vontade"[1653] destas, trabalhador e empregador.

Existe, não obstante, uma zona de sobreposição entre as duas figuras, a qual abrange diversas situações que relevariam do regime dos vícios da vontade (*v.g.*, por se tratar de distrates anuláveis por coacção ou usura), e que podem resolver--se através do referido direito de desvinculação unilateral, desde que o trabalhador actue dentro do prazo muito curto de que, para tanto, dispõe. Quando tal suceda, o vínculo laboral é reposto na sua plenitude[1654], sem necessidade de alegação e prova de qualquer motivo e, sobretudo, de recurso à via judicial, com as inerentes despesas, demoras e dificuldades. E a revogação constitui um adequado sucedâneo da anulação do distrate fundada na irregular formação da vontade extintiva do trabalhador[1655].

O inverso não é, porém, verdadeiro: esgotada a possibilidade de exercício deste direito de desvinculação unilateral pelo decurso do prazo ou excluída esta, sem mais, pela adopção de um formalismo reforçado na celebração do distrate, as hipóteses de o trabalhador lançar mão do regime comum dos vícios na formação da vontade para deste se libertar limitam-se às situações em que a sua vontade de extinguir o vínculo laboral tenha sido efectivamente "determinada por motivos anómalos e valorados pelo direito como ilegítimos"[1656].

Significa isto que o regime comum dos vícios na formação da vontade e o regime laboral da revogação unilateral do distrate de modo algum representam os termos de uma opção em geral conferida ao trabalhador. E que apenas nos limitados termos descritos se apresentam como reciprocamente sucedâneos ou complementares. Fora de tais casos, nos quais se traduz na concessão ao trabalhador de um distinto e mais favorável *modus operandi*, reforçando a tutela que lhe adviria da simples aplicação dos "meios comuns"[1657], o direito de desvinculação unilateral alarga o âmbito da protecção deferida ao trabalhador, ao abarcar outras situações por aqueles não acauteladas, em atenção à singularidade e relevância dos interesses envolvidos[1658].

2008 cit., pág. 816; RODRIGUES DA SILVA, "Modificação, suspensão e extinção do contrato de trabalho", 1979 cit., pp. 203-204; BERNARDO XAVIER, *Iniciação ao Direito do Trabalho*, 2005 cit., pág. 418.

[1652] OLIVEIRA ASCENSÃO, *Direito Civil – Teoria Geral*, Vol. II, 2003 cit., pág. 135.

[1653] CARVALHO FERNANDES, *Teoria Geral do Direito Civil*, II, 2007 cit., pág. 195.

[1654] Sobre este ponto, v. *supra* os nºs 2.4.4, 2.6.2, 2.7.3 e 14.2.3.

[1655] Afirmam-no expressamente os Acs. RL de 19-10-2005 (Proc. nº 711/2005) e RL de 19-10-2005 (Proc. nº 4301/2005) cits..

[1656] MOTA PINTO, *Teoria Geral do Direito Civil*, 2005 cit., pp. 498-499.

[1657] ROMANO MARTINEZ, *Direito do Trabalho*, 2007 cit., pág. 963; ROSÁRIO PALMA RAMALHO, *Direito do Trabalho, Parte II*, 2008 cit., pág. 816 e n. 267.

[1658] Cfr. *supra* o nº 14.4.1.

A REVOGAÇÃO DO CONTRATO DE TRABALHO

Já as regras relativas aos vícios na formação da vontade têm uma específica função: permitir à parte cuja vontade negocial se não formou correctamente "libertar-se do negócio viciado, procedendo à sua anulação"[1659]. Não obstante, tais normas, se visam proteger uma das partes – aquela cuja vontade "tenha sido perturbada no seu discernimento e liberdade"[1660] – não deixam de acautelar a contraparte e "a certeza e a segurança do tráfico jurídico"[1661]. Daí que a desvinculação pretendida dependa sempre da alegação e prova de um conjunto de requisitos de relevância do vício invocado, em momento algum se supondo uma "debilidade negocial"[1662] da parte que o invoca[1663], a justificar a sua excepcional facilitação, verificadas certas condições. E que, por tal motivo, a sua aplicação ao acordo revogatório do contrato de trabalho em momento algum constitua veículo para uma reponderação e um eventual recuo do trabalhador quanto à sua vontade extintiva nele plasmada[1664].

Por tudo isto, a opção legislativa de atribuir ou de, diversamente, restringir[1665] e até eliminar[1666] o direito de revogação unilateral do distrate pelo trabalhador reflecte-se em dois planos bem distintos: o das situações compreendidas na referida zona de sobreposição e o das situações por aquele exclusivamente acauteladas. E se, relativamente a estas últimas, houve já ocasião de o comprovar, tal opção se traduzirá, simplesmente, em provê-las ou desprovê-las, em maior ou menor medida, de qualquer protecção, já quanto às primeiras a mesma opção implicará o desdobramento da respectiva tutela por meios comuns e meios específicos de direito laboral ou a sua limitação aos primeiros.

[1659] PAIS DE VASCONCELOS, *Teoria Geral do Direito Civil*, 2008 cit., pág. 659. Porque, tal como se apontou no texto, se trata de uma mera permissão, o sujeito "pode também, se essa for a sua vontade, manter o negócio nada fazendo e deixando-o convalidar-se, ou pode mesmo confirmá-lo": a "ordem jurídica deixa à parte cuja vontade negocial esteja viciada, a tutela dos seus próprios interesses" (*idem, ibidem*).

[1660] PAIS DE VASCONCELOS, *Teoria Geral do Direito Civil*, 2008 cit., pág. 658.

[1661] CARVALHO FERNANDES, *Teoria Geral do Direito Civil*, II, 2007 cit., pp. 197 e, referindo-se especialmente ao erro simples, 202 e 211.

[1662] ROSÁRIO PALMA RAMALHO, *Direito do Trabalho, Parte II*, 2008 cit., pág. 816.

[1663] Que para os AA mais críticos do alargamento do âmbito de aplicação do direito de revogação unilateral para lá dos estritos limites do "arrependimento" do trabalhador se traduziria afinal num aceitar como regra "que o trabalhador celebra o acordo revogatório sob pressão ou coacção do empregador" ("o que não é crível") ou mesmo numa "presunção de fraude" do empregador. Neste sentido, respectivamente, ROSÁRIO PALMA RAMALHO, *Direito do Trabalho, Parte II*, 2008 cit., pág. 816 e n. 267 e ROMANO MARTINEZ, *Direito do Trabalho*, 2007 cit., pág. 963.

[1664] À margem de qualquer invocação e apreciação da sua validade ou invalidade, como invariavelmente sucede com o referido direito de revogação unilateral, para lá da sua particular conformação e da sua concreta função ou finalidade (o ponto foi versado *supra* no nº 14.2.3).

[1665] Como o fez o CT2003 e, na senda deste, o CT2009. Cfr. *supra* os nºs 2.7.3 e 2.7.4.

[1666] Como o fez o DL nº 64-A/89. Cfr. *supra* o nº 2.5.1

OS MEIOS DE TUTELA DO TRABALHADOR

Tendo analisado a tutela que ao trabalhador é conferida pelo direito de revogação unilateral do distrate, é altura de nos determos a analisar os termos em que opera e os resultados a que conduz a sujeição do acordo revogatório ao regime comum dos vícios na formação da vontade, em ordem a apreciar, depois, a consistência e a suficiência de um modelo de protecção do trabalhador nele fortemente suportado, como é, desde 2003, o nosso.

15.3. Anulação e modificação do acordo revogatório com fundamento em vícios da vontade

A anulação do acordo revogatório do contrato de trabalho com fundamento em vício na formação da vontade segue o regime geral constante do art. 287º do CódCiv em matéria de legitimidade e de prazos para a sua invocação[1667].

Neste sentido, tem legitimidade para arguir tal anulabilidade a parte autora da declaração extintiva "correspondente à vontade incorrectamente formada"[1668], *i.e.*, não apenas o trabalhador mas também, sendo o caso, o empregador[1669].

No que se refere a prazos, e por força do disposto nos nºs 1 *in fine* e 2 do art. 287º do CódCiv, importa distinguir consoante o negócio esteja já "cumprido", ou não: no primeiro caso a anulação deve ser requerida "dentro do ano subsequente à cessação do vício que lhe serve de fundamento", no segundo pode ser invocada a todo o tempo. Não é isenta de dúvidas a transposição destas soluções para o acordo revogatório do contrato de trabalho.

Uma primeira prende-se com o que neste contexto significa ter o negócio sido "cumprido": por se tratar de um distrate, cujo efeito principal é a extinção do vínculo laboral[1670], relevará a sua produção (no momento da celebração ou em momento ulterior[1671]) ou, diversamente, haverá que atender a obrigações eventualmente ajustadas pelas partes (*v.g.* compensações pecuniárias)? A favor da primeira interpretação poder-se-ia invocar a contraposição, bem patente

---

[1667] Esta a solução que decorre da aplicabilidade em matéria de distrate do vínculo laboral do regime comum do CódCiv que, não estabelecendo uma disciplina própria da anulabilidade gerada pelos vários vícios na formação da vontade, implica o recurso às regras gerais sobre anulabilidade constantes dos arts. 287º e 288º do CódCiv.

[1668] CARVALHO FERNANDES, *Teoria Geral do Direito Civil*, II, 2007 cit., pág. 198.

[1669] O ponto justifica algum destaque, não tanto pela sua relevância prática, que é, ao que julgamos, escassa – os acórdãos *supra* referidos curam, sem excepção, de eventuais vícios na formação da vontade do trabalhador –, mas porque evidencia que este regime de direito comum trata o trabalhador e o empregador como partes, sem mais, de um negócio cuja validade se contesta, situando-as num mesmo plano e procurando acautelar o interesse da que pretende a invalidação sem descurar, sendo o caso, o interesse da contraparte.

[1670] Cfr. *supra* o nº 5.1.

[1671] Cfr. *supra* o nº 5.2.2.2.

A REVOGAÇÃO DO CONTRATO DE TRABALHO

na análise efectuada, entre o seu característico e essencial efeito extintivo e os demais efeitos, eventuais, acessórios e até meramente conexos[1672]. Parece-nos contudo incontornável também neste plano e, como tal, decisivo o facto de o acordo revogatório exprimir, através do conjunto das estipulações das partes, uma composição global dos respectivos interesses[1673]. E por isso entendemos que o cumprimento relevante para este efeito há-de respeitar à concreta obrigação cuja validade é contestada[1674].

Depois, e no que se refere ao momento da "cessação do vício", como *dies a quo* da contagem do referido prazo de um ano, este ocorrerá, nos casos de erro, simples ou qualificado[1675], quando "o errante" deste "tome conhecimento"[1676]. Já tratando-se de medo resultante de coacção moral exercida sobre o trabalhador pelo empregador, qualquer que tenha sido o teor da ameaça (*v.g.*, a colocação em funções "mais empobrecidas quanto às condições de exercício" e com alteração de horário[1677] ou a instauração de um processo disciplinar[1678]), esta pode não cessar com a mera celebração do distrate, mas cessa seguramente com a extinção do contrato. Igual conclusão se impõe quanto às situações de usura (fundadas no aproveitamento consciente pelo empregador da situação de inferioridade do trabalhador, qualquer que seja a sua causa), nas quais, pese embora a complexidade do vício, se entende que este cessa com "o termo da influência da situação de inferioridade"[1679].

[1672] Cfr. *supra* os nºs 5.1 e 5.2. Pense-se, *v.g.*, na hipótese *supra* analisada (no nº 5.2.3.1) de um pacto de não concorrência inserto no acordo revogatório do contrato de trabalho.

[1673] Cfr. *supra* os nºs 5.1.2, 5.2.1 e 9.2.

[1674] O entendimento expresso no texto vale, em primeira linha, para todas aquelas situações em que a compensação pecuniária atribuída ao trabalhador se apresente como clara contrapartida da sua anuência na cessação do contrato (e cujos reflexos em sede de resolução por incumprimento foram versados *supra* no nº 5.2.3.3.1). Mas vale também para as demais estipulações em que dificilmente se vislumbra tal correspectividade, sendo duvidosa a sua qualificação como essencial no contexto daquele concreto acordo extintivo, como o pacto de não concorrência (cfr. *supra* o nº 5.2.3.1). Mas se tal facto não é de molde a justificar um diferente tratamento destas cláusulas em matéria de prazo para a arguição da anulabilidade com base em vícios na formação da vontade, pode já revelar-se decisivo, conforme adiante teremos ocasião de demonstrar, no que respeita às consequências da sua invalidação, desde logo na repercussão que esta terá, ou não, na manutenção do próprio distrate.

[1675] Sobre a distinção e as afinidades entre as hipóteses de erro simples ou espontâneo e de erro qualificado ou provocado (por dolo), bem como os traços essenciais da respectiva disciplina, v. OLIVEIRA ASCENSÃO, *Direito Civil – Teoria Geral*, Vol. II, 2003 cit., pp. 136-137; CARVALHO FERNANDES, *Teoria Geral do Direito Civil*, II, 2007 cit., pp. 200 segs.; PAIS DE VASCONCELOS, *Teoria Geral do Direito Civil*, 2008 cit., pág. 659.

[1676] CARVALHO FERNANDES, *Teoria Geral do Direito Civil*, II, 2007 cit., pág. 198.

[1677] Ac. RL de 24-11-1999 (Proc. nº 595/96) cit.

[1678] Ac. STJ de 26-3-2008 (Proc. nº 07S4653) cit.

[1679] A expressão, de CASTRO MENDES, é utilizada por CARVALHO FERNANDES, *Teoria Geral do Direito Civil*, II, 2007 cit., pág. 248, que expressamente exclui que seja ainda necessário "que o lesado tome conhecimento da exploração de que foi vítima".

OS MEIOS DE TUTELA DO TRABALHADOR

No que se refere à relevância anulatória[1680] dos vícios na formação da vontade, esta depende da alegação e prova, nos termos gerais do art. 342º, nº 1, do CódCiv, pela parte que os pretende invocar[1681], de factos que demonstrem a sua ocorrência, mediante o preenchimento dos respectivos elementos e requisitos legalmente definidos.

E é justamente neste plano – da aplicação de um regime comum, traçado para uma generalidade de situações criadas e modeladas ao abrigo do princípio da autonomia privada, a outras que, revestindo embora tal vertente, se desviam significativamente desse padrão – que se mostra crucial, conforme fomos antecipando, uma atenção reforçada da jurisprudência, seja à posição de "especial vulnerabilidade"[1682] em que o trabalhador, não raro, se encontra, seja à singularidade daquelas e do próprio regime laboral que, em primeira linha, as contempla.

Começando pelo erro simples, cabe ao trabalhador, sendo o caso, a prova de que a sua declaração de assentimento na cessação pactuada do vínculo laboral se fundou numa "falsa representação da realidade"[1683] à data da respectiva celebração[1684], a qual foi "determinante"[1685] na sua decisão de aceitar o distrate, nos "termos

---

[1680] CARVALHO FERNANDES, *Teoria Geral do Direito Civil*, II, 2007 cit., pág. 202.

[1681] Afirmam-no expressamente quanto ao acordo revogatório do contrato de trabalho os Acs. STJ de 16-4-1997 (Proc. nº 96S246) e de 26-3-2008 (Proc. nº 07S4653). No mesmo sentido, mas reportando-se à impugnação de declarações liberatórias do trabalhador contidas em quitações totais e plenas dadas ao empregador quando da cessação do contrato por outra forma, v. os Acs. RC de 20-5-2004 (Proc. nº 1142/04) e RP de 8-5-2006 (Proc. nº 0542317).

[1682] JÚLIO GOMES, *Direito do Trabalho*, Vol. I, 2007 cit., pág. 943.

[1683] CARVALHO FERNANDES, *Teoria Geral do Direito Civil*, II, 2007 cit., pág. 199.

[1684] O erro respeita "a uma realidade passada ou presente em relação ao momento da declaração", nunca a factos futuros: se o declarante, quando da celebração do negócio "admite a sua verificação e esta se dá em sentido diferente, quando ocorrerem, ou se não atende à sua verificação e eles ocorrem, então dá-se uma previsão deficiente ou uma imprevisão" (por vezes impropriamente referida como *error in futurum*), a qual poderá relevar noutra sede (arts. 437º a 439º do Cód Civ) "que não a do erro" (CARVALHO FERNANDES, *Teoria Geral do Direito Civil*, II, 2007 cit., pág. 200; no mesmo sentido, MOTA PINTO, *Teoria Geral do Direito Civil*, 2008 cit.,pág. 505). Neste sentido, reportando-se à cessação pactuada do vínculo laboral, refira-se o Ac. STJ de 5-11-2003 (Proc. 03S123), que julgou improcedente, porque insuficientemente provada mas, sobretudo porque, a sê-lo, constituiria *error in futurum*, a invocação por parte de um grupo de trabalhadores de erro sobre a base do negócio, nos termos do art. 252º, nº 1, do CódCiv. Considerou, com efeito, o STJ que "os factos apurados não permitem sequer concluir que os AA., ora Recorrentes, ao emitirem as suas declarações de cessação dos respectivos contratos, incorreram em qualquer erro sobre as circunstâncias que constituem a base dessas declarações negociais", pois a sua convicção de "que a compensação de 4 mil contos seria igual para todos os trabalhadores e que era o máximo que a ré estava disposta a atribuir, reporta-se ao momento em que tal acordo foi firmado e não – conforme alegado mas não provado – que estivessem convencidos de que jamais, no futuro, nunca por nunca a ré proporia ou aceitaria como compensação importância superior".

[1685] MOTA PINTO, *Teoria Geral do Direito Civil*, 2005 cit.,pág. 504.

A REVOGAÇÃO DO CONTRATO DE TRABALHO

exactos em que foi celebrado"[1686]. Mas cabe-lhe, ainda, a prova dos requisitos específicos de relevância da concreta modalidade de erro invocada – erro sobre o objecto ou a pessoa do declaratário[1687], erro sobre a base do negócio[1688] e erro

[1686] CARVALHO FERNANDES, *Teoria Geral do Direito Civil*, II, 2007 cit., pág. 199.
Sobre a causalidade ou essencialidade como requisito geral de relevância do erro, v., entre outros, OLIVEIRA ASCENSÃO, *Direito Civil – Teoria Geral*, Vol. II, 2003 cit., pp. 143-144; CARVALHO FERNANDES, *Teoria Geral do Direito Civil*, II, 2007 cit., pp 202 segs.; MOTA PINTO, *Teoria Geral do Direito Civil*, 2005 cit., pp. 507 segs.
Para uma aplicação de tal requisito ao acordo revogatório do contrato de trabalho, vejam-se os Acs. RL de 19-10-2005 (Proc. nº 711/2005) e RL de 19-10-2005 (Proc. nº 4301/2005), os quais concluíram, em casos muito idênticos, não estar "minimamente provada a essencialidade do alegado erro do trabalhador", *i.e.*, ter sido "o desconhecimento da doutrina do parecer da IGT" (quanto ao cálculo de determinadas prestações retributivas) "a causa determinante do acordo naquelas condições", pois não se demonstrou "que o trabalhador não teria aceitado o acordo e, sobretudo a cláusula em questão, se tivesse conhecimento do referido parecer" mas, sobretudo, porque "a interpretação" em causa (que não era pacífico que resultasse de tal parecer) nem sequer "seria vinculativa para as partes" (por não ter a IGT competência "para a interpretação vinculativa das normas dos IRCT"), nem para o tribunal.

[1687] O erro sobre a pessoa ou o objecto do declaratário – que incide sobre a identidade ou qualidades objectivas da contraparte ou sobre o próprio objecto material ou jurídico (conteúdo) do negócio outorgado – releva, gerando a sua anulabilidade desde que (para além de ser causal) o declaratário conhecesse ou não devesse ignorar a essencialidade, para o declaratário, do motivo sobre que recaiu o erro (não do próprio erro), conforme prescreve o art. 247º do CódCiv (relativo ao erro na declaração), para o qual remete o art. 251º referido no texto. Para mais desenvolvimentos sobre esta modalidade de erro, v. OLIVEIRA ASCENSÃO, *Direito Civil – Teoria Geral*, Vol. II, 2003 cit., pp. 144 segs.; CARVALHO FERNANDES, *Teoria Geral do Direito Civil*, II, 2007 cit., pp 213 segs.; MOTA PINTO, *Teoria Geral do Direito Civil*, 2005 cit., pp. 505 e 516 segs.; PAIS DE VASCONCELOS, *Teoria Geral do Direito Civil*, 2008 cit., pp 659 segs.

[1688] O erro sobre a base do negócio é um "erro bilateral sobre condições patentemente fundamentais do negócio jurídico" – na definição de CASTRO MENDES, adoptada por CARVALHO FERNANDES e referida por MOTA PINTO, que adverte ser discutida na doutrina a natureza bilateral deste erro (contestada, *inter alia*, por PAIS DE VASCONCELOS). Incide sobre "circunstâncias que, ou determinaram ambas as partes, ou que, sendo relativas a uma delas, a outra não poderia deixar de aceitar como condicionamento do negócio, sem violação dos princípios da boa fé" (CARVALHO FERNANDES) "e isto porque houve representação comum de ambas as partes da existência de uma certa circunstância sobre a qual ambas edificaram, de um modo essencial, a sua vontade negocial" (MOTA PINTO). O erro sobre a base do negócio é relevante "nos termos em que o seja a alteração das circunstâncias em que as partes fundaram a decisão de contratar" e, quando tal suceda, torna o negócio anulável ou modificável – é o que resulta da articulação do disposto nos arts. 252º, nº 2 e 437º do CódCiv, este último aplicável por remissão expressa do primeiro. Sobre esta categoria, mais desenvolvidamente, v. OLIVEIRA ASCENSÃO, *Direito Civil – Teoria Geral*, Vol. II, 2003 cit., pp. 148 segs.; *Direito Civil – Teoria Geral*, Vol. III, 2002, pp. 194 segs.; CARVALHO FERNANDES, *Teoria Geral do Direito Civil*, II, 2007 cit., pp 214 segs.; MOTA PINTO, *Teoria Geral do Direito Civil*, 2005 cit.,pp. 514 segs.; PAIS DE VASCONCELOS, *Teoria Geral do Direito Civil*, 2008 cit., pp. 662 segs.
Na jurisprudência disponível dos nossos tribunais superiores, curaram da anulabilidade e eventual modificabilidade por erro sobre a base do negócio de acordos de cessação do contrato de trabalho os Acs. RL de 19-10-2005 (Proc. nº 711/2005) e RL de 19-10-2005 (Proc. nº 4301/2005), STJ de 5-11-2003 (Proc. 03S123) e STJ de 26-3-2008 (Proc. nº 07S4653), que serão analisados mais adiante neste número.

OS MEIOS DE TUTELA DO TRABALHADOR

sobre os motivos[1689], regulados, respectivamente nos arts. 251º e 252º, nºs 2 e 1, do CódCiv.

O elemento do distrate sobre que recai o erro pode, naturalmente, ser o respectivo efeito extintivo, mas pode também ser a compensação pecuniária atribuída ao trabalhador ou a declaração abdicativa deste quanto a todos os seus créditos laborais, sob a forma de uma quitação total e plena dada ao empregador. E são várias as dúvidas que, a este propósito, se suscitam.

Antes de mais, pode questionar-se a própria invocabilidade pelo trabalhador ao qual tenha sido atribuída uma compensação pecuniária global ou que haja renunciado a todos os seus créditos através da subscrição de uma quitação genérica com o alcance de remissão abdicativa[1690], do seu erro quanto à existência, à data, de outros créditos laborais. A dúvida radica no efeito preclusivo associado a estas soluções, o qual inviabilizaria, também, a invocação *a posteriori* pelo trabalhador de créditos laborais que à data do distrate desconhecia.

No que respeita à compensação pecuniária global, a questão, resolvida em sentido negativo no direito anterior ao CT2003, por força da natureza absoluta que a jurisprudência unânime dos nossos tribunais superiores atribuía à presunção assente na sua atribuição ao trabalhador[1691], passou a ter resposta diversa perante a opção daquele, mantida no CT2009, de conformar a referida

---

[1689] O erro sobre os motivos constitui uma categoria residual (MOTA PINTO), que a nossa lei define por exclusão, e que abrange o erro sobre a causa (previsto no Código de Seabra), mas também o erro sobre a pessoa do declarante ou sobre terceiro e, em geral, todos os "fins ou móbeis de natureza subjectiva" (donde a sua recondução por OLIVEIRA ASCENSÃO ao "tipo-base, em relação ao qual todos os outros representam subtipos"). Por isso releva unicamente dentro de muito apertados limites – ditados por elementares razões de segurança do tráfego jurídico e de tutela do declaratário e de terceiros, tendo o nº 1 do art. 252º como principal função esclarecer a "exclusão" da "relevância do erro sobre os motivos, para além do condicionalismo" nele prescrito (MOTA PINTO). E que consiste, basicamente, em terem as partes "reconhecido por acordo a essencialidade do motivo a que o acordo respeita". Não basta, pois, o mero conhecimento pela contraparte da essencialidade do motivo ou, ainda, o simples conhecimento ou a cognoscibilidade do erro: através do "acordo" em questão a contraparte aceita, de forma expressa ou tácita, fazer a validade do negócio depender "da verificação da circunstância sobre que incidiu o erro", *i.e.*, daquela "cuja suposição levou o enganado a contratar" (MOTA PINTO). O que será, certamente, muito raro. Mas, quando ocorra, determinará a anulação do negócio. Para mais desenvolvimentos sobre esta modalidade de erro, v. OLIVEIRA ASCENSÃO, *Direito Civil – Teoria Geral*, Vol. II, 2003 cit., pp. 147-148; MOTA PINTO, *Teoria Geral do Direito Civil*, 2005 cit.,pp. 513 segs.; CARVALHO FERNANDES, *Teoria Geral do Direito Civil*, II, 2007 cit., pp 217 segs.; PAIS DE VASCONCELOS, *Teoria Geral do Direito Civil*, 2008 cit., pág. 661.

Na jurisprudência disponível dos nossos tribunais superiores, pronunciaram-se – em sentido negativo – sobre a ocorrência, quando da celebração do distrate, de um erro sobre os motivos por parte do trabalhador, que resultaria na anulação daquele, os Acs. STJ de 5-11-2003 (Proc. 03S123) e STJ de 26-3-2008 (Proc. nº 07S4653) *supra* referenciados.

[1690] Cfr. *supra* os nºs 12.2, 12.3 e 12.4.

[1691] Cfr. *supra* o nº 2.5.3.

A REVOGAÇÃO DO CONTRATO DE TRABALHO

presunção como relativa[1692]. Mais exactamente, deixou de ser possível sustentar, diante da genérica admissibilidade da prova do contrário[1693], que ao presumir *iuris et de iure* que no montante daquela compensação haviam sido "incluídos e liquidados (...) todos os créditos vencidos ou exigíveis, presentes ou futuros, conhecidos ou não"[1694], o nosso direito laboral obstaria à ulterior invocação, por qualquer forma[1695], pelo trabalhador e também pelo empregador, de créditos que então ignorava.

Quanto às declarações de quitação total e plena do empregador qualificáveis como remissão abdicativa, porque se analisam numa renúncia do trabalhador a todos os seus créditos laborais – presentes e futuros, conhecidos e não conhecidos[1696] – indistintamente extintos por tal via[1697], mostram-se, em consonância com a linha de argumentação exposta (e até por maioria de razão), avessas a qualquer pretensão do trabalhador fazer subsequentemente valer créditos (porventura existentes à data do distrate) de que teria abdicado.

Diferente desta, e naturalmente imprejudicada pelas considerações que antecedem, é a hipótese de erro do trabalhador quanto aos efeitos da atribuição da compensação pecuniária global ou, tratando-se de quitação total e plena dada ao empregador no acordo extintivo do contrato de trabalho e porventura acompanhada do pagamento de uma determinada quantia[1698], quanto ao seu sentido abdicativo e/ou ao seu alcance geral, o qual pode, em qualquer dos casos, ser por este invocado[1699].

[1692] Cfr. *supra* os n.ºs 2.7.2 e 8.3.1.

[1693] Cfr. *supra* os n.ºs 8.3.1 e 8.3.3.

[1694] Ac. RL de 19-10-2005 (Proc. n.º 711/2005) cit.

[1695] Numa opção próxima da assumida pelo nosso direito sucessório em matéria de aceitação e de repúdio da herança, os quais, para além de irrevogáveis, não são anuláveis com fundamento em "simples erro" (arts. 2061.º e 2066.º e, sobretudo, 2060.º e 2065.º do CódCiv). Sobre esta solução, ditada essencialmente por um objectivo de "estabilidade e certeza" das situações deles resultantes e de celeridade no desenvolvimento e conclusão do fenómeno sucessório, v. CARVALHO FERNANDES, *Direito das Sucessões*, 2008 cit., pág. 273

[1696] Cfr. *supra* o n.º 12.3.1.2.

[1697] A questão da admissibilidade de uma renúncia pelo trabalhador "a todos e quaisquer" créditos laborais, através de uma quitação total e plena com sentido inequivocamente abdicativo e, bem assim, da inevitável *álea* que tal opção comporta e que bem se coaduna com a vertente transaccional e de encerramento de litígios que o nosso ordenamento reconhece à revogação do contrato de trabalho foram abordadas *supra* nos n.ºs 12.4.1 a 12.4.3, para os quais se remete.

[1698] Cfr. *supra* o n.º 12.4.2.

[1699] Tratar-se-á de um típico erro de direito, sobre o objecto negocial, relevante nos termos do art. 251.º do CódCiv, *supra* descritos.
Naturalmente que, em casos extremos, o total desconhecimento pelo trabalhador do significado e efeitos do documento que subscreve, aliado e porventura potenciado pela sua muito "modesta condição sócio-económica", pode redundar, antes, numa situação de falta de consciência da declaração

OS MEIOS DE TUTELA DO TRABALHADOR

Passando às consequências de uma invocação de erro julgada procedente e caso esta respeite apenas a uma das estipulações contidas no distrate (*v.g.*, a compensação pecuniária global ou a remissão abdicativa), haverá que indagar perante cada situação concreta se aquela implica unicamente a sua anulação e a consequente redução do acordo revogatório, nos termos do art. 292º do CódCiv ou se, constituindo este expressão de uma mais vasta composição de interesses das partes, assente em concessões mútuas e na conciliação de pretensões contrastantes, a supressão da cláusula viciada rompe o seu equilíbrio, pelo que não é de molde a subsistir privado desta. A opção por qualquer destas duas soluções, que radicam no regime comum do erro (o qual tanto pode ser determinante como meramente incidental[1700]) e são plenamente transponíveis para o plano da cessação pactuada do contrato de trabalho, depende da apreciação, caso a caso, da estipulação afectada e do seu papel no contexto mais vasto do distrate ajustado.

Paralelamente, importa ponderar a aplicação ao acordo revogatório do contrato de trabalho da possibilidade de modificação "segundo juízos de equidade" que o nosso ordenamento admite como alternativa à anulação, quando o erro incida sobre a base do negócio (arts. 252º, nº 2, e 437º, nºs 1 e 2, do CódCiv)[1701]. A questão foi em mais de uma ocasião colocada perante os nossos tribunais superiores[1702], que sobre ela não chegaram, contudo, a pronunciar-se directamente[1703]. E referia-se à compensação pecuniária global, cujo montante não

(prevista e regulada no art. 246º do CódCiv), como a apreciada e decidida, nesse mesmo sentido, pelo Ac. RP de 16-10-2006 (Proc. nº 0642094).

[1700] O erro é essencial, principal ou determinante, ou meramente incidental consoante tenha levado o errante a concluir o próprio negócio, que doutro modo não celebraria, ou apenas o haja influenciado quanto aos respectivos termos "pois sempre contrataria, embora noutras condições" (MOTA PINTO, *Teoria Geral do Direito Civil*, 2005 cit., pp. 508 e 524-525).

A este propósito, sublinha CARVALHO FERNANDES que, "sendo o erro causal, duas hipóteses diferentes podem ocorrer, com relevância na determinação do regime da anulabilidade: o vício pode inquinar todo o acto" ou "apenas parte dele". Porque "o erro relevante (causal) gera sempre anulabilidade, podendo esta ser total ou parcial, neste último caso suscita-se um problema de redução do negócio jurídico, a analisar nos termos gerais do art. 292º" (*Teoria Geral do Direito Civil*, II, 2007 cit., pág. 205).

[1701] A modificação do negócio "segundo juízos de equidade" tanto pode ser requerida pela parte que invoca o erro sobre a base do negócio, como pela contraparte que, confrontada com um pedido de anulação, se lhe pode opor, declarando aceitar a modificação, em tais termos, do negócio – é o que resulta da conjugação dos arts. 437º, nºs 1 e 2 e 252º, nº 2, do CódCiv. Neste sentido, OLIVEIRA ASCENSÃO, *Direito Civil – Teoria Geral*, Vol. III, 2002 cit., pp. 195-196.; CARVALHO FERNANDES, *Teoria Geral do Direito Civil*, II, 2007 cit., pág. 217.

[1702] Acs. RL de 19-10-2005 (Proc. nº 711/2005) e RL de 19-10-2005 (Proc. nº 4301/2005) e Ac. STJ de 5-11-2003 (Proc. 03S123) cits.

[1703] Nos primeiros dois casos, por o erro não ser causal ou essencial, no terceiro por o erro invocado respeitar a factos futuros e, nessa medida, constituir, quando muito, previsão deficiente ou imprevisão, mas não verdadeiro e próprio erro.

incluiria certos créditos, à data desconhecidos do trabalhador que, a ter tido deles conhecimento, não teria aceite o valor ajustado. Temos grandes reservas quanto à admissão de tal solução que, se irrestrita, pode contrariar e, no limite, desvirtuar traços essenciais da compensação pecuniária global e da presunção nela suportada. Referimo-nos evidentemente à sua relevante função de composição de interesses contrapostos das partes e de estabilização da sua situação recíproca, pela limitação de ulteriores reclamações de créditos laborais por uma e outra, traduzida na opacidade da primeira e compatível, ainda, com a susceptibilidade de prova do contrário quanto à segunda[1704]. Contra esta nossa objecção, dir-se-á que o resultado a que conduz a solução em apreço não difere substancialmente do que, em face do quadro normativo vigente pode o trabalhador alcançar através da ilisão da presunção assente na compensação pecuniária global[1705]. E será, com efeito, assim sempre que a "modificação" equitativa do acordo revogatório se traduza na satisfação do crédito ignorado pelo trabalhador, como sucede sempre que este, tendo logrado ilidir a presunção, faz valer contra o empregador o crédito por qualquer motivo não incluído na referida compensação – o qual é liquidado à parte, à margem desta e do respectivo montante, que quedam intocados[1706]. Mas, mesmo nesta hipótese, tal modificação será de excluir caso se conclua que a contraparte "não teria fechado o negócio com esse conteúdo"[1707].

Mais complicada e, em nosso entender, dificilmente conciliável com a particular fisionomia da compensação pecuniária global se mostra já a "modificação" desta "segundo juízos de equidade", a pedido do trabalhador ou até do empregador. Não se vê, com efeito, como possa o tribunal, após julgar procedente o erro invocado, nos termos expostos, proceder à revisão ou à correcção de um montante que resulta de "uma avaliação global"[1708] feita pelas partes em determinado contexto de acerto final de contas sem romper o equilíbrio subjacente à composição de interesses nele plasmada (e não explicitada[1709]). Uma coisa é fazer valer – por via da ilisão da presunção ou do regime do erro – um crédito laboral não considerado quando deveria tê-lo sido, outra é alterar o montante da compensação pecuniária fixado pelas partes que, supondo a indagação pelo tribunal dos concretos ajustes subjacentes àquele e a apreciação da sua adequação

---

[1704] Cfr. *supra* os n.ºs 7.1, 8.2 e 8.3.3.

[1705] Cfr. *supra* o n.º 8.3.3.

[1706] Cfr. *supra* os n.º 8.3.3.

[1707] PAIS DE VASCONCELOS, *Teoria Geral do Direito Civil*, 2008 cit., pág. 667, sublinhando o A que "a modificação do negócio jurídico, como alternativa à sua anulação, só deve ser admitida enquanto o seu resultado possa ainda ser imputado à autonomia privada das partes".

[1708] Ac. RL de 19-10-2005 (Proc. n.º 711/2005).

[1709] Cfr. *supra* o n.º 7.1.

OS MEIOS DE TUTELA DO TRABALHADOR

ou suficiência, resulta, houve já ocasião de o demonstrar, inviabilizada pela sua conformação legal como "global"[1710].

Sendo o erro qualificado, porque provocado por dolo – *i.e.*, quando uma das partes[1711] tenha recorrido a "sugestão ou artifício, com a intenção ou consciência de induzir ou manter em erro"[1712] a outra ou de "dissimular o erro" em que esta "haja caído"[1713]–, a sua relevância depende da verificação do requisito específico da "dupla causalidade"[1714]. Esta ocorre "quando o dolo seja causa do erro e este seja determinante do negócio"[1715] e gera a sua anulabilidade total ou parcial, em termos idênticos aos descritos acerca do erro simples[1716].

Quanto à coacção moral, a sua relevância invalidante do acordo revogatório depende da invocação e prova, pela parte que a pretenda fazer valer, dos res-

---

[1710] Referindo-se genericamente ao regime comum do erro sobre a base do negócio, mas em termos que se nos afiguram especialmente adequados à questão versada no texto, adverte PAIS DE VASCONCELOS que "a modificação do negócio jurídico nem sempre é possível", desde logo "porque nem sempre se consegue discernir a equação económica do contrato, o sentido que constitui a sua justiça interna" (*Teoria Geral do Direito Civil*, 2008 cit., pág. 667).

[1711] Ou ambas, *i.e.*, uma relativamente à outra: o facto de o dolo ser bilateral não afecta a anulabilidade de cada uma das declarações negociais, autonomamente considerada (art. 254º, nº 1, *in fine*). O dolo pode também provir de terceiro, correspondendo-lhe, nesse caso, um regime próprio de invalidade, resultante da articulação dos nºs 1 e 2 do art. 254º.

[1712] MOTA PINTO, *Teoria Geral do Direito Civil*, 2005 cit., pp. 522-523; PAIS DE VASCONCELOS, *Teoria Geral do Direito Civil*, 2008 cit., pág. 675.
E é justamente na questão da ocorrência, ou não, no caso, de dolo positivo, nos termos transcritos no texto, que se esgotam – decidindo-a em sentido negativo – os escassos acórdãos disponíveis dos nossos tribunais superiores em matéria de anulabilidade do distrate com fundamento em erro qualificado por dolo: Acs. STJ de 16-10-2002 (Proc. nº 01S3668), STJ de 5-11-2003 (Proc. nº 03S123), STJ de 3-3-2005 (Proc. nº 04S3154) e STJ 26-3-2008 (Proc. nº 07S4653).

[1713] CARVALHO FERNANDES, *Teoria Geral do Direito Civil*, II, 2007 cit., pág. 220.

[1714] CARVALHO FERNANDES, *Teoria Geral do Direito Civil*, II, 2007 cit., pág. 223; PAIS DE VASCONCELOS, *Teoria Geral do Direito Civil*, 2008 cit., pág. 676.
Tratando-se de dolo de terceiro, a sua relevância anulatória depende, ainda, do conhecimento ou cognoscibilidade do mesmo pela contraparte. Caso contrário, o dolo será irrelevante – aplicando-se o regime do erro simples em qualquer das suas modalidades –, a menos que se verifique a situação prevista na parte final do nº 1 do art. 254º. Para mais desenvolvimentos sobre este ponto, v. OLIVEIRA ASCENSÃO, *Direito Civil – Teoria Geral*, Vol. II, 2003 cit., pág. 162; CARVALHO FERNANDES, *Teoria Geral do Direito Civil*, II, 2007 cit., pp. 224-225; MOTA PINTO, *Teoria Geral do Direito Civil*, 2005 cit.,pág. 527; PAIS DE VASCONCELOS, *Teoria Geral do Direito Civil*, 2008 cit., pág. 677.

[1715] CARVALHO FERNANDES, *Teoria Geral do Direito Civil*, II, 2007 cit., pág. 223.

[1716] E, ainda, responsabilidade civil, dividindo-se a nossa doutrina quanto à aplicabilidade neste domínio do art. 227º (MOTA PINTO, PIRES DE LIMA/ANTUNES VARELA) ou do regime geral do art. 483º (CASTRO MENDES, CARVALHO FERNANDES, OLIVEIRA ASCENSÃO). Para maiores desenvolvimentos sobre este ponto, v. OLIVEIRA ASCENSÃO, *Direito Civil – Teoria Geral*, Vol. II, 2003 cit., pág. 162; CARVALHO FERNANDES, *Teoria Geral do Direito Civil*, II, 2007 cit., pág. 226; PIRES DE LIMA/ANTUNES VARELA, *Código Civil Anotado*, Vol. I, 1987 cit., pp. 215 segs.; MOTA PINTO, *Teoria Geral do Direito Civil*, 2005 cit., pp. 525-526.

A REVOGAÇÃO DO CONTRATO DE TRABALHO

pectivos elementos, enunciados no art. 255º, nº 1, do CódCiv – a ameaça "de um mal"[1717], ilícita e intencional[1718], contra si dirigida – e, bem assim, do requisito da dupla causalidade.

A ilicitude da ameaça tanto pode resultar do meio utilizado, como do fim visado, *i.e.*, "da prossecução daquele fim com aquele meio"[1719]. Esta ideia de que um meio em si lícito pode ter uma utilização ilícita ou injusta[1720], em razão do fim prosseguido – que resulta *a contrario* do nº 3 do referido art. 255º, o qual proclama não constituir coacção "a ameaça do exercício normal de um direito"[1721] –, reveste uma especial premência no contexto da cessação pactuada do contrato de trabalho. A análise da jurisprudência disponível dos nossos tribunais superiores mostra bem que, salvo nalguns raros casos em que o trabalhador é

[1717] A ameaça de um mal ou de um dano referida no texto tanto pode abranger a conduta do coactor que consiste em desencadeá-lo, como a que consiste em mantê-lo, se já iniciado. E pode provir da contraparte no negócio ou de um terceiro e respeitar tanto à pessoa do coagido, à sua honra ou ao seu património, como à pessoa, honra ou património de terceiro, em conformidade com os arts. 255º, nº 2, e 256º do CódCiv. Sobre estes pontos v., entre outros, OLIVEIRA ASCENSÃO, *Direito Civil – Teoria Geral*, Vol. II, 2003 cit., pp. 165 segs.; CARVALHO FERNANDES, *Teoria Geral do Direito Civil*, II, 2007 cit., pp. 232 segs.; MOTA PINTO, *Teoria Geral do Direito Civil*, 2005 cit., pp. 529 segs.; PAIS DE VASCONCELOS, *Teoria Geral do Direito Civil*, 2008 cit., pp. 677 segs.

[1718] A ameaça é intencional ou cominatória quando é dirigida a obter do coagido a declaração negocial. O que significa que não haverá coacção moral "por não haver intenção de extorquir a declaração efectivamente prestada" sempre que um sujeito ameaça outro com determinado propósito e este emite uma declaração negocial diversa da pretendida. Contudo, e conforme adverte CARVALHO FERNANDES, daqui não resulta "a validade do negócio, que pode ser atacado com fundamento em usura". Sobre este ponto v., entre outros, OLIVEIRA ASCENSÃO, *Direito Civil – Teoria Geral*, Vol. II, 2003 cit., pp. 165-166; CARVALHO FERNANDES, *Teoria Geral do Direito Civil*, II, 2007 cit., pág. 235; MOTA PINTO, *Teoria Geral do Direito Civil*, 2005 cit., pág. 529; PAIS DE VASCONCELOS, *Teoria Geral do Direito Civil*, 2008 cit., pág. 678.
Para uma aplicação deste requisito, veja-se o Ac. STJ de 26-12-2006 (Proc. nº 06S3208). Perante a alegação do trabalhador de que fora "moralmente coagido" a celebrar o acordo de cessação do contrato de trabalho (invocando factos como o ter a empresa "deixado de lhe atribuir funções de Director Coordenador e de o ter colocado na direcção de Riscos a desempenhar funções administrativas", de "não lhe ter renovado o carro", de "não mais o ter convocado para reuniões de quadros com a administração", ter-lhe retirado "a verba recebida a título de prémio de produtividade" e "ter deixado de permitir que ele aparcasse o seu automóvel nas suas instalações"), considerou o STJ que, tendo as instâncias dado como provado que, ao proceder como procedera, a empresa empregadora agira com a intenção de extorquir do trabalhador tal declaração negocial extintiva, e por se tratar "de uma ilação factual" que lhe estava vedado sindicar, haveria que julgar improcedente o recurso.

[1719] MOTA PINTO, *Teoria Geral do Direito Civil*, 2005 cit., pág 532.

[1720] MOTA PINTO, *Teoria Geral do Direito Civil*, 2005 cit., pág 532.

[1721] Sobre este preceito, o qual "revela que constitui coacção a ameaça do exercício anormal do direito, ou seja, o abuso do direito", nos termos do art. 334º do CódCiv, CARVALHO FERNANDES, *Teoria Geral do Direito Civil*, II, 2007 cit., pág. 234 e, ainda, OLIVEIRA ASCENSÃO, *Direito Civil – Teoria Geral*, Vol. II, 2003 cit., pp. 167-168; MOTA PINTO, *Teoria Geral do Direito Civil*, 2005 cit., pág. 532; PAIS DE VASCONCELOS, *Teoria Geral do Direito Civil*, 2008 cit., pág. 678.

OS MEIOS DE TUTELA DO TRABALHADOR

ameaçado por meios (e com fins) patentemente ilícitos[1722], a questão a apreciar e a decidir com frequência se refere à licitude do recurso pelo empregador a direitos ou prerrogativas expressão do seu poder directivo ou disciplinar para induzir o trabalhador a aceitar a cessação pactuada do contrato de trabalho, nas condições por si propostas[1723]. E é na definição da ténue linha que demarca o exercício legítimo de um direito por parte do empregador[1724] de uma sua actuação, formalmente justificada mas ilegítima, porque dirigida a intimidar ou a desmoralizar o trabalhador, forçando-o a uma decisão que, de outro modo, não tomaria[1725], que aos nossos tribunais é reservado um singular e decisivo papel. O qual supõe a redobrada atenção a que já aludimos, em ordem a acautelar que a declaração extintiva do trabalhador resultou de uma sua vontade não condicionada pelo medo da consumação de uma ameaça ou da continuação de um mal já iniciado[1726].

[1722] Refiram-se, porque especialmente ilustrativos da ilicitude dos meios (e também dos fins) a que se alude no texto, os casos decididos pelos Acs. RC de 18-5-2005 (Proc. nº 3986/05), RC de 22-9-2005 (Proc. nº 3985/04) e RP de 25-9-2006 (Proc. nº 0516184). Nos dois primeiros, o empregador forçou várias trabalhadoras, quando da cessação dos respectivos contratos, a assinar recibos contendo a declaração, com claro alcance abdicativo, de que "se encontravam pagas de todas as retribuições, subsídios e compensações a que tinham direito, nada mais tendo a receber". Para tanto, ameaçou-as de que se, e enquanto, o não fizessem não lhes pagaria os créditos salariais vencidos, nem "um mês de compensação pela cessação do contrato". Conforme julgou o tribunal, tendo as trabalhadoras "legalmente direito a muito mais do que a tal quantitativo, a entidade patronal impunha-lhes um dilema: ou assinavam e recebiam aquela quantia que era muito inferior ao que tinham direito, ou não assinavam e nem aquilo recebiam". No terceiro dos referidos casos, a assinatura pelos trabalhadores de quitações de idêntico teor foi obtida pela ameaça de que, se o não fizessem, não só não lhes seriam pagos os salários vencidos, como não lhes seria entregue a documentação necessária para passarem a receber o subsídio de desemprego.

[1723] É o que sucede, entre outros, nos Acs. RL de 25-9-1996 (Proc. nº 5544), STJ de 16-4-1997 (Proc. nº 3997), STJ de 3-3-2005 (Proc. nº 04S3154), STJ de 6-12-2006 (Proc. nº 06S3208), STJ de 26-3-2008 (Proc. nº 07S4653).

[1724] Como a comunicação ao trabalhador, pelo seu superior hierárquico, no intervalo de uma reunião em que aquele fora confrontado com situações de incumprimento grave das suas obrigações profissionais e com o facto de ter mentido para as encobrir, que a empresa "tinha motivos para ter perdido a confiança" nele e que lhe seria "instaurado um processo disciplinar" com vista à cessação do seu contrato, a menos que aceitasse a sua imediata extinção por acordo e mediante indemnização (Ac. STJ de 26-3-2008, Proc. nº 07S4653).

[1725] Como na situação, apreciada pelo Ac. RL de 24-11-1999 (Proc. nº 595/96) cit.: ao trabalhador, "chefe de secção" num hipermercado, a quem cabia "fazer compras e negociações" com fornecedores, foi dito pelo seu superior hierárquico que "caso não aceitasse" a cessação por acordo do seu contrato e a indemnização proposta, "passaria a desempenhar funções de tomar conta do pessoal de limpeza de armazém e recepção de mercadorias, deixaria de ter um gabinete e ser-lhe-ia alterado o horário de trabalho".

[1726] Parece-nos, pois, censurável, porque insensível à ideia, expressa no texto, de que a ameaça em que se analisa a coacção moral pode referir-se à continuação de um mal já iniciado, até à obtenção da declaração negocial pretendida, a doutrina do Ac. STJ de 26-12-2006 (Proc. nº 06S3208). Provadas várias actuações do empregador que visariam induzir o trabalhador a revogar o seu contrato de tra-

A REVOGAÇÃO DO CONTRATO DE TRABALHO

Por seu turno, a dupla causalidade traduz-se em ser a ameaça causa do medo e este ser causa do distrate[1727] – da sua conclusão ou apenas dos termos em que foi celebrado.

A procedência da coacção moral invocada gera, nos termos gerais, a anulabilidade do acordo revogatório, no todo ou em parte, consoante se trate de coacção essencial ou meramente incidental[1728]. Neste último caso, e tal como houve já ocasião de referir a propósito do erro, a questão desloca-se para o plano da redutibilidade daquele, devendo esta ser apreciada em concreto, diante da cláusula afectada e do acordo extintivo em que esta se insere.

Por último, cabe referir a usura, a qual, fomos já antecipando, constitui um vício da vontade de "carácter híbrido" que congrega "elementos de ordem subjectiva e objectiva"[1729], a saber, a "situação de inferioridade" de uma das partes, a obtenção, com base nesta, pela outra parte, "de benefícios excessivos ou injustificados", acompanhada da "intenção ou consciência de explorar" tal situação[1730].

---

balho, entendeu o STJ que estas eram insusceptíveis de constituir ameaça, pois "se o mal" em que esta "se traduz já se tiver concretizado aquando da emissão da declaração negocial, é óbvio que tal mal já havia deixado de constituir qualquer ameaça" e assim sucedera no caso "pois, como é fácil de constatar, todos eles ocorreram antes de 15 de Dezembro de 2003, ou seja, da data em que o "Acordo" foi subscrito. Ora, o facto de tais comportamentos, tendo como denominador comum o crescente esvaziamento e desvalorização da posição do trabalhador na empresa, se terem sucedido a partir de certa data e até à cessação pactuada do vínculo laboral faz, antes, questionar, contra a convicção expressa pelo STJ, se não seria de prever a sua continuação caso não tivesse aquele decidido aceitar o acordo que lhe fora proposto.

[1727] Sobre o requisito da dupla causalidade, CARVALHO FERNANDES, *Teoria Geral do Direito Civil*, II, 2007 cit., pág. 235; MOTA PINTO, *Teoria Geral do Direito Civil*, 2005 cit.,pp. 513 segs.; PAIS DE VASCONCELOS, *Teoria Geral do Direito Civil*, 2008 cit., pág. 678.
Se o coactor for o declaratário, basta a prova da dupla causalidade, tal como referida no texto. Tratando--se de coacção proveniente de terceiro, a solução é idêntica, ainda que a contraparte "nada soubesse ou devesse saber" da coacção (ao contrário do que sucede nas hipóteses de dolo de terceiro). Apenas se exige que seja grave o mal de que o declarante é ameaçado e "justificado o receio da sua consumação", devendo ambos os requisitos ser objectivamente apreciados. Esta solução, que priva em grande parte de tutela o declaratário, justifica-se pela gravidade da coacção e pela forte reprovação que merece do ordenamento. Sobre este ponto, com mais desenvolvimento, OLIVEIRA ASCENSÃO, *Direito Civil – Teoria Geral*, Vol. II, 2003 cit., pp. 169 segs.; CARVALHO FERNANDES, *Teoria Geral do Direito Civil*, II, 2007 cit., pp 236-237; MOTA PINTO, *Teoria Geral do Direito Civil*, 2005 cit., pág. 533; PAIS DE VASCONCELOS, *Teoria Geral do Direito Civil*, 2008 cit., pág. 679.

[1728] Neste sentido, v. o Ac. RL de 24-11-1999 (Proc. nº 595/96) cit.

[1729] CARVALHO FERNANDES, *Teoria Geral do Direito Civil*, II, 2007 cit., pág. 241.

[1730] Em bom rigor, o aproveitamento consciente da situação de inferioridade do declarante pode provir do declaratário ou de terceiro, podendo estes ser, ou não, causadores do seu estado de inferioridade. Igualmente o benefício excessivo ou injustificado pode reverter para o declaratário ou para terceiro. Sugere-o fortemente a própria letra do nº 1 do art. 282º, quando refere genericamente "alguém" e "outrém", em vez de declaratário e terceiro (neste sentido PEDRO EIRÓ, *Do Negócio Usurário*, Almedina, Coimbra, 1990, pp. 68-69 e CARVALHO FERNANDES, *Teoria Geral do Direito Civil*, II, 2007 cit., pág. 241).

OS MEIOS DE TUTELA DO TRABALHADOR

De entre as causas da situação de inferioridade enumeradas no nº 1 do art. 282º do CódCiv refira-se, pelo seu relevo em matéria de revogação do contrato de trabalho, o estado de "dependência", o qual abarca, desde logo, o temor reverencial[1731], *i.e.*, "o receio de desagradar a certa pessoa de quem se é psicológica, social ou economicamente dependente"[1732]. Trata-se de um ponto da previsão normativa que, não versando exclusivamente a relação laboral, se mostra especialmente adequado a acautelar o trabalhador em todas as situações em que lhe é permitido negociar com o empregador, como tipicamente sucede na extinção pactuada do vínculo laboral[1733]. Já a excessividade ou injustificação do benefício implica "um desequilíbrio, uma quebra de equivalência"[1734] que, "segundo todas as circunstâncias" do negócio, ultrapasse "os limites do que pode ter alguma justificação[1735]. O que vale por dizer que "entre a prestação do lesado e a contraprestação do beneficiário da declaração haja um desequilíbrio objectivo", traduzido numa desproporção infundada mesmo perante as "circunstâncias particulares do negócio"[1736]. Por último, a "exploração da situação de inferioridade do declarante" traduz-se num "aproveitamento consciente" desta pela contraparte, que deve ter "tanto a consciência" de aquele "se encontrar inferiorizado como, ainda, do benefício excessivo ou injustificado que vai obter", para si ou para outrem[1737].

A relevância da usura como vício da vontade depende da verificação cumulativa destes três elementos. E, quando procedente, determina a anulação do negócio ou a sua modificação segundo juízos de equidade (arts. 282º e 283º do CódCiv). Esta última tanto pode ser requerida pelo lesado, como pela contraparte, em reacção e como alternativa à anulação do negocio por aquele pedida[1738]

[1731] Assim o tem entendido a nossa doutrina diante do nº 3 *in fine* do art. 255º do CódCiv, que expressamente exclui do âmbito da coacção moral, enquanto "causa autónoma do medo", o "simples temor reverencial", em princípio "irrelevante como motivo determinante da vontade" em tal contexto. Neste sentido, PEDRO EIRÓ, *Do Negócio Usurário*, 1990 cit., pp. 42-43; CARVALHO FERNANDES, *Teoria Geral do Direito Civil*, II, 2007 cit., pp. 237 segs.; MOTA PINTO, *Teoria Geral do Direito Civil*, 2005 cit., pág. 534; PAIS DE VASCONCELOS, *Teoria Geral do Direito Civil*, 2008 cit., pág. 679.

[1732] CARVALHO FERNANDES, *Teoria Geral do Direito Civil*, II, 2007 cit., pág. 237.

[1733] Refira-se, em todo o caso, que na única (tanto quanto sabemos) decisão proferida por um tribunal superior sobre anulabilidade de um acordo revogatório do contrato de trabalho com fundamento em usura, a causa da situação de inferioridade do trabalhador apreciada (e julgada inexistente) foi o estado de necessidade (Ac. STJ de 26-5-1993, Proc. nº 3619 cit.).

[1734] PAIS DE VASCONCELOS, *Teoria Geral do Direito Civil*, 2008 cit., pág. 626.

[1735] MOTA PINTO, *Teoria Geral do Direito Civil*, 2005 cit., pág. 536.

[1736] CARVALHO FERNANDES, *Teoria Geral do Direito Civil*, II, 2007 cit., pág. 244.

[1737] CARVALHO FERNANDES, *Teoria Geral do Direito Civil*, II, 2007 cit., pág. 245; no mesmo sentido, PAIS DE VASCONCELOS, *Teoria Geral do Direito Civil*, 2008 cit., pág. 628.

[1738] PEDRO EIRÓ, *Do Negócio Usurário*, 1990 cit., pág. 75; CARVALHO FERNANDES, *Teoria Geral do Direito Civil*, II, 2007 cit., pág. 248; PAIS DE VASCONCELOS, *Teoria Geral do Direito Civil*, 2008 cit., pág. 629.

A REVOGAÇÃO DO CONTRATO DE TRABALHO

e envolve "a redução do benefício excessivo ou injustificado a valores justos, segundo as circunstâncias concretas do negócio"[1739].

São várias as dificuldades com que se defronta a aplicação deste vício da vontade e da sua específica disciplina ao acordo extintivo do contrato de trabalho. E centram-se, em larga medida, no requisito objectivo da excessividade ou injustificação do benefício.

A primeira refere-se à sua alegação e prova – pela parte lesada, previsivelmente o trabalhador. Tal como tivemos ocasião de comprovar ao longo da análise efectuada, o regime laboral do distrate mostra-se particularmente adverso à demonstração e apreciação dessas excessividade e injustificação. Muitos dos seus traços mais marcantes – como a discricionariedade, a não imposição de contrapartida para o efeito extintivo, a lata autonomia conferida às partes na conformação dos seus efeitos, a opacidade da compensação pecuniária global[1740] – convergem no sentido de tornar o seu conteúdo, enquanto resultado de uma composição global, final e definitiva de interesses contrastantes, dificilmente sindicável. Paralela e não menos significativamente, a confluência de alguns destes mesmos traços pode, não raro, resultar em soluções à primeira vista desproporcionadas, mas com ele plenamente conformes – pense-se, *v.g.*, num distrate ajustado sem qualquer compensação para o trabalhador[1741] ou numa compensação pecuniária global de valor irrisório[1742]. Significa isto que, por uma ou por outra via, será imenso o esforço probatório imposto ao trabalhador, porque dirigido a demonstrar, em face das concretas circunstâncias do caso, não apenas o desequilíbrio da solução pactuada, mas também a injustificação e a consequente inadmissibilidade de uma tal opção. O que, fora de casos extremos, será algo muito próximo de uma *diabolica probatio*.

[1739] CARVALHO FERNANDES, *Teoria Geral do Direito Civil*, II, 2007 cit., pág. 248. Ou, conforme refere PAIS DE VASCONCELOS, "a correcção da injustiça interna do contrato", através da "reposição do equilíbrio económico" deste e "da correcção e da eliminação do desequilíbrio que o inquina" (*Teoria Geral do Direito Civil*, 2008 cit., pág. 629).

[1740] Cfr., respectivamente, *supra* os nºs 5.1.1, 5.1.2, 7.1, 8.2, 8.3 e 9.

[1741] Solução que, é sabido, corresponde ao modelo subjacente à disciplina legal do distrate, se bem que a mesma admita que as partes acordem associar-lhe outros efeitos, entre os quais se destaca, pela sua frequência e relevância, amplamente sublinhadas na doutrina e na jurisprudência, a atribuição ao trabalhador de uma compensação pecuniária como correspectivo da sua anuência na cessação do contrato (v. *supra* os nºs 5.1.1, 5.1.2 e 5.2).

No sentido da plena validade de um distrate desacompanhado de qualquer compensação pecuniária para o trabalhador, decidiu o Ac. RP de 10-10-1994 (Proc. nº 452) cit.

[1742] O qual pode ter resultado da compensação de créditos laborais do trabalhador (entre os quais a própria compensação de fim de contrato porventura estipulada) e de créditos sobre este detidos pelo empregador, operada quando da negociação do distrate. O ponto foi tratado *supra* no nº 8.2, para onde se remete.

OS MEIOS DE TUTELA DO TRABALHADOR

Mas ainda que o trabalhador logre produzir tal prova, a dificuldade desloca--se do plano dos requisitos de relevância para as consequências da qualificação como usurário do acordo revogatório do contrato de trabalho. E se é certo que a anulabilidade total do negócio não suscita, em princípio, como nos demais vícios da vontade considerados, especiais dúvidas, o mesmo não pode afirmar--se da anulabilidade meramente parcial, em que o julgador se defrontará com a questão da redutibilidade ou irredutibilidade do distrate outorgado, nos termos expostos.

Mais problemática será, contudo, a modificação segundo a equidade, relativamente à qual se suscitam todas as reservas que exprimimos a propósito da solução paralela, admitida entre nós em matéria de erro sobre a base do negócio. Mas agravadas, em nosso entender, pelo facto de, neste plano, a intervenção judicial, "segundo juízos de equidade", se fazer à margem de qualquer parâmetro – que, no caso do erro, ainda pode resultar da prefiguração do negócio tal como teria sido celebrado, não fora o desconhecimento do elemento que afectou a base negocial. E, como tal, resultar numa intervenção, mais ou menos intensa, mas sempre traduzida na apreciação e alteração de uma composição de interesses de natureza quase transaccional plasmada no acordo revogatório celebrado, que nos parece dificilmente conciliável com as orientações fundamentais do nosso ordenamento laboral nesta matéria[1743].

15.4. Regime comum dos vícios na formação da vontade, tutela do trabalhador e tutela do empregador

Procurando sintetizar os resultados obtidos ao longo da análise efectuada, destacaremos três pontos principais porque decisivos para a apreciação que nos propusemos fazer da adequação do regime comum dos vícios na formação da vontade à tutela das partes no distrate – em especial daquela que mais consabidamente dela carece, o trabalhador.

O regime dos vícios na formação da vontade revela-se, antes de mais, gravoso para a parte – quase sempre o trabalhador – que dele se pretenda prevalecer. Em razão das exigências que em matéria probatória estabelece, as quais redundam, as mais das vezes, em dificuldades intransponíveis[1744], que o próprio regime

---

[1743] Recorde-se, a este propósito o que *supra* se concluiu nos nºs 5.2.3.3.1, 9.3 e 9.4 acerca da opção do nosso legislador de, em geral, excluir o controlo judicial da adequação, proporção e suficiência das cedências mútuas entre trabalhador e empregador contidas no acordo revogatório, contrariamente ao que sucede em matéria de transacção.

[1744] Trata-se de um ponto que resulta especialmente nítido da jurisprudência que fomos analisando e citando nos números precedentes. Com efeito, na larga maioria dos Acórdãos proferidos nesta matéria, os nossos tribunais superiores julgam improcedente o vício invocado pelo trabalhador, não porque as

A REVOGAÇÃO DO CONTRATO DE TRABALHO

laboral da revogação tende a agravar[1745]. Mas, não menos significativamente, porque carece de sintonia com a realidade da cessação pactuada da relação laboral. Assim sucede quando trata como comum declaratário o empregador que, não raro, redigiu o texto do acordo ou predispôs as cláusulas abdicativas nele incluídas[1746], centrando nele, porventura em detrimento do trabalhador, cautelas que no contexto em que é normalmente outorgado o distrate se revelam excessivas e até injustificadas. Ou quando prevê como alternativa à destruição do negócio a sua conservação, mediante a modificação do seu conteúdo, pelo juiz com recurso à equidade, dificilmente aplicável, como se viu, às composições de interesses patrimoniais encerradas na compensação pecuniária global e nas próprias cláusulas abdicativas[1747]. E, assim, promete mais do que efectivamente dá, em matéria de protecção do trabalhador. Por último, ao reduzir o leque de possíveis opções a uma única – a reposição do vínculo laboral extinto, num regresso ao *stato quo ante*, em tudo idêntico ao propiciado pelo direito de revogação unilateral, só que de mais demorada e mais difícil obtenção – o regime comum dos vícios da vontade não logra acautelar eficazmente a livre e discernida vontade extintiva do trabalhador expressa no distrate.

Significa isto, afinal, que a recente opção do nosso legislador de fazer recuar o direito de desvinculação unilateral do trabalhador, confinando-o ao mero "arrependimento" e destituindo-o, ao menos em princípio, de qualquer protagonismo em sede de tutela da sua vontade[1748] (reservado aos meios comuns) se traduziu, do ponto de vista substantivo, num retrocesso, dificilmente compreensível, atenta a premência dos valores envolvidos[1749].

O que antecede resulta confirmado pelo balanço de sentido oposto que resulta do deslocar da perspectiva de análise para a óptica do empregador. Que enquanto principal interessado na obtenção do acordo revogatório, primeiro, e na sua manutenção e consolidação, depois, vê esta sua posição reforçada pela

circunstâncias do caso afastem tal conclusão ou apontem noutro sentido, mas por insuficiência dos factos alegados e provados para demonstrar a verificação, seja dos seus elementos, seja, com particular destaque para as hipóteses de erro, dos seus requisitos de relevância.

[1745] É o que sucede desde logo com a sua conformação como discricionária que, resultando na desnecessidade de indicação do motivo da outorga do distrate, pode dificultar a prova dos vícios da vontade em geral e do erro em particular. Com efeito, e como nota OLIVEIRA ASCENSÃO, "em todo o vício na formação da vontade o que há em última análise é a relevância de um motivo que conduz à relevância anulatória do acto" (*Direito Civil – Teoria Geral*, Vol. II, 2003 cit., pág. 136).

[1746] Trata-se de um aspecto que a jurisprudência dos nossos tribunais superiores tende a desvalorizar, não apenas em matéria de abdicação de créditos pelo trabalhador através de quitações totais e plenas dadas ao empregador, mas também perante a invocação pelo trabalhador de vícios na formação da vontade susceptíveis de invalidar o acordo revogatório celebrado. Cfr. *supra* os nºs 12.3.1 e 12.3.2.

[1747] Cfr. *supra* o nº 15.3.

[1748] Cfr. *supra* os nºs 2.7.3 e 14.2.1.1

[1749] Cfr. *supra* os nºs 14.2.1.1 e 14.4.

OS MEIOS DE TUTELA DO TRABALHADOR

preponderância conferida a uma disciplina que objectivamente dificulta, por todas as razões expostas, a desvinculação do trabalhador, mesmo quando fundada num motivo para cuja verificação tenha contribuído.

Cabe, pois, concluir que também nesta vertente da cessação de efeitos do distrate, a opção do legislador de 2003, de claro pendor civilista, se visava repor o equilíbrio entre as partes – substituindo, na zona em que ambos os mecanismos convergiam[1750], uma solução controversa por uma outra, de base paritária e, como tal, supostamente mais consentânea com a posição em que reciprocamente se encontrariam – resultou num modelo patente e inaceitavelmente distorcido em detrimento da parte cuja protecção deveria, em primeira linha, garantir.

[1750] Cfr. *supra* o nº 15.2.

CONCLUSÕES

I. A cessação por mútuo acordo do contrato de trabalho constitui expressão da liberdade contratual das partes, filiada no princípio da autonomia da vontade, mas é também uma forma de extinção do mesmo, enquadrada pela garantia constitucional e legal de estabilidade e de segurança no emprego.

É com base nestas duas vertentes e nas suas, por vezes, contrastantes exigências que se estrutura a disciplina laboral do distrate, fruto das concretas opções legislativas quanto à sua articulação e, em especial, à preponderância conferida a uma ou a outra, quanto a determinadas questões.

A recondução do acordo extintivo do contrato de trabalho à autonomia privada implica a sua admissibilidade de princípio e a sua sujeição ao direito comum, que postula a abertura do seu conteúdo à vontade das partes.

A valorização da sua vertente extintiva determina a sujeição do distrate laboral a soluções destinadas a tutelar o trabalhador, traduzidas em exigências, restrições e prerrogativas que se afastam da estrita lógica contratual.

II. Há mais de quarenta anos que o direito português dispõe de uma disciplina laboral do distrate, norteada por dois objectivos: evitar a fraude à garantia de estabilidade e definir a situação das partes quanto a prestações pecuniárias emergentes do contrato de trabalho extinto.

Esta disciplina reflecte uma constante tensão entre as suas vertentes civil e laboral, sendo, não raro, o próprio legislador do trabalho e a jurisprudência a privilegiar a primeira, numa opção quase sempre prejudicial ao trabalhador.

III. A revogação do contrato de trabalho é um negócio formal: a evolução legal traduziu-se no reforço de exigências que acautelam o trabalhador, pro-

A REVOGAÇÃO DO CONTRATO DE TRABALHO

movendo a ponderação da sua decisão extintiva, facilitando a sua prova e a sua reavaliação e obviando a certas práticas de defraudação dos seus direitos.

IV. O mútuo consenso extintivo e as datas de celebração e de produção dos seus efeitos (se não coincidentes) são estipulações essenciais ou acessórias, mas visadas pela razão justificativa da forma legal.

Outros eventuais efeitos, enquanto estipulações acessórias anteriores ou contemporâneas não cobertas pela imposição de forma, podem ser acordadas por qualquer outro meio. Contudo, as limitações legais à respectiva prova tendem a privar de alcance prático esta contraposição.

V. A inobservância da forma escrita gera a nulidade do acordo revogatório. O mesmo sucede em caso de preterição das demais formalidades relativas à forma e às menções a incluir no documento.

Contra certas propostas doutrinais e jurisprudenciais de uma abordagem menos rígida, entendemos que as razões justificativas da adopção de cautelas formais na celebração do distrate e o relevante papel tutelar a estas cometido apontam para que a sua preterição gere, por via de regra, a nulidade.

E se a invocação dessa nulidade por uma das partes pode ser impedida, perante circunstâncias que a qualifiquem como abuso de direito, tal sucederá apenas nos apertados limites do art. 334º do CódCiv.

A superação dos efeitos desta nulidade pela conversão comum do acordo extintivo em declaração extintiva unilateral do trabalhador justifica, em nosso entender, algumas reservas e requer especiais precauções.

São dois os pontos a acautelar: o objectivo protector visado na sujeição da expressão da vontade extintiva concorde do trabalhador a formalidades não exigidas para a denúncia e a conformidade com a vontade conjectural das partes, caso o distrate nulo exprima uma composição de interesses mais vasta.

VI. Porque segue, antes de mais, o regime contratual comum, a extinção pactuada do vínculo laboral é sempre discricionária, opera apenas para o futuro e pode ocorrer em qualquer fase da relação.

Porém, e por envolver a abdicação pelo trabalhador da estabilidade que lhe é legal e constitucionalmente garantida, a sua disciplina laboral é norteada por um objectivo de protecção daquele, a impor alguns desvios às regras comuns.

Com muita frequência, a cessação consensual do contrato de trabalho consiste num "despedimento negociado": o trabalhador acede na desvinculação contra o pagamento de uma quantia, livremente ajustada pelas partes.

CONCLUSÕES

A consideração desta faceta do distrate projecta-se na sua regulação, impondo, quer a valorização do reforço do poder negocial do trabalhador, quer especiais cautelas, ante o risco de a díspar situação das partes e o interesse do empregador na extinção propiciarem pressões sobre aquele.

Já a contrapartida da anuência do trabalhador, porque se dissolve na finalidade liquidatória e estabilizadora cometida à compensação global e à presunção nela estribada, tem escasso relevo na sua disciplina.

VII. No que se refere a outros efeitos a associar pelas partes ao distrate, é de excluir a possibilidade de atribuição de eficácia retroactiva, por força do regime comum e, no plano laboral, da imperatividade do regime legal da cessação do contrato de trabalho e da disciplina da sua invalidade.

VIII. A simultaneidade dos momentos de celebração e de produção de efeitos é conatural ao distrate: constituindo este o desfecho de uma sequência de contactos e negociações entre empregador e trabalhador, não requer a tutela de qualquer deles face a uma inesperada ou abrupta cessação.

A indicação no texto do distrate da data em que se tornará eficaz só tem sentido quando esta não seja a da sua outorga, pois impede o empregador de invocar um termo suspensivo naquele não explicitado.

Justificada apenas quando se trate de afastar o regime-regra, tal indicação não constitui elemento essencial do seu conteúdo, mas estipulação acessória, submetida, contudo, às exigências formais que regem a sua outorga.

IX. Porque o nosso ordenamento não fixa uma duração máxima para o termo suspensivo a apor ao distrate, parece permitir que, através do diferimento dos seus efeitos, se conforme a relação laboral como transitória, *a posteriori* e à margem das exigências de fundo e de forma limitativas da contratação a termo.

X. Em caso de inclusão de pacto de não concorrência no documento que titula o distrate, a contrapartida da limitação imposta ao trabalhador deve ser fixada à parte, e não incluída na compensação pecuniária global, atentos a função que desempenha e o controlo a que está sujeito o seu montante.

Se a sua celebração em simultâneo com o acordo extintivo faz depender a validade e eficácia do pacto de não concorrência da validade e eficácia daquele, o mesmo não sucede com as obrigações que um e outro geram para as partes: estas, em regra, não serão correspectivas, logo interdependentes.

A REVOGAÇÃO DO CONTRATO DE TRABALHO

XI. Sempre que o acordo de cessação do contrato de trabalho contenha um acordo de reforma antecipada, a sua interdependência funcional, além de os tornar dificilmente dissociáveis, justifica a inclusão deste nos meios de cessação derivados do acordo das partes e sua sujeição ao respectivo regime.

XII. É vasta a margem de actuação consentida às partes na modelação da compensação pecuniária global, seja na sua conformação como tal, ou não, seja na fixação do seu montante ou dos termos do seu pagamento.

Designadamente, não se estabelece um valor mínimo, nem parâmetros ou critérios para o seu ajuste: a quantia acordada é aceite sem reservas e, desde que se apresente como global, suporta a presunção de inclusão de créditos, opção questionável pelos graves reflexos desta na esfera do trabalhador.

XIII. Parece-nos muito duvidosa a aplicabilidade, em caso de incumprimento da compensação pecuniária global pactuada, da resolução por incumprimento.

Por ser difícil a determinação e prova de um nexo de sinalagmaticidade entre aquela e a declaração extintiva do trabalhador, dada a sua opacidade, fruto da recondução da sua globalidade à indiscriminação dos créditos nela abrangidos.

E porque a demonstração pelo trabalhador de que o seu valor corresponde, no todo ou em parte, à contrapartida da sua anuência na cessação do contrato, vai muito além da prova do contrário consentida pela natureza relativa da presunção.

XIV. A natureza global da compensação pecuniária consiste na não explicitação das parcelas de cuja soma resulta o seu *quantum*, já que esta, caso ocorra, obsta a que se considere que aquela acerta e encerra as contas entre as partes, abarcando todos os possíveis créditos de uma sobre a outra.

Para poder suportar tal presunção, a compensação deve surgir desligada da satisfação de específicas pretensões ou de uma estrita função compensatória: a sua globalidade implica a não indicação da sua causa, para possibilitar que lhe seja *ex lege* associada outra, presumida.

A especificação e liquidação em separado de certos créditos não exclui, só por si, a globalidade da compensação: para que esta seja afastada é, ainda,

CONCLUSÕES

necessário que aquelas resultem numa determinação dos créditos incluídos no montante fixado que desvele os termos e a causa da sua atribuição.

XV. A presunção legal assente na atribuição da compensação pecuniária global só considera incluídos no seu montante os créditos laborais já vencidos no momento da cessação do contrato ou por esta tornados exigíveis, ficando fora do círculo de créditos visados os incertos, ilíquidos ou litigiosos.

E refere-se a créditos de qualquer das partes sobre a outra: embora baseada na atribuição daquela ao trabalhador, abarca também créditos do empregador.

Ao presumir apenas a inclusão (e não já a liquidação) dos créditos vencidos ou exigíveis, o legislador de 2009 terá pretendido superar a aparente limitação da fórmula anterior e abarcar a pluralidade de composições que podem determinar a sua atribuição e/ou influir na fixação do seu *quantum*.

XVI. Tomando parte na questão da natureza da presunção estribada na atribuição da compensação pecuniária global, o CT veio, em 2003, contrariar a orientação unânime da jurisprudência e de alguma doutrina, ao esclarecer a sua natureza relativa, a admitir prova em contrário.

Não são interpretativas as normas dos arts. 394º, nº 4, do CT2003 e 349º, nº 5, do CT2009, por lhes faltar um claro objectivo de interpretação autêntica da lei antiga e porque, tendo consagrado a interpretação oposta à corrente jurisprudencial uniforme, surgem como inovadoras.

XVII. A presunção legal não se esgota na inversão do ónus da prova do pagamento do crédito que se quer exigir: envolvendo a assunção de que no montante global foram incluídos (pagos, compensados) todos os créditos vencidos ou tornados exigíveis, é esta que o esforço probatório há-de visar.

A prova a produzir deverá, pois, incidir sobre a não inclusão e o motivo desta (*v.g.*, por a compensação respeitar apenas à cessação, ter ocorrido um lapso, dever-se aquela a opção das partes, tratar-se de crédito à data não exigível).

A exigência desta prova é agravada pela opacidade da compensação, cuja globalidade impede que se saiba que créditos e/ou indemnizações foram incluídos no seu montante e que ajustes a este terão conduzido.

XVIII. A prova em contrário não afasta, sem mais, a presunção: o seu efeito cinge-se ao crédito em causa, continuando a inferir-se a inclusão dos demais.

A invocação, por meio da ilisão da presunção, de créditos do trabalhador não abrangidos na compensação global é limitada ao ano posterior à cessação do contrato e é sempre precludida pela inclusão no distrate de uma quitação ampla, com alcance abdicativo, a qual extingue todos os seus créditos.

XIX. O modelo legal assente no binómio compensação global – presunção visa, como a transacção, encerrar e prevenir litígios, através da composição equitativa de interesses contrapostos, e valoriza a segurança e a previsibilidade da solução pactuada.

Por aqui se queda, contudo, o paralelismo: o pacto extintivo do contrato de trabalho contendo tal solução segue um regime próprio, que diverge e, nesse sentido, afasta a aplicabilidade dos arts. 1248º e segs. do CódCiv.

É o caso das recíprocas concessões: a opacidade da compensação pecuniária global impede a indicação da causa da sua atribuição e montante, logo das eventuais cedências de parte a parte que a suportam, as quais, não sendo apreensíveis, não são controláveis na sua adequação, proporção e suficiência.

Mas também da prevenção de futuros litígios: no regime laboral a pacificação não é plena, visto que, no ano após a cessação, se admite a prova em contrário.

XX. A tutela do trabalhador face a este modelo exigiria o seu desdobramento por dois planos: um relativo à compensação pecuniária global, seu montante e termos da sua fixação, o outro reportado à presunção legal nela assente, condições e limites do seu afastamento.

O nosso direito laboral não submete a qualquer controlo a quantia ajustada como compensação global: perante a ausência de imposições ou limites, o facto de esta comportar um benefício irrisório ou nulo para o trabalhador não compromete a sua estipulação, nem impede o desencadear da presunção.

E se sempre pode o trabalhador valer-se da revogação do distrate ou do regime dos vícios na formação da vontade para se libertar de uma composição de interesses que lhe seja desvantajosa ou não resulte da sua vontade livre ou esclarecida, tais soluções não permitem rever ou corrigir o montante ajustado.

No que se refere à presunção legal, a complexidade e limitações da prova do contrário admitida mostram ser insuficiente a protecção por esta proporcionada ao trabalhador, que continua a ver fortemente restringida a ulterior invocação de créditos laborais exigíveis à data da cessação.

CONCLUSÕES

Diversamente, para o empregador, a compensação global e a presunção mostram-se especialmente aptas à satisfação de créditos que este detenha sobre o trabalhador e, sobretudo, à obtenção de um efeito muito próximo da liberação quanto a todos os créditos por aquele exigíveis.

Ao promover legítimos interesses do empregador sem garantir uma adequada protecção do trabalhador, o nosso ordenamento laboral surge, nesta matéria, gravemente distorcido e desequilibrado, tendo as alterações de 2003 apenas atenuado um problema que queda por resolver.

XXI. A inclusão no distrate de uma cláusula na qual o trabalhador declara ter recebido certa quantia e considerar-se pago de todos os seus créditos laborais, dos quais dá quitação total e plena, afirmando nada mais ter a haver, suscita delicadas questões relativas à sua qualificação e eficácia.

É muito criticável a orientação jurisprudencial entre nós prevalecente quanto a este ponto, porque baseada em premissas incorrectas e desacertada na análise dos casos concretos.

O seu principal problema reside na aplicação a que procede da figura da remissão abdicativa às declarações de quitação total e plena subscritas pelo trabalhador quando da cessação, por qualquer causa, do contrato de trabalho.

As muitas decisões disponíveis partem de duas premissas: necessidade de interpretação da declaração do trabalhador segundo a "teoria da impressão do declaratário" e susceptibilidade de a aceitação do empregador ser tácita.

Centrando a sua análise no "declaratário normal" – o empregador, a quem, quase sempre, cabe a iniciativa da subscrição e a autoria das declarações em apreço – a perspectiva de tais decisões é estritamente civilista, sem atentar em que os sujeitos em presença são trabalhador e empregador.

E incorrem, ainda, num objectivismo extremo, subvertendo o próprio critério legalmente estabelecido para a interpretação das declarações negociais.

A construção da aceitação tácita pelo empregador das declarações de renúncia, visando a sua subsunção à remissão abdicativa, revela-se desnecessário e até contraditório, ao supor que este é alheio à sua emissão.

Esta abordagem é, ainda, puramente formal, pois quase nunca indaga e/ou pondera os interesses contrastantes em presença e, sobretudo, a vontade do trabalhador e as motivações desta determinantes.

É urgente uma mudança desta orientação jurisprudencial que permita superar a presente deriva civilística, recentrando a apreciação destas declarações do trabalhador em valores especificamente laborais, sem prejuízo do recurso aos conceitos e categorias gerais, que, nestas matérias, têm o seu lugar próprio.

XXII. Jurisprudência e doutrina convergem, em termos que subscrevemos, em que certas características do acordo extintivo do contrato de trabalho permitem superar as reservas suscitadas pelas declarações liberatórias latamente formuladas e suportar, até sugerir, uma vontade remissiva do trabalhador.

XXIII. O direito de o trabalhador unilateralmente se desvincular do distrate não permite, contra o que entende alguma jurisprudência, sustentar a genérica eficácia liberatória das quitações amplas insertas em acordos extintivos ou, na sua interpretação, favorecer a sua recondução a declarações abdicativas.

XXIV. A questão da função que na cessação pactuada do contrato de trabalho desempenham a presunção fundada na compensação global e a quitação genérica dada ao empregador ganhou nova premência em 2003, com o CT.

Desde então que o pagamento daquela ao trabalhador dificulta, mas não impede, a invocação por este de créditos laborais no ano posterior à cessação do contrato, não produzindo o efeito de acerto final e definitivo de contas.

Tal efeito obtém-se agora – e em exclusivo – pela remissão abdicativa outorgada entre trabalhador e empregador, a qual extingue todos e quaisquer créditos laborais detidos pelo primeiro.

É, pois, de prever o ressurgir da utilidade e preponderância das declarações abdicativas do trabalhador e das cláusulas de quitação ampla que, não raro, as exprimem, mas, também, a escassa relevância prática da ilisão da presunção assente na compensação pecuniária global, que a adopção daquelas preclude.

XXV. A protecção do trabalhador parte num acordo extintivo contendo uma declaração liberatória do empregador com alcance genérico resulta da conjugação de mecanismos de direito comum e de direito laboral.

No plano do direito comum, a tutela do trabalhador há-de assentar, essencialmente, na rigorosa determinação da sua vontade, a qual supõe a correcta aplicação dos critérios legais de interpretação da declaração negocial, privilegiando a indagação, ante as circunstâncias do caso, da sua vontade real.

No plano laboral, se, com frequência, a compensação global constitui ou contém o correspectivo da quitação ampla dada ao empregador, não é possível limitar a sua admissibilidade aos casos em que o acordo extintivo integre tal solução.

CONCLUSÕES

Com efeito, se doutrina e jurisprudência associam à atribuição da primeira a admissibilidade da segunda, também aceitam a sua dissociação, pelo que, de novo, a tutela do trabalhador exige a rigorosa indagação da sua vontade, perante o ajuste (ou não) da compensação.

Diverso é o balanço resultante da análise do sistema na óptica do empregador: a inclusão no distrate de uma quitação total e plena permite-lhe obter um efeito de encerramento total e definitivo de contas que reforça a estabilização já produzida pela presunção legal.

E este benefício tem sido ampliado, de forma desmedida, pela jurisprudência, presa a uma interpretação objectivista das quitações totais e plenas dadas pelo trabalhador e alheada da apreciação da vontade e da concreta situação deste.

Significa isto que, no quadro normativo vigente, o modelo de tutela dos interesses contrastantes de trabalhador e empregador se apresenta, também neste plano, gravemente desequilibrado, em detrimento do primeiro.

Esta situação radica, mais que na falta de específica disciplina da matéria, numa muito questionável aplicação das soluções de direito comum e de direito laboral que, se correctamente utilizadas, proveriam adequada e efectiva garantia ao trabalhador.

XXVI. A constância do nosso sistema na atribuição ao trabalhador de um direito de se desvincular do distrate contrasta com a variabilidade da sua conformação, patente no seu regime, no qual as várias orientações seguidas deixaram marca, com prejuízo da sua coerência e do seu intuito tutelar.

XXVII. Em matéria de prazo para revogação do distrate, a opção do CT, tomada em 2003 e mantida em 2009, de erigir o momento da sua celebração em *dies a quo*, aplicável indistintamente a qualquer situação, traduziu-se num efectivo e incompreensível recuo na protecção do trabalhador, por três motivos.

Por inviabilizar, quando não coincidam a celebração e a produção de efeitos do distrate, que a sua revogação possa, mesmo acessoriamente, ser usada contra as práticas fraudulentas que no direito anterior combatia.

Por a solução adoptada em matéria de *dies a quo* potenciar o risco dessa mesma fraude: basta que entre as duas datas apostas no acordo "em branco" decorram mais de sete dias.

E, sobretudo, porque nos casos de fraude visados pela L nº 38/96, o recurso pelo trabalhador a meios de direito comum não lhe proporcionará a tutela expe-

A REVOGAÇÃO DO CONTRATO DE TRABALHO

dita e adequada que lhe advinha da simples desvinculação unilateral do acordo extintivo outorgado.

Mas mesmo na perspectiva do mero "arrependimento" do trabalhador, dificilmente os actuais contornos deste direito lhe proporcionam uma adequada tutela.

O cotejo da duração do prazo com lugares paralelos em matéria de protecção contratual da parte mais fraca faz duvidar da sua suficiência para permitir a reavaliação pelo trabalhador da sua decisão.

Quanto ao novo *dies a quo*, é duvidoso que o decurso do prazo durante a relação laboral permita a reflexão livre de pressões ou constrangimentos que aquela pressupõe.

XXVIII. Integram a previsão da norma que impõe a restituição ao empregador das quantias recebidas como requisito do exercício pelo trabalhador do seu direito de revogação do distrate a compensação de fim de contrato e os créditos tornados exigíveis pelo facto da cessação.

O mesmo não sucede com os créditos vencidos durante a relação laboral finda, que o trabalhador pode manter mesmo ocorrendo a retoma do vínculo laboral.

Caso ao trabalhador tenha sido atribuída uma compensação global, esta deve, segundo o critério legal, ser considerada paga em cumprimento do acordo e restituída, a menos que aquele prove que o seu montante se destinava, também, a liquidar créditos vencidos e qual o valor destes.

XXIX. O direito que ao trabalhador é conferido de, unilateralmente, se desvincular do acordo extintivo do contrato de trabalho reconduz-se, em nosso entender, a uma revogação dotada de eficácia retroactiva *ex lege*.

Trata-se de um direito potestativo, cujo exercício requer a mera comunicação (escrita) ao empregador dessa intenção, no prazo, sem necessidade de invocar motivo justificativo e que opera sempre retroactivamente.

A sua retroactividade radica na lei, mais exactamente nas consequências que esta associa ao seu exercício e, porque aquela não distingue, opera em qualquer caso, tenha o distrate revogado produzido, ou não, os seus efeitos, e reporta-se ao momento da sua celebração.

A recondução deste direito à revogação impõe-se por esta ser compatível com a referida retroactividade e ser especialmente adequada à tutela do trabalhador,

394

em razão do seu carácter discricionário, que facilita o seu exercício e permite ao seu titular a prossecução das mais diversas finalidades.

XXX. É muito contestável a opção de manter, no modelo vigente, que o reduz a um mero "direito de arrependimento", a exclusão do direito de revogação unilateral do distrate pelo reforço do formalismo seguido na sua celebração.

A questão vai para lá da mera dificuldade de atribuir uma função útil a uma solução estreitamente vinculada a uma concepção abandonada e prende-se com as distorções causadas pela sua subsistência.

Porque a adopção do formalismo reforçado não constitui adequado sucedâneo da oportunidade de reflexão e de recuo que ao trabalhador permite a revogação unilateral, é desproporcionada a consequência que a lei lhe associa.

A situação é agravada pelo facto de a iniciativa quanto a tal adopção poder caber ao empregador, o que retira consistência a tal direito e, nessa medida, compromete a sua utilidade como mecanismo de tutela do trabalhador.

XXXI. A escassa efectividade e a insuficiência da protecção conferida ao trabalhador pela revogação do distrate, evidenciadas pela análise dos traços essenciais do seu regime, são confirmadas pela consideração do mesmo segundo a perspectiva do empregador.

Avulta, neste contexto, a possibilidade de o empregador excluir a desvinculação unilateral do distrate pelo reforço do seu formalismo, solução que coloca tal direito na sua disponibilidade, numa infundada prevalência do seu interesse num plano em que apenas subsidiariamente deveria relevar.

Constituindo bem mais que um vestígio, porventura inócuo, de uma orientação legislativa ultrapassada, a sua manutenção representa uma grave incongruência do nosso direito laboral, a resolver numa sua futura reforma.

XXXII. É díspar o âmbito de aplicação do direito de desvinculação unilateral do trabalhador e do regime dos vícios na formação da vontade: este último é, a um tempo, mais limitado e mais vasto, pois não se aplica a todo e qualquer acordo extintivo e porque acautela o trabalhador mas, também, o empregador.

É apenas na zona de sobreposição entre as duas figuras que uma e outra surgem como reciprocamente complementares, enquanto termos de uma opção que ao trabalhador é conferida.

A REVOGAÇÃO DO CONTRATO DE TRABALHO

E se nessa zona duplica e intensifica a protecção que ao trabalhador adviria da aplicação dos meios comuns, fora dela, o direito de desvinculação unilateral alarga essa tutela, ao abarcar outras situações por aqueles não acauteladas.

Já o regime dos vícios na formação da vontade, ao fazer sempre depender a libertação da parte afectada da alegação e prova dos requisitos de relevância do motivo invocado, de modo algum constitui veículo para reflexão e recuo do trabalhador quanto à vontade extintiva plasmada no distrate.

A opção legislativa de atribuir, restringir ou eliminar o direito de o trabalhador revogar o distrate implica, quanto às hipóteses situadas na zona de sobreposição, o desdobramento da sua tutela por meios comuns e meios de direito laboral, ou a sua limitação aos primeiros.

Já quanto às situações por aquele exclusivamente acauteladas, a mesma opção terá o significado, mais radical, de as prover ou desprover de qualquer protecção.

XXXIII. Em matéria de prazo para anulação do distrate com fundamento em vício na formação da vontade, não é isenta de dúvida a transposição para o domínio laboral das soluções de direito comum, que distingue consoante o negócio esteja, ou não, cumprido.

Porque o acordo de cessação exprime uma composição global de interesses das partes, contido no conjunto das condições ajustadas, o cumprimento relevante para este efeito há-de reportar-se à estipulação cuja validade é contestada, e não à produção do efeito extintivo.

XXXIV. Tratando-se de erro simples, o elemento do distrate sobre que recai pode ser o seu efeito extintivo, mas, também, a compensação pecuniária atribuída ao trabalhador ou a sua declaração abdicativa de todos os seus créditos laborais, sob a forma de uma quitação total e plena do empregador.

É duvidosa a invocabilidade pelo trabalhador que renunciou a todos os seus créditos laborais através de uma quitação genérica, do erro quanto à existência, à data, de outros.

Diverso deste é o erro acerca dos efeitos da mesma quitação total e plena, que o trabalhador sempre pode invocar.

XXXV. Caso o erro julgado procedente recaia apenas sobre uma das estipulações contidas no acordo extintivo, cabe indagar se implica a mera anulação da cláusula viciada ou se, traduzindo este uma mais vasta composição de interesses, a supressão daquela inviabiliza a sua subsistência.

396

CONCLUSÕES

XXXVI. A questão da aplicabilidade à cessação pactuada do contrato de trabalho da modificação segundo a equidade, que o nosso ordenamento admite como alternativa à anulação, quando o erro incida sobre a base do negócio, coloca-se essencialmente a propósito da compensação pecuniária global.

Parece dificilmente conciliável com a particular fisionomia desta a modificação equitativa do seu montante, porque supõe a indagação dos ajustes subjacentes àquele e a apreciação judicial da sua adequação ou suficiência, dificultadas ou mesmo impedidas pela sua natureza global.

E, sobretudo, porque implica a revisão ou correcção, pelo tribunal, de um valor resultante de uma avaliação feita pelas partes num contexto de acerto final de contas e traduzida numa composição de interesses plasmada (e não explicitada) no distrate, cujo equilíbrio pode vir a ser, por tal modo, rompido.

XXXVII. No que respeita à coacção moral, a ideia de que um meio em si lícito pode ter uma utilização ilícita ou injusta, em razão do fim prosseguido, reveste especial premência no contexto da cessação pactuada do contrato de trabalho.

É na definição da ténue linha que demarca o exercício legítimo de um direito pelo empregador de uma sua actuação ilegítima, porque dirigida a obter do trabalhador uma decisão extintiva que, de outro modo, não tomaria, que aos nossos tribunais cabe um decisivo papel.

XXXVIII. São graves as dificuldades com que se defronta a aplicação do regime comum da usura à cessação pactuada do vínculo laboral, as quais se prendem, sobretudo, com o requisito da excessividade ou injustificação do benefício e a sua prova pelo interessado, em especial pelo trabalhador.

Com efeito, o regime laboral do distrate é especialmente adverso à sua demonstração e apreciação: muitos dos seus traços mais marcantes convergem para tornar o seu conteúdo, fruto de uma composição global e definitiva de interesses contrastantes, dificilmente sindicável.

Acresce que a confluência de alguns desses traços pode resultar em soluções à primeira vista desproporcionadas, mas com ele plenamente conformes (como um distrate sem qualquer compensação ou o valor irrisório desta).

XXXIX. Parece, pois, de concluir que a aplicação ao acordo extintivo do contrato de trabalho do regime dos vícios na formação da vontade se revela muito gravosa para a parte, em regra o trabalhador, que dele se pretenda valer, redundando as exigências probatórias em dificuldades quase intransponíveis.

Mas, também, por tal solução carecer de sintonia com a realidade do distrate laboral, ao tratar como comum declaratário, rodeando-o de cautelas, o empregador que, não raro, redige o texto do acordo e predispõe as cláusulas abdicativas.

XL. Significa isto que a opção do legislador de 2003 de confinar a desvinculação unilateral do trabalhador ao "arrependimento", privando-a de protagonismo na tutela da sua vontade, cometida aos meios comuns, resultou num incompreensível recuo na perspectiva da protecção daquele.

Confirma-o o balanço de sentido oposto decorrente da apreciação da mesma na óptica do empregador, principal interessado na preservação e consolidação do distrate, cuja posição é reforçada pela primazia conferida a um regime que, objectivamente, dificulta a desvinculação do trabalhador.

Donde, também neste domínio da cessação de efeitos do distrate, a opção do legislador de 2003, de claro pendor civilista, se traduziu num modelo patente e inaceitavelmente distorcido, em detrimento da parte cuja protecção deveria, em primeira linha, garantir.

BIBLIOGRAFIA

ABRANTES, José João
- "O Direito do Trabalho e a Constituição", *in Estudos de Direito do Trabalho*, 2ª ed., AAFDL, Lisboa, 1990, pp. 60 segs.;
- "O Novo Código do Trabalho e os Direitos de Personalidade do Trabalhador", *in A Reforma do Código do Trabalho*, Coimbra Editora, Coimbra, 2004, pp. 139 segs.

AGRIA, Fernanda P. Moreira de Freitas Nunes/PINTO, Maria Luíza Duarte Silva Cardoso
- *Manual Prático de Direito do Trabalho – Contrato Individual de Trabalho*, Almedina, Coimbra, 1972.

ALARCON CARACUEL, Manuel Ramón
- "La aplicación del Derecho del Trabajo (en torno al artículo 3)" *in El Estatuto de los Trabajadores: Veinte años después – REDT*, nº 100, T. 1, 2000, pp. 227 segs.

ALBIOL MONTESINOS, Ignacio/CAMPS RUIZ, Luís Miguel/LOPEZ GANDIA, Juan/SALA FRANCO, Tomás
- *Compendio de Derecho del Trabajo*, II – Contrato Individual, 2ª ed., Tirant lo Blanch, València, 2007.

ALEGRE, Carlos
- *Acidentes de Trabalho e Doenças Profissionais – Regime Jurídico Anotado*, 2ª ed., Almedina, Coimbra, 2000;
- *Código de Processo do Trabalho Anotado e Actualizado (DL 38/2003)*, Almedina, Coimbra, 2003.

ALONSO OLEA, Manuel
- "Derechos irrenunciables y principio de congruencia", *Anuario de Derecho Civil*, Madrid, 1962, t.15 – n. 2 (Abril-Junio 1962), pp. 293 segs.
- v. ALONSO OLEA, Manuel/CASAS BAAMONDE, Maria Emília

ALONSO OLEA, Manuel/CASAS BAAMONDE, Maria Emília
- *Derecho del Trabajo*, 21ª ed., Thomson – Civitas, Madrid, 2003.

ALEXANDRE, Isabel
- "Princípios Gerais do Processo do Trabalho", *Estudos do IDT*, III, Almedina, Coimbra, 2002, pp. 389 segs.

ALMEIDA, Vítor Nunes de
- v. CARVALHO, Messias/ALMEIDA, Vítor Nunes de

ÁLVAREZ DE LA ROSA, Manuel
- *Pactos Indemnizatorios en la Extinción del Contrato de Trabajo*, Civitas, Madrid, 1990;
- "Suspensión y extinción del contrato de trabajo por mútuo acuerdo y por causas consignadas en el contrato (en torno a los artículos 45.1.a) y b) Y 49.1.a) y b))" *in El Estatuto de los Trabajadores: Veinte años después – REDT*, nº 100, T. 2, 2000, pp. 951 segs.;
- v. PALOMEQUE LOPEZ, Manuel Carlos/ÁLVAREZ DE LA ROSA, Manuel

AMADO, João Leal,
- "Cessação do Contrato de Trabalho por Mútuo Acordo e Compensação por Perda de Emprego" *in Prontuário de Direito do Trabalho* – Actualização nº 35 (16-9-90 a 20-12-90), policop., CEJ, Lisboa, 1990, pp. 12 segs.;
- *A Protecção do Salário*, Separata do Vol. XXXIX do Suplemento do *Boletim da Faculdade de Direito da Universidade de Coimbra*, Coimbra, 1993;
- "Revogação do contrato e compensação pecuniária para o trabalhador: notas a um Acórdão do Supremo Tribunal de Justiça" *in QL*, nº 3, 1994, pp. 167 segs;
- "A revogação do contrato de trabalho – nótula sobre os arts. 393º a 395º do CT" *in Temas Laborais*, Coimbra Editora, Coimbra, 2005, pp. 97 segs;
- "Declarações liberatórias: efeitos probatórios ou efeitos dispositivos?" *in Maia Jurídica*, 2006, nº 2, pp. 155 segs.;
- "Crédito Salarial, Compensação e Cessão – nótula sobre os arts. 270º e 271º do Código do Trabalho", *in Temas Laborais, 2*, Coimbra Editora, Coimbra, 2007, pp. 47 segs.;
- "A Prescrição dos Créditos Laborais – nótula sobre o art. 381º do Código do Trabalho", *in Temas Laborais, 2*, Coimbra Editora, Coimbra, 2007, pp. 59 segs.;
- *Contrato de Trabalho – à luz do Novo Código do Trabalho*, Coimbra Editora, Coimbra, 2009.
AMOROSO, Giovanni/DI CERBO, Vicenzo/ MARESCA, Arturo
- *Il Diritto del Lavoro, Vol. I – Costituzione, Codice Civile e Leggi Speciale*, 2ª ed., Giuffré, Milão, 2007.
ANDRADE, Manuel de
- *Noções Elementares de Processo Civil*, Coimbra Editora, Coimbra, 1979;
- *Teoria Geral da Relação Jurídica*, Vol. I, Coimbra Editora, Coimbra, 1983;
- *Teoria Geral da Relação Jurídica*, Vol. II, 6ª reimp., Coimbra Editora, Coimbra, 1983.

ANTONMATTEI, Paul-Henri
- *Les Clauses du Contrat de Travail*, Éditions Liaisions, Paris, 2000.
ANTUNES, Carlos Alberto Morais/GUERRA, Amadeu Francisco,
- *Despedimentos e outras formas de cessação do contrato de trabalho*, Almedina, Coimbra, 1984.
ARANGUREN, Aldo
- *La Tutela dei Diritti dei Lavoratori in Enciclopedia Giuridica del Lavoro (dir. Giuliano Mazzoni)*, Vol. 7, CEDAM, Pádua, 1981.
ARAÚJO, César d'
- *O Contrato de Trabalho na Lei Portuguesa (do Código Civil de 1867 à LCT)*, Lisboa, 1973.
ARDAU, Giorgio
- "La legislazione del lavoro e la sua piu recente evoluzione", *Rivista del Diritto Commerciale e del Diritto Generale delle Obbligazioni*, 1947, pp. 241 segs.
- *Manuale di Diritto del Lavoro*, Tomo Secondo, Giuffré, Milano, 1972.
ARUFE VARELA, Alberto
- v. MARTINEZ GIRON, Jesús/ARUFE VARELA, Alberto/CARRIL VAZQUEZ, Xose Manuel
ASCENSÃO, José de Oliveira
- *Direito Civil – Teoria Geral*, Vol. III, Coimbra Editora, Coimbra, 2002;
- *Direito Civil – Teoria Geral*, Vol II, 2ª ed., Coimbra Editora, Coimbra, 2003;
- *O Direito – Introdução e Teoria Geral*, 13ª ed., Almedina, 2005;
ASSANTI, Cecília
- *Corso di Diritto del Lavoro*, 2ª ed., CEDAM, Pádua, 1993.
- *Corso di Diritto del Lavoro – Appendice 1996*, CEDAM, Pádua, 1996.
BAPTISTA, Albino Mendes,
- "O Direito de Arrependimento" in *Prontuário de Direito do Trabalho* – Actualização nº 52 (1-7-97 a 30-9-97), policop., CEJ, Lisboa, 1997, pp. 49 segs.;
- "A audiência de partes no novo Código de Processo do Trabalho", in *RMP*, nº 82, 2000, pp. 157 segs.;

BIBLIOGRAFIA

- *Código de Processo do Trabalho Anotado*, 2ª ed., Quid Iuris, Lisboa, 2002.

BARREIRO GONZÁLEZ, Germán
- "Notas Jurisprudenciales sobre el Finiquito" *in REDT*, nº 16, 1983, pp. 615 segs.

BEZERRA, J. Miguel
- v. VARELA, Antunes/BEZERRA, J. Miguel/NORA, Sampaio e

BLAISE, Henry
- "Une transaction sans concessions ... ", *in Droit Social*, 1988, nº 5, pp. 432 segs.;
- "*Rupture amiable et transaction : une distinction délicate en droit du travail*", *in Droit Social*, 1996, nº 1, pp. 33 segs.;
- "Transaction. Conditions de validité. Exigence d'une concéssion de l'employeur – Cass Soc 27 mars 1996 (Interlac) – Observations", *in Droit Social*, 1996, nºs 7/8, pp. 741-742;

BOSSU, Bernard/DUMONT, François/VERKINDT, Pierre-Yves
- *Droit du Travail, T. 1 – Introduction. Relations Individuelles du Travail*, Montchrestien, Paris, 2007.

BOULMIER, Daniel
- "Le reçu pour solde de tout compte : un acte de tous les dangers pour le seul salarié", *in Droit Social*, 1996, nº 11, pp. 927 segs.
- "Portée limitée du reçu pour solde de tout compte rédigé en termes généraux", *in JCP*, nº 143, 1998, pp. 1877 segs.;
- "Cass Ass.Plén. 4 Juillet 1997 – Note", *in Recueil Dalloz*, 1998, pp. 101 segs.;

BRITO, Pedro Madeira de
- Anotação ao art. 121º *in* ROMANO MARTINEZ/LUÍS MIGUEL MONTEIRO/JOANA VASCONCELOS/PEDRO MADEIRA DE BRITO/GUILHERME DRAY/LUÍS GONÇALVES DA SILVA, *Código do Trabalho Anotado*, 8ª ed., Almedina, Coimbra, 2009;
- v. MONTEIRO, Luís Miguel/BRITO, Pedro Madeira de

BUGADA, Alexis
- "Perturbations temporelles autour du reçu pour solde de tout compte", *in Droit Social*, 2008, nº 12, pp. 1244 segs ;

BUONCRISTIANO, Mário
- "Le rinunzie e le transazioni del lavoratore" in *Trattato di Diritto Privato (dir. Pietro Rescigno), Vol. 15 (Impresa e Lavoro)*, UTET, Turim, 1984 (reimp. 1986).

CAMPS RUIZ, Luís Miguel
- v. ALBIOL MONTESINOS, Ignacio/CAMPS RUIZ, Luís Miguel/LOPEZ GANDIA, Juan/SALA FRANCO, Tomás

CANOTILHO, J. J. Gomes/MOREIRA, Vital
- *Constituição da República Portuguesa Anotada*, Vol. I, 4ª ed., Coimbra Editora, Coimbra, 2007.

CANOTILHO, J. J. Gomes/LEITE, Jorge
- "A Inconstitucionalidade da Lei dos Despedimentos", *in Estudos em Homenagem ao Prof. Doutor Ferrrer-Correia,III, BFDUC – Nº Especial*, Coimbra, 1991, pp. 501 segs.

CARINCI, Franco/DE LUCA TAMAJO, Raffaele/TOSI, Paolo/TREU, Tiziano
- *Diritto del Lavoro, Vol. 2 – Il Rapporto di Lavoro Subordinato*, 6ª ed., UTET, Turim, 2005.

CARRIL VAZQUEZ, Xose Manuel
- MARTINEZ GIRON, Jesús/ARUFE VARELA, Alberto/CARRIL VAZQUEZ, Xose Manuel

CARVALHO, António Nunes de,
- "Pensão Complementar de Reforma e Regulamento de Empresa", *in RDES*, 1993, nºs 1-2-3-4; pp. 349 segs.
- "Contrato de trabalho. Revogação por acordo. Compensação pecuniária global: seu valor – Anotação ao Acórdão do STJ de 26 de Maio de 1993" *in RDES*, 1994, nºs 1-2-3 pp. 209 segs.;
- v. PINTO, Mário/MARTINS, Pedro Furtado/CARVALHO, António Nunes de
- v. XAVIER, Bernardo da Gama Lobo/MARTINS, Pedro Furtado/CARVALHO, António Nunes de

A REVOGAÇÃO DO CONTRATO DE TRABALHO

CARVALHO, Messias/ALMEIDA, Vítor Nunes de
- *Direito do Trabalho e Nulidade do Despedimento*, Almedina, Coimbra, 1984.

CARVALHO, Paulo Morgado de
- "Os Acidentes de Trabalho e as Doenças Profissionais no Código do Trabalho", *A Reforma do Código do Trabalho*, Coimbra Editora, Coimbra, 2004, pp. 413 segs.

CASAS BAAMONDE, Maria Emília
- v. ALONSO OLEA, Manuel/CASAS BAAMONDE, Maria Emília

CESTER, Carlo
- "Rinunzie e Transazioni (diritto del lavoro)", *Enciclopédia del Diritto*, Vol. XL, Giuffré, Milão, 1989;
- v. SUPPIEJ, Giuseppe/DE CRISTOFARO, Marcello/CESTER, Carlo

CHASSARD, Yves/KERBOURC'H, Jean-Yves
- "Négotiation sur la modernisation du marché du travail : ne pas se tromper d'époque", *Droit Social*, 2007, nº 11, pp. 1095 segs.

CHAZAL, Jean-Pascal
- "Cass Soc. 29 Mai 1996 (Purier) – Note", *Recueil Dalloz*, 1997, pp. 49 segs.;

CHORÃO, Mário Bigotte
- *Direito do Trabalho*, policop., 1968/1969

COELHO, Francisco Manuel Brito Pereira
- *A Renúncia Abdicativa no Direito Civil*, *Studia Iuridica*, nº 8, Coimbra Editora, Coimbra, 1995.

COEURET, Alain
- v. VERDIER, Jean-Maurice/COEURET, Alain/SOURIAC, Marie-Arnelle

COEURET, Alain/GAURIAU, Bernard/MINÉ, Michel
- *Droit du Travail*, Dalloz, Paris, 2006.

CORDEIRO, António Menezes
- *Da Boa Fé no Direito Civil*, II, Almedina, Coimbra, 1984;
- *Manual de Direito do Trabalho*, Almedina, Coimbra, 1991;
- *Tratado de Direito Civil Português*, I – Parte Geral, Tomo I, 3ª ed., Almedina, Coimbra, 2005;

- *Tratado de Direito Civil Português*, I – Parte Geral, Tomo IV – Exercício Jurídico, Almedina, Coimbra, 2011.

CORREIA, Luís Brito
- *Direito do Trabalho*, I, policop., 1980-1981.

CORRIGNAN-CARSIN, Danielle
- "La Transaction", *in* RJS, 1996, 6, pp. 407 segs.;
- "Cass. Ass. Plén. 4 Juillet 1997 – Note", *in* JCP, G, 1997, 22952, pp. 517 segs.

COSTA, Mário Júlio de Almeida
- *Direito das Obrigações*, 11ª ed., Almedina, Coimbra, 2008.

COUTURIER, Gérard
- Transaction. Exigence de concéssions réciproques. Examen par le juge des éléments de fait et de preuve du litige (non) – Cass Soc 21 mai 1997 (SEMVAT) – Observations, *in Droit Social*, 1997, nºs 7/8, pp. 745-746
- "Transaction. Object. Imputabilité de la rupture – Cass. Soc. 16 juillet 1997 (Ritzenthaler) – Observations", *in Droit Social*, 1997, nº 11, pp. 977-978;
- "Transaction. Effets. Portée de la renonciation à toutes contestations ultérieures – Cass. Ass. Plén. 4 juillet 1997 (Gaudinat) – Observations", *in Droit Social*, 1997, nº 11, pp. 978 segs.
- "Nullités de transactions", *Droit Social*, 2001, nº 1, pp. 23 segs.;
- "Contrat de travail. Rupture d'un commum accord. Distinction avec la transaction – Cass Soc 21 janvier 2003 (Gomez) – Observations", *in Droit Social*, 2003, nº 5, pp. 547 segs.;
- "Les ruptures d'un commun accord", *in Droit Social*, 2008, nºs 9/10, pp. 923 segs.

DÄUBLER, Wolfgang
- v. KITTNER, Michael/DÄUBLER, Wolfgang/ZWANZIGER, Bertram

DÄUBLER, Wolfgang/HJORT, Jens Peter/HUMMEL, Dieter/WOLMERATH, Martin
- *Arbeitsrecht*, Nomos, 2008

BIBLIOGRAFIA

DE CRISTOFARO, Marcello
- V. SUPPIEJ, Giuseppe/DE CRISTOFARO, Marcello/CESTER, Carlo

DE LA PUEBLA PINILLA, Ana
- DESDENTADO BONETE, Aurelio/DE LA PUEBLA PINILLA, Ana

DEL VALLE VILLAR, José Manuel
- *La Protección Legal de la Suficiencia del Salario*, Dykinson, Madrid, 2002.

DELPLANCKE, Christian/LASCHON, Pierre
- *Les Départs Négociés*, Litec, Paris, 1993.

DESDENTADO BONETE, Aurelio/DE LA PUEBLA PINILLA, Ana
- *Despido y Jurisprudencia: la extinción del contrato de trabajo en la unificación de doctrina*, Editorial Lex Nova, Valladolid, 2002.

DIETERICH, Thomas/MÜLLER-GLOGE, Rudi/ PREIS, Ulrich/SCHAUB, H. C. Gunther
- *Erfurter Kommentar zum Arbeitsrecht*, 7ª ed., Beck, Munique, 2007

DOCKÈS, Emmanuel
- *Droit du Travail*, Dalloz, Paris, 2005 ;
- *Droit du Travail*, 3ª ed., Dalloz, Paris, 2008 ;
- *Droit du Travail*, 4ª ed., Dalloz, Paris, 2009 ;
- "La décodification du droit du travail", *in Droit Social*, 2007, nº 4, pp. 388 segs.;
- "Un accord donnant, donnant, donnant, donnant ...", *in Droit Social*, 2008, nº 3, pp. 280 segs.
- v. PÉLISSIER, Jean/LYON-CAEN, Antoine/ JEAMMAUD, Antoine/DOCKÈS, Emmanuel

DRAY, Guilherme
- *Direitos de Personalidade - Anotações ao Código Civil e ao Código do Trabalho*, Almedina, Coimbra, 2006.

DUMONT, François
- v. BOSSU, Bernard/DUMONT, François/ VERKINDT, Pierre-Yves

DURAN LOPEZ, Federico
- "Derechos de informacion y control de la contratacion: luces y sombras de una reforma" *in RT*, n.100 (1990), pp.425 segs.;

DÜTZ, Wilhelm
- *Arbeitsrecht*, 14ª ed., Beck, Munique, 2009.

EIRÓ, Pedro
- *Do Negócio Usurário*, Almedina, Coimbra, 1990.

FAVENNEC-HÉRY, Françoise
- "La rupture conventionnelle du contrat de travail, mesure phare de l'accord", *in Droit Social*, 2008, nº 3, pp. 311 segs ;
- "Un nouveau droit de la rupture du contrat de travail", *in Droit Social*, 2008, nº 6, pp. 660 segs.;
- v. FAVENNEC-HÉRY, Françoise/VERKINDT, Pierre-Yves

FAVENNEC-HÉRY, Françoise/VERKINDT, Pierre-Yves
- *Droit du Travail*, LGDJ, Paris, 2007 ;
- *Droit du Travail*, 2ª ed., LGDJ, Paris, 2009.

FERNANDES, António Monteiro,
- "A protecção do salário no Direito Português", *in ESC* nº 16, 1965, pp. 32 segs;
- "A Irrenunciabilidade do Direito a Férias: Algumas Questões", *in ESC*, nº 22, 1967, pp. 11 segs;
- *Noções Fundamentais de Direito do Trabalho*, Almedina, Coimbra, 1977;
- *Noções Fundamentais de Direito do Trabalho*, Vol. 1, 3ª ed., Almedina, Coimbra, 1979;
- *Noções Fundamentais de Direito do Trabalho*, Vol. 1, 6ª ed., Almedina, Coimbra, 1987;
- *Noções Fundamentais de Direito do Trabalho*, Vol. 2, 2ª ed., Almedina, Coimbra, 1989;
- *Noções Fundamentais de Direito do Trabalho*, Vol. 1, 8ª ed., Almedina, Coimbra, 1992;
- *Direito do Trabalho*, I, 9ª ed., Almedina, Coimbra, 1994;
- *Direito do Trabalho*, 10ª ed., Almedina, Coimbra, 1998;
- *Direito do Trabalho*, 12ª ed., Almedina, Coimbra, 2004;
- *Direito do Trabalho*, 13ª ed., Almedina, Coimbra, 2006;
- *Direito do Trabalho*, 14ª ed., Almedina, Coimbra, 2009;

- v. Policarpo, João Francisco Almeida/ Fernandes, António Monteiro
Fernandes, Luís Alberto Carvalho
- *A Conversão dos Negócios Jurídicos Civis*, Quid Iuris, Lisboa, 1993;
- *Lições de Direito das Sucessões*, 2ª ed., Quid Juris, Lisboa, 2001;
- *Lições de Direitos Reais*, 6ª ed., Quid Iuris, Lisboa, 2009
- *Teoria Geral do Direito Civil*, Vol. I, 4ª ed., Universidade Católica Editora, Lisboa, 2007;
- *Teoria Geral do Direito Civil*, Vol. II, 4ª ed., Universidade Católica Editora, Lisboa, 2007;
- *Direito das Sucessões*, 3ª ed., Quid Juris, Lisboa, 2008, pág. 273.
Fernández Avilés, José Antonio
- *Configuración Jurídica del Salario*, Editorial Comares, Granada, 2001.
Fernandez Lopez, Mª Fernanda
- v. Rodriguez-Piñeiro y Bravo-Ferrer, Miguel/Fernandez Lopez, Mª Fernanda
Ferraro, Giuseppe
- "Rinunzie e Transazione del Lavoratore", *Enciclopédia Giuridica*, Vol. XXVII, Istituto della Enciclopédia Italiana (fondata da Giovanni Treccani), Roma, 1991.
Ferreira, Alberto Leite
- *Código de Processo do Trabalho Anotado*, Coimbra Editora, Coimbra, 1989.
Freitas, José Lebre de/Redinha, João/Pinto, Rui
- *Código de Processo Civil Anotado*, Vol. 1º (arts. 1º a 380º), Coimbra Editora, Coimbra, 1999.
Freitas, José Lebre de/Machado, A. Montalvão/Pinto, Rui
- *Código de Processo Civil Anotado*, Vol. 2º (arts. 381º A 675º), Coimbra Editora, Coimbra, 2001.
Fourcade, Cécile
- "La transaction en droit du travail : quelle place pour la liberté contractuelle?", *in Droit Social*, 2007, nº 2, pp. 166 segs.

Galiana Moreno, Jesús Maria
- v. Montoya Melgar, Alfredo/Galiana Moreno, Jesús Maria/Sempere Navarro, António/Rios Salméron, Bartolomé
García Murcia, Joaquín
- v. Martin Valverde, António/Rodriguez-Sañudo Gutierrez, Fermín/ Garcia Murcia, Joaquín
Garcia Ortega, Jesús/Goerlich Peset, José Maria/Perez de los Cobos Orihuel, Francisco/Ramirez Martinez, Juan M./ Sala Franco, Tomás
- *Curso de Derecho del Trabajo (dir. Juan M. Ramirez Martinez)*, 15ª ed., Tirant lo Blanch, Valencia, 2006.
Garcia Rubio, Mª Amparo
- *El Recibo de Finiquito y sus Garantías Legales*, 2ª ed., Tirant lo Blanch, Valencia, 1999.
Goerlich Peset, José Maria
- v. Garcia Ortega, Jesús/Goerlich Peset, José Maria/Perez de los Cobos Orihuel, Francisco/Ramirez Martinez, Juan M./Sala Franco, Tomás
Gauriau, Bernard
- "Transaction. Détermination par le juge du caractère réel des concessions. Qualification des faits énoncés dans la lettre de licenciement – Cass. Soc. 6 avril 1999 – Observations", *in Droit Social*, 1999, nº 6, p. 641
- "Transaction. Indemnité. Montant dérisoire. Absence de concession. Nullité – Cass. Soc. 18 mai 1999 – Observations", *in Droit Social*, 1999, nº 7/8, pp. 749-750;
- v. Coeuret, Alain/Gauriau, Bernard/ Miné, Michel
Ghera, Edoardo
- *Diritto del Lavoro – Il Rapporto di Lavoro*, Cacucci Editore, Bari, 2008.
Ghezzi, Giorgio/Romagnoli, Umberto
- *Il Rapporto di Lavoro*, 3ª ed., Zanichelli, Bolonha, 1995.

GOMES, Júlio,
- "As cláusulas de não concorrência no direito do trabalho (algumas questões)", *in Juris et de Iure (nos Vinte Anos da Faculdade de Direito da Universidade Católica Portuguesa – Porto)*, Publicações Universidade Católica, Porto, 1998, pp. 933 e segs.;
- "As cláusulas de não concorrência no Direito do Trabalho – Algumas questões", *in RDES*, 1999, n.º 1, pp. 7 e segs.;
- *Direito do Trabalho, Volume I – Relações Individuais de Trabalho*, Coimbra Editora, Coimbra, 2007.

GONÇALVES, Luiz da Cunha
- *Tratado de Direito Civil – em comentário ao Código Civil Português*, Volume IV, Coimbra Editora, Coimbra, 1932;
- *Tratado de Direito Civil – em comentário ao Código Civil Português*, Volume VII, Coimbra Editora, Coimbra, 1934.

GRANDI, Mário/PERA, Giuseppe
- *Commentario Breve alle Leggi sul Lavoro*, 3ª ed., CEDAM, Pádua, 2005.

GUERRA, Amadeu Francisco Ribeiro
- v. ANTUNES, Carlos Alberto Morais/GUERRA, Amadeu Francisco,

HJORT, Jens Peter
- v. DÄUBLER, Wolfgang/HJORT, Jens Peter/HUMMEL, Dieter/WOLMERATH, Martin

HÖRSTER, Heinrich Ewald
- *A Parte Geral do Código Civil Português – Teoria Geral do Direito Civil*, Almedina, Coimbra, 1992.

HUMMEL, Dieter
- v. DÄUBLER, Wolfgang/HJORT, Jens Peter/HUMMEL, Dieter/WOLMERATH, Martin

ICHINO, Pietro
- *Il Contrato di Lavoro*, Vol. II, *in Trattato di Diritto Civile e Commerciale (dir. Cicu/Messineo/Mengoni/Schlesinger)*, Giuffré, Milão, 2003
- *Il Contrato di Lavoro*, Vol. III, *in Trattato di Diritto Civile e Commerciale (dir. Cicu/Messineo/Mengoni/Schlesinger)*, Giuffré, Milão, 2003

JARROSSON, Charles
- "Les concéssions réciproques dans la transaction", *in Recueil Dalloz*, 1997, pp. 267 segs.

JEAMMAUD, Antoine
- "Retour sur une transaction en quête de stabilité", *in Droit Social*, 1999, nº 4, pp. 351 segs.;
- v. PÉLISSIER, Jean/SUPIOT, Alain/JEAMMAUD, Antoine
- PÉLISSIER, Jean/LYON-CAEN, Antoine/JEAMMAUD, Antoine/DOCKÈS, Emmanuel

JORGE, Fernando Pessoa
- "Contrato de Trabalho – Anteprojecto de Diploma Legal", *in ESC*, nº 13, 1965, pp. 247 segs.

JUNKER, Abbo
- *Gundkurs Arbeitsrecht*, 8ª ed., Beck, Munique, 2009.

KERBOURC'H, Jean-Yves
- v. CHASSARD, Yves/KERBOURC'H, Jean-Yves

KITTNER, Michael/DÄUBLER, Wolfgang/ZWANZIGER, Bertram
- *Kündigungsschutzrecht*, 7ª ed., Bund, 2007.

KOCH, Ulrich
- v. SCHAUB, H. C. Günther/KOCH, Ulrich/LINCK, Rüdiger/VOGELSANG, Hinrich,

LAGARDE, Xavier
- "Les spécificités de la transaction consécutive à un licenciement", *in JCP*, 2001, nº 29, pp. 1417 segs. ;

LASCHON, Pierre
- v. DELPLANCKE, Christian/LASCHON, Pierre

LASTRA LASTRA, José Manuel
- "Paradojas de la autonomía de la voluntad en las relaciones de trabajo" ", *in REDT*, nº 124, 2004, pp. 639-659

LEITÃO, Luís Menezes
- "A Reparação de Danos Emergentes de Acidentes de Trabalho", *Estudos do IDT*, I, 2001, p. 537 segs.;

- "A Reparação de Danos Emergentes de Acidentes de Trabalho", *Temas Laborais – Estudos e Pareceres*, Almedina, Coimbra, 2006, pp. 7 segs.;
- "Formas de Cessação do Contrato de Trabalho e Procedimentos", *Temas Laborais – Estudos e Pareceres*, Almedina, Coimbra, 2006; pp. 107 segs.
- *Direito do Trabalho*, Almedina, Coimbra, 2008;
- *Direito das Obrigações*, Vol. I, 8ª ed., Almedina, Coimbra, 2009;
- *Direito das Obrigações*, Vol. II, 6ª ed., Almedina, Coimbra, 2008;
- *Direito das Obrigações*, Vol. III, 6ª ed., Almedina, Coimbra, 2009.

LEITÃO, Maria da Glória/NOBRE, Diogo Leote
- *Código do Trabalho Revisto – Anotado e Comentado*, Vida Económica, Lisboa, 2009.

LEITE, Jorge,
- *Direito do Trabalho – Da Cessação do Contrato de Trabalho*, policop., Coimbra, 1978.
- *Direito do Trabalho – Lições ao 3º ano da Faculdade de Direito*, Serviços Sociais da Universidade de Coimbra/Serviço de Textos, Coimbra, 1993.
- "Observatório Legislativo" *in QL*, nº 8, 1996, pp 216 segs.;
- v. CANOTILHO, J. J. Gomes/LEITE, Jorge

LIMA, Fernando Andrade Pires de/VARELA, João de Matos Antunes
- *Código Civil Anotado*, Vol. I, 4ª ed., Coimbra Editora, Coimbra, 1987;
- *Código Civil Anotado*, Vol. II, 3ª ed., Coimbra Editora, Coimbra, 1986.

LINCK, Rüdiger
- v. SCHAUB, H. C. Günther/KOCH, Ulrich/LINCK, Rüdiger/VOGELSANG, Hinrich,

LIZARDO, João Palla
- "Que futuro para o Processo do Trabalho face ao actual Processo Civil?", *in QL*, nº 11, 1998

LOPEZ ALVAREZ, Maria José
- "Configuración jurídica y alcance liberatório del llamado documento de finiquito" *in AL*, nº 18, 1994, XX, nºs 253 segs.
- v. MOLERO MANGLANO, Carlos/SÁNCHEZ-CERVERA VALDEZ, José Manuel/LOPEZ ALVAREZ, Maria José/MATORRAS DÍAZ-CANEJA, Ana

LOPEZ GANDIA, Juan
- v. ALBIOL MONTESINOS, Ignacio/CAMPS RUIZ, Luís Miguel/ LOPEZ GANDIA, Juan/SALA FRANCO, Tomás

LYON-CAEN, Antoine
- v. PÉLISSIER, Jean/LYON-CAEN, Antoine/JEAMMAUD, Antoine/DOCKÈS, Emmanuel

LYON-CAEN, Pierre
- "Fragilité des accords amiables de résiliation d'un contrat de travail – Conclusions de l'avocat général, Cour de Cassation, Chambre Sociale, 2 décembre 1997 (3 arrêts : Sté Le Livre de Paris c./Puel et Assedic Midi-Pyrénées ; Soullier c./Sté Moulin vert ; Thaon d'Arnoldi c./S. A. Compagnie générale ;frigorifique)", *in Droit Social*, 1998, nº 1, pp. 29 segs.;

MACHADO, A. Montalvão
- v. FREITAS, José Lebre de/MACHADO, A. Montalvão/PINTO, Rui

MACHADO, J. Baptista
- *Sobre a Aplicação no Tempo do Novo Código Civil*, Almedina, Coimbra, 1968;
- *Introdução ao Direito e ao Discurso Legitimador*, Almedina, Coimbra, 1982 (17ª reimp., 2008).

MARIN CORREA, José Maria
- "Finiquito y Saldo de Cuentas: criterios jurisprudenciales" *in AL*, nº 45, 1991, XLVIIII, nºs 571 segs.

MARTIN VALVERDE, António/RODRIGUEZ-SAÑUDO GUTIERREZ, Fermín/GARCIA MURCIA, Joaquín
- *Derecho del Trabajo*, 16ª ed., Tecnos, Madrid, 2007.

BIBLIOGRAFIA

MARTINEZ, Pedro Romano,
- *Direito do Trabalho*, Almedina, Coimbra, 2002;
- *Apontamentos sobre a Cessação do Contrato de Trabalho à luz do Código de Trabalho*, AAFDL, Lisboa, 2004;
- Anotação aos arts. 393 a 395º, *in* ROMANO MARTINEZ/LUÍS MIGUEL MONTEIRO/JOANA VASCONCELOS/JOSÉ MANUEL VILALONGA/PEDRO MADEIRA DE BRITO/GUILHERME DRAY/LUÍS GONÇALVES DA SILVA, *Código do Trabalho Anotado*, 3ª ed., Almedina, Coimbra, 2004;
- *Da Cessação do Contrato*, 2ª ed., Almedina, Coimbra, 2006;
- *Direito do Trabalho*, 3ª ed., Almedina, Coimbra, 2006;
- *Direito do Trabalho*, 4ª ed., Almedina, Coimbra, 2007;
- Anotação ao art. 21º da Lei nº 99/2003, *in* ROMANO MARTINEZ/LUÍS MIGUEL MONTEIRO/JOANA VASCONCELOS/JOSÉ MANUEL VILALONGA/PEDRO MADEIRA DE BRITO/GUILHERME DRAY/LUÍS GONÇALVES DA SILVA, *Código do Trabalho Anotado*, 6ª ed. Almedina, Coimbra, 2008;
- Anotação aos arts. 281º segs., *in* ROMANO MARTINEZ/LUÍS MIGUEL MONTEIRO/JOANA VASCONCELOS/JOSÉ MANUEL VILALONGA/PEDRO MADEIRA DE BRITO/GUILHERME DRAY/LUÍS GONÇALVES DA SILVA, *Código do Trabalho Anotado*, 6ª ed. Almedina, Coimbra, 2008;
- Anotação aos arts. 393 a 395º, *in* ROMANO MARTINEZ/LUÍS MIGUEL MONTEIRO/JOANA VASCONCELOS/JOSÉ MANUEL VILALONGA/PEDRO MADEIRA DE BRITO/GUILHERME DRAY/LUÍS GONÇALVES DA SILVA, *Código do Trabalho Anotado*, 6ª ed. Almedina, Coimbra, 2008;
- Anotação ao art. 102º, *in* ROMANO MARTINEZ/LUÍS MIGUEL MONTEIRO/JOANA VASCONCELOS/PEDRO MADEIRA DE BRITO/GUILHERME DRAY/LUÍS GONÇALVES DA SILVA, *Código do Trabalho Anotado*, 8ª ed., Almedina, Coimbra, 2009;

- Anotação ao art. 110º, *in* ROMANO MARTINEZ/LUÍS MIGUEL MONTEIRO/JOANA VASCONCELOS/PEDRO MADEIRA DE BRITO/GUILHERME DRAY/LUÍS GONÇALVES DA SILVA, *Código do Trabalho Anotado*, 8ª ed., Almedina, Coimbra, 2009;
- Anotação aos arts. 349 e 350º, *in* ROMANO MARTINEZ/LUÍS MIGUEL MONTEIRO/JOANA VASCONCELOS/PEDRO MADEIRA DE BRITO/GUILHERME DRAY/LUÍS GONÇALVES DA SILVA, *Código do Trabalho Anotado*, 8ª ed., Almedina, Coimbra, 2009.

MARTINEZ GIRON, Jesús/ARUFE VARELA, Alberto/CARRIL VAZQUEZ, Xose Manuel
- *Derecho del Trabajo*, Netbiblo, 2004.

MARTINEZ RODRIGUEZ, Fernando
- "La Ley 2/1991, de 7 de Enero, sobre derechos de informacion de los representantes de los trabajadores en materia de contratacion: breves notas en torno al ambito objectivo de aplicacion: contratos incluidos", *in RT*, n.100 (1990), pp.229 segs.

MARTINS, João Zenha
- "Os Pactos de Não Concorrência no Código do Trabalho", *in RDES*, 2006, nºs 3-4;

MARTINS, Pedro Furtado,
- "Despedimento Ilícito e Reintegração do Trabalhador", *in RDES*, 1989, nºs 3-4; pp. 483 segs;
- *Despedimento Ilícito, Reintegração na Empresa e Dever de Ocupação Efectiva*, *Direito e Justiça* – Suplemento, 1992;
- "Nulidade da Revogação do Contrato de Trabalho: Anotação ao Acórdão da Relação do Porto de 21 de Setembro de 1992", *in RDES*, Ano XXXIV (VII da 2ª série), 1992, nº 4, pp. 363 segs.
- "Rescisão pelo trabalhador. Comunicação escrita – Anotação ao Acórdão da Relação de Lisboa de 22 de Janeiro de 1992", in *RDES*, Ano XXXV (VII da 2ª série), 1993, nºs 1-2-3-4, pp. 337 segs.

- *Cessação do Contrato de Trabalho*, 2ª ed., Principia, São João do Estoril, 2002;
- v. Pinto, Mário/Martins, Pedro Furtado/Carvalho, António Nunes de;
- v. Xavier, Bernardo da Gama Lobo/Martins, Pedro Furtado;
- v. Xavier, Bernardo da Gama Lobo/Martins, Pedro Furtado/Carvalho, António Nunes de;

Matias, Monteiro/Nunes, Saúl
- *Lei dos Despedimentos e dos Contratos a Termo – Anotada*, Heptágono, Lisboa, 1990.

Matorras Díaz-Caneja, Ana
- v. Molero Manglano, Carlos/Sánchez-Cervera Valdez, José Manuel/Lopez Alvarez, Maria José/Matorras Díaz-Caneja, Ana

Mazeaud, Antoine
- *Droit du Travail*, 5ª ed., Litec, Paris, 2006;
- *Droit du Travail*, 6ª ed., Litec, Paris, 2008.

Mazzoni, Giuliano
- *Manuale di Diritto del Lavoro*, Vol. I, 6ª ed., Giuffré, Milão, 1988.

Mazzotta, Oronzo
- *Diritto del Lavoro, in Trattato di Diritto Privato (a cura di Giovanni Iudica e Paolo Zatti)*, 3ª ed., Giuffré, Milão, 2007.

Medeiros, Rui
- v. Miranda, Jorge/Medeiros, Rui

Mello, Henrique de Sousa/Pedro, Suzana Duarte,
- *Código do Trabalho – Regulamentação Jurídica do Contrato Individual de Trabalho (Decreto-Lei nº 47 032, de 27 de Maio de 1966)*, Livraria Petrony, Lisboa, 1966.

Mendes, João de Castro
- "Pedido e Causa de Pedir no Processo do Trabalho", *Curso de Direito Processual do Trabalho, Suplemento da RFDUL*, 1964
- "Tipos, Espécies e Formas de Processo do Trabalho", *in Curso de Direito Processual do Trabalho, Suplemento da RFDUL*, 1964
- *Direito Processual Civil*, Vol. I, AAFDL, Lisboa, 1990;

- *Direito Processual Civil*, Vol. II, AAFDL, Lisboa, 1990.

Mesquita, José Andrade
- "O Direito a Férias", *in Estudos do IDT*, III, Almedina, Coimbra, 2002, pp. 65 segs.

Mesquita, José António
- "Renúncia pelos trabalhadores aos direitos sobre a entidade patronal" *in RMP*, nº 1, 1980, pp. 43 segs.

Mesquita, Manuel Henrique
- *Obrigações Reais e Ónus Reais*, Almedina, Coimbra, 1990.

Miné, Michel
- v. Coeuret, Alain/Gauriau, Bernard/Miné, Michel

Miranda, Jorge/Medeiros, Rui
- *Constituição Portuguesa Anotada*, Tomo I, Coimbra Editora, Coimbra, 2005.

Molero Manglano, Carlos/Sánchez-Cervera Valdez, José Manuel/Lopez Alvarez, Maria José/Matorras Díaz-Caneja, Ana
- *Manual de Derecho del Trabajo*, 7ª ed., Thomson-Civitas, Madrid, 2007.

Moll, Wilhelm
- *Arbeitsrecht*, Beck, Munique, 2005

Monteiro, Luís Miguel
- "Processo de impugnação do despedimento colectivo" in *Estudos do IDT, Vol. V – Jornadas de Direito Processual do Trabalho*, Almedina, Coimbra, 2007;
- Anotação aos arts. 211º segs., *in* Romano Martinez/Luís Miguel Monteiro/Joana Vasconcelos/José Manuel Vilalonga/Pedro Madeira de Brito/Guilherme Dray/Luís Gonçalves da Silva, *Código do Trabalho Anotado*, 6ª ed., Almedina, Coimbra, 2008.

Monteiro, Luís Miguel/Brito, Pedro Madeira de
- Anotação aos arts. 140º e 141º, *in* Romano Martinez/Luís Miguel Monteiro/Joana Vasconcelos/Pedro Madeira de Brito/Guilherme Dray/Luís Gonçalves da Silva, *Código do Tra-*

BIBLIOGRAFIA

balho Anotado, 8ª ed., Almedina, Coimbra, 2009.

MONTOYA MELGAR, Alfredo
- *Derecho del Trabajo*, 28ª ed., Tecnos, Madrid, 2007.

MONTOYA MELGAR, Alfredo/GALIANA MORENO, Jesús Maria/SEMPERE NAVARRO, António/RIOS SALMÉRON, Bartolomé
- *Comentários al Estatuto de los Trabajadores*, 7ª ed., Aranzadi-Thomson, Cizur Menor (Navarra), 2007

MOREIRA, Vital
- v. CANOTILHO, J. J. Gomes/MOREIRA, Vital

MOURA, José Barros
- *A Convenção Colectiva entre as fontes de Direito do Trabalho*, Almedina, Coimbra, 1984.

MÜLLER-GLOGE, Rudi
- v. DIETERICH, Thomas/MÜLLER-GLOGE, Rudi/PREIS, Ulrich/SCHAUB, H. C. Gunther

NETO, Abílio
- *Contrato de Trabalho – Decreto-Lei nº 49 408, de 24 de Novembro de 1969*, Livraria Petrony, Lisboa, 1970;
- *Contrato de Trabalho – Notas Práticas*, 9ª ed., Ediforum, Lisboa, 1984;
- *Contrato de Trabalho – Notas Práticas*, 10ª ed., Ediforum, Lisboa, 1990;
- *Contrato de Trabalho – Notas Práticas*, 14ª ed., Ediforum, Lisboa, 1997.

NICOLINI, Giovanni
- *Manuale di Diritto del Lavoro*, 3ª ed., Giuffré, Milão, 2000;
- *Compendio di Diritto del Lavoro*, 2ª ed., CEDAM, Pádua, 2007.

NOBRE, Diogo Leote
- v. LEITÃO, Maria da Glória/NOBRE, Diogo Leote

NOGUEIRA GUASTAVINO, Magdalena
- "La extinción del contrato de trabajo y el finiquito en Ley 2/1991", *in RT*, n.100 (1990), pp.189 segs.

NORA, Sampaio e
- v. VARELA, Antunes/BEZERRA, J. Miguel/NORA, Sampaio e

NUNES, Saúl
- v. MATIAS, Monteiro/NUNES, Saúl

OLIVEIRA, Guilherme de
- *O Testamento – Apontamentos*, s.d.

PALOMEQUE LOPEZ, Manuel Carlos/ÁLVAREZ DE LA ROSA, Manuel
- *Derecho del Trabajo*, 15ª ed., Editorial Centro de Estudios Ramon Areces, S.A. , Madrid, 2007.

PANSIER, Fréderic-Jerôme
- *Droit du Travail – Relations Individuelles et Collectives*, 5ª ed, Litec, Paris, 2008.

PARREIRA, Henrique
- *Regulamentação Jurídica do Contrato Individual de Trabalho – Legislação do Trabalho Anotada, IV*, Editora Pax, Braga, 1966.

PEDRO, Suzana Duarte
- MELLO, Henrique de Sousa/PEDRO, Suzana Duarte

PÉLISSIER, Jean
- "Le licenciement et les autres modes de rupture du contrat de travail", *in Droit Social*, 1978, nº 4, pp. 6 segs.
- "Les départs négociés", *in Droit Social*, 1981, nº 3, pp. 235 segs.
- "Le recours à la négociation individuelle: les accords de rupture des contrats de travail", *in Droit Social*, 1987, nº 6, pp. 479 segs.;

PÉLISSIER, Jean/LYON-CAEN, Antoine/JEAMMAUD, Antoine/DOCKÈS, Emmanuel
- *Les Grands Arrêts du Droit du Travail*, 3ª ed., Dalloz, Paris, 2004.

PÉLISSIER, Jean/SUPIOT, Alain/JEAMMAUD, Antoine
- *Droit du Travail*, 23ª ed., Dalloz, Paris, 2006;
- *Droit du Travail*, 24ª ed., Dalloz, Paris, 2008.

PERA, Giuseppe
- *La Cessazione del Rapporto di Lavoro in Enciclopedia Giuridica del Lavoro (dir. Giuliano Mazzoni)*, Vol. 5, CEDAM, Pádua, 1980;

- *Le rinunce e le transazioni del lavoratore (art. 2113) in Il Códice Civile – Comentário (dir. Piero Schlesinger)*, Giuffré, Milão, 1990;
- *Compendio di Diritto del Lavoro*, 6ª ed., Giuffré, Milão, 2003
- v. GRANDI, Mário/PERA, Giuseppe

PEREZ DE LOS COBOS ORIHUEL, Francisco
- v. GARCIA ORTEGA, Jesús/GOERLICH PESET, José Maria/PEREZ DE LOS COBOS ORIHUEL, Francisco/RAMIREZ MARTINEZ, Juan M./SALA FRANCO, Tomás

PERSIANI, Mattia/PROIA, Giampiero
- *Diritto del Lavoro*, CEDAM, Pádua, 2008.

PINTO, Carlos Alberto da Mota
- *Teoria Geral do Direito Civil*, 4ª ed. (por António Pinto Monteiro e Paulo Mota Pinto), Coimbra Editora, Coimbra, 2005.

PINTO, Maria Luíza Duarte Silva Cardoso
- v. AGRIA, Fernanda P. Moreira de Freitas Nunes/PINTO, Maria Luíza Duarte Silva Cardoso

PINTO, Mário
- *Direito do Trabalho – Introdução. Relações Colectivas de Trabalho*, Universidade Católica Editora, Lisboa, 1996.

PINTO, Mário/MARTINS, Pedro Furtado/CARVALHO, António Nunes de
- *Comentário às Leis do Trabalho*, Volume I, Lex, Lisboa, 1994.

PINTO, Rui
- v. FREITAS, José Lebre de/REDINHA, João/PINTO, Rui
- v. FREITAS, José Lebre de/MACHADO, A. Montalvão/PINTO, Rui

PIRES, Florbela Almeida
- *Seguro de Acidentes de Trabalho*, Lex, Lisboa, 1999.

POLICARPO, João Francisco Almeida
- "O Fundamento do Direito a Férias", *in ESC*, nº 26, 1968, pp. 11 segs.

POLICARPO, João Francisco Almeida/FERNANDES, António Monteiro

- *Lei do Contrato de Trabalho Anotada*, Almedina, Coimbra, 1970;

PREIS, Ulrich
- v. DIETERICH, Thomas/MÜLLER-GLOGE, Rudi/PREIS, Ulrich/SCHAUB, H. C. Gunther

PRÉTOT, Xavier
- "L'homologation de la rupture conventionnelle par l'autorité administrative", *Droit Social*, 2008, nº 3, pp. 316 segs.

PROIA, Giampiero
- v. PERSIANI, Mattia/PROIA, Giampiero

PROSPERETTI, Ubaldo
- *L'invalidità delle rinunce e delle transazioni del prestatore di lavoro*, Giuffré, Milão, 1950.

RADÉ, Christophe
- "L'autonomie du droit du licenciement (brefs propos sur sur les accords de rupture amiable du contrat de travail et les transactions)", *in Droit Social*, 2000, nº 2, pp. 178 segs.;
- "L'ordre public social et la renonciation du salarié" *in Droit Social*, 2002, nº 11, pp. 931 segs.;
- *Droit du Travail*, 4ª ed., Montchrestien, Paris, 2004;
- "Le nouveau Code du travail et la doctrine: l'art et la manière", *in Droit Social*, 2007, nº 5, pp. 513 segs ;
- "Retour sur une espèce en voie de disparition : la rupture amiable du contrat de travail", *in Droit Social*, 2009, nº 5, pp. 557 segs.

RAMALHO, Maria do Rosário Palma
- *Da Autonomia Dogmática do Direito do Trabalho*, Almedina, Coimbra, 2000;
- *Direito do Trabalho, Parte II – Situações Laborais Individuais*, 2ª ed., Almedina, Coimbra, 2008;
- *Direito do Trabalho, Parte I – Dogmática Geral*, 2ª ed., Almedina, Coimbra, 2009.

RAMIREZ MARTINEZ, Juan M.
- v. GARCIA ORTEGA, Jesús/GOERLICH PESET, José Maria/PEREZ DE LOS COBOS ORIHUEL, Francisco/RAMIREZ MARTINEZ, Juan M./SALA FRANCO, Tomás

RAMOS QUINTANA, Margarita Isabel
- *La Garantia de los Derechos de los Trabajadores (Inderogabilidad y Indisponibilidad)*, Editorial Lex Nova, Valladolid, 2002;
- "Autonomía colectiva, indisponibilidad de derechos e indemnizaciones por despido" *in REDT*, nº 110, 2002, pp. 173 segs.

RAPOULA, Maria Teresa
- v. SANTOS, José de Castro/RAPOULA, Maria Teresa

REDINHA, João
- v. FREITAS, José Lebre de/REDINHA, João/PINTO, Rui

REDINHA, Maria Regina
- "Os Direitos de Personalidade no Código do Trabalho, *in A Reforma do Código do Trabalho*, Coimbra Editora, Coimbra, 2004, pp. 161 segs.

REICHOLD, Hermann
- *Arbeitsrecht*, 2ª ed., Beck, Munique, 2006

REIS, José Alberto dos
- *Comentário ao Código de Processo Civil*, Vol. 3º, Coimbra Editora, Coimbra, 1946.

RESENDE, Feliciano Tomás de
- *Acidentes de Trabalho e Doenças Profissionais*, 2ª ed., Almedina, Coimbra, 1988.

RIOS SALMÉRON, Bartolomé
- v. MONTOYA MELGAR, Alfredo/GALIANA MORENO, Jesús Maria/SEMPERE NAVARRO, António/RIOS SALMÉRON, Bartolomé

RODRIGUEZ-PIÑEIRO Y BRAVO-FERRER, Miguel/ FERNANDEZ LOPEZ, Mª Fernanda
- *La Voluntad del Trabajador en la Extinción del Contrato de Trabajo*, La Ley– Actualidad, Madrid, 1998

RODRIGUEZ-SAÑUDO GUTIERREZ, Fermín
- v. MARTIN VALVERDE, António/RODRIGUEZ-SAÑUDO GUTIERREZ, Fermín/ GARCIA MURCIA, Joaquín

ROLFS, Christian
- *Arbeitsrecht*, Beck, Munique, 2007

ROMAGNOLI, Umberto
- v. GHEZZI, Giorgio/ROMAGNOLI, Umberto

SALA FRANCO, Tomás
- v. GARCIA ORTEGA, Jesús/GOERLICH PESET, José Maria/PEREZ DE LOS COBOS ORIHUEL, Francisco/RAMIREZ MARTINEZ, Juan M./SALA FRANCO, Tomás
- v. ALBIOL MONTESINOS, Ignacio/CAMPS RUIZ, Luís Miguel/LOPEZ GANDIA, Juan/ SALA FRANCO, Tomás

SÁNCHEZ-CERVERA VALDEZ, José Manuel
- v. MOLERO MANGLANO, Carlos/SÁNCHEZ-CERVERA VALDEZ, José Manuel/ LOPEZ ALVAREZ, Maria José/MATORRAS DÍAZ-CANEJA, Ana

SANTIAGO REDONDO, Koldo Mikel
- *La Extinción Consensual de la Relación Laboral*, Editorial Lex Nova, Valladolid, 2000.

SANTOR SALCEDO, Helena
- "Repliegue de la norma indisponible y nuevos espacios para la autocomposición en los conflictos de trabajo", *in REDT*, nº 134, 2007, pp. 377 segs.

SANTORO-PASSARELLI, Francesco
- *Nozioni di Diritto del Lavoro*, 35ª ed. (1987), Jovene, Napoli, 1995 (reimp.)

SANTOS, José de Castro/RAPOULA, Maria Teresa
- *Da Cessação do Contrato de Trabalho e Contratos a Termo – Do Trabalho Temporário*, Rei dos Livros, Lisboa, 1990.

SAVATIER, Jean
- "La résiliation amiable du contrat de travail", *in Droit Social*, 1985, nºs 9/10, pp. 692 segs.
- "Le reçu pour solde de tout compte – chronique de jurisprudence", *in Droit Social*, 1989, nº 12, pp. 829 segs.
- "Résiliation amiable du contrat de travail et transaction", *in Droit Social*, 1996, nºs 7/8, pp. 687 segs.
- "Les limites de la faculté de résiliation amiable du contrat de travail", *in RJS* 5/02, pp. 399 segs.;

SCHAUB, H. C. Gunther
- v. DIETERICH, Thomas/MÜLLER-GLOGE, Rudi/PREIS, Ulrich/SCHAUB, H. C. Gunther

SCHAUB, H. C. Günther/KOCH, Ulrich/LINCK, Rüdiger/VOGELSANG, Hinrich,
- *Arbeitsrechts-Handbuch*, 12ª ed., Beck, Munique, 2007

SCOGNAMIGLIO, Renato
- *Diritto del Lavoro*, 5ª ed., Jovene, Napoli, 2000;
- *Diritto del Lavoro*, 2ª ed., Laterza, Bari, 2005.

SEMPERE NAVARRO, António
- v. MONTOYA MELGAR, Alfredo/GALIANA MORENO, Jesús Maria/SEMPERE NAVARRO, António/RIOS SALMÉRON, Bartolomé

SENRA BIEDMA, Rafael
- "El saldo y finiquito como instrumento liberatório de obligaciones del empresário. Una construccion jurisprudencial *contra legem*?", *in RL*, nº 4, 1990, pp. 407 segs

SERRA, Adriano Paes da Silva
- "Remissão, Reconhecimento Negativo de Dívida e Contrato Extintivo da Relação Obrigacional Bilateral, *in BMJ*, nº 43, 1954, pp. 5 segs.
- *Provas (Direito Probatório Material)*, Empresa Nacional de Publicidade, Lisboa, 1962.

SILVA, José Maria Rodrigues da
- "Modificação, suspensão e extinção do contrato de trabalho" *in Direito do Trabalho: Curso promovido pela Procuradoria-Geral da República e integrado nas actividades de formação permanente dos magistrados*, Suplemento do *BMJ*, 1979, pp. 179 segs.

SILVA, Luís Gonçalves da
- Anotação ao art. 3º *in* ROMANO MARTINEZ/LUÍS MIGUEL MONTEIRO/JOANA VASCONCELOS/PEDRO MADEIRA DE BRITO/GUILHERME DRAY/LUÍS GONÇALVES DA SILVA, *Código do Trabalho Anotado*, 8ª ed., Almedina, Coimbra, 2009.

- Anotação ao art. 476º a 478º, *in* ROMANO MARTINEZ/LUÍS MIGUEL MONTEIRO/JOANA VASCONCELOS/PEDRO MADEIRA DE BRITO/GUILHERME DRAY/LUÍS GONÇALVES DA SILVA, *Código do Trabalho Anotado*, 8ª ed., Almedina, Coimbra, 2009.

SILVA, Maria da Conceição Tavares da
- *Direito do Trabalho*, policop., Lisboa, 1964-65.

SILVA, Rita Canas da
- "O pacto de não concorrência", *RDES*, 2004, n.º 4, pp. 283 segs.

SOURIAC, Marie-Arnelle
- v. VERDIER, Jean-Maurice/COEURET, Alain/SOURIAC, Marie-Arnelle

SOUSA, Miguel Teixeira de
- *As Partes, o Objecto e a Prova na Acção da Declarativa*, Lex, Lisboa, 1995;
- *Estudos sobre o Novo Processo Civil*, 2ª ed., Lex, Lisboa, 1997.

SOUSA, Rabindranath Capelo de
- *O Direito Geral de Personalidade*, Coimbra Editora, Coimbra, 1995.

SUPIOT, Alain
- v. PÉLISSIER, Jean/SUPIOT, Alain/JEAMMAUD, Antoine

SUPPIEJ, Giuseppe/DE CRISTOFARO, Marcello/CESTER, Carlo
- *Diritto del Lavoro – Il Rapporto Individuale*, 3ª ed., CEDAM, Pádua, 2005.

TAMAJO, Raffaele de Luca
- *La Norma Inderogabile nel Diritto del Lavoro*, Jovene, Nápoles, 1976;
- v. CARINCI, Franco/DE LUCA TAMAJO, Raffaele/TOSI, Paolo/TREU, Tiziano

TELLES, Inocêncio Galvão
- *Manual dos Contratos em Geral*, 3ª ed. (1965), Lex, Lisboa, 1995 (*reprint*)
- *Direito das Obrigações*, 7ª ed., Coimbra Editora, Coimbra, 1997;
- *Sucessão Testamentária*, Coimbra Editora, Coimbra, 2006.

TEYSSIÉ, Bernard
- "La rupture du contrat de travail à durée indéterminée hors licenciement", *in Droit Social*, 2005, nº 1, pp. 45 segs.;

Tosi, Paolo
- Carinci, Franco/de Luca Tamajo, Raffaele/Tosi, Paolo/Treu, Tiziano
Treu, Tiziano
- v. Carinci, Franco/de Luca Tamajo, Raffaele/Tosi, Paolo/Treu, Tiziano
Vacarie, Isabelle
- "La renonciation du salarié", *in Droit Social*, 1990, nº 11, pp. 757 segs.
Valdes Dal-Re, Fernando
- "Un acertado estrambote de la ley 2/1991: las garantias en la tramitacion del finiquito", *in RT*, n.100 (1990), pp.699 segs.;
- "Mutuo acuerdo y despido", *in RL*, nº 19, 1993, pp. 48 segs.
- "Continuidad y crisis en la doctrina judicial sobre el valor liberatório del finiquito (I)" *in RL*, nº 22, 1993, pp. 54 segs.;
- "Continuidad y crisis en la doctrina judicial sobre el valor liberatório del finiquito (y II)" *in RL*, nº 22, 1993, pp. 60 segs.
Vallebona, António
- *Istituzioni di Diritto del Lavoro, II – Il Rapporto di Lavoro*, 6ª ed., CEDAM, Pádua, 2008
Varela, Antunes
- *Das Obrigações em Geral*, Vol. I, 10ª ed. (6ª reimp., 2009), Almedina, Coimbra, 2000;
- *Das Obrigações em Geral*, Vol. II, 7ª ed. (4ª reimp., 2009), Almedina, Coimbra, 1997.
Varela, Antunes/Bezerra, J. Miguel/Nora, Sampaio e
- *Manual de Processo Civil*, 2ª ed., Coimbra Editora, Coimbra, 1985.
Varela, João de Matos Antunes
- v. Lima, Fernando Andrade Pires de/ Varela, João de Matos Antunes
Vasconcelos, Joana
- "A Revogação do Contrato de Trabalho" *in Direito e Justiça*, 1997, T. 2, pp. 173 segs.

- Anotação ao art. 146º, *in* Romano Martinez/Luís Miguel Monteiro/ Joana Vasconcelos/José Manuel Vilalonga/Pedro Madeira de Brito/ Guilherme Dray/Luís Gonçalves da Silva, *Código do Trabalho Anotado*, 6ª ed., Almedina, Coimbra, 2008;
- Anotação aos arts. 249º a 271º, *in* Romano Martinez/Luís Miguel Monteiro/Joana Vasconcelos/José Manuel Vilalonga/Pedro Madeira de Brito/Guilherme Dray/Luís Gonçalves da Silva, *Código do Trabalho Anotado*, 6ª ed., Almedina, Coimbra, 2008;
- Anotação aos arts. 441º a 450º, *in* Romano Martinez/Luís Miguel Monteiro/Joana Vasconcelos/José Manuel Vilalonga/Pedro Madeira de Brito/Guilherme Dray/Luís Gonçalves da Silva, *Código do Trabalho Anotado*, 6ª ed., Almedina, Coimbra, 2008;
- Anotação ao art. 136º, *in* Romano Martinez/Luís Miguel Monteiro/Joana Vasconcelos/Pedro Madeira de Brito/Guilherme Dray/Luís Gonçalves da Silva, *Código do Trabalho Anotado*, 8ª ed., Almedina, Coimbra, 2009;
- Anotação aos arts. 258º a 280º, *in* Romano Martinez/Luís Miguel Monteiro/Joana Vasconcelos/Pedro Madeira de Brito/Guilherme Dray/ Luís Gonçalves da Silva, *Código do Trabalho Anotado*, 8ª ed., Almedina, Coimbra, 2009;
- Anotação aos arts. 394º a 403º, *in* Romano Martinez/Luís Miguel Monteiro/Joana Vasconcelos/Pedro Madeira de Brito/Guilherme Dray/ Luís Gonçalves da Silva, *Código do Trabalho Anotado*, 8ª ed., Almedina, Coimbra, 2009;
Vasconcelos, Pedro Pais de
- *Teoria Geral do Direito Civil*, 5ª ed., Almedina, Coimbra, 2008.

A REVOGAÇÃO DO CONTRATO DE TRABALHO

VEIGA, António Jorge da Motta
- *Direito do Trabalho*, Vol. I (policop.), Universidade Lusíada – Departamento de Direito, Lisboa, 1987;
- *Direito do Trabalho*, Vol. II (policop.), Universidade Lusíada – Departamento de Direito, Lisboa, 1987;
- *Direito do Trabalho*, 4ª ed., Universidade Lusíada, Lisboa, 1992.

VENTURA, Raúl
- *Teoria da Relação Jurídica de Trabalho – Estudo de Direito Privado*, I, Imprensa Portuguesa, Porto, 1944;
- *Lições de Direito do Trabalho (Lições ao Curso Complementar de 1948/1949)*, in *Estudos em Homenagem ao Prof. Doutor Raul Ventura, Volume II, Faculdade de Direito da Universidade de Lisboa*, 2003
- "Extinção das relações jurídicas de trabalho" in *ROA*, 1950, n°s 1 e 2, pp. 215 segs.;
- "Princípios Gerais de Direito Processual do Trabalho", *Curso de Direito Processual do Trabalho, Suplemento da Revista da Faculdade de Direito da Universidade de Lisboa*, 1964.

VERDIER, Jean-Maurice/COEURET, Alain/SOURIAC, Marie-Arnelle
- *Droit du Travail, – Vol. II – Rapports Individuels*, 14ª ed., Dalloz, Paris, 2007;
- *Droit du Travail – Vol. 2 – Rapports Individuels*, 15ª ed., Dalloz, Paris, 2009.

VERKINDT, Pierre-Yves,
- v. BOSSU, Bernard/DUMONT, François/ VERKINDT, Pierre-Yves
- v. FAVENNEC-HÉRY, Françoise/VERKINDT, Pierre-Yves

VOGELSANG, Hinrich,
- v. SCHAUB, H. C. Günther/KOCH, Ulrich/ LINCK, Rüdiger/VOGELSANG, Hinrich,

WOLMERATH, Martin
- v. DÄUBLER, Wolfgang/HJORT, Jens Peter/ HUMMEL, Dieter/WOLMERATH, Martin

XAVIER, Bernardo da Gama Lobo
- "A Compensação por Despedimento no Contrato de Trabalho" in *ESC*, n° 30, 1969, pp. 35 segs.;

- *Regime Jurídico do Contrato de Trabalho – Anotado*, Atlântida, Coimbra, 1969;
- *Regime Jurídico do Contrato de Trabalho – Anotado*, 2ª ed., Atlântida, Coimbra, 1972;
- "A Estabilidade no Direito do Trabalho Português" in *ESC*, n° 31, 1970, pp. 3 segs.;
- "A Recente Legislação dos Despedimentos – O Processo Disciplinar na Rescisão por Justa Causa" in *RDES*, 1976, pp. 153 segs.
- "A Extinção do Contrato de Trabalho", in *RDES*, 1989, n°s 3-4, pp. 399 segs.;
- *Curso de Direito do Trabalho*, 2ª ed., Verbo, Lisboa – São Paulo, 1993;
- *Curso de Direito do Trabalho – Aditamento de Actualização – 1996*, Separata, Verbo, Lisboa – São Paulo, 1996;
- "Ainda o problema da constitucionalidade das prestações complementares de segurança social estabelecidas em convenção colectiva", in *RDES*, 1999, n° 4, pp. 405 segs.;
- *O Despedimento Colectivo no Dimensionamento da Empresa*, Verbo, Lisboa – São Paulo, 2000;
- "Alguns problemas das chamadas «obras sociais» e outras vantagens – conexões contratuais na relação de trabalho" in *RDES*, 2002, n°s 2-3-4, pp. 145 segs.
- "Regime de Despedimento Colectivo e as Alterações da Lei n° 32/99, in *Estudos do Instituto de Direito do Trabalho*, III, Almedina, Coimbra, 2002, pp. 225 segs.;
- "Regime do despedimento colectivo e as alterações da Lei n° 32/99" in *Estudos em Homenagem ao Prof. Doutor Raúl Ventura*, Faculdade de Direito da Universidade de Lisboa – Coimbra Editora, Coimbra, 2003, pp. 751 segs;
- *Curso de Direito do Trabalho*, I, 3ª ed., Verbo, Lisboa – São Paulo, 2004;
- *Iniciação ao Direito do Trabalho*, 3ª ed., Verbo, Lisboa – São Paulo, 2005;

XAVIER, Bernardo da Gama Lobo/MARTINS, Pedro Furtado
- "A transacção em Direito do Trabalho: direitos indisponíveis, direitos inderrogáveis e direitos irrenunciáveis", *Liberdade e Compromisso – Estudos dedicados ao Professor Mário Fernando de Campos Pinto*, Vol. II, Universidade Católica Editora, Lisboa, 2009, pp. 443 segs.

XAVIER, Bernardo da Gama Lobo/MARTINS, Pedro Furtado/CARVALHO, António Nunes de
- "Pensões Complementares de Reforma – Inconstitucionalidade da Versão Originária do Art. 6º, 1, e) da LRC" *in RDES*, 1997, nºs 1-2-3, pp. 133 segs.

ZWANZIGER, Bertram
- v. KITTNER, Michael/DÄUBLER, Wolfgang/ZWANZIGER, Bertram

ÍNDICE DE JURISPRUDÊNCIA*

TRIBUNAL CONSTITUCIONAL

Ac. nº 107/88, de 31 de Maio   *DR*, nº 141, Série I, de 21-6-1988
Ac. nº 64/91, de 4 de Abril   *DR*, nº 84, Suplemento, Série I-A, de 11-4-1991
    Texto integral em www.tribunalconstitu-
    cional.pt
Ac. nº 600/2004, de 12 de Outubro   Texto integral em www.tribunalconstitu-
    cional.pt

SUPREMO TRIBUNAL ADMINISTRATIVO

STJ de 18-1-1977   (8646)   *AD* nº 186, pp. 496 segs.

SUPREMO TRIBUNAL DE JUSTIÇA

STJ de 14-1-1969   (62526)   *BMJ*, nº 183, pp. 233 segs.
STJ de 3-10-1980   (86)   *BMJ*, nº ---, pp. 203 segs.

---

* Na elaboração da presente lista, que inclui os acórdãos das Relações, STJ e TC, proferidos até 31 de Dezembro de 2008, utilizados na elaboração da presente dissertação, optámos pela respectiva identificação a partir da respectiva data e número de processo. No que se refere à indicação da respectiva proveniência, tratando-se de acórdão publicado e simultaneamente disponível numa das bases de dados do Ministério da Justiça (www.dgsi.pt), foram incluídas as várias informações a este respeitantes. Quanto aos acórdãos cujo texto integral está disponível unicamente nas aludidas bases de dados – como sucede com a larga maioria dos mais recentemente proferidos –, e em ordem a facilitar a respectiva localização, decidimos apresentar o respectivo número de processo tal como delas consta.

A REVOGAÇÃO DO CONTRATO DE TRABALHO

STJ de 23-7-1982	(321)	*BMJ*, nº 319, pp. 237 segs.
STJ de 11-10-1983	(522)	*BMJ*, nº 330, pp. 436 segs.
STJ de 4-4-1986	(1233)	*BMJ*, nº 356, pp. 183 segs.
STJ de 14-2-1991	(2635)	*BMJ*, nº 404, pp. 303 segs.
STJ de 3-4-1991	(2908)	*BMJ*, nº 406, pp. 433 segs.
STJ de 2-4-1992	(3203)	*BMJ*, nº 416, pp. 485 segs.
STJ de 27-5-1992	(3348)	*BMJ*, nº 417, pp. 545 segs.
STJ de 3-4-1991	(2908)	*BMJ*, nº 406, pp. 433 segs.
STJ de 17-2-1993	(3345)	*CJ-STJ*, 1993, I, pp. 255 segs.
STJ 17-2-1993	(3345)	*CJ-STJ*, 1993, I, pp. 255 segs.
STJ 21-4-1993	(SJ199304210035134)	Texto integral da base JSTJ
	(3513)	*BMJ* nº 426 (1993), pp. 363 segs.
STJ 26-5-1993	(3619)	*CJ-STJ*, 1993, II, pp. 287 segs.
STJ 6-7-1994	(3997)	*AD* nº 396, pp. 1461 segs.
		BMJ nº 439 (1994), pp. 376 segs.
		CJ-STJ, 1994, III, pp. 271 segs
STJ 29-1-1997	(107/96)	*CJ-STJ*, 1997, I, pp. 265 segs
STJ 16-4-1997	(96S246)	Texto integral da base JSTJ
		BMJ nº 466 (1997), pp. 343 segs.
		CJ-STJ, 1997, II, pp. 265 segs
STJ 18-6-1997	(97S076)	Texto integral da base JSTJ
		CJ-STJ, 1997, II, pp. 296 segs
STJ 5-11-1997	(97S098)	Texto integral da base JSTJ
STJ 18-3-1998	(196/97)	*CJ-STJ*, 1998, I, pp. 284 segs
STJ 4-11-1998	(158/98)	*CJ-STJ*, 1998, III, pp. 268 segs
STJ 11-11-1998	(98S088)	Texto integral da base JSTJ
		BMJ nº 481 (1998), pp. 223 segs.
STJ 18-11-98	(98S272)	Texto integral da base JSTJ
STJ 2-12-1998	(98S232)	Texto integral da base JSTJ
STJ 20-1-1999	(279/98)	*CJ-STJ*, 1999, I, pp. 265 segs
STJ 24-3-1999	(98S269)	Texto integral da base JSTJ
		AD nº 456 (Dez 1999), pp. 1614 segs.
STJ 26-4-1999	(20/99)	*CJ-STJ*, 1999, II, pp. 268 segs
STJ 12-5-1999	(33/99)	*AD* nº 458 (Fev 2000), pp. 268 segs.
		CJ-STJ, 1999, II, pp.281-282
STJ 29-9-1999	(99S041)	Texto integral da base JSTJ
STJ 7-10-1999	(99S133)	Texto integral da base JSTJ
STJ 13-10-1999	(99S160)	Texto integral da base JSTJ
		BMJ nº 490 (1999), pp. 144 segs.
STJ 18-11-1999	(99B848)	Texto integral da base JSTJ

ÍNDICE DE JURISPRUDÊNCIA

STJ 8-3-2000	(326/00)	*AD* nº 470 (Fev 2001), pp. 286 segs.
STJ 31-3-2001	(3319/00)	*CJ-STJ*, 2001, I, pp. 306 segs.
STJ 10-5-2001	(00S1812)	Texto integral da base JSTJ
STJ 12-12-2001	(01S2552)	*CJ-STJ*, 2001, III, pp. 286 segs.
		Texto integral da base JSTJ
STJ 20-3-2002	(01S2159)	*CJ-STJ*, 2002, I, pp. 276 segs.
		Texto integral da base JSTJ
STJ 25-9-2002	(02S456)	Texto integral da base JSTJ
STJ 16-10-2002	(01S3668)	Texto integral da base JSTJ
STJ 27-3-2003	(4673/02)	*AD* nº 503 (Nov2003), pp. 1727 segs.
STJ 28-5-2003	(02S3062)	Texto integral da base JSTJ
STJ 7-10-2003	(03S1785)	Texto integral da base JSTJ
STJ 5-11-2003	(03S123)	Texto integral da base JSTJ
STJ 14-1-2004	(2558/03)	*CJ-STJ*, 2004, I, pp. 249 segs.
STJ 19-2-2004	(3404/03)	*CJ-STJ*, 2004, I, pp. 274 segs.
STJ 9-6-2004	(3689/03)	*CJ-STJ*, 2004, II, pp. 271 segs.
STJ 24-6-2004	(04B1560)	Texto integral da base JSTJ
STJ 24-11-2004	(04S2846)	Texto integral da base JSTJ
STJ 3-3-2005	(04S3154)	Texto integral da base JSTJ
STJ 25-5-2005	(05S480)	Texto integral da base JSTJ
STJ 11-10-2005	(05S1763)	Texto integral da base JSTJ
STJ 2-2-2006	(05S3142)	Texto integral da base JSTJ
STJ 21-2-2006	(05S1701)	Texto integral da base JSTJ
STJ 5-4-2006	(05S4233)	Texto integral da base JSTJ
STJ 18-5-2006	(05S4237)	Texto integral da base JSTJ
STJ 13-7-2006	(06S250)	Texto integral da base JSTJ
STJ 20-9-2006	(06S574)	Texto integral da base JSTJ
STJ 6-12-2006	(3409/06)	*CJ-STJ*, 2006, III, pp. 300 segs.
STJ 6-12-2006	(06S3208)	Texto integral da base JSTJ
STJ 31-10-2007	(07S1442)	Texto integral da base JSTJ
STJ 31-10-2007	(07S2091)	Texto integral da base JSTJ
STJ 16-1-2008	(07S2884)	Texto integral da base JSTJ
STJ 12-3-2008	(07S3380)	Texto integral da base JSTJ
STJ 26-3-2008	(07S4653)	Texto integral da base JSTJ

TRIBUNAL DA RELAÇÃO DE COIMBRA

RC 22-3-1979	(25666)	*CJ*, 1979, II, pp. 581 segs.
RC 20-3-1980	(25571)	*CJ*, 1980, I, pp. 77 segs.

A REVOGAÇÃO DO CONTRATO DE TRABALHO

RC 12-4-1984	(3324)	*CJ*, 1984, II, pág. 96
RC 31-5-1984	(31928)	*CJ*, 1984, III, pp. 115 segs.
RC 16-12-1986	(36816)	*CJ*, 1986, V, pp. 113 segs.
RC 12-1-1988	(39177)	*CJ*, 1988, I, pp. 94 segs.
RC 27-3-1990	(33/89)	*CJ*, 1990, II, pp. 99 segs.
RC 11-4-1991	(131/90)	*CJ*, 1991, II, pp. 131 segs.
RC 5-6-1991	(6976)	*CJ*, 1991, III, pp. 217 segs.
RC 3-7-1991	(59/91)	*CJ*, 1991, IV, pp. 141 segs.
RC 20-2-1992	(141/91)	*CJ*, 1992, I, pp. 134 segs.
RC 20-5-2004	(1142/04)	Texto integral da base JTRC
RC 18-11-2004	(2946/04)	*CJ*, 2004, V, pp. 60 segs.
RC 19-1-2005	(3598/04)	*CJ*, 2005, I, pp. 55 segs.
		Texto integral da base JTRC
RC 18-5-2005	(3986/05)	*CJ*, 2005, III, pp. 60 segs.
RC 22-9-2005	(3985/04)	*CJ*, 2005, IV, pp. 61 segs.
RC 10-11-2005	(2144/05)	Texto integral da base JTRC
RC 2-3-2006	(3900/05)	Texto integral da base JTRC
RC 11-1-2007	(355/05)	Texto integral da base JTRC
RC 17-5-2007	(88/06)	Texto integral da base JTRC
RC 20-9-2007	(664/05)	*CJ*, 2007, IV, pp. 70 segs.

TRIBUNAL DA RELAÇÃO DE ÉVORA

RE 16-3-1982	(47/81)	*CJ*, 1982, II, pp. 383 segs.
RE 10-7-1984	(20/84)	*CJ*, 1984, IV, pp. 309 segs.
RE 27-11-1986	(7/84)	*CJ*, 1986, V, pp. 320 segs.
RE 26-5-1988	(72/86)	*CJ*, 1988, III, pp. 331 segs.
RE de 17-11-1988	(75/86)	*CJ*, 1988, V, pp. 289 segs.
RE 30-1-1990	(12)	*CJ*, 1990, I, pp. 318 segs.
RE 8-5-1997	(154/96)	*CJ*, 1997, II, pp. 291 segs.
RE de 23-3-1999	(17/99)	*CJ*, 1999, II, pp. 286 segs.
RE 15-7-2003	(2940/02)	*CJ*, 2003, IV, pp. 265 segs.
RE 20-4-2004	(400/04-3)	Texto integral da base JTRE
RE 21-9-2004	(1535/04-2)	Texto integral da base JTRE
RE 23-10-2007	(2008/07-3)	Texto integral da base JTRE

TRIBUNAL DA RELAÇÃO DE LISBOA

RL 22-7-1979	(96)	*CJ*, 1979, IV, pp. 1340 segs.

ÍNDICE DE JURISPRUDÊNCIA

RL 26-5-1980	(1047)	*CJ*, 1980, III, pp. 244 segs.
RL 18-4-1983	(3356)	*CJ*, 1983, II, pp. 204 segs.
RL 16-10-1985	(269)	*CJ*, 1991, IV, pp. 206 segs.
RL 1-7-1986	(4347)	*CJ*, 1986, IV, pp. 127 segs.
RL 18-1-1989	(4432)	*CJ*, 1989, I, pp. 169 segs.
RL 10-1-1990	(5331)	*CJ*, 1990, I, pp. 193 segs.
RL 4-4-1990	(1120)	*CJ*, 1990, II, pp. 197 segs.
RL 6-6-1990	(6260)	*CJ*, 1990, III, pp. 190 segs.
RL 13-3-1991	(6434)	*CJ*, 1990, II, pp. 213 segs.
RL 18-3-1992	(7547)	*CJ*, 1992, II, pp. 196 segs.
RL 2-12-1993	(8858)	*CJ*, 1993, V, pp. 191 segs.
RL 11-1-1995	(9719)	*CJ*, 1995, I, pág. 172
RL 5-4-1995	(9793)	*CJ*, 1995, II, pp. 179 segs.
RL 4-10-1995	(0001804)	Texto integral da base JTRL
RL 18-10-1995	(9841)	*CJ*, 1995, IV, pp. 164 segs.
RL 25-9-1996	(5544)	Texto integral da base JTRL
		CJ, 1996, IV, pp. 180 segs.
RL 2-12-1998	(4193/98)	*CJ*, 1998, V, pp. 166 segs.
RL 26-5-1999	(2267/99)	*CJ*, 1999, III, pp. 162 segs.
RL 24-11-1999	(595/96)	*CJ*, 1999, V, pp. 163 segs.
RL 12-12-2001	(9712/4/01)	*CJ*, 2001, V, pp. 164 segs.
RL 9-4-2003	(10520/02)	*CJ*, 2003, II, pp. 157 segs.
RL 28-1-2004	(6052/03)	*CJ*, 2004, I, pp. 149 segs.
RL 26-1-2005	(9733/2004-4)	Texto integral da base JTRL
RL 2-3-2005	(7406/2004-4)	Texto integral da base JTRL
RL 9-3-2005	(8682/2004-4)	Texto integral da base JTRL
RL 28-9-2005	(1693/2004-4)	Texto integral da base JTRL
RL 19-10-2005	(4301/2005-4)	Texto integral da base JTRL
RL 19-10-2005	(711/2005-4)	Texto integral da base JTRL
RL 1-2-2006	(11425/2005-4)	Texto integral da base JTRL
RL 28-2-2007	(9972/2006-4)	Texto integral da base JTRL
RL 16-1-2008	(1761/2007-4)	Texto integral da base JTRL
RL 16-1-2008	(7884/2007-4)	Texto integral da base JTRL
RL 9-4-2008	(296/2008-4)	Texto integral da base JTRL
RL 9-4-2008	(332/2008-4)	Texto integral da base JTRL
RL 14-5-2008	(1652/2008-4)	Texto integral da base JTRL
RL 25-6-2008	(2717/2008-4)	Texto integral da base JTRL
RL 17-12-2008	(8807/2008-4)	Texto integral da base JTRL

TRIBUNAL DA RELAÇÃO DO PORTO

RP 12-3-1979	(13705)	*CJ*, 1979, II, pp. 506 segs.
RP 10-12-1979	(15559)	*CJ*, 1979, V, pp. 1529 segs.
RP 17-1-1983	(17634)	*CJ*, 1983, I, pp. 273 segs.
RP 19-11-1984	(3324)	*CJ*, 1984, IV, pp. 293 segs.
RP 1-7-1986	(4347)	*CJ*, 1986, IV, pág. 129
RP de 13-10-1989	(2209)	*AJ*, Ano 1, nº 2, pág. 18
RP 21-10-1991	(17634)	*CJ*, 1991, IV, pp. 288 segs.
RP 21-9-1992	(286)	*CJ*, 1992, IV, pp. 286 segs.
RP 10-10-1994	(452)	*CJ*, 1994, IV, pp. 249 segs.
RP 10-7-1995	(428/95)	*CJ*, 1995, IV, pp. 249 segs.
RP 22-5-2000	(419/2000)	*CJ*, 2000, III, pp. 246 segs.
RP 18-6-2001	(0110674)	Texto integral da base JTRP
RP 12-11-2001	(0110816)	Texto integral da base JTRP
		CJ, 2001, V, pp. 244 segs.
RP 8-7-2002	(560/02)	*CJ*, 2002, IV, pp. 218 segs.
RP 3-2-2003	(0212443)	Texto integral da base JTRP
RP 7-4-2003	(0310007)	Texto integral da base JTRP
RP 11-10-2004	(0442053)	Texto integral da base JTRP
RP 17-1-2005	(0414888)	Texto integral da base JTRP
RP 31-1-2005	(0413700)	Texto integral da base JTRP
RP 19-9-2005	(0512318)	Texto integral da base JTRP
RP 3-10-2005	(2320/05)	*CJ*, 2005, IV, pp. 244 segs.
RP 8-5-2006	(0542317)	Texto integral da base JTRP
RP 15-5-2006	(0516962)	Texto integral da base JTRP
RP 25-9-2006	(0516184)	Texto integral da base JTRP
RP 16-10-2006	(0642094)	Texto integral da base JTRP
RP 10-9-2007	(0712112)	Texto integral da base JTRP
RP 21-1-2008	(0744798)	Texto integral da base JTRP
RP 2-12-2008	(0842092)	Texto integral da base JTRL
RP 17-12-2008	(0845507)	Texto integral da base JTRL

ÍNDICE GERAL

INTRODUÇÃO	29
1. Apresentação e delimitação do objecto da investigação	29
1.1. O distrate, expressão da liberdade contratual das partes e modo de extinção do contrato de trabalho	29
1.2. Sistematização	33
CAPÍTULO I – EVOLUÇÃO HISTÓRICA	37
2. A evolução do sistema português quanto à revogação do contrato de trabalho	37
2.1. Traços gerais da evolução do ordenamento português quanto à disciplina da revogação do contrato de trabalho	37
2.2. Os antecedentes	39
2.3. LCT	43
2.3.1. Traços gerais da disciplina da revogação do contrato de trabalho	43
2.3.2. A revogação como negócio consensual e a excepcional imposição de forma escrita	45
2.4. DL nº 372-A/75, de 16 de Julho	46
2.4.1. Traços gerais da disciplina da revogação do contrato de trabalho	46
2.4.2. A revogação do contrato de trabalho como negócio formal (art. 6º, nº 1)	49
2.4.3. Nulidade das cláusulas que impedissem o trabalhador de "exercer direitos já adquiridos ou reclamar créditos vencidos" (art. 6º, nº 3)	54
2.4.4. O "direito de arrependimento" do trabalhador	57

A REVOGAÇÃO DO CONTRATO DE TRABALHO

2.5. DL nº 64-A/89, de 27 de Fevereiro   61
  2.5.1. Traços gerais da disciplina da revogação do contrato
     de trabalho   61
  2.5.2. Reforço do formalismo negocial   62
  2.5.3. Novas orientações em matéria de definição da situação
     das partes quanto a créditos laborais: a eliminação
     da norma proibitiva da abdicação de créditos pelo
     trabalhador no acordo revogatório e a presunção
     de liquidação de créditos baseada na atribuição
     ao trabalhador de uma "compensação pecuniária
     de natureza global"   64
2.6. Lei nº 38/96, de 31 de Agosto   70
  2.6.1. Sentido geral das alterações à disciplina da revogação
     do contrato de trabalho introduzidas pela Lei nº 38/96   70
  2.6.2. Aspectos essenciais da nova disciplina da revogação pelo
     trabalhador do acordo extintivo do contrato de trabalho   72
2.7. Código do Trabalho   76
  2.7.1. Traços gerais da disciplina da revogação do contrato
     de trabalho   76
  2.7.2. A conformação como relativa da presunção assente
     na atribuição de uma compensação pecuniária global
     ao trabalhador   78
  2.7.3. O retorno do direito de arrependimento do trabalhador   79
  2.7.4. Alterações na disciplina da revogação do contrato
     decorrentes da revisão do Código do Trabalho pela
     L nº 7/2009, de 12 de Fevereiro   82
2.8. Síntese   84

CAPÍTULO II – A EXTINÇÃO PACTUADA DO CONTRATO
DE TRABALHO NOUTROS ORDENAMENTOS   87

3. Cessação consensual do contrato de trabalho e definição da situação
das partes quanto a créditos laborais noutros ordenamentos   87
3.1. Itália   000
  3.1.1. A *risoluzione consensuale* como expressão da autonomia
     negocial das partes, não sujeita a especiais exigências
     de substância ou de forma   87
  3.1.2. Definição das relações recíprocas entre as partes após
     a cessação: a limitada disponibilidade pelo trabalhador
     de direitos derivados de normas inderrogáveis e a
     irrelevância de princípio das *quietanze liberatorie* genéricas   90

ÍNDICE GERAL

3.1.3. Impugnação da *risoluzione consensuale* pelo trabalhador:
os regimes comuns dos vícios na formação da vontade
e da fraude à lei e o regime especial do art. 2113
do *Codice Civile* 102

3.2. França 104

3.2.1. Da *résiliation amiable* de direito comum à *rupture
conventionelle* (*Loi de Modernisation du Marché du Travail*,
de 25 deJunho de 2008) 104

3.2.2. Cessação por mútuo acordo e definição da situação
das partes quanto a créditos emergentes do contrato
de trabalho: *reçu pour solde de tout compte e transaction* 115

3.3. Espanha 127

3.3.1. O *mutuo acuerdo* das partes como causa extintiva
do contrato de trabalho (art. 49-1-a) do *ET*) 127

3.3.2. O *finiquito de liquidación y saldo de cuentas* 132

3.3.3. O *princípio de irrenunciabilidad* de direitos (art. 3-5 do *ET*) 141

3.4. Alemanha 146

3.4.1. O *Aufhebungsvertrag* como expressão do princípio
da liberdade contratual das partes 146

3.4.2. A liquidação de créditos emergentes da relação
laboral finda: a *Ausgleichsquittung* 152

3.5. Síntese 156

CAPÍTULO III – FORMA, CONTEÚDO E EFEITOS DO ACORDO
REVOGATÓRIO DO CONTRATO DE TRABALHO 159

4. Forma e formalidades da revogação do contrato de trabalho 159

4.1. A revogação como negócio formal. *Ratio* da exigência de forma legal 159

4.2. Âmbito da forma legal 163

4.3. Preterição da forma e das formalidades legalmente exigidas 167

5. Conteúdo e efeitos do acordo revogatório do contrato de trabalho 176

5.1. Efeito extintivo 176

5.1.1. A revogação como declaração extintiva bilateral: a cessação
consensual, discricionária e não retroactiva do contrato
de trabalho 176

5.1.2. A revogação como abdicação do direito ao emprego pelo
trabalhador: o "despedimento negociado" 179

5.2. Outros efeitos 184

5.2.1. Admissibilidade de princípio de "outros efeitos"
acordados pelas partes 184

A REVOGAÇÃO DO CONTRATO DE TRABALHO

5.2.2.	Regulação da eficácia do acordo revogatório	186
	5.2.2.1. Atribuição de eficácia retroactiva	186
	5.2.2.2. Aposição de termo suspensivo	187
5.2.3.	Definição da situação das partes após a cessação do vínculo aboral	195
	5.2.3.1. Pacto de não concorrência	195
	5.2.3.2. Reforma antecipada e pré-reforma	198
	5.2.3.3. Créditos emergentes do contrato de trabalho	206
	5.2.3.3.1. A atribuição ao trabalhador de uma compensação pecuniária global	206
	5.2.3.3.2. Renúncia aos seus créditos pelo trabalhador	214
	5.2.3.3.3. Obrigações em geral decorrentes da cessação	216

CAPÍTULO IV– ATRIBUIÇÃO AO TRABALHADOR DE UMA COMPENSAÇÃO PECUNIÁRIA GLOBAL E PRESUNÇÃO LEGAL DE INCLUSÃO NESTA DOS CRÉDITOS EMERGENTES DO CONTRATO DE TRABALHO EXTINTO   219

6. Principais questões que suscitam a fixação de uma compensação pecuniária global para o trabalhador e a presunção legal de inclusão no seu montante dos créditos laborais vencidos ou tornados exigíveis pela cessação do contrato   219

7. A compensação pecuniária global   221
    7.1. A natureza global da compensação como não indicação da causa da sua atribuição e montante   221
    7.2. Compensação pecuniária global, discriminação de créditos laborais e sua liquidação em separado   224

8. A presunção legal de inclusão no montante da compensação pecuniária global dos créditos laborais das partes vencidos ou exigíveis em virtude da cessação do contrato   228
    8.1. Os efeitos da atribuição ao trabalhador de uma compensação pecuniária global quando da extinção pactuada do contrato de trabalho: da renúncia por este aos seus créditos laborais à presunção legal de inclusão naquela de todos os créditos vencidos ou exigíveis das partes   228
    8.2. Âmbito e limites da presunção de inclusão na compensação pecuniária global dos créditos laborais vencidos ou exigíveis   230

ÍNDICE GERAL

8.3. Natureza da presunção de inclusão dos créditos laborais vencidos ou exigíveis na compensação pecuniária global	236
8.3.1. A recente explicitação da natureza relativa da presunção e as questões dela decorrentes	236
8.3.2. A eventual natureza interpretativa das normas constantes dos arts. 394º, nº 3, do CT2003 e 349º, nº 5, do CT2009	237
8.3.3. A prova do contrário: sentido e efeitos	239
9. Sentido do modelo legal de acerto de contas e de estabilização da situação das partes quanto a créditos laborais	241
9.1. Indicação de sequência	241
9.2. Compensação pecuniária global, presunção de inclusão de créditos e renúncia pelo trabalhador	242
9.3. Compensação pecuniária global, presunção de inclusão de créditos e natureza transaccional do acordo de revogação	244
9.4. Compensação pecuniária global, presunção de inclusão de créditos, tutela do trabalhador e tutela do empregador	247

CAPÍTULO V – RENÚNCIA PELO TRABALHADOR AOS SEUS CRÉDITOS EMERGENTES DO CONTRATO DE TRABALHO	253

10. Extinção consensual do contrato de trabalho, definição da situação das partes quanto a créditos dele emergentes e renúncia pelo trabalhador	253
11. Limitações à disposição pelo trabalhador dos seus créditos laborais	254
11.1. Indisponibilidade, inderrogabilidade, irrenunciabilidade	254
11.1.1. A indisponibilidade como total subtracção do direito à vontade do seu titular: os direitos indisponíveis em sentido próprio	254
11.1.2. A indisponibilidade limitada, parcial ou relativa como mera compressão da faculdade de disposição do direito pelo seu titular	258
11.1.3. A inderrogabilidade como insusceptibilidade de disposição antecipada do direito emergente de norma imperativa	265
11.1.4. Irrenunciabilidade, insusceptibilidade de renúncia e "exercício necessário" do direito	267
11.2. Os créditos laborais do trabalhador como direitos limitada ou relativamente indisponíveis	270
11.2.1. Enquadramento normativo da questão. A disponibilidade de princípio dos seus créditos laborais pelo trabalhador	270

A REVOGAÇÃO DO CONTRATO DE TRABALHO

11.2.2. As exepções à regra: as limitações à disposição pelo
trabalhador dos seus direitos 272
    11.2.2.1. Os direitos indisponíveis como direitos
irrenunciáveis. A irrenunciabilidade como
garantia do gozo efectivo do direito pelo
trabalhador 272
    11.2.2.2. Irrenunciabilidade da retribuição – sentido
e limites 281
11.2.3. A transigibilidade dos créditos laborais do trabalhador 287
    11.2.3.1. Enquadramento normativo da questão 287
    11.2.3.2. Transacção e renúncia a direitos 289
    11.2.3.3. Transacção e direitos irrenunciáveis
do trabalhador 293

12. Quitações totais e plenas dadas ao empregador no acordo
de cessação do contrato de trabalho 294
12.1. Declarações genéricas de integral pagamento e de quitação total
e plena do empregador subscritas pelo trabalhador quando
da cessação do contrato de trabalho: principais questões
que suscitam 294
12.2. A abordagem doutrinal: limitação de efeitos das declarações
de integral pagamento e de quitação total e plena do empregador ... 297
    12.2.1. Recusa de princípio de atribuição de efeito liberatório ... 297
    12.2.2. Reconhecimento de efeitos meramente probatórios 299
    12.2.3. Excepcional admissibilidade de efeito remissivo
da quitação genérica dada pelo trabalhador 301
12.3. A abordagem jurisprudencial: maximização dos efeitos
das declarações de integral pagamento e de quitação total
e plena do empregador 303
    12.3.1. As declarações de "quitação total e plena" como elemento
de um contrato de remissão abdicativa entre trabalhador
e empregador 303
        12.3.1.1. Argumentos que suportam tal tese 303
        12.3.1.2. Alcance e efeitos da remissão abdicativa 309
        12.3.1.3. Excepcional recusa de efeito liberatório
a quitações genéricas 312
    12.3.2. Apreciação crítica 313
12.4. Declarações de quitação total e plena e revogação do contrato
de trabalho 322
    12.4.1. Inclusão de uma quitação integral do empregador
no acordo de cessação do contrato de trabalho – principais
questões que suscita 322

ÍNDICE GERAL

12.4.2. Admissibilidade da quitação integral como abdicação
pelo trabalhador de todos os seus créditos 323

    12.4.2.1. Quitação integral e atribuição de uma
compensação pecuniária global 323

    12.4.2.2. Quitação integral e direito de arrependimento
do trabalhador 325

12.4.3. Função da quitação integral no contexto da cessação
por acordo do contrato de trabalho: remissão
de créditos versus presunção de liquidação 326

12.4.4. Declarações liberatórias, tutela do trabalhador e tutela
do empregador 329

CAPÍTULO VI – OS MEIOS DE TUTELA DO TRABALHADOR 333

13. Efeito extintivo do distrate e tutela do trabalhador. Os modelos
possíveis e as concretas opções legislativas 333

14. Revogação unilateral pelo trabalhador do acordo revogatório 334

14.1. Revogação unilateral pelo trabalhador do acordo revogatório
– principais questões que suscita 334

14.2. Exercício do direito de revogação pelo trabalhador 337

    14.2.1. Requisitos 337

        14.2.1.1. Prazo 338

        14.2.1.2. Entrega ou colocação à disposição
do empregador das quantias recebidas 342

    14.2.2. Forma 345

    14.2.3. Efeitos e natureza jurídica 345

14.3. Exclusão do direito de revogação pelo reforço do formalismo
negocial 351

14.4. Cessação do acordo revogatório, tutela do trabalhador e tutela
do empregador 354

    14.4.1. Considerações prévias 354

    14.4.2. O direito de revogação do distrate como meio de tutela do
trabalhador 355

    14.4.3. Regulação da revogação do acordo revogatório e tutela
do empregador 359

15. Anulação do acordo revogatório com fundamento em vícios
na formação da vontade 361

15.1. Principais questões que suscita a aplicabilidade do regime
comum dos vícios na formação da vontade ao acordo
revogatório do contrato de trabalho 361

A REVOGAÇÃO DO CONTRATO DE TRABALHO

15.2. A limitada complementaridade entre a revogação unilateral
e a anulação com fundamento em vício na formação da vontade   364

15.3. Anulação e modificação do acordo revogatório com fundamento
em vícios da vontade   367

15.4. Regime comum dos vícios na formação da vontade, tutela
do trabalhador e tutela do empregador   381

CONCLUSÕES   385

BIBLIOGRAFIA   399

ÍNDICE DE JURISPRUDÊNCIA   417

ÍNDICE GERAL   423